# Change Management in Versicherungsunternehmen

Gabriele Zimmermann
(Hrsg.)

# Change Management in Versicherungsunternehmen

## Die Zukunft der Assekuranz erfolgreich gestalten

Springer Gabler

*Herausgeber*
Gabriele Zimmermann
Institut für Versicherungswesen
Fachhochschule Köln
Köln
Deutschland

ISBN 978-3-658-05973-6 ISBN 978-3-658-05974-3 (eBook)
DOI 10.1007/978-3-658-05974-3

Die Deutsche Nationalbibliothek verzeichnet diese Publikation in der Deutschen Nationalbibliografie; detaillierte bibliografische Daten sind im Internet über http://dnb.d-nb.de abrufbar.

Springer Gabler


Gedruckt auf säurefreiem und chlorfrei gebleichtem Papier

Springer Gabler ist eine Marke von Springer DE. Springer DE ist Teil der Fachverlagsgruppe Springer Science+Business Media
www.springer-gabler.de

# Vorwort der Herausgeberin

Wenn der Wind der Veränderung weht, bauen die einen Mauern und die anderen Windmühlen
Chinesisches Sprichwort

„Warum nicht über Amazon verkaufen?“ So wird der Vorstandsvorsitzende des AXA Konzerns im Juni 2014 von Herbert Fromme im Versicherungsmonitor zitiert. Diese Aussage verdeutlicht, vor welch tiefgreifenden Veränderungen die Versicherungsbranche steht. Das langfristig niedrige Zinsniveau, zunehmende Regulierung, sich massiv änderndes Kundenverhalten und neue Wettbewerber mit disruptiven Geschäftsmodellen kennzeichnen das aktuelle Umfeld der Versicherungsunternehmen. Die aktuellen Herausforderungen bieten die Chance, notwendige, teilweise massive Erneuerungen einzuleiten. Gerade wenn die erforderliche Dringlichkeit gegeben ist, ist es deutlich leichter die Mitarbeiter, den Betriebsrat und die eigenen Führungskräfte davon zu überzeugen, dass umfassende Veränderungen umgesetzt werden müssen. Spricht man jedoch mit den Entscheidern der Branche, wird deutlich, dass es nicht zuletzt aufgrund der wertkonservativen Ausrichtung vieler Mitarbeiter hohe Barrieren für ein erfolgreiches Veränderungsmanagement gibt.

Dieses Buch verdeutlicht Entscheidern, Praktikern und Studierenden, wie man den Wandel erfolgreich gestalten kann. Neben state-of-the-art Wissen darüber, wie man Veränderungsprozesse erfolgreich gestaltet, finden sich vor allen Dingen Beispiele erfolgreicher Veränderungsprojekte aus der Assekuranz. Aber die Autoren stellen sich auch den Zukunftsfragen der Branche und den Möglichkeiten, diese aktiv zu gestalten.

Im ersten Teil des Buches werden die Herausforderungen und die Chancen beschrieben, die die Assekuranz aktuell kennzeichnen. Dazu gehören die derzeitigen Marktbedingungen, die rechtlichen Rahmenbedingungen für Change Management Prozesse in der Versicherungsindustrie und auch ein Blick in andere Versicherungsmärkte. Auch die Frage, warum die Branche im Gegensatz zu anderen Branchen besonders veränderungsavers ist, wird beantwortet.

Der zweite Teil des Buches widmet sich der Thematik, wie man umfassende Veränderungsprozesse erfolgreich gestaltet. Die Umsetzung von Veränderungen erzeugt immer Emotionen und Widerstand. Widerstände verschwinden nicht, wenn man sie nicht bearbeitet. Erfolgreiches Change Management kombiniert den Managementprozess auf der Sachebene und den emotionalen/psychologischen Prozess, der bei Menschen abläuft, wenn sie mit Veränderungen konfrontiert werden. Der erste Aufsatz in diesem Teil beschreibt, mit welchen Maßnahmen ein solch integrierter Change Management Prozess durchgeführt werden sollte. Daran anschließend wird eine sehr innovative Methode des Change Managements dargestellt, die es ermöglicht, wirklich umfassende Veränderungen im Sinne eines „Corporate Rethinkings" wirksam umzusetzen. Drei Beispiele zeigen, wie Versicherungsunternehmen weitreichende Veränderungen erfolgreich gestaltet haben. Dazu gehört ein Beispiel einer kompletten strategischen Neuausrichtung, einer Integration und eines Kulturwandels.

Change Management heißt auch, die Mitarbeiter und Führungskräfte von dem Veränderungsvorhaben zu überzeugen und sie mitzunehmen. Im dritten Teil des Buches, das den Titel „Veränderungen durch People Management" trägt, wird dies anhand entsprechender Beispiele aufgezeigt. Veränderung fängt immer an der Spitze an. Führungspersönlichkeiten, die in Zeiten der Unsicherheit effiziente Teams aufstellen und eine innovative und zugleich ergebnisorientierte Kultur etablieren, sind entscheidende Impulsgeber für den Wandel. Veränderungen gelingen nur, wenn sie durch den Großteil der Führungskräfte im Unternehmen mitgetragen werden. Wie man das erreichen kann, zeigt der Aufsatz in Kap. 10, in dem ein sehr innovatives, ressortübergreifendes Programm dazu vorgestellt wird. In einem weiteren Aufsatz lesen Sie, wie man Schritt für Schritt eine offene und konstruktive Feedbackkultur implementieren kann – ein wesentliches Merkmal von Unternehmenskulturen, die offen für Veränderungen sind. Ziel vieler Kulturveränderungen in der Assekuranz ist die Etablierung einer Leistungskultur; deshalb widmet sich ein Aufsatz diesem Thema. Darüber hinaus hat die Branche eine enorm hohe Ausbildungsquote. Wie man die Auszubildenden als Katalysatoren für die Veränderungen in der Branche nutzen kann, beschreibt der Aufsatz in Kap. 13.

Im letzten Teil des Buches finden sich unter dem Titel „Versicherung 2020 – den Wandel erfolgreich gestalten" acht Aufsätze, die den Blick in die Zukunft der Branche wagen. Wichtige Themen sind dabei die Entdeckung des Kunden, der Vertrieb der Zukunft und die Bedeutung von Innovationen für die Versicherungsbranche. Die Kunden werden sich ihrer Macht im digitalen Zeitalter zunehmend bewusst und erwarten in Kenntnis der technologischen Möglichkeiten auch von der Versicherungswirtschaft entsprechende Angebote. Ein weiteres Augenmerk gilt den Fragen, wie sich das Aktuariat in den nächsten Jahren hin zu einem ganzheitlichen Produktmanagement wandeln wird und wie sich die Personalarbeit an die neuen Herausforderungen, die durch den demografischen Wandel induziert sind, anpassen muss. In ihrer Gesamtheit geben die Aufsätze im letzten Teil des Buches eine Orientierungshilfe, wie Top Manager aus der Versicherungswirtschaft heute die Weichen dafür stellen können, ihre Unternehmen agil und zukunftsfest auszurichten.

Ohne substanzielle Hilfe wäre es mir kaum möglich gewesen, dieses Buch zu realisieren. Dafür möchte ich mich herzlich bei verschiedenen Personen bedanken. Dieser Dank gilt zum einen Herrn Guido Notthoff vom Springer Gabler Verlag, der mich jederzeit mit Offenheit, hilfreichen Hinweisen und in der Endphase des Buches auch mit entsprechender Geduld unterstützt hat. Ganz herzlich danken möchte ich auch Frau Anke-Julia

Kleeberger, die mit außerordentlichem Engagement und scharfsinnigem Mitdenken dafür gesorgt hat, dass alles zum richtigen Zeitpunkt in erforderlicher Qualität vorlag.

Ein ganz herzlicher Dank gilt auch allen Autoren, die an diesem Buch mitgewirkt haben und meinen sicherlich manchmal lästigen und wiederholten Fragen und Bitten gerecht wurden und so insgesamt das Buch zu dem machten, was es hoffentlich ist: ein Blick in die konkrete Praxis des Change Managements in Versicherungsunternehmen mit vielen Impulsen, wie man die Zukunftsthemen der Branche im Sinne der Versicherung 2020 erfolgreich gestaltet.

Ich wünsche allen Lesern eine aufschlussreiche Lektüre und vielfältige Anregungen, wie Sie Windmühlen bauen, wenn der Wind weht, statt Mauern zu errichten.

Köln, Juni 2014 Prof. Dr. Gabriele Zimmermann

# Inhaltsverzeichnis

# Die Autorinnen und Autoren

**Christoph Appel** ist Rechtsanwalt in Pulheim. Bis September 2014 war er Junior-Partner der Rechtsanwaltssozietät Oppenhoff & Partner in deren Corporate/M&A Team. Christoph Appel studierte Rechtswissenschaften an der Universität zu Köln und dem University College London.

**Dietmar Austrup** kennt die Versicherungsbranche nicht nur als Berater: Nach einer Station bei KPMG war der studierte Wirtschaftswissenschaftler zehn Jahre lang in leitenden Positionen in der Gerling Versicherungsgruppe tätig, wo er sich vor allem mit den Bereichen Strategie und Personal auseinandersetzte. Als Mitglied des Düsseldorfer Büros von Egon Zehnder leitet Dietmar Austrup die deutsche und die globale Praxisgruppe Versicherungen. Er ist fokussiert auf die Besetzungen von Führungspositionen, Beratungen im Bereich Talent Management sowie Nachfolgeplanungen für Vorstände von Versicherungen und Banken im In- und Ausland.

**Thomas Barann** ist seit 2002 Leiter Personal im Gothaer Konzern. Die Personalabteilung ist Service Provider für den Vorstand, das Management und alle Mitarbeiter der Gothaer Versicherungen.

Die wichtigsten Verantwortungsfelder liegen in den Bereichen Personalstrategie, Nachfolgeplanung, Management- und Personalentwicklung, Inhouse-Consulting, Compensation & Benefits, Payroll und Personalcontrolling. Zuvor war Herr Barann sowohl in der Konsumgüterindustrie (Henkel), der Investitionsgüterindustrie (Hochtief) als auch in der Unternehmensberatung (Towers Perrin) tätig.

**Dr. Dirk Barghop** ist Senior Partner bei Deekeling Arndt Advisors in Communications. Gemeinsam mit Egbert Deekeling und Olaf Arndt verantwortet er den Beratungsbereich Corporate Rethinking. Er berät Unternehmen in hochkomplexen Veränderungs- und Erneuerungsprozessen bei der Führungskräfte- und Mitarbeiterkommunikation. Seine Arbeitsschwerpunkte liegen in der Erarbeitung programmatischer Inhalte zur Strategieerklärung und in der Gestaltung von Führungkommunikation.

Der promovierte Historiker ist Mitherausgeber des Buches „Kommunikation im Corporate Change. Maßstäbe für eine neue Managementpraxis" und Mitautor des Buches „Change-Kommunikation".

**Jonas Boltz** studierte Wirtschafts- und Organisationswissenschaften an der Universität der Bundeswehr München. Parallel absolvierte er eine Ausbildung zum Kaufmann für Versicherung und Finanzen bei Munich Re in München und arbeitete in unterschiedlichen Bereichen des Unternehmens. Nach Abschluss des Studiums als Master of Science ist er seit 2013 als Assistent des Vorstandsvorsitzenden der ERGO Versicherungsgruppe AG in Düsseldorf tätig.

**Dagmar Brück** ist seit 2010 Leiterin Change Management der ERGO Versicherungsgruppe AG. Im Rahmen des Projektes „Neue ERGO" war sie verantwortlich für die Konzeption und Umsetzung der Changemaßnahmen. Brück ist Diplom-Betriebswirtin und arbeitete mehrere Jahre als Leiterin der ERGO Potential- und Organisationsentwicklung. Sie hat mehrjährige Erfahrung in der Führungskräfteentwicklung sowie Projektbegleitung. Seit 01.01.2014 verantwortet sie neben Change auch das Diversity Management bei ERGO.

**Dr. Moritz von Campenhausen** hat als Berater wie als Führungskraft tiefen Einblick in die Versicherungsindustrie gewinnen können. Als Berater der Boston Consulting Group beschäftigte er sich intensiv mit der Branche. Im Anschluss war er im AXA-Konzern für die Bereiche Projektmanagement und Strategie zuständig. Seit 2009 ist Moritz von Campenhausen im Hamburger Büro von Egon Zehnder tätig. Er befasst sich dort, vorwiegend im Bereich Versicherungen, mit der Besetzung von Führungspositionen, Management Appraisals und insbesondere mit Fragen rund um die Themen Leadership und Führungskräfteentwicklung.

**Dr. Petra Dick** studierte Wirtschafts- und Sozialwissenschaften an der Universität Augsburg und arbeitete nach ihrer Promotion mehrere Jahre als wissenschaftliche Mitarbeiterin am Institut für Führung und Personalmanagement der Universität St. Gallen.

Seit 2001 ist sie im strategischen Personalmanagement des Gothaer Konzerns tätig. Schwerpunkte ihrer Arbeit sind die Themenfelder Demografie, Frauen im Management, Betriebliches Gesundheitsmanagement, Funktionsbewertung und Vergütung.

**Anja Dorn** ist Leiterin der Personalentwicklungsinitiativen/Weiterbildung/Potentialentwicklung West der Talanx Service. Nach erfolgreichem Abschluss des Psychologiestudiums begann Frau Dorn ihre Tätigkeit als Personalentwicklerin für den Gerling Konzern, heute Talanx. Sie verfügt über langjährige Erfahrung in den Bereichen Personaldiagnostik, Managemententwicklung und Change. Seit mehr als 15 Jahren begleitet und berät sie Führungskräfte und Mitarbeiter in Personalentwicklungs- und Veränderungsprozessen. Seit vielen Jahren ist Frau Dorn ausgebildeter systemischer Coach.

**Dr. Peter Etzbach** ist Partner der Rechtsanwaltssozietät Oppenhoff & Partner. Er berät schwerpunktmäßig die Versicherungs- und Finanzindustrie. Seine transaktionsbezogene Tätigkeit umfasst grenzüberschreitende Unternehmenskäufe und -verkäufe, Joint-Venture-Projekte und Restrukturierungen sowie deren Finanzierung für deutsche und internationale Unternehmen und Finanzinvestoren. Er berät im Gesellschaftsrecht, einschließlich des Aktienrechts, im Versicherungs- und Rückversicherungsrecht, bei Finanzierungsfragen, im Kapitalmarktrecht sowie im Versicherungs- und Bankaufsichtsrecht. Dr. Peter Etzbach studierte Rechtswissenschaften an der Universität zu Köln (Dr. jur.) sowie der Fordham University School of Law, New York (LL.M.). Er ist auch in New York als Anwalt zugelassen.

**Kristina Evers** ist seit über 10 Jahren als systemische Organisationsberaterin, Trainerin und Coach tätig. Die Diplom-Kauffrau ist Mitbegründerin und Geschäftsführerin der Beratungsfirma KE-Consulting sowie enge Kooperationspartnerin der internationalen Unternehmensberatung Change, Leadership & Partners. Sie ist für ihre nationalen und internationalen Kunden erfolgreich in den Bereichen Change Management und Leadership Development tätig und hat so bereits in vielen Unternehmen, v.a. auch der Versicherungsbranche, die Art und Weise transformiert, in der Menschen zusammenarbeiten – genauso wie sie ihre Kunden dabei unterstützt, Prozesse effizienter und effektiver zu gestalten.

**Dr. Sascha Fauler** ist aktuell Fachgebietsleiter Ausbildung und berufliche Bildung eines Versicherungskonzerns und hat zum 1. Januar 2015 den Ruf als Hochschullehrer für Personalmanagement von der FOM Hochschule erhalten. In vorherigen Funktionen war er u. a. in den Bereichen Außendienstorganisation und Marketing, Geschäftssteuerung SHU oder in der Personal- und Organisationsentwicklung tätig. Parallel zu seiner praktischen Berufsausübung absolvierte Sascha Fauler berufsbegleitend diverse Studiengänge und promovierte ebenfalls berufsbegleitend zum Dr. phil. an der Philosophischen Fakultät der Friedrich-Alexander Universität Erlangen-Nürnberg im Fach Pädagogik zum Thema „Handlungsorientierung in Prüfungen".

**Patric Fedlmeier** ist seit Mai 2009 Vorstandsmitglied bei den Provinzial Rheinland Versicherungen und seit Dezember 2013 stellvertretender Vorsitzender des Vorstandes. Hierbei ist er verantwortlich für die Bereiche Vertrieb, Marketing, Informationstechnologie und Betriebsorganisation. Herr Fedlmeier ist seit 2003 bei der Provinzial tätig und hatte dabei verschiedene Führungspositionen inne. Zuvor hatte er berufliche Stationen bei Hewlett Packard, der Westfälischen Provinzial und der INTER Krankenversicherung durchlaufen.

**Dr. Klaus Friedrich** ist Director bei B&W Deloitte GmbH in Köln. Schwerpunkte seiner Tätigkeit sind u. a. die Produktentwicklung vor dem Hintergrund der individuellen Unternehmensstrategie und die Umsetzung u. a. auch in Zusammenarbeit mit dem Vertrieb.

Zuvor war der Diplom-Mathematiker und Aktuar Geschäftsführer der Skandia Pension Consulting GmbH und Leiter des Produktmanagements der Skandia Lebensversicherung. Als Gründungsvorstand leitete er das Projekt der Gründung des Pensionsfonds PENSOR; er war Mitglied der Geschäftsleitung von Höfer Vorsorge-Management.

**Rena Geiersberger** studierte Betriebswirtschaft an der Fachhochschule Köln, Institut für Versicherungswesen und war 32 Jahre in der Hauptverwaltung eines Versicherungsunternehmens tätig. Zuletzt war sie für den Aufbau einer Systemverantwortung im Bereich Erstausbildung zuständig und regional Ausbildungsleiterin für das Berufsbild „Kaufleute für Versicherungen und Finanzen". 2005 gründete sie zusammen mit Kollegen anderer Kölner Versicherungsunternehmen ein Netzwerk Kölner Ausbildungsleiter (www.Azubi-Cologne.de). Darüber hinaus leitet sie seit vielen Jahren den Fachkreis Personalmanagement und -führung der Alumnivereinigung VVB. Seit der passiven Phase der Altersteilzeit engagiert sich Frau Geiersberger ehrenamtlich im Vorstand einer der FH Köln nahen Akademie für berufliche Weiterbildung, in einem NRW Projekt als Senior Expertin und ist Prüferin der IHK Köln für das o.g. Berufsbild.

**Dr. Gerhard Hastreiter** ist seit 2012 Managing Partner bei Allianz Consulting, der Inhouse-Consulting Einheit der Allianz Gruppe. Der promovierte Physiker arbeitet seit 1993 für die Allianz, unter anderem bei der Allianz Deutschland als Abteilungs- und Fachbereichsleiter in der IT und im Vertrieb. Zuletzt leitete er den Aufbau einer internationalen Betriebsplattform für das Automotive Geschäft.

**Andrea Hoelken** ist seit 2007 Marketingleiterin in der ERGO Gruppe. Im Rahmen des Projektes „Neue ERGO" trug sie die Verantwortung für alle Bereiche der Markenführung, Markenkommunikation und Absatzförderung. Hoelken ist Diplom-Kauffrau und startete ihre Karriere 1989 beim Versandhandelsunternehmen Otto. Dort war sie zuletzt Abteilungsleiterin "Aktivierung Partner-Geschäft". 2002 wechselte sie zur Hamburg-Mannheimer Versicherung AG und übernahm die Leitung der Abteilung Kundenmarketing.

**Dr. Helmut Hofmeier** ist seit dem 01.01.2014 Partner von Deloitte und Head of Actuarial & Insurance Services. Zudem ist er Geschäftsführer der B&W Deloitte GmbH.

Zuvor bekleidete der Diplom-Mathematiker/Physiker und Aktuar im Gothaer Konzern verschiedene Vorstandspositionen, war dabei auch der CEO der Gothaer Lebensversicherung AG sowie der Verantwortliche Aktuar der Konzerngesellschaften. Innerhalb des Konzerns hatte er zudem die spartenübergreifende Verantwortung für Mathematik und das Produktmanagement/-marketing. In seiner Funktion als CEO der Gothaer Lebensversicherung AG war er außerdem zuständig für die Lebensversicherungstechnik, bAV und Vertriebsunterstützung.

**Bodo von Hülsen** ist Deputy Head of Strategy für die COFRA Holding AG in Zug (Schweiz). Unmittelbar vorher war Herr von Hülsen Principal bei Bain & Company in Frankfurt und Teil der Praxisgruppe für die Beratung von Finanzdienstleistern in Europa, dem Mittleren Osten und Afrika (EMEA). Er hat langjährige internationale Erfahrung in Unternehmens-, Kunden-, Wachstums- und Vertriebskanalstrategien sowie in Programmen zur Steigerung der operativen Exzellenz und Ertragskraft.

**Leon Jacob,** Consultant, studierte Wirtschaft, Philosophie und Psychologie an den Universitäten Bayreuth, Stellenbosch und Nottingham. Bei hkp/// liegt sein Schwerpunkt im Bereich Talent und Performance Management, in dem er Unternehmen in der Gestaltung und Implementierung leistungsfähiger HR-Systeme entlang des Employee Lifecycles berät. Vor seiner Zeit bei hkp/// entwickelte er ein Modell für wertebasiertes Talent Management, das er bei einem „hidden champion" der Konsumgüterindustrie in Großbritannien verprobte. Er ist Autor des Buches „Die Kunst, Talente talentgerecht zu entwickeln".

**Iris Kremers** studierte Betriebswirtschaftslehre an der Universität zu Köln und startete ihren beruflichen Werdegang in einer Wirtschaftsberatungsgesellschaft. Seit 1997 ist sie im Talanx Konzern in unterschiedlichen Bereichen tätig gewesen und begleitete seit 2002 verschiedene Vorstandspositionen in den Bancassurance Konzerngesellschaften im In- und Ausland. Seit 2010 ist sie Mitglied des Vorstands der Talanx Deutschland AG und verantwortet das Segment Bancassurance sowie den Bereich Kommunikation und Organisationsentwicklung.

**Dieter Knörrer** ist seit 1994 geschäftsführender Gesellschafter der bbg Betriebsberatungs GmbH. Er ist Herausgeber der Fachzeitschrift AssCompact und Veranstalter der DKM, der führenden Fachmesse für die Finanz- und Versicherungswirtschaft. Zudem ist der ehemalige Vorstand einer genossenschaftlichen Bank Mitinitiator verschiedener Brancheninitiativen. Besonders am Herzen liegt ihm die partnerschaftliche Zusammenarbeit zwischen Produktgebern und unabhängigen Finanz- und Versicherungsmaklern.

**Dr. Robert Körfer** hat nach seiner Promotion als Betriebswirt mehrjährige Erfahrung als Spezialist und Führungskraft in führenden Unternehmen der Versicherungsbranche gesammelt. Seit 10 Jahren ist der Mitbegründer und Geschäftsführer der Beratungsfirma KE-Consulting als externer Berater für internationale Versicherungskonzerne sowie für öffentliche Versicherer und Spezialversicherer aktiv. Inhaltliche Schwerpunkte seiner Arbeit sind Projekte in den Bereichen Reorganisation, kennzahlenorientierte Steuerung sowie Führungskräfteentwicklung.

**Dr. Gero Matouschek** ist Partner bei Bain & Company in München. Sein Branchenschwerpunkt liegt im Finanzdienstleistungssektor, wo er insbesondere Versicherungsunternehmen berät. Er ist europaweit verantwortlich für das Thema Versicherungsvertrieb. Sein Beratungsspektrum reicht von Finanzen und Controlling bis hin zu Vertrieb und Marketing. Gero Matouschek studierte Luft- und Raumfahrttechnik an der Universität Stuttgart und promovierte an der RWTH Aachen im Bereich Energietechnik.

**Prof. Horst Müller-Peters** ist Professor für Marketing und Kundenverhalten am Institut für Versicherungswesen der Fachhochschule Köln und Leiter der Kölner Forschungsstelle Versicherungsmarkt. Er war Mitgründer und langjähriger Vorstandsvorsitzender des Marktforschungs- und Beratungsunternehmens psychonomics (Köln, Berlin, Wien; heute Teil der YouGov-Gruppe) und danach Gründer und Herausgeber der Branchenportale marktforschung.de und consulting.de. Neben der Forschungsarbeit ist er Dozent in Masterstudiengängen verschiener Hochschulen sowie Berater und Mitglied von Gremien zahlreicher Unternehmen aus Marketing und Versicherungswirtschaft.

**Dr. Torsten Oletzky** war nach Abschluss seines Betriebswirtschaftsstudiums an der Universität des Saarlandes und der University of Michigan als Unternehmensberater bei McKinsey & Company tätig. Im Jahr 1998 promovierte er berufsbegleitend über das Thema „Wertorientierte Steuerung von Versicherungsunternehmen". Seit dem Jahr 2000 ist er für die ERGO Gruppe tätig. Zunächst war er bei der Hamburg-Mannheimer Versicherungs-AG als Hauptabteilungsleiter für Controlling, Strategie und Kommunikation verantwortlich, bevor er in den Vorstand der Hamburg-Mannheimer Versicherungen berufen wurde. In 2004 wurde er in den Vorstand der ERGO Versicherungsgruppe AG bestellt, wo er seit 2008 den Vorstandsvorsitz inne hat. Er ist im Vorstand verantwortlich für Konzernentwicklung, Kommunikation, Compliance, Revision, ERGO Kundenanwalt, Kundenorientierung sowie für Strategisches Marketing und Markenfragen.

**Dr. Nils Reich** ist Principal bei The Boston Consulting Group (BCG). Er ist Mitglied der globalen Praxisgruppe Insurance sowie der Praxisgruppe Risk/Value Management in Financial Services. Seine Themenschwerpunkte liegen hierbei in den Bereichen der Strategieentwicklung, Vertrieb und Lebensversicherung. Vor seinem Einstieg bei BCG arbeitete Nils Reich kurzzeitig im Risikomanagement der Münchner Rück und promovierte im Bereich Finanzmathematik an der ETH Zürich sowie der Chinese Academy of Sciences in Peking.

**Heiner Reiners** ist Partner bei der Kommunikationsberatung Deekeling Arndt Advisors in Communications (DAA) und verantwortet dort den auf Reorganisations- und Restrukturierungsprojekte fokussierten Beratungsbereich „Transformation & Restructuring". Seit 2007 bei DAA, arbeitet er insofern mit Vorständen und Kommunikationsverantwortlichen insbesondere an Fragestellungen, die Strategie, Zukunftsbild und deren operative Verankerung in Unternehmen und Organisationen betreffen. Unter anderem hat er einen weltweit agierenden Versicherer über mehrere Jahre bei der tiefgreifenden Reorganisation seiner Deutschlandaktivitäten kommunikativ beraten und unterstützt. Vor DAA hat Heiner Reiners bei einer der weltweit führenden Beratungsgesellschaften für Finanzkommunikation zahlreiche Kapitalmarkttransaktionen begleitet, außerdem war er auf Unternehmensseite während einer paneuropäischen Übernahme für Konzernkommunikation und Investor Relations zuständig. Reiners ist erfahrener Redenschreiber für das Top Management seiner Klienten.

**Sarah-Louise Richter** studierte Asienwissenschaften an der Universität Bonn, bevor sie zur Zurich Versicherung kam. Im Rahmen eines Förderprogrammes erwarb sie außerdem noch einen Bachelor of Science im Fach Versicherungswesen an der Fachhochschule Köln mit den Schwerpunkten Projekt- und Prozessmanagement, Rückversicherung und Personalwesen. Nach einiger Zeit in der Projektarbeit und strategischen Vorstandsassistenz ist Frau Richter seit April 2014 als Governance Consultant für die Zurich Life Insurance Company in der Schweiz tätig. Sie unterstützt den CEO vor allem bei der Einhaltung compliance-konformer Governance-Prozesse für das Lebensversicherungsgeschäft in der Schweiz und in Japan.

**Dr. Lars C. Schatilow** ist bei Deekeling Arndt Advisors in Communications GmbH beschäftigt. Er hat den Aufbau des Beratungsbereichs Corporate Rethinking mitverantwortet und berät zu Public Affairs und Change Kommunikation. Schatilow ist Gründer und Geschäftsführer des Internetstartup „MITPACKgelegenheit.de" sowie beratendes Mitglied im Autorenkernteam der Acatech zum Zukunftsprojekt der Bundesregierung „Smart Service Welt". Er gehört zum Gründungsteam von „DIE Innovationsmacher e.V." und lehrt in der Executive Education an der Quadriga Hochschule Berlin. Schatilow ist Herausgeber zahlreicher wissenschaftlicher Arbeiten wie u. a. der Pilotstudie „Politische Kommunikation deutscher Familienunternehmen".

**Dr. Stefan Schwarz,** leitet seit 2010 die Abteilung Organisationsentwicklung der AXA Konzern AG Deutschland. Zusammen mit einem Team von Change Beratern unterstützt er den Vorstand und das Top-Management bei der erfolgreichen Gestaltung von Veränderungsprozessen. Zu seinem Verantwortungsbereich gehört neben den Themen des Change Managements ebenso die Konzeption, Weiterentwicklung und Implementierung von konzernweit genutzten Personalinstrumenten.

Nach einem Studium der Psychologie an der Universität Gießen und einer Promotion im Themengebiet „Behavioral Finance" startete er seine berufliche Laufbahn in der Hauptverwaltung des deutschen AXA Konzerns in Köln. Aufgrund der Übernahme unterschiedlicher Funktionen im Personalressort kann er heute auf ein breites Erfahrungsspektrum in der operativen wie auch strategischen Personalarbeit zurückgreifen.

**Dr. Harriet Sebald,** Senior Partner bei hkp///, ist gefragte Ansprechpartnerin für Vorstände und HR Executives in Fragen rund um die Entwicklung und Implementierung von Prozessen und Systemen zur Gewinnung, Bindung, Entwicklung und Motivation von Fach- und Führungskräften. Sie verfügt über umfangreiche internationale Projekterfahrung in den Bereichen Werte- und Competency Management, Performance Management, Nachfolgeplanung und Besetzungsprozesse. Ihr besonderes Interesse gilt der effizienten und effektiven Verknüpfung des Talent Managements mit weiteren HR-Prozessen wie der Vergütung oder Stellenbewertung.

**Daniela Snaphaan** hat nach dem Studium der internationalen BWL an der School of Business and Economics in Maastricht und der Università commerciale Luigi Bocconi in Mailand am Lehrstuhl für Strategie und Organisation der Maastricht University als Dozentin gearbeitet. Im Herbst 2009 war sie zudem als Gastwissenschaftlerin an der psychologischen Fakultät der Universität Konstanz tätig. Im Sommer 2014 wird sie ihre Dissertation zum Thema Multitasking und Arbeitsmotivation verteidigen. Nach ihrer Tätigkeit am Lehrstuhl arbeitete sie als Vorstandassistentin für das Ressort Personal und zentrale Dienste der AXA Konzern AG. Heute ist sie als Personalleiterin bei der AXA ART Versicherung AG - der weltweit größten Kunstversicherung - tätig. Hierbei ist sie nicht nur für die Betreuung der Mitarbeiter in Deutschland verantwortlich, sondern koordiniert die Personalarbeit weltweit.

**Dr. Astrid Stange** ist Senior Partner bei The Boston Consulting Group (BCG) und leitet dort den globalen Sektor Lebensversicherung in der Praxisgruppe Insurance. Ihre Themenschwerpunkte liegen darüber hinaus auf den Themen Strategie, Transformation, Regulatorik und Vertrieb.

Frau Dr. Stange ist promovierte Volkswirtin und war vor ihrem Einstieg bei BCG bei der Bertelsmann AG im Bereich Direktvertrieb aktiv.

**Dr. Natalie Staud** studierte Betriebswirtschaftslehre an der Johann Wolfgang Goethe-Universität in Frankfurt am Main. Nach dem Abschluss als Diplom-Kauffrau wurde sie in 2008 mit einer Dissertation über das Thema Corporate Governance zum Dr. rer. pol. promoviert. Während der Promotion arbeitete sie im Fondsrisikocontrolling einer deutschen Privatbank. Danach war sie bei einer internationalen Wirtschaftsprüfungsgesellschaft als Beraterin tätig. 2010 wechselte sie zur ERGO Versicherungsgruppe AG in Düsseldorf. Hier arbeitete sie zunächst im Risikomanagement. Seit 2012 ist sie Assistentin des Vorstandsvorsitzenden der Versicherungsgruppe.

**Klemens Steiner** leitete von 2007 - 2013 den Bereich Interne Unternehmenskommunikation und Corporate Responsibility der ERGO Versicherungsgruppe AG. Im Rahmen der strategischen Neuausrichtung war er im Projekt „Neue ERGO" für die Kommunikation und das Change Management verantwortlich. Seit 2014 leitet er den Bereich Learning & Development der ERGO Gruppe, zu dem auch das Change Management gehört. Steiner ist Diplom-Volkswirt und hat vor seiner Zeit bei ERGO als Senior Manager bei der Unternehmensberatung A.T. Kearney sowie in unterschiedlichen Positionen der AMB Aachen und Münchener Beteiligungs-AG gearbeitet.

**Kerstin Stolzenberg** studierte in Deutschland und in den USA Psychologie mit dem Schwerpunkt Arbeits- und Organisationspsychologie und erwarb so neben dem deutschen Diplom auch den Master of Science (USA).

Für die AXA Service AG war sie fünf Jahre als angestellte Beraterin für Management Development und Organisationsentwicklung zuständig, im Rahmen einer sich anschließenden zweijährigen Projektleitertätigkeit im Bereich Prozessoptimierung erweiterte sie ihr Beratungsprofil als zertifizierter Black Belt. Ihre Führungskompetenzen konnte sie über sechs Jahre sowohl als Abteilungsdirektorin für Organisationsentwicklung (AXA

Service AG) als auch in der Funktion Leiterin Personal- und Organisationsentwicklung (Talanx Deutschland), in der sie an den Vorstand berichtete, unter Beweis stellen.

Heute arbeitet sie als freie Beraterin mit dem Schwerpunkt der Veränderungsberatung. Sie ist Mitautorin des Buches „Change Management – Veränderungsprozesse erfolgreich gestalten – Mitarbeiter mobilisieren".

**Carina Swertz** ausgebildete Kauffrau für Versicherungen und Finanzen und seit 2013 Betriebswirtin, ist seit 2007 für die Provinzial Rheinland Versicherung tätig. Nach Beendigung ihrer dortigen Berufsausbildung arbeitete sie in der Kfz-Schadenregulierung für Groß- und Sonderkunden und übernahm nach dem erfolgreichen Abschluss ihres nebenberuflichen Studiums zur Betriebswirtin die Tätigkeit als Ressortcontrollerin und Vorstandsassistentin für Herrn Patric Fedlmeier.

**Prof. Dr. Michaele Völler** ist Professorin am Institut für Versicherungswesen der Fachhochschule Köln und vertritt dort die Lehrfächer Strategische Unternehmensführung und Marketing. Sie ist Gründerin und Leiterin der Kölner Forschungsstelle Versicherungsmarkt und beschäftigt sich intensiv mit der Digitalisierung der Versicherungswirtschaft, insbesondere mit marktnahen Fragestellungen zum Thema „Versicherungen und Web 2.0" und speziell dem veränderten Konsumentenverhalten.

Vor ihrer Tätigkeit an der Hochschule hat sie über zehn Jahre als Strategieberaterin bei The Boston Consulting Group (BCG) gearbeitet und war zuletzt Principal im Kölner Büro. Als Kernmitglied der BCG Praxisgruppe Versicherungen hat sie im Laufe ihrer Beraterkarriere zahlreiche Projekte für deutsche und internationale Versicherungsunternehmen durchgeführt.

**Andrea Wolter** war nach dem Studium der Betriebswissenschaften am Boston College, USA mit Schwerpunkt „Organizational Behaviour" in internationalen Unternehmen der Finanzdienstleistungs- und Versicherungsbranche im In- und Ausland tätig. Hier deckte sie im Personalbereich die wesentlichen Themen vom Recruitment, Mitarbeiterbetreuung, Begleitung von Veränderungsprozessen bis hin zur Administration des gesamten Personalbereiches über deutschsprachige Länder hinweg ab. Seit 2013 beschäftigt sie sich nun bei der Personalentwicklung der Talanx Service AG mit Programmen der Nachwuchsförderung.

## Die Herausgeberin

**Prof. Dr. rer. pol. Gabriele Zimmermann** ist am Institut für Versicherungswesen der Fachhochschule Köln Professorin für Personalführung und Organisationsentwicklung. Ihre Forschungsschwerpunkte sind die Themen Change Management in Versicherungsunternehmen, Frauen in Führung und Frauen im Versicherungsvertrieb.

Die promovierte Diplomkauffrau arbeitete acht Jahre in zwei DAX Unternehmen in leitenden Funktionen der Führungskräfteentwicklung und des Change Managements. Seit 16 Jahren ist sie Executive Coach und berät Führungskräfte in Fragen der Führung, des persönlichen Coachings und des Change Managements. Im Jahr 2000 gründete sie mit Vibilia ihr eigenes Unternehmen. (www.vibilia.com)

# Teil I
# Die Versicherungsbranche wandelt sich – Herausforderungen und Rahmenbedingungen

# Die Zukunft der deutschen Assekuranz: chancenreich und doch ungewiss **1**

Astrid Stange und Nils Reich

**Zusammenfassung**

Die deutsche Versicherungsbranche steht nach Jahrzehnten der Stabilität dramatischen Veränderungen der wirtschaftlichen Rahmenbedingungen gegenüber. Zeitgleich müssen sich Versicherer mit dauerhaft veränderten Kapitalmarktbedingungen, zunehmender Regulatorik, massiv verändertem Kundenverhalten sowie neuen, disruptiven Wettbewerbern auseinandersetzen. Insbesondere die althergebrachten Vertriebs- und Angebotsmodelle kommen mehr und mehr unter Druck. Der Blick auf Märkte, die ähnliche Erfahrungen machen mussten, zeigt, dass sich die Versicherungsbranche erfolgreich neuerfinden kann – entgegen allen bereits angestimmten Abgesängen.

**Schlüsselwörter**

Chancen und Risiken von Versicherungen · Treiber für Veränderung · Zukunftsszenarien

Betrachtet man die fundamentalen Veränderungen, denen die deutsche Gesellschaft langfristig ausgesetzt sein wird, steht der Versicherungsbranche eine aussichtsreiche Zukunft bevor. Die Assekuranz erscheint prädestiniert, ihre große volkswirtschaftliche Bedeutung weiter auszubauen:

- Eine alternde Bevölkerung, rückläufige staatliche Vorsorge und aktuell negative Realzinsen erzeugen einen grundsätzlich wachsenden Bedarf an Altersvorsorge.

A. Stange (✉)
Düsseldorf, Deutschland
E-Mail: Stange.Astrid@bcg.com

N. Reich
Köln, Deutschland
E-Mail: Reich.Nils@bcg.com



G. Zimmermann (Hrsg.), *Change Management in Versicherungsunternehmen*,
DOI 10.1007/978-3-658-05974-3_1

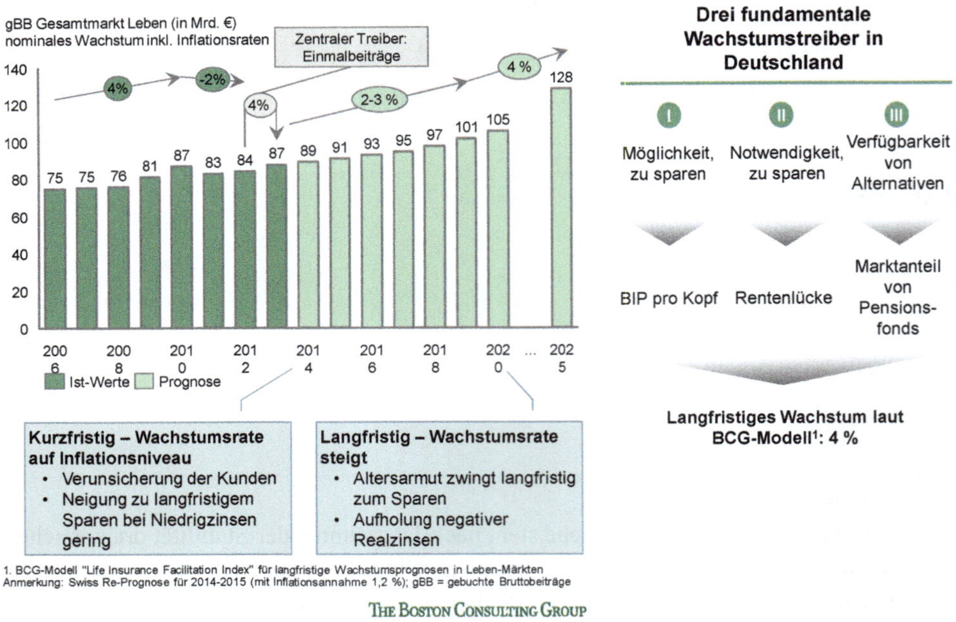


**Abb. 1.1** Langfristige Wachstumspotenziale in der deutschen Lebensversicherung. (Quelle: Hoppenstedt; GDV; Swiss Re Sigma; BCG-Analyse)

- Das immer schnellere Aufkommen und die zunehmende Globalität von neuen Risiken, beispielsweise Cyber-Security, erfordern neue Absicherungslösungen für Privatpersonen und insbesondere für Unternehmen.
- Die Digitalisierung verändert grundsätzlich die Kommunikation und Interaktion von Kunden und damit auch die Wahrnehmung von Finanzprodukten. Dies ermöglicht neue Kundenzugänge sowie stärker auf individuelle Kundensituationen abgestimmte Versicherungslösungen.

Auf Basis dieser fundamentalen Trends erwartet The Boston Consulting Group beispielsweise für die deutsche Lebensversicherung ein langfristiges Wachstum des Altersvorsorge – und Risikoabsicherungsbedarf von vier Prozent p. a. (siehe Abb. 1.1) (siehe Gribat et al. 2014).

Gleichzeitig sieht sich die Branche aber auch fundamentalen Veränderungen der wirtschaftlichen Rahmenbedingungen ausgesetzt, die für viele Versicherer bereits heute existenzielle Fragen aufwerfen und die sich in den nächsten Jahren eher ver- als entschärfen werden. Damit steht die Branche unter einem bislang nicht gekannten Druck, ihre über Jahrzehnte geübten und bewährten Geschäftsmodelle grundlegend zu hinterfragen und, vor allem, neuauszurichten (siehe Abb. 1.2):

Das noch mittelfristig anhaltende *Niedrigzinsumfeld*, gepaart mit eingeschränkter Verfügbarkeit beziehungsweise steigender Volatilität alternativer Anlageklassen, führt zu

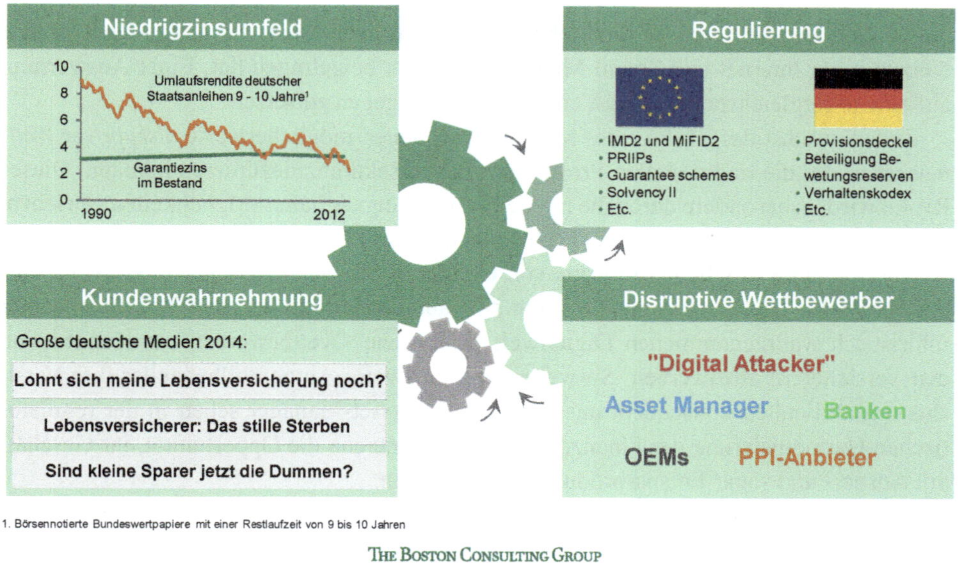


**Abb. 1.2** Vier Trends stellen die Versicherungsbranche vor existenzielle Herausforderungen. (Quelle: Bundesbank; Geschäftsberichte; Interviews; Press-Search; BCG-Analyse)

stark rückläufigen Kapitalerträgen bei zugleich wachsendem Risikokapitalbedarf. Hierdurch sind insbesondere die Profitabilität und Solvabilität von Lebensversicherern mit großen Beständen an klassischen Garantieprodukten bedroht. Aber auch Sachversicherer, die in der Vergangenheit versicherungstechnische Verluste in Form von Combined Ratios weit über 100 % in Kauf genommen haben, können diese Geschäftspolitik nicht mehr über hohe Kapitalerträge subventionieren.

Die in den letzten Jahren bereits massiv gestiegene *Regulierung* wirkt als zusätzlicher Katalysator für sinkende Renditen in Folge eines erhöhten Risikokapitalbedarfs (Solvency II) sowie sinkender Vertriebsproduktivitäten und steigender Haftungsrisiken für Vermittler und Versicherer (IMD2, PRIIPs, Provisionsdeckel) (s. Rapsch et al. 2014). Langfristig sind selbst weitreichende Provisionsverbote oder regulatorisch vorgeschriebene Produktstandardisierungen auch für den deutschen Markt nicht mehr auszuschließen. Ein Blick auf andere Länder wie England, die Niederlande, Australien, aber auch Indien, China und Hong Kong lässt erwarten, dass der regulatorische Änderungsprozess auch in Deutschland noch nicht am Ende ist.

Auch in der *Kundenwahrnehmung* gerät die deutsche Versicherungsbranche zunehmend unter Druck. Es vergeht keine Woche, in der die Sinnhaftigkeit und Berechtigung des Produkts Lebensversicherung nicht medial in Frage gestellt wird. Dabei wird auch nicht vor weit hergeholten Vorschlägen – zum Beispiel die Altersvorsorge besser in geschlossenen Immobilienfonds anzulegen – zurückgeschreckt. Auch wenn dies Ausdruck von verkaufswirksamer Übertreibung und fundamentaler Unwissenheit ist, ist es der Branche bislang nicht gelungen, den Wert ihrer Produkte, also die einzigartige Risikoabsicherung, glaubwürdig zu kommunizieren. So nimmt das Vertrauen der Kunden in die Assekuranz sukzessive ab. Hierzu trägt sicherlich auch die deutlich gestiegene Transparenz bei, zu der die heute für die Mehrheit der Deutschen bereits zur Routine gewordene Nutzung von Internet und Social Media maßgeblich beigetragen hat. Einer Auswertung auf einem Vergleichsportal ist erst einmal wenig entgegen zu setzen.

Zudem wächst das Risiko eines Markteintritts neuer, möglicherweise *disruptiver Wettbewerber*, die die traditionellen Profit-Pools der Assekuranz dezimieren könnten. Dieses Risiko wird insbesondere durch die rapide Entwicklung digitaler Möglichkeiten getrieben, die zu einer Neuordnung von Kundenzugängen führen. Die immer wieder aufflammende Diskussion eines möglichen Eintritts von Google in den Versicherungsmarkt belegt dies eindrucksvoll. Gleichzeitig positionieren sich auch außerhalb der zum Teil noch immer futuristisch wahrgenommenen Digitalwelt „klassische" Wettbewerber, um Kunden von den Versicherern abzuwerben. So weiten beispielsweise Automobilhersteller ihre Versicherungsaktivitäten konsequent aus. Banken und Asset-Manager sehen in der regulatorischen Harmonisierung der Finanzdienstleistungsbranche die Opportunität, ihr Geschäft mit Anspar- und sogar Entsparprodukten auszuweiten.

In Summe lässt sich festhalten, dass die deutschen Versicherungsunternehmen einerseits klaren Wachstumschancen, andererseits aber auch fundamentalen Existenzrisiken gegenüberstehen. Der sich hieraus ergebende Veränderungsdruck nimmt eine bislang unbekannte Dimension an und führt zu einer wachsenden Verunsicherung vieler Führungsteams.

Und dies zu Recht: In Märkten, die den oben genannten Trends bereits länger oder stärker ausgesetzt sind als Deutschland, lässt sich beobachten, dass Unternehmen, die unverändert an in der Vergangenheit erfolgreichen Geschäftsmodellen festhalten, drastisch an Performance verlieren und letztendlich vom Markt verdrängt werden. Beispiele dafür sind Kyoei und Yamato in Japan, Pearl in Großbritannien oder SNS Reaal in den Niederlanden. Die hier genannten Beispiele zeichnen sich alle durch historisch große Vertriebe und eine signifikante Marktposition aus (keine Nischenanbieter). Sie alle haben zu spät auf Niedrigzinsen, verändertes Kundenverhalten und fundamental neue Regulierung reagiert. Kyoei und Yamato mussten, mit sechs weiteren Wettbewerbern, Insolvenz anmelden, Pearl befindet sich in der Abwicklung, SNS Reaal wurde verstaatlicht.

Zudem zeigen diese Märkte aber auch den Erfolg neuer, innovativer Geschäftsmodelle, die sich sehr konsequent an den neuen Marktgegebenheiten ausrichten. Häufig stammen diese Anbieter aus anderen Branchen und sind somit versicherungsseitig „unbelastet" – augenscheinlich ein Vorteil.

Die erfolgreichen neuen Spieler zeichnen sich nach unserer Beobachtung vor allem durch die Stringenz der Geschäftsmodelle aus – ein „sowohl als auch" ist dort nicht anzutreffen:

- Konsequentes Denken von Kundenbedarfen (Existenzsicherung) her, und nicht in Produkten (Berufsunfähigkeit)
- Konsequente Verzahnung von Vertriebsansätzen und Angeboten, die sowohl Versicherungsprodukte, vor allem aber Dienstleistungen umfassen.

- Konsequente Ausrichtung der internen Prozesse und Systeme auf die definierte Marktbearbeitungsstrategie, bis hin zu Neugründungen auf der grünen Wiese.

Was lässt sich hiervon auf den deutschen Markt übertragen? Wir sehen insbesondere zwei Entwicklungen – in Bezug auf Versicherungsangebote und Versicherungsvertrieb:

**Hypothese 1: Neuausrichtung der Angebote auf Risikoabsicherung und Services**
In der Altersvorsorge wird die klassische Positionierung der Lebensversicherer im Anspargeschäft immer schwieriger. Asset-Manager sind in der Lage mindestens ebenso attraktive Lösungen anzubieten, dies sogar mit Garantien, jedoch oft ohne langfristige Festlegung des Kunden.

Die Rückbesinnung auf die Kernkompetenz Risikoabsicherung wird es der Assekuranz ermöglichen, sich hier langfristig erfolgreich abzugrenzen. So werden Lebensversicherer sich mehr und mehr zu echten Problemlösern, zum Beispiel von Altersvorsorge oder Existenzsicherung, entwickeln. Das Angebot von reinen Finanzprodukten wird dem Angebot von Gesamtlösungen, die sowohl Finanz- als auch Dienstleistungen umfassen, weichen. So lassen sich bereits heute außerhalb Deutschlands erfolgreiche Modelle beobachten, in denen Versicherer zum Beispiel umfassende Altersvorsorgelösungen mit Wohnangeboten und medizinischer Betreuung bieten. Beispielsweise bietet Taikang Life in China ihren Versicherten umfassende Absicherungslösungen durch die Garantie von (physischen) Heim- beziehungsweise Pflegeplätzen, die von der Versicherung gebaut und durch ihre Partner betrieben werden.

Darüber hinaus besteht großes Potenzial bei innovativen Risikoprodukten jenseits der umfassenden Berufsunfähigkeit. Wie die aktuelle BCG-Studie zu Produktinnovationen in der Lebensversicherung (s. Maciaga et al. 2014) zeigt, lassen sich hierzu in Asien, aber auch in Europa sehr erfolgsversprechende Lösungen finden.

Auch in der Sachversicherung wird die „Commoditisierung" im Privatkunden- und standardisierbaren Gewerbegeschäft massiv fortschreiten. Anbieter, die sich dem reinen Preisspiel entziehen wollen, müssen auch hier Mehrwertleistungen anbieten, um anderen Versicherern, aber vor allem auch branchenfremden Anbieter Paroli bieten zu können. An dieser Stelle sei auf ein aktuelles, deutsches Beispiel verwiesen: So bietet die HUK-Coburg seit März 2014 in einem Pilotversuch neben Kfz-Versicherungen und dem damit verknüpften Management von Schadenfällen nun auch weiterreichende Services rund um das Auto ihrer Versicherungskunden an. Kunden der HUK-Coburg profitieren dabei von attraktiven Vorzugskonditionen (z. B. für Inspektionen, HU/AU, Reifenservice und Verschleißreparaturen), die HUK-Coburg selbst stärkt gleichzeitig ihre Werkstattpartner und schafft ein Gegengewicht zu Paketangeboten der Automobilhersteller.

**Hypothese 2: Die entscheidenden Veränderungen werden im Vertrieb stattfinden**
Auf der einen Seite werden die klassischen Personenvertriebe – Ausschließlichkeit, Makler, Banken – in ihrer heutigen Form signifikant an Leistungsfähigkeit und somit an Bedeutung verlieren. Ihre heute immer noch sehr kostenintensiven Ansätze werden sich künftig durch höhere Erträge rechnen müssen. Diese werden aber nur erreicht, wenn sie mittels

fachlich hochqualifizierter Beratung und Betreuung sowie von Kunden wahrgenommenen Dienstleistungen gerechtfertigt werden. Multi-Kontakt-Formate (d. h. die Verfügbarkeit einer Vielzahl unterschiedlicher Kommunikations- und Interaktionskanäle für Kunden), die zunehmende Integration von persönlichem und Remote-Vertrieb werden hierbei genauso zur Selbstverständlichkeit wie die stärkere Fokussierung von persönlichem Vertrieb auf Potenzialkunden in „höherwertigen" Marktsegmenten.

Der Sprung von einem bislang noch immer stark verkaufsgeprägten Ansatz zu einem beratungs- und serviceorientierten Betreuungsansatz wird vielen Vermittlern und Vertrieben jedoch vor dem Hintergrund der erforderlichen Investitionen oder mangels entsprechenden Willens nicht gelingen. Sie werden den Markt mittelfristig verlassen. Eine Reduktion der Anzahl der Vermittler in der deutschen Versicherungslandschaft um bis zu 40 % scheint nicht ausgeschlossen. So ist die Anzahl der Vermittler in GB im Zuge des Inkrafttretens von RDR (Retail Distribution Review), das ist das (verschärfte) Pendant zu IMD 2, innerhalb des Jahres 2013 um 30% gesunken.

Auf der anderen Seite wird die Bedeutung des Direktvertriebs zunehmen. Zum einen, weil Kunden immer mehr bereit und willens sind, auch anspruchsvolle Produkte über Distanzmedien zu kaufen. Zum anderen, weil dieser Vertriebsweg Versicherern die effiziente und effektive Bedienung des Massengeschäfts erlaubt. Hierzu ist eine konsequente Pull-Strategie, die entweder auf einer starken Marke oder preisaggressiven Angeboten fußt, unabdingbar.

Dass im Ergebnis insbesondere im Massenmarkt gewisse Kundengruppen wegen fehlender beziehungsweise reduzierter Ansprache nicht mehr erreicht werden, erscheint dabei zumindest mittelfristig unvermeidbar. Auch hier können Großbritannien und die Niederlande als Beispielmärkte herangezogen werden, in denen eine entsprechende „Beratungslücke" bereits heute existiert. Gleichzeitig stellen in diesen Märkten jedoch Anbieter wie Hargreaves Lansdown, Brand New Day oder Swinton Insurance eindrucksvoll unter Beweis, dass der Direktvertrieb durchaus geeignet ist, um auch anspruchsvolle Produkte wie Altersvorsorge ohne aufwändige persönliche Beratung im Massenmarkt zu verkaufen. Hargreaves Lansdown ist die führende B2C-Platform für Finanz- und Vorsorgelösungen in Großbritannien. Sie zeichnet sich durch eine überaus starke Marke, hohe Kundenzufriedenheit und sophistizierte, algorithmische Beratung aus. Brand New Day ist ein niederländischer Direktversicherer, der sich mit sehr aggressivem Marketing erfolgreich als Online-Anbieter für Altersvorsorgelösungen etabliert hat. Swinton Insurance bietet preissensitiven Kunden umfassende Lösungen (insbesondere in der Sachversicherung) im Direktvertrieb an. Ein zentraler Erfolgsbaustein ist das strategisch positionierte Filialnetz zur Sicherstellung der Markenwahrnehmung und persönlicher Nähe. Über 80 % des Swinton-Geschäfts erfolgt jedoch telefonisch oder online.

Zusätzlich werden Kooperationsmodelle erheblich an Bedeutung gewinnen, da Versicherer in Zeiten eines stärkeren Direktvertriebs Gefahr laufen, im Massenmarkt den Zugang zu Kunden in der Breite zu verlieren. In einer immer digitaleren Welt gewinnt der Besitz der Kundenschnittstelle und der damit verbundenen Verfügungsgewalt über Kundendaten immer mehr an Bedeutung – auch für den Versicherungsverkauf. Versicherer, die verglichen mit anderen Branchen über vergleichsweise bescheidene Datenbestände und damit Kundenwissen verfügen (so besitzen Banken neunmal mehr Kundentransaktionsdaten als Versicherer), müssen damit intelligente Kooperationsstrategien mit Besitzern von großen Kundenbeständen entwickeln, die ihnen langfristig diesen Zugang ermöglichen.

**Fazit**

Auch wenn der deutschen Versicherungsbranche immer wieder das Fehlen von Veränderungsbereitschaft und Innovationskraft nachgesagt wird, ist erkennbar, dass sich viele Versicherer bereits auf den Weg gemacht haben und aktiv neue Geschäfts- und Vertriebsmodelle entwickeln. Einer Branche, die sehr lange sehr stabile Verhältnisse und vor allem hohes Wachstum und hohe Profitabilität gewöhnt war, fällt es naturgemäß schwerer, ihr gewohntes, weil erfolgreiches Verhalten zu ändern. Die in den letzten Jahren eingetretenen, sich mehr und mehr verschärfenden Veränderungen der Rahmenbedingungen, haben jedoch viele Versicherer wachgerüttelt.

In Anbetracht der signifikanten Chancen und der Vielzahl von erfolgsversprechenden Veränderungsmöglichkeiten, stimmen wir in den oftmals bereits angestimmten Abgesang auf die deutsche Assekuranz nicht ein. Wir sind davon überzeugt, dass wir in den nächsten drei bis fünf Jahren vielmehr signifikante und erfolgreiche Änderungen der Geschäftsmodelle in der deutschen Versicherungsbranche sehen werden.

## Literatur

Gribat M, Stephan U, Maciaga B (2014) Aging: opportunities for growth in life. BCG-Studie

Maciaga B, Stange A et al (2014) Produkttrends in der Lebensversicherung. BCG-Marktstudie

Rapsch S, Reich N, Stange A, Seidl T, Houghton E, Becker M (2014) Change before you have to: new sales regulations as a strategic catalyst in Europe. BCG/AllianceBernstein, Working Paper

**Dr. Astrid Stange** ist Senior Partner bei The Boston Consulting Group (BCG) und leitet dort den globalen Sektor Lebensversicherung in der Praxisgruppe Insurance. Ihre Themenschwerpunkte liegen darüber hinaus auf den Themen Strategie, Transformation, Regulatorik und Vertrieb. Frau Dr. Stange ist promovierte Volkswirtin und war vor ihrem Einstieg bei BCG bei der Bertelsmann AG im Bereich Direktvertrieb aktiv.

**Dr. Nils Reich** ist Principal bei The Boston Consulting Group (BCG). Er ist Mitglied der globalen Praxisgruppe Insurance sowie der Praxisgruppe Risk/Value Management in Financial Services. Seine Themenschwerpunkte liegen hierbei in den Bereichen der Strategieentwicklung, Vertrieb und Lebensversicherung. Vor seinem Einstieg bei BCG arbeitete Nils Reich kurzzeitig im Risikomanagement der Münchner Rück und promovierte im Bereich Finanzmathematik an der ETH Zürich sowie der Chinese Academy of Sciences in Peking.

# 2 Gründe für die Veränderungsaversion deutscher Versicherungsunternehmen

Gabriele Zimmermann und Sarah-Louise Richter

**Zusammenfassung**

Veränderungen sind zum Dauerthema für Organisationen geworden. Dies betrifft auch die deutsche Erstversicherungsbranche in zunehmendem Ausmaß. Menschen und Organisationen sind nicht von Natur aus veränderungsfreudig, da Veränderungen Angst und Unsicherheit auslösen und es schon eines erheblichen Leidensdrucks bedarf, um liebgewonnene Routinen aufzugeben. Dennoch ist es bemerkenswert, welches Ausmaß die Veränderungsaversion der deutschen Versicherungsbranche hat. Unter anderem behindern in der Assekuranz die auf sehr lange Laufzeiten ausgelegten Produkte, schwerfällige Prozesse und ein ausgeprägtes Hierarchiedenken Veränderungen. Doch auch menschliche Faktoren, wie sehr homogene Mitarbeiter-Strukturen, konservative Betriebsräte und traditionsreiche, beamtenartige Unternehmenskulturen bringen Veränderungen ins Stocken. Dazu kommt, dass die Unternehmen sich in der Vergangenheit lange Zeit kaum mit Wettbewerb konfrontiert sahen und die Einnahmen aufgrund ertragreicher Kapitalmärkte gesichert waren. In den letzten Jahren hat sich dies enorm verändert. Die Kapitalmärkte schwächeln und die Erwartungen der Kunden haben sich gewandelt. In Deutschland steht die Versicherungsbranche derzeit unter einem enormen Veränderungsdruck. Dazu kommt, dass die Versicherungsaufsicht in Deutschland ein sehr strenges Auge auf die Branche hat und immer neue Anforderungen stellt, die den Spielraum für Innovationen beschränken. Die einzelnen Baustellen wären einzeln vermutlich gut zu überwinden gewesen. Im Zusammenspiel der vielen Interdependen-

G. Zimmermann (✉)
Köln, Deutschland
E-Mail: gabriele.zimmermann@fh-koeln.de

S.-L. Richter
Zürich, Schweiz
E-Mail: sarah-louise.richter@zurich.ch



G. Zimmermann (Hrsg.), *Change Management in Versicherungsunternehmen*,
DOI 10.1007/978-3-658-05974-3_2

zen der einzelnen Faktoren, hat sich jedoch eine herausfordernde Mischung für die Assekuranz entwickelt.

**Schlüsselwörter**
Veränderungsaversion deutscher Versicherungsunternehmen · Treiber für Veränderungen

## 2.1 Einleitung

Nichts charakterisiert das heutige Leben so sehr wie ständige Veränderung. Nicht nur Technik, Kommunikation und Wirtschaft entwickeln sich rasant, sondern Wandel ist zur stetigen Herausforderung und zur Daueraufgabe für Menschen und Organisationen geworden. Angesichts dieser Tatsache ist es bemerkenswert, dass die deutsche Versicherungswirtschaft sich mit Veränderungen offensichtlich schwer tut. Zunächst handelte es sich dabei um eine vage These, doch im Laufe von Recherchen und Gesprächen mit Fach- und Führungskräften aus der Branche wurde diese Vermutung vielfach bestätigt, die DNA der deutschen Assekuranz ist nicht offen gegenüber Veränderungen.

Einleitend schicken wir voraus, dass sich dieser Artikel ausschließlich auf die deutsche Erstversicherungsbranche bezieht. Die Rückversicherungsbranche ist ein sehr spezialisiertes Geschäftsfeld mit ausgeprägter internationaler Ausrichtung und arbeitet unter völlig anderen Rahmenbedingungen, beispielsweise im Hinblick auf Regulierung und Versicherungsaufsicht.

## 2.2 Veränderungen für Menschen und Organisationen

### 2.2.1 Individuen und Veränderungen

Veränderungen sind für Individuen oft mit negativen Emotionen verbunden und werden als bedrohlich erlebt. Katharina Ley, Psychoanalytikerin und Soziologin aus Bern bringt dies auf den Punkt: „Anklammern ist unsere Natur“ (Schöps 2011). Sicherheit ist das ganze Leben hindurch ein fundamentales Bedürfnis des Menschen.

In seiner Bedürfnispyramide zeigte der amerikanische Psychologe Abraham Harold Maslow, welche Bedürfnisformen den Menschen antreiben und Ursache für Motivation oder Demotivation sein können. Dabei stellt Maslow fest, dass das Sicherheitsbedürfnis des Menschen direkt auf die Grundbedürfnisse wie Nahrung und Schlaf folgt und damit zu den existenziellen Bedürfnissen zählt. Im Zuge der Entwicklung des Menschen und seines Ichs nach dem Verständnis von Sigmund Freud ist der Mensch völlig abhängig von der Befriedigung seiner Bedürfnisse. Bei Nichtbefriedigung erlebt er Ängste, die für ihn existenzbedrohend sind (Heidig et al. 2012, S. 33). Die Angst vor Veränderung ist also wissenschaftlich erklärbar und biologisch begründet. Egal, wie notwendig und gut die Veränderung von der rationalen Argumentation her auch sein mag, die Angst ist dennoch real und der Mensch muss lernen, damit umzugehen (Wimmer 2005).

Seit Jahren erhalten wir immer mehr Erkenntnisse aus der Hirnforschung, unter anderem dazu, wie das menschliche Gehirn auf Veränderungen reagiert. Auf diese Weise haben wir eine weitere Erklärung dafür erhalten, warum Menschen „Gewohnheitstiere" sind:

> Neues zu verarbeiten verschlingt im Hirn große Mengen Zucker und Sauerstoff. Wann immer es mit solchen komplexen Aufgaben konfrontiert ist, versucht es, Energie zu sparen. Dazu wandelt es alles Tun so schnell wie möglich in Routinehandlungen um. Denn im Vergleich zur Ressourcen fressenden Großhirnrinde sind die darunter liegenden Basalganglien, die über 90% unserer Alltagshandlungen steuern, extrem sparsam. Wenn wir brav Automatisiertes ausführen – vom Gehen übers Teekochen bis zum morgendlichen Gruß an die Kollegen -, belohnt uns das Gehirn: Es schüttet körpereigene Opiate, also Wohlfühldrogen, aus. Dies ist ein zentraler Grund dafür, warum uns Gewohnheiten wahrhaft lieb sind (Schöps 2011).

Neues stößt damit naturgemäß auf wenig Begeisterung. Der Bremer Neurobiologe Gerhard Roth ergänzt: „Der Leidensdruck muss schon erheblich sein, um sich auf Fremdes einzulassen" (Schöps 2011). Denn aus als erfolgreich erlebten Problemlösungsstrategien bilden sich Handlungs- und Verhaltensmuster heraus, auf die Menschen automatisch zurückgreifen und die neuen Aspekte einer Situation oder Herausforderung erst einmal verdrängen. Dadurch wird die Situation als beherrschbar und weniger bedrohlich empfunden, das Verhalten hat also eine Schutzfunktion. Durch das Ausblenden der Unsicherheiten und Risiken lebt der Mensch angstfreier. Und die Rede vom Leidensdruck ist dabei gar nicht so metaphorisch wie es scheinen mag, denn gravierende Veränderungen, vor allem wenn sie negativer Natur sind wie zum Beispiel Jobverlust oder das Ende einer Beziehung, lassen im menschlichen Gehirn die gleichen Areale aktiv werden wie körperlicher Schmerz (vgl. Kross et al. 2011) So wird die Reaktion von Individuen auf Veränderungsdruck nachvollziehbar: Vielfach wird eine offensichtlich nötige Veränderung nicht angegangen, da die Notwendigkeit zugunsten des bewährten und bekannten Verhaltens einfach verdrängt wird. (siehe auch Kap. 4) (Abb. 2.1).

Wenn jedoch der Leidensdruck hoch genug ist kommt es infolge wiederholtem negativen Erlebens zu einer Neubewertung der Situation mit der Einsicht, dass sich etwas ändern muss. Dies bedeutet für das Individuum nicht nur das Erlernen von Neuem, sondern auch das Verlernen von Althergebrachtem. Um aber Routinen aufzubrechen und durch Neues zu ersetzen, braucht es viel Energie und Durchhaltevermögen.

### 2.2.2 Gruppen und Veränderungen im Unternehmensumfeld

Der Mensch ist ein soziales Wesen; Gruppen sind in der Sozialisation des Menschen die „urtümlichste und unabdingbarste Erscheinungsform" (vgl. Heidig et al. 2012, S. 46). Und diese Gruppen entwickeln ein Eigenleben und werden so zu sich selbst erhaltenden Systemen. In diesem Zusammenhang wird das Phänomen des Gruppendrucks interessant. Die Gruppe verhindert das differenzierte Denken des Einzelnen durch latenten und anonymen Druck, der die Interessen der Gruppe wahrt und das Individuum in den Hintergrund stellt.

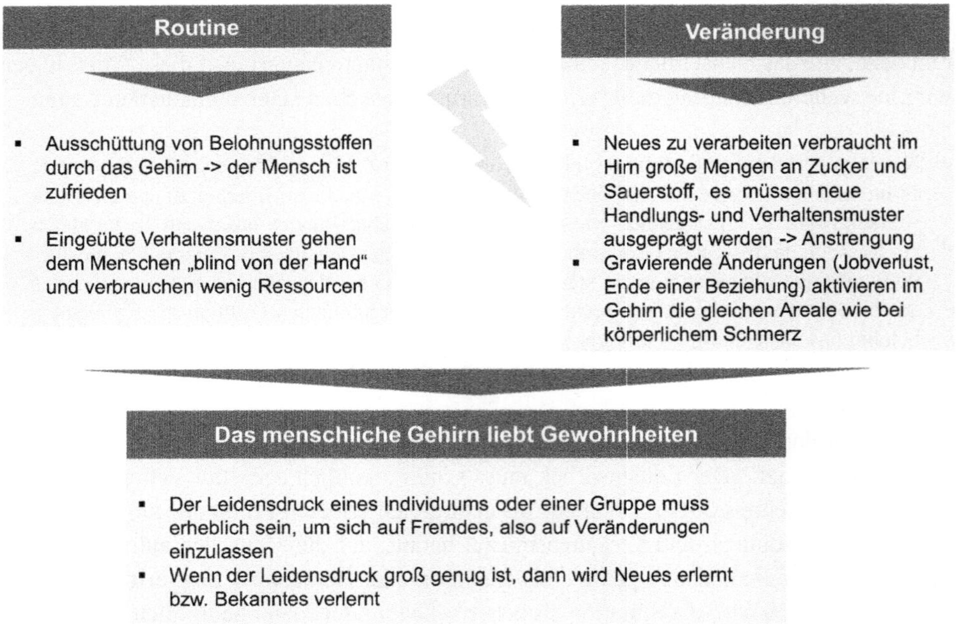


**Abb. 2.1** Hirnforschung und Veränderungen

Der Mensch ist von seinem sozialen Umfeld, welches heute maßgeblich auch die Arbeitsgruppe ist, abhängig. Dieses Gefüge gefährdet zu sehen, zum Beispiel durch Arbeitsplatzverlust, ist „wahrscheinlich eine der Gefahren, die mit den allergrößten Ängsten verbunden ist" (Linder und Zijderverldt 1990, S. 13). Wir sehen also, dass Veränderungen für Menschen schwer sind, und für Gruppen noch schwerer. Denn in der Gruppe muss nicht nur ein Einzelner mit der Veränderung kämpfen und diese als positiv annehmen, sondern in der Gruppe (also auch im Unternehmen) muss auch noch die rahmengebende soziale Struktur die Veränderung durchmachen, was zusätzlich Ängste und Verunsicherung auslöst und somit zu Verdrängung und Widerstand gegen die Veränderung führt (vgl. Heidig et al. 2012, S. 31).

Ebenso lässt sich das Einüben von als erfolgreich identifizierten Problemlösungen und Verhaltensweisen nicht nur beim Individuum erkennen, sondern auch in Gruppen. Hier nehmen eingeübte Handlungskonzepte nach und nach die Form einer Kultur und gemeinsamer Werten an (vgl. Heidig et al. 2012, S. 40). Im Unternehmen sprechen wir dann von der in den letzten Jahren vielbeschworenen Unternehmenskultur. Auch hier lösen Veränderungsprozesse tiefgreifende Ängste aus, weil die Basis, der „genetische Code" (vgl. Heidig et al. 2012, S. 51) der Organisation, in Frage gestellt wird und das soziale Gefüge ins Wanken gerät. Erschwerend kommt hinzu, dass der „Change" in der Regel aus den Management-Ebenen verordnet wird, und die breite Basis wenig bis gar keinen Anteil am Veränderungsprozess hat. Die Mehrheit der Beschäftigten erlebt die Organisation aus der Froschperspektive, da sie keinen Ein- und Überblick in das gesamthafte betriebliche

Geschehen hat (vgl. Linder und Zijderverldt 1990, S. 13). Dies besetzt Veränderungen zusätzlich mit dem negativen Gefühl des Ausgeliefert-Seins, und Menschen halten umso mehr an Vertrautem fest, je weniger sie das Gefühl haben, die Situation im Griff zu haben (Nuber 2011).

Mit Rückgriff auf die bereits erwähnte Bedürfnispyramide von Maslow lässt sich feststellen, dass die Menschen am Arbeitsplatz einen erheblichen Anteil ihrer Bedürfnisse befriedigen können. Durch den verdienten Lohn können sie die körperlichen Grundbedürfnisse sowie eine sichere Unterkunft und soziale Aktivitäten finanzieren, sie erhalten Anerkennung für ihre Leistung, sind Teil einer sozialen Gruppe und nicht selten geht mit einem Arbeitsplatz auch soziale Geltung und Prestige einher. Ist dies alles durch für den Einzelnen beziehungsweise die Gruppe nur teilweise oder gar nicht nachvollziehbare Veränderungen in Gefahr, ist erheblicher Widerstand und Veränderungsaversion die Folge.

## 2.3 Besondere Merkmale der deutschen Versicherungsbranche

### 2.3.1 Historische Entwicklung der Versicherung in Deutschland

Ihre Entstehungsgeschichte prägt die Branche bis heute. Bereits um das Jahr 800 herum bildeten sich genossenschaftliche Zusammenschlüsse, die Urformen des Versicherungsvereines auf Gegenseitigkeit (VVaG), welche zu Anfang des 19. Jahrhunderts erstmals als formale Institutionen in Erscheinung traten. Außerdem entstanden Versicherungen durch staatliche Bemühungen, woraus die öffentlich-rechtlichen Versicherer (ör-VR) hervor gingen. Diese Versicherungsunternehmen wurden von der öffentlichen Hand getragen und hatten oft eine staatlich gesicherte Monopolstellung inne, teils verbunden mit einer Zwangsmitgliedschaft der Versicherten. Die Sozialgesetze von Otto von Bismark legten 1883 den Grundstein für die deutschen Sozialversicherungssysteme auf Basis der öffentlich-rechtlichen Versicherung, die zu den umfassenden Sozialversicherungen wurden, wie wir sie heute kennen (vgl. Europavertretung 2013). Mitte des 18. Jahrhunderts kam in Deutschland als dritte Form die private Versicherung als gewinnorientiertes kaufmännisches Unternehmen hinzu. Diese Dreiteilung bildet bis heute die Grundstruktur am deutschen Versicherungsmarkt, obwohl durch die gemeinsame Versicherungsaufsicht und zunehmende Standardisierung gewisse Angleichungstendenzen der drei Zweige eingetreten sind (vgl. Rahlfs 2007, S. 128).

Die Versicherungswirtschaft in Deutschland war stets ein abgeschotteter Markt ohne internationale Einflüsse (vgl. Kuhlmann 2002, S. 19). Zum einen ist dies durch die Natur des Versicherungsgeschäftes als „local business" (vgl. Farny 2011, S. 171) zu erklären. Die zu versichernden Risiken haben einen starken nationalen und regionalen Bezug, es ist beispielsweise von kulturellen, historischen und gesetzgeberischen Aspekten abhängig, ob, warum und in welchem Umfang Versicherungsschutz nachgefragt wird. Versicherungsschutz ist dazu ein sehr komplexes Produkt, zu welchem die Verbraucher (insbesondere in der Zeit vor der Verbreitung des Internets) persönliche Beratung und Betreuung vor Ort benötigten. Zum anderen besteht in Deutschland seit 1901 eine ausgeprägte und strenge Versicherungsaufsicht, die so weit ging, dass Versicherer sich ihre Prämien und Versicherungsbedingungen von der Aufsichtsbehörde vor der Markteinführung genehmigen lassen mussten. Dies schränkte die Gestaltungsspielräume für die Versicherungsunternehmen und den Wettbewerb am Markt stark ein.

### 2.3.2 Strukturen im Wandel

„Der Versicherungsmarkt glich einem Naturschutzpark" stellte Prof. Dr. Fred Wagner auf der 9. Öffentlichen Versammlung des Vereins zur Förderung der Versicherungswissenschaften fest (vgl. Kuhlmann 2002, S. 19). Durch das Inkrafttreten der 3. Versicherungsrichtlinie der Europäischen Union am 01.07.1994 und der Transformation in nationales Recht durch die Novelle des Versicherungsaufsichtsgesetzes (VAG) vom 21.07.1994, erlebte die deutsche Assekuranz enorme Umbrüche. Zu den wesentlichen Änderungen zählten dabei (vgl. Farny 2011, S. 114 f.):

- Prinzip der Sitzlandaufsicht: alle deutschen Versicherungsunternehmen dürfen in den EU/EWR-Staaten Geschäft betreiben und werden von der deutschen Versicherungsaufsicht betreut. Vice versa dürfen Versicherer aus anderen EU/EWR-Staaten in Deutschland ohne gesonderte Genehmigung agieren und werden von den Aufsichtsbehörden in ihrem jeweiligen Land betreut. Damit wird ein europäischer Binnenversicherungsmarkt geschaffen.
- Die Versicherungsaufsicht darf bei Missständen, insbesondere jedoch, wenn die dauernde Erfüllbarkeit der Versicherungsverträge gefährdet ist, geeignete Maßnahmen ergreifen.
- Produkte, Versicherungsbedingungen und Preise werden von den Versicherern ohne vorherige Genehmigung durch die Aufsichtsbehörde gestaltet (hier gibt es jedoch Ausnahmen, vor allem in der Kranken- und Lebensversicherung), ebenso können die Vertriebssysteme und internen Geschäftsprozesse frei gestaltet werden.

Im Zuge der Deregulierung hat sich der Versicherungsmarkt erstmals mit ernstzunehmendem Wettbewerb konfrontiert gesehen. Es entwickelte sich ein Käufermarkt, in dem das Angebot die Nachfrage übersteigt und die Versicherer aktiv um Kunden werben müssen (vgl. Kuhlmann 2002, S. 20).

Um die Jahrtausendwende nahmen die Solvency-Überlegungen der EU Gestalt an. Ein Ziel von Solvency II ist es, einen weitgehend homogenen europäischen Versicherungsmarkt zu schaffen. Das konnte bisher aber nicht wie geplant realisiert werden, da sich die Voraussetzungen und Situationen in den einzelnen Mitgliedsstaaten dafür als zu unterschiedlich erwiesen haben (vgl. Fromme 2013). Dennoch nimmt die schrittweise Umsetzung der Richtlinien erheblichen Einfluss auf den Versicherungsmarkt. Kurz gesagt wird damit gesetzlich reglementiert, dass in der EU operierende Versicherer die Risiken ihres Geschäfts kennen und quantifizieren müssen, und in der Folge über eine den Risiken angemessene Kapitalausstattung verfügen müssen. Hinzu kommen Bestimmungen über zu schaffende Transparenz und einzuhaltende Bilanzierungsstandards, die internationale Vergleichbarkeit fördern.

Die Finanzmarktkrise hinsichtlich der US-Immobilienblase von 2008/2009 und die darauf folgende Euro- und Staatsanleihen-Krise machen den Versicherern schwer zu schaffen. Das nun schon längere Zeit persistierende Niedrigzinsumfeld ist besonders für die Lebensversicherung problematisch, da für jahrzehntelang laufende Verträge Garantiezinsversprechen erfüllt werden müssen. Am Kapitalmarkt lassen sich die in den Verträgen festgeschriebenen Zinssätze allerdings kaum noch erwirtschaften. In der Branche tobt seit der Deregulierung außerdem ein heftiger Preiskampf. Die Gewinnmargen sinken, es herrscht hoher Kostendruck, Kunden erwarten flexible und individuelle Lösungen vom Produkt Versicherung und sind durch das Internet vielfach gut informiert und sehr preisbewusst (vgl. YouGov 2012). In der Umfrage „Change Barometer 4" wurden die Entwicklung der Kapitalmärkte, regulatorische Zwänge, steigende Anforderungen an Versicherungsprodukte und die Bindung von Talenten als die vier größten Herausforderungen für die Versicherungsbranche identifiziert (vgl. Mutaree 2014)

Derzeit befinden sich die Rahmenbedingungen für die Versicherer im raschen Wandel. EU-Programme wie Solvency, neue internationale Erwartungen an die Rechnungslegung, Bestimmungen zum Verbraucherschutz etc. kommen nach der Deregulierung einem Trend zur Re-Regulierung gleich. Die aktuelle Diskussion um den Abbau beziehungsweise radikalen Umbau staatlicher Leistungen, zum Beispiel in der Altersvorsorge und der Krankenversicherung zugunsten privater Vorsorgesysteme ist eine große Chance für die Versicherer, stellt diese aber auch vor neue Herausforderungen. Auch die Folgen der demographischen Entwicklung, zunehmende Langlebigkeit und die verbreitete Nutzung von neuen Technologien beeinflussen das Marktumfeld. Die Globalisierung hat Einzug genommen, denn obwohl die Erstversicherungsmärkte nach wie vor stark national orientiert sind, haben ausländische Versicherer in Deutschland mittlerweile einen Marktanteil von circa 25 % inne und deutsche Versicherer erzielen ihrerseits signifikante Erträge im Ausland (GDV 2010). Dennoch sind die Wettbewerbsauswirkungen des europäischen Binnenversicherungsmarktes weniger stark ausgefallen als erwartet, vor allem aufgrund von unterschiedlichen Versicherungskulturen in den einzelnen Ländern, hohen regionalen Unterschieden in den Risiken und einem generellen Misstrauen der Kunden gegenüber ausländischen Versicherern (vgl. Rahlfs 2007, S. 129).

Wir sehen, dass die Branche auf der einen Seite unter enormem Veränderungsdruck steht, auf der anderen Seite musste sie sich mit diesem Thema in ihrer Entstehungsgeschichte kaum auseinandersetzen. Sicherlich hat die Branche in den letzten zehn Jahren wichtige Veränderungen vorgenommen, wobei der Fokus auf Kostenreduzierungen gelegen hat. Kostenreduzierungen werden aber nicht reichen, um den vielfältigen Veränderungstreibern Rechnung zu tragen. Es wird darum gehen, die Geschäftsmodelle neu zu gestalten, um wettbewerbsfähig zu bleiben (Kap. 1). Wie in Abschn. 2.2 beschrieben wurde, tun sich Unternehmen und Individuen schwer, Veränderungen proaktiv zu gestalten. Hier wird die These vertreten, dass sich die deutschen Erstversicherungsunternehmen besonders schwer damit tun, umfassende Veränderungen erfolgreich umzusetzen. Im Folgenden wird näher betrachtet, was die besonderen Gründe für die Veränderungsaversion deutscher Versicherungsunternehmen sind.

## 2.4 Gründe für die Veränderungsaversion deutscher Versicherungsunternehmen

### 2.4.1 Produkte und Prozesse

Das wohl auffälligste Merkmal, wenn man über Versicherungen und deren Einstellung gegenüber Veränderungen nachdenkt ist sicherlich, dass Veränderungen, die zwangsläufig Risiko und Unsicherheiten bedeuten, schlicht das Gegenteil des Versicherungsgedankens darstellen. Sicherheit ist nach einer Studie der Strategieberatung Bain & Company „traditionell ein Kernversprechen der Versicherungsbranche“ (vgl. Bain & Company 2012). Vor allem in der Sparte mit dem höchsten Anteil an Prämienvolumen, der Lebensversicherung, gelten lange Vertragslaufzeiten, welche auf jahrzehntelange Stabilität ausgelegt sind. Dementsprechend lang sind auch die Produktlebenszyklen. Die spezifischen Vertragsbedingungen gelten ebenfalls über die gesamte Laufzeit, was wiederum die Geschäftsprozesse lähmt, da die verschiedenen Produktgenerationen noch lange berücksichtigt werden müssen.

Damit einher geht, dass nach der rasanten technischen Entwicklung der letzten 30 Jahre in den Versicherungsunternehmen ein bunter Strauß verschiedenster Bestandsführungssysteme parallel im Einsatz ist.

> Ein Indikator für überhöhte Komplexität und hohen Kostenaufwand ist allein die Anzahl an existierenden Applikationen in der Assekuranz. So verwenden einzelne Versicherungsunternehmen bis zu 100 verschiedene Applikationen (Rüedi 2005).

Die Vielzahl an System-Schnittstellen und rares Expertenwissen über die einzelnen Applikationen macht es schwierig und vor allem teuer, die IT regelmäßig an die aktuellen Anforderungen und den technischen state of the art anzupassen. Daher bleiben die Unternehmen oft einfach beim status quo und verhindern damit Innovationen.

Produktinnovationen sind trotz der Abschaffung der Vorabgenehmigung durch die Versicherungsaufsicht weiterhin nur begrenzt möglich, beispielsweise durch das Verbot versicherungsfremder Geschäfte, das Spartentrennungsprinzip und die Aufsicht über die rechtliche Zulässigkeit von Versicherungsgeschäften. Behindert werden Innovationen zusätzlich dadurch, dass neue Produkte oder Verfahren nicht als Patente oder durch Urheberrechte geschützt werden können. Der dadurch eventuell zu erlangende Wettbewerbsvorteil ist also sehr schnell wieder verloren, da Konkurrenten diesen leicht ebenfalls nutzen können. Wirkliche Produktneuerungen gibt es auf dem Versicherungsmarkt kaum. Für den Kunden bestehen aufgrund der hohen Abschlusskosten und der langfristig ausgelegten Verträge vor allem in der Lebens- und Krankenversicherung enorme Wechselhürden, daher ist die Bindung an ein einmal gekauftes Versicherungsprodukt hoch.

Im Zuge der Kapitalmarktkrisen, niedrigen Zinsen und der Rückbesinnung auf das eigentliche Kerngeschäft sind für die Branche Ansätze zur Prozessanalyse und -optimierung wie zum Beispiel Lean Management interessant geworden. Doch auch diese Bemühungen sind erst durch massiven Druck aufgrund von äußeren Einflüssen zu Stande gekommen und dienen weniger der Innovation, sondern sind meist Cost-Cutting-Programme, um das Geschäft profitabel zu halten. Trotz aller Analysen und Optimierungswünsche, ist die Herkunft der Wertschöpfung bei Versicherungsprodukten aber schwierig festzustellen und nicht zweifelsfrei lokalisierbar. Die Produktionskette ist nicht, wie zum Beispiel bei einem mechanischen Bauteil, Schraube für Schraube nachvollziehbar. Das erschwert erfolgreiche Restrukturierungsprozesse zusätzlich.

In der Kategorie Produkte lässt sich festhalten: Veränderung ist der natürliche Widerspruch zum langfristigen Geschäftsmodell, die Produkte und damit auch die internen Prozesse sind sehr komplex und aufwändig zu ändern. Zudem ist der Innovationsspielraum regulatorisch begrenzt und Konkurrenz als einer der Haupttreiber für Veränderungen spielte in der Versicherungsbranche jahrzehntelang so gut wie keine Rolle. Derzeit finden tatsächliche Innovationsbemühungen hauptsächlich im Bereich der Digitalisierung (z. B. Kundenportale im Internet) statt, da die Versicherungsbranche auf diesem Gebiet noch weit hinter anderen Branchen zurücksteht. Die Altlasten aus vielen verschiedenen Produktgenerationen, Bedingungen und Tarifen sowie unterschiedliche Bestandsführungssysteme mit mangelnder technischer Unterstützung stellen sich allerdings als Hemmschuh heraus und verzögern die Entwicklung. Mittlerweile ist der Wettbewerbsdruck in einem gesättigten Marktumfeld durch sinkende Prämieneinnahmen, einen rigorosen Preiskampf in der Kompositversicherung sowie niedrige Zinsen und volatile Kapitalmärkte in der Lebensversicherung sehr groß geworden. Somit ist der Leidensdruck nunmehr groß genug und umfassende Veränderungen kommen in Gang.

### 2.4.2 Mitarbeiter

Nach den Ausführungen im ersten Kapitel über die natürliche Veränderungsscheu von Menschen, betrachten wir als nächstes den Faktor Mensch im Versicherungsunternehmen und seinen Anteil an der Veränderungsaversion.

Das Geschäftsmodell und Image der Versicherungsbranche ist Beständigkeit und Stabilität. Die Branche gilt seit jeher als konservativ und sicher. Dies wirkt sich auf die Personen aus, die sich dort für eine Arbeitsstelle bewerben beziehungsweise eine Ausbildung in diesem Bereich anstreben. Als es der Branche in den 1980er und 1990er Jahren wirtschaftlich sehr gut ging, wurden aus den geburtenreichen Babyboomer-Jahrgängen viele Mitarbeiter rekrutiert, die heute aufgrund ihrer langjährigen Erfahrung und ihres Alters den größten Teil der Führungspositionen in den Unternehmen innehaben und somit die

Unternehmenskultur wesentlich prägen. Angezogen von der Versicherungsbranche wurden aufgrund ihres Geschäftsmodells vor allem konservative und sicherheitsorientierte Charaktere, und diese wurden auch im Bewerbungsprozess bevorzugt eingestellt. Bei der Einstellung und Beförderung von Mitarbeitern ist die Neigung, Menschen zu bevorzugen, die dem eigenen Verhalten, der eigenen Herkunft und den eigenen Werten möglichst ähnlich sind, ein häufiges Phänomen, das sogenannte Ähnlichkeitsphänomen (vgl. Scholz 2011, S. 214). So wird die Veränderungsscheu der Individuen, auch in Entscheider-Positionen, zum Teil der Unternehmenskultur und zum sich selbst erhaltenden System.

Beförderungen im Unternehmen verlaufen meist „im Schornstein", also entlang eines vorgezeichneten Karriereweges, zum Beispiel innerhalb eines Geschäftsbereiches oder einer Abteilung. Dabei entwickeln die Mitarbeitenden zwar sehr spezifisches Fachwissen, aber keine breite Kenntnis von Zusammenhängen, anderen Branchen, Bereichen, Funktionen oder Projektarbeit. Das führt dazu, dass die Mitarbeiter sehr stark bereichs- oder abteilungsorientiert denken und wenig neue Ideen aus anderen Blickwinkeln einbringen können.

Darüber hinaus waren in Versicherungsunternehmen die Orientierung der Mitarbeiter und Führungskräfte an den Werten Stabilität, Vorsicht und Beständigkeit von jeher ein Qualitätsmerkmal. So bildete sich eine Art „heimliches Beamtentum" in den Mitarbeiterstrukturen heraus. Dies betrifft insbesondere den Innendienst, von dem in den Konzernzentralen die wegweisenden Entscheidungen getroffen werden. Dies wird durch die Tatsache unterstrichen, dass die Mitarbeiterfluktuation in den Versicherungsunternehmen sehr niedrig ist und Stellen kaum mit externen Bewerbern besetzt werden. Quereinsteiger, die nicht aus der Branche stammen, gibt es im Innendienst nahezu gar nicht.

Die Babyboomer-Generation wird auch noch für gut ein Jahrzehnt den größten Teil der Führungspositionen besetzen. Wie eingangs festgestellt, finden sich dort in deutschen Versicherungsunternehmen häufig Menschen mit einer konservativen Grundeinstellung, welche eher als Veränderungsbremse wirken dürften, statt als Motor. Um Veränderungen anzustoßen und umzusetzen, braucht man jedoch Vorbilder, die den Wandel aktiv vorantreiben (vgl. Heidig et al. 2012, S. 65). Das konservative Mindset der Führungskräfte in der Branche ist also ein großes Hindernis für Veränderungen. Dazu kommt noch, dass die Führungskräfte in der Assekuranz nicht gelernt haben, wie man Veränderungsvorhaben erfolgreich umsetzt. Eine flächendeckende, systematische Ausbildung der Führungskräfte auf dem Gebiet des Veränderungsmanagements würde hier helfen, ist aber noch kein Standard in der Branche. Und nun, da erheblicher Veränderungsbedarf durchzusetzen ist, fehlt in der Versicherungsbranche das Handwerkszeug für den adäquaten Umgang mit diesen Prozessen. Das ist ein weiterer Grund dafür, dass Veränderungen von den Mitarbeitern eher abgelehnt bis hin zu blockiert werden, denn was man nicht kennt und kann, lehnt man verständlicherweise ab.

Und es geht noch weiter: für die Mitarbeiter in der Assekuranz ist Veränderung aus Erfahrung ein negativ besetzter Prozess. In der Versicherungsbranche handelt es sich bei Veränderungsprozessen bisher in der Regel um Cost-Cutting Programme, die Mitarbeiter-Freisetzung bedeuten. Dazu wurden in der Branche keine betriebsbedingten Kündigungen ausgesprochen, sondern Aufhebungsverträge angeboten. Erfahrungsgemäß nehmen diese Angebote aber die flexiblen und gut ausgebildeten Mitarbeiter in Anspruch, welche man für erfolgreiche Change Prozesse brauchen würde; und es bleiben die umso mehr auf Beständigkeit bedachten Personen im Unternehmen. Für die Mitarbeiter wird Veränderung also von oben beziehungsweise außen vorgegeben und umgesetzt, mit meist negativen Konsequenzen für sie selbst wie Neu-Organisation von Teams, Auflösung oder Zusammenlegung von Abteilungen oder sogar den Verlust des Arbeitsplatzes. Die Mitarbeiter sind an diesen Restrukturierungen meist nur passiv beteiligt, von ihnen werden die Veränderungen regelrecht „erlitten". Dadurch konnte sich keine positive Veränderungskultur etablieren, zumal die Mitarbeiterschaft in der Versicherungsbranche ein geschlossenes System mit wenig externen Neuzugängen ist.

Damit sich junge und kreative Köpfe mit frischen Ideen für die Branche interessieren, muss erst ein entsprechendes Umfeld geschaffen werden, welches für diese neue Zielgruppe von Talenten ansprechend ist. Hier findet sich also eine der vier großen Herausforderungen „Bindung von Talenten" wieder. Ein Blick auf die Mitarbeiterstrukturen untermauert diese Sichtweise. In den Versicherungsunternehmen in Deutschland findet sich eine homogene Belegschaft, Diversity als Unternehmensrealität konnte sich bisher nicht durchsetzen. Auch sind deutlich mehr ältere als jüngere Arbeitnehmer an Bord. Eine Belegschaft, die in sich homogen ist, von ähnlichen Grundeinstellungen geprägt und mit geringem Zufluss von jungen und diversen Ideen, bildet eine sehr stabile Unternehmenskultur, die sich allerdings mit Veränderungen, Dynamik und flexiblem Agieren am Markt schwer tut.

Zum Faktor Mitarbeiter kann man also zusammenfassen: Menschen sind von Grund auf veränderungsscheu. Der Unternehmenszweck „Versicherung" und das Image der Versicherungsbranche haben dazu geführt, dass sich in Versicherungsunternehmen in besonderem Maße konservative, auf Beständigkeit ausgelegte Charaktere finden, die auch die Positionen der Entscheider inne haben. Frische Ideen von außen kommen kaum ins Unternehmen, denn externe Stellenbesetzung ist die Ausnahme. Außerdem hemmen beamten-artige Strukturen und gelernte negative Erfahrungen mit Veränderungsprozessen die Bereitschaft, an diesen teilzunehmen oder sie sogar proaktiv einzuleiten. Die Mitarbeiterstruktur ist aus diesen Gründen wenig offen für Veränderungen. Um das zu ändern, braucht es eine kritische Masse von mindestens 20 % veränderungsfreudigen Mitarbeitern. Eine Chance sind die Auszubildenden, die die Unternehmen als Change Agents einsetzen können (siehe Kap. 13).

### 2.4.3 Unternehmenskultur

Aus dem Thema der Veränderungsaversion von Mitarbeitern folgt unweigerlich die Frage nach der daraus resultierenden übergreifenden Unternehmenskultur und ihrem Einfluss auf Veränderungen. Als Unternehmenskultur werden alle Normen, Werte und Einstellungen im Unternehmen angesehen, die die Handlungen, Entscheidungen und das Verhalten der Organisationsmitglieder prägen (vgl. Doppler und Lauterburg 2008, S. 472).

Allgemein gilt, dass jede Organisation, genau wie ihre Mitarbeiter grundsätzlich veränderungsscheu ist. Die OECD merkte 2009 in ihrem Management-Index, der die Reformfähigkeit eines Landes misst, außerdem an, dass Reformen in Deutschland sehr schwer durchsetzbar sind und auf wenig Akzeptanz stoßen (vgl. Läsker 2009). Der Management-Index bezieht sich zwar auf politische Geschichtspunkte, gibt aber dennoch einen Anhaltspunkt über die Grundeinstellung eines Landes und seiner Kultur zu Reformen und Veränderungen. Die These liegt also nah, dass deutsche Unternehmen per se eher veränderungsscheu sind. Für die Versicherungsbranche fällt Peter Heidkamp von der Unternehmensberatung KPMG gar das vernichtende Urteil „Gute Ideen werden im Keim erstickt" (vgl. Krieger 2014).

In der Versicherungsbranche ist auffällig, dass die Unternehmen eine sehr lange Tradition aufweisen können, viele blicken sogar auf eine mehr als hundertjährige Unternehmensgeschichte zurück. In vielen Häusern herrscht eine sehr langlebige und traditionalistisch geprägte Unternehmenskultur, das gesamte Handeln und Denken ist auf Stabilität und Kontinuität ausgerichtet. Historisch gewachsen sind mit diesen Traditionen auch bestimmte Arbeitsabläufe und starre Hierarchien verbunden, welche schwer aufzubrechen sind. Die besondere Hierarchieorientierung ist nicht nur in den Versicherungsunternehmen, sondern in Deutschland generell ausgeprägt.

Ebenfalls konnte sich die Assekuranz jahrzehntelang auf einem stabilen Geschäftsmodell und guten Gewinnen, geschützt durch nationale Aufsichtsgesetzgebung ausruhen, wodurch Veränderungsaversion ein fester Bestandteil der Unternehmenskulturen in der Branche geworden ist. Denken wir noch einmal daran, dass sich Menschen nur verändern, wenn der Leidensdruck groß genug ist, dann ist davon auszugehen, dass sich die Tatsache der jahrzehntelangen rentablen Geschäftssituation verstärkend negativ auf die Veränderungsbereitschaft der Mitarbeiter ausgewirkt hat. Das Geschäftsmodell der Versicherungen, Unsicherheiten und Risiken abzusichern wirkt dazu noch als weiterer Verstärker für die Aversion gegenüber Veränderungen.

Veränderung als einen normalen Prozess in der Unternehmensgeschichte oder sogar als Dauerzustand anzusehen (was in der Ratgeberliteratur derzeit als Kernfaktor für erfolgreiche Unternehmen propagiert wird), ist in der Versicherung bisher nicht angekommen. Zudem fehlt es an einer konstruktiven Fehlerkultur, was sich aus dem Geschäftsmodell der Absicherung von Risiken erklärt. Veränderungsprozesse werden jedes Mal aufs Neue als außergewöhnlich betrachtet und vor allem als vorübergehend, doch eine Phase der Konsolidierung gibt der sich immer schneller verändernde Markt und der Reformstau in der Versicherungsbranche nicht mehr her. Durch fehlende Praxis und einem Mangel an positiven Erfahrungen mit Veränderung und Risiko, konnte sich bisher auch noch keine positive, fehlertolerante Kultur entwickeln, welche Pioniergeist und Wagnisse honoriert. Stattdessen herrschte lange Zeit eher eine „Nörgelkultur", jedoch ohne echte Ambitionen, aus dieser Situation heraus Veränderungen anzustreben.

Sowohl im Innen- als auch im Außendienst herrschte in der Vergangenheit eine enorm starre Hierarchie, die erst in den letzten Jahren aufgebrochen wurde. Zwischen einem Sachbearbeiter und dem Vorstand gab es durchaus zehn Hierarchieebenen. Und diese bestanden nicht nur auf dem Papier, sondern die Hierarchiehörigkeit ist in der Versicherungsbranche sehr ausgeprägt. Problematisch ist daran, dass Organisationen mit vielen Hierarchiestufen schwerfällig und ineffizient sind, Informationen und Ideen gehen unterwegs verloren und das Denken in Positionen statt in Prozessen behindert die Dynamik. Über die Hierarchiestufen hinweg werden überdies, vor allem auf der operativen Sachbearbeiterebene, viel Arbeit kontrolliert und enge Vorgaben gemacht. Einerseits ist dies natürlich gerade in der Finanzdienstleistungsbranche wichtig, um Betrug und folgenschwere Fehler zu verhindern, andererseits verselbstständigt sich dieses Kontrollsystem, und die Belegschaft wird quasi dazu erzogen, nicht mehr eigenverantwortlich zu denken und zu handeln. Diese Entwicklung wirkt sich auf das ganze Unternehmen aus. Doppler und Lauterburg illustrieren dies folgendermaßen:

> Kontrastreich hebt sich davon eine Unternehmenskultur ab, die auf Absicherung beruht. Jedermann ist froh, wenn „die oben" sich alle Entscheidungen vorbehalten. Dieser Zustand hat den Vorteil, dass man über „die Hierarchie" jammern kann, ohne je befürchten zu müssen, in die Mündigkeit, sprich Selbstverantwortung entlassen zu werden. (Doppler und Lauterburg 2008, S. 112)

Eine andere Facette der versicherungsspezifischen Kultur ist der Fokus auf Fachwissen und produktorientiertem Denken. Rahlfs bemerkt, dass sich in der Versicherungsbranche über die Jahrzehnte ein stark produktorientiertes Denken etabliert hat (vgl. Rahlfs 2007, S. 7). Es wurde nicht in kundenorientierten Lösungen gedacht, sondern wie die existierenden Produkte möglichst gewinnbringend an den Abnehmer gebracht werden können. Die Kultur in den Unternehmen war bis vor wenigen Jahren stark nach innen gerichtet und es herrschte das Selbstverständnis, „hoheitliche Aufgaben" zu erfüllen – ganz analog dem bereits erwähnten „heimlichen Beamtentum" wurde der Kunde weniger in seiner Rolle als solcher empfunden, sondern eher als Bittsteller. Erst in den letzten Jahren haben sich die Versicherer den Aspekt der Kundenorientierung auf die Fahnen geschrieben. Die Belegschaften sind jedoch noch geprägt vom Denken in Positionen, Produkten und Hierarchiestufen. Daher ist auch das Dienstleistungsverständnis vielerorts noch dürftig. Das Verständnis von internen Kunden und dass sich jede Arbeit, jeder Prozess und jede Stelle im Konzern zumindest indirekt auf den externen Kunden auswirkt, ist noch nicht überall in der „DNA der Versicherungsunternehmen" verankert.

Zur Unternehmenskultur in der Versicherungsbranche stellen wir also fest: Viele der großen Versicherungsunternehmen sind durch eine lange Tradition geprägt, welche auch unflexible Strukturen und starre Hierarchien mit sich bringen. Man kann sogar so weit gehen, die bisherige Kultur von Versicherungsunternehmen mit der des Beamtentums zu vergleichen. Fokus auf Expertenwissen und ausgeprägtes Produktdenken erschweren die nötige Neuausrichtung hin zur Kunden- und Lösungsorientierung. Unternehmenskulturen sind von Natur aus sehr stabile Systeme, die sich nur langsam verändern beziehungsweise verändern lassen. Für die deutsche Versicherungsbranche mit ihren spezifischen Besonderheiten gilt dies umso mehr, was die strukturelle Veränderungsaversion zusätzlich unterstreicht.

### 2.4.4 Kunden

Betrachten wir den Faktor Mensch in der Versicherungsbranche, müssen wir im nächsten Schritt auch die Erwartungshaltung der Kunden unter die Lupe nehmen. Den größten Anteil am Versicherungsgeschäft bilden die Privatkunden sowohl von den Stückzahlen, als auch vom Prämienvolumen her gesehen, womit die Orientierung am Individualkunden für die meisten Versicherungsunternehmen ein zentraler Punkt ist.

Nach einer Untersuchung des Marktforschungsinstitutes YouGov erwarten Kunden von ihrem Versicherer vor allem die „Erfüllung der „Grundtugenden einer Versicherung" (vgl. YouGov 2012), namentlich Pflichtbewusstsein, Disziplin und Bodenständigkeit. In ihrem gesamten Verhalten sind die Kunden mehrheitlich als konservativ zu bezeichnen. Der Kunde verlangt also eine gewisse Portion Veränderungsaversion. Mit der fortschreitenden Technologisierung der Gesellschaft und zahlreichen Verbraucherschutzinitiativen haben sich aber auch die Kundenwünsche weiterentwickelt. Kunden erwarten heute einen Versicherer, der sich „aufgeschlossen, modern und tolerant" (vgl. YouGov 2012) präsentiert und somit Innovationen bietet. Aus Kundensicht macht ein Image mit einer guten Mischung aus traditionellen Werten und Aufgeschlossenheit gegenüber Neuem einen Versicherer attraktiv. Ebenso erwarten die Kunden eine schnelle und unkomplizierte Abwicklung von Schadenfällen und kein Versicherungsprodukt mehr von der Stange, sondern individuell auf ihre Bedürfnisse ausgerichtete Versicherungslösungen, die über die Laufzeit flexibel anzupassen sind (vgl. YouGov 2012). Auch hier stoßen wir wieder auf eine der großen vier Herausforderungen für die Branche, die „steigenden Anforderungen an Versicherungsprodukte" (vgl. Mutaree 2014). Dieser Spagat zwischen den sehr unterschiedlichen Anforderungen (der Bodenständigkeit auf der einen und der Modernität und Offenheit auf der anderen Seite) ist für die Versicherungsunternehmen eine große Herausforderung.

Es ist zunehmend festzustellen, dass sich die Kundenbedürfnisse heutzutage schnell weiter entwickeln. Damit werden die Kundenbedürfnisse zu einem Veränderungstreiber in der Versicherungsbranche. Dennoch sind diese Veränderungen in anderen Branchen schon sehr viel früher passiert und diese sind mittlerweile deutlich weiter fortgeschritten, wie zum Beispiel bei der Einrichtung von Online-Serviceportalen. Die Versicherungsbranche zeigt hier Nachholbedarf. Aber auch in dieser Hinsicht haben sich viele Versicherer bereits auf den digitalen Weg gemacht, wie Christian Richter, Managing Director für Management Consulting im Bereich Versicherungswirtschaft bei Accenture weiß:

> Die Bewegung hin zu einem digitalen Geschäftsmodell ist für Versicherer unumgänglich, und unsere Studie zeigt, dass die Industrie stark in diesen Veränderungsprozess investiert. Erst die digitale Transformation bietet die Grundlage für Interaktionen im Zusammenhang mit Information, Beratung und Verkauf, um auch zukünftig Kunden zu begeistern. […]. Damit liegt die Messlatte auch für die Assekuranz deutlich höher als in der Vergangenheit. Das gilt insbesondere für die heranwachsende „digitale Generation"[…] (Accenture 2013).

Die größten Hindernisse auf dem Weg zur Digitalisierung sehen Führungskräfte aus der Branche dabei auch in den „bestehenden IT-Systemen" und der „fehlenden Agilität der Organisation" (Accenture 2013), was ein erneuter Hinweis auf über-komplexe Strukturen und eine bestehende Veränderungsaversion ist.

Bisher bezogen sich Veränderungsprozesse in den Versicherungsunternehmen mehrheitlich auf Prozess- und Kostenoptimierungsprogramme. Dadurch hat sich die stark verbesserte operative Exzellenz in den letzten Jahren zu einem „Markenzeichen der Assekuranz in Deutschland entwickelt" (Bain & Company 2012). Jedoch haben die Unternehmen darüber die Wünsche ihrer Kunden zunehmend aus den Augen verloren, wie eine Studie der Strategieberatung Bain & Company 2012 zeigte. Kunden legen vor allem Wert auf Fairness, Beratung und die Erfüllung von individuellen Bedürfnissen, bevor sie den Preis als Kriterium heranziehen. Und auch Stabilität und Sicherheit sind weiterhin Kernbedürfnisse der Kunden. Es gibt derzeit deutlich mehr unzufriedene als zufriedene Versicherungskunden in Deutschland (vgl. Bain & Company 2012). Das führt zusätzlich dazu, dass Veränderungsdruck entsteht und Reformen angestrebt werden. Die Veränderungsaversion der deutschen Versicherer hat dazu geführt, dass im Kundensegment deutlicher Nachholbedarf verglichen mit anderen Branchen besteht. Systematisches Customer-Relationship-Management mithilfe der strukturierten Auswertung von Kundendaten beispielsweise steckt in der Assekuranz noch in den Kinderschuhen (siehe Kap. 1).

Festzuhalten ist in diesem Kapitel, dass die Kunden von den Versicherungsunternehmen ein stabiles und sicheres Verhalten erwarten, jedoch auch zunehmend Innovationsfähigkeit und Modernität zählt (vgl. Heinemann 2014). Mit der zögerlichen Einstellung zu Veränderungen entsprechen die Versicherungsunternehmen also den Erwartungen ihrer Kunden, stehen sie nun vor einem enormen Reformbedarf in Zeiten, in denen sich die Kundenwünsche rasch verändern.

### 2.4.5 Marktumfeld

Betrachten wir im Folgenden das Marktumfeld, in welchem sich die deutsche Versicherungsbranche bewegt, und wo dort Faktoren und Gründe für den schwierigen Umgang mit Veränderungsprozessen zu finden sind.

In den 1980er Jahren des Wirtschaftsbooms konnte sich die Versicherungswirtschaft, wie andere Branchen auch, überkomplexe Produktsortimente und Organisationsstrukturen, tief gestaffelte Hierarchien, inkompetente Funktionsträger in Schlüsselpositionen und Kommunikationslücken im Management leisten. Durch die Wiedervereinigung hielt die gute Geschäftslage für die Branche noch an. Durch die lukrativen Kapitalanlagen und wenig Wettbewerbsdruck war die Versicherungsbranche finanziell sehr erfolgreich. Aber durch das stets üppig vorhandene Kapital konnten sich auch ineffiziente Prozesse, ein sehr hoher Personalbestand und immense Kosten etablieren. In dieser wirtschaftlich komfortablen Situation gab es für die Branche erst einmal wenig Veränderungsdruck.

Heute jedoch befindet sich auch die Assekuranz in Deutschland in einer krisenhaften Phase tiefgreifender Strukturbereinigungen. (siehe Kap. 1). Erst mit den neuen Herausforderungen durch niedrige Zinsen, stark veränderte Kundenbedürfnisse, regulatorische Anforderungen und hohen Wettbewerbsdruck auf dem Versicherungsmarkt ist auch eine gezielte Ausrichtung auf den Kunden sowie Prozess- und Kostenoptimierung in den Fokus der Branche gerückt. Vor allem die Entwicklung der Kapitalmärkte stellt eine große Herausforderung dar (vgl Mutaree 2014). Dennoch geht es der Branche trotz den jüngsten Beeinträchtigungen noch vergleichsweise zu gut, um gründliche Veränderungen zu forcieren, was man daran sehen kann, dass bisher keine wirkliche Marktbereinigung wie in anderen Branchen stattgefunden hat. Durch Konzentrationsprozesse ist die Anzahl der tätigen Versicherer insgesamt rückläufig (2000: 666 VU, 2010: 592 VU vgl. GDV 2012). Dennoch zeigt die Versicherungsbranche noch nicht so starke Konzentrationstendenzen wie andere Branchen (vgl. Rahlfs 2007, S. 131). Viele der am Markt präsenten Unternehmen, vor allem kleinere regionale VVaGs, haben nur einen sehr geringen Marktanteil inne. Zwar zeigen sich Konzentrationstendenzen, eine beginnende Bildung von Oligopolen und damit auch eine sich anbahnende Marktbereinigung, diese ist allerdings noch nicht gänzlich vollzogen. Dies lässt vermuten, dass es der Branche noch nicht so schlecht geht, dass der Leidensdruck, welcher Veränderungen vorantreibt, bisher besonders hoch gewesen wäre. Daher kommen Veränderungsprozesse erst langsam in Gang. Durch die noch nicht erfolgte Marktbereinigung zum Beispiel durch Aufkaufen und Fusionen von Versicherungsunternehmen und die daraus entstehende Notwenigkeit der Konsolidierung und Integration unterschiedlicher Unternehmenskulturen fehlt es in der Branche insgesamt an Erfahrung im Bereich Change. Veränderungsdruck ist also auch in dieser Hinsicht ein neues Phänomen am deutschen Versicherungsmarkt.

Die großen Versicherungsunternehmen in Deutschland sind außerdem mehrheitlich in komplexe, oft auch internationale Konzern- und Gruppenstrukturen eingebunden. Sogar bei originären VVaG-Gesellschaften etablieren sich Holding-Strukturen. Der sogenannte Prozess der Demutualisierung (also die Transformation von den Vereinen in Versicherungsaktiengesellschaften) bewirkt seit der Deregulierung des Versicherungsmarktes einen Rückgang der VVaG-Gesellschaften, da diese Rechtsform sich im internationalen Wettbewerb als unvorteilhaft herausstellt, zum Beispiel da der Verein wenig Möglichkeiten hat, am Kapitalmarkt Mittel aufzunehmen. Die Holding- und Gruppenstrukturen in den großen Versicherungsunternehmen am deutschen Markt können auch ein Faktor sein, der Veränderungen hemmt, da die Prozesse in diesem Umfeld, vor allem in Verbindung mit den existierenden Unternehmenskulturen, lange brauchen und viele Interessensgruppen zu berücksichtigen sind, was agiles Handeln schwierig macht.

Versicherungen sind in allen Ländern, aber auch in Deutschland ein wichtiges volkswirtschaftliches Element. Für die Versicherungsnehmer dienen Versicherungen zur materiellen Absicherung und Altersvorsorge, was auch der sozialen Sicherung dient. Unternehmen können durch Versicherungen ihre Risiken begrenzen und somit am Markt flexibler agieren. Versicherungen sind außerdem Kapitalsammelbecken, welche mit ihren Geldern große Kapitalanlagen und Investitionen zum Beispiel in Staatsanleihen tätigen (vgl. Wolgast und Buttenbock 2011). Daher haben zum Beispiel der Staat und andere volkswirtschaftliche Akteure ein berechtigtes Interesse daran, die Versicherungswirtschaft stabil zu halten. Es gibt zahlreiche aufsichtsrechtliche Vorschriften, die Missständen in Versicherungsunternehmen vorbeugen sollen. Ebenso gibt es den Protektor Sicherungsfonds, welcher nötigenfalls auf Anordnung der BaFin Lebensversicherungsverträge erfüllt. Bisher gab es keine markterschütternden Insolvenzen oder ähnliche Paukenschläge in der Versicherungswirtschaft, was den empfundenen Leidensdruck zusätzlich mindern dürfte.

Der deutsche Versicherungsmarkt war bis 1994 durch die Versicherungsaufsicht streng reguliert. Der Versicherungsmarkt war rein national orientiert ohne internationale Konkurrenz. Auch die Konkurrenz im nationalen Markt selber war minimal, da die angebotenen Produkte und Tarife vorab von der Aufsichtsbehörde genehmigt werden mussten und so de facto trotz unterschiedlicher Anbieter nur minimale bis gar keine Unterschiede aufwiesen. Auch nach der Deregulierung und der damit verbundenen Einrichtung eines EU-weiten Binnenmarktes bleibt es dabei, dass Versicherungsverträge auf nationalem Recht beruhen und der Markt daher stark national geprägt bleibt. Mittlerweile sind aber die Märkte gesättigt und der Wettbewerbsdruck ist enorm geworden (vgl. Bain & Company 2012).

Seit der Jahrtausendwende hat die Branche damit zu kämpfen, dass sie hohe Investitionen tätigen musste um externen Einflüssen zu begegnen, die im Gegenzug aber keinen Return on Investment brachten wie beispielsweise die Jahr-2000-Problematik in der IT, die Einführung des Euro, Unisex-Tarife, Urteile zu Bewertungsreserven und Solvenz-Anforderungen. Nach den beiden kurz aufeinander folgenden Finanzkrisen der letzten Jahre war dann nur noch wenig finanzieller Spielraum für große Investitionen vorhanden. In den letzten Jahren war die Branche also überwiegend mit sich selbst beschäftigt und hat wenig über den Tellerrand hinaus gedacht und getan, was jetzt zu verspäteten Reaktionen auf Markt- und Kundentendenzen führt. Trends am Markt werden nicht frühzeitig erkannt und verfolgt, sondern es finden vornehmlich Reaktionen statt und wenig proaktive Aktionen. Die Versicherungsbranche muss sich in Zukunft in die Lage versetzen, den Markt aktiv mitzugestalten und Veränderungen nicht nur zu erleiden sondern tatsächlich zu gestalten.

Das Marktumfeld für die deutschen Versicherer verändert sich derzeit sehr stark durch mehr Konkurrenz, auch von bislang versicherungsfremden Marktteilnehmern, durch die schwierige Situation an den Kapitalmärkten und durch sich stark ändernde Kundenbedürfnisse. Bisher geht es der Branche für revolutionäre Veränderungen allerdings offensichtlich noch nicht schlecht genug. Durch von außen herbeigeführte, kostenintensive Veränderungsprozesse fehlt nun in der Krise das für Innovationen nötige Kapital. In den Jahren des Wirtschaftsbooms um 1980 haben die Versicherungsunternehmen „Fett angesetzt", es wurden erhebliche Kostenblöcke aufgebaut, die die Branche heute immer noch beschäftigen und deren Überwinden offensichtlich schwer fällt. Am Markt beginnt sich ein Umdenken deutlich abzuzeichnen, welches aber sicher noch für eine Dekade Handlungsbedarf bietet.

### 2.4.6 Versicherungsaufsicht

Die Versicherungsaufsicht in Deutschland spielt bei der Veränderungsscheu der Versicherungsunternehmen eine bedeutende Rolle. Die Versicherungsaufsicht reguliert den Versicherungsmarkt als Teil der staatlichen Finanzmarktaufsicht. In Deutschland ist dafür die Bundesanstalt für Finanzdienstleistungsaufsicht (BaFin) zuständig. Die Rechtsgrundlage für die Versicherungsaufsicht bildet das Versicherungsaufsichtsgesetz (VAG). Der BaFin stehen von Rechts wegen verschiedene Mittel zur Kontrolle, Mitbestimmung und auch konkrete Eingriffsmöglichkeiten in den Geschäftsbetrieb zur Verfügung, wenn sich entsprechende Gründe dafür finden, zum Beispiel wenn die dauernde Erfüllbarkeit der Verpflichtungen gegenüber den Versicherungsnehmern gefährdet ist. Dies fällt unter die sogenannte laufende Versicherungsaufsicht. Darüber hinaus reglementiert die BaFin auch den Markteintritt von Versicherern im Rahmen der Erlaubniserteilung. Die Versicherungsbranche ist, auch aufgrund ihrer großen volkswirtschaftlichen Relevanz, stark reguliert. Stark regulierte Branchen sind schon von sich aus konservativ orientiert und tun sich mit Veränderungen vergleichsweise schwer. Für das Agieren am Markt gibt die deutsche Versicherungsaufsicht den Unternehmen einen sehr engen Rahmen vor.

Bis zur Deregulierung durch die EU-Gesetzgebung in 1994 war die Branche noch stärker abgeschottet und ist auch nach der Deregulierung weiterhin reguliert. Vor der Deregulierung war der Markt so einheitlich, dass ihm schon der Charakter eines großen Kartells anhaftete. Kartelle und kartellartige Vereinbarungen zwischen rechtlich und wirtschaftlich unabhängigen Versicherungsunternehmen, die sich auf marktbezogene Sachverhalte beziehen, wirken deutlich wettbewerbsbeschränkend. Da die Vorschriften der BaFin zu in großen Teilen einheitlichen Produkten am Markt führten, mit sehr ähnlicher Preisgestaltung, gleichen Bedingungen und Provisionsregelungen, waren tatsächlich gleich mehrere Merkmale von Kartellen erfüllt (vgl. Farny 2011, S. 299). Zur Sicherstellung der dauerhaften Erfüllbarkeit der Verpflichtungen aus den Versicherungsverträgen gegenüber den Versicherungsnehmern wurden Prämienkartelle von der Versicherungsaufsicht sogar gefördert und gefordert. Dies entsprach in den 1980er Jahren durchaus dem Verständnis von Versicherungen als beamtenartige Institutionen. Mittlerweile haben sich die Gegebenheiten am Markt fundamental geändert und auch die Kartelle sind durch das Wettbewerbsrecht im Grundsatz verboten worden. Dennoch haben sich die alten Denkmuster in den Unternehmenskulturen bis heute teilweise erhalten und Veränderungen, wie sie der Markt fordert, fallen daher schwer. Versicherungsprodukte sind auch nach den erfolgten Umstellungen ähnlich gestaltet. Und wo Unterschiede bestehen beziehungsweise wie sich diese auswirken, ist oft durch die Komplexität der Produkte wenig transparent. So wirken die früheren versicherungsaufsichtsrechtlichen Bestimmungen in der Versicherungsbranche bis heute nach, indem sie die Unternehmen lange in einem geschützten Marktumfeld gelassen haben. Dies hat sich im Selbstverständnis der Branche und den Unternehmenskulturen eingeprägt und ist schwer zu ändern. An der derzeitigen Realität am Markt geht diese Unternehmenseinstellung jedoch weit vorbei und muss nun dringend adjustiert werden, hin zu mehr Kundenorientierung, Innovation und Agilität.

Die Deregulierung hat für einen stärkeren Wettbewerb und Differenzierungsdruck am Versicherungsmarkt gesorgt, auch durch das Schaffen des europäischen Binnenmarktes und somit dem Grundstein für internationale Konkurrenz. Allerdings sorgen sowohl die deutschen als auch die EU-weiten Versicherungsaufsichtsbehörden und deren zugrundeliegende Gesetzgebung immer noch für eine gewisse Einheitlichkeit in der Prämienkalkulation, in der Lebensversicherung beispielsweise durch die Prüfung und Vorgabe von Zinssätzen oder versicherungstechnischen Rechnungsgrundlagen (vgl. Farny 2011, S. 299). Auf Verbandsebene organisieren sich die Versicherer außerdem mit der Verwendung branchenweit einheitlicher Schadenstatistiken, welche als Schadenerwartungswerte wiederum als wesentlicher Faktor in die Preisgestaltung mit einfließen. Damit gibt es zwar kein definierbares Preiskartell mehr, dennoch führt diese Praxis zu einer gewissen Einheitlichkeit der Prämien. Ähnlich wie bei der Überwachung der Prämienkalkulation durch die Aufsichtsbehörde, verhielt es sich lange Zeit mit den verwendeten Versicherungsbedingungen, welche zur Förderung der Transparenz für die Versicherungsnehmer möglichst einheitlich zu sein hatten (vgl. Farny 2011, S. 300). Mit den dabei betroffenen Gesichtspunkten Prämienkalkulation und Versicherungsbedingungen sind zwei wesentliche Kernelemente eines Versicherungsproduktes vom Wettbewerb ausgeschlossen gewesen. Nach den neuen Regelungen in 1994 entfiel dieser Aspekt und es kam zu mehr Variationen am Markt.

Dies gewährt einen Einblick in die enge und sehr homogene Gestaltung des Versicherungsmarktes durch die Vorschriften der Versicherungsaufsicht. Über lange Zeit konnten weder wirkliche Innovationen, Umbrüche oder Neuerungen Fuß fassen und ein ernstzunehmender Wettbewerb wurde regelrecht unterbunden. Aus dieser Sichtweise heraus ist es nicht erstaunlich, dass, in Verbindung mit den bereits besprochenen Faktoren, die proaktive Einleitung und Förderung von Veränderungen nicht zu den Kernkompetenzen der Versicherungsbranche in Deutschland zählt. Der GDV bemüht sich als Interessenverband schon länger um Bürokratieabbau und die Minderung staatlicher Überregulierung am Versicherungsmarkt, da sie einen starken Eingriff in die privatwirtschaftliche Autonomie der Versicherungsunternehmen darstellt und „die Handlungsspielräume des privaten Versicherungsgewerbes in zunehmendem Maße einschränkt“ (GDV 2006).

Im Hinblick auf die Versicherungsaufsicht können wir somit festhalten, dass die starke Regulierung in Deutschland lange Zeit für kartellartige Strukturen am Markt gesorgt hat und damit ernsthafter Wettbewerb sehr eingeschränkt wurde. Tatsächlich gab es bis zur Deregulierung Mitte der 90er Jahre weder Differenzierung bei Tarifen, noch bei den Versicherungsbedingungen. Durch die Deregulierung hat sich in dieser Hinsicht allerdings schon viel getan, die kartellartigen Strukturen sind aufgebrochen worden. Der hohe Wettbewerbsdruck am Markt ist mittlerweile bei allen Unternehmen überdeutlich angekommen, das vor allem aber auch aufgrund der eingetretenen Marktsättigung im deutschen Markt. Wie sich die Re-Regulierung durch die neue einheitliche EU-Gesetzgebung wie beispielsweise MARisk und Solvency II auf die Veränderungsfreude deutscher Versicherer auswirken wird, bleibt abzuwarten.

### 2.4.7 Betriebsräte und Gewerkschaften

In der deutschen Versicherungsbranche haben auch die Gewerkschaften und Betriebsräte Anteil an der Veränderungsscheu in den Unternehmen. Deren Rollen werden im folgenden Kapitel näher betrachtet.

1949 wurde die Gewerkschaft Handel, Banken und Versicherungen, kurz HBV, gegründet, welche 2001 gemeinsam mit der Deutschen Angestellten-Gewerkschaft (DAG) und anderen Gewerkschaftsverbänden in der Vereinigten Dienstleistungsgewerkschaft ver.di aufging. Mit ver.di entstand die größte Gewerkschaft für Dienstleistungsbranchen in Deutschland. Dementsprechend hat die Gewerkschaft einen großen Einfluss. Auch wenn die gewerkschaftliche Durchdringung in der Versicherungsbranche bei circa 20 % liegt, tragen die Unternehmen die mit den Arbeitnehmervertretern ausgemachten Tarifverträge mit. Die Interessen der Gewerkschaft, im Auftrag der Arbeitnehmer, sind vor allem gute Löhne, Arbeitsbedingungen und die Sicherheit der Arbeitsplätze. Daher ist es nur zu verständlich, wenn die Gewerkschaft Veränderungsprojekte, die Mitarbeiterabbau oder andere massive Veränderungen für die Mitarbeiter bedeuten nicht unterstützen. Innovationen stehen den gewerkschaftlichen Absichten zwar grundsätzlich nicht im Weg, aber da es in der Versicherungsbranche in den letzten Jahren bei Veränderungsprozessen in der Regel um Kosten- und Personalreduktion ging, waren auch die Interessen der Gewerkschaft als Mitarbeitervertreter betroffen. Die Gewerkschaft hat zwar keine direkten Eingriffsmöglichkeiten im Unternehmen, aber meist sind die Schlüsselpositionen in den Betriebsräten mit ver.di-Vertretern besetzt, die auf diese Weise die gewerkschaftlichen Interessen im Unternehmen einbringen können.

Die Betriebsräte in den Versicherungsunternehmen am deutschen Markt haben einen größeren Einfluss als die Gewerkschaften und sind schon immer einflussreiche Institutionen mit weitreichenden Möglichkeiten zur Mitbestimmung gewesen. Ein Betriebsrat kann in jedem Unternehmen mit mindestens fünf ständig beschäftigten Arbeitnehmern gewählt werden (vgl. Betriebsverfassungsgesetz BetrVG 1). Der Arbeitgeber darf dies nicht behindern und muss für gewählte Betriebsratsmitglieder besonderen Kündigungsschutz einräumen (vgl. BetrVG 78, Kündigungsschutzgesetz KSchG 15). Für die Betriebsräte gilt im Endeffekt dasselbe wie für die Gewerkschaftsvertreter. Wenn es darum geht, für die Interessen der Mitarbeiter zu kämpfen, sind sie sehr engagiert. Da die jüngsten Veränderungsprozesse in deutschen Versicherungsunternehmen mehrheitlich mit Personal- und Kosteneinsparungen einher gingen, beziehungsweise genau dies zum Hauptziel hatten, waren die Betriebsräte stets eng einzubinden, die Zusammenarbeit war jedoch nicht immer konstruktiv. Nachdem in manchen Unternehmen ein Einsparungsprogramm das andere jagte und es der Branche aber andererseits (zumindest gefühlt) doch nicht so schlecht ging, wurde bei manchen Betriebsräten eine gewisse Abwehrhaltung provoziert, wodurch Optimierungsprozesse erst einmal pauschal abgelehnt wurden.

Andererseits kann die Zusammenarbeit auch sehr konstruktiv sein, wenn die Betriebsräte durch professionelles Change Management und eine flüssige Kommunikation intensiv mitgenommen werden. Durch die mangelnde Erfahrung im professionellen Umgang mit Veränderungen in der Branche ist dieser Faktor jedoch stellenweise zu kurz gekommen, weshalb sich die Zusammenarbeit mit den Betriebsratsgremien durchaus zäh darstellen kann und Veränderungen zusätzlich erschwert.

Zum Vergleich sei an dieser Stelle die Situation in der Schweiz kurz dargestellt. In der Schweiz gibt es keine Betriebsräte, sondern sogenannte Arbeitnehmervertretungen, manchmal auch als Betriebskommission bezeichnet. Die Voraussetzungen für die Gründung einer Betriebskommission sind deutlich schwieriger als in Deutschland. Freiwillig kann eine Kommission gegründet werden, wenn mindestens 50 Mitarbeiter im Betrieb arbeiten. Zur Gründung einer Kommission verpflichtet sind Betriebe, in denen mindestens 500 Arbeitnehmer arbeiten und wenn mindestens 100 von ihnen eine Gründung verlangen (vgl. Arbeitsgesetz ArG 37 ff., Mitwirkungsgesetz MitwG 1 ff.) Die Arbeitnehmervertretung in der Schweiz haben allerdings keine Entscheidungsbefugnisse, sondern ihnen steht lediglich ein Anhörungsrecht, manchmal auch ein Mitspracherecht zu. Hinzu kommt, dass die eidgenössische Gesetzgebung keine langen Kündigungsfristen kennt. Ist der Arbeitnehmer mehr zehn Jahre im Unternehmen beschäftigt, steht ihm eine gesetzliche Kündigungsfrist von drei Monaten zu (vgl. Obligationenrecht OR 335c). Will der Arbeitgeber eine Entscheidung durchsetzen, kann er das de facto ohne Hinderung durch die Arbeitnehmervertretung tun und wenn diese Entscheidung eine Personalfreisetzung mit sich bringt, ist auch dies deutlich schneller und einfacher zu realisieren als in Deutschland.

Gewerkschaften und Betriebsräte spielen in der deutschen Versicherungsbranche eine große Rolle. Durch die natürlichen Interessen aus ihrer Rolle heraus und weil sich auch die Mitwirkenden in den Betriebsrats-Gremien aus den sicherheits-orientierten Charakteren in den Versicherungsunternehmen und deren besonderen Unternehmenskulturen rekrutieren, sind die Gremien gegenüber Veränderungen konservativ geprägt. Durch die jüngsten durchgeführten Veränderungsprozesse in der Branche hat sich überdies ein negatives Erleben von Change eingebrannt. Daher ist die Zusammenarbeit mit den Betriebsräten nicht immer konstruktiv und Veränderungen scheitern an diesen Stellen.

In Abb. 2.2 sind die Faktoren, die die Veränderungsaversion der deutschen Assekuranz beschreiben, zusammenfassend dargestellt. Dabei ist zu berücksichtigen, dass durch diese Grafik die Differenziertheit der Ausführungen auf den letzten 15 Seiten nicht ausreichend dargestellt werden kann – es handelt sich also um eine vereinfachende Übersicht der Faktoren.

## 2.5 Ausblick

Wie wir gesehen haben, gibt es vielfältige Gründe, warum Veränderungsprozesse für die deutschen Versicherungsunternehmen schwierig zu gestalten sind, und woher die grundsätzlich zurückhaltende Einstellung gegenüber Neuerungen kommt. Das ist nicht grundsätzlich schlecht, das gewollt konservative Image der Versicherungen kann sich gerade in Krisenzeiten als stabil und vertrauensbildend erweisen und die Versicherer profitieren von ihrer volkswirtschaftlichen Rolle als Kapitalsammelbecken und ihren langen Unternehmenstraditionen.

Doch wie geht es weiter für die deutsche Versicherungsbranche? Am Markt entstehen derzeit neue Strömungen wie zum Beispiel Friendsurance (die Rückbesinnung auf den Ur-Gedanken des Versicherungskollektivs im digitalen Zeitalter), neue Funktions- und

**Abb. 2.2** Faktoren der Veränderungsaversion der deutschen Assekuranz

Prozessmodelle werden in den großen Versicherungsunternehmen etabliert und Kunden- und Serviceorientierung wird zum zentralen Wettbewerbsfaktor. Auch der Vormarsch von „Big Data“ wird die Versicherung nachhaltig verändern (vgl. Heslop 2014). Die angestaubten Hierarchien werden flacher und dies zeigt sich auch zunehmend in mehr Freiheit aber auch mehr Verantwortung für den Einzelnen durch Home-Office Lösungen, Open Space Büros etc.. Ebenso bedeutet dies aber auch, dass die Unternehmen mit der Förderung von Selbstverantwortung lernen müssen, Kontrollverluste zu ertragen, wofür aber eine positive und fehlertolerante Firmenkultur nötig ist. Die Konzentration auf Prozesse und Projekte wird in der Branche aktiv vorangetrieben und fasst langsam, zum Beispiel in Form von Prozessmodellen Fuß. Auf diesem Gebiet sollte aber auch eine Ausbildung der Belegschaften erfolgen, um die Eigenverantwortung weiter zu fördern und eine breite Basis an Know-how aufzubauen, die diese Veränderungen verstehen und unterstützen.

In den letzten Jahren wächst in den Versicherungsunternehmen eine neue Generation von Mitarbeitern und Führungskräften heran, die, oft auch gefördert durch unternehmensinterne Talent-Management Programme, alte Strukturen zu durchbrechen beginnt. Damit ist die Branche jedoch im Vergleich zu anderen spät dran. Der Fortschritt in Sachen Digitalisierung lässt noch auf sich warten, ist aber auf dem Weg.

Um die Kunden positiver und prägender zu erreichen, arbeiten die Versicherer in Deutschland an der Erhöhung der Kundenkontaktfrequenz mit verständlicher und partnerschaftlicher Kommunikation und Interaktion. Damit fällt das Selbstverständnis von Beamtentum und hoheitlicher Aufgabenerfüllung weg. Es wird allerdings noch Zeit brauchen, bis sich dies in den Unternehmenskulturen und der Bearbeitungspraxis etabliert hat. Auch für die Offenheit gegenüber neuen Ideen von intern und von außen muss eine neue Kultur geschaffen werden, was sich langsam anbahnt. Aufgrund der demographischen Entwicklung, wird die Fokussierung auf Neukunden in den nächsten Jahren abnehmen. Eine erfolgreiche Bestandskundenstrategie mit ganzheitlichen Beratungs- und Produktansätzen für die individuellen Kundenbedürfnisse könnte zum entscheidenden Erfolgsfaktor werden (vgl. YouGov 2012/2013). Ist dieses Umdenken gemeistert, kann sich auch in der Versicherungsbranche trotz restriktiver Gesetzgebung, politischen Eingriffen und anderen äußeren Faktoren eine veränderungsfreudige Kultur entfalten.

**Fazit**

Zusammenfassend kann man folgende Kernpunkte festhalten:

1. Menschen und Organisationen tun sich mit Veränderungen generell eher schwer, Veränderungen lösen Unsicherheit und Angst aus, weshalb sie erst durch einen gewissen Leidensdruck angestoßen werden müssen.
2. Die Versicherungsbranche in Deutschland weist historisch einige Besonderheiten auf, wie beispielsweise eine sehr späte Deregulierung.
3. Die hier untersuchten Felder Produkte und Prozesse, Mitarbeiter, Unternehmenskulturen, Kunden, Marktumfeld, Versicherungsaufsicht sowie Betriebsräte und Gewerkschaften weisen spezifische Faktoren auf, die die Veränderungsscheu deutscher Versicherungsunternehmen untermauern und erklären.
4. Derzeit befindet sich die Assekuranz generell in einer Phase des Umbruchs und der Neuorientierung, die aber die Chance zu nachhaltig erfolgreichen Veränderungen bietet.

Man kann sagen, dass die einzelnen Baustellen in der Branche wohl für sich genommen gut zu überwinden gewesen wären. Im Zusammenspiel jedoch, mit den vielen Querverbindungen und Interdependenzen der einzelnen Faktoren, hat sich eine für die Branche gefährliche Mischung entwickelt. Kurz, und frei nach Paracelsus: Die Dosis macht das Gift. Die fehlende Erfahrung mit Veränderungen in der Branche tat ihr Übriges dazu und so bewegte sich über viele Jahre nichts. Erst durch die enormen Belastungen im Zuge der Finanzkrisen der letzten Jahre wurde der Leidensdruck groß genug, um Veränderungen in Gang zu bringen. Nun beginnt eine neue Zeit in der Assekuranz, mit neuen kundenorientierten Leitbildern, offenen Kulturen und einem modernen Führungsverständnis.

## Literatur

Accenture (2013) Accenture-Studie: Versicherungsabsatz über das Internet verdoppelt sich in Europa bis 2016 auf jährlich 25 Milliarden Euro Prämienvolumen. http://www.accenture.com/de-de/company/newsroom-germany/Pages/insurance-sales-internet-europe-doubled.aspx. Zugegriffen: 20. April 2014

Bain & Company (2012) Was Versicherungskunden wirklich wollen. http://bain.de/Images/121011_Studie_Insurance_ES.pdf. Zugegriffen: 3. Aug. 2013

Doppler K, Lauterburg C (2008) Change Management – den Unternehmenswandel gestalten, 12. Aktualisierte und erweiterte Aufl. Campus, Frankfurt

Europavertretung für deutsche Sozialversicherung in Brüssel (Stand: 05.07.2013) Geschichte der deutschen Sozialversicherung. http://www.deutsche-sozialversicherung.de/de/krankenversicherung/geschichte.html. Zugegriffen: 5. Juli 2013

Farny D (2011) Versicherungsbetriebslehre, 5. Aufl. Verlag Versicherungswirtschaft GmbH, Karlsruhe

Fromme H (2013) Bye, bye, Europe. http://versicherungsmonitor.de/2013/06/kolumne-bye-bye-europe/. Zugegriffen: 5. Juli 2013

GDV (2006) Bessere Regulierung und Bürokratieabbau – Vorschläge aus der Versicherungswirtschaft. http://www.gdv.de/2006/06/bessere-regulierung-und-buerokratieabbau-vorschlaege-aus-der-versicherungswirtschaft/broschuere_bessere_regulierung_und_buerokratieabbau_2006/. Zugegriffen: 12. Aug. 2013

GDV (2010) Volkswirtschaftliche Themen und Analysen Nr. 6: „Globalisierung der Erstversicherungsmärkte – Stand und Entwicklungstendenzen am deutschen Markt". http://www.gdv.de/2010/09/globalisierung-der-erstversicherungsmaerkte-stand-und-entwicklungstendenzen-am-deutschen-markt/publikation_volkswirtschaftliche_themen_und_analysen_heft_6_2010/?back=%2F2010%2F09%2Fglobalisierung-der-erstversicherungsmaerkte-stand-und-entwicklungstendenzen-am-deutschen-markt%2F. Zugegriffen: 5. Juli 2013

GDV (2012) Statistisches Taschenbuch der Versicherungswirtschaft 2012. http://www.gdv.de/wp-content/uploads/2012/08/Statistisches-Taschenbuch-GDV-2012.pdf. Zugegriffen: 6. Juli 2013

Heidig J, Kleinert K, Dralle T, Vogt M (2012) Prozesspsychologie – Wie Prozesse, menschliche Faktoren und Wissen im Unternehmensgeschehen zusammenwirken. EHP-Verlag Andreas Kohlhage, Bergisch Gladbach

Heinemann B (2014) Was Versicherungskunden wünschen. http://www.finanzen.net/nachricht/private-finanzen/Allianz-ruestet-online-auf-Was-Versicherungskunden-wuenschen-3403239. Zugegriffen: 7. April 2014

Heslop M (2014) Big data will transform insurance. http://business-technology.co.uk/2014/03/big-data-will-transform-insurance/. Zugegriffen: 1. April 2014

Krieger F (2014) KPMG: Gute Ideen werden im Keim erstickt. http://versicherungsmonitor.de/2014/03/kpmg-gute-ideen-werden-im-keim-erstickt/. Zugegriffen: 6. April 2014

Kross E, Berman M, Mischel W, Smith E, Wagner T (2011) Reply to Iannetti and Mouraux: what functional MRI responses to physical pain tell us about why social rejection „hurts". http://www.pnas.org/content/108/30/E344.full. Zugegriffen: 23. Mai 2014

Kuhlmann C (2002) E-Business in der Versicherungswirtschaft – neue B2B-Geschäftsmodelle im Internet und deren Auswirkungen auf die Wertschöpfungskette aus Sicht eines Versicherungsunternehmens. In: Schriftenreihe des Fachbereichs Versicherungswesen der Fachhochschule Köln (2002), Bd. 18. Verlag Versicherungswirtschaft GmbH, Karlsruhe

Läsker K (2009) Deutschland im Leistungsvergleich – Kompliziert und wenig lernfähig. http://www.sueddeutsche.de/wirtschaft/2.220/deutschland-im-leistungsvergleich-kompliziert-und-wenig-lernfaehig-1.488257. Zugegriffen: 6. Juli 2013

Linder W, Zijderveldt C (Hrsg) (1990) Umgang mit Angst im betrieblichen Alltag. Verlag Industrielle Organisationen, Zürich

Mutaree – The Change Company (2014) Die vier größten Herausforderungen für die Versicherungsbranche. http://www.versicherungsbote.de/id/4793607/Die-vier-groessten-Herausforderungen-fuer-die-Versicherungsbranche/. Zugegriffen: 29. März 2014

Nuber U (2011) Wir müssen loslassen!. In: Psychologie heute, 11/2011. http://www.psychologie-heute.de/psychologie-heute-compact/detailansicht/news/editorial_compact_29/. Zugegriffen: 5. Juli 2013

PwC (2012) Studie „Adressing the change constant- Successful change from the inside", der Unternehmensberatung PricewaterhouseCoopers. http://www.pwc.com/en_US/us/people-management/publications/assets/pwc-internal-change-capability.pdf. Zugegriffen: 19. April 2014

Rahlfs C (2007) Redefinition der Wertschöpfungskette von Versicherungsunternehmen – Bewertungsmodell zur Entscheidungsunterstützung bei der Disaggregation der Wertschöpfungskette am Beispiel kleiner und mittlerer Versicherungsunternehmen. Deutscher Universitäts-Verlag Fachverlage GmbH, Wiesbaden

Rüedi W (2005) Branchentrends: Was die Assekuranz bis 2015 erwartet. http://www.pme.ch/de/artikelanzeige/artikelanzeige_print.asp?pkBerichtNr=108361. Zugegriffen: 6. Juli 2013

Schöps C (2011) Loslassen lernen – warum uns Veränderungen so schwer fallen. http://www.stern.de/gesundheit/loslassen-lernen-warum-uns-veraenderungen-so-schwerfallen-1640050-print.html. Zugegriffen: 5. Juli 2013

Scholz C (2011) Grundzüge des Personalmanagements. Verlag Franz Vahlen, München

Wimmer H-P (2005) Psychologie der Veränderung. http://www.focusm.de/artikel_pdf/Psychologie-derVeraenderung.pdf. Zugegriffen: 5. Juli 2013

Wolgast M, Buttenbock W (2011) Branchen im Blickpunkt: Die Versicherungswirtschaft – aktuelles Geschäftsklima und Langfristtrends in der Geschäftsentwicklung. In: ifo Schnelldienst 6/2011-64. Jahrgang. http://www.cesifo-group.de/portal/pls/portal/ifo_applications.switches.DocLinkIfoDL?getDoc=fosd_2011_6_5.pdf. Zugegriffen: 7. Aug. 2013

YouGov (2012) Versicherer: Schutzengel und Schutzschild stiften Vertrauen. https://research.yougov.de/presse/2012/pressemeldung-versicherer-schutzengel-und-schutzschild-stiften-v/. Zugegriffen: 6. Juli 2013

YouGov (2012/2013) Finanzmarktperspektiven 2012/2013. 4. Aufl. http://cdn.yougov.com/cumulus_uploads/document/wsir8cgwtr/finanzmarkt_web.pdf. Zugegriffen: 6. Juli 2013

**Prof. Dr. rer. pol. Gabriele Zimmermann** ist am Institut für Versicherungswesen der Fachhochschule Köln Professorin für Personalführung und Organisationsentwicklung. Ihre Forschungsschwerpunkte sind die Themen Change Management in Versicherungsunternehmen, Frauen in Führung und Frauen im Versicherungsvertrieb.

Die promovierte Diplomkauffrau arbeitete acht Jahre in zwei DAX Unternehmen in leitenden Funktionen der Führungskräfteentwicklung und des Change Managements. Seit 16 Jahren ist sie Executive Coach und berät Führungskräfte in Fragen der Führung, des persönlichen Coachings und des Change Managements. Im Jahr 2000 gründete sie mit Vibilia ihr eigenes Unternehmen. (www.vibilia.com).

**Sarah-Louise Richter** studierte Asienwissenschaften an der Universität Bonn, bevor sie zur Zurich Versicherung kam. Im Rahmen eines Förderprogrammes erwarb sie außerdem noch einen Bachelor of Science im Fach Versicherungswesen an der Fachhochschule Köln mit den Schwerpunkten Projekt- und Prozessmanagement, Rückversicherung und Personalwesen. Nach einiger Zeit in der Projektarbeit und strategischen Vorstandsassistenz ist Frau Richter seit April 2014 als Governance Consultant für die Zurich Life Insurance Company in der Schweiz tätig. Sie unterstützt den CEO vor allem bei der Einhaltung compliance-konformer Governance-Prozesse für das Lebensversicherungsgeschäft in der Schweiz und in Japan.

# Rechtliche Rahmenbedingungen für Change Management Prozesse in der Versicherungsindustrie

3

Peter Etzbach und Christoph Appel

**Zusammenfassung**

Der Begriff „Change Management" beschreibt den Vorgang, in bestehende Unternehmensstrukturen einzugreifen. Der Anstoß zu einem solchen Eingriff kann aus dem Unternehmen heraus aktiv entwickelt worden sein oder er stellt eine Reaktion auf die Unternehmenslage oder auf Impulse von außen dar. Veränderungsprozesse verlaufen indes immer vor dem Hintergrund bestehender rechtlicher Rahmenbedingungen. Ziel dieses Aufsatzes ist es, die wesentlichen rechtlichen Regelungen darzustellen. Neben arbeitsrechtlichen Themen ist das vor allem der Rechtsrahmen für Outsourcing, also Funktions- und Tätigkeitsausgliederungen, Umstrukturierungen und M&A-Prozesse sowie Aspekte des Datenschutzes.

**Schlüsselwörter**

Aufsichtsrecht · Outsourcing · Corporate Governance · Mergers & Acquisitions · Joint Ventures - Datenschutzrecht - Arbeitsrecht

## 3.1 Einleitung

Die Versicherungsbranche befindet sich seit vielen Jahren in Veränderungsprozessen und in den nächsten Jahren werden weitere umfassende Umwälzungen zu gestalten sein. Um diese Aufgabe erfolgreich zu bewältigen, müssen auch die rechtlichen Fragestellungen,

P. Etzbach (✉) · C. Appel
Köln, Deutschland
E-Mail: Peter.Etzbach@oppenhoff.eu

C. Appel
E-Mail: appel@rechtsanwalt-appel.de



G. Zimmermann (Hrsg.), *Change Management in Versicherungsunternehmen*,
DOI 10.1007/978-3-658-05974-3_3

die Change Management Prozesse mit sich bringen, berücksichtigt werden. Nach einer kurzen Darstellung der wesentlichen gesetzlichen und regulatorischen Grundlagen für Versicherungsunternehmen werden zunächst die gesellschaftsinternen Veränderungen erläutert, das heißt solche Umgestaltungen des Geschäftsbetriebs, die sich innerhalb einer bestehenden Organisation abspielen. Hierunter fallen zum Beispiel die betriebswirtschaftliche Prozessoptimierung von der Einführung neuer IT-Systeme bis hin zur Änderung der Corporate Governance sowie die Erweiterung oder Beschränkung des Geschäftsbetriebs, etwa durch Aufnahme einer weiteren Sparte oder Schließung einer Niederlassung. Danach wird auf die zusätzlichen Fragen eingegangen, die Veränderungsprozesse mit einem externen Bezug mit sich bringen. Dies sind beispielsweise die Akquisition eines anderen Versicherungsunternehmens oder die Beteiligung an einem Joint Venture. Besonderes Augenmerk soll auf das Outsourcing, also die Ausgliederung von einzelnen Aufgaben oder Betriebsteilen gelegt werden. Die fast immer relevanten arbeitsrechtlichen Implikationen von Change Management Prozessen werden dabei inzident beleuchtet.

## 3.2 Rechtliche Grundlagen

Die rechtlichen Grundlagen für Change Management Prozesse in der Versicherungsindustrie sind breit gefächert. Bei Versicherungsunternehmen ist zunächst die Produktseite von der Unternehmensseite zu trennen: Versicherungen als Produkt bestehen aus vertragsrechtlichen Beziehungen, die ihre Grundlage im Versicherungsvertragsgesetz (VVG) sowie in zahlreichen EU-Richtlinien und Nebengesetzen haben; soweit dort nichts speziell geregelt ist, gilt das Bürgerliche Gesetzbuch (BGB). Für Rückversicherungsverträge gibt es keine Spezialgesetze, sondern es gelten die allgemeinen Regeln des BGB und des Handelsgesetzbuchs (HGB) sowie der Rückversicherungsbrauch. Da Veränderungsprozesse zwar auch in Produkten ihren Niederschlag finden, der Prozess an sich aber im Unternehmen wirkt, soll hier auf die vertragsrechtliche Seite nicht weiter eingegangen werden.

Die Versicherungsgesellschaften selbst unterliegen besonderer staatlicher Kontrolle, im Wesentlichen durch die Bundesanstalt für Finanzdienstleistungsaufsicht (BaFin). Die Basis für diese Aufsicht ist primär im Gesetz über die Beaufsichtigung der Versicherungsunternehmen (Versicherungsaufsichtsgesetz – VAG) niedergelegt, zunehmend flankiert von europäischer Rechtssetzung. Das VAG regelt grundlegend, welche Anforderungen an Versicherungsunternehmen, das heißt Erst- oder Rückversicherungsunternehmen, gestellt werden. Es finden sich Regeln für die Erlaubnis zum Geschäftsbetrieb und dessen Ausübung, zur Kapitalausstattung, zu den Befugnissen des Aufsichtsamts, zu Beteiligungsverhältnissen, zu grenzüberschreitender Tätigkeit bis hin zu Straf- und Bußgeldvorschriften. Die Versicherungsaufsicht selbst ist dabei auch Objekt eines Change Prozesses, nämlich von Solvency II, was erhebliche rechtliche Änderungen mit sich bringen wird.

Da das Erst- und Rückversicherungsgeschäft nur von Aktiengesellschaften (AG) einschließlich der Europäischen Gesellschaft (Societas Europaea – SE), Versicherungsvereinen auf Gegenseitigkeit (VVaG) sowie Körperschaften und Anstalten des öffentlichen

Rechts betrieben werden darf, ist das Aktiengesetz (AktG) von besonderer Bedeutung. Für den VVaG beinhaltet das VAG besondere Regeln. Sofern weitere Gruppengesellschaften, die keine Versicherungsunternehmen sind, in anderer Rechtsform geführt werden, können auch Regeln des GmbH-Gesetzes (GmbHG) und des HGB Anwendung finden. In diesem gesellschaftsrechtlichen Zusammenhang spielt auch das Umwandlungsgesetz (UmwG) eine Rolle, das einige Mittel für die Bewältigung von Veränderungsprozessen zur Verfügung stellt.

Arbeitsrechtliche Regelungen, die in Change Management Prozessen relevant werden können, finden sich im BGB und daneben insbesondere im Betriebsverfassungsgesetz und im Kündigungsschutzgesetz; daneben findet umfangreiche arbeitsrechtliche Rechtsprechung Anwendung. Der Datenschutz ist hauptsächlich Sache des Bundesdatenschutzgesetzes (BDSG).

## 3.3 Interne Reorganisationsprozesse

Veränderungen von Versicherungsunternehmen, die rein interne Prozesse betreffen, können vielfältiger Natur sein. Es kann sich dabei um Strukturänderungen handeln wie auch um eine Änderung des Geschäftsfeldes oder um Kostensenkungsmaßnahmen. Diese Änderungen „von innen heraus“ beruhen dabei grundsätzlich erst einmal auf einem unternehmensinternen Willensentschluss der Geschäftsleitung des Versicherungsunternehmens, wenngleich meistens exogene Gründe (Marktchancen, -entwicklungen, Aktienkurs und dergleichen) für die Willensbildung ausschlaggebend sein mögen.

### 3.3.1 Corporate Governance

Bereits bei der Frage, wo die Willensbildung für einen Änderungsprozess stattfindet und wer diesen umzusetzen hat – allgemein Corporate Governance genannt –, zieht in der Versicherungsbranche das VAG Grenzen: Da der Betrieb des Versicherungsgeschäfts eine erlaubnispflichtige Tätigkeit ist, kann die BaFin also lediglich solchen Unternehmen die Erlaubnis erteilen, die in einer der erlaubten Rechtsformen – AG, SE, VVaG, Körperschaft oder Anstalt des öffentlichen Rechts – geführt werden. Anderen Einheiten, seien es Personenhandelsgesellschaften oder auch eine Gesellschaft mit beschränkter Haftung, hat die BaFin den Betrieb des Versicherungsgeschäfts zu untersagen.

Indes ist es ein Wesensmerkmal der erlaubten Rechtsformen, dass der Vorstand die Geschicke der Gesellschaft eigenverantwortlich zu leiten hat, § 76 Aktiengesetz (AktG, auf diese Norm verweisen entsprechende Regelungen für SE und VVaG). Der Eigentümer (oder die Konzernmutter) darf also nicht unmittelbar in die Geschäfte der Gesellschaft hineinregieren, um die gewünschten Änderungen einzuleiten – sogar bei einem bestehenden Beherrschungsvertrag muss nach den Vorstellungen der BaFin eine hinreichende Entscheidungskompetenz beim Vorstand der beherrschten Gesellschaft verbleiben. Es ist also im Vorfeld weitreichender Maßnahmen sicherzustellen, dass die Umsetzung reibungsfrei möglich und gesellschaftsrechtlich abgesichert wird. Dies kann etwa durch die Bestellung personenidentischer Verantwortlicher auf den verschiedenen Ebenen und die Herstellung einer entsprechenden Beschlusslage unter Einbindung der Aufsicht erfolgen. Häufiger findet sich daher die Gestaltung, dass die Vorstandsmitglieder der Gesellschaft, die an der Gruppenspitze ist (und entweder selbst Versicherungsunternehmen ist oder aber lediglich eine Versicherungs-Holdinggesellschaft), in den Aufsichtsrat oder Vorstand der Tochterunternehmen entsendet werden. Ähnliches bietet sich aber auch bei einem Joint Venture an. Beispielsweise sind zwei der Vorstandsmitglieder der ADAC Autoversicherung AG gleichzeitig Mitglieder des Vorstandes der Zurich Gruppe Deutschland, ein weiteres Vorstandsmitglied der ADAC Autoversicherung AG ist gleichzeitig Vorstandsmitglied der ADAC Schutzbrief Versicherungs-AG, also der Joint Venture Partner.

Zur Herstellung einer möglichst konzerneinheitlichen Willensbildung kann die Allzuständigkeit des Vorstandes im Rahmen von Satzungsbestimmungen und Geschäftsordnungen (GO), die der Aufsichtsrat für den Vorstand erlässt, dergestalt eingeschränkt werden, dass vor einer von der Satzung oder der GO als wesentlich empfundenen Änderung die Zustimmung des Aufsichtsrats, in Ausnahmefällen sogar der Hauptversammlung erforderlich wird. Die Leitplanke der Geschäftstätigkeit ist der satzungsmäßig festgelegte Unternehmenszweck. Eine Überschreitung desselben durch den Vorstand kann diesen schadensersatzpflichtig machen.

Die Überlegungen zur Willensbildung zeigen, dass bestimmte Voraussetzungen vorliegen oder hergestellt werden müssen, wenn innerhalb einer Konzernstruktur strategische Entscheidungen durchgesetzt werden sollen. Gerade Änderungsprozesse werden nicht von jedem gutgeheißen und häufig mit durchaus respektablen Gründen angegriffen. Im Zusammenspiel mit der Eigenverantwortlichkeit des Vorstands können so erhebliche Widerstände zu überwinden sein, wenn die Corporate Governance im Vorfeld nicht richtig abgestimmt worden ist.

### 3.3.2 Änderungen der Leitungsebene

Soll der Wandel sich auch in der Geschäftsleitung widerspiegeln, sind neben den aktienrechtlichen insbesondere die Vorgaben des VAG zu beachten: Geschäftsleiter eines Versicherungsunternehmens haben zuverlässig und fachlich geeignet zu sein und die Bestellung der Geschäftsleiter – also der Vorstände und Hauptbevollmächtigten der AG, SE oder des VVaG – ist der BaFin anzuzeigen (§ 13d Nr. 1, 2 VAG) und bildet eine Grundlage der Geschäftsgenehmigung (§ 8 Abs. 1 Nr. 1 VAG). Geeignet ist ein Geschäftsleiter nach den Vorgaben des Gesetzes dann, wenn er in ausreichendem Maße theoretische und praktische Kenntnisse in Versicherungsgeschäften sowie Leitungserfahrung hat, § 7a Abs. 1 Satz 2 VAG. Weitere Beschränkung ist, dass Geschäftsleiter maximal bei zwei Versicherungsunternehmen, Pensionsfonds, Versicherungs-Holdinggesellschaften oder Versicherungs-Zweckgesellschaften als Geschäftsleiter tätig sein dürfen. Innerhalb einer Versicherungsgruppe kann die BaFin aber auch Mehrfachmandate zulassen. Vor der Neubestellung oder Abberufung von Vorstandsmitgliedern ist die BaFin zu informieren. Auch für die Bestellung und Neubesetzung von Aufsichtsratsmitgliedern gelten ähnliche Anforderungen an die Zuverlässigkeit und Sachkunde. Es ist zu erwarten, dass diese aufsichtsrechtlichen Vorgaben aufgrund europarechtlicher Vorgaben (Stichwort: Solvency II) auf die gesamte Leitungsebene (also auch außerhalb des Vorstands) erstreckt werden.

Im Rahmen von Unternehmenskäufen werden vom Erwerber die Mitglieder des Aufsichtsrats und des Vorstands der erworbenen Gesellschaft zumindest dahingehend beurteilt, ob sie in die neue Konzernstruktur passen, und gegebenenfalls ausgetauscht. Dies kann jedoch nur in den vom Gesetz (AktG, VAG) gegebenen Grenzen erfolgen. Insbesondere kann eine Abberufung eines Vorstands lediglich aus wichtigem Grund erfolgen, der nur dann gegeben ist, wenn eine grobe Pflichtverletzung, Unfähigkeit zur ordnungsgemäßen Geschäftsführung oder Vertrauensentzug durch die Hauptversammlung vorliegt, § 84 Abs. 3 Satz 1 und 2 AktG; in der Praxis wäre dies zwar kein Hindernis, führt aber zu mitunter zu erheblichen Mehrkosten für eine Abfindung.

### 3.3.3 Änderung der Geschäftstätigkeit

Versicherungsunternehmen haben mit dem Antrag auf Erlaubnis den sogenannten Geschäftsplan (bei Erstversicherungsunternehmen) oder Tätigkeitsplan (bei Rückversicherungsunternehmen) einzureichen. Bestandteile des Geschäftsplans sind gem. § 5 Abs. 2 und 3 VAG eine Darstellung des Zwecks und der Einrichtung des Unternehmens sowie des Gebietes des beabsichtigten Geschäftsbetriebs, die Satzung, Angaben über die vorgesehenen Versicherungssparten und darüber, welche Risiken einer Versicherungssparte (beziehungsweise welche Risiken im Wege der Rückversicherung) gedeckt werden sollen, Unternehmensverträge gemäß §§ 291 und 292 AktG und Funktionsausgliederungsverträge sowie eine Reihe weiterer Unterlagen. Da der Geschäfts- beziehungsweise Tätigkeitsplan die Basis der Erlaubnis bildet, dürfen Änderungen des Geschäftsplans, mithin Änderungen seiner Bestandteile, erst in Kraft gesetzt werden, wenn sie von der BaFin genehmigt worden sind.

Im Vorfeld ist also abzuklären, ob ein Änderungsprozess Auswirkungen auf die konkrete Geschäftstätigkeit hat, mithin den Geschäftsplan ändert, und gegebenenfalls ist die BaFin einzubinden. Ausnahmen sind hier Satzungsänderungen, die lediglich eine Kapitalerhöhung zum Gegenstand haben, und Änderungen von Funktionsausgliederungsverträgen: letztere werden mit Vorlage bei der BaFin wirksam, wenn die Verträge mit anderen Versicherungsunternehmen abgeschlossen worden sind, die der Aufsicht der BaFin unterliegen, beziehungsweise drei Monate nach ihrer Vorlage, wenn die Verträge mit anderen Unternehmen abgeschlossen worden sind und die BaFin nicht widerspricht, § 13 Abs. 1a VAG. Sofern die Änderung des Geschäftsplans die Errichtung einer Niederlassung oder die Aufnahme der Geschäftstätigkeit im Ausland beinhalten, gelten weitere Detailregelungen (§§ 13a ff. VAG). Für Rückversicherungsunternehmen bestehen Erleichterungen, weil die meisten Änderungen des Tätigkeitsplans lediglich unverzüglich anzuzeigen sind, was jedoch keine Voraussetzung für die Wirksamkeit der Änderungen ist.

Soll sich beispielsweise die Ausrichtung des Versicherungsunternehmens am Markt durch einen Wandel der angebotenen Produkte ändern, spiegelt sich dies in einer Änderung der im Geschäfts- oder Tätigkeitsplan anzugebenden Versicherungssparten, die betrieben werden sollen, und Risiken, die übernommen werden sollen, wider. Anlage A zum VAG listet die Versicherungssparten auf, die von einen Versicherungsunternehmen betrieben werden können. Wenn also ein Versicherungsunternehmen bisher lediglich Kfz-Haftpflichtversicherungen vertrieben hat, in Zukunft aber auch allgemeine Haftpflichtversicherungen anbieten möchte, ist hierfür die Erlaubnis der BaFin erforderlich. Zu beachten ist dabei immer das Gebot der Spartentrennung: Die Lebensversicherung (Nr. 19 bis 24 der Anlage A zum VAG) und die substitutive Krankenversicherung gem. § 12 Abs. 1 VAG dürfen von ein und demselben Unternehmen nicht gleichzeitig mit anderen Versicherungssparten angeboten werden, § 8 Abs. 1a VAG. Grund hierfür ist, dass die Vermögensmassen getrennt bleiben sollen und somit ein Schutz vor den Gefahren anderer Sparten erfolgt. Sachversicherungssparten hingegen können beliebig kombiniert werden. Alle Versicherungssparten dürfen aber in verschiedenen Gesellschaften eines Konzerns betrieben werden, wobei die Spartentrennung bei der Hebung von Synergien durch Zusammenlegung verschiedener Funktionen und Aufgaben innerhalb des Versicherungskonzerns zu beachten ist. Querschnittsfunktionen können zentral ausgeübt werden, die vermögensmäßige Trennung darf man allerdings nicht antasten.

Die Spartentrennung muss also ihren Niederschlag in der gesellschaftsrechtlichen Struktur finden. Beispielsweise sind unter dem Dach der Generali Deutschland Holding AG die AachenMünchener Lebensversicherung AG, der Sachversicherer Generali Versicherungen AG sowie die Central Krankenversicherung AG vereint; die verschiedenen Sparten werden aber rechtlich in getrennten juristischen Personen betrieben. Solche gesellschaftsrechtlichen Trennungen eignen sich ferner, um thematische Akzente zu setzen. Beispielsweise wendet sich die Versicherungsgruppe Versicherer im Raum der Kirchen einer spezielleren Zielgruppe zu als ihr Mehrheitseigner HUK-Coburg. Gleiches gilt für andere Versicherungsgruppen in Deutschland.

Auch wenn der Änderungsprozess eine Internationalisierung mit sich bringt, hat dies aufsichtsrechtliche Implikationen, selbst wenn keine neue Versicherungssparte betrieben werden soll, sondern lediglich Versicherungsschutz grenzüberschreitend angeboten wird: Grundsätzlich ist jedes Versicherungsunternehmen, das seinen Sitz in einem Mitglieds- bzw. Vertragsstaat in der EU oder dem EWR hat, berechtigt, auch in anderen Ländern der EU/EWR seine Versicherungsprodukte anzubieten (sog. Europäischer Pass). Voraussetzung ist jedoch, dass dies der Aufsichtsbehörde im Sitz des Landes – für Deutschland also die BaFin – angezeigt und durch diese genehmigt wird, §§ 13a bis 13c VAG. Für Versicherungsgeschäfte, die außerhalb der EU/EWR betrieben werden sollen, gelten wiederum die dortigen Vorschriften und Zulassungserfordernisse.

### 3.3.4 Grenzen der Geschäftstätigkeit

Bringt die Veränderung eine Erweiterung oder Änderung des Geschäftsfeldes und nicht nur der betriebenen Versicherungssparten eines Versicherungsunternehmens mit sich, ist dies aufsichtsrechtlich relevant. Hier ist das Verbot des versicherungsfremden Geschäfts zu beachten, nach dem Versicherungsunternehmen nur solche Geschäfte betreiben dürfen, die mit dem Versicherungsgeschäft in unmittelbarem Zusammenhang stehen, was sowohl für Erstversicherungsunternehmen gemäß § 7 Abs. 2 VAG als auch in geringerem Maße für Rückversicherungsunternehmen gemäß § 120 Abs. 1 Satz 3 VAG gilt. Die Abgrenzung zwischen Versicherungsgeschäft und versicherungsfremdem Geschäft ist häufig nicht einfach und bedarf im Einzelfall oftmals genauerer Untersuchung. Was versicherungsfremd ist, soll sich nach der Verkehrsauffassung richten. Problemlos ist noch die Feststellung, dass der Verkauf von Gütern jedweder Art, zum Beispiel Konsumgütern oder ähnliches, mit dem Versicherungsgeschäft nicht in unmittelbarem Zusammenhang steht. Andererseits ist die Beschaffung der zum Betrieb des Versicherungsgeschäfts erforderlichen Betriebsmittel selbstverständlich erlaubt. Schwieriger wird es schon bei der Darlehensvergabe durch das Versicherungsunternehmen (erlaubte Tätigkeit), bei der Ausweitung der eigenen Immobilienverwaltung auch für Dritte (versicherungsfremd und damit verbotene Tätigkeit) oder bei Derivategeschäften (nur eingeschränkt zulässig). Aufsichtsrechtliche Hindernisse können sich auch dann ergeben, wenn Change Prozesse kostspielig sind und am besten extern zu finanzieren wären. Eine eigene Kreditaufnahme durch das Versicherungsunternehmen ist aber – je nach Strukturierung – als versicherungsfremdes Geschäft anzusehen und wird damit regelmäßig nicht zulässig sein. Eine fremdfinanzierte Übernahme eines anderen Versicherungsunternehmens ist somit grundsätzlich ausgeschlossen. Die Mittel hierfür müssen aus dem Eigenkapital stammen, zum Beispiel durch Kapitalerhöhung, durch die Ausgabe von Genussrechten oder die Aufnahme stiller Gesellschafter.

Vereinfacht gesagt hat das Verbot, versicherungsfremde Geschäfte zu betreiben, den Sinn, Versicherungsunternehmen von Risiken fern zu halten die nicht zwangsläufig mit dem Betrieb des Versicherungsgeschäfts verbunden sind.

Als Alternative besteht aber die Möglichkeit, die gewünschte Tätigkeit in einer eigenständigen Tochtergesellschaft auszuüben, die nicht der Aufsicht unterliegt: Dann muss allerdings darauf geachtet werden, dass die Vermögensmassen haftungsrechtlich getrennt sind und die verwendeten Mittel aus dem freien Vermögen stammen oder sich die Tätigkeit innerhalb der Grenzen der Anlageverordnung bewegt. Beispielsweise betreibt die Zurich Gruppe Deutschland eine Personal- und Organisationsentwicklung. Diese nicht unmittelbar mit dem Versicherungsgeschäft im Zusammenhang stehende Tätigkeit wird in der zur Zurich Gruppen gehörenden Bonner Akademie Gesellschaft für DV- und Management Training, Bildung und Beratung mbH geführt, die selbst kein Versicherungsunternehmen ist.

Die BaFin darf jedoch eine Beteiligung an einem solchen Unternehmen untersagen, wenn diese „nach ihrer Art oder ihrem Umfang geeignet ist, das Versicherungsunternehmen zu gefährden", § 82 VAG.

## 3.4 Arbeitsrechtliche Auswirkungen von Reorganisationen

Change Management Prozesse wie zum Beispiel interne Reorganisationen bringen betriebliche Veränderungen, die sich in Umstrukturierungen einzelner Abteilungen oder auch Schließungen von Standorten oder inländischen Niederlassungen niederschlagen. Die Umsetzung reicht von Versetzungen der Arbeitnehmer in andere Abteilungen über anderweitige Änderungen der Aufgaben des einzelnen Arbeitnehmers bis zu betriebsbedingten Kündigungen. Während sich die rechtlichen Rahmenbedingungen hinsichtlich der Versetzung und Aufgabenänderung hauptsächlich aus dem Weisungsrecht des Arbeitgebers nach § 106 GewO ergeben, können Betriebsänderungen und ähnliche Vorgänge, die dadurch ausgelöst werden, hochkomplex in ihrer arbeitsrechtlichen Beurteilung sein. Beteiligungsrechte des Betriebsrats sind zu beachten; hierbei kann es insbesondere zu zeitlichen Verzögerungen in der Umsetzung kommen. Die Personalabteilung ist frühestmöglich in Change Management Prozesse einzubinden, um drohende Nachteile möglichst einzugrenzen.

Betriebsänderungen haben zur Folge, dass der Arbeitgeber gemeinsam mit dem Betriebsrat die Vereinbarung eines Interessenausgleichs zu versuchen hat, § 111 BetrVG. Dieser beinhaltet regelmäßig die Beschreibung der Betriebsänderung, beispielsweise dass ein Betrieb geschlossen werden soll und die dort beschäftigten Arbeitnehmer entlassen werden. In der Praxis sehen vereinbarte Interessenausgleiche jedoch eine Vielzahl weiterer Punkte vor, wie zum Beispiel (etwa bei einer nur teilweisen Betriebsstilllegung) Punkteschemata für eine Sozialauswahl oder Namenslisten derjenigen Arbeitnehmer, denen betriebsbedingt gekündigt werden soll.

Falls der Interessenausgleich nicht zustande kommt, muss die Einigungsstelle angerufen werden, die sich unter Leitung ihres unparteiischen Vorsitzenden um eine Lösung bemühen muss. Sollte aber auch dieses Verfahren scheitern – dies kann von beiden Sozialpartnern erklärt werden –, so ist der Arbeitgeber frei, die Betriebsänderungen durchzusetzen.

Betriebsänderungen liegen in vielen Fällen vor: Die Einschränkung und Stilllegung des ganzen Betriebs oder von wesentlichen Betriebsteilen, die Verlegung des ganzen Betriebs oder von wesentlichen Betriebsteilen, der Zusammenschluss mit anderen Betrieben oder die Spaltung von Betrieben, die grundlegende Änderung der Betriebsorganisation, des Betriebszwecks oder der Betriebsanlagen und die Einführung grundlegend neuer Arbeitsmethoden und -verfahren sind gesetzlich normierte Formen der Betriebsänderungen. Hierunter fallen insbesondere die oben genannten internen Veränderungen (siehe Abschn. 3.3). Aber auch gesellschaftsrechtliche Änderungen können Betriebsänderungen darstellen, so insbesondere Fälle der umwandlungsrechtlichen Spaltung oder Verschmelzung.

Dem Betriebsrat steht dabei ein Unterlassungsanspruch zu, sollte der Arbeitgeber die Änderungen ohne den Versuch eines Interessenausgleichs unmittelbar umsetzen. Hier ist Vorsicht geboten: Manche Arbeitsgerichte gewähren hierbei einstweiligen Rechtsschutz. In diesem Fall würden Veränderungsmaßnahmen gerichtlich unterbunden werden, bis eine endgültige Entscheidung gefällt worden ist. Dies kann unter Umständen lange Zeit beanspruchen. Allerdings zeigt sich hierbei auch, dass die schärfste Waffe des Betriebsrats, der sich gegen Change Management Prozesse stellt, lediglich die zeitliche Verzögerung ist. Letztlich hat er keine Möglichkeit, die Veränderungen ganz zu verhindern.

Unabhängig davon, ob ein Interessenausgleich zustande kommt oder die Einigungsstelle zum Erfolg führt, haben Arbeitgeber und Betriebsrat einen Sozialplan zu vereinbaren. In diesem wird geregelt, wie die Nachteile, die sich aus dem Interessenausgleich für die Arbeitnehmer ergeben (z. B. Verlust des Arbeitsplatzes, Versetzung an anderen Standort und dergleichen), durch andere Leistungen ausgeglichen werden, zum Beispiel Umzugskosten, Abfindungen etc.

Innerhalb der Umsetzungsphase stehen dem Betriebsrat weiterhin die Mitbestimmungsrechte hinsichtlich personeller Einzelmaßnahmen und bei Kündigungen gem. § 99 BetrVG bzw. § 102 BetrVG zu. Sollte es im Rahmen von Betriebsänderungen zu Massenentlassungen kommen, ist der Betriebsrat ebenfalls zu beteiligen und der Agentur für Arbeit ist eine Anzeige zu erstatten, § 17 KSchG.

Sofern ein Unternehmen gemäß Drittelbeteiligungsgesetz oder Mitbestimmungsgesetz mitbestimmt ist, ist zu beachten, dass gegebenenfalls schon in der Planungsphase der Aufsichtsrat informiert wird, ohne dass die Geschäftsleitung abschließend über ein Change Management Projekt beschlossen hat. Die Mitglieder des Aufsichtsrats, die von den Arbeitnehmern gewählt werden, erhalten so frühzeitig Einblick in Planungen und Prozesse. Dies ist jedenfalls dann zu berücksichtigen, wenn sich diese Planungen noch in einem Stadium befinden, das eine Veröffentlichung noch nicht erlaubt, denn leider werden die Beratungen in einem mitbestimmten Aufsichtsrat oft nicht so vertraulich behandelt, wie es zu wünschen wäre.

Etwas weniger problematisch sind Change Management Szenarien, die auf Expansion – intern wie extern – gerichtet sind. Zwar stehen dem Betriebsrat auch hier Mitbestimmungs- und Informationsrechte zu, insbesondere muss der Wirtschaftsausschuss unterrichtet werden, der bei Unternehmen mit mindestens 100 Arbeitnehmern eingerichtet werden muss. Der Arbeitgeber ist aber hinsichtlich des Zeitpunkts flexibel, wann informiert werden muss. Während der Abschluss eines Unternehmenskaufvertrags in diesem Zusammenhang sicherlich informationspflichtig ist, dürften die Durchführung oder die Ergebnisse einer Due Diligence (=sorgfältige Risikoprüfung) im Rahmen eines Akquisitionsprozesses noch nicht darunter fallen.

## 3.5 Outsourcing

Ein häufiger Veränderungsprozess, der ein erhebliches Maß an Managementaufwand mit sich bringt, ist das Outsourcing beziehungsweise die aufsichtsrechtlich so genannte Funktions- und Tätigkeitsausgliederung. Gemeint ist damit die Auslagerung von vormals intern durchgeführten Aufgaben. Outsourcing kann in verschiedenen Formen vorliegen. So kann der Vertrieb einer Versicherungsgruppe in einer besonderen Vertriebsgesellschaft gebündelt werden (z. B. die in 2013 neu gegründete ERGO Beratung und Vertrieb AG, in der die Vertriebsorganisation der ERGO-Gruppe zentralisiert wird), oder die Kapitalanlage und Vermögensverwaltung wird für verschiedene Versicherungsunternehmen einer Gruppe in einer Gesellschaft konzentriert (z. B. ist die Ampega Investment GmbH die Kapitalanlagegesellschaft der Talanx-Gruppe, der Allianz-Konzern erledigt dies über die Allianz Global Investors GmbH) oder durch andere Finanzdienstleister, wie Banken und deren Vermögensverwaltungsgesellschaften, durchgeführt. Durch Outsourcing können also Tätigkeiten, die für den Betrieb des Versicherungsgeschäfts erforderlich sind und damit unmittelbar im Zusammenhang stehen (deshalb also nicht versicherungsfremd sind), vollständig auf ein drittes – auch konzernfremdes – Unternehmen ausgelagert werden, sodass sich das Versicherungsunternehmen auf das Kerngeschäft konzentrieren kann.

### 3.5.1 Aufsichtsrechtliche Anforderungen

Beim Outsourcing müssen die weitergehenden Regelungen des VAG beachtet werden. Es gelten spezielle aufsichtsrechtliche Vorgaben, sofern durch Outsourcing der Vertrieb, die Bestandsverwaltung, die Leistungsbearbeitung, das Rechnungswesen, die interne Revision, die Vermögensanlage oder die Vermögensverwaltung eines Versicherungsunternehmens ganz oder zu einem wesentlichen Teil einem anderen Unternehmen auf Dauer übertragen werden soll. Rechtlich wird dann von Funktionsausgliederung gesprochen und zwar unabhängig davon, ob die Gesellschaft, die die fragliche Tätigkeit übernimmt, zum Konzernverbund gehört oder nicht.

Die Auslagerung eines Rechenzentrums oder die Nutzung der Cloud für IT stellt für sich genommen keine Funktionsausgliederung dar, sondern lediglich eine Übertragung von Aufgaben. Diese Tätigkeiten werden gegenüber dem Versicherungsunternehmen aufgrund eines Dienstleistungsvertrags erbracht, dessen Wirksamkeit nicht von aufsichtsrechtlichen Genehmigungen abhängt. Dennoch sind auch in solchen Fällen bestimmte Besonderheiten zu beachten. Auslagernde Versicherungsunternehmen müssen etwa darauf achten, dass sie trotz Outsourcing weiterhin hinreichende Steuerungs- und Kontrollmöglichkeiten über die Leistungserbringung haben und diese in ihrem Risikomanagement einbezogen bleiben. Ferner sind Auskunfts- und Weisungsbefugnisse zugunsten des Versicherungsunternehmens vorzusehen. Auch datenschutzrechtliche Vorgaben sind hier im besonderen Maße zu beachten, die in Abschn. 3.6.5 behandelt werden.

### 3.5.2 Arbeitsrechtlichte Besonderheiten

Bei jedem Outsourcing spielt Arbeitsrecht eine besondere Rolle. Eine Outsourcing-Transaktion zielt darauf ab, eine bis dahin intern ausgeführte Tätigkeit, zum Beispiel die Vermögensanlage, extern zu vergeben. Es fragt sich also, was mit den Mitarbeitern geschieht, die diese Arbeit zuvor ausgeführt und nach dem Outsourcing kein Tätigkeitsfeld mehr haben. Um diese vor betriebsbedingten Kündigungen zu schützen (und die Umgehung des Kündigungsschutzes zu unterbinden) wurde die Figur des Betriebsübergangs entwickelt, der in § 613a BGB samt umfangreicher Rechtsprechung seinen Niederschlag gefunden hat. Danach bildet eine bestimmte abgrenzbare Tätigkeit einen eigenen „Betrieb“ oder „Betriebsteil“. Typischerweise betreffen Outsourcing-Maßnahmen solche abgrenzbaren Tätigkeiten, weil andernfalls nicht „outgesourced“, sondern nur eine Dienstleistung eingekauft würde. Wird aber ein solcher Betrieb oder Betriebsteil übertragen gehen die Arbeitsverhältnisse, die dem übertragenen Betriebsteil zugehören, qua Gesetz auf den Erwerber über. Wann ein Betriebsteil im Sinne dieser Vorschrift vorliegt, ist im Einzelfall zu ermitteln: Die Übertragung der Vermögenswerte eines betriebsmittelreichen Bereichs (z. B. Rechenzentren samt Daten und Software) indiziert, dass ein Betriebsübergang gegeben ist; die Übertragung eines betriebsmittelarmen Bereichs (z. B. Vermögensverwaltungsdienstleistungen) gibt Veräußerer und Erwerber diesbezüglich eine größere Wertungsfreiheit.

Besonders relevant ist die Frage, ob ein Betriebsübergang vorliegt oder nicht, auf der Rechtsfolgenseite: Die betroffenen Arbeitnehmer, deren Arbeitsverhältnisse übergehen, haben das Recht, gegen den Übergang ihres Arbeitsverhältnisses innerhalb von einem Monat nach zutreffender Unterrichtung über den Betriebsübergang zu widersprechen. Sollten sie dies tun, verbleiben ihre Arbeitsverhältnisse bei dem ursprünglichen Arbeitgeber. Aus diesem Grund trifft den outsourcenden Versicherer und den übernehmenden Dienstleister eine Unterrichtungspflicht. Hierbei ist Vorsicht geboten, denn wie erwähnt, hat die Unterrichtung zutreffend zu erfolgen. Schon die vermeintlich kleinsten Fehler in dem Unterrichtungsschreiben können dazu führen, dass die Widerspruchsfrist nicht zu laufen beginnt. Die betroffenen Arbeitnehmer haben dann grundsätzlich ein zeitlich unbegrenztes Widerspruchsrecht – jedenfalls im Rahmen der Verwirkung. Dies kann insbesondere dann für den Veräußerer problematisch werden, wenn zum Beispiel der Outsourcing-Dienstleister zwei Jahre nach dem Betriebsübergang in die Insolvenz fällt. Freilich ist dabei immer zu beachten, dass die Arbeitnehmer, die aufgrund eines Widerspruchs beim ursprünglichen Arbeitgeber verbleiben, dort regelmäßig ihren Arbeitsplatz verlieren werden, da der ursprüngliche Arbeitgeber eine betriebsbedingte Kündigung aussprechen kann. Diese ist aber wiederum nicht fristlos, sondern es sind die allgemeinen Kündigungsfristen zu beachten. In den Outsourcing-Verträgen sollten sich deshalb detaillierte Regelungen dazu finden, was bei Widerspruch gegen den Übergang durch Arbeitnehmer geschehen soll, das heißt wie die Kostentragung aufgeteilt wird.

## 3.6 M&A und Joint Ventures

Ein weiterer klassischer Anlass für Veränderungsprozesse sind M&A-Transaktionen, wie etwa die Übernahme eines Wettbewerbers, der Hinzukauf neuer Sparten oder die Veräußerung von Beteiligungen oder Geschäftsfeldern. Die Umsetzung solcher Transaktionen hat ihr eigenes rechtliches Instrumentarium, das nachfolgend genauer beleuchtet wird. Zusätzlich bringt die Eingliederung des erworbenen Unternehmens in die vorhanden Strukturen (Stichwort: Post Merger Integration) all jene Fragen mit sich, die vorstehend erläutert worden sind. M&A-Transaktionen können aber auch nur eine Etappe eines Veränderungsprozesses sein, denn beispielsweise beinhaltet eine Outsourcing-Transaktion regelmäßig auch den Verkauf eines Betriebsteils. Schließlich steht es Versicherungsunternehmen grundsätzlich frei, ein Joint Venture zur Erweiterung des Geschäfts unter Ausnutzung von Synergien einzugehen oder anderweitige Kooperationen zu bilden. Prominentes Beispiel ist die Kooperation zwischen der Zurich Gruppe Deutschland und dem ADAC e.V.: die ADAC Versicherungs AG wird zu 51 % von der Zurich Gruppe und zu 49 % vom ADAC gehalten.

Die bei solchen Maßnahmen auftretenden Rechtsfragen stehen im engen Zusammenhang mit der gewählten Form der rechtlichen Umsetzung, die grundsätzlich auf einem von vier Wegen erfolgt und im Wesentlichen von haftungs- und steuerlichen Themen getrieben ist:

1. (Ver-)Kauf von Unternehmensanteilen (Share Deal),
2. (Ver-)Kauf einer Gesamtheit von Vermögensgegenständen (Asset Deal),
3. umwandlungsrechtliche Maßnahmen der Spaltung oder Verschmelzung oder
4. Eingehung eines Joint Venture.

Aber auch Kombinationen hiervon sind möglich und sollten je nach Zweck der Reorganisation in die Überlegungen des Change Management einbezogen werden.

### 3.6.1 Share Deal

Im Rahmen eines sogenannten Share Deals wird eine Gesellschaft (die „Zielgesellschaft") durch Kauf oder Verkauf der Anteile vom Verkäufer auf den Käufer übertragen. Die Zielgesellschaft behält dabei ihre Eigenständigkeit und bildet eine separate, vom Eigentümer getrennte Haftungs- und Vermögensmasse. Beispiele dafür sind die Übernahme der Gerling Versicherungsgruppe durch HDI/Talanx in 2006, der Erwerb der HDI-Gerling Rechtsschutz Versicherung AG durch die ROLAND Rechtsschutz-Versicherungs-AG oder – mit internationalem Hintergrund – die Übernahme der DARAG durch den Londoner Investor Keyhaven Capital Partners. Es bedarf dann weiterer Maßnahmen zur organisatorischen, wirtschaftlichen und finanziellen Einbindung in den Gesamtkonzern, was unter anderem für die Realisierung von Vorteilen aus umsatz- und ertragssteuerlichen Organschaften von Relevanz ist. Alternativ zur Aufnahme weiterer Sparten in die Geschäftstätigkeit eines Versicherungsunternehmens selbst (siehe Abschn. 3.3.3) können also im Wege eines Beteiligungserwerbs an einem anderen Versicherungsunternehmen weitere Sparten dem Portfolio des Versicherungskonzerns hinzugefügt und das bestehende Konzerngeschäft ergänzt und erweitert werden. So geschehen beim Erwerb der Baden-Badener Versicherung AG durch die Zurich Gruppe Deutschland, bei dem vom hinzugewonnenen Portfolio profitiert und gleichzeitig auch bestehende Produkte und spezifisches Know-how in den Ausbau des Geschäfts der Baden-Badener Versicherung eingebracht werden sollte. Gleiches gilt natürlich spiegelbildlich für die Aufgabe von Sparten durch den Verkauf von Tochterunternehmen. Auch auf diese Weise lassen sich Strategiewechsel verfolgen, so wollte sich die Talanx mit dem Verkauf des Rechtsschutz-Privatkundengeschäfts an ROLAND Rechtsschutz stärker auf Kernkompetenzen konzentrieren.

Ist der Käufer ein Versicherungsunternehmen, die Zielgesellschaft aber nicht, ist sicherzustellen, dass das Versicherungsunternehmen je nach Mittelherkunft die Grenzen für die Anlage des gebundenen Vermögens einhält und nicht versicherungsfremdes Geschäft ausübt, etwa indem es selbst die Haftung für Verbindlichkeiten der Zielgesellschaft übernimmt. Darauf ist übrigens auch im Verkaufsfall zu achten, wenn ein Käufer vom verkaufenden Versicherungsunternehmen Garantien hinsichtlich der Geschäftstätigkeit der Zielgesellschaft verlangt. Die Beteiligung von Versicherungsunternehmen an Nicht-Versicherungsunternehmen ist aber im Grunde möglich, solange das Beteiligungsunternehmen nicht den Bestand des Versicherungsunternehmens gefährdet. Dies gilt insbesondere für die Beteiligung an Nicht-Versicherungsunternehmen, die jedoch Tätigkeiten ausüben, die mit dem Betrieb des Versicherungsgeschäfts in unmittelbarem Zusammenhang stehen, wie beispielsweise Versicherungsvermittlungsunternehmen. Als Bespiel sei hier die Beteiligung der Generali-Gruppe an der DVAG Deutschen Vermögensberatungs AG genannt.

Handelt es sich bei der Zielgesellschaft selbst um ein Versicherungsunternehmen, das in den Konzern integriert werden soll, wäre bereits im Rahmen der Due Diligence – also der sorgfältigen Prüfung des Kaufobjekts „Versicherungsgesellschaft" durch den Käufer – zu klären, ob die im Rahmen des Änderungsprozesses geplante Integration gelingen kann oder ob dem die rechtlichen Gegebenheiten der Zielgesellschaft entgegenstehen. Zum Beispiel könnte ein bei der Zielgesellschaft bestehender Sozialplan arbeitsrechtliche Maßnahmen erschweren oder erheblich verteuern. Gleiches gilt für Vertragsbeziehungen der Zielgesellschaft mit Dienstleistern, die nach erfolgreicher Integration redundant wären, aber mit langlaufenden Verträgen ausgestattet sind. Auch kann die Nutzung der Daten der Versicherten im Konzern problematisch sein, wenn keine Datenschutz- beziehungsweise Freigabeerklärungen vorliegen (siehe Abschn. 3.6.5).

Aus Sicht des Versicherungsunternehmens als Zielgesellschaft ist zu beachten, dass der neue Inhaber einer sogenannten bedeutenden Beteiligung, die mindestens zehn Prozent des Kapitals oder der Stimmrechte einer Versicherungsgesellschaft ausmacht, „den im Interesse einer soliden und umsichtigen Führung des Versicherungsunternehmens zu stellenden Ansprüchen genügen, insbesondere zuverlässig" sein muss, § 7a Abs. 2 VAG. Die Beteiligung kann dabei mittelbar oder unmittelbar und auch durch Zusammenwirken mit anderen Personen oder Unternehmen bestehen. Schon die Absicht, aber auch später der tatsächliche Erwerb beziehungsweise die tatsächliche Aufgabe einer bedeutenden Beteiligung sind der BaFin anzuzeigen, § 104 Abs. 1, 3 und § 13d Nr. 4 VAG, und kann nach § 104 VAG von der BaFin von allen beteiligten Parteien untersagt werden, wenn die Voraussetzungen nicht vorliegen. Für Versicherungsgruppen kommen weitere Besonderheiten hinzu, wenn die Gruppenspitze lediglich eine Holdinggesellschaft ist oder Gruppengesellschaften andere Unternehmen der Finanzbranche sind (Banken, Finanzdienstleister), denn Versicherungs-Holdinggesellschaften und Finanzkonglomerate haben verschiedene Bestimmungen des VAG zu beachten, §§ 1b, 104a ff. VAG, und unterliegen bestimmten Anzeigepflichten gegenüber der BaFin, § 13e VAG.

### 3.6.2 Asset Deal

Neben der Akquisition eines Versicherungsunternehmens als Ganzes steht auch der Asset Deal zur Verfügung, um das Geschäftsfeld eines Versicherungsunternehmens zu ändern. Unter einem Asset Deal versteht man den Verkauf oder Erwerb einzelner Wirtschaftsgüter beziehungsweise Betriebsmittel in ihrer Gesamtheit oder als Teilbereich eines Unternehmens. Gerne wird diese Variante auch als „Cherry-Picking" bezeichnet, denn entscheidender Vorteil ist, dass – mit gewissen Ausnahmen, insbesondere für Steuern und Arbeitnehmer sowie bei der Firmenfortführung – alle Haftungsrisiken zurückgelassen werden können. Ferner kann sich der Käufer den Kaufgegenstand im Grunde frei zusammenstellen, was aber auch die Gefahr birgt, etwas Entscheidendes, zum Beispiel eine betriebswichtige Lizenz, übersehen zu haben.

Bei einer Versicherungsgesellschaft finden Asset Deals häufig im Rahmen eines Outsourcings von einzelnen Funktionen wie Vertrieb, Leistungsbearbeitung etc., § 5 Abs. 3 Nr. 4 VAG, aber auch von IT-Dienstleistungen Anwendung. Innerhalb einer Gruppe von Versicherern wird hierbei häufig versucht, durch die Zentralisierung von Aufgaben und Funktionen Prozesse zu optimieren. So kann beispielsweise der Betrieb eines einzigen Rechenzentrums samt dazugehörigem IT-Support durch eine IT-Tochter effizienter durchgeführt werden, als wenn jedes einzelne Versicherungsunternehmen, das zu der Gruppe gehört, ein eigenes betreiben würde. Es ist aber immer darauf zu achten, dass, sofern es sich um „Funktionen" handelt, die übertragen werden sollen, dieses Change Management auch eine Änderung des Geschäftsplans bedeutet. Allerdings sieht § 13 Abs. 1a VAG dann vor, dass eine Übertragung auf ein anderes Versicherungsunternehmen mit Vorlage der entsprechenden Übertragungsverträge bei der BaFin und auf ein Nicht-Versicherungsunternehmen drei Monate nach dieser Vorlage wirksam wird.

Auch Teile des eigentlichen Versicherungsgeschäfts lassen sich im Wege des Asset Deals von einem auf ein anderes Versicherungsunternehmen übertragen. Asset Deals beinhalten indes die Problematik, dass aufgrund der erforderlichen Einzelübertragung von Vertragsverhältnissen auf einen Dritten grundsätzlich die Genehmigung der anderen Vertragspartei erforderlich ist, § 415 Abs. 1 Satz 1 BGB. Um also zum Beispiel alle Kundenverträge zu übertragen, müssten im Normalfall sämtliche Kunden kontaktiert und deren – am besten schriftliches – Einverständnis eingeholt werden. In der Praxis zeigt sich jedoch regelmäßig, dass nicht alle Kunden erreicht werden können oder diese keine Antwort zurücksenden. Dies ist ein Grund, warum bei Nicht-Versicherungsunternehmen mit einer Vielzahl von langfristigen Kundenbeziehungen ein Share Deal dem Asset Deal vorgezogen wird, weil beim Share Deal die Vertragsbeziehungen nicht angetastet werden. Hinsichtlich der relevanten Arbeitsverhältnisse wird diese Unsicherheit bei der Übertragung von Vertragsverhältnissen beim Asset Deal durch die gesetzliche Regelung des § 613a BGB vereinfacht – die Arbeitnehmer gehen automatisch auf den Erwerber über, wenn die Voraussetzungen eines Betriebsübergangs gegeben sind (siehe Abschn. 3.5.2).

Aber auch für die Übertragung von Versicherungsverträgen (Versicherungsportefeuilles) gibt das Gesetz den übertragungswilligen Versicherungsunternehmen eine komfortable Sonderregelung an die Hand. Nach § 14 VAG kann ein Versicherungsunternehmen (oder nach § 121f VAG ein Rückversicherungsunternehmen) einen Versicherungsbestand ganz oder teilweise auf ein anderes Versicherungsunternehmen übertragen, wenn die BaFin dies genehmigt. Diese Genehmigung macht nicht nur die Zustimmung aller betroffenen Versicherungsnehmer obsolet, sondern die betroffenen Versicherungsnehmer beziehungsweise versicherten Personen können der Übertragung auch nicht widersprechen. Gerade in letzter Zeit wird diese Möglichkeit besonders von sogenannten Run-Off-Versicherern genutzt, die Bestände von anderen Versicherern übernehmen und diese Bestände, ohne selbst Neugeschäft zu betreiben, bis zu deren Beendigung verwalten. In Deutschland ist hier insbesondere die DARAG AG aktiv, die sowohl Versicherungsportefeuilles mit Deutschland-Bezug als auch im Ausland erwirbt. Die Globale Rückversicherungs-AG hingegen betreibt ihren eigenen Run-Off unter anderem durch Abgabe ganzer Auslandsportfolios an Dritte.

Bei der Bestandsübertragung sind jedoch einige Voraussetzungen zu erfüllen, denn die Genehmigung darf nur erfolgen (ist dann aber zu erteilen), wenn die Belange der Versicherten gewahrt sind und die Verpflichtungen aus den Versicherungen als dauernd erfüllbar dargetan sind, § 14 Abs. 1 Satz 2 VAG. Gleichzeitig handelt es sich möglicherweise bei einer Bestandsübertragung auch um eine Änderung des Geschäftsplans, wenn nämlich das übertragende Versicherungsunternehmen dadurch eine Versicherungssparte oder ein zu deckendes Risiko gänzlich aufgibt. Auch für das erwerbende Versicherungsunternehmen kann es sich wegen der Aufnahme neuer Sparten oder Risiken in die Geschäftstätigkeit um eine Geschäftsplanänderung handeln.

### 3.6.3 Umwandlungsmaßnahmen, insbesondere Spaltung und Verschmelzung

Das deutsche Umwandlungsrecht gibt Versicherungsunternehmen weitere Möglichkeiten für Change Management Prozesse an die Hand, insbesondere die Spaltung und die Verschmelzung. Diese Instrumente finden allerdings eher bei konzerninternen Maßnahmen Anwendung, denn allen Umwandlungsmaßnahmen ist gemein, dass über einen Zeitraum von mindestens fünf Jahren eine gesetzliche Nachhaftung der übertragenden Gesellschaft besteht. Sie sind das Mittel der Wahl, wenn zum Beispiel Geschäftsbereiche neu zugeschnitten werden oder die gesellschaftsrechtliche Konzernstruktur eine neue Managementorganisation nachbilden soll, um ein Auseinanderfallen von Managementverantwortung und rechtlicher Pflichtenlage zu verhindern.

#### 3.6.3.1 Verschmelzung

Im Wege der Verschmelzung können ein oder mehrere Versicherungsunternehmen unter Auflösung ohne Abwicklung, das heißt ohne Beachtung der sonst erforderlichen langwierigen Liquidation und der hierfür geltenden gesellschaftsrechtlichen Vorschriften, sein beziehungsweise ihr Vermögen als Ganzes auf ein anderes Versicherungsunternehmen übertragen, § 2 Umwandlungsgesetz (UmwG). So ist im Jahr 2010 die deutsche Zürich Versicherungs AG grenzüberschreitend mit der Zurich Insurance plc in Dublin verschmolzen worden. Das aufnehmende Versicherungsunternehmen kann bei dieser Umwandlung – wie bei vorgenanntem Beispiel – schon bestehen (Verschmelzung zur Aufnahme) oder im Rahmen der Umwandlung neu gegründet werden (Verschmelzung zur Neugründung). Die Anteilseigner der übertragenden Versicherungsgesellschaft erhalten als Gegenleistung Anteile an der aufnehmenden Gesellschaft, zum Beispiel Aktien. Mit der Eintragung der Verschmelzung im Handelsregister der übernehmenden Versicherungsgesellschaft wird die übertragende Gesellschaft aufgelöst, die übernehmende Gesellschaft tritt in die Rechte und Pflichten der übertragenden Gesellschaft ein und die Anteilseigner der übertragenden Gesellschaft werden Anteilsinhaber der übernehmenden Gesellschaft. Dies erfolgt im Wege der Gesamtrechtsnachfolge, sodass eine Zustimmung der Vertragspartner, insbesondere der Vielzahl der Versicherungsnehmer des übertragenden Versicherungsunternehmens nicht erforderlich ist.

Durch diese Art der Umwandlung wird also ein bestehendes Versicherungsunternehmen aufgelöst und sein Vermögen, das heißt alle Aktiva und Passiva sowie sämtliche Vertragsbeziehungen, insbesondere Versicherungsvertragsverhältnisse, auf ein anderes Versicherungsunternehmen übertragen. Dies kann innerhalb einer Versicherungsunternehmensgruppe durchgeführt werden, zum Beispiel durch Verschmelzung einer Tochtergesellschaft auf die Muttergesellschaft, wobei verschiedene Erleichterungen eingreifen, siehe insbesondere § 62 UmwG. Das oben genannten Beispiel der Verschmelzung der Zürich Versicherung AG auf die irische Gesellschaft hat aber auch noch andere Folgen: da das Versicherungsgeschäft weiterhin in Deutschland betrieben wurde, war erforderlich, dass die übernehmende Gesellschaft eine Niederlassung in Deutschland gründete. In dieser Niederlassung fanden sich dann die Versicherungsverträge der verschmolzenen deutschen Gesellschaft wieder, wurden aber der aufnehmenden irischen Gesellschaft rechtlich zugeordnet.

Aber auch konzernübergreifend kann eine Verschmelzung erfolgen, wenngleich ein solcher Vorgang in der deutschen Versicherungsbranche bisher nicht öffentlich geworden ist. Dabei ist in jedem Fall zu beachten, dass eben auch sämtliche Haftungsrisiken mit übergehen, sodass eine sorgfältige Vorprüfung (Due Diligence) notwendig ist.

#### 3.6.3.2 Spaltung

Bei der Spaltung handelt es sich sozusagen um das Gegenstück zur Verschmelzung. So kann ein Versicherungsunternehmen im Wege der Spaltung seine Tätigkeit insgesamt (Aufspaltung) oder in Teilen (Abspaltung oder Ausgliederung) auf andere Unternehmen übertragen, §§ 123 ff. UmwG. Sofern es sich bei dem Bereich, der übertragen werden soll, um die Ausübung der Versicherungstätigkeit handelt, muss die aufnehmende Gesellschaft ebenfalls ein Versicherungsunternehmen sein. Der Teil eines Versicherungsunternehmens, der nicht die Versicherungstätigkeit betrifft, kann auch auf andere Unternehmen im Wege der Spaltung übertragen werden, zum Beispiel Funktionen oder andere Dienstleistungen, die mit dem Betrieb des Versicherungsgeschäfts in unmittelbarem Zusammenhang stehen.

Für das Change Management in Form des Outsourcings bietet sich die Spaltung besonders an. Der alternativ zur Verfügung stehende Asset Deal (siehe Abschn. 3.6.2) hat den wesentlichen Nachteil, dass die Übertragung von Vertragsbeziehungen von der Zustimmung der jeweiligen Vertragspartner abhängig ist. Diese Hürde wird im Rahmen der Spaltung gesetzlich genommen.

In allen Fällen einer Spaltung tritt nämlich die übernehmende Gesellschaft im Wege der gesetzlichen Gesamtrechtsnachfolge in die Rechte und Pflichten der übertragenden Gesellschaft hinsichtlich des übertragenen Teiles ein, sodass auch hier eine Zustimmung der von der Übertragung betroffenen Vertragspartner und der Versicherungsnehmer nicht nötig ist. Es muss allerdings bedacht werden, dass grundsätzlich für die Verbindlichkeiten der übertragenen Gesellschaft, die vor der Spaltung begründet worden sind, alle an der Spaltung beteiligten Gesellschaften als Gesamtschuldner haften. Diese Haftung gilt auch dann, wenn der übernehmenden Gesellschaft die fragliche Verbindlichkeit im Rahmen der Spaltung nicht zugewiesen wurde, aber innerhalb von fünf Jahren (bzw. zehn Jahren bei Versorgungsverpflichtungen) ein vollstreckbarer Zahlungstitel gegen die übernehmende Gesellschaft erwirkt wird. Von der Gesellschaft, der die Verbindlichkeit zugewiesen wurde, können die Gläubiger zudem Sicherheitsleistungen verlangen. Wenn also beispielsweise das Rechenzentrum in eine gesonderte Gesellschaft im Konzern oder außerhalb des Konzerns übertragen werden soll, aber verschiedene Lizenzvereinbarung, IT-Support-Verträge mit Dritten oder ähnliche Vertragsbeziehungen bestehen, werden diese bei der Spaltung übertragen und einer Zustimmung der Vertragspartner bedarf es in dem Fall nicht. Dies stellt eine wesentliche Erleichterung bei der Übertragung von Teilen des Geschäftsbetriebs dar.

Aufspaltung und Abspaltung unterscheiden sich im Wesentlichen in der Folge für das Schicksal des übertragenden Unternehmens: Die Aufspaltung führt dazu, dass das übertragende Versicherungsunternehmen ohne Abwicklung seines Vermögens aufgelöst wird und seine Vermögensteile auf andere Unternehmen übertragen werden. Diese aufnehmenden Unternehmen können schon bestehen (Aufspaltung zur Aufnahme) oder neu gegründet werden (Aufspaltung zur Neugründung). Die Anteilsinhaber des übertragenden Versicherungsunternehmens erhalten als Gegenleistung Anteile an den aufnehmenden Unternehmen. Die Höhe der Beteiligung ist dabei im Rahmen des Spaltungsberichts und der Spaltungsprüfung genau zu ermitteln. Die Abspaltung hingegen bewirkt, dass lediglich ein Teil des Vermögens des übertragenden Versicherungsunternehmens auf die aufnehmende bestehende oder neu zu gründende Gesellschaft übertragen wird (Abspaltung zur Aufnahme bzw. zur Neugründung). Das übertragende Versicherungsunternehmen besteht weiter, die Anteilsinhaber desselben erhalten Anteile an dem aufnehmenden Unternehmen. Letzteres wird also – je nach genauer Ausgestaltung – Schwesterunternehmen des übertragenden Versicherungsunternehmens, sodass die Konzernintegration horizontal erfolgt.

Alternativ kann ein Teil des Geschäftsbetriebs eines Versicherungsunternehmens im Wege der Ausgliederung auf ein bestehendes oder neu zu gründendes Unternehmen übertragen werden. Anders als bei der Abspaltung erhält hier aber das übertragende Versicherungsunternehmen (und nicht seine Anteilsinhaber) die neuen Anteile an der aufnehmenden Gesellschaft, die also eine Tochtergesellschaft des Versicherungsunternehmens ist beziehungsweise bei Neugründung wird. VVaG können jedoch nur ausgliedern, sofern damit keine Übertragung von Versicherungsverträgen verbunden ist, § 151 Satz 2 UmwG. Auch diese Variante bietet sich für Outsourcing-Projekte an, wenn die Konzernstruktur vertikal integriert werden soll.

#### 3.6.3.3 Vermögensübertragung und Formwechsel

Der Vollständigkeit halber sei erwähnt, dass speziell Versicherungsunternehmen die sogenannte Vermögensübertragung zur Verfügung steht, § 174 UmwG. Versicherungsunternehmen können unter Auflösung ohne Abwicklung (siehe Abschn. 3.6.3.1) ihre Vermögen als Ganzes oder in Teilen auf ein anderes Versicherungsunternehmen gegen Gewährung einer Gegenleistung an die Anteilsinhaber des übertragenden Versicherungsunternehmens, die nicht in Anteilen der Mitgliedschaften besteht, übertragen. Mit dieser seltenen Art von Umwandlung können dieselben Ziele verfolgt werden, wie schon vorher dargestellt; es gelten auch die gleichen Nachhaftungsregelungen.

Schließlich kann im Zuge einer Restrukturierung ein Formwechsel Sinn machen. So haben einige Versicherungsunternehmen ihre Rechtsform von einer Aktiengesellschaft in eine SE gewechselt, zum Beispiel Allianz SE und Hannover Rück SE, was bei grenzüberschreitenden Sachverhalten Vorteile bietet.

#### 3.6.3.4 Aufsichtsrechtliche Genehmigung

Unabhängig von der Art der Umwandlung (Spaltung, Verschmelzung, Vermögensübertragung, Formwechsel) gelten die oben genannten aufsichtsrechtlichen Rahmenbedingungen. Change Management durch Umwandlung beinhaltet in fast allen Fällen eine Änderung der Geschäftstätigkeit und ist deshalb von der Genehmigung der BaFin abhängig. Ausnahme sind die Fallgestaltungen, bei denen weder Versicherungstätigkeit an sich noch Funktionen übertragen werden, zum Beispiel reine Ausgliederung eines Rechenzentrums auf eine Tochtergesellschaft.

### 3.6.4 Joint Venture

Wenn ein Versicherungsunternehmen den Geschäftsbetrieb erweitern möchte, hierzu aber entweder die Mittel nicht hat oder andere Opportunitäten nutzen möchte, wie zum Beispiel die Marke eines Dritten, besteht die Möglichkeit, ein Joint Venture mit diesem Dritten zu gründen. An diesem Gemeinschaftsunternehmen sind dann beide Partner beteiligt. Besonderheiten ergeben sich hier nicht, insbesondere sind die aufsichtsrechtlichen Rahmenbedingungen zu beachten und auf eine sinnvolle Vertragsgestaltung ist Wert zu legen, die auch praktikable Regelungen für Konfliktfälle und die Beendigung des Joint Venture vorsieht. Beispiele wären die ADAC Autoversicherung AG als Joint Venture zwischen ADAC und der Zurich-Gruppe und die Volkswagen Autoversicherung AG als Joint Venture zwischen Volkswagen und der Allianz-Gruppe.

Die Möglichkeiten, wie das Joint Venture mit Leben und Tätigkeit gefüllt wird, sind dabei so zahlreich wie die oben dargestellten Arten: Die Joint Venture Partner können im Wege der Bestandsübertragung nach § 14 VAG Teile ihres Versicherungsbestands auf das Gemeinschaftsunternehmen übertragen. Möglich ist auch, dass die Partner über Abspaltung oder Ausgliederung Teile des Versicherungsbetriebs oder anderer, nur mittelbar mit dem Versicherungsbetrieb in Zusammenhang stehende Tätigkeiten auf das Vehikel übertragen. Alternativ kann einer der Partner durch Anteilskauf (Share Deal) in ein bestehendes Unternehmen des anderen Partners einsteigen. Auch Outsourcing kann in Form eines Joint Venture erfolgen, wenn sich mehrere Partner zusammenschließen.

Zu beachten ist in diesem Fall immer die wettbewerbsrechtliche Situation der Joint Venture Partner. Eine kartellrechtliche Betrachtung ist unumgänglich und kann gegebenenfalls zu dem Ergebnis führen, dass eine Durchführung des Joint Ventures nicht oder nicht in dem geplanten Umfang möglich ist. Zudem ist eine fein austarierte Corporate Governance für eine gedeihliche Zusammenarbeit von überragender Bedeutung.

### 3.6.5 Datenschutz

Ein Faktor für die Auswahl des Übertragungsweges können auch datenschutzrechtliche Überlegungen sein. Da das Geschäftsmodell von Versicherungsunternehmen darauf basiert, Daten zu erheben und zu verwalten, ist der Zugriff auf und die Verarbeitung von Daten für die Abwicklung der Versicherungsvertragsverhältnisse unumgänglich. Personenbezogene Daten unterliegen aber besonderen Schutzvorschriften. Nach § 4 Abs. 1 BDSG ist jede Erhebung, Verarbeitung oder Nutzung personenbezogener Daten nur zulässig, soweit das BDSG oder eine andere Rechtsvorschrift dies erlaubt oder anordnet oder der Betroffene eingewilligt hat. Als „Verarbeitung" gilt auch jede Übermittlung personenbezogener Daten (durch Weitergabe oder Einsichtnahme) an Dritte. Dritte sind sämtliche anderen juristischen Personen oder deren Angehörige; es gibt kein Konzernprivileg. Schon konzerninterne Übertragungen können daher problematisch sein und es sind umfangreiche Schutzmechanismen zu installieren (insbesondere ausreichende Zugangs-, Zugriffs- und Zutrittssperren gegen unberechtigte Personen) sowie der Datenschutzbeauftragte des betroffenen Versicherungsunternehmens rechtzeitig einzubinden.

Darüber hinaus sind zum persönlichen Lebensbereich gehörende Geheimnisse wie etwa Gesundheitsdaten sogar strafrechtlich vor der unbefugten Offenbarung durch Angehörige eines Unternehmens der privaten Kranken-, Unfall- oder Lebensversicherung geschützt, § 203 Abs. 1 Nr. 6 StGB. Der Schutz von § 203 StGB erstreckt sich nicht nur auf besonders kritische Informationen wie Gesundheitsdaten, sondern auf sämtliche Angaben über ein bestehendes (oder sogar in der Anbahnung befindliches) Versicherungsverhältnis.

Wenn beispielsweise im Rahmen einer geplanten Bestandsübertragung von Versicherungsverträgen, die (auch) natürliche Personen als Versicherungsnehmer betreffen, der Erwerber im Rahmen der Due Diligence das zu übernehmende Portfolio von Versicherungsverträgen prüfen will, hat der Veräußerer im Vorfeld des Erwerbes darauf zu achten, dass diese so anonymisiert sind, dass der Erwerber keine Rückschlüsse auf die Identität der Versicherungsnehmer ziehen kann. Veräußernde Kranken-, Unfall- und Lebensversicherer und deren Mitarbeiter vermeiden dadurch das Risiko der strafrechtlichen Verfolgung wegen Verletzung von Privatgeheimnissen. Unproblematisch ist es, wenn das Projektteam nur mit aggregierten, zusammengefassten oder statistischen Daten über Versicherungsnehmer arbeitet. Maßstab ist immer, ob konkrete natürliche Personen anhand der enthaltenen Informationen und verfügbarem Zusatzwissen identifiziert werden können. Dies entspricht auch dem generellen Grundsatz der Datenvermeidung und Datensparsamkeit. Nur wenn im Ausnahmefall einzelne Datensätze analysiert werden müssen, sollte auf Pseudonymisierung der Datensätze zurückgegriffen werden. Allerdings müssen dabei sämtliche personenbeziehbaren Angaben aufgefunden und entfernt oder geschwärzt werden. Personenbezogene Daten über natürliche Personen als sonstige Vertragspartner der Versicherer (also nicht Versicherungsnehmer), insbesondere als Leistungserbringer, können unter Umständen auf Basis von gesetzlichen Erlaubnistatbeständen verarbeitet werden. Dabei sind aber im Einzelnen die Erforderlichkeit und eventuell entgegenstehende Interessen zu berücksichtigen.

Auch nach Durchführung der Übernahme ergeben sich datenschutzrechtliche Grenzen. Soll eine Versicherungs-Zielgesellschaft in das Unternehmen des Erwerbers integriert werden, ohne dass hinreichende Einwilligungserklärungen der Versicherten vorliegen, wäre zum Beispiel eine Akquisition in Form eines Share Deal problematisch, weil die gewünschte Weiterverarbeitung der Daten im Konzern unter Umständen nur im Rahmen einer Auftragsdatenverarbeitung möglich ist. Dabei trifft aber der Auftraggeber (also die Zielgesellschaft) die wesentlichen Entscheidungen über Art der eingesetzten Daten, Zweck der Datenverarbeitung und die verwendeten Mittel. Im Rahmen einer Auftragsdatenverarbeitung wäre daher die Übertragung der Entscheidungsbefugnis für die wesentlichen Elemente einer Datenverarbeitung auf den Erwerber nicht mehr zulässig. Außerdem ist das Gebot der Datentrennung zu beachten. Dies hat zur Folge, dass Datenbestände verschiedener Auftraggeber (auch innerhalb eines Konzerns) nicht miteinander vermischt und für übergreifende Zwecke genutzt werden dürfen. Soweit dies der Intention des Change Prozesses zuwider liefe, wäre an einen Asset Deal im Wege der genehmigten Bestandsübertragung zu denken. Dies würde den Erwerber in den Stand des Vertragspartners erheben, der die Daten entsprechend nutzen darf, und auch die strafrechtlichen Risiken ausschalten. Gleiches würde durch eine Verschmelzung mit dem akquirierten Unternehmen erreicht.

**Fazit**

Change Management Prozesse erfordern regelmäßig Eingriffe in die Rechtsbeziehungen zu Mitarbeitern, Vertragspartnern und Versicherungsnehmern sowie in die Struktur des Versicherungskonzerns. Dabei steht den Akteuren eine Palette von Instrumenten zur Verfügung, deren Vor- und Nachteile abgewogen werden müssen und deren Umsetzung häufig nicht trivial ist. Ferner werfen diese Maßnahmen vielfältige Rechtsfragen auf, insbesondere im Aufsichts-, Arbeits- und Datenschutzrecht. Daher sind vor Beginn eines Change Management Prozesses eine möglichst detaillierte Bestandsaufnahme, eine Ermittlung der notwenigen Implementierungsmaßnahmen und eine genaue Zielvorgabe nötig, um die rechtlichen Implikationen und Wechselwirkungen zu erkennen und zu behandeln.

**Dr. Peter Etzbach** ist Partner der Rechtsanwaltssozietät Oppenhoff & Partner. Er berät schwerpunktmäßig die Versicherungs- und Finanzindustrie. Seine transaktionsbezogene Tätigkeit umfasst grenzüberschreitende Unternehmenskäufe und -verkäufe, Joint-Venture-Projekte und Restrukturierungen sowie deren Finanzierung für deutsche und internationale Unternehmen und Finanzinvestoren. Er berät im Gesellschaftsrecht, einschließlich des Aktienrechts, im Versicherungs- und Rückversicherungsrecht, bei Finanzierungsfragen, im Kapitalmarktrecht sowie im Versicherungs- und Bankaufsichtsrecht. Dr. Peter Etzbach studierte Rechtswissenschaften an der Universität zu Köln (Dr. jur.) sowie der Fordham University School of Law, New York (LL.M.). Er ist auch in New York als Anwalt zugelassen.

**Christoph Appel** ist Rechtsanwalt in Pulheim. Bis September 2014 war er Rechtsanwalt und Junior-Partner der Rechtsanwaltssozietät Oppenhoff & Partner in deren Corporate/M&A-Team. Christoph Appel studierte Rechtswissenschaften an der Universität zu Köln und dem University College London.

# Teil II

# Gestaltung umfassender Veränderungsprozesse

# Erfolgreiche Gestaltung von Veränderungen

4

Gabriele Zimmermann

**Zusammenfassung**

Die Versicherungsbranche steht vor tiefgreifenden Veränderungen, auch deshalb, weil bisher keine Notwendigkeit bestand, sich umfassend zu erneuern. Die sich aktuell zuspitzende Lage bietet die Chance, die notwendigen, teilweise massiven Erneuerungen einzuleiten. Gerade wenn die erforderliche Dringlichkeit gegeben ist, ist es deutlich leichter die Mitarbeiter, den Betriebsrat und die eigenen Führungskräfte davon zu überzeugen, dass umfassende Veränderungen umgesetzt werden müssen.

Die Umsetzung von Veränderungen erzeugt immer Emotionen und Widerstand. Widerstände verschwinden nicht, wenn man sie nicht bearbeitet. Erfolgreiches Change Management kombiniert also den Managementprozess auf der Sachebene mit den emotionalen/psychologischen Prozessen, die bei Menschen ablaufen, wenn sie mit Veränderungen konfrontiert werden. Der vorliegende Aufsatz beschreibt, mit welchen Maßnahmen ein solch integrierter Change Management Prozess durchgeführt werden sollte.

**Schlüsselwörter**

Integriertes Change Management · Organisatorische Aufhängung · Umgang mit Widerständen · Konsequenzenmanagement · Umgang mit Paradoxien

G. Zimmermann (✉)
Köln, Deutschland
E-Mail: gabriele.zimmermann@fh-koeln.de

 
G. Zimmermann (Hrsg.), *Change Management in Versicherungsunternehmen*,
DOI 10.1007/978-3-658-05974-3_4

## 4.1 Die Bedeutung von Change Management für die Versicherungswirtschaft

Regelmäßig berichtet die Presse von umfassenden Veränderungen in Unternehmen der Versicherungsbranche. Im Fokus stehen Kostensenkungsprogramme, Restrukturierungen oder die Umsetzung von Innovationen bis hin zu neuen Geschäftsmodellen. So hat die Signal Iduna im Mai 2014 ein Kostensenkungsprogramm verkündet (Fromme 2014a), die Ergo hat zum 1. April 2014 eine neue Vertriebsgesellschaft gegründet, die alle Vertriebswege von der Ausschließlichkeit, über Makler bis zum Direktvertrieb dort bündelt. Von dieser Restrukturierung sind allein 10.000 Vertreter betroffen (Tauber 2014). Die Axa forciert die Digitalisierung, indem sie eine eigene Digitalagentur gründet hat und im April 2014 einen ehemaligen Top Manager aus der Telekommunikationsbranche als Chef dieser Agentur ernannt hat. Dieser neue Bereich soll die Entwicklung digitaler Produkte und Services wie Apps für mobile Endgeräte bei der AXA vorantreiben (Krieger 2014). Darüber hinaus hat die AXA eine strategische Kooperation mit Facebook geschlossen, um den Erfolg ihrer Kommunikationskampagnen zu messen und die AXA Mitarbeiter in Sachen Digitalisierung fit zu machen. Und noch ein prägnantes Beispiel aus dem Frühjahr 2014: im März berichtet die Süddeutsche Zeitung, dass die HuK-Coburg ein sogenanntes erweitertes Werkstattkonzept prüft, mit dem sie in das Geschäft Autowartung und Autoreperatur einsteigen würde (Fromme 2014b).

Die deutsche Assekuranz befindet sich bereits seit Jahren in einem Veränderungsprozess, und es stehen weitere drastischere Veränderungen an (siehe Kap. 1). Wesentliche Gründe dafür sind erstens das langanhaltende niedrige Zinsniveau, das die Rentabilität der Unternehmen bedroht. Zweitens müssen die Versicherungsunternehmen ständig Vorgaben der Politik und der Regulierung umsetzen. Die Versicherungsunternehmen investieren zum Beispiel seit Jahren massiv in die Erfüllung der Kriterien von Solvency II. Als Folge fehlt den Unternehmen dringend benötigtes Kapital und Kapazitäten für Innovationen, beispielsweise im Bereich der Digitalisierung.

Gerade aber die Digitalisierung wird die Versicherungswirtschaft stark verändern, wie die aktuelle Sigma-Studie der Swiss Re zum Thema „Digitaler Vertrieb von Versicherungen“ aufzeigt (Swiss Re 2014). Noch spielt der online-Vertrieb für Versicherungen nur eine geringe Rolle. In Europa beträgt der online-Verkauf laut der Studie 5 % des Gesamtumsatzes, über alle Branchen hinweg liegt der online-Verkauf bei 14 %. Die Autoren der Studie erwarten aber, dass die Kunden dank neuer Technologien mittel- bis langfristig fast alle Versicherungen über digitale Kanäle beschaffen können. (vgl. Swiss Re 2014, S. 1). Selbst in der Rückversicherung gibt es bereits Online-Abschlüsse für einfache Risikoklassen. Zusätzlich ergeben sich in Verbindung mit „Big Data“, also der detaillierten Analyse von Kundendaten, neue Chancen für den Vertrieb von Versicherungsprodukten. Wie der Blick in andere Branchen zeigt, zum Beispiel in die des Versandhandels, können aber auch andere, neue Marktteilnehmer die Gewinner dieses Digitalisierungstrends sein. Quelle ist vom Markt verschwunden und Otto hinkt hinter dem neuen Marktteilnehmer Amazon hinterher. Diese Entwicklungen erinnern an den britischen Naturforscher Charles Darwin, der bereits vor mehr als 150 Jahren herausgefunden hat, dass es einen unumstößlichen Zusammenhang zwischen Umweltveränderungen und individuellen Anpassungsvorgängen gibt. Unter der bekannten Überschrift „Survival of the Fittest" postulierte Darwin, dass nur diejenigen Organismen, die sich am besten auf Veränderungen einstellen, erfolgreich fortbestehen können. Auf den ersten Blick mag die Veranschaulichung betriebswirtschaftlicher Aspekte anhand naturwissenschaftlicher Theorien merkwürdig erscheinen, doch zeigen die Ereignisse des 21. Jahrhunderts immer häufiger, dass eine schlechte oder gar ausbleibende Anpassung an sich verändernde Umweltbedingungen negative Konsequenzen für die Wettbewerbsfähigkeit von Unternehmen bedeutet. Quelle und Nokia sind die bekanntesten Beispiele. Der von Nokia verpasste Trend zu den modernen Smartphones kostete das Unternehmen nicht nur seine Position als Marktführer, sondern führte 2013 sogar zur notgedrungenen Veräußerung ihres Kerngeschäftes an Microsoft.

Auch für die Assekuranz erwartet man den Eintritt marktfremder Akteure (Swiss Re 2014) und damit eine Neudefinition der Spielregeln. Die digitalen Technologien ermöglichen den Direktvertrieb, sodass für bislang marktfremde Unternehmen keine kostenintensiven klassischen Personenvertriebe erforderlich sind, um ein ernstzunehmender Marktteilnehmer in der Branche zu werden. Darüber hinaus sind die Gründungskosten für Versicherer heute deutlich geringer als früher. Laut der aktuellen Swiss Re Studie halten viele Experten aus der Versicherungsbranche einen Markteintritt von Google und auch von Amazon für möglich; Automobilhersteller weiten ihre Versicherungsaktivitäten aus, und auch Banken wollen Ihr Geschäft mit versicherungsnahen Produkten ausweiten.

Wir sehen also, dass die Versicherungsbranche vor erheblichen Veränderungen steht. Auf der anderen Seite tun sich die Versicherungsunternehmen schwer, sich schnell an die sich ändernden Rahmenbedingungen anzupassen (siehe Kap. 2). Die Branche hatte jahrelang aufgrund der guten Kapitalerträge keinen Leidensdruck, die notwendigen Anpassungen und Innovationen konsequent voranzutreiben. Viele Verträge haben eine lange Laufzeit, sodass der Kunde langfristig an das Unternehmen gebunden ist. Die Ausrichtung der Organisation auf die Bedürfnisse der Kunden stand daher bislang nicht im Vordergrund. Die Belegschaft besteht vornehmlich aus sicherheitsbezogenen, konservativen Mitarbeitern, die Fluktuation ist gering und externe Einstellungen auf der Führungsebene sind noch die Seltenheit. Darüber hinaus lebt die Branche davon, Risiken abzusichern und nicht, diese bewusst einzugehen. Genau dies muss man aber tun, wenn man Veränderungen erfolgreich managen möchte. Kurzum: die DNA der Versicherungswirtschaft ist traditions- und sicherheitsbezogen statt dynamisch, veränderungsorientiert und innovativ. Dies hemmt die Einleitung wirklich umfassender Veränderungen sowie deren zügige Umsetzung. Daher stellt das Management von Veränderungen eine der zentralen Kernkompetenzen für Führungskräfte der Assekuranz dar. Der Aufbau entsprechender Kompetenzen lohnt sich, denn die Neuausrichtung der gesamten Branche wird noch einige Jahre dauern.

Dieser Aufsatz vermittelt die wichtigsten Inhalte, wie man Veränderungsprozesse erfolgreich gestaltet (Bücher, in denen *ausführlich* beschrieben wird, wie man Change Management erfolgreich betreibt, sind z. B. der Klassiker von Doppler/Lauterburg oder auch die Bücher von Vahs/Weiand oder Stolzenberg/Heberle. Dazu gehört, die Psychologie der

Veränderung zu verstehen. Jede Veränderung erzeugt Widerstand, und für diejenigen, die Veränderungen aktiv umsetzen wollen, ist es sehr hilfreich zu verstehen, woran das liegt. Daran anschließend werden die Ziele, die sinnvolle organisatorische Aufhängung und Maßnahmen eines sogenannten „integrierten Change Managements“ beschrieben. Der Aufsatz endet mit den Paradoxien, die typisch für Veränderungsprozesse sind, und einem abschließenden Fazit.

## 4.2 Die Psychologie der Veränderungen verstehen

Seitdem der Wettbewerb in sämtlichen Branchen durch die Globalisierung und die Digitalisierung immer stärker geworden ist, befinden sich die Unternehmen kontinuierlich in Veränderungsprozessen. Eine Vielzahl von Managementliteratur widmet sich diesem Thema. Veränderungen erzeugen immer Widerstände. Um die Reaktionen der Menschen auf Veränderung zu verstehen, ist es hilfreich die Erkenntnisse der Psychologie wie auch die Erkenntnisse der Hirnforschung hinzuzuziehen, denn eine Veränderung kann nur erfolgreich sein, wenn sie durch die Mitarbeiter mitgetragen wird.

**Hilfreiche Erkenntnisse aus der Psychologie**

Der Wunsch nach Lernen und damit Veränderung wurde uns in die Wiege gelegt. Für den Menschen ist die Fähigkeit zu lernen eine Voraussetzung, seine Bedürfnisse zu realisieren. Und wir sind gut darin, uns den Gegebenheiten des Lebens und der Umwelt anzupassen. Aber das ist nur die eine Seite der Medaille. Wir haben auch ganz andere Gefühle in uns, wenn es um das Thema Veränderung geht. Der Wunsch nach Ruhe, Stabilität, Sicherheit und Erhaltung des Gewohnten ist bei uns Menschen eine sehr starke Kraft. Wir fühlen uns einfach besser, wenn wir die Situation kontrollieren können (Schmidt-Tanger 2012, S. 13 ff.). Ein wichtiges Grundbedürfnis des Menschen ist das Bedürfnis nach Sicherheit. Es geht uns besser, wenn wir wissen, dass wir genügend zu essen und ein Dach über dem Kopf haben und dass wir nicht angegriffen werden. Daher sorgen die meisten ständig für Sicherheit und lieben es, Kontrolle über ihr Leben zu haben. Die Versicherungswirtschaft basiert regelrecht auf diesem Sicherheitsbedürfnis. Beim Change wird dieser Wunsch erschüttert und wir suchen nach Möglichkeiten, dieses Sicherheitsbedürfnis wieder zu befriedigen. Auch Organisationen haben ein unterschiedliches Sicherheitsbedürfnis, abhängig davon, was sie herstellen, wie groß sie sind und welcher Typ Mensch bevorzugt in dem Unternehmen arbeitet. In großen hierarchischen Unternehmen, die mehr Sicherheit vermitteln, arbeiten eher sicherheitsbezogene Menschen, wodurch große Unternehmen eher veränderungsavers sind als kleinere.

Das zweite große menschliche Bedürfnis ist Bindung. Wir wollen zu anderen dazu gehören, Teil einer Gruppe statt alleine sein. Die Bindung an ein Unternehmen sichert das Überleben in besonderer Form, da sowohl Sicherheit als auch die sozialen Bedürfnisse befriedigt werden. Das Gefühl der Zugehörigkeit zu einer Abteilung, einem Bereich, einem

Unternehmen ist für viele mit hoher emotionaler Zufriedenheit verbunden und auch ein Grund bei einer Firma zu bleiben, selbst wenn man mit Entscheidungen auf der Sachebene unzufrieden ist. Denn diese Zugehörigkeit schafft Identität und damit Sicherheit. Dieses Gefühl kann sogar dann bestehen bleiben, wenn man sich mit einzelnen Personen aus dem Team nicht so gut versteht. Schmidt-Tanger beschreibt das so: „Selbst an jemanden gewöhnt zu sein, den man eigentlich nicht leiden kann, macht sicher." (Schmidt-Tanger 2012, S. 14).

Ein weiterer Grund dafür, dass wir Menschen uns mit Veränderungen schwer tun, ist das Bedürfnis nach „Ich-Konsistenz". „Konsistenz,…, beschreibt die Tendenz von Menschen, an einer einmal getroffenen Entscheidung oder Selbstdefinition festzuhalten oder am liebsten so oft wie möglich in Übereinstimmung mit früherem Verhalten zu handeln." (Schmidt-Tanger 2012, S. 15). Gewohnte Verhaltensweisen erzeugen also Konsistenz mit meinem Selbstbild. Neues Verhalten zu zeigen bedeutet sich als jemand anderen wahrzunehmen, den man noch nicht kennt und vielleicht auch nicht sein will. Veränderungen in Unternehmen erfordern bei Mitarbeitern aber neue Verhaltensweisen, was durchaus mit der „Ich-Konsistenz" kollidieren kann.

**Hilfreiche Erkenntnisse aus der Hirnforschung**

Auch die Hirnforschung zeigt: Veränderungen sind für uns Menschen anstrengend und werden daher eher vermieden. Seit Jahren erhalten wir immer mehr Erkenntnisse aus der Hirnforschung, unter anderem dazu, wie das menschliche Gehirn auf Veränderungen reagiert. Auf diese Weise haben wir eine weitere Erklärung dafür erhalten, warum Menschen „Gewohnheitstiere" sind:

> Neues zu verarbeiten verschlingt im Hirn große Mengen Zucker und Sauerstoff. Wann immer es mit solchen komplexen Aufgaben konfrontiert ist, versucht es, Energie zu sparen. Dazu wandelt es alles Tun so schnell wie möglich in Routinehandlungen um. Denn im Vergleich zur Ressourcen essenden Großhirnrinde sind die darunter liegenden Basalganglien, die über 90 % unserer Alltagshandlungen steuern, extrem sparsam. Wenn wir brav Automatisiertes ausführen – vom Gehen übers Teekochen bis zum morgendlichen Gruß an die Kollegen -, belohnt uns das Gehirn: Es schüttet körpereigene Opiate, also Wohlfühldrogen, aus. Dies ist ein zentraler Grund dafür, warum uns Gewohnheiten wahrhaft lieb sind. (Schöps 2011)

Neues stößt damit naturgemäß auf wenig Begeisterung. Der Bremer Neurobiologe Gerhard Roth ergänzt: „Der Leidensdruck muss schon erheblich sein, um sich auf Fremdes einzulassen" (Schöps 2011). Denn aus als erfolgreich erlebten Problemlösungsstrategien bilden sich Handlungs- und Verhaltensmuster heraus, auf die Menschen automatisch zurückgreifen und die neuen Aspekte einer Situation oder Herausforderung erst einmal verdrängen. Dadurch wird die Situation als beherrschbar und weniger bedrohlich empfunden, das Verhalten hat also eine Schutzfunktion. Durch das Ausblenden der Unsicherheiten und Risiken lebt der Mensch angstfreier. Und die Rede vom Leidensdruck ist dabei gar nicht so metaphorisch wie es scheinen mag, denn gravierende Veränderungen, vor allem wenn

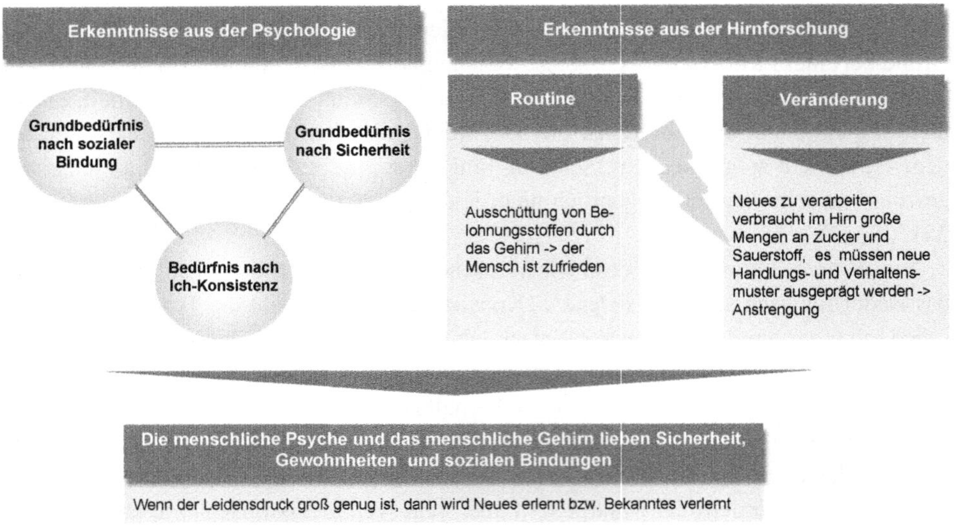


**Abb. 4.1** Psychologie der Veränderung

sie negativer Natur sind wie zum Beispiel Jobverlust oder das Ende einer Beziehung, lassen im menschlichen Gehirn die gleichen Areale aktiv werden, wie körperlicher Schmerz (vgl. Kross et al. 2011). So wird die Reaktion von Individuen auf Veränderungsdruck nachvollziehbar: Vielfach wird eine offensichtlich nötige Veränderung nicht angegangen, da die Notwendigkeit zugunsten des bewährten und bekannten Verhaltens einfach verdrängt wird (Abb. 4.1).

**Die Veränderungskurve**

Im Zusammenhang mit Change Management wird noch ein weiteres psychologisches Konzept genutzt, die Veränderungskurve. Die Gefahr bei diesem Konzept ist, dass man es schon so oft gehört, gesehen oder gelesen hat, dass man es nicht mehr richtig ernst nimmt. Etwas verwirrend ist darüber hinaus, dass es dieses Konzept sowohl mit sechs als auch mit sieben Phasen gibt. Aber worum geht es bei diesem für das Verständnis von Change Management so wichtigem Konzept?

Einzelpersonen, Teams und ganze Organisationen erleben im Change eine Vielzahl von Emotionen. Gemäß dem Konzept der Veränderungskurve folgen Veränderungen, sei es bei einer Person, einer Gruppe oder einer ganzen Organisation mehr oder weniger einer Kurve, die man in sechs bis sieben Phasen einteilen kann. Dieses Konzept basiert auf Erkenntnissen von Elisabeth Kübler-Ross, die in Ihren Forschungsarbeiten untersucht hat, wie Menschen auf die schwierigste und extremste Nachricht, nämlich die vom bevorstehenden Tod, reagieren. Demnach reagieren die Menschen, die mit dieser Nachricht konfrontiert werden mit folgenden Verhaltensweisen (Groth 2013, S. 24 f.)

1. *Nicht-wahrhaben-Wollen:* Der Patient verspürt eine enorme Angst und versucht, diese Nachricht zu verdrängen
2. *Zorn/Ärger:* Der Patient akzeptiert die schockierende Nachricht, es kommt Wut auf im Sinne „Warum ich?"
3. *Verhandeln:* Man versucht mit Gott einen Handel vorzunehmen: „Wenn ich dem Tod entrinne, dann werde ich nur noch Gutes tun"
4. *Depression:* Tod bedeutet Abschied nehmen und das führt zu einer tiefen Trauer und Lähmung
5. *Akzeptanz:* Der Sterbende hat starke Emotionen (Angst, Wut, Trauer) durchlaufen und nimmt jetzt sein Schicksal an

Auch wenn das Beispiel des Sterbens deutlich einschneidender ist, als Veränderungen mit denen Mitarbeiter in Unternehmen konfrontiert werden, so beinhalten die meisten Veränderungsprozesse ebenfalls einen kleinen „Sterbeprozess". Die betroffenen Mitarbeiter müssen sich oft von etwas Ihnen wichtigen und lieb gewonnenem verabschieden und Gewohnheiten aufgeben. Wie stark wir Menschen „Gewohnheitstiere" sind, wurde bereits oben beschrieben.

Einer derjenigen, der diese Erkenntnisse aus der Sterbeforschung aufgegriffen und auf den betrieblichen Kontext angepasst hat, ist Alexander Groth. Er hat daraus das Modell der „emotionalen Achterbahn" entwickelt, das sechs Phasen der Veränderung aufweist (vgl. Groth 2013, S. 25 ff.).

- *Phase 0: Selbstgefälligkeit:* das ist die Phase vor dem eigentlichen Wandel. Die Mitarbeiter sind zufrieden mit dem Status Quo, es wird ignoriert, dass bestimmte Zustände verändert werden sollten
- *Phase 1: Verneinung*: Die unangenehme Veränderungsnachricht wurde überbracht, Beispiel: Ihre Abteilung wird ausgegliedert. Sowohl die Führungskraft, als auch die Mitarbeiter dieser Abteilung sind Betroffene und wollen das nicht wahr haben. „Das kann nicht sein, das haben die schon einmal versucht, das betrifft mich nicht", sind typische Gedanken und Äußerungen in dieser Phase. Hier dominiert die Emotion Angst
- *Phase 2: Zorn:* In dieser Phase sind die Mitarbeiter ärgerlich, zeigen passiven oder auch aktiven Widerstand und suchen nach Schuldigen. Ärger und Zorn sind die vorherrschenden Emotionen
- *Phase 3: Depression:* Hier realisieren die Mitarbeiter, dass es ernst gemeint ist, dass die Ausgliederung umgesetzt werden wird. Sie verstehen, welche Konsequenzen der Wandel für sie persönlich hat (z. B. neues Gebäude oder Büro, neue Prozesse, neue Kollegen). Die bisherige Sicherheit und Bindungen müssen aufgegeben werden. Das erzeugt Müdigkeit und Lustlosigkeit. Es ist sehr wichtig, dass die Mitarbeiter auch durch diese Phase der Trauerarbeit gehen, um sich von dem Alten, Gewohnten zu lösen
- *Phase 4: Akzeptanz:* In dieser Phase entsteht wieder Energie und es werden erste Schritte unternommen, neue Verhaltensweisen auszuprobieren. „Es ist, wie es ist" beziehungsweise „machen wir das Beste draus" sind typische Gedanken und Äußerungen

- *Phase 5: Integration:* In dieser letzten Phase ist man angekommen, man hat sich an alles gewöhnt und ist gegebenenfalls sogar stolz auf die vollbrachten Leistungen

Für wen gilt das Konzept der Veränderungskurve? Und ist der Verlauf immer gleich?

Es gilt: jeder, egal ob Führungskraft oder Mitarbeiter, Gruppenleiter oder Top Manager erlebt eine emotionale Achterbahn, wenn er mit für ihn unangenehmen Nachrichten/Veränderung konfrontiert wird. Die unterschiedlichen Hierarchieebenen durchlaufen diese Phasen aber nicht gleichzeitig, sondern zeitversetzt (vgl. Groth 2013, S. 41 f.). Da das Top Management die Veränderungen in der Regel beschließt und initiiert, durchlaufen sie die Change Achterbahn zuerst. Zeitversetzt folgen dann mittleres und unteres Management und dann die Mitarbeiter.

Es hängt aber auch erheblich von der Persönlichkeit des Betroffenen ab, wie intensiv jemand durch diese Phasen der Veränderung geht und wie lange es dauert, bis man sich an das Neue gewöhnt hat und man sich wieder gut fühlt und man gegebenenfalls sogar stolz auf seine erbrachten Leistungen ist. In dem Change Management Klassiker „Die Mäusestrategie“ werden auf humorvolle, aber scharfsinnige Art und Weise verschiedene „Change-Charaktere“ beschrieben (vgl. Johnson 2012). Die einen bewegen sich proaktiv, initiieren Veränderungen, die große Masse der Menschen stehen Veränderungen skeptisch gegenüber, warten erst einmal ab, lassen sich dann aber von den Vorteilen der neuen Situation überzeugen. Und ebenfalls eine kleine Anzahl von Menschen verbleiben in der Phase des Zorns oder der Depression und verschließen sich damit dem Neuen. Bei circa 80 % der Menschen ist der Wunsch nach Routine, Sicherheit und den gleichen Ritualen ausgeprägter als die Offenheit gegenüber Neuem. Nur „Eine Minderheit von rund 20 % der Menschen hat genetisch bedingt mehr Spaß an Neuem. Forscher nennen das „Sensation seakers“, das heißt sie suchen Aufregung und sind auf Kicks aus. Extremere Exemplare dieses Typus finden sich in Glücksspielen und riskanten Sportarten, eine mildere Form dieser Genvariante treibt Menschen an, die von anderen als offen und neugierig wahrgenommenen werden und viel wissen wollen.“ (vgl. Schöps 2011).

Zusammenfassend kann man also festhalten, dass bei der Umsetzung von Veränderungen eine ganze Reihe psychologischer und biologischer Hürden berücksichtigt beziehungsweise überwunden werden müssen. Die Macht der Gewohnheit, der Bequemlichkeit und des Vertrauten ist enorm. Weiterhin muss bedacht werden, dass ein Zuviel an Wandel zu einer Lähmung, also zu einer Change Lethargie führt. In der Versicherungswirtschaft gibt es seit Jahren Veränderungen vor allem im Sinne von Kostensparprogrammen. Die große Herausforderung des Top Managements in der Branche ist also, die dringend anstehenden weiteren Veränderungsvorhaben trotzdem erfolgreich umzusetzen.

## 4.3 Veränderungen in Unternehmen erfolgreich gestalten

Nicht nur in der Versicherungswirtschaft ist die Gestaltung von Veränderungsprozessen ein Dauerthema. Das Thema zieht sich quer durch alle Branchen und betrifft insbesondere die großen Unternehmen und Konzerne. Das beweisen die jährlich erscheinenden Studien zu diesem Thema. (Aktuelle umfassende Studien gibt es z. B. von Capgemeni Consulting, Kienbaum oder PWC).

Was sind heutzutage die typischen Change Anlässe? An oberster Stelle stehen Konsolidierungen und strategische Neuausrichtungen. Danach folgen die Optimierung von Prozessen, Systemen und Organisationsstrukturen (vgl. PWC 2012, S. 11). Die Änderung der Unternehmenskultur wird bei Studien eher selten als Ziel der Veränderung angegeben, wobei viele strategische Neuausrichtungen die Änderung der Kultur implizit oder explizit zum Ziel haben. Nehmen wir die derzeitigen Bemühungen der Versicherungsunternehmen, effizienter oder serviceorientierter zu werden. Da geht es sicherlich um eine strategische Neuausrichtung, die allerdings auch auf der Ebene der Verhaltensweisen der Mitarbeiter verankert werden muss und somit auch eine Änderung der Unternehmenskultur bedeutet. Ein Beispiel für diese Art der Veränderung findet sich in den Aufsätzen in Kap. 15 und 16, in denen es um die Entdeckung des Kunden geht.

Wie zu Anfang dieses Aufsatzes und in den ersten Kapiteln dieses Buches beschrieben, gibt es in der Versicherungsbranche auf der einen Seite einen großen Veränderungsdruck und auf der anderen Seite erhebliche retardierende Kräfte, die Veränderungen verhindern. Das Erfordernis eines *professionellen* Change Managements ist dort also besonders groß. Die Ergebnisse der Studien zeigen aber, dass die Professionalität von Change Management grundsätzlich noch zu wünschen übrig lässt: Viele Veränderungsprozesse scheitern, das heißt die Ziele, die man sich gesetzt hat, werden nicht erreicht. (vgl. PwC 2012, S. 15; Vahs und Weiand 2010, S. 8 f.) Gründe dafür sind unzureichende Klarheit darüber, was warum verändert werden soll, nicht ausreichende Kommunikation, mangelnde Executive Sponsporship sowie die schlechte organisatorische Verankerung von Change Management.

Dazu kommt, dass es eine Vielzahl an Change Initiativen in Unternehmen gibt und mittlerweile bei vielen Mitarbeitern eine sogenannte Change Lethargie herrscht. Viele Mitarbeiter und Führungskräfte, die anfänglich die Veränderungen noch mitgetragen haben, sind mittlerweile change-müde geworden und sehnen sich nach einer Zeit der Ruhe und Beständigkeit. Darüber hinaus sind viele Führungskräfte schlecht auf die Gestaltung von Veränderungsprozessen vorbereitet. Umfassende Trainingsmaßnahmen zu diesem Thema sind eher selten. Neben Trainings zu dem Thema Change Management sind aber vor allem on the job Erfahrungen mit Veränderungsmanagement wichtig, damit die Führungskräfte eine gute Veränderungskompetenz entwickeln. Erfahrungsaustausche für Führungskräfte zu diesem Thema und die Mitarbeit bei beziehungsweise Leitung von Change Projekten sollten daher für die Entwicklung dieser Fähigkeit von der Personalabteilung angeboten werden. Ein schönes Beispiel, wie man die Change Fähigkeiten der eigenen Führungskräfte entwickeln kann und dabei gleichzeitig die Umsetzung der strategischen Neuausrichtung unterstützt, findet sich in Kap. 10. Dort wird der „Werkraum Führung" beschrieben, bei dem die Teilnehmer in einem ungewöhnlichen Setting strategische Inhalte sowie aktuelle Change Themen diskutieren und kollegial konkrete Umsetzungsmaßnahmen erarbeiten.

Die Umsetzung von Veränderungen erzeugt immer Emotionen und Widerstand. Widerstände verschwinden nicht, wenn man sie nicht bearbeitet. Erfolgreiches Change Management kombiniert also den Managementprozess auf der Sachebene mit den emotionalen/psychologischen Prozessen, die bei Menschen ablaufen, wenn sie mit Veränderungen konfrontiert werden. Im Folgenden werden nun die Idee, die Zielsetzung und die Maßnahmen eines solchen integrierten Change Managements beschrieben.

### 4.3.1 Definition des integrierten Change Managements

Was ist überhaupt Change Management? Zunächst lässt sich feststellen, dass es keine einheitliche Definition von Change Management gibt. Folgt man Vahs und Weiand, dann ist Change Management die „Vorbereitung, Analyse, Planung, Realisierung, Evaluierung und laufende Weiterentwicklung von ganzheitlichen Veränderungsmaßnahmen mit dem Ziel, ein Unternehmen von einem bestimmten Ist-Zustand zu einem gewünschten Soll-Zustand weiterzuentwickeln und so die Effizienz und Effektivität aller Unternehmensaktivitäten nachhaltig zu steigern." (vgl. Vahs und Weiand 2010, S. 7). Demnach bezieht sich Change Management immer auf sehr umfassende Prozesse, wie eine strategische Neuausrichtung oder umfassende Restrukturierung, nicht aber die Einführung einer neuen EDV Software oder der Umzug in ein neues Gebäude. Die Definition von Stolzenberg und Heberle umfasst sämtliche Veränderungsumfänge und sie konzentriert sich auf die überfachlichen, also weichen und menschlichen Faktoren im Change. Change Management meint demnach „ die Planung und Durchführung aller Aktivitäten, welche die betroffenen Führungskräfte und Mitarbeiter auf die zukünftige Situation vorbereiten und Ihnen eine möglichst optimale Umsetzung der veränderten Anforderungen ermöglicht." (vgl. Stolzenberg und Heberle 2013, S. 6). Um den unzähligen Definitionen von Change Management nicht noch eine weitere hinzuzufügen, wird hier keine weitere Definition genannt, sondern es werden im Folgenden Aspekte/Komponenten aufgeführt, die eine sinnvollen Change Management Definition ausmachen:

- Ein Veränderungsprozess ist ein *Management Prozess* und damit ein geplanter Prozess mit einer zielorientierten Gestaltung und einer Kontrolle und Weiterentwicklung. Hier geht es darum, inhaltlich das richtige zu entscheiden, um die von Vahs und Weiand beschriebene Steigerung der Effizienz und/oder Effektivität zu erreichen. Damit die richtigen Entscheidungen getroffen werden können, bedarf es einer angemessenen Analyse von Zahlen, Daten, Fakten und bei zukunftsorientierten Entscheidungen der dazugehörigen strategischen Entscheidungskompetenz. Wenn das Ziel des Veränderungsvorhaben klar ist, wird auf der Sachebene darüber hinaus noch ein professioneller Projektmanagementprozess benötigt, der die Umsetzung des Veränderungsvorhabens sicherstellt.
- Ein Veränderungsprozess zeichnet sich durch alle Maßnahmen/Methoden aus, die der Identifizierung und Reduzierung beziehungsweise Aufhebung von Blockaden und

Widerständen der Mitarbeiter und Führungskräfte dienen. Damit umfasst Change Management nicht nur die sachliche Ebene des Management Prozesses, sondern vor allen Dingen die *emotionale, psychologische Seite der Veränderung.* Wie im Abschn. 4.2 beschrieben, erzeugt jede Veränderung Ängste und Widerstände. Diese Widerstände führen zu Produktivitätseinbußen; die Leistungsfähigkeit der Organisation wird reduziert. Daher ist es im Hinblick auf die Erreichung der Veränderungsziele unerlässlich, dass Maßnahmen zur Bearbeitung dieser emotionalen/psychologischen Ebene in das Change Management integriert werden.

- Das *Spektrum der Veränderung* im Rahmen von Veränderungsprozessen reicht von der Durchführung von Maßnahmen auf Abteilungsebene bis hin zu das gesamte Unternehmen umfassenden Veränderungsinitiativen. Dabei gilt, dass die Komplexität des Veränderungsprozesses umso höher ist, je mehr Mitarbeiter betroffen sind und je neuer das Veränderungsziel ist. Eine Fusion zweier Unternehmen oder die strategische Neuausrichtung eines Unternehmens gehören sicherlich zu den umfassendsten Veränderungsprozessen. Beispiele dafür finden sich in diesem Buch mit der Neuausrichtung der Ergo und der Integration der LLB durch die Provinzial Rheinland. Aber auch die Änderung einer Unternehmenskultur zählt zu den umfassendsten Veränderungsprojekten (siehe Kap. 8 das Beispiel der AXA). Sicherlich ist Change Management umso wichtiger, je größer das Ausmaß der Veränderung ist, aber überall dort, wo sich Mitarbeiter verändern sollen, entstehen Widerstände, die bearbeitet werden müssen, auch bei einer abteilungsbezogenen Maßnahme, wie zum Beispiel dem Outsourcing von einem Prozessschritt, bei dem „nur" die Hälfte der Mitarbeiter die Abteilung verlassen muss.

Change Management ist damit ein Prozess, der Maßnahmen auf der Sachebene und auf der emotionalen/psychologischen Ebene vereint. Da der Erfolg des Wandels davon abhängt, ob ich die Mitarbeiter und Führungskräfte davon überzeugen kann, das Veränderungsvorhaben zu unterstützen, muss ich die psychologische, die emotionale Ebene des Veränderungsprozesses aktiv managen. Neuste Erkenntnisse zeigen, dass „half of all efforts to transform organizational performance fail either because of senior managers don't act as role models for change or because people in the organization defend the status quo. … if companies can identify and address pervasive mind-sets at the outset, they are four times more likely to succeed in organizational-change efforts than companies are that overlook this stage." (vgl. Boaz und Fox 2014, S. 1)

Ein wichtiger Teil des Change Managements sind also Maßnahmen, die Blockaden und Widerstände reduzieren helfen; dieses sind Maßnahmen, die zu dem Bereich „Führen von Emotionen" gehören. Will man die Psychologie der Widerstände verstehen und erfahren, wie man am besten mit Widerständen umgeht, dann findet man bei Doppler und Lauterbach umfassende Ausführungen zu diesem Thema. „Von Widerstand kann immer dann gesprochen werden, wenn vorgesehene Entscheidungen oder getroffenen Maßnahmen, die auch bei sorgfältiger Prüfung als sinnvoll, logisch oder sogar dringend notwendig erscheinen, aus zunächst nicht ersichtlichen Gründen bei einzelnen Individuen oder Gruppen auf diffuse Ablehnung stoßen oder durch passives Verhalten unterlaufen werden." (vgl.

Doppler und Lauterbach 2008, S. 336.) Das „Unangenehme“ bei diesen Widerständen ist, dass ein Widerstand nicht einfach verschwindet, im Gegenteil – er wird oftmals immer stärker, wenn Menschen nicht die Möglichkeit haben, Ihre Gefühle, Ängste und Meinungen zu äußern. Das ist einer von vier der Grundsätze von Widerständen, die Doppler und Lauterbach herausgefunden haben. Die vier Grundsätze lauten (vgl. Doppler und Lauterbach 2008, S. 345 f.):

1. *Es gibt keine Veränderung ohne Widerstand:* das heißt, jede Veränderung erzeugt Widerstände, was in der Natur der menschlichen Psyche und des menschlichen Gehirns liegt. In Abhängigkeit von dem Ausmaß der Veränderung und der Persönlichkeit zeigen sich unterschiedlich starke Widerstände. Die Ursachen von Widerständen kann man in drei Gruppen unterteilen: Nicht-Wissen, Nicht-Können, Nicht-Wollen.
2. *Widerstand enthält immer eine verschlüsselte Botschaft:* Wenn sich Menschen gegen eine inhaltlich sinnvolle Maßnahme sträuben, dann haben Sie Bedenken bis hin zu Ängsten. Die Palette der möglichen Ängste, die durch Veränderungen auftreten können ist groß. Dazu gehören: Die Angst, das neue nicht zu können, also zu versagen – eine der wesentlichen Ängste, die zu Widerständen führen. Eine weitere besonders relevante Angst im Zusammenhang mit unternehmensinternen Veränderungen ist die Angst vor Statusverlust oder unzureichender Sicherheit. Darüber hinaus sind wir Menschen soziale Wesen und möchten unsere sozialen Beziehungen erhalten. Dieses Bedürfnis ist auch ein Klassiker, wenn man nach den tieferliegenden Ursachen für Widerstände schaut.
3. *Nichtbeachtung von Widerstand führt zu Blockaden:* und wie oben bereits erwähnt; Widerstände verschwinden nicht einfach, sondern werden immer stärker, wenn Menschen nicht die Gelegenheit haben, Ihre Gefühle, Ängste und Meinungen zu äußern.
4. *Mit dem Widerstand gehen, nicht gegen ihn:* das ist manchmal gar nicht so einfach, weil Widerstände selten offen, sondern eher verdeckt auftreten. Daher braucht es genügend Sensibilität und Erfahrung, um die Widerstände überhaupt erst einmal zu erkennen. Typische Anzeichen für Widerstände sind: es „rollt“ nicht mehr so richtig, das heißt die Arbeit kommt nur noch mühsam voran, Sitzungen werden lustlos geführt, Entscheidungen geraten ins Stocken. Oder es wird endlos über nebensächliche Aspekte debattiert bis hin zu Blödeleien. Auf der Unternehmensebene erkennt man Widerstände an schlechteren Ergebnissen, zum Beispiel Qualitätsproblemen, an hohen Krankheitsständen und Fluktuation, an Gerüchten bis hin zu Intrigen.

Die Ursachen von Widerständen liegen also in Nicht-Wissen, Nicht-Können, Nicht-Wollen. Nimmt man diese Erkenntnisse ernst, weiß man, was man als Change Manager zu tun hat, damit die Veränderung erfolgreich umgesetzt wird.

Erfolgreiches Change Management kombiniert den Managementprozess auf der Sachebene mit den emotionalen/psychologischen Prozessen, die bei Menschen ablaufen, wenn sie mit Veränderungen konfrontiert werden. Die Widerstände, die sich dabei zeigen, treten eher verdeckt auf und die Ursachen für Widerstand liegen im emotionalen Bereich. Beides

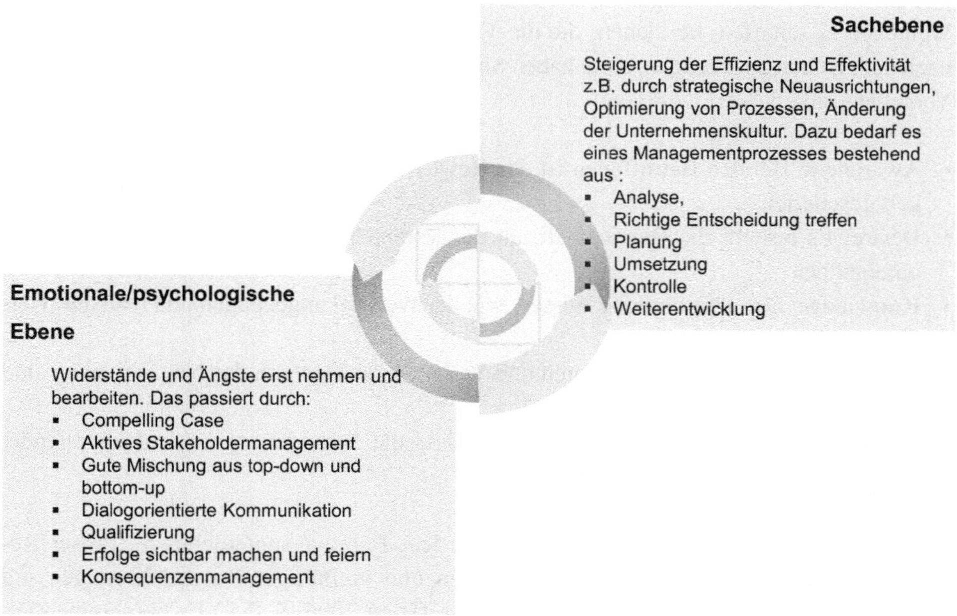


**Abb. 4.2** Integriertes Change Management

macht es für viele Führungskräfte schwierig, angemessen mit Widerständen umzugehen. Denn es ist deutlich einfacher, sich auf der Sachebene als auf der Ebene der Emotionen wie zum Beispiel der Ebene der Ängste seiner Mitarbeiter zu bewegen. Erfolgreiche Umsetzung benötigt aber auch diese Fähigkeiten. Teil eines Change Management Trainings sollte daher neben der Vermittlung von Wissen zu den Phasen und Tools des Change Managements auch immer sein, selbst sensibel für seine *eigenen* Emotionen und Ängste zu werden, um dann auch authentisch mit denen der Betroffenen umgehen zu können (Abb. 4.2).

### 4.3.2 Ziele des integrierten Change Managements

Was sind die Ziele eines solchen integrativen Change Managements? Der Fokus dieses Aufsatzes liegt auf der Beschreibung der Maßnahmen, die die emotionale Ebene des Change Managements betreffen. In diesem Zusammenhang bietet ein Zitat von Saint-Exupery ein schönes Bild dafür, was das Ziel der Maßnahmen auf dieser emotionalen/psychologischen Ebene sein sollte.

> Wenn Du ein Schiff bauen willst, dann trommle nicht die Männer zusammen um Holz zu beschaffen, Aufgaben zu vergeben und die Arbeit einzuteilen, sondern lehre die Männer Sehnsucht nach dem endlosen, weiten Meer.

Wenn Sie es schaffen, bei denen, die die Veränderung mittragen sollen, eine Sehnsucht nach dem Neuen zu erzeugen, dann haben Sie es geschafft! Ziele des Change Management Vorgehens sind daher:

- **A**wareness: Bei den Betroffenen ist das Bewusstsein für die Veränderungsnotwendigkeit geschaffen
- **D**esire: Es besteht die Bereitschaft, an der Veränderung teilzunehmen und diese zu unterstützen
- **K**nowledge: Das erforderliche Wissen, wie der Wechsel angegangen und realisiert werden soll, liegt vor
- **A**bility: Die benötigten Fähigkeiten und Verhaltensweisen, um das Neue zu leben sind verinnerlicht
- **R**einforcement: Es wird darauf geachtet, dass die Veränderungen nicht unvollendet bleiben und dass sie nachhaltig sind

Dieses Modell namens ADKAR wurde von dem Beratungsunternehmen „Prosci Research" auf Basis jahrelanger Untersuchungen und vielfältiger Praxiserfahrungen mit unterschiedlichen Change Projekten entwickelt. (Hiatt 2006, S. 2 f.) Es beschreibt Zielzustände, die die Change Verantwortlichen erreichen wollen. Ich möchte als derjenige, der für die Umsetzung des Change Projekts zuständig ist, dass die Beteiligten wissen, warum die Veränderung notwendig ist und ich wünsche mir, dass sie bereit sind, die Veränderung umzusetzen. Ich weiß, dass Veränderungen Widerstände erzeugen, die vor allem auf „Nicht-Wissen" und „Nicht-Wollen" basieren und somit muss ich Maßnahmen ergreifen, die dazu beitragen, dass diese Widerstände nicht auftreten. Besonders wichtig ist das letzte Ziel in diesem Change Modell, das dafür sorgt, dass die Veränderungen auch nachhaltig umgesetzt werden. Viel zu häufig bleiben Veränderungsprojekte unvollendet, weil es kein Konsequenzenmanagement gibt.

### 4.3.3 Organisatorische Verankerung von Change Management

Change Management Kompetenz findet sich noch nicht in allen Unternehmen; laut einer Studie von PwC gibt es in 46 % der Unternehmen kein Change Management, obwohl in der Studie 68 der führenden deutschen Unternehmen befragt wurden (vgl. PwC 2012, S. 14). Wie wichtig ein im Unternehmen gut verankertes und systematisches Change Management ist, wird ebenfalls anhand folgender Erkenntnisse aus der PwC Studie deutlich: 83 % der Konzerne mit systematischem Change Management erreichten die meisten Veränderungsziele. Von den Konzernen ohne Change Management sagten das nur 39 %. Nur in gut der Hälfte der Unternehmen gibt es ein institutionalisiertes, also gut organisiertes Change Management. Laut der PWC Studie ist Change Management selten auf der Vorstandsebene verankert. „Das Thema Change Management ist bei drei Vierteln (75 %) der Firmen mit Veränderungsmanagement auf der zweiten oder niedrigeren Berichtsebene unterhalb des Vorstands angesiedelt. So gesehen nimmt Change Management weiterhin noch keinen „Platz am Vorstandstisch" ein." (PWC 2012, S. 15). Auch die Ergebnisse einer umfangreichen globalen Studie von IBM zeigen, dass Veränderungsprozesse umso erfolgreicher sind, je besser diese Aufgabe im Unternehmen verankert ist und je systematischer das Change Management betrieben wird (vgl. IBM 2008, S. 5).

Diejenigen, die bereits Change Projekte in großen Unternehmen geleitet haben wissen, dass verschiedene Abteilungen Change Expertise für sich proklamieren. Dazu gehören die Personal-, die Strategie- und die Kommunikationsabteilung. Manchmal gibt es auch ein Center of Expertise Change Management oder die interne Beratungsabteilung, die sich für das Veränderungsmanagement verantwortlich fühlen. Grundsätzlich ist es begrüßenswert, dass Change Management eine breite Verankerung in Unternehmen erfährt; die Erfahrung zeigt allerdings, dass unterschiedliche Abteilungen nicht immer kooperativ, sondern auch konkurrierend zusammen- beziehungsweise gegeneinander arbeiten. Besser wäre es, wenn Change Management eine Top Management Aufhängung hätte und somit den geforderten „Platz am Vorstandstisch" einnehmen würde. Dann könnte die emotional/psychologische Dimension des Change Managements frühzeitig in die Planung des Veränderungsprozesses mit einbezogen werden. Darüber hinaus sollte die Gestaltung von Veränderungen Teil der Unternehmenskultur und damit eine normativ verankerte Führungskompetenz sein.

### 4.3.4 Maßnahmen des integrierten Change Managements

Aufgrund der Aktualität des Themas, gibt es eine Vielfalt von Literatur dazu, wie man Change Management durchführt. Change Management ist ein Management Prozess und daher läuft ein professionelles Change Management im Sinne eines Managementprozesses ab.

Der Prozess des integrierten Change Managements umfasst vier Phasen:

1. Definition der Zielsetzung.
2. Erarbeitung und Planung des konkreten Change Management Konzepts.
3. Umsetzung der geplanten Maßnahmen.
4. Nachhaltige Verankerung der neuen Strukturen und Verhaltensweisen.

Die ersten beiden Phasen werden von einem kleinen Change Projektteam erarbeitet, erst in der dritten Phase erfahren die vom Change betroffenen Mitarbeiter und Führungskräfte von dem Veränderungsvorhaben. Für die ersten beiden Phasen sollte man sich die entsprechende Zeit nehmen, um den Business Case und den geeigneten Change Management Plan für das Veränderungsvorhaben solide zu erarbeiten. Ab der dritten Phase muss es dann zügig gehen, damit die Zeit der Verwirrung und damit der Produktivitätsverluste so gering wie möglich gehalten wird (zu einem erfolgreichen Change Management gehört ein professionelles Projektmanagement, das hier aus Platzgründen nicht beschrieben werden kann).

Wie sieht es bei dem Thema Change Management mit dem Einsatz externer Berater aus?

Es gibt heute kaum mehr ein nennenswertes Veränderungsprojekt, in dem nicht in irgendeiner Weise externe Berater mitwirken. Meistens geht es dabei um eine bestimmte Expertise, die man sich auf diese Weise einkauft. Der große Vorteil von externen Beratern ist, dass sie nicht betriebsblind und nicht in die Unternehmenshierarchien eingebunden sind. Das ist insbesondere bei großen, sehr umfassenden Veränderungsvorhaben wichtig. Auf der anderen Seite ist es wichtig, im eigenen Unternehmen Change Know-how aufzubauen, denn Change ist keine Ausnahme, sondern ein Dauerthema. Darüber hinaus sollte man bei der Auswahl der Berater mit Sorgfalt vorgehen. Passt der Berater mit seiner Persönlichkeit und seiner Erfahrung zu der Unternehmenskultur und zu der Aufgabe? Wird ein ausreichend individuelles Vorgehen entwickelt oder werden im Endeffekt Standardvorgehensweisen verkauft, die manchmal nicht passen? Entscheidend ist es, sich vor der Auswahl des Beraters darüber eine Meinung zu bilden, welche Art der Dienstleistung man benötigt. Doppler und Lauterburg unterscheiden sechs verschiedene Motive für den Einkauf von externen Beratungsdienstleistungen (vgl. Doppler und Lauterburg 2008, S. 526 f.):

- *Fachwissen:* Es wird spezialisiertes Fachwissen benötigt, wie zum Beispiel IT Expertise, Logistik Know-how, juristische Beratung etc. Aktuell wird in der Versicherungsbranche beispielsweise „Solvenvy II-Expertise" gesucht.
- *Management Know-how:* Es wird methodisches und aktuelles Management Know-how gebraucht, zum Beispiel um Strategien zu entwickeln oder Strukturen und Prozesse überprüfen zu lassen.
- *Prozessbegleitung:* Die Veränderungsstory steht, die Personalkapazitäten liegen vor, aber man benötigt „Hilfe zur Selbsthilfe" bei der Gestaltung des Veränderungsprozesses in Form von Know-how zu den Themen Moderation, Kooperation und Gruppendynamik.
- *Neutralität:* Es ist wichtig, dass jemand unabhängig und nicht betriebsblind ist. Dafür muss dieser Berater genügend andere Mandate haben, um diese Unabhängigkeit zu gewährleisten.
- *Kapazität:* Man hat zwar das notwendige Wissen und die erforderlichen Fähigkeiten im Haus, aber man braucht vorübergehend zusätzliche Kapazität.
- *Klingender Name:* Sobald umfassende, schmerzhafte Veränderungen anstehen, ist es oftmals hilfreich, wenn der Name einer bekannten Beratungsfirma hinter den Vorschlägen für entsprechende Maßnahmen steht.

Bei der Auswahl kann durchaus mehr als eines der genannten Motive eine Rolle spielen. Bei der externen Beratung ist im Zusammenhang mit Change Projekten von besonderer Bedeutung, dass Berater nicht die Führungsaufgaben der Führungskräfte übernehmen, sondern in ihrer Funktion als Berater verbleiben. Nur beim Interims-Management darf der Berater die Führungsaufgaben ausfüllen.

**Phase 1: Definition der Zielsetzung**
Im voran gegangenen Kapitel wurde beschrieben, dass Change Projekte unter anderem scheitern, weil es zu viele Change Projekte gibt. Daher gehört zu einem wirklich professionellen Change Management dazu, zu hinterfragen, ob die Veränderung wirklich notwendig ist. Gibt es einen ausreichenden „Reason why“, warum gerade jetzt diese Veränderung umgesetzt werden muss? Nur wenn diese Frage mit einem klaren JA beantwortet wird, dann startet man mit der Planung des Veränderungsvorhabens. Denn dann ist auch gewährleistet, dass alle erforderlichen Ressourcen für das Projekt zur Verfügung stehen. Bedenkt man die bereits weit verbreitete Change Lethargie, ist es fatal, Change Projekte ohne wirkliche Dringlichkeit und klaren „Business Need“ zu initiieren.

Wenn diese „conditio sine qua non“ gegeben ist, kann mit der Planung des Change Projekts begonnen werden. In fast allen Studien zu den Erfolgs- beziehungsweise Misserfolgsfaktoren von Change Management findet sich, dass für die erfolgreiche Gestaltung von Veränderungsprozessen eine klare Vision und eindeutige Ziele erforderlich sind (vgl. z. B. Kotter 2011, S. 59 ff., Vahs und Weiand 2010, S. 8). Eigentlich ist dies klar, interessant ist es aber, dass genau das Gegenteil, also „keine klare(n) Vision und Ziele“ bei den Ergebnissen, warum Change Prozesse scheitern meistens an erster Stelle steht. Dieses Ziel formuliert man am besten als „compelling case“. Ein solcher beantwortet folgende Fragen:

- Was ist das Ziel der Veränderung?
- Bis wann ist dieses Ziel umgesetzt?
- Warum ist die Veränderung gerade jetzt notwendig? (Was wird passieren, wenn wir uns nicht verändern?)
- What's in it for me?, kurz "WIIFM": Was bedeutet der vorgesehene Wechsel konkret für die jeweiligen Stakeholdergruppen?

Gerade die WIIFM Frage sollte für die verschiedenen Stakeholdergruppen entsprechend beantwortet werden. So sind Mitarbeiter in der Regel anders betroffen als Führungskräfte, Betriebsräte noch einmal anders.

Um den compelling case überzeugend zu gestalten, müssen im Vorfeld entsprechende Analysen durchgeführt worden sein, damit entsprechende Zahlen/Daten/Fakten vorliegen. Benchmarking, Mitarbeiter- oder Kundenbefragungen, SWOT-Analysen etc. können in diesem Zusammenhang wichtige Informationen liefern. Der compelling case ist also eine Art „Business Case“ für das Veränderungsanliegen. Das Projekt wird nur gestartet, wenn es überzeugende betriebswirtschaftliche Gründe dafür gibt. Darüber hinaus lohnt es sich, die Vorteile der neuen Kultur zu quantifizieren, auch wenn es schwierig ist.

Eine weitere Bedingung dafür, dass man ein Change Projekte initiiert, ist, dass man aktive, sichtbare Executive Sponsorship für die Umsetzung des Veränderungsvorhabens hat. Vor dem Hintergrund einer ganzen Flut an Projekten und Veränderungsinitiativen ist es offensichtlich, dass dieser Faktor mittlerweile einer der Top Erfolgsfaktoren ist. Sollten Sie also keinen aktiven, sichtbaren Executive Sponsor für die Umsetzung des Veränderungsvorhabens haben, sondern nur einen Sponsor, der das Steering Committee leitet, weil kein anderer zur Verfügung stand, dann lassen sie es – wieder ein unnötiges, weil von Anfang an nicht richtig gemanagetes Change Projekt weniger.

Aktives Executive Sponsorship bedeutet, dass der Sponsor die Ressourcen für das Projekt genehmigt und Änderungen am Projektplan vornehmen kann, dass er während des gesamten Projekts sichtbar an Veranstaltungen teilnimmt beziehungsweise diese leitet, dass er Koalitionen aufbaut, die für die Umsetzung des Projekts hilfreich sind und dass er Widerstände auf den oberen Führungsebenen managed. Das kann sogar so weit gehen, dass Quertreiber, die eine bedeutende Position im Unternehmen inne haben, „mundtot" gemacht werden.

Wesentliches Ziel dieser ersten Phase ist es sicherzustellen, dass das Veränderungsprojekt wirklich notwendig ist und dass es einen aktiven, sichtbaren Executive Sponsor gibt. Liegen diese beiden Bedingungen vor, dann wird der compelling case, der Businesss Case für das Veränderungsvorhaben definiert. Diese spannende und logische Geschichte hilft, dass die Mitarbeiter und Führungskräfte den „reason why" für die Veränderung verstehen und ist die Grundlage für sämtliche Kommunikation, die im Rahmen des Change Prozesses erfolgt.

**Phase 2: Erarbeitung und Planung des konkreten Change Management Konzepts**
Bevor man Ressourcen in die Planung des Change Management Konzepts investiert, sollte geklärt sein, dass es ausreichend Ressourcen für die nachhaltige und damit sowohl die Sach- als auch die emotionale Ebene berücksichtigende Durchführung gibt. Die Verfügbarkeit von (Projekt-) Ressourcen bezieht sich dabei nicht nur auf die finanzielle Ausstattung, sondern auch auf das erforderliche Know-how, die notwendigen Instrumente und Materialien und die erforderliche ZEIT!

Ist das gegeben, stellt man das Projektteam für die Planung des Veränderungsvorhabens zusammen. Der Projektsponsor steht ja bereits fest, aber der Projektleiter und die Projektmitarbeiter müssen gefunden werden. Die Mitarbeit in einem solchen Projekt ist immer eine Chance, relevante Erfahrungen zu sammeln und Visibilität zu bekommen.

Was sind die wesentlichen Schritte beziehungsweise Prinzipien bei der Planung des Change Projekts?

Um das zu beantworten, muss man passende Maßnahmen entwickeln, die bei den Betroffenen das Bewusstsein für die Veränderungsnotwendigkeit erzeugen (Awareness) und die Bereitschaft schaffen, die Veränderung mitzutragen (Desire). Die vom Change betroffenen Mitarbeiter und Führungskräfte brauchen das erforderliche Wissen (Knowledge) und die entsprechenden Fähigkeiten (Ability). Und es soll darauf geachtet werden, dass die Veränderung nachhaltig umgesetzt wird (Reinforcement). Die klare Zielsetzung liegt in Form eines compelling case vor, der „Awareness" und „Desire" erzeugen soll und der Executive Sponsor sorgt für die wichtigen Rahmenbedingungen im Hinblick auf die erfolgreiche Umsetzung des Change Vorhabens.

Für die Erarbeitung des Change Management Plans sind folgende Faktoren/Prinzipien wichtig:

- Aktives Stakeholdermanagement
- Top Management Commitment
- Mischung aus top-down und bottom-up Vorgehen
- Widerstände ernst nehmen und bearbeiten (Nicht Wissen, Können, Wollen): Dialog, Beteiligung von Betroffenen als Kompetenzträger und Qualifizierung
- Kommunikation: Dialog und Partizipation
- Qualifizierung
- Sichtbarmachung von Erfolgen beziehungsweise Zwischenerfolgen
- Konsequenzenmanagement

**Aktives Stakeholdermanagement**

Stakeholder sind Personen oder Gruppen, die wesentliches Interesse an den Entscheidungen und Ergebnissen des Projektes haben und/oder über ausreichenden organisatorischen Einfluss verfügen, um den Erfolg des Change Projektes zu beeinflussen. Ziel der Stakeholderanalyse ist es, die unterstützenden Kräfte gut zu nutzen und die hemmenden Kräfte frühzeitig zu kennen und Maßnahmen zu erarbeiten, um die Einstellung zum Veränderungsvorhaben positiv zu beeinflussen.

Fragen, die in diesem Zusammenhang beantwortet werden müssen sind: Wer ist von der Durchführung des Projekts betroffen? Wer hat Interesse am Erfolg, wer hat aber auch Interesse am Scheitern des Projekts? Welche Personen können den Erfolg maßgeblich beeinflussen beziehungsweise beeinträchtigen? Welchen Einfluss haben die Stakeholder? Welche Erwartungen haben sie? Klassischerweise gehören die betroffenen Mitarbeiter und Führungskräfte sowie der Betriebsrat zu den Stakeholdern; aber auch Fachabteilungen, wie zum Beispiel die Personalabteilung, IT Abteilung etc., Kunden und andere Gruppen können relevante Stakeholder sein.

Nachdem man die Stakeholder identifiziert hat, beschreibt man deren Haltung dem Veränderungsvorhaben gegenüber und entwickelt Maßnahmen, um sie entsprechend zu managen. Bei den unterstützenden Stakeholdern überlegt man sich, wie man sie als Change Agents nutzen kann. Die dem Projekt kritisch eingestellten Stakeholder versucht man zum einen für die Change Ziele zu gewinnen. Wichtig ist es, intensive Gespräche mit den „Projektskeptikern" zu führen, um deren Bedenken zu verstehen. Manchmal kann man die Bedenken auflösen, manchmal auch nicht; dann wird man spezifische Maßnahmen entwickeln, um die Bedenkenträger für das Projekt zu gewinnen. Auf jeden Fall muss man sich mit den Projektskeptikern über den gesamten Change Prozess hinüber intensiv auseinander setzen, denn es sind für den Erfolg relevante Personen beziehungsweise Gruppen. Ein typischer Fehler besteht hingegen darin, entschiedenen Projektgegnern zu viel Energie zu widmen. Diese sind für den Projekterfolg unerheblich und werden ihre Position im Laufe des Prozesses nicht verändern.

Ein spezielles Augenmerk sollte im Stakeholdermanagement den Personalvertretungen gewidmet werden. Hier gilt es zu Beginn des Veränderungsprozesses Klarheit darüber zu gewinnen, welche Veränderungen mitbestimmungspflichtig sind und welche Veränderungen ohne Zustimmung der Personalvertretungen realisiert werden können. Unabhängig von der rechtlichen Position sind die Personalvertretungen jedoch in einer frühen Phase des Veränderungsprojektes aktiv miteinzubeziehen. Drei Vorteile ergeben sich aus dem frühzeitigen Einbezug der Personalvertretungen:

- die Möglichkeit, über frühzeitige Information Transparenz über die wesentlichen Ziele des Veränderungsvorhabens zu geben und so unnötige Vorbehalte oder Ängste in der Personalvertretung sowie der Belegschaft zu vermeiden.
- wertvolle Hinweise, an welchen Stellen des Veränderungsvorhabens Unterstützung aus den Reihen der Personalvertretungen zu erwarten ist und an welchen Stellen Blockaden auftreten können
- die Gelegenheit, Meinungsführer aus den Personalvertretungen aktiv in die einzelnen Veränderungsprojekte miteinzubeziehen und somit unnötige Polarisierungen zu vermeiden

Erst nachdem ein erstes Meinungsbild von Seiten der Personalvertretungen eingeholt wurde, empfiehlt sich eine Richtungsentscheidung des Managements, ob und an welchen Stellen rechtliche Schritte eingeleitet werden müssen oder ob das Veränderungsvorhaben gemeinsam mit den Personalvertretungen im Rahmen einer Verhandlungslösung zu erreichen ist. Erscheint eine Verhandlungslösung als realistisch, ist unbedingt die Definition eines zeitlich und inhaltlich eng definierten Meilensteinplans zu empfehlen. Ein in der Praxis oft zu beobachtendes Phänomen ist, dass Verhandlungslösungen zu optimistisch eingeschätzt werden und dann die Ausschöpfung der rechtlichen Mittel mit starkem zeitlichen Verzug geschehen muss. Dies verlängert den Veränderungsprozess in einer Phase der allgemeinen Unsicherheit und geringeren Produktivität unnötig.

**Top Management Committment**

Derjenige, der den Wandel initiiert und umsetzen möchte, braucht Unterstützer, also das Committment der Führungskräfte. Die eigenen Führungskräfte sind damit eine zentrale Stakeholdergruppe, die ich für das Veränderungsvorhaben gewinnen muss (siehe zur Bedeutung des Führungsteams im Wandel Kap. 9). In Zeiten der Verunsicherung – und Change bedeutet Verunsicherung – suchen die Mitarbeiter besonders nach Orientierung. Und diese kommt von den Führungskräften. Die Führungskräfte sollten alle eine Sprache sprechen, daher auch der compelling case, der ein einheitliches „wording" der Führungskräfte ermöglicht. Und was ist, wenn Führungskräfte nicht mitziehen? Dann hört man sich die Bedenken an, wenn sie valide sind, hat man wichtige Informationen für die Erstellung des Change Plan erhalten. Wenn sie nicht zielführend sind, macht man klar, dass man auf eine geschlossene Unterstützung des gesamten Management-Teams angewiesen ist. Sollten Top Führungskräfte das Veränderungsvorhaben nicht unterstützen, dann sollte man sich so schnell wie möglich von Ihnen trennen – die Erfahrung zeigt allerdings, dass die in Deutschland weit verbreitete konsensorientierte Unternehmenskultur das nicht immer zulässt.

**Mischung aus top-down und bottom-up Vorgehen**

Ein top-down-orientiertes Vorgehen ist dadurch gekennzeichnet, dass der Projektanstoß und die Lösung, wie vorgegangen wird, von oben, also vom Top Management kommen und dann zur Ausarbeitung beziehungsweise Umsetzung nach unten weitergegeben werden. In bottom-up-Prozessen identifizieren einzelne Mitarbeiter, Gruppen oder Teams „vor Ort" Fehlentwicklungen, Ineffizienzen und bringen Ideen ein, wie man besser werden kann. Vorschläge und Projektanstöße werden an der Basis entwickelt und dann nach oben an das Management weitergegeben.

Im Rahmen von Change Management erleben wir in der heutigen Praxis beides – die auf Fachwissen beziehungsweise Management Know-how basierende Beratung, die top-down relativ zügig organisiert, implementiert und kontrolliert wird. Und die auf Prozessbegleitung ausgerichtete systemische Beratung, in der es um Partizipation, Dialog, Kreativität und Kooperation und Gruppendynamik geht. Die jeweiligen Vor- und Nachteile liegen auf der Hand: Der Vorteil der top-down Vorgehensweise ist das schnelle Vorgehen, die hohe Ergebnisorientierung und damit die gute Kontrollierbarkeit. Nachteil ist, dass sich die Mitarbeiter übergangen und nicht wertgeschätzt fühlen. Darüber hinaus vernachlässigt man die Kompetenzen und die Kreativität der Mitarbeiter. Vorteile der bottom-up Vorgehensweise sind die hohe Akzeptanz der Vorgehensweisen und damit verbunden die geringen Widerstände bei der Umsetzung der Maßnahmen. Allerdings dauern derartige Prozesse lange und laufen daher Gefahr, dass die für die erfolgreiche Umsetzung der Veränderungsvorhaben notwendige Dringlichkeit nicht vorhanden ist.

Für ein erfolgreiches Change Management braucht man beides: sowohl top-down als auch bottom-up Elemente. Es ist die Führungskraft, die die Richtung vorgibt und damit auch den Anstoß für das Veränderungsvorhaben gibt. Die Erarbeitung des compelling case sollte also durch das Management erfolgen. Die Umsetzung des Change Vorhabens wird aber nur gelingen, wenn die Mitarbeiter einbezogen werden. Partizipation schafft Identifikation mit den neu zu implementierenden Strukturen, Prozessen und Verhaltensweisen. Dialog gibt die Möglichkeit, die offenen Fragen zu klären und Empathie in Einzelgesprächen zeigt Wertschätzung und Interesse an der eigenen Person (siehe dazu auch Kap. 5)

**Widerstände ernst nehmen**

Die Frage, die sich Change Manager immer wieder stellen (sollten) ist, mit welchen Maßnahmen man sicherstellen kann, dass möglichst viele Mitarbeiter und Führungskräfte mitziehen und damit dazu beitragen, dass die Ziele des Veränderungsvorhaben erreicht werden. Ein zentraler Punkt ist dabei, die Mitarbeiter mit Ihren Bedenken und Ängsten ernst zu nehmen, auch wenn man selbst eine ganz andere Haltung zu dem Vorhaben hat. Dieses „Ernstgenommen werden" zeigt eine Wertschätzung, die ein Klima schafft, dass sich der Mitarbeiter beziehungsweise die Führungskraft dem Neuen eher öffnen können.

Gemäß den Ursachen für veränderungsbedingte Widerstände helfen darüber hinaus folgende Maßnahmen dabei, Widerstände zu reduzieren:

- Nicht Wissen: Kommunikation und Dialog durch Workshops und Einzelgespräche
- Nicht Können: Qualifizierungsmaßnahmen
- Nicht Wollen: Kommunikation, Dialog durch Einzelgespräche und Konsequenzenmanagement

**Kommunikation**
Neben der inhaltlichen Klarheit, was warum jetzt unbedingt wie bis wann geändert werden muss, ist Kommunikation das Vehikel, um diese gewünschte Veränderung umzusetzen. In fast allen Studien zu den Erfolgsfaktoren steht Kommunikation immer mit an erster Stelle (vgl. IBM 2008, S. 17; Vahs und Weiand 2010, S. 8). Aufgrund der großen Bedeutung dieses Themas für das erfolgreiche Change Management, gibt es in Kap. 5 einen Aufsatz von den Change Kommunikation Experten der Beratungsfirma Deekeling Arndt Advisors (siehe Kap. 5; zur Vertiefung des Themas Change Kommunikation wird auf das Buch „Change Kommunikation" von Egbert Deekeling, Susanne Arndt und Dirk Barghop verwiesen).

Es ist einfach, mittels Mailings, CEO Briefen oder Intranetportalen große Reichweiten zu erreichen. Das Problem dabei ist, dass in Zeiten der Informationsflut diese einseitig gesendete Information nicht wirklich ankommt. Es braucht also dialogorientierte Kommunikation mit Großveranstaltungen, Führungskräftetagungen, Workshops bis hin zu Einzelgesprächen, damit die Change Ziele von den Mitarbeitern und Führungskräften verstanden werden. Die dialogorientierte Kommunikation ist für die erfolgreiche Umsetzung von Veränderungsvorhaben essentiell, denn zum einen gelten die Erkenntnisse des österreichischen Verhaltensforscher Konrad Lorenz:

> Gesagt ist nicht gehört,
> gehört ist nicht verstanden,
> verstanden ist nicht einverstanden,
> einverstanden ist nicht getan,
> getan ist nicht richtig getan.

Zum anderen bietet die dialogorientierte Kommunikationsform, zum Beispiel in Form von Workshops die Möglichkeit, die emotionale Ebene der betroffenen Mitarbeiter und Führungskräfte gut zu adressieren. Nur im Dialog können Bedenken und Ängste angesprochen und damit entschärft werden. Dialogorientierte Kommunikation hat also vielfältige Vorteile, aber den großen Nachteil, dass sie zeitaufwendig ist. Bei der Vielzahl von Change Projekten, die es oftmals gleichzeitig in einem Unternehmen/Bereich umzusetzen gibt, wird dieser erforderliche Zeitaufwand dann zum Problem.

Schaut man auf die Forschungsergebnisse, was Change Manager im Hinblick auf die Kommunikation anders machen würden, dann würden sie vor allen Dingen häufiger kommunizieren und Führungskräfte intensiver als Kommunikatoren einsetzen. Darüber hinaus würden sie früher mit der Kommunikation in die Breite, also zu den Mitarbeitern beginnen und eine größere Anzahl von Kommunikationskanälen verwenden. Sie können in Zeiten des Change also nicht zu viel kommunizieren, höchstens nicht einheitlich und dialog-

**Abb. 4.3** Reichweite und Wirkungstiefe von Kommunikationsmaßnahmen

orientiert genug. Ein Überblick über mögliche zu verwendende Kommunikationsmaßnahmen kategorisiert nach Reichweite und Wirkungstiefe bietet Abb. 4.3.

**Qualifizierung**

Durch Veränderungen werden oftmals anderes, neues Wissen, neue Fähigkeiten oder auch Einstellungen erforderlich. Die Einführung einer Software erfordert neues Wissen und Fähigkeiten, serviceorientiertes Verhalten erfordert über das Erlernen zum Beispiel eines bestimmten Telefon- beziehungsweise Reaktionsverhaltens auch eine Änderung der innerern Einstellung zu diesem Thema. Ist es bei Mitarbeitern wirklich angekommen, dass der Kunde Ihre Gehälter bezahlt oder nicht? Wenn ja, dann dürfte die Umsetzung eines kundenorientierten Verhaltens einfach sein.

Ziel der Qualifizierungsmaßnahmen ist es, den Mitarbeitern und Führungskräften zum einen das notwendige Wissen zu vermitteln und zum anderen die erforderlichen neuen Verhaltensweisen und Fähigkeiten beizubringen. Ein Qualifizierungsprozess besteht aus verschiedenen Bausteinen:

- *Bedarfserhebung:* Um den Qualifizierungsbedarf definieren zu können, müssen die Ist-Kompetenzen mit den Soll-Kompetenzen verglichen werden. Ein pragmatisches Vorgehen dafür ist ein Workshop, in dem zunächst die betroffenen Funktionen und damit Personen festgelegt werden und dann die Qualifizierungsbedarfe ermittelt werden (vgl. Stolzenberg und Heberle 2013, S. 199 ff.).
- *Planung und Durchführung der Qualifizierungsmaßnahmen:* Die meisten setzen Qualifizierung mit Trainings gleich, das reicht bei der Umsetzung von Veränderungshaben

aber meistens nicht aus, weil man auch Verhalten bis hin zu Einstellung verändern möchte. Neben dem klassischen Ansatz der Trainings, in denen vor allen Dingen Wissen vermittelt wird, gehören daher auch andere Lernformate dazu, bei denen das Lernen bis hin zur Veränderung von Einstellungen möglich ist. Dazu gehören zum Beispiel die Veränderungswerkstatt, kollegiales Lernen und Actions Learning Konzepte (siehe dazu ausführlich Stolzenberg und Heberle 2013, S. 206.ff, S. 240 ff.). Darüber hinaus werden mehr und mehr sog. E 2.0. Tools in Form von sozialen Plattformen und „Serious Games" für die Qualifizierung genutzt, wobei eine aktuelle Studie von Capgemeni Consulting zeigt, dass die Potenziale größer sind als die aktuelle defacto Nutzung (vgl. Keicher 2013, S. 53 ff.). Serious Games „...bringen die Spielfreude und Emotionalität echter Online-Games in den ernsten Kontext und sind besonders wirksam, wenn es darum geht, Veränderungen zu bewirken." (vgl. Keicher 2013, S. 55)
- *Lern- und Transfererfolg:* Aus der Lerntheorie weiß man, dass zum erfolgreichen Lernen eine Kontinuität gehört; auch das muss bei der Planung der Qualifizierungsmaßnahmen berücksichtigt werden. Die Wirkung der Qualifizierungsmaßnahme wird durch Feedbackbögen oder auch einzelnen Interviews erhoben.

Die Qualifizierung ist eine wichtige Maßnahme, um die Veränderungsziele zu erreichen. Auch dafür gilt, genügend Zeit für die Planung zu sowie interaktive, progressive Qualifizierungsdesigns zu nutzen, für die es Expertenwissen aus der Personalabteilung braucht. Daher ist die Personalabteilung immer in die Umsetzung von Veränderungsvorhaben eingebunden. In 56 % der Unternehmen ist Change Management Teil der Personalabteilung (vgl. PwC 2012, S. 15).

**Sichtbarmachung von Erfolgen beziehungsweise Zwischenerfolgen**

Auf die Notwendigkeit, schnell sogenannte Quick wins zu erzielen und diese sichtbar zu machen, hat John Kotter 1995 in seinem Aufsatz im Havard Busines Review hingewiesen.

> Echte Transformation braucht Zeit. Komplexe Bemühungen, wie die Veränderung der Strategie oder Restrukturierung des Geschäftes, sind dem Risiko ausgesetzt, an Momentum zu verlieren, wenn keine kurzfristgen Ziele erreicht werden und das dann auch nicht gewürdigt wird. (vgl. Kotter 2011, S. 10)

Dieses zügige Sichtbarmachen von Erfolgen ist aus folgenden Gründen so wichtig: Zum einen motiviert positives Feedback, weiterzumachen und das auch, wenn es vielleicht ein steiniger Weg ist. Zum anderen hat man etwas vorzuweisen, falls kritische Stimmen nachfragen, ob der eingeschlagene Weg der richtige ist. Insbesondere die kritischen Stakeholder werden das tun und dann reicht die Beschreibung der Vision nicht mehr aus. Und es gibt noch einen weiteren Vorteil von dem Erarbeiten von Quick-wins: Sie können bisher noch nicht überzeugte Mitarbeiter und Führungskräfte für das Veränderungsvorhaben gewinnen.

Kurzfristige Erfolge zu erreichen muss also bei umfassenden Veränderungsvorhaben von Anfang an geplant werden. Sonst kann es sein, dass man sich in der großen Vision verzettelt.

**Konsequenzenmanagement**

Sicherlich fällt einem bei dem Wort Konsequenzenmanagement eine ganze Menge ein, zum Beispiel dass das unbequem ist und daher viele Führungskräfte eben nicht konsequent managen, das heißt Ergebnisse immer wieder einfordern und wenn diese nicht geliefert werden dafür zu sorgen, dass die Ressource des Mitarbeiters nicht ungenutzt bleibt. Hinter dem Begriff Konsequenzenmanagement verbirgt sich aber zunächst die Idee von Peter Drucker, dass nur das umgesetzt wird, was auch gemessen wird. „*What gets measured gets done!* " ist eine einfache, aber sehr wirkungsvolle Formel für die erfolgreiche Umsetzung von Veränderungsvorhaben. Dies bedeutet konkret, dass die Ergebnisse, die man mit der Veränderung erreichen möchte in die Zielvereinbarung und Leistungsbeurteilung, also in das Performance Management integriert werden müssen. Die Erfahrung zeigt aber, dass dieses Führungsinstrument in der Praxis oftmals nicht optimal genutzt wird. Es werden zu viele Ziele vereinbart, die Ziele sind nicht ausreichend SMART (S = spezifisch, M = messbar, A = anspruchsvoll, R = realistisch, T = terminiert) formuliert, oftmals wird die Chance nicht genutzt, auch Verhaltensziele mit in die Zielvereinbarung aufzunehmen oder die Beurteilung des Mitarbeiters erfolgt nicht entsprechend seiner tatsächlich gezeigten Leistung. Denn in vielen Unternehmen gibt es bei der Leistungsbeurteilung eine Tendenz zur Mitte und zur Milde; die Führungskräfte scheuen sich davor, auch mal „schlechte" Noten, also offenes und ehrliches Feedback zu geben. Das braucht es aber, um das gewünschte Verhalten zu erzielen, also Veränderungen erfolgreich umzusetzen. Ein Beispiel dafür, wie man Performance Management für die Umsetzung von Veränderungsvorhaben nutzen kann, findet man in Kap. 11, in dem ausführlich beschrieben wird, wie man durch dessen Einsatz eine die Etablierung einer Leistungskultur unterstützen kann.

Was verbirgt sich noch hinter Konsequenzenmanagement? Bei zentralen Schlüsselpersonen nicht wegschauen, wenn diese den Veränderungsprozess nicht umfassend unterstützen. Wenn Schlüsselpersonen, also obere Führungskräfte des Bereichs, der von der Veränderung betroffen ist, nicht vollständig mitziehen und eine Vorbildrolle für die neuen Ziele und neuen Verhaltensweisen einnehmen, dann muss man sich von ihnen trennen. Change Management funktioniert nur, wenn es das oben beschriebene Top Management Commitment gibt.

Und was ist, wenn die Mitarbeiter nicht mitziehen? Sicherlich muss man als erstes dafür sorgen, dass die Mitarbeiter verstanden haben, was von ihnen erwartet wird. Sollte neues Wissen und/oder Fähigkeiten beziehungsweise neue Verhaltensweisen erforderlich sein, dann muss gewährleistet sein, dass der Mitarbeiter sich diese aneignen kann. Wenn er aber das neue Angebot, dass ihm das Unternehmen macht nicht annimmt, dann kann es keine fruchtbare Zusammenarbeit zwischen Unternehmen und Mitarbeiter geben. Wichtig ist, dieses in aller Klarheit auszusprechen: Das ist mein Angebot, seid Ihr dabei – oder nicht? Allein diese Klarheit bewirkt bei vielen, sich dem Neuen anzuschließen, auch wenn man dafür seine Komfortzone verlassen muss.

Und wenn auch diese Klarheit nicht bewirkt, sich der Veränderung zu öffnen, dann…? Dann kann man zunächst prüfen, ob der Mitarbeiter den Erwartungen eines anderen Bereichs im Unternehmen entsprechen. Wenn nicht, dann hat man in verschiedenen Ländern nicht die Möglichkeit, diese Mitarbeiter zu entlassen, was im Endeffekt für beide Seiten, die Unternehmensleitung als auch die Mitarbeiter eine schwierige Situation darstellt. Die Unternehmensleitung ist im Sinne der Zukunftsfähigkeit des Unternehmens/des Bereichs darauf angewiesen, dass die Mitarbeiter die Veränderung mittragen, die Mitarbeiter brauchen eine Arbeitsstelle, die Ihren Fähigkeiten und Bedürfnissen entspricht, damit sie zufrieden sind. Einen pragmatischen Tipp, wie man eine solche Situation lösen kann, hat Sonja Radatz, erfahrene Beraterin für Strategie- und Veränderungsprozesse: „Tun Sie so, als hätten Sie sie [die Mitarbeiter] gar nicht in der Firma. Rechnen Sie nicht mit ihnen. Managen Sie an ihnen vorbei. Es macht ja keinen Sinn, Prozesse für 2800 Leute zu designen, wenn sich 600 von denen in die innere Kündigung verabschiedet haben und Sie sie nicht kündigen können. Dann funktionieren die Prozesse nicht. Designen Sie lieber die Prozesse für jene 2200 Mitarbeiter, die mitziehen“ (vgl. Radatz 2011).

Konsequenzenmanagement meint also, das einzufordern, was man im compelling case beschrieben hat – das ist das Angebot, dass man den Führungskräften und Mitarbeitern macht, man kommt seiner Aufgabe nach, zu informieren, in den Dialog zu treten, zu qualifizieren, gibt Zeit, sich an das Neue anzupassen, man verankert die entsprechenden Business- und Verhaltensziele in der Zielvereinbarung und dann überprüft man *kontinuierlich* die erbrachte Leistung. Für die erfolgreiche Umsetzung von Veränderungsvorhaben benötigt man Entschlossenheit, schwierigen Führungssituationen nicht aus dem Weg zu gehen, sondern sie konsequent zu lösen.

Wie in den diesem und vorangegangenen Kapitel beschrieben wurde, sind für die Erarbeitung des Change Management Plans verschiedene Elemente wichtig. Man braucht die Klarheit darüber, was warum bis wann erreicht werden soll – das ist der Rahmen, der gesetzt ist. Man braucht Verbündete, die dabei helfen, die Veränderungen im Unternehmen zu verankern. Man braucht eine Mischung aus top-down und bottom-up Vorgehen, um Klarheit und Schnelligkeit mit der Beteiligung der Mitarbeiter zu kombinieren. Widerstände müssen ernst genommen werden und es müssen die Ressourcen und ausreichend Zeit vorhanden sein, um zu kommunizieren, zu interagieren, zu qualifizieren und auch um erste Erfolge zu feiern. All das nutzt aber nichts, wenn es nicht ein konsequentes Einfordern von der Umsetzung der neuen Ziele und dem „Leben“ der neuen Verhaltensweisen gibt.

Ergebnis dieser Phase ist ein Change Management Plan, der die in Abb. 4.4 dargestellten Inhalte umfasst.

**Phase 3: Umsetzung der geplanten Maßnahmen**

Ziel der dritten Phase ist es, den Veränderungsprozess aktiv zu gestalten. Dazu gehört, dass die Change Maßnahmen, die in der zweiten Phase definiert wurden, umgesetzt werden. Von nun an werden alle Betroffenen mit dem Veränderungsvorhaben konfrontiert; die bisherigen Planungsaktivitäten haben nur im Kreis „des Projektes“ stattgefunden. Damit

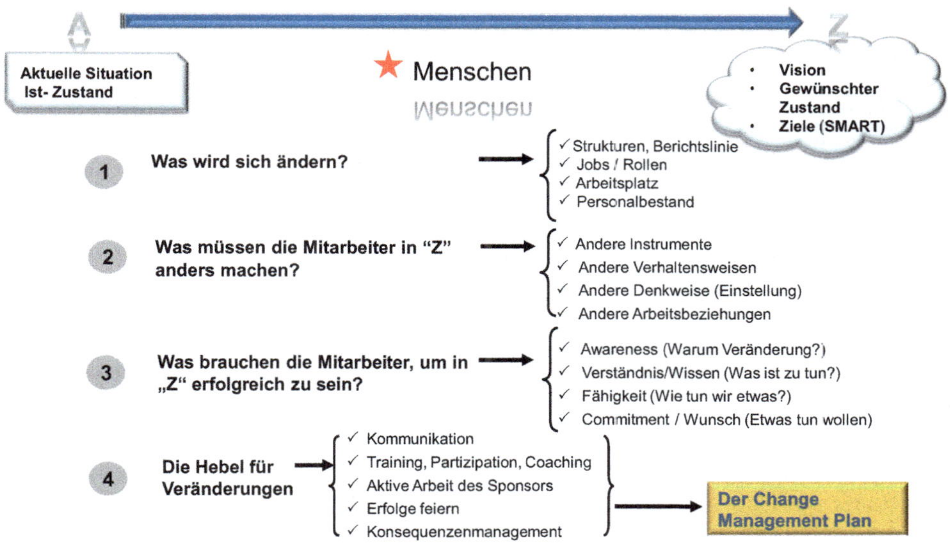


**Abb. 4.4** Erarbeitung des Change Management Plans

die Veränderung erfolgreich umgesetzt werden kann, benötigt das Unternehmen das Commitment der Führungskräfte. Ziel dieser Phase ist, dass die Führungskräfte eine aktive Rolle bei der Umsetzung der Veränderung einnehmen. Dabei ist am Anfang vor allen Dingen der Executive Sponsor gefragt, der die Führungskräfte mittels interaktiven Workshops über die Zielsetzung des Veränderungsvorhabens und die Rolle, die die Führungskräfte einnehmen informiert. Danach übernehmen die Führungskräfte die weitere Umsetzung des Veränderungsvorhabens.

**Phase 4: Nachhaltige Verankerung der neuen Strukturen und Verhaltensweisen**
Ziel der letzten Change Management Phase ist es, die Nachhaltigkeit der Veränderung sicherzustellen. Dazu muss der Umsetzungsprozess im Sinne eine professionellen Projektmanagements fortlaufend überwacht werden. Ergebnisse müssen meßbar gemacht werden, damit man der Organisation entsprechendes Feedback geben kann. Wichtig ist es, schnell Erfolge sichtbar zu machen, aber auch kritisches Feedback muss ernst genommen werden. Fragen die in diesem Zusammenhang zu beantworten sind, sind: Haben die Menschen die Veränderung akzeptiert? Sind Maßnahmen notwendig, um die Veränderung zu halten und nicht in alte Gewohnheiten zurückzufallen? Sind die Lern-Erfolge dokumentiert und mit anderen geteilt? Wurden die am Erfolg beteiligten Personen lobend erwähnt? Wurde die Erfolgsgeschichte dokumentiert und mit den Stakeholdern geteilt? Je nach Ergebnis müssen weitere oder andere Maßnahmen ergriffen werden.

Im Sinne einer lernenden, sich kontinuierlich verbessernden Organisation sollten nach Abschluss des Change Projektes die „lessons learned" erarbeitet werden. Dabei gilt es, auf die Dinge zu schauen, die gut gelaufen sind und damit beim nächsten Mal wieder so ge-

**Abb. 4.5** Phasen und Tools des integrierten Change Managements

macht werden sollten. Und man analysiert auch, welche Schwierigkeiten es gab, was man daraus gelernt hat und welche Konsequenzen sich daraus ergeben.

John Kotter betont, dass es aber nicht reicht, den Projektfortschritt zu verfolgen, Erfolge zu kommunizieren und zu feiern und kontinuierlich Feedback einzuholen, sondern Erfolge müssen konsolidiert und weitere Veränderungen müssen eingeleitet werden (vgl. Kotter 2011, S. 111 ff.). Wichtig ist, dass das Dringlichkeitsgefühl bestehen bleibt, statt zu schnell wieder in den Modus der Selbstgefälligkeit zu verfallen. Managementmeetings, in denen außerordentlich stark betont wird, was alles schon erreicht wurde, Mitarbeiter mit Auszeichnungen versehen sowie best-practice Präsentationen vorstellen und Gratulationsrunden des CEO`s abhalten, können auch falsch interpretiert werden. Es gilt also, weiter „hungrig" zu bleiben und den beschwerlichen Weg des Antreibens für die Umsetzung der Ziele des compelling case zu gehen.

Abbildung 4.5 gibt abschließend einen Überblick über die Vorgehensweise bei dem integrierten Change Management Modell.

## 4.4 Change Management heißt Paradoxien managen

Change Management bedeutet Unsicherheit, Abschied nehmen und Aufbruch zu etwas Neuem. Emotionen, Widerstände, gegensätzliche Interessen und Konflikte sind daher keine Ausnahme, sondern die Regel. Eigentlich unauflösbare Widersprüche müssen gemanaged werden, wobei es hilft, über eine entsprechende Ambiguitätstoleranz zu verfügen. Im Folgenden werden ausgewählte Paradoxien dargestellt.

**Komfortzone/Bequemlichkeit versus Aufbruch**

Es liegt in der Natur des Menschen, in seiner Komfortzone zu bleiben – das ist ein sinnvolles ökonomisches Prinzip. Aber nur diejenigen, die sich den Umweltbedingungen anpassen, werden überleben. Dieser Widerspruch stellt für alle Beteiligten, den Initiator des Veränderungsvorhabens, die Führungskräfte und die Mitarbeiter eine große Herausforderung dar. Der Initiator des Change Vorhabens muss seine Führungskräfte von der Sinnhaftigkeit der Veränderung überzeugen und die Umsetzung des Wandels treiben. Wie dies geschehen kann, wurde im vorliegenden Aufsatz beschrieben.

**Rückwärtsgewandtheit versus Blick nach vorne**

Stolz auf die bisherigen Erfahrungen gehört zu einem gesunden Selbstvertrauen dazu, Rückwärtsgewandtheit aber nicht. Doppler und Lauterburg beschreiben es so: „Erstens: Erfahrungen machen nicht nur klug, sondern genauso oft dumm. Sie können nämlich den Blick verstellen für neue Erkenntnisse. Zweitens: Eine ganze Menge alter Erfahrungen sind heute null und nichts mehr Wert – weil sie unter Rahmenbedingungen gemacht wurden, die sich inzwischen radikal verändert, … haben.“ (vgl. Doppler und Lauterburg 2008, S. 127). Sicherlich sind viele der gemachten Erfahrungen wertvoll, aber nur, wenn man dazu auch aufgeschlossen ist für Neues. Um die richtigen Impulse für die Veränderungen zu geben, braucht es den Blick über den Tellerrand, die strategischen Fähigkeiten, zu erkennen, was umgesetzt werden sollte und den Mut, das gegen die Rückwärtsgewandtheit und Bequemlichkeit der Masse durchzusetzen. Wer in der Versicherungsbranche zum Beispiel die Augen vor den massiven Veränderungen, welche die Digitalisierung mit sich bringen wird, verschließt, wird in Zukunft nicht mehr wettbewerbsfähig sein. Da die Digitalisierung ein völlig neues Kundenverhalten mit sich bringt, können die Versicherer nicht auf bisherige Erfahrungen zurückgreifen.

**Top-down versus bottom-up Vorgehen**

In Zeiten von Ungewissheit braucht es eine starke Führung, die die Richtung vorgibt und die für eine zügige Umsetzung des Veränderungsvorhabens sorgt. Die Umsetzung des Change Vorhabens wird aber nur gelingen, wenn die Mitarbeiter einbezogen werden. Partizipation schafft Identifikation mit den neu zu implementierenden Strukturen, Prozessen und Verhaltensweisen. Dialog gibt die Möglichkeit, die offenen Fragen zu klären. Empathie in Einzelgesprächen zeigt Wertschätzung und Interesse an den betroffenen Personen und führt zu Vertrauen.

**Flexibilität versus Klarheit**

Durch die Globalisierung und die modernen Medien hat sich die Arbeitswelt massiv geändert. Der Faktor „Flexibilität“ ist seitdem zu einem der wichtigsten unternehmerischen Erfolgsfaktoren geworden. Den Ist-Zustand hinterfragen, loslassen, Trends frühzeitig aufgreifen und die eigenen Prozesse konsequent an den Kundenbedürfnissen auszurichten sind Fähigkeiten, die erfolgreiche Führungskräfte heutzutage benötigen. Nur wer in diesem Sinne flexibel ist, wird Veränderungen in seinem Verantwortungsbereich aktiv vorantreiben. Aber gerade in Zeiten der hohen Unsicherheit braucht es Klarheit. Wenn, wie aktuell in der Versicherungsbranche weit verbreitet, neue nie zuvor gekannte Situationen verbunden mit Umbrüchen geschehen, wenn Firmen zunehmend zu permanenten Baustellen werden, wenn sich teilweise widersprechende Projekte fliegend die Türklinke in die Hand geben, ist es wichtig, Richtung und Zuversicht zu vermitteln.

**Knappe zeitliche Ressourcen versus Zeitbedarf für Dialog und Lernen**
Gesagt ist nicht gehört, gehört ist nicht verstanden, verstanden ist nicht einverstanden.... und verstanden ist nicht gelernt und umgesetzt. Im Veränderungsprozess sind die Menschen emotional betroffen und brauchen Zeit, sich an die neuen Ziele, Strukturen, Prozesse und Verhaltensweisen zu gewöhnen. Dialog hilft dabei, die neuen Anforderungen, die an die Führungskräfte und Mitarbeiter gestellt werden, zu verstehen und sich darauf einzulassen. Dialog ist aber zeitaufwendig. Bei der Vielzahl von Change Projekten, die in Unternehmen parallel umgesetzt werden, wird der erforderliche Zeitaufwand zum Problem. Und oftmals ist es das Ziel des Veränderungsvorhabens, schneller zu werden, also zum Beispiel die Reaktionszeit für Kundenanfragen oder die Entwicklungszeiten für neue Produkte zu reduzieren. Ein zusätzlicher impliziter Druck, die Veränderung schnell umzusetzen. Oder man hat zu lange mit der Anpassung auf die Umweltbedingungen gewartet und hat es jetzt dafür besonders eilig.

**Wunsch nach mehr Information versus defensivem Umgang mit Informationen**
Um Veränderungen erfolgreich umzusetzen, braucht es ausreichend Zeit für die Definition des compelling case und die Planung entsprechender Umsetzungsmaßnahmen. Auf der anderen Seite ahnen beziehungsweise wissen die Mitarbeiter meistens bereits, dass sich etwas ändern wird, auch wenn das Veränderungsvorhaben noch nicht offiziell kommuniziert ist. Dieser „Flurfunk“ lähmt die Organisation, die Leistungsfähigkeit der Mitarbeiter sinkt. Ein weiterer Zwiespalt ist, das diejenigen, die frühzeitig über Informationen hinsichtlich der geplanten Veränderungen verfügen, dazu neigen, den eigenen Bereich zu schützen, um die eigene Position zu sichern. Der offene Umgang mit Informationen ist also zwiespältig und man muss sich gut überlegen, wen man frühzeitig mit welchen Informationen ausstattet und wen nicht. Darüber hinaus gilt es, eine gute Balance zwischen der professionellen Planung des Veränderungsvorhabens und der zügigen Kommunikation in die Breite zu finden.

Change Management heißt also Ambiguitäten auszuhalten und Paradoxien zu managen. Der Initiator des Veränderungsvorhabens tut gut daran, diese Spannungsfelder aufzudecken und diese von Zeit zu Zeit mit dem Change Team *und* den Führungskräften zu reflektieren.

**Fazit**

Die Versicherungsbranche steht vor gewaltigen Veränderungen. Die wesentlichen Treiber dafür sind:

- Rahmenbedingungen des Marktes mit einer langfristigen Niedrigzinsphase, niedrigem Marktwachstum in Deutschland und einem sinkenden Vertrauen der Kunden in die Branche.
- Die Digitalisierung mit Themen wie „Big Data" und sich änderndes Kundenverhalten.
- Gestiegener Wettbewerb aufgrund neuer disruptiver Wettbewerber.
- Regulierung (Vermittlerrichtlinie, Solvency II, Honorarberatung etc.)

Es gilt auf der einen Seite effizienter und auf der anderen Seite innovativer zu werden. Diese zwei Ziele scheinen zunächst miteinander in einem Zielkonflikt zu stehen und bilden gerade deshalb eine herausfordernde Change Management Aufgabe.

Spricht man mit Entscheidern der Versicherungsunternehmen gewinnt man bisweilen den Eindruck, dass sich die Versicherungen mit der erfolgreichen Umsetzung von Veränderungen besonders schwer tun. Gründe dafür sind zum Beispiel, dass die Branche sehr langfristig ausgerichtet ist, denn viele Kunden binden sich mit Vertragsabschluss langfristig an das Unternehmen. Darüber hinaus lebt die Branche davon, Risiken abzusichern und nicht, diese bewusst einzugehen. Das muss man aber tun, wenn man Veränderungen erfolgreich managen möchte. Auch die Mitarbeiter sind von Ihrer Prägung her konservativ und sicherheitsorientiert statt offen für Veränderungen. Die DNA der Versicherungsunternehmen beinhaltet nicht die Offenheit für Veränderungen und Modernität. Die große Herausforderung des Top Managements in der Branche ist also, die dringend anstehenden weiteren Veränderungsvorhaben trotzdem erfolgreich umzusetzen. Was ist in diesem Zusammenhang zu tun?

Die Umsetzung von Veränderungen erzeugt immer Emotionen und Widerstand, Widerstände verschwinden nicht, wenn man sie nicht bearbeitet. Das Führen von Emotionen ist im Change Prozess also ein zentraler Erfolgsfaktor. Dazu gehört, Orientierung zu geben, Widerstände und Ängste ernst zu nehmen, für eine zügige Umsetzung zu sorgen, sich aber auch Zeit für Dialog zu nehmen und immer wieder positives Feedback zu geben. Menschen lieben es, das Gefühl zu haben, schon etwas geschafft zu haben; das gilt es im Veränderungsprozess zu nutzen. Erfolgreiches Change Management kombiniert also den Managementprozess auf der Sachebene mit den emotionalen/psychologischen Prozessen, die bei Menschen ablaufen, wenn sie mit Veränderungen konfrontiert werden.

Weitere Maßnahmen eines erfolgreichen Change Managements sind eine gelungene Mischung aus einem top-down und bottom-up Vorgehen, das aktives Stakeholdermanagement, das Einfordern von Top Management Commitment sowie ein Konsequenzenmanagement. Konsequenzenmanagement meint, das einzufordern, was im compelling case beschrieben wurde – das ist das Angebot, dass man den Führungskräften und Mitarbeitern macht, man kommt seiner Aufgabe nach, zu informieren, in den Dialog zu treten, zu qualifizieren, gibt Zeit, sich an das Neue anzupassen, man verankert die entsprechenden Business- und Verhaltensziele in der Zielvereinbarung und dann überprüft man kontinuierlich die erbrachte Leistung. Für die erfolgreiche Umsetzung von Veränderungsvorhaben braucht es also auch Entschlossenheit, schwierigen Führungssituationen nicht aus dem Weg zu gehen, sondern sie konsequent zu lösen.

Darüber hinaus ist aber auch die richtige Verankerung von Change Management im Unternehmen ein entscheidender Erfolgsfaktor bei der Umsetzung von Veränderungsvorhaben. Das hat die Studie von PWC eindrucksvoll gezeigt. Ziel sollte ein sogenanntes integriertes Modell sein, in dem Change Management ein Teil des normalen Führungsverständnisses ist und eine Top Management Aufhängung hat.

Last but not least, ist die Initiierung und Umsetzung von Veränderungen eine zentrale Führungsaufgabe, die gerne durch Experten im Unternehmen unterstützt werden, aber nicht auf Experten delegiert werden kann. Daher ist die Gestaltung von Veränderungen eine sehr wichtige Kompetenz für die Führungskräfte in der Versicherungswirtschaft. Idealerweise schafft es die Unternehmensleitung, dass nach einer Phase der umfangreichen Veränderungen Change kontinuierlich stattfindet, also Teil der Unternehmenskultur wird. Würde man das dann noch als Change bezeichnen? Nein, sondern das ist dann proaktive, erfolgreiche Unternehmensführung!

## Literatur

Deekeling E, Arndt S, Barghop D (2013) Change-Kommunikation. Helios Media, Berlin

Boaz N, Fox E (2014) Change leader, change thyself. http://www.mckinsey.com/insights/leading_in_the_21st_century/change_leader_change_thyself. Zugegriffen: 29. Mai 2014

Capgemini Consulting (2012) Digitale Revolution, Ist Change Management mutig genug für die Zukunft? http://www.de.capgemini.com/resource-file-access/resource/pdf/change_management_studie_2012_0.pdf. Zugegriffen: 29. Mai 2014

Doppler K, Lauterburg C (2008) Change Management – den Unternehmenswandel gestalten, 12. Aktualisierte und erweiteret Aufl. Campus Verlag, Frankfurt

Fromme E (2014a) Signal Iduna plant weitere Kostensenkungen. http://versicherungsmonitor.de/2014/05/signal-iduna-plant-weitere-kostensenkung/. Zugegriffen: 29. Mai 2014

Fromme E (2014b) Neue Pläne der HuK-Coburg – Versicherer plant eigene Autowerkstätten. http://www.sueddeutsche.de/auto/neue-plaene-der-huk-coburg-versicherer-plant-eigene-autowerkstaetten-1.1903519. Zugegriffen: 29. Mai 2014

Groth A (2013) Führungsstark im Wandel, 2. überarbeitete Aufl. Campus, Frankfurt

Hiatt J (2006) ADKAR – a model for change in business, government and or community. Prosci Learning Center, Loveland

IBM Studie (2008) Making change work. http://www935.ibm.com/services/de/bcs/pdf/2009/making_change_work.pdf. Zugegriffen: 29. Mai 2014

Johnson S (2012) Die Mäusestrategie, 37. Aufl. Ariston, Genf

Keicher I (2013) Alles bleibt gleich – die unheimliche Macht der Routine. In: OrganisationsEntwicklung, 1/2013

Kotter J (2011) Leading change. Vahlen, München

Krieger F (2014) Axa forciert Digitalisierung. http://versicherungsmonitor.de/2014/04/axa-forciert-digitalisierung/. Zugegriffen: 29. Mai 2014

Kross E, Berman M, Mischel W, Smith E, Wagner T (2011) Reply to Iannetti and Mouraux: what functional MRI responses to physical pain tell us about why social rejection „hurts". http://www.pnas.org/content/108/30/E344.full. Zugegriffen: 23. Mai 2014

PWC Studie (2012) Return—Change (ROC) – finanzwirtschaftliche Perspektive. http://www.pwc.de/de_DE/de/consulting/business-consulting/assets/roc_finanzwirtschaftliche_perspektive.pdf. Zugegriffen: 29. Mai 2014

Radatz S (2011) Gestalten Sie – sonst werden Sie gestaltet! http://www.coaching-magazin.de/archiv/2011/2011_03_interview_radatz.htm. Zugegriffen: 29. Mai 2014

Schmidt-Tanger M (2012) Change – Raum für Veränderung. Junfermann, Paderborn

Schöps C (2011) Loslassen lernen – warum uns Veränderungen so schwer fallen. http://www.stern.de/gesundheit/loslassen-lernen-warum-uns-veränderungen-so-schwerfallen-1640050-print.html. Zugegriffen: 5. Juli 2013

Swiss Re (2014) Sigma Studie Digitaler Vertrieb von Versicherungen: eine stille Revolution. http://media.swissre.com/documents/sigma2_2014_de.pdf. Zugegriffen: 29. Mai 2014

Stolzenberg K, Heberle K (2013) Change Management, 3. überarbeitete Aufl. Springer, Berlin

Tauber J (2014) Schinnenburg wechselt zur Ergo. http://versicherungsmonitor.de/2014/02/schinnenburg-wechselt-zur-ergo/. Zugegriffen: 29. Mai 2014

Vahs D, Weiand A (2010) Workbook Change Management. Schäffer Poeschel, Stuttgart

**Prof. Dr. rer. pol. Gabriele Zimmermann** ist am Institut für Versicherungswesen der Fachhochschule Köln Professorin für Personalführung und Organisationsentwicklung. Ihre Forschungsschwerpunkte sind die Themen Change Management in Versicherungsunternehmen, Frauen in Führung und Frauen im Versicherungsvertrieb. Die promovierte Diplomkauffrau arbeitete acht Jahre in zwei DAX Unternehmen in leitenden Funktionen der Führungskräfteentwicklung und des Change Managements. Seit 16 Jahren ist sie Executive Coach und berät Führungskräfte in Fragen der Führung, des persönlichen Coachings und des Change Managements. Im Jahr 2000 gründete sie mit Vibilia ihr eigenes Unternehmen. (www.vibilia.com)

# Mit Zukunftsbild zur unternehmerischen Erneuerung (Corporate Rethinking)

**5**

Dirk Barghop, Heiner Reiners und Lars C. Schatilow

**Zusammenfassung**

Unternehmen der Versicherungsbranche sehen sich Ungewissheiten gegenüber, die sich insbesondere durch Disruptionen im Markt, verändertes Kundenverhalten und politische Regulationen ergeben. Sie müssen sich erneuern und einen Zukunftsbildprozess einleiten, der signalisiert: „Wir erschließen die Zukunft!“ Ziel ist es, frühzeitig Akzeptanz, Verständnis und Unterstützung für das „Unternehmen von Morgen“ bei externen und internen Anspruchsgruppen zu schaffen. Im Gegensatz zum bisherigen Change-Ansatz beginnt die Involvierung von Führungskräften und Mitarbeitern vor dem Innovationsprozess – obgleich strategisch sensibel. Die Zukunft soll nicht zur „Überraschung“ werden, sondern durch spannende, wertschätzende und dialogische Methoden zur Mitgestaltung einladen. Dass dabei sogar das Leadership und das Image gestärkt werden, zeigt sich im nachstehenden Beitrag.

**Schlüsselwörter**

Zukunftsbild · Corporate Rethinking · „just do it“ · Incubators & Future Labs

D. Barghop (✉)
Düsseldorf, Deutschland
E-Mail: dirk.barghop@deeling-arndt.de

L. C. Schatilow
Düsseldorf, Deutschland
E-Mail: lars.schatilow@deekeling-arndt.de

H. Reiners
Düsseldorf, Deutschland
E-Mail: heiner.reiners@deekeling-arndt.de



G. Zimmermann (Hrsg.), *Change Management in Versicherungsunternehmen*,
DOI 10.1007/978-3-658-05974-3_5

## 5.1 Einleitung: Neue Anforderung an das Management von Versicherungsunternehmen

Wie in anderen Branchen, so muss auch das Top-Management des Versicherungssektors derzeit eingestehen, dass analysebasierte Strategieentwicklung für die Entwicklung neuer Geschäftsmodelle nahezu unmöglich wird. Denn das regulatorische und ökonomische Umfeld ist nicht nur riskant, sondern erzeugt Ungewissheit (vgl. Schatilow 2014).

So weisen Astrid Stange und Nils Reich in ihrem Beitrag in diesem Buch (Kap. 1) zu Recht auf den wirtschaftlichen Druck hin, der Versicherer bereits heute vor existenzielle Fragen stellt. Insbesondere das Niedrigzinsumfeld führt zu stark rückläufigen Kapitalerträgen. Sinkende Renditen sind auch Folge der politischen Interventionen (insbesondere Solvency II), welche, so mit Blick auf andere Länder, weiter zunehmen werden.

Gleichzeitig treten neue Akteure in den B2C- und B2B-Assekuranzmarkt ein, die mit disruptiven Geschäftsmodellinnovationen (hierzu: Schallmo 2013) und hoher Liquidität das Potenzial haben, bestehende Wertschöpfungsketten obsolet werden zu lassen. Insbesondere IT-Giganten aus den USA und China (aktuell Google, Facebook, Amazon, Alibaba) können die Grundlogik von Versicherung, das heißt, die Kollektivierung der Risikoübernahme ihren Nutzern „über Nacht" ermöglichen. Zudem ist es ihre Stärke, Branchengrenzen zu liquidieren und dem Kunden immer, überall und einerlei mit welchem Kooperationspartner neue, spannende Services zu ermöglichen (Value-Added-Services) (s. hierzu: Umsetzungsempfehlung „Smart Service Welt", Acatech im März 2014). Die neuen Player passen zu einem sich ändernden Kundenverhalten und wecken damit Ansprüche, mit denen auch bestehende Versicherer konfrontiert werden.

Dietmar Grichnik und Oliver Gassmann von der Wirtschaftshochschule St. Gallen bestätigten jüngst das Versagen der erlernten Instrumente zur Entwicklung analysebasierter Strategien und zur prozessorientierten Umsetzung in Zeiten volatiler und konvergierender Märkte. Sie unterstreichen einen erforderlichen Paradigmenwechsel in der Betriebswirtschaftslehre, der auf „Zukunft gemeinsam gestalten" statt auf „Zukunft in der Black Box beschließen" ausgerichtet ist (vgl. Grichnick und Gassmann 2013). Auch der Boom von Kreativmethoden zur Entwicklung neuer Geschäftsmodelle, wie etwa Alexander Osterwalders Ansatz des Business Model Canvas oder des Design Thinkings des Hasso-Plattner-Instituts, bestätigen, dass das klassische Methoden-Set des strategischen Managements nicht mehr ausreicht.

Es zeigt sich: Auch das Change Management ist von dem radikalen Umbruch betroffen: „Wie soll ein Zielbild des künftigen Unternehmens plausibel vermittelt werden, wenn das Top-Management kein Ziel glaubhaft benennen und vertreten kann?" Die konkrete Zukunft, so das ehrliche und erforderliche Eingeständnis des CEO, ist nicht bekannt. Vorstellbar sind aber Szenarien, wie das Ende der klassischen Lebensversicherung, die Umstellung von Pricing-Modellen im Container-Versicherungsmarkt durch ein Startup, weitreichende Provisionsverbote durch die Politik sowie verändertes Kundenverhalten aufgrund situativer Versicherungsbedarfe. Für die Vielzahl an möglichen Entwicklungen muss ein gemeinsames Bewusstsein im Unternehmen entstehen. Dieses Verständnis erwächst, indem der Konzern beschließt, sich auf den Weg zu machen und die Zukunft zu gestalten. So empfiehlt sich auch für einen etablierten Versicherer, den eigentlich an Start-ups adressierten Ratschlag des ehemaligen Google-CEO[1] Eric Schmidt zu beherzigen: „Just Do It" (Eric Schmidt, KeyNote-Speech zur Eröffnung des Gründercampus Factory, Berlin 11.06.2014).

Schmidts Aufruf ist dabei nicht nur ein Claim. Der bereits aus der Nike-Werbung über Jahrzehnte verbreitete Spruch ist genau das, was Grichnick und Gassmann mit „Effectuation" meinen und für das Top-Management zur Handlungsanweisung wird. Denn auch wenn keine analysebasierte Strategie mehr möglich und damit ein klares Zielbild nicht mehr herstell- und vermittelbar ist, so brauchen Mitarbeiter und Führungskräfte die Vorgabe einer Richtung. Es braucht große Symbolik, die das Top-Management vorzugeben hat: „Just Do It" ist die Botschaft und gleichzeitig Richtschnur, welche einen Prozess ermöglicht, ein Zukunftsbild zu gestalten, das die kollektive Entschlossenheit symbolisiert und den Willen zur unternehmerischen Erneuerung verankern hilft.

## Anspruch auf Transparenz und Mitgestaltung

Mitarbeiter nutzen kontinuierlich die Möglichkeiten der digitalen Welt und informieren sich über alle ihnen zur Verfügung stehenden Offline- und Online-Kanäle. Insbesondere die in den Massenmedien stattfindende Berichterstattung über die schlechte Lage im Lebensversicherungsgeschäft sowie die neuen Möglichkeiten, welche Direktversicherer sowie branchenfremde Akteure schaffen, verunsichern sie. Die Belegschaft erwartet von ihrem eigenen Arbeitgeber eine klare Positionierung zu den virulenten Zukunftsthemen. Entsteht der Eindruck, ihr Unternehmen bewege sich nicht in die richtige Richtung und halte nicht Schritt mit zukünftigen und gegenwärtigen Herausforderungen, kommt zunehmend Sorge um die Zukunft des eigenen Arbeitsplatzes auf. Die Angst vor Restrukturierung ist berechtigt: So beschreiben Stange und Reich in Kap. 1 die Hypothese, dass mit einer Reduktion von Vermittlern um bis zu 40 % in den kommenden Jahren zu rechnen sei. Ihre Annahme beruht auf Vergleichszahlen aus Großbritannien. Mittels Internet stehen derartige Informationen auch den betroffenen Vertriebsmitarbeitern zur Verfügung. Die Folge: Das Top-Management muss frühzeitig aufklären, Transparenz und Perspektive ermöglichen.

Die ebenfalls via Omnikanal-Medien gut informierten Führungskräfte der mittleren Ebene stehen unter größter Anspannung, denn sie bilden das „Epizentrum" von Veränderungsprozessen. Diese sind für Führungskräfte gleichbedeutend mit einer ungewissen Zeit im „Schraubstock": Bislang war es so, dass ihnen mitgeteilt wird, dass auch ihre eigene Zukunft vor gravierenden Veränderungen steht. Zeitgleich sollen sie jedoch das Geschäft am Laufen halten, erklären, beruhigen, motivieren. Heute entnehmen sie die Bedrohung detailliert aus den Massenmedien, noch bevor Veränderung unternehmensintern „verordnet" wird. Weiterhin kommt es allerdings zu der paradoxen Situation, dass das Top-Management Strategie und Maßnahmen (wie auch Zielbilder) im Verborgenen ausarbeitet

[1] ist seit Redaktionsschluss nicht mehr CEO

und erst dann die Veränderung kaskadisch kommuniziert, selbst wenn die Belegschaft die Veränderung und alle damit zusammenhängenden Auswirkungen längst diskutiert. Partizipative Vermittlungsformate des Change erscheinen dann als aufgesetzt und als zynisch wirkende Infantilisierung informierter und selbstbestimmter Mitarbeiter. Es ist Zeit, den Paradigmenwechsel im Change Management einzuleiten und die Mitgestaltung unternehmerischer Erneuerung ernsthaft zu ermöglichen.

Dies heißt nicht, dass die Unternehmensführung die Verantwortung für umfassende Geschäftsmodellinnovation künftig den internen Stakeholder-Gruppen zuschreibt. Im Gegenteil: In Zeiten von Ungewissheit braucht es starke und sichtbare Führung, die Unternehmergeist, Kreativität und Optimismus ausstrahlt und motiviert. Doch ebenso braucht das Top-Management als „Zukunftsteam" frühzeitig die Ideen sowie die Unterstützung der Mitarbeiter, um unternehmerische Erneuerung durchführen zu können. Ein Zukunftsbildprozess bedient die Ansprüche beider Seiten.

## 5.2 Zukunftsbild: Perspektive geben, Unterstützung aktivieren

In Zeiten von Ungewissheit im Umfeld des Unternehmens braucht es Richtung durch die Geschäftsführung. „Just Do It", ist ein Beispiel für eine solche Richtung, welche als Motivation den Startschuss für einen zukunftsorientierten Denkprozess ermöglicht. Es ist eine kommunikative Leitplanke des CEO, um das kreative Potenzial auf allen Ebenen im Unternehmen sowie auch bei externen Anspruchsgruppen zu wecken und sich der Zukunft statt der Sorge um Restrukturierung zuzuwenden. Eric Schmidt lädt mit seinem Claim zur Mitgestaltung eines Zukunftsbildes ein und stärkt damit gleichzeitig seine Leadership-Wahrnehmung nach innen wie nach außen.

### 5.2.1 Anforderungen an ein Zukunftsbild

Das Zukunftsbild ist eine strategische Kommunikationsmaßnahme und hat die Funktion, die Beschäftigung mit des unternehmerischen Erneuerung bei internen und externen Anspruchsgruppen frühzeitig zu leisten. Zudem soll dem Top-Management eine breite Wissensbasis (Swarm Intelligence) über die Zukunft zur Verfügung gestellt werden. Dies soll über Outside-In-orientierte Dialoge erfolgen, die „großes Denken" ermöglichen.

Ein Zukunftsbild beschreibt:

- die Perspektive für das Unternehmen in der Zukunft
- den Weg für eine erfolgreiche Zukunft
- die Herausforderungen von „Morgen" (exemplarich: BMBF 2014)
- die Bedeutung von gemeinsamer Stärke zur Erreichung der Zukunft

Die Kommunikation muss deshalb deutlich mehr leisten als O-Ton-taugliche Legitimationen. Sie muss einen Pfad aufzeigen, der über Prozessdaten, Meilensteinpläne und EBITDA-Prognosen hinausgeht sowie in Zeiten allgemeiner Verunsicherung für Optimismus sorgt.

### 5.2.2 Nutzen von Zukunftsbildern

Die „Öffnung" des strategischen Managements zur Einleitung und Durchführung der unternehmerischen Erneuerung unter frühzeitiger Involvierung der Belegschaft stellt einen Paradigmenwechsel dar. Es lohnt sich den Blick über den Tellerrand zu wagen und den Exkurs in den ebenfalls vertriebsorientierten und unter Erneuerungsdruck stehenden Einzelhandel durchzuführen: Denn die ehemalige Karstadt-Chefin Eva Lötta Sjöstedt machte es vor. Ihr „Zukunftsprogramm" beinhaltete einen „Zukunftsbildprozess": „Wir schicken nicht mehr Roland Berger oder McKinsey in die Filialen, wir fragen unsere Mitarbeiter", erklärte Vertriebsgeschäftsführer Thomas Wanke gegenüber der Frankfurter Allgemeinen Zeitung. „Systematisch will man in intensiven Gesprächsrunden Verbesserungsvorschläge, Ideen und Wünsche sammeln" (F.A.Z. 18.04.2014; anzumerken ist, dass nicht nur der CEO, sondern auch weitere Personen aus der Geschäftsführung für den Erneuerungsprozess wahrnehmbar waren. Das heißt, das Top-Management positionierte sich geschlossen als „Zukunftsteam"). Über digitale Plattformen waren die Belegschaft und der Betriebsrat eingeladen, die unternehmerische Erneuerung mitzugestalten.

#### 5.2.2.1 Motivation und Unterstützung

Die frühzeitige und zielgerichtete Einbindung der Mitarbeiter und des Betriebsrates zur Gestaltung des „Karstadt-Zukunftsbildes" ermöglichten der Chefin des angeschlagenen Unternehmens eine Perspektive entstehen zu lassen, die Motivation stiftete. Es entstand ein Wir-Gefühl, das nicht durch den Konzern im Nachgang der Erneuerung vermittelt oder verordnet wurde, sondern auf lokaler Filialebene frühzeitig und performativ entstehen konnte, sodass nachhaltige Identifikation mit dem Unternehmen möglich wurde. Statt Gleichklang wurde es möglich, regionale Kulturen zu berücksichtigen und den Filialleitern den Raum zu geben, den Ideenfindungsprozess durch weitere Kreativmethoden auszugestalten. Auf diese Weise konnte der Anstoß aus dem Konzern genutzt werden, um die Unterstützung für den Erneuerungsprozess weiter zu bestärken und eine gewisse Vorfreude auf die Zukunft entstehen zu lassen, obgleich auch Herausforderungen diskutiert wurden, wie unter Abschn. 5.2.1 dargestellt.

Es sei darauf hingewiesen, dass der Zukunftsbildprozess im Rahmen einer unternehmerischen Erneuerung eine zielgerichtete Maßnahme ist, die stets in der Verantwortung und unter Kontrolle des Top-Managements erfolgt. Das heißt: Die frühzeitige Einbindung von internen (wie auch externen) Stakeholdern findet strategisch durchdacht und ausschnitthaft statt. Das gesamte Zukunftsbild, an welchem Mitarbeiter im Rahmen von Ideenfindung oder Führungskräfte, beispielsweise im Rahmen von Future-Labs mitgewirkt haben, wird erst zu einem späteren Zeitpunkt vorgestellt und in die interne und externe Kommunikation überführt. Ziel muss es sein, Verständnis, Akzeptanz und Unterstützung frühzeitig zu ermöglichen, in dem Mitarbeiter und Führungskräfte je nach Hierarchieebene sensibel und in Abhängigkeit von der bestehenden Unternehmenskultur sich mit der Zukunft auseinandersetzen. Im Vorfeld eines Zukunftsbildprozesses erfolgt daher eine Kulturanalyse.

#### 5.2.2.2 Outside-In Inspiration

Die strategische Öffnung mittels Zukunftsbildprozess bedeutet für das Unternehmen auch, dass die Erneuerung auf eine breite Wissensbasis gestellt wird. Denn nicht nur das Know-how der Mitarbeiter fließt durch kreative und dialogische Formate in die Gestaltung eines Zukunftsbildes ein, sondern auch externe Stakeholder beziehungsweise ihr Wissen finden Eingang. Dies kann auf verschiedene Art und Weise erfolgen:

- Konfrontation mit der Zukunft. Zur Einleitung neuer, zukunftsorientierter Denkmuster und zum Aufbrechen von Denksilos (Breakthroughs) auf Managementebene.
- Unterstützung für Richtungsfindung. Durch Einbezug von internem und externem Expertenwissen (Co-Creation).
- Vernetzung mit Key Playern von Zukunftsthemen. Unterstützt Richtungsfindung und sichert Wahrnehmung sowie Legitimation zur Positionierung.

#### 5.2.2.3 Image, Goodwill und Zeit

Der CEO profitiert von dem Zukunftsbildprozess im besonderen Maße. Denn innerhalb der Organisation wird er als lernend, aufgeschlossen und integrierend wahrgenommen. Die Beteiligung an der unternehmerischen Erneuerung ist ein Statement: Es schafft einen „Dialog auf Augenhöhe", in dem die Befragung der Mitarbeiter und Kunden Wertschätzung zum Ausdruck bringt. So auch im angeführten „Karstadt-Fall", in dem Sjöstedt als „beliebt" (F.A.Z. 24.04.2014) bei Mitarbeitern und der Arbeitnehmervertretung galt. Weitere Aktivitäten, wie ihre Bereitschaft, den Konzern aus Sicht einer Kassiererin zunächst kennenlernen zu wollen (Bunte-Online 21.02.2014), trugen dazu bei, den Goodwill der Belegschaft für die „Durststrecke der Erneuerung" abzusichern. Durch diverse weitere Involvierungsmaßnahmen im Zukunftsbildprozess, die der CEO persönlich einleitet und verantwortet, ist seine/ihre kontinuierliche Wahrnehmung intern sichergestellt. Denn nichts ist schlimmer für unternehmerische Erneuerung, als wenn der Eindruck entsteht, dass der Innovationsprozess keine Chefsache mehr ist und delegiert wurde. Die Relevanz, das es sich um einen großen Schritt in der Geschichte des Unternehmens handelt, muss erzeugt (Sense of Ownership) und permanent aufrechterhalten werden – ein Zukunftsbildprozess vermag dies zu leisten.

Auch in der Außenwahrnehmung wurden die Warenhauskette und ihre neue Chefin als modern und zukunftsorientiert wahrgenommen. Sie symbolisierte, die Logik des digitalen Zeitalters verstanden zu haben, indem sie Mitsprache, Kommentierung und Commitment (Facebook-Logik) ermöglicht hat. Das Image profitierte von dem Paradigmenwechsel im Change Management, da die Phase der Stakeholder-Involvierung viel früher begann. Akzeptanz, Verständnis und Unterstützung für den Erneuerungsprozess wurden nicht im Nachgang „artifiziell" erzeugt, sondern konnten entlang der Phasen der Geschäftsmodell-Innovation erwachsen. Auf diese Weise verkürzte sich die eigentliche Change Phase ab dem Zeitpunkt des Roll-Outs deutlich.

Auch gegenüber externen Anspruchsgruppen verschaffte sich das Unternehmen Zeit. Denn die geschaffenen Erneuerungsbelege ließen sich, wie Sjöstedt zeigt, erfolgreich in Public Relations-Maßnahmen überführen. So war klar: Karstadt wendet sich der Zukunft zu – das gesamte Unternehmen befindet sich in einem Denkprozess. Es erhielt die Licence-to-Innovate, das heißt den Goodwill der Öffentlichkeit, eine längerfristige Phase der unternehmerischen Erneuerung einzuleiten.

Auf diese Weise hatte Sjöstedt die Unterstützung aller Stakeholder – bis auf einen: Der Investor Nicolas Berggruen hatte ihr die Unterstützung für den Erneuerungsprozess zwar zugesagt, jedoch nicht eingehalten, so die ehemalige Geschäftsführerin gegenüber der F.A.Z. (F.A.Z. 07.07.2014). Das Comittment seitens der Kapitalgeber muss für radikale Geschäftsmodell-Innovationen im Vorfeld und laufend abgesichert werden. Es bieten sich spezielle Zielkonfliktmanagement-Dialogformate an.

#### 5.2.2.4 Neue Art von Leadership: Top-Down but Smart Leading

Die bisherigen Ausführungen in diesem Abschnitt haben gezeigt, dass ein neues Verständnis von Führung (Leadership) durch einen Zukunftsbildprozess entsteht. Der Vorstand positioniert sich selbst als „Zukunftsteam" und ist kontinuierlicher und wahrnehmbarer Treiber der unternehmerischen Erneuerung. Der CEO führt Top-Down, in dem er als Entre- und Intrapreneur wirkt. Er ist aufgeschlossen, lernfähig und scheut sich nicht, Probleme für unternehmerische Erneuerung offen zu artikulieren. Damit übergibt er nicht die Verantwortung an Dritte, sondern führt intelligent (Smart Leading), indem er sich vernetzt, Interessenkonflikte thematisiert, moderiert und auf Basis breiten Wissens Entscheidungen fällt. Smart Leading kann infolge des Erneuerungsprozesses kaskadisch in der Organisation Einzug halten und als innovative Unternehmenskultur verankert werden.

### 5.2.3 Entwicklung eines Zukunftsbildes

Mit dem Exkurs in eine andere, wenn auch ebenfalls vertriebsorientierte Branche konnte dargestellt werden, welchen Nutzen ein Zukunftsbild für die unternehmerische Erneuerung haben kann. Das zentrale Instrument zu dessen Entwicklung bei Karstadt waren Stakeholder integrierende Dialog-Plattformen, die physisch stattfanden und zur Verarbeitung digitalisiert wurden. Das Vorgehen zur Entwicklung eines Zukunftsbildes soll im Folgenden verallgemeinert dargestellt werden:

### 5.2.3.1 Exploration der Unternehmenskultur

Zur Erkundung der Unternehmenskultur sollten nach dem Vorbild von Explorationsgesprächen frühzeitig Interviews mit einem repräsentativen Sample an Vertretern des Unternehmens geführt werden. Für ein allgemeingültiges und zutreffendes Zukunftsbild sollten auch die Meinungen externer Anspruchsgruppen, wie Kunden oder Geschäftspartner, berücksichtigt werden. Um ungefilterte, das heißt aussagekräftige Ergebnisse zu erreichen, ist es sinnvoll diese Interviews von externen Experten durchführen zu lassen.

Auf diesem Weg gelingt es, ein authentisches Bild von der Unternehmenskultur zu erhalten. Es lässt sich identifizieren, wo Silodenken und Abläufe Erneuerung verhindern, wo die bestehende Kultur nicht zu technischen oder betriebswirtschaftlichen Erneuerungsvorhaben passen könnte und wo bereits heute Innovationsaversität bei internen und externen Anspruchsgruppen besteht.

### 5.2.3.2 Roadmap

Nachdem die aktuelle Unternehmenskultur unter Einbezug des relevanten Umfeldes analysiert wurde, lässt sich eine Roadmap zur Entwicklung eines Bildes der Zukunft generieren. Sie beinhaltet die relevanten Stakeholder für den Erneuerungsprozess, beschreibt (potentielle) Zielkonflikte und beinhaltet die zielgerichteten kommunikativen Maßnahmen, um den Dialog strategisch zu eröffnen – stets verbunden mit dem Ziel: intern wie extern Akzeptanz, Verständnis und Unterstützung für die unternehmerische Erneuerung zu erhalten (s. zur Roadmaperstellung auch Arndt et al. 2013).

### 5.2.3.3 Maßnahmen zur Mitgestaltung

Zur Gestaltung des Zukunftsbildes des Unternehmens werden, wie beschrieben, relevante Stakeholder beteiligt. Die Reichweite der Involvierung hängt von der jeweiligen Situation des Unternehmens ab, die im Rahmen der Exploration erfasst wurde. Grundsätzlich darf die Beteiligung am Zukunftsbild keine (zusätzliche) Verunsicherung stiften. Die Beschäftigung mit dem „Morgen" soll Wissen bereitstellen sowie eine erste, sensible Auseinandersetzung mit der Zukunft ermöglichen. Während das Top-Management und die Führungskräfte vertieft in die Mitgestaltung involviert und mit Herausforderungen „von morgen" konfrontiert werden, können Mitarbeiter nur im Rahmen von dialogischen Kreativformaten zur Ideenfindung und wertschätzenden Umfragen zur Wissensgenerierung beteiligt werden. Sie sind ausschnitthaft und auf ihr konkretes Umfeld bezogen, sodass keine Überforderung und damit Ablehnung der Erneuerung entstehen kann. Auch wenn eine tiefergehende Auseinandersetzung mit dem Zukunftsbild den Mitarbeitern erst im Rahmen der Phase der Vermittlung ermöglicht wird, entsteht ein erstes Bewusstsein für Themen von morgen bereits in der Frühphase des Erneuerungsprozesses. Es soll Interesse wecken und insbesondere in Zeiten von Ungewissheit signalisieren, dass es eine Perspektive gibt: Das Unternehmen wendet sich der Zukunft zu und bezieht alle mit ein.

#### 5.2.3.4 Rohentwurf des Zukunftsbildes

Wenn der Vorstand die Richtung vorgibt, sich als Unternehmen der Zukunft zuzuwenden und ein neues Bild zu entwerfen, ist es nicht die unmittelbare Aufgabe von Innovationsgruppen eine neue Strategie zu formulieren. Vielmehr muss eine Projektion gefunden werden, die allgemein genug ist, um alle möglichen Zukunftsperspektiven einzuschließen, aber gleichzeitig spezifisch genug, um Leitplanken zu setzen und Richtung zu ermöglichen. Das Zukunftsbild muss anschließend in eine Form und Erzählperspektive gebracht werden, die für jeden Mitarbeiter nachvollziehbar und zustimmungsfähig ist.

Das zu erarbeitende Zukunftsbild muss den „großen Bogen" spannen. Um dies leisten zu können, sollte es auf Basis folgender Inhaltsbausteine konzipiert werden:

- Rahmenbedingungen
- Vision
- Strategische Handlungsfelder
- Schlüsselprojekte

Ausgehend von dieser Struktur ist es möglich, die Vielzahl an Themen im Sinne einer leicht erzählbaren „Geschichte" zu ordnen und in einen verbindenden Sinnzusammenhang zu stellen (s. hierzu auch das Zukunftsbild „Morgenstadt – eine Antwort auf den Klimawandel" der Forschungsunion des BMBF). Das Zukunftsbild sollte eine ambitionierte, aber dennoch realistische und identifikationsfähige Perspektive formulieren.

Derart fundiert ist der nächste Schritt, den Zukunftsbild-Entwurf im gesamten Top-Führungskräfte-Kreis zu teilen. Um die Relevanz des Zukunftsbilds als Führungsaufgabe maximal zu unterstreichen, sollte dieses vom CEO intensiv erläutert werden. Bei einer weitergehenden Analyse durch die Top-Führungskräfte gibt es zwei Erkenntnisinteressen. Zum einen: Wie ist der Zustimmungsgrad und zum anderen: Wo besteht noch Erklärungsbedarf?

Darüber hinaus sollte der Entwurf in Zusammenarbeit mit den Führungskräften der ersten Ebene weiter verdichtet und angepasst werden. Dies kann beispielsweise im Rahmen von informellen „Zukunftsbild-Abenden" geschehen. Am Ende des Prozesses sollte ein Zukunftsbildentwurf entstanden sein, der „guten Gewissens" mit allen Führungskräften geteilt werden kann. Im Anschluss gilt es, die umfassende und motivierende Involvierung der Mitarbeiter mit dem Bild der Zukunft zu ermöglichen.

### 5.2.4 Vermittlung

Während der Vermittlung des Zukunftsbildes muss klargemacht werden: Dieser Prozess ist enorm wichtig – vor allem ist es kein einmaliger Akt. Er wird vom Vorstand nicht nur verwaltet, sondern persönlich geführt. Und nicht zuletzt: Er nimmt Führungskräfte und Mitarbeiter ernst! Die kommunikativen Formate müssen derart ausgewählt werden, dass sie zielgruppenspezifische Diskussion, Erläuterung und Interpretation erreichen. Ziel ist die Einbindung der Organisation in ihrer gesamten Breite und auf eine Art und Weise, die der liquiden Struktur moderner Kommunikationsformen sowie der Selbstbestimmtheit der Menschen in ihrer Lebenswelt gerecht wird. Transparenz, aktives Durchdenken und Möglichkeiten zur Selbstreflexion und Identifikation müssen gegeben sein. Das Repertoire dazu bietet unter anderem die Gründerszene, sodass Kooperationen mit Startups und Studenten spannende Inputs geben, um die Peers of Tomorrow zu erleben und mit ihnen das Zukunftsbild zu diskutieren. Die dialogische Vermittlung kann durch folgende Formate erfolgen (weitere Formate: Future Labs, Moonshot-Sessions, Design Methods (siehe Literatuverzeichnis), Open-Space-Formate, Serious Gaming; es bieten sich auch innovative Instrumente aus dem Public Affairs an, wie Prototyping for Real, Planungszelle oder Charrettes (Planungswerkstatt)):

**Team-Incubator mit Corporate-Elevator-Pitch**

Mitarbeiter und Führungskräfte arbeiten in kleinen Gruppen an einer neuen Geschäftsmodell Innovation für ihren Bereich, die zu dem Zukunftsbild des Unternehmens passt.[2] Die Idee stammt aus der Mitte der Teams und wird von erfahrenen externen Startup-Gründern und motivierten „Innovations-Studenten" betreut. Dabei erleben die Teilnehmer, worauf es in der Zukunft ankommt, mit welchen Folgen die Realisierung der Idee verbunden sein wird und wie wichtig teamorientiertes und unternehmerisches Handeln ist.

Das „neue Business" stellen die Teams in einem unternehmensinternen „Elevator Pitch" (entweder im Rahmen einer Veranstaltung oder per Video) vor. Die Präsentation des neuen Geschäftsmodells per Elevator Pich darf nicht länger als 30 s dauern und muss überzeugen. Das Publikum hat die Möglichkeit, sie zu bewerten, sodass eine breite und motivierende Involvierung im Unternehmen für die Zukunft entstehen kann. Als Preise bieten sich weitere inspirierende „Zukunftserlebnisse" an, wie Reisen in die Startup-Factory nach Berlin oder Silicon Valley in Kalifornien.

**Rethinking Advisory Board**

Das Rethinking Advisory Board ist ein externer, interdisziplinärer Beirat, der das Unternehmen entlang des Erneuerunsprozesses begleitet, den Prozess reflektiert und neue, inspirierende Ideen und Erlebnisformate bereitstellt. Es besteht aus Innovationsexperten der Wissenschaft, aus Startups-Vertretern, branchenfremden Innovationsmanagern, Kreativen und Kulturschaffenden. Sie ermöglichen es dem Top-Management und den Führungskräften „Durchbrüche" (Breakthroughs) zu erzielen, um Silodenken zu verändern sowie in Zeiten von Ungewissheit, kontinuierlich zu reflektieren, ob der eingeschlagene Weg zum Zukunftsbild der richtige ist. Zudem werden im Rethinking Advisory Board Formate entwickelt, welche der Vermittlung Vorschub leisten.

Das Vorhandensein eines externen, interdisziplinären Rethinking Advisory Boards ermöglicht dem Vorstand die Beweisführung, aufgeschlossen, lernend und zukunftszugewandt zu sein. Der CEO erhält die Legitimation, sich mit anderen Innovationstreibern anschlussfähig zu machen und kann sich als best practice seiner Erneuerungsstärkte branchenintern und -extern präsentieren.

[2] Beispielweise mit der der Business Model Canvas Methode (Osterwalder und Pigneur 2010) oder der „Design - Schule" (Kumar 2014).

### 5.2.5 Verankerung

Nachdem Logik und Inhalte des neuen Zukunftsbildes in der Breite der Organisation dialogisch vermittelt wurden, muss anschließend das Augenmerk auf einer nachhaltigen Verankerung liegen. Der bisher zentral gesteuerte Prozess wird deshalb nun deutlich stärker in die Hände der operativen Einheiten, der Ressorts, gelegt. Damit soll auch das Signal einhergehen, dass die notwendigen Einstellungs- und Verhaltensänderungen nicht „herbeikommuniziert" werden können, sondern praktiziert und gelebt werden müssen.

In diesem Sinne ist die Zeit der übergeordneten, großen Programm-Kommunikation vorbei. Damit an der Langfristigkeit und Ernsthaftigkeit des Zukunftsbilds aber keine Zweifel aufkommen, sollten zentral vorbereitete Impulse die Führungskräfte in die Lage versetzen, das Bild auf der Teamebene immer wieder inhaltlich neu aufzuladen. So wird auch in der Breite der Organisation verdeutlicht, dass dem Prozess unverändert hohe Bedeutung beikommt. Hiermit wird ein oft unterstellter Eindruck widerlegt: Am Anfang wird viel Aufwand betrieben – und dann hört man nichts mehr.

**Leuchttürme**

Als „Leuchttürme" zur Verankerung bieten sich die Einrichtung von institutionalisierten „Zukunftswerkstätten" oder Future Labs an, in denen sich Mitarbeiter abteilungsübergreifend regelmäßig der Zukunft zuwenden können. Insbesondere in den US-IT-Unternehmen hat das Zukunftsbild dazu beigetragen, dass „Gründergeist" in den Organisationen Einzug halten konnte: Beispielsweise bekommen Mitarbeiter von Google in Kalifornien – einerlei welchen Ressorts und welcher Hierarchie – einen Tag in der Woche frei, um sich ihren Ideen „für Morgen" zuwenden zu können. Auch etablierte Internet-Startups wie Immobilienscout24 haben eine eigene Ebene für thematisch relevante, externe Startups eingerichtet, in der Mitarbeiter ihre Ideen mit „Digital Natives" „sharen" (teilen) und entwickeln können. Die dabei entstehenden Inhalte und Ergebnisse sollten stärker als bislang mit der internen und externen Kommunikation verbunden werden, um sie für eine kontinuierliche Anpassung des Zukunftsbildes und zur Beweisführung der Erneuerungsstärke zu nutzen.

Zudem kann im Rahmen von Leuchttürmen für weitere Impulse von jedem Ressort ein Projekt vorgestellt werden, das nicht nur für das Ressort von herausragender Bedeutung bei der Arbeit am Zukunftsbild war. Zugleich sollte dieses Projekt auch für andere Ressorts und die Gesamtorganisation Beispielcharakter haben. Auf diese Weise wird auch die ressortübergreifende Kommunikation und Zusammenarbeit weiter stimuliert.

Für den vorgeschalteten Auswahlprozess innerhalb des Ressorts ist dann je ein zentraler Ansprechpartner verantwortlich, der den Arbeitsstand verdichtet und auf dieser Grundlage gemeinsam mit dem Ressortvorstand die geeignete Maßnahme auswählt. Auf der Veranstaltung selbst präsentiert je ein Tandem „seinen" Leuchtturm: Der Ressortvorstand gemeinsam mit einer Führungskraft, die dem ausgewählten Leuchtturm fachlich nahesteht. Dies ist sowohl Ausdruck des teamorientierten Führungsverständnisses als auch der Zielsetzung: Führungskräfte werden sichtbar in die Verantwortung genommen.

Nach Abschluss des Verankerungsprozesses hat im Idealfall jede Mitarbeiterin und jeder Mitarbeiter eine klare Vorstellung davon, wie das Unternehmen in Zukunft erfolgreich sein kann und welche Perspektiven sich auf Makro- und Mikroebene bieten. Vorhandene, gemeinsame Stärken werden frühzeitig ins Bewusstsein der Organisation gerufen. Dies geschieht auf eine Art und Weise, die signalisiert, dass der Prozess nicht nur die unternehmerischen Herausforderungen ernst nimmt, sondern in gleichem Maße die Führungskräfte und Mitarbeiter. Zudem wird symbolisiert, dass das Zukunftsbild keine ökonomisch motivierte Eintagsfliege ist, sondern mittel- und langfristig Orientierung und Perspektive für alle Unternehmensteile bietet. In Zeiten von Verunsicherung und Ungewissheit werden so – und das ist die Hauptsache – Richtung und Leitplanken vorgegeben, in denen sich das Unternehmen sowie seine Führungskräfte und Mitarbeiter bewegen.

### Die Zukunft von Versicherer erfolgreich gestalten heißt: Frühzeitig alle einbinden – Just Do IT!

Die bevorstehenden, gravierenden Veränderungen in der Versicherungsbranche machen es erforderlich, die Kommunikation an den Anfang von Erneuerungsprozessen zu stellen. Die Zeiten, in denen der kulturelle und kommunikative Change erst nach dem Roll-Out des neuen Geschäftsmodells „kosmetisch" stattfand, sind vorbei.

Unsere Erfahrungen – auch aus anderen Branchen zeigen: Die hohe Zustimmung und die positiven Rückmeldungen zum Prozess sowie die Vielzahl an wertvollen Ideen für Maßnahmen, die auf das neue Zukunftsbild einzahlen, unterstreichen, wie wichtig es ist, Führungskräfte aktiv und Mitarbeiter sensibel, wertschätzend frühzeitig an einem solchen Zukunftsbildprozess zu beteiligen und Zeit sowie Aufwand in die intensive Kommunikation mit den Mitarbeitern zu investieren.

Ein oft unterschätzter Nutzen der Vermittlung von Zukunftsbildern ist die Tatsache, dass es sich hierbei nicht nur um einen Kommunikations- sondern auch um einen Managementprozess handelt. In Phasen großer struktureller und personeller Umbrüche übernimmt ein solcher Prozess nicht nur kommunikative Aufgaben, sondern dient zugleich auch als Management-Instrument. Er stellt eine übergeordnete Konstante dar, anhand derer sich Agenden, Prioritäten und Entscheidungen während einer Erneuerungsphase ausrichten und neu sortieren können. Strukturen und Prozesse, für die inmitten einer Neuordnung zwangsläufig noch Maßstäbe und Routinen fehlen, erhalten hier Logik und Legitimation.

Ein Mangel an Kommunikation ist Ausdruck unzureichender Führung. Unternehmen die insbesondere in Umbruchsituationen nicht intensiv, glaubwürdig und persönlich mit internen und externen Stakeholdern kommunizieren, werden als nicht geführt wahrgenommen. Führungslosigkeit aber ist die größte Hypothek für jedes große Erneuerungs-projekt.

Schlussendlich stellt ein Prozess zur Erarbeitung und Vermittlung eines unternehmensübergreifenden Zukunftsbildes im Rahmen von Ungewissheit und gewaltigen externen und internen Herausforderungen vor allem eines dar: Den Auftakt und Anstoß für eine umfassende Erneuerung von Unternehmen im Sinne eines „Corporate Rethinking (DAA 2014): „Just Do IT!"

## Literatur

Arndt S, Barghop D, Deekeling E (2013) Change-Kommunikation. Helios Media, Berlin

BMBF – Forschungsunion: Zukunftsbild Morgenstadt. http://www.forschungsunion.de/pdf/morgenstadt.pdf. Zugegriffen: 16. Juni 2014

Bunte-Online 2014: Karstadt Retterin stellt sich an die Kasse. http://www.bunte.de/meldungen/eva-lotta-sjoestedt-karstadt-retterin-verschafft-sich-ueberblick-73843.html. Zugegriffen: 16. Juni 2014

Deekeling Arndt Advisors (DAA) 2014 – Firmenhomepage: Ausführliche Darstellung von Corporate Rethinking. http://www.deekeling-arndt.de/de/home.html. Zugegriffen: 15. Juni 2014

Grichnick D, Gassmann O (Hrsg) (2013) Das unternehmerische Unternehmen. Revitalisieren und gestalten der Zukunft mit Effectuation. Springer, Wiesbaden

Kumar V (2014) 101 Design Methods – a structured approach for driving innovation in your organisation. Wiley, New Jersey

Osterwalder A, Pigneur Y (2010) Business Model Generation – Ein Handbuch für Visionäre, Spielveränderer und Herausforderer. Campus, Frankfurt a. M.

Schallmo D (2013) Geschäftsmodell-Innovation. Grundlagen, bestehende Ansätze, methodisches Vorgehen und B2B-Geschäftsmodelle. Springer, Wiesbaden

Schatilow L (2014) Erneuerungsprozesse erfordern Dialogfähigkeit. http://www.springerprofessional.de/erneuerungsprozesse-erfordern-dialogfaehigkeit/5152600.html. Zugegriffen: 15. Juni 2014

**Dr. Dirk Barghop** ist Senior Partner bei Deekeling Arndt Advisors in Communications. Gemeinsam mit Egbert Deekeling und Olaf Arndt verantwortet er den Beratungsbereich Corporate Rethinking. Er berät Unternehmen in hochkomplexen Veränderungs- und Erneuerungsprozessen bei der Führungskräfte- und Mitarbeiterkommunikation. Seine Arbeitsschwerpunkte liegen in der Erarbeitung programmatischer Inhalte zur Strategieerklärung und in der Gestaltung von Führungkommunikation.

Der promovierte Historiker ist Mitherausgeber des Buches „Kommunikation im Corporate Change. Maßstäbe für eine neue Managementpraxis“ und Mitautor des Buches „Change-Kommunikation“.

**Heiner Reiners** ist Partner bei der Kommunikationsberatung Deekeling Arndt Advisors in Communications (DAA) und verantwortet dort den auf Reorganisations- und Restrukturierungsprojekte fokussierten Beratungsbereich „Transformation & Restructuring“. Seit 2007 bei DAA, arbeitet er insofern mit Vorständen und Kommunikationsverantwortlichen insbesondere an Fragestellungen, die Strategie, Zukunftsbild und deren operative Verankerung in Unternehmen und Organisationen betreffen. Unter anderem hat er einen weltweit agierenden Versicherer über mehrere Jahre bei der tiefgreifenden Reorganisation seiner Deutschlandaktivitäten kommunikativ beraten und unterstützt. Vor DAA hat Heiner Reiners bei einer der weltweit führenden Beratungsgesellschaften für Finanzkommunikation zahlreiche Kapitalmarkttransaktionen begleitet, außerdem war er auf Unternehmensseite während einer paneuropäischen Übernahme für Konzernkommunikation und Investor Relations zuständig. Reiners ist erfahrener Redenschreiber für das Top Management seiner Klienten.

**Dr. Lars C. Schatilow** ist bei Deekeling Arndt Advisors in Communications GmbH beschäftigt. Er hat den Aufbau des Beratungsbereichs Corporate Rethinking mitverantwortet und berät zu Public Affairs und Change Kommunikation. Schatilow ist Gründer und Geschäftsführer des Internetstartup „MITPACKgelegenheit.de“ sowie beratendes Mitglied im Autorenkernteam der Acatech zum Zukunftsprojekt der Bundesregierung „Smart Service Welt“. Er gehört zum Gründungsteam von „DIE Innovationsmacher e.V.“ und lehrt in der Executive Education an der Quadriga Hochschule Berlin. Schatilow ist Herausgeber zahlreicher wissenschaftlicher Arbeiten wie u. a. der Pilotstudie „Politische Kommunikation deutscher Familienunternehmen“.

# ERGO: Eine Versicherung verändert sich

6

Klemens Steiner, Dagmar Brück und Andrea Hoelken

**Zusammenfassung**

Die Versicherungsbranche hat sich in den letzten 20 Jahren rasant verändert. Und auch in Zukunft werden deutsche Versicherer tiefgreifende Veränderungsprozesse meistern müssen. Diese Veränderungen müssen initiiert und gemanagt werden. In einem Praxisbeispiel zeigen Dagmar Brück, Andrea Hoelken und Klemens Steiner, wie die strategische Neuausrichtung der Marke ERGO zu einer Neuausrichtung hin zu mehr Kundenfreundlichkeit wurde. Dabei wird beschrieben, wie das Zusammenspiel von Change, Kommunikation und Marketing im Projekt „Neue ERGO" die Basis für das „Mitnehmen" von Mitarbeitern und Kunden schuf. Und damit einen langfristigen Veränderungsprozess im Unternehmen startete.

**Schlüsselwörter**

Leitbild · Positionierung · Marke · Interne Kommunikation · Leuchtturmprojekte

K. Steiner (✉)
Düsseldorf, Deutschland
E-Mail: klemens.steiner@ergo.de

D. Brück
E-Mail: dagmar.brueck@ergo.de

A. Hoelken
E-Mail: andrea.hoelken@ergo.de



G. Zimmermann (Hrsg.), *Change Management in Versicherungsunternehmen*,
DOI 10.1007/978-3-658-05974-3_6

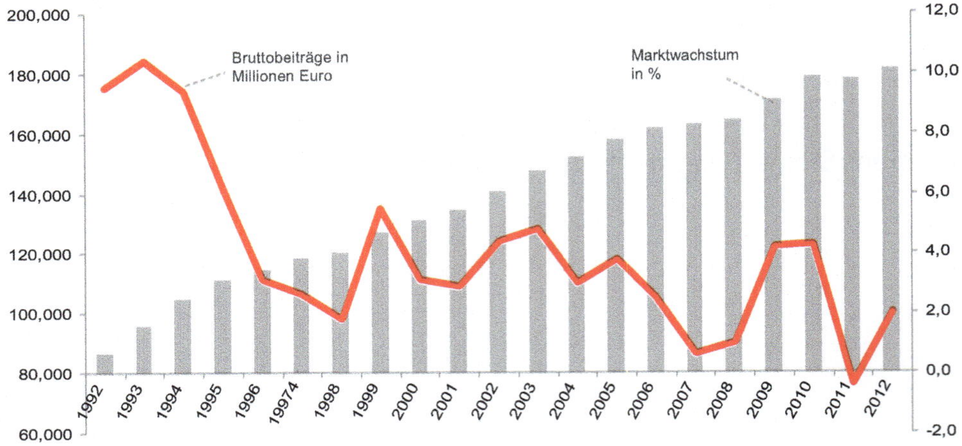


**Abb. 6.1** Berg- und Talfahrt in den Wachstumsraten der deutschen Erstversicherer. (Quelle: GDV, Statisches Bundesamt)

## 6.1 Einleitung

Zur ERGO: Die in den Jahren 1997 gegründete ERGO Versicherungsgruppe Gruppe entstand als Zusammenschluss der Marken Victoria, D.A.S., Hamburg-Mannheimer und DKV. ERGO ist heute eine der großen Versicherungsgruppen in Deutschland und Europa. Weltweit ist die Gruppe in über 30 Ländern vertreten und konzentriert sich auf die Regionen Europa und Asien. ERGO bietet ein umfassendes Spektrum an Versicherungen, Vorsorge und Serviceleistungen. Im Heimatmarkt Deutschland gehört ERGO über alle Sparten hinweg zu den führenden Anbietern. Rund 46.000 Menschen arbeiten als angestellte Mitarbeiter oder als hauptberufliche selbstständige Vermittler für die Gruppe. 2013 nahm ERGO Beiträge in Höhe von 18 Mrd. € ein und erbrachte für ihre Kunden Versicherungsleistungen von 17 Mrd. €.

## 6.2 Die Zeit ist reif

Die Zeit, sich den Veränderungen des Marktumfeldes anzupassen, ist für die deutschen Versicherungsunternehmen zunehmend kürzer geworden. Geringe Wachstumspotenziale und enormer Kostendruck sind die wesentlichen Merkmale dieser Entwicklung (Abb. 6.1).

Für viele Versicherer in Deutschland und Europa bedeutete dies ihre Konsolidierungsbemühungen zu verstärken. Ausgelöst wurde die Konsolidierungswelle Mitte der 90er Jahre mit der Deregulierung der Versicherungsmärkte in Europa.

Mit dem Zusammenbruch der US-amerikanischen Großbank Lehman Brothers im September 2008 verschärfte sich die Situation für die Versicherer noch einmal deutlich. Obwohl die Ergebnissituation der Versicherungsbranche im Jahr 2009 weitgehend stabil

**Abb. 6.2** Den Menschen sind Versicherungen suspekt – eine Branche muss Vertrauen zu Kunden aufbauen

blieb, waren die Folgen doch erheblich. Die in Folge der Finanzkrise beschlossenen historisch niedrigen Leitzinsen wurden zum alles bestimmenden Thema für die Personenversicherer in Deutschland. Weiterer Druck auf die Kosten und Effizienz der Versicherer waren die Folgen. Hinzu kamen weitere regulatorische Anforderungen wie Solvency II, die erheblichen Veränderungsbedarf bei den Versicherern auslösten.

Auch die ERGO Gruppe musste sich diesen Veränderungen der ökonomischen Rahmenbedingungen stellen. Doch neben der Bewältigung der ökonomischen und regulatorischen Herausforderungen musste sich ERGO – wie die Versicherungswirtschaft insgesamt – einem weiteren Thema widmen. Die gesamte Branche galt und gilt nämlich in den Augen vieler – ob Kunden oder Verbraucherschützer – als intransparent und wenig verständlich. Aber was kann man tun, um in den Augen von Konsumenten und Öffentlichkeit verständlicher und transparenter und somit attraktiver für die Kunden zu werden? (Abb. 6.2).

Insbesondere mit diesen Fragen beschäftigte sich ein Strategieprojekt der ERGO im Frühjahr 2009. Schnell war klar, dass alle Maßnahmen, die zu mehr Verständlichkeit und zu mehr Kundennähe führen würden, weitreichende Veränderungen im Unternehmen nach sich ziehen und einen Paradigmenwechsel im Unternehmen bedeuten würden.

Parallel zu diesen Überlegungen hatte die ERGO Gruppe weitere Themen auf der Agenda, die dringenden Handlungsbedarf erforderten. Zum einen bahnte sich bei der KarstadtQuelle-Versicherung – der Direktversicherungstochter der ERGO in Nürnberg – ein Namenswechsel an. Grund hierfür war die wirtschaftliche Schieflage der Arcandor Gruppe, zu der Karstadt und Quelle gehörten. Zwar war die KarstadtQuelle Versicherung bereits seit 2002 mehrheitlich und seit Ende 2008 zu 100 % ein Unternehmen der ERGO Gruppe – aber in den Augen vieler war sie Teil der KarstadtQuelle Firmengruppe, die geradewegs auf die Insolvenz zusteuerte.

Zum anderen stellte sich ERGO grundsätzlich die Frage, ob die bisherige Mehrmarkenstrategie den Markterfolg auch noch in Zukunft garantiert. Zum Zeitpunkt der Entscheidung stellte sich für die Marken die Situation wie folgt dar: Victoria wurde vom Kunden als Marke mit Rundum-Beratung wahrgenommen, Hamburg-Mannheimer als Vorsorgespezialist und KarstadtQuelle Versicherung als innovativer Direktversicherer.

**Abb. 6.3** Näher am Kunden: Die Zeit war reif für die Neupositionierung einer Versicheurngsmarke

Die Markenbekanntheit der Victoria war eher gering (spontan circa 11 %, gestützt circa 75 %), während die der Hamburg-Mannheimer vor allem durch die Werbeikone "Herr Kaiser" sehr hoch war (spontan circa 21 %, gestützt circa 92 %). Die Markenbekanntheit der KarstadtQuelle Versicherung lag spontan bei 3,4 % und gestützt bei 85 %. Insgesamt gute Werte, die mit einer guten Reputation verbunden waren.

Dennoch musste man sich mit der Frage beschäftigen, wie die Marken auch in Zukunft für breite Käuferschichten attraktiv bleiben. Infolgedessen standen zur Markenpflege für Hamburg-Mannheimer, Victoria und auch KarstadtQuelle Versicherung signifikante Investitionen an. Die Höhe der erforderlichen Aufwendungen war es, die am Ende zu der Überlegung führte, ob die Investition in eine gemeinsame Marke nicht die vernünftigere Handlungsempfehlung wäre.

Alle internen Voruntersuchungen zeigten ein klares Ergebnis: Die Zeit war reif für die Neupositionierung einer Versicherungsmarke im deutschen Markt. Im November 2009 fiel dann die Entscheidung, ERGO als Konsumentenmarke im deutschen Markt einzuführen und die Marken Hamburg-Mannheimer, Victoria und auch KarstadtQuelle Versicherungen vom Markt zu nehmen: ERGO ergriff die Chance, die aktuellen Herausforderungen in der Markenstrategie für eine konsequente und innovative Neupositionierung zu nutzen. Zeit also, es den Menschen zu sagen (Abb. 6.3).

## 6.3 Start mit Gegenwind

20. November 2009. In einer telefonischen Pressekonferenz am Morgen wurden die Medien darüber informiert, dass ERGO das Lebens- und Sachversicherungsgeschäft unter der Marke ERGO bündelt und die Marken Hamburg-Mannheimer, Victoria und KarstadtQuelle Versicherung durch ERGO ersetzen werden.

Bereits unmittelbar nach der Aufsichtsratssitzung am Vorabend startete eine groß angelegte Kommunikationsoffensive, in der die Mitarbeiter des gesamten Innen- und Außendienstes, Führungskräfte, Mitbestimmungsgremien, Aufsichtsräte, Medien, Beiräte und weitere Stakeholder über die aktuellen Entscheidungen informiert wurden. In einem ausführlichen Brief an die Belegschaft erläuterte der Vorstand seine Entscheidung. Insgesamt mehr als 50.000 Mitarbeiter und Vertriebspartner der ERGO Gruppe erhielten so über ein breites Netz von Medien die Informationen zu den Entscheidungen und bevorstehenden Veränderungen.

Change Management und Kommunikation spielten von Anfang an eine wichtige Rolle bei der Planung und Umsetzung im Projekt. Denn die Entscheidung zur neuen Markenstrategie kam für alle überraschend. Frust und Unverständnis über den Verlust geliebter Marken wie Hamburg-Mannheimer, Victoria und KarstadtQuelle Versicherungen waren bei den Mitarbeitern an allen ERGO Standorten anzutreffen. Während die Gründe für die Umbenennung der KarstadtQuelle Versicherungen in ERGO Direkt schnell nachvollziehbar waren, war die Entscheidung, auch Victoria und Hamburg-Mannheimer in Deutschland umzubenennen, gegenüber Belegschaft und Vertrieb erklärungsbedürftig. Denn bis zu diesem Zeitpunkt war die Mehrmarkenstrategie stets bestätigt und als Schlüssel des Erfolgs betrachtet worden.

Skepsis gab es auch auf Seiten der Presse. Die Entscheidung, etablierte Marken vom Markt zu nehmen, wurde kontrovers diskutiert. Insbesondere Artikel und Kommentare im Fachmagazin „Absatzwirtschaft" setzten sich überaus kritisch mit der Entscheidung des ERGO Vorstands auseinander (Garber 2010).

Vorstand und das Projektteam nahmen die Widerstände ernst und führten verschiedene Dialogveranstaltungen durch. So ging ERGO in die intensive inhaltliche Diskussion mit den Journalisten und führte im Mai 2010 einen Journalistenworkshop in Düsseldorf durch. Das Unternehmen erläuterte in einem „Blick in die Küche" nicht nur die Entscheidung aus unterschiedlichen Perspektiven, sondern auch den aktuellen Umsetzungsstand. Am gleichen Tag hatten die Mitarbeiter die Möglichkeit, sich in Präsenzveranstaltungen über den Stand im Projekt „Neue ERGO" zu informieren.

Nach einer Diagnosephase zur Erfassung des Stimmungsbildes von Mitarbeitern und Führungskräften im Innen- und Außendienst, die im März 2010 abgeschlossen wurde, gab es mehr Informationen darüber, wo der Schuh wirklich drückte. In mehr als 130 Dialogveranstaltungen beteiligten sich anschließend mehr als 800 Mitarbeiter und Führungskräfte aller Standorte an einer Feedbackphase: In Großgruppenveranstaltungen hatten sie die Möglichkeit, mit Vertretern des Vorstands in den Dialog zu treten und ihre Sorgen und Ängste im Hinblick auf „Neue ERGO" zu äußern. Im Anschluss an die Veranstaltungen konnten die Teilnehmer anonym und freiwillig einen Fragebogen mit fünfzehn Fragen ausfüllen, den sogenannten "Pulse Check". Das Ergebnis dieser ersten Befragung zeichnete ein differenziertes Bild:

- So war – nach einer anfänglichen Schockphase – die Motivation der Mitarbeiter erfreulich hoch, einen Beitrag zur Umsetzung von „Neue ERGO" zu leisten.
- Die Befragung zeigte aber auch, dass die Mitarbeiter von der neuen Markenstrategie noch nicht vollständig überzeugt waren und dass die Identifikation mit der neuen Marke noch nicht sehr ausgeprägt war.

Ergebnis: Die Mitarbeiter wünschten sich mehr konkrete Informationen und mehr Möglichkeiten zur Beteiligung. Weiterhin sahen die Befragten noch Erklärungsbedarf bei der „ERGO Story": Warum werden Hamburg-Mannheimer, Victoria und KarstadtQuelle Versicherungen vom Markt genommen, während die ebenfalls zu ERGO gehörenden Marken DKV und D.A.S. erhalten bleiben? Wie sollen der klassische ERGO Ausschließlichkeitsvertrieb und der Direktversicherer ERGO Direkt künftig zusammenarbeiten? Denn durch den Marktauftritt unter gleichem Namen sahen insbesondere die Vertriebspartner erhebliches Konfliktpotenzial.

Vor diesem Hintergrund waren die Aufgaben für das Change- und Kommunikationsteam klar: Es galt, den Mitarbeitern auf einfache und verständliche Weise die Gründe für die neue Markenstrategie zu vermitteln und sie auf dem Weg zur „Neuen ERGO" mitzunehmen.

## 6.4 Mehr als eine Marke

Trotz aller externen und internen Widerstände: ERGO startet durch und trug den Markennamen konsequent in die Öffentlichkeit. KarstadtQuelle Versicherungen wurde in ERGO Direkt Versicherungen umbenannt. Die ersten Sponsoring-Engagements wurden auf ERGO umgestellt. Bei der Handball-Europameisterschaft in Österreich spielte die deutsche Nationalmannschaft in ERGO Trikots. In der Arena auf Schalke und im Stadion von Greuther Fürth leuchteten die Banden in ERGO Rot. Im ersten deutschen Fernsehen präsentierten die Versicherungsexperten der ERGO den Sport und das Wetter. Kurz: Alle internen und externen Kommunikationskanäle wurden genutzt, um die für Juli 2010 geplante Markeneinführung vorzubereiten.

Parallel zur ersten Sichtbarkeit der neuen Marke ERGO liefen in den Kommunikations-, Marketing- und Strategieabteilungen die Vorbereitungen auf Hochtouren. Die Teams, die bisher an den Standorten Hamburg und Düsseldorf die Marken Hamburg-Mannheimer und Victoria managten, hatten die einmalige Chance, die Marke ERGO komplett neu zu definieren. Die Kernfragen dabei waren:

- Für welche Werte wird ERGO künftig stehen und wie soll die Marke im Versicherungsmarkt positioniert sein?
- Wie können wir die Botschaft schnell und nachhaltig auf allen Kanälen zu Kunden, Konsumenten, Vertriebspartnern und Mitarbeitern bringen?
- Und wie können wir sicherstellen, dass alle erforderlichen Unterlagen, Tools und Maßnahmen für den Vertrieb mit neuem Branding pünktlich Mitte Juli zur Verfügung stehen?

Die richtigen Antworten zu finden war enorm wichtig, um das Unternehmen wie die Öffentlichkeit davon zu überzeugen, dass es ERGO ernst meint mit der Umsetzung der angestoßenen Veränderungen.

### 6.4.1 Positionierung

Die Positionierung für die Marke ERGO zu erarbeiten, die bisher am deutschen Versicherungsmarkt nahezu unbekannt war, war ein erster wichtiger Schritt. ERGO entschied sich dafür, die neue Marke komplett neu zu positionieren und sich von alten Markeninhalten zu trennen. Damit wollte man bewusst die Chance für einen neuen, kundenorientierten Ansatz nutzen und auf den bisherigen Erkenntnissen des Strategieprojektes aufbauen.

Die ersten Ergebnisse intensiver Marktforschungen boten allerdings ein ernüchterndes Bild: Zum einen beurteilte die Mehrheit aller Deutschen Versicherungswerbung überwiegend negativ (IP Kompenium 2009). Zum anderen handelte es sich bei Versicherungen um eine ausgemachte „Low-interest-Kategorie". Knapp 80 % der Deutschen interessierten sich nicht bis überhaupt nicht für Versicherungen (IMUK 2010, Bevölkerung 14 Jahre).

Fazit: Niemand wartet auf eine neue Versicherung. Und niemand wartete auf eine neue Versicherungskampagne. So wie Versicherungen von Konsumenten wahrgenommen wurden, fehlte die langfristige Akzeptanz und damit Marktfähigkeit in einer Welt, die immer mehr durch Dialog, Transparenz und offenes Konsumentenfeedback geprägt wird.

Die zentralen Kritikpunkte der Konsumenten an Versicherungen waren:

- Klartext: Konsumenten verstehen Versicherungen nicht. Sachverhalte werden kompliziert und mit juristischen Fachausdrücken dargestellt.
- Beratung: Konsumenten haben das Gefühl, dass sie von Vermittlern nicht objektiv beraten werden, sondern dass ihnen das Produkt verkauft wird, an dem der Vermittler die meiste Provision verdient.
- Kleingedrucktes: Konsumenten glauben, dass sich Versicherungsunternehmen in Schadenfällen aus der Verantwortung ziehen und dass Bedingungen absichtlich so lang und kompliziert geschrieben sind, damit sich die Versicherung im Schadenfall auf einen kleingedruckten Paragrafen berufen kann.

Aus den Konsumentenanforderungen entwickelte die ERGO unterschiedliche Positionierungs-Optionen, die aus interner wie externer Sicht bewertet wurden. In Workshops mit mehr als 850 Mitarbeitern aller Hierarchieebenen wurde diskutiert, welche Positionierung erfolgversprechend ist und was sich das Unternehmen zutraut. Zur selben Zeit wurden die Optionen mit 6.000 Kunden auf Relevanz, Glaubwürdigkeit und Differenzierungskraft geprüft.

Am Ende diese Prozesses stand ein Leitbild für die „Neue ERGO", zu dem sowohl Konsumenten als auch Mitarbeiter ihren Beitrag leisteten. Es beschreibt die Wertewelt, die die Menschen in ERGO länderübergreifend verbindet. Es ist Basis und Maßstab allen Handelns. Es gibt Antworten auf Fragen: „Wie wollen wir sein, wenn wir sagen ‚Versichern heißt verstehen'. Wie wollen wir handeln und zusammenarbeiten? Was sind unsere Werte und Treiber? Wie leben wir Nähe, Vertrauen und Transparenz?" Kurz: Das Leitbild formuliert den Anspruch, den ERGO an sich selbst stellt – und an dem sich das Unternehmen von Kunden, Vertriebspartnern, Mitarbeitern, Kapitalgebern und der Gesellschaft in

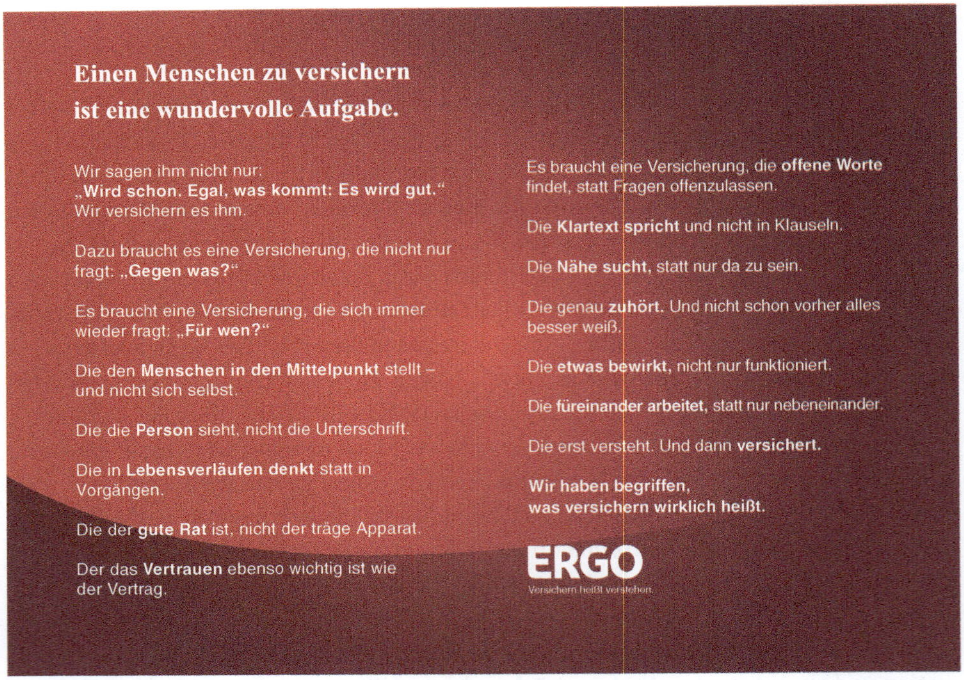


**Abb. 6.4** Das ERGO Leitbild: Bringt auf den Punkt wofür ERGO steht – einfach und verständlich

Zukunft messen lassen will. Ein Anspruch, der hoch war. Und von Beginn an eine Lücke zwischen Anspruch und Wirklichkeit formulierte (Abb. 6.4).

Im Frühjahr 2010 verabschiedete der ERGO Vorstand schließlich das neue ERGO Leitbild, das einfach und für jeden verständlich war. „Versichern heißt verstehen" wurde zum Leitbild des gesamten Unternehmens – und zur Leitlinie für die ERGO Markenpositionierung, in deren Mittelpunkt fortan Begriffe wie Vertrauen, Kundennähe und Transparenz standen.

Damit ist und bleibt das Leitbild ständiger Anspruch und Zielsetzung allen Handelns und aller initiierten Change Maßnahmen.

## 6.4.2 Kommunikation

Im zweiten Schritt galt es nun, die beschlossenen Veränderungen von Marke und Unternehmensleitbild in Marketing- und Kommunikations Maßnahmen umzusetzen. Denn der Launch der Marke sollte die Kunden wie auch die Mitarbeiter erreichen und deutlich machen, für welche Veränderungen ERGO steht.

Zur Entwicklung der neuen Werbekampagne hat ERGO sich die Kundenbrille aufgesetzt und dabei erkannt: In den Problemen und Bedenken, die Kunden gegenüber Versicherungsunternehmen haben, und in deren Unverständnis gegenüber den wahren Bedürfnissen der Kunden liegt der Hebel für eine neue Form der Versicherungskommunikation. Der Ansatz: Verständnis, Augenhöhe und Transparenz. Diese Lösung schien naheliegend, war aber dennoch revolutionär. Grund: die konsequente Umsetzung erfordert Mut und die Beharrlichkeit, ein Unternehmen im Kern zu verändern. ERGO positionierte sich als Versicherung, die den Kunden als Menschen versteht und ernst nimmt.

Das Marketing- und Kommunikationskonzept hierzu folgte einem Stufenplan:

- Erste Stufe: Vorbereitung des Markenlaunches durch eine interne Pre-Launch-Phase, um Vertrieb und Innendienstmitarbeitern die neue Marke und die Markenphilosophie vorzustellen
- Zweite Stufe: Zum Markenlaunch erfolgte im Juli 2010 die Kommunikation der neuen Marke und des Unternehmensleitbildes
- Dritte Stufe: Implementierung der neuen Philosophie im Unternehmen und Start von konkreten Veränderungen
- Vierte Stufe: Ab 2011 Werbung mit konkreten, für die Kunden spürbaren Services

Basierend auf der Markenpositionierung waren die Sorgen und Probleme der Menschen in Bezug auf Versicherungen das zentrale Thema der Launchkampagne. Erstmals adressierte die Kommunikation eines Versicherungsunternehmens diese Einstellungen direkt, schonungslos und offen. Und immer mit einem Bekenntnis zu Konsequenzen. ERGO stellt die Menschen in den Mittelpunkt, kommuniziert auf Augenhöhe, solidarisiert sich und schafft so erst die Relevanz für eine weitere Versicherungsmarke im Markt. Jeder Werbespot, jede Anzeige, jedes Plakat und jeder Banner endete mit „Es gibt 82 Mio. Gründe für Deutschlands neue große Versicherung. Wir freuen uns auf Ihren. ERGO – Versichern heißt verstehen."

Eine Marke definieren, ihr ein „Gesicht" geben und sie inhaltlich aufzuladen ist das eine. Sie auf der anderen Seite den Mitarbeitern, den Vertrieben und den Kunden nahe zu bringen, ist das andere. Bevor ERGO also die neue Marke mit einer groß angelegten Kampagne zu den Kunden und in die Öffentlichkeit brachte, musste die Marke und die neue Unternehmensphilosophie an die Mitarbeiter und Vertriebe kommuniziert werde,

„Der Sommer wird rot." Diese Botschaft ging ab Ende Mai immer wieder durch die Gänge und die internen Medien und umschrieb in kurzen Worten: Der Sommer steht ganz im Zeichen der „neuen ERGO".

Damit das Thema wirklich bei den Mitarbeitern ankommt, organisierte ERGO mit einem umfangreichen Change- und Kommunikationsprogramm das erlebbare „Mitnehmen" aller Mitarbeiter. Die wesentlichen Maßnahmen waren:

- *ERGO Roadshow:* Im Rahmen eines Startevents wurden von Düsseldorf aus drei ERGO Trucks auf ihre Reise geschickt. Auf der ERGO Roadshow unter dem Motto „Gemeinsam Zukunft erfahren" wurde die neue Marke zu den Vertrieben und den Mitarbeitern in Deutschland gebracht. An Bord der Trucks befand sich eine Ausstellung, die die Marke ERGO aus der Sicht des Kunden erklärte und Logo, Corporate Design

(CD), Giveaways, etc. zeigte. Außerdem mit auf Tour: die „ERGO Bike Convention", ein sportliches Teamevent, bei dem auf Spinning-Bikes gemeinsam Kilometer erfahren wurden. Diese wurden in einen Geldbetrag umgewandelt, der den sozialen Einrichtungen in der ERGO Gruppe zugute kam.

- *Markenausstellung:* An allen großen ERGO Verwaltungsstandorten in Deutschland wurde in großen Markenausstellungen – zeitgleich zur Roadshow – ebenfalls die Marke ERGO vorgestellt und erklärt. Die Markenausstellung führte den Besucher in die Markenwelt der ERGO ein und zeigte, wie die Marke ERGO auf die Bedürfnisse der Kunden eingeht und wie sie sich künftig präsentiert. Parallel wurde eine „virtuelle Markenausstellung" auf „www.neue-ergo.de" präsentiert, die es auch den Kollegen ermöglichte, die Marke ERGO kennenzulernen, die weder an die Standorte noch zur Roadshow kommen konnten.
- *Vorbereitung Launchevent:* Regelmäßige Berichte im Intranet und kleine Videosequenzen, in denen der Vorstandsvorsitzende die Hauptrolle übernahm, kündigten bereits Wochen vorher den großen Tag des Markenlaunches an und machten die Mitarbeiter neugierig. Am 15. Juli sollte gemeinsam mit allen Mitarbeitern und Vertriebspartner die Marke ERGO und die neue Kampagne gefeiert werden. Eine Kampagne, die – wie der Claim „Versichern heißt Verstehen" – einen neuen Standard in der Branche setzen sollte. Und dann war es so weit: Mitarbeitern und Vertriebspartnern wurden Leitbild und Launchkampagne wenige Tage vor dem offiziellen Markenlaunch vorgestellt. Alle ERGO Mitarbeiter wurden zum großen Launchevent eingeladen, um die Geburt der neuen Marke zu erleben – live vor Ort an allen ERGO Standorten und über Satellitenschaltung verbunden. Für alle anderen wurde über einen Live-Stream im Internet das Miterleben ermöglicht.

Der Tag startete für viele Mitarbeiter und Führungskräfte mit einem persönlichen Willkommenspaket und der ausdrücklichen Einladung zum gemeinsamen, standortübergreifenden Come-together am Nachmittag. Das klare Zeichen dieses Tages: Unsere Mitarbeiter sind die ersten, die Kampagne, Leitbild und die Hintergründe dazu erfahren. Die drei ERGO Trucks kehrten in die Zentrale nach Düsseldorf zurück und überbrachten die Gesamt- Kilometerleistung der Roadshow. Diese Gesamtleistung aller ERGO Mitarbeiter wurde vom Unternehmen verdoppelt und so konnten 75.000 € an drei soziale Einrichtungen übergeben werden. Höhepunkt des Tages war die Preview der neuen Werbespots und das erstmalige Vorstellen des Unternehmensleitbildes auf Großleinwänden an den Standorten.

Für alle die dabei waren blieb der Eindruck: Ein Unternehmen hat sich sichtbar auf den Weg gemacht sich zu verändern. Nach innen und außen.

### 6.4.3 Ausstattung der Vertriebspartner

Neben der Entwicklung von Positionierung, CD und Kampagne galt es, alle Produktunterlagen, Internetauftritte und Außenbrandings komplett und rechtzeitig zum Launch umzustellen. So wurden 28.000 Webseiten umgestellt und rund 2000 verschiedene Druckstücke mit einer Gesamtauflage von 16 Mio. Stück layoutet, gedruckt und den Vertriebspartnern rechtzeitig zur Verfügung gestellt. Die größte logistische und zeitliche Herausforderung stellte jedoch das Umbranding aller Standorte und die Vielzahl individueller vertrieblicher Maßnahmen dar: So mussten beispielsweise Trikotsätze, die gerade dem heimischen Sportverein mit einem Victoria-Logo ausgehändigt worden waren, ersetzt werden. Bandenwerbungen mussten ausgetauscht und Hinweisschilder erneuert werden. Es gab den Chef-Schreibtisch, in dessen Aluminium-Front das Victoria-Logo gestanzt war, die Hauseinfahrt, die mit verschiedenfarbigen Pflaster-Steinen das Hamburg-Mannheimer-Logo nachbildete oder auch einfach nur den blauen Teppichboden, der nicht mehr zum neuen Erscheinungsbild passte.

Bei fast 2.000 Ladenlokalen mussten Leuchtwerbung, Fensteraufkleber und Parkplatzschilder demontiert und mit neuem Logo wieder installiert werden. Zusätzlich wurden über 100 Großwerbeanlagen im öffentlichen Raum getauscht. Und auch an allen Verwaltungsstandorten sollte pünktlich zum Markenlaunch am 15. Juli 2010 das neue ERGO Logo weithin sichtbar die alten Markenlogos ersetzen.

## 6.5 Keine Zeit zum Grübeln

### 6.5.1 Die Umsetzung des neuen ERGO-Leitbildes

Die Vorstellung des Unternehmensleitbildes am Tag des Markenlaunches war der Auftakt zu einem in einem Unternehmen dieser Größe wohl einzigartigen internen Veränderungsprozess. Denn flankiert von dem neuen Leitbild war die Werbebotschaft „Versichern heißt verstehen“ eben nicht als reiner Marketingschachzug geplant, sondern sah von vornherein ein Umdenken im Unternehmen vor. Für ERGO war nicht die Werbekampagne das Entscheidende, sondern die Art und Weise, wie das neue Unternehmensleitbild intern umgesetzt wird. Denn allen Beteiligten im Unternehmen war klar, dass nur die konsequente Umsetzung eine erfolgreiche Neupositionierung bei Kunden und Öffentlichkeit möglich macht.

Ein Unternehmensleitbild lebt nicht nur von klaren, wohlklingenden Formulierungen und nachvollziehbaren Leitsätzen. Es lebt in erster Linie von der Umsetzung in der operativen Arbeit und von der emotionalen Erlebbarkeit. Nur so entsteht Glaubwürdigkeit – und Nachhaltigkeit im Denken und Handeln.

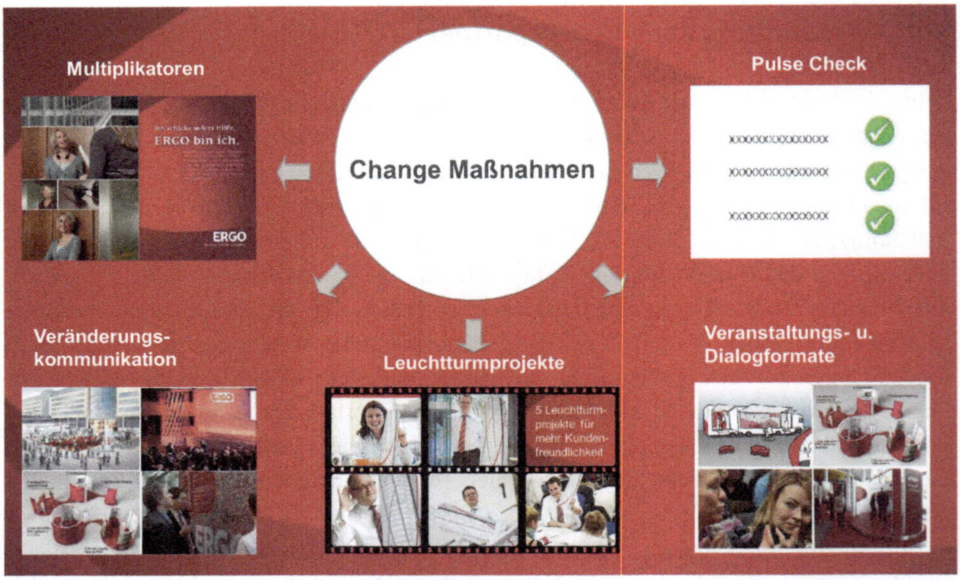


**Abb. 6.5** Die Marke wird gelebt. ERGO bin ich. Das Statement für die Macher

### 6.5.2 Change Maßnahmen

Alle Change Aktivitäten im Rahmen des Leitbildprozesses setzten auf Beteiligung und Dialog. Ziel war es, die Mitarbeiter und Führungskräfte zu überzeugten Botschaftern dieser neuen ERGO zu machen. Dabei setzte das Change Team auf einen Mix von Kommunikations- und Change Formaten, die regelmäßig auf Basis eines Pulse Checks den Erfordernissen im Unternehmen angepasst wurden (Abb. 6.5).

#### 6.5.2.1 Pulse Check

Der Pulse Check, der erstmals im Januar 2010 durchgeführt worden war, wurde im September 2010– also nach dem Markenlaunch – wiederholt. Die Ergebnisse waren vielversprechend: So waren die anfängliche Skepsis und die Furcht vor dem Neuen einer breiten Akzeptanz und der Bereitschaft zum Mitmachen gewichen. Das Leitbild wurde als ziel- und identitätsstiftend angenommen. Im Vergleich zur ersten Befragung wurde der Vorstand glaubwürdiger wahrgenommen – ein Indiz dafür, dass in Veränderungsprozessen dem Austausch auf Augenhöhe zwischen Vorstand und Mitarbeitern besondere Bedeutung zukommt.

#### 6.5.2.2 Veranstaltungs- und Dialogformate

In den folgenden Monaten setzten sich Führungskräfte und Mitarbeiter in ihren Einheiten intensiv mit dem Leitbild und dessen Umsetzung auseinander: Hierzu wurden den Mitarbeitern unterschiedliche Veranstaltungs- und Dialogformate angeboten. Aufgrund

**Abb. 6.6** Mitarbeiter treffen sich vor dem Multipicture, das Bilder aus dem Entstehungsprozess der „Neuen ERGO" und das Leitbild zeigt

der positiven Erfahrungen standen der Dialog mit Vorständen und die direkte Beteiligung möglichst vieler Mitarbeiter im Vordergrund. So wurde unter anderem das Veranstaltungsformat "Offen gesagt" entwickelt, einem „Fish-Bowl- Format", in dem ein Vorstandsmitglied mit bis zu 50 Mitarbeitern und Führungskräften auf Augenhöhe zu aktuellen Fragestellungen diskutiert. Die Themen werden von den Teilnehmern und nicht vom Vorstand gesetzt. Ein Novum bei ERGO: Zu den bisherigen Kommunikationsformaten hatten bislang eher klassische Podiumsdiskussionen mit ausgewählten Teilnehmern oder Interviews im „Town Hall-Format" gehört, die nur bedingt zu einem offenen Austausch einluden. „Offen gesagt" stand somit für den veränderten Umgang miteinander und für die Umsetzung des Leitbildes der „Neuen ERGO".

### 6.5.2.3 Multiplikatoren

Eine wichtige Rolle bei den weiteren Change Management Aktivitäten spielten die *Multiplikatoren:* Sie waren ERGO weit benannt worden und hatten die Aufgabe, Kolleginnen und Kollegen des eigenen Verantwortungsbereiches im Veränderungsprozess zu unterstützen und Feedback an das Projekt zu geben. Rund 300 Multiplikatoren übernahmen die Rolle des Kommunikators und aktiven Treibers in den Einheiten. Für die Dauer von etwa zwei Jahren waren sie nicht nur Fürsprecher, sondern die „Gesichter der Neuen ERGO" (Abb. 6.6).

### 6.5.2.4 Veränderungskommunikation

Zeitgleich begann eine breit angelegte Informations- und Kommunikationskaskade. Diese bezog Vorstände, Leitende sowie alle Mitarbeiter und Vertriebspartner mit ein. Ziel war es, im Rahmen von Workshops den Dialog zum Unternehmensleitbild zu intensivieren und die Auswirkungen der Veränderung zu verdeutlichen. Die breit angelegte Beteiligung am Change Prozess erzeugte Freude an der Konkretisierung und gemeinsamen Umsetzung in der gesamten Organisation.

Die Führungskräfte wurden durch Moderatoren oder Workshopleitfäden in ihrer Führungsaufgabe unterstützt. Anhand eines einheitlichen Workshopformats diskutierten Kolleginnen und Kollegen aller Bereiche intensiv folgende Fragestellungen: „Wie können wir in unserem Team zur Umsetzung des Leitbilds beitragen? Welcher konkrete Veränderungsbedarf ergibt sich hieraus für den einzelnen und für uns als Team?"

Die Teams entwickelten zahlreiche Vorschläge, wie das Leitbild erlebbar gemacht werden kann. In mehr als 400 Workshops innerhalb von vier Monaten wurden mehr als 7.000 Ideen erarbeitet. Die eindrucksvolle Zahl an Antworten und die kreative Bandbreite an Ideen zeigt, dass der Wunsch nach wirklicher Erlebbarkeit überall vorhanden war. Doch nach den Workshops fing die eigentliche Arbeit erst an. Denn nachhaltige Veränderung entsteht durch Konsequenz und Kontinuität sowie durch systematisches Monitoring im Umsetzungsprozess.

Insgesamt war die Erwartungshaltung an die „Neue ERGO" ab dem ersten Tag der Veröffentlichung intern und extern sehr hoch. Nun galt es, Erfolge zu erzielen und die Motivation zur Mitarbeit aufrechtzuerhalten.

#### 6.5.2.5 Leuchtturmprojekte

In vielen Bereichen wurde unter Hochdruck an der Umsetzung des Leitbildes gearbeitet. Durch das Miteinandergestalten und die gemeinsame Verantwortung entstand ein Gemeinschaftsgefühl, das seit Gründung der ERGO in dieser Intensität noch nicht erlebt wurde. Jeder schien stolz zu sein, mitmachen zu können und ein Teil der „Neuen ERGO" zu sein.

Die Leuchtturmprojekte – große Initiativen im Rahmen des Umsetzungsprozesses – waren für die Mitarbeiter die ersten sichtbaren Zeichen, dass ERGO es Ernst meint mit der Einlösung des Markenversprechens. Diese Top-Maßnahmen sollten das Leitbild in die Praxis übersetzen und die Lücke zwischen Zielbild und Wirklichkeit schließen. Mit schnellen Erfolgen sollten die Leuchtturmprojekte nach innen und außen untermauern, dass ERGO die Umsetzung vorantreibt (Abb. 6.7).

Mit zehn Leuchttürmen, davon alleine fünf für die Zielgruppe Kunde, ging ERGO im September 2010 an den Start. Jeder Leuchtturm unterstand direkt der Verantwortung eines ERGO Vorstandes und erhielt somit von Anfang an die erforderliche Aufmerksamkeit des Managements. Drei Beispiele zu den Kundenleuchttürmen sollen verdeutlichen, welch wichtigen Stellenwert diese Projekte im Rahmen der Change Arbeit hatten:

Der Leuchtturm „Verstehensgarantie" sollte durch Transparenz, Offenheit und Verständlichkeit eine neue Basis für die Kommunikation mit Kunden schaffen. Die ERGO weite Einbindung und Beteiligung vieler Führungskräfte und Mitarbeiter sorgte für eine entsprechende Strahlkraft in der gesamten ERGO. Die „Klartextinitiative" und die „Verstehensgarantie" waren Arbeitsschwerpunkte dieses Leuchtturmes. Einiges, was bisher als nicht veränderbar galt, hinterfragte das Team kritisch und machte es einfach anders. Es entwickelte Verständlichkeitskriterien, die durch die Universität Hohenheim zertifiziert wurden. Für alle Mitarbeiter entstanden daraus Checklisten für das Telefonieren sowie für das Schreiben von Briefen und E-Mails. Nach einem Jahr waren bereits rund 70 % der Standardbriefe für die Kunden „verständlicher". Weitere Erfolge, wie die sprachlich

**Abb. 6.7** Fünf Kunden-Leuchttürme sorgen für die ersten spürbaren Veränderungen zur Umsetzung des Leitbildes

überarbeiteten und deutlich gekürzten Bedingungen zur Privat-Haftpflichtversicherung, spornten das Projektteam zusätzlich an. Diese waren bis zu diesem Zeitpunkt einzigartig auf dem Versicherungsmarkt und erhielten von den Kunden größtes Lob. Vorbildlich präsentierten sich auch die veränderten Produktinformationsblätter für die Riester-Rente. Das Institut für Transparenz in der Altersvorsorge (ITA) wählte gemeinsam mit dem Verbrauchermagazin „Guter Rat" das Produktinformationsblatt der ERGO zum Klartext-Testsieger. Focus Money zeichnete ERGO im Fairness Ranking mit dem Kundenurteil „gut" für faire Kundenkommunikation aus. Der Anspruch, klar und verständlich zu kommunizieren, durchzog schnell die gesamte ERGO. Auch die Kommunikation untereinander veränderte sich. Viele überprüften sich selbst, die eigenen Briefe, Mails oder Telefonate. „Klartext schreiben und Klartext reden" war sowohl intern als auch gegenüber unseren Kunden fester und erlebbarer Bestandteil vieler im Arbeitsalltag. Alle Anstrengungen wurden schließlich im März 2013 belohnt. Der TÜV-Saarland überreichte ERGO das TÜV-Siegel. ERGO ist das erste Versicherungsunternehmen in Deutschland, das die TÜV-Auszeichnung „Verständliche Kommunikation" erhalten hat. Mit der Gesamtnote „gut" für das gesamte Unternehmen ist ERGO in Sachen Verständlichkeit jetzt die Benchmark unter den Versicherungen.

Ein weiteres Beispiel ist der Leuchtturm „Intuitive Produkte". Kernstück war die Frage: „Wie sehen Produkte aus, die den Kundenwünschen entsprechen und auf Anhieb verständlich sind?" Einfach anfangen und zwar losgelöst von bereits bestehenden Produkten, sozusagen auf der grünen Wiese und mit dem festen Willen, Regeln zu brechen. Mit dieser Herangehensweise setzte das Arbeitsteam neue Maßstäbe und zeigte „Neue ERGO" Spirit. Binnen kurzer Zeit wurde ein Tarif auf den Markt gebracht, der der Idee folgte: „Wir versichern auch ein brennendes Haus" – gemäß dem Motto: Denn wir sind da, wenn man uns braucht. Seit April 2011 bietet ERGO Direkt eine neue Zahnversicherung an, die dieses Versprechen einlöst und einzigartig auf dem Markt ist. Erst wenn die Zahnbehandlung ansteht, entscheidet sich der Kunde für den Abschluss der Zahnversicherung. Etwas was eigentlich als nicht machbar galt, wurde mit viel Leidenschaft an konkreten Produktideen und ohne lange Trockenübungen umgesetzt.

Ein drittes Beispiel: Der Leuchtturm „Schadenbewältigung – ein weiterer Leuchtturm, der auf das Kundenversprechen einzahlen sollte. Im Schadenfall ist ERGO für den Kunden ein Problemlöser, der nicht nur Rechnungen bezahlt. Als Grundlage dienten Wünsche und Anforderungen von Kunden, mit denen sich ein ergoweites Team intensiv beschäftigte und Lösungen erarbeitete. Den Beweis, dass sich ERGO auf diese Kundenwünsche eingelassen hat, treten täglich mehr als 60 Soforthelfer an. Diese leisten schnell, unbürokratisch und persönlich Hilfe vor Ort. Zusätzlich sorgt ein Unterstützungsnetzwerk von 1.000 Ärzten, 2.000 Rechtsanwälten und vielen weiteren Spezialisten und Schadenmanagern für direkte Hilfe, wenn ERGO Kunden sie brauchen.

Insgesamt haben die Leuchttürme vieles auf den Weg gebracht, einiges hat sich bereits verändert, anderes ist nach ersten Überlegungen wieder verworfen worden.

Klar ist: Der Weg, die Versprechen ganz einzulösen und jeden Tag einen spürbaren Beweis hierfür zu erbringen, ist noch lang und erfordert einen langen Atem. In dieser Phase ist es die Aufgabe von Change Management, mit der Begleitung in kleinen und großen Projekten die notwendigen Meilensteine auf dem Weg zu skizzieren und zu erreichen.

## 6.6 Die Krise

Das Jahr 2011 begann vielversprechend. Die Leuchtturmprojekte nahmen mehr und mehr Fahrt auf. Erste Ideen aus den Leitbild-Workshops kamen in die Umsetzung. Die Identifikation der Mitarbeiter mit dem Veränderungsprozess wuchs stetig.

Dann kam der Mai 2011: Die Krise. ERGO sah sich einer monatelangen Negativ-Berichterstattung ausgesetzt. Auslöser waren Berichte über eine skandalöse Incentive-Reise der Vertriebsorganisation HMI, die im Jahre 2007 für erfolgreiche Vertriebsführungskräfte des Strukturvertriebes in Budapest organisiert wurde und in deren Rahmen es eine Abendveranstaltung mit Prostituierten gab.

In den Wochen und Monaten danach folgten Vorwürfe, die das Versicherungsgeschäft der ERGO betrafen. Hier ging es um Fehler in den Antragsformularen in Riester-Verträgen, um mögliche Fehlberatung bei der Umdeckung von beitragsfrei gestellten Lebensversicherungen in Unfallversicherungen mit Beitragsrückzahlung gegen Einmalbeitrag und um Kollektivverträge in der betrieblichen Altersvorsorge.

Mitarbeiter und Vertriebspartner sahen sich über Monate Vorwürfen und vehementen Widerständen ausgesetzt. Der positive Veränderungsschwung in ERGO erhielt einen erheblichen Dämpfer. Die folgende Zeit war für alle außerordentlich anspruchsvoll und erforderte ein hohes Maß an Loyalität.

Folge der Negativmeldungen in der Öffentlichkeit war ein deutlicher Reputationsschaden für das Unternehmen. Aber auch die intensive interne Aufklärungsarbeit sowie die Umsetzung der nach den Skandalen vereinbarten Maßnahmen prägte wochenlang das interne Stimmungsbild und hielt ERGO in Atem. Führungskräfte und Mitarbeiter wurden phasenweise von der Berichterstattung in den Medien kalt erwischt und konnten nicht immer adäquate Antworten geben. Im persönlichen und privaten Umfeld mussten viele stellvertretend für ERGO Kritik und Spott entgegennehmen. Hatte ERGO im Sommer 2010 vieles dafür getan, um bekannt zu werden, so zeigte sich nun die Kehrseite dieser frisch gewonnenen Bekanntheit.

Die folgenden Wochen wurden zur Zerreißprobe. Aber es steckte auch eine Chance für den Veränderungsprozess darin. So konnte der Umgang mit den Vorwürfen zeigen, ob Vorstand und Führungskräfte die neuen Werte des Leitbildes ernst nehmen und leben.

Nicht aufgeben, sondern dranbleiben, so hieß die Devise und so agierten auch die Verantwortlichen. Sie lebten das Leitbild, indem sie unmissverständlich und kompromisslos für Aufklärung sorgten. Sie stellten sich jeder Kritik angemessen. Und Sie setzten alles daran, Mitarbeiter und Führungskräfte in dieser anspruchsvollen Phase zu unterstützen.

Flankierend wurde ein umfangreiches Paket beschlossen. Es sollte helfen, künftiges Fehlverhalten zu verhindern und Vorfälle mit erheblichen Reputationsrisiken frühzeitig zu erkennen. So wurden Maßnahmen verabschiedet, die zu einer Erhöhung der Beratungsqualität führen und Compliance im Unternehmen stärken. Die selbständigen Vermittler verpflichteten sich in einem Verhaltenskodex, klare Regeln im Umgang zwischen Unternehmen, Vertriebspartnern und Kunden einzuhalten. Weitere Maßnahmen zielten auf mehr Transparenz der Produktunterlagen und Dokumentation sowie der Sicherstellung eines integren Verhaltens ab.

Trotz der vielen Medienberichte und der monatelangen Spannung spürte man in der Belegschaft eine besondere Haltung: „Wir lassen uns unsere ERGO nicht kaputt machen". Dies verbunden mit der Aufforderung an die Unternehmensleitung, den eingeschlagenen Weg konsequent weiterzugehen. Am Ziel festhalten! Die Initiativen weiterverfolgen! An der Einlösung der Versprechen arbeiten! Sich durch die Krise nicht davon abbringen lassen! Diese Stimmen wurden nach einigen Wochen immer lauter und gaben ERGO für die Gestaltung des Veränderungsprozesses neuen Rückenwind und Kraft.

## 6.7 Wir haben verstanden

ERGO ist inzwischen Klassenbester wenn es um Verständlichkeit in der Versicherungsbranche geht. ERGO hat aber auch verstanden, dass tiefgreifende Veränderungen notwendig sind, um als Versicherung am Markt langfristig erfolgreich zu sein. Kunden positiv überraschen. Verständlichkeit leben. Die vielen kleinen Schritte zu einem großen Ziel gehen. Bei der Gestaltung des Veränderungsprozesses haben alle Beteiligten im Unternehmen viel dazu gelernt. Die kritische Würdigung der im Rahmen des Veränderungsprozesses gemachten Ergebnisse lässt sich in fünf wesentlichen Punkten zusammenfassen.

1. Zielformulierung: ERGO ist auf dem Weg zu einer Versicherung der neuen Art. Diese Form der Zielformulierung fordert heraus. Sie stellt vom ersten Tag das Unternehmen unter einen enormen Druck zu „liefern". Anspruch und erlebte Wirklichkeit klaffen dabei oft auseinander. Deshalb ist die Frage berechtigt, ob es klug ist, die Zielformulierung mit einem sehr herausfordernden Markenversprechen schon zu einem frühen Zeitpunkt zu kommunizieren. Wir haben verstanden, dass dies sinnvoll und notwendig ist. Mitarbeiter, Kunden und Öffentlichkeit haben einen Anspruch darauf zu wissen, wofür das Unternehmen steht. Und dieses Ziel muss klar und verständlich kommuniziert werden. Mit erkennbaren Meilensteinen auf der Wegstrecke. Wenn ERGO leiser und zurückhaltender gestartet wäre, versucht hätte, zuerst den internen Wandel anzugehen, um dann die Haltung an den Markt zu kommunizieren, wäre das Unternehmen heute noch nicht so weit. Durch die Versprechen, die für das gesamte Unternehmen noch immer sehr herausfordernd sind, hat ERGO in 2010 einen enormen Wandel in Gang gesetzt, der mit Begeisterung und Engagement angegangen wurde.
2. Beteiligung: Strategien zu erarbeiten ist kein basisdemokratischer Prozess. Es ist Aufgabe des Top-Managements, diese zu erarbeiten und zum Erfolg zu führen. ERGO hat verstanden, dass es jedoch für die Umsetzung erfolgsentscheidend ist, ob die Mitarbeiter und Kunden bei der Ausgestaltung und Umsetzung ernsthaft beteiligt werden und Mitgestaltungsmöglichkeiten haben oder nicht. Damit aus ERGO „Meine ERGO" wurde, bedurfte es einer Reihe von überzeugenden Maßnahmen. Teil der Umsetzung zu sein, ob im Kleinen oder Großen, hilft Widerstände zu überwinden und ist der wichtigste Punkt im Veränderungsprozess.
3. Die Kraft der Marke: Die Kraft der Marke resultiert aus dem Erleben der Marke. Wir haben verstanden, dass es ein Markenversprechen im Unternehmen geben muss, das für Mitarbeiter und Kunden attraktiv ist und gelebt wird. Das ERGO Leitbild ist unser Versprechen, das wir nach innen und außen leben. „Einen Menschen zu versichern ist eine wunderbare Aufgabe". So der erste Satz unseres Leitbildes, das ausdrückt, wofür wir stehen. Bis heute gibt es bei ERGO kaum einen Mitarbeiter oder Vertriebspartner, der nicht hinter den Worten des Leitbildes steht und keinen, der nicht genauso arbeiten und wirken möchte, wie im Leitbild beschrieben. Genau wie die Markenkampagne wird das Leitbild von allen als wirklich neu und anders für ERGO beschrieben: Modern, innovativ und klar.
4. Rückschläge: Rückschläge und Enttäuschungen sind Teil jedes Veränderungsprozesses. Wir haben verstanden, dass es manchmal die Rückschläge sind, die die Notwendigkeit der Veränderung umso deutlicher machen. Das Leben ist keine Gerade und Veränderungsprozesse ebenso wenig. Deshalb ist es notwendig, dass man auch in Krisenzeiten am Veränderungsziel festhält. Hier kommt dem Top-Management und den Führungskräften eine besonders verantwortungsvolle Rolle zu.
5. Erfolge: Nach der anfänglichen Euphorie für eine bestimmte Zielsetzung kommt oft die Ernüchterung im Alltag. Wir haben verstanden, dass es wichtig ist, realistische Meilensteine zu setzen und die Fortschritte für alle im Unternehmen transparent zu machen, um daraus neue Energie zu schöpfen. Schritt für Schritt Dinge zu verändern ist ebenso

wichtig wie die gemeinsamen Erfolge zu feiern. Leuchttürme können dabei helfen, sichtbare Erfolge im Unternehmen zu erzeugen und Signale in die richtige Richtung zu setzen.

**Schlusswort**

Die Umsetzung des neuen ERGO Leitbildes und der Markenstrategie ist für die Mitarbeiter der ERGO sicherlich ein umfassender und langfristiger Change Prozess. Seit vier Jahren sind Mitarbeiter und Führungskräfte auf dem Weg, sich im Sinne des neuen Leitbildes zu verändern. ERGO ist noch lange nicht am Ziel. Aber bereit sich zu verändern.

## Literatur

Garber T (2010) m Schnellschuss Werte liquidiert. In: Absatzwirtschaft 1/2 2010

Institut für Medien- und Konsumentenforschung IMUK (2010) Typologie der Wünsche. Bevölkerung 14 Jahre

IP Kompendium (2009) WWK Branchenbericht Versicherungen

**Klemens Steiner** leitete von 2007–2013 den Bereich Interne Unternehmenskommunikation und Corporate Responsibility der ERGO Versicherungsgruppe AG. Im Rahmen der strategischen Neuausrichtung war er im Projekt „Neue ERGO" für die Kommunikation und das Change Management verantwortlich. Seit 2014 leitet er den Bereich Learning & Development der ERGO Gruppe, zu dem auch das Change Management gehört. Steiner ist Diplom-Volkswirt und hat vor seiner Zeit bei ERGO als Senior Manager bei der Unternehmensberatung A.T. Kearney sowie in unterschiedlichen Positionen der AMB Aachen und Münchener Beteiligungs-AG gearbeitet.

**Dagmar Brück** ist seit 2010 Leiterin Change Management der ERGO Versicherungsgruppe AG. Im Rahmen des Projektes „Neue ERGO" war sie verantwortlich für die Konzeption und Umsetzung der Changemaßnahmen. Brück ist Diplom-Betriebswirtin und arbeitete mehrere Jahre als Leiterin der ERGO Potential- und Organisationsentwicklung. Sie hat mehrjährige Erfahrung in der Führungskräfteentwicklung sowie Projektbegleitung. Seit 01.01.2014 verantwortet sie neben Change auch das Diversity Management bei ERGO.

**Andrea Hoelken** ist seit 2007 Marketingleiterin in der ERGO Gruppe. Im Rahmen des Projektes „Neue ERGO" trug sie die Verantwortung für alle Bereiche der Markenführung, Markenkommunikation und Absatzförderung. Hoelken ist Diplom-Kauffrau und startete ihre Karriere 1989 beim Versandhandelsunternehmen Otto. Dort war sie zuletzt Abteilungsleiterin „Aktivierung Partner-Geschäft". 2002 wechselte sie zur Hamburg-Mannheimer Versicherung AG und übernahm die Leitung der Abteilung Kundenmarketing.

# 7 Synergie voll Energie – Chancen und Risiken des Zusammenwachsens zweier Versicherer

Patric Fedlmeier und Carina Swertz

**Zusammenfassung**

Der Wandel der Zeit unter den Prämissen moderner Politik und Veränderungen in der Gesellschaft beinhaltet für den einen neue Chancen und Möglichkeiten und für den anderen die Grundlage zu elementaren Veränderungen, die auch den Zusammenschluss zweier Unternehmen beinhalten kann. Der Fokus dieses Aufsatzes liegt nicht auf einer klassischen Fusion unter den Gesichtspunkten eines starren und schnellen „Verschluckens" des Kleinen durch den Größeren, sondern es soll vielmehr ein Vorgang betrachtet werden, der ein gemeinsames Zusammenwachsen beschreibt. Viele kleine Verbindungspunkte, die ein gegenseitiges Vertrauen und Stärken beinhalten, führen hierbei zu der Entstehung eines gemeinsamen und ausgewachsenen Konzerns. Es werden daher verschiedene Herausforderungen betrachtet und unterschiedliche Handlungsfelder kritisch beleuchtet. Wo liegen Chancen und wo Risiken? Wie funktioniert eine richtige und weiterführende Kommunikation? Was sind die elementaren Grundsteine, die eine Wahrung der jeweiligen Identitäten zulassen?

Dieser Aufsatz beschäftigt sich mit zwei regionalen Versicherern, die die Chancen der Zeit für sich erkannt und einen Prozess angestoßen haben, der auch für künftige Projekte viele Rückschlüsse zulassen wird. Für den einen die Rettung in eine moderne Zeit ohne Monopolstatus, für den anderen ein effektives Krafttraining zur Verbesserung und Stärkung der eigenen Prozesse.

P. Fedlmeier (✉) · C. Swertz
Düsseldorf, Deutschland
E-Mail: patric.fedlmeier@provinzial.com

C. Swertz
E-Mail: carina.swertz@provinzial.com



G. Zimmermann (Hrsg.), *Change Management in Versicherungsunternehmen*,
DOI 10.1007/978-3-658-05974-3_7

**Schlüsselworter**
Zusammenwachsen als Konzern · Integrationsprozess · Regionalitätsprinzip und Identitätswahrung

## 7.1 Vorwort

Zu Beginn dieses Aufsatzes wollen wir zunächst einen Blick auf den weiteren Verlauf wagen. Den roten Faden im Leben nicht zu verlieren bildet zumindest für die gedachten Leser die Grundlage eines erfolgreichen Daseins (in unserem Fall reden wir natürlich eher über einen grünen Faden). Im Fokus dieser kurzen Ausarbeitung steht der Wunsch der Autoren, ein besseres Verständnis für die Managementziele der aktuellen Generation zu vermitteln sowie die Notwendigkeit einer erfolgreichen Unternehmung aufzuzeigen, mit der Zeit einen stetigen Wandel zu vollziehen. In diesem Zusammenhang lässt sich ein schöner Bezug auf die Biologie erstellen: Nur die Form der Natur kann überleben, die sich am schnellsten den äußeren Bedingungen anpassen kann. Übertragen auf ein Unternehmen ist es nicht das Genmaterial, welches den Erfolg bringt, sondern das Geschick eines guten Managements, auf weite Sicht Änderungen wahrzunehmen und als Chance für eine neue (Bewusstseins-)Ebene der Unternehmung zu erkennen. Auch im historischen Verlauf der beiden gleich vorgestellten Versicherungsunternehmen steckt ein dynamischer Prozess, der ähnlich wie die Jahresringe eines Baumes über viele Jahre gewachsen und gereift ist. Der bekannte Philosoph Hegel beschrieb die Dialektik mit einem wandelnden Prozess: Man durchdringt die Ausgangssituation, man erkennt die Probleme und projiziert eine neue, bessere Version auf die nächste Ebene. So entsteht eine ewig wachsende Spirale, welche immer wieder den äußeren Umständen angepasst und durchleuchtet werden muss. Ersetzen Sie nun das vielversprechende Wort „man" durch das Wort „Management" und Sie erhalten eine Grundidee über den Prozess des Wandels und die damit verbundene Signifikanz für den Erfolg.

Zum besseren Verständnis für die Leser beginnt jedes der nun folgenden Kapitel mit einem kurzen Rückblick sowie einem Ausblick zur Festigung des „grünen" Fadens.

In den folgenden Stationen unserer Reise durch die verschiedenen Zyklen eines Change Prozesses dient uns das Beispiel des Zusammenwachsens zweier vormals völlig selbstständiger Unternehmen als Grundlage für eine kritische Betrachtung unseres Prozesses. Es soll einen Blick auf Probleme und Chancen zulassen sowie Erfahrungen übermitteln, um Rückschlüsse auf das eigene Handeln zu ermöglichen. So ist es der Wunsch der Autoren, Sie als Leser zu ermutigen die eigene Unternehmensumwelt wahrzunehmen, um frühzeitig die richtige Zielrichtung zu erarbeiten. Denn wie der moderne Manager von heute weiß: die beste Entscheidung wächst aus der Emotion und der Erfahrung.

Die beiden Hauptdarsteller unserer Geschichte sind keine Teenager mehr. Man könnte etwas zurückblickend sagen, die Provinzial Rheinland hat mit 174 Jahren das erste Mal ein sehr erwachsenes Kind adoptiert. Die Lippische Landes-Brandversicherungsanstalt (LLB) mit 85 Jahren mehr in der Geburtsurkunde hat sich im Rheinland (nicht im Karneval) ne viel Jüngere angelacht. Daneben gibt es noch die lieben Verwandten, die schlauen Nachbarn und die strengen Eltern und natürlich Verbände/Behörden, die bei öffentlichen Versicherungsunternehmen auch immer eine besonders gewichtige Rolle spielen.

Was sind Chancen und was Gefahren dieser Konstellation? Vielleicht schweifen Ihre Gedanken schon mal die Analogien entlang. Wir wollen uns überraschen lassen, welche Teile des Artikels Ihnen aus dem eigenen (Arbeits)-Leben bekannt vorkommen und welche Ansätze Sie für Ihre eigenen Prozesse weiter verfolgen möchten.

## 7.2 Ausgangslage

### 7.2.1 Gut positionierte Provinzial Rheinland

Feuer: Die verheerendste aller Katastrophen! – vor allem in einer Welt, die nicht durch modernste Sicherheitstechnik und Löschfunktionalitäten besteht. Stellen Sie sich ein Szenario vor, in dem Sie und die nächsten 40 Nachbarn in Holz – und Strohhäusern leben und ein Feuer Ihre Existenz bedroht. Ein Handy zum Notruf gibt es leider nicht und auch eine Feuerwehr im heutigen Sinne kann Ihr Hab und Gut nicht retten.

Vor einer ähnlichen Situation standen im 18. Jahrhundert viele Familien und Bürger, zumal die Verdichtung der Einwohnerzahlen durch die wachsende Verstädterung immer mehr zunahm. Zu diesem Zeitpunkt brannten komplette Städte und mit ihnen ganze Existenzen ab. Brandgilden und Zünfte übernahmen den Feuerschutz, doch eine Wahlmöglichkeit oder die Option für einen besseren Schutz für die Bürgerinnen und Bürger bestand nicht – bis 1722 dann die erste Feuersozietät für das Herzogtum Kleve gegründet wird und mit ihr langsam die Geschichte der uns heute bekannten Versicherungsunternehmen beginnt. Im Übrigen schon damals die Urmutter einer der noch heute bekannten Schwestern – der Provinzial NordWest. Doch die Geburtsstunde der ersten Protagonistin dieses Artikels lässt noch knapp 114 Jahre auf sich warten. Im Jahr 1836, genaugenommen an einem kalten Dienstag im Januar (05.01.), wurde die Rheinische Provinzial Feuersozietät in Koblenz gegründet. Wie dem Namen bereits zu entnehmen ist und als Folge des Wiener Kongresses, beschränkte sich in diesem Zeitraum das Produktportfolio auf den wesentlichen Schutz der Bürgerinnen und Bürger und deren Gebäude vor dem gefährlichsten Element im Rheinland: dem Feuer (nicht zu verwechseln mit der rheinischen Lebenslust). Eine Aufstockung der Produktpalette wurde erst im Jahre 1863 genehmigt. Zu diesem Zeitpunkt hatte unsere Schlüsselfigur bereits auf dem immer weiter expandierenden Versicherungsmarkt gegen private Versicherungsunternehmen zu kämpfen – die Monopolstellung war überholt worden. Letztlich durften nun auch Policen für das Mobiliar der Versicherungsnehmer und Versicherungsnehmerinnen angeboten werden. Ein wichtiger Schritt für den Aufbau des noch jungen Unternehmens. Innerhalb kürzester Zeit eröffnen die ersten Provinzial Versicherungsagenturen im Geschäftsgebiet.

Durch das Wahlrecht der Kunden erschließt sich ein neuer Gedanke der Versicherungswirtschaft: sie erkennt sich primär als ein Dienstleister, der zur Kundengewinnung und zum Erhalt des Bestandes auf die individuellen Wünsche und Erwartungen der Konsumenten eingehen muss. Für einen Versicherer mit regionalen Wurzeln eine deutlich differentere Aufgabe als für ein überregionales oder gar globalisiertes Unternehmen, was aber damals wohl niemand für möglich erachtet hätte. In der Region kennt man den Vertreter und seine Herkunft – hier weiß man „wer" einen versichert und das häufig über Familiengenerationen hinweg. Das Spektrum des imaginären Schutzes wird personifiziert durch die Beratung und Betreuung vor Ort. Bis heute ist dies der essentielle Vorteil der öffentlich-rechtlichen und damit regionalen Versicherer.

Die anschließenden Jahrzehnte sind geprägt von Modernisierungen, der Industrialisierung und damit auch verbundenen Krisen und Kriegen. Die Provinzial Rheinland übersteht diese Zeiten mit zum Teil katastrophalen Einbußen (zum Beispiel Zerstörung des Provinzialgebäudes 1943) steht aber dem Rheinland und ihren Kunden weiterhin treu zur Seite.

Nach dem zweiten Weltkrieg (1951) verbinden sich dann die beiden Unternehmensteile (Komposit und Lebensversicherung) zu einer Organ- und Verwaltungsgemeinschaft, die sechs Jahre später durch die Ernennung des Landschaftsverbands Rheinland und dem Land Rheinland Pfalz als Gewährträger eine neue Ära beginnt. Die Provinzial geht mit der Zeit: Bereits 1964 arbeitet man mit den ersten Datenverarbeitungsanlagen, die im Jahre 1975 durch moderne EDV-Anlagen abgelöst werden. Die immer weiter wachsenden Mitarbeiterzahlen und ihr ausgeprägtes Verantwortungsgefühl führen zu immer wieder durchgeführten Vergrößerungen und Verbesserungen der Geschäftsräume. Die Provinzial Rheinland ist ein wichtiger Arbeitgeber in der Region geworden

Im Mai 1995 wird dann nach dreijähriger Bauzeit das aktuelle Provinzialgebäude in Düsseldorf Wersten feierlich eingeweiht. Die mittlerweile 2000 Mitarbeiter ziehen in das „neumodische" Gebäude und nehmen den Betrieb mit Zielrichtung zu einem erfolgreichen neuen Jahrtausend auf (Abb. 7.1).

In ihrer bewegten Geschichte wiederfahren unserer ersten Protagonistin dieses Artikels im Zeitraum der neunziger Jahre bis zur Gegenwart wieder einmal prägende Erlebnisse. Die Provinzial erhält 1996 Zuwachs durch die S-Direkt Versicherung, die ein neues und innovatives Geschäftsfeld in der Branche abdeckt: das Direktversicherungsgeschäft. Der moderne Kunde möchte auf allen Ebenen bedient werden und zieht zeitnahe Vergleiche über das gesamte Portfolio der Branche. Das Schreckensgespenst „Internet" der regionalen Versicherer verfehlt aber seine Wirkung auf dem umkämpften Geschäftsgebiet der Provinzial. Die langjährigen Kundenverbindungen, die Nähe der Versicherungsnehmer zu den Beratern und das jahrelang gewachsene Vertrauen hält die gute Reputation der Provinzial weiter aufrecht und sorgt für ein stetiges und angemessenes Wachstum der Verträge und Bestände. Die S-Direkt als Ergebnis der langjährigen Verbundenheit der rheinischen Sparkassen und der Provinzial greift parallel als Tochter den Markt für ein weiteres und wichtiges Kundensegment ab – Cross-Selling ist der Markt der Zukunft und bildet die Wünsche des modernen Kunden ab. Interessenten erhalten neben den gewünschten Finanzdienstleistungen passend und zurechtgeschnittene Kombinationsprodukte als Möglichkeit der weiteren Absicherung angeboten. Auch die zuvor unvorstellbare Möglichkeit

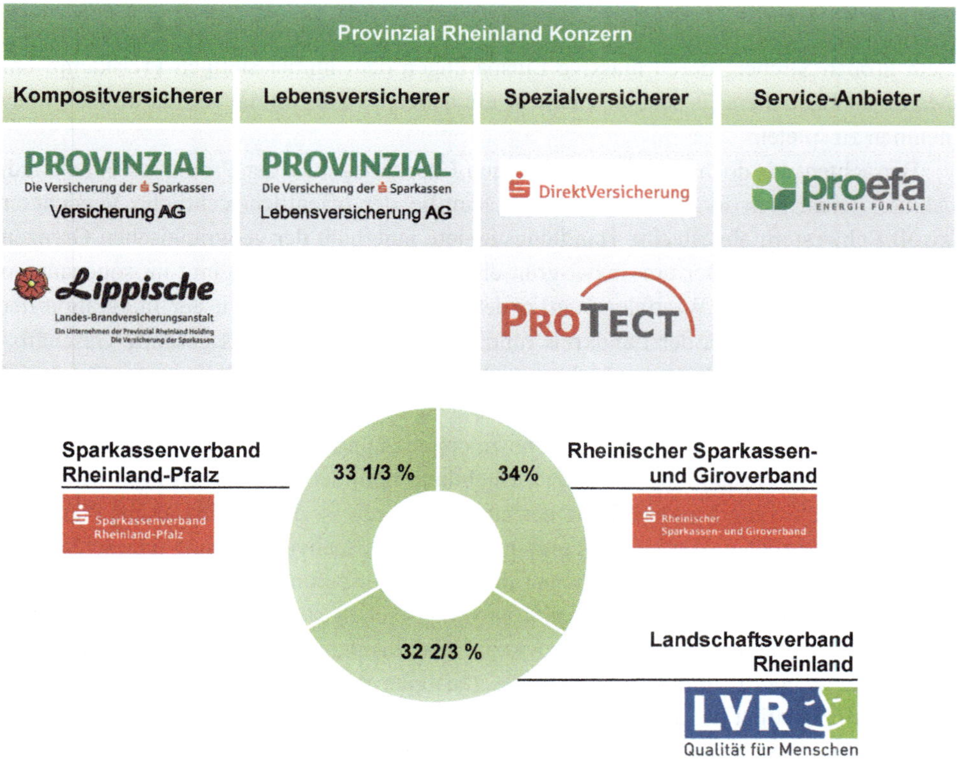


**Abb. 7.1** Provinzial Rheinland Konzern. Quelle: Eigene Darstellung

des Einkaufs von Versicherungen im Supermarkt wird innerhalb der Branche möglich. Von dieser Geschäftsidee distanziert sich die Provinzial jedoch.

An dieser Stelle wird dem aufmerksamen Leser erneut bewusst, welche große Bedeutung eine schnelle und frühzeitige Reaktion auf den Wandel der Zeit für den maßgeblichen Erfolg eines Unternehmens haben kann. Change Management ist kein einmaliges Phänomen, es vollzieht sich in einem ständigen Zyklus, bewegt sich auf neue Ebenen und wächst mit den Herausforderungen jeder Epoche.

Im August 1997 tritt abschließend die aktuelle Satzung der Provinzial Versicherungsanstalten in Kraft. Die neuen Gewährträger sind nun der Rheinische Sparkassen- und Giroverband, der Sparkassen- und Giroverband Rheinland Pfalz sowie der Landschaftsverband Rheinland. 2001 folgt dann eine Umfirmierung der Provinzialanstalten in die Provinzial Rheinland Versicherung AG und die Provinzial Rheinland Lebensversicherung AG. Beide Unternehmen stehen nun unter dem Dach einer neu gebildeten Provinzial Rheinland Holding.

Aber was genau macht nun einen regionalen Versicherer aus?

Der kurze Einschnitt der Historie der nun über 175 Jahre gewachsenen ersten Hauptdarstellerin lässt nur bedingt einen Rückschluss auf die regionale Prägnanz zu. Das bekannte

Geschäft öffentlich-rechtlicher Versicherer ist nicht geprägt von günstigen Produkten oder dem großen Streben, durch massive Einsparungen dem immer stetigen Preiskampf am Markt standzuhalten. Es scheint vielmehr ein anderer Faktor in die Karten dieser Unternehmen zu spielen.

Betrachten wir doch zunächst das genaue Geschäftsgebiet der Provinzial Rheinland. Aktuell teilen sich in der kinderreichen Familie der öffentlich-rechtliche Versicherer zwölf Schwestern abgesteckte Handlungsgebiete innerhalb der geographischen Grenzen der Bundesrepublik. Der provinzial-grün eingefärbte Teil dabei beginnt im sogenannten Nordpunkt Nordrhein-Westfalens und endet in Bad Kreuznach. Mit der Integration der LLB 2007 wurde auch der Landkreis rund um Detmold mit in das gesamte Geschäftsgebiet aufgenommen. Insgesamt leben rund 21 Mio. Menschen in der von der Provinzial Rheinland betreuten Region. Das entspricht auch 21 Mio. Möglichkeiten, Produkte und Dienstleistungen für das Kundenportfolio zu erstellen und zu verkaufen.

Im aktuellen Bestand der Provinzial Rheinland befinden sich zurzeit zwei Millionen dieser Menschen als Kunden. Trotz der engen Grenzen ist die Provinzial auf Platz vier unter den öffentlichen Versicherern und im Bereich der Sachversicherung ungeschlagener Marktführer in der Region. Und genau dieses Wort „Region" ist der Schlüssel für den Erfolg des Unternehmens: Aktuell gibt es 664 Geschäftsstellen sowie unzählige Sparkassenfilialen, die den Kunden der Provinzial Rheinland zur Beratung und Betreuung zur Verfügung stehen. Und hier gilt: nicht die günstigen Produkte sind das Markenzeichen, sondern die Qualität der aus dem Versicherungsgeschäft resultierenden Dienstleistung ist ausschlaggebend für den Erfolg. Das ist es, was die Provinzial von anderen Betrieben aus unterschiedlichen Branchen sowie den großen überregionalen, weltweit agierenden Versicherern unterscheidet. Marketingexperten würden vom eigentlichen Markenkern sprechen, welcher gleichzeitig auch den Ursprung der öffentlichen Versicherungsunternehmen ausmacht. Mit „ immer da, immer nah" übersetzt das die Provinzial Rheinland in die Sprache der Werbetreibenden.

Berater bei der Provinzial zu sein bedeutet nicht nur, den Kunden bei Fragen zum bestehenden Vertrag zu betreuen, es bedeutet vielmehr im Leistungsfall erreichbar zu sein. Diese „Greifbarkeit" durch die personifizierte Hilfe in Form des Beraters vor Ort macht den Unterschied. Es ist das persönliche Gespräch unter vier Augen, die Begleitung der Kunden über Generationen und das Prinzip, auch im Leistungsfall streng kundenorientiert zu handeln. Für dieses Gefühl sind die Kunden öffentlich-rechtlicher Versicherer bereit, auch etwas höhere Beiträge zu zahlen als bei der oftmals deutlich günstigeren „Telefonschleifen-Konkurrenz". Und diese Kunden sind es auch, die das Konzept unserer Protagonistin über Jahrzehnte lang erfolgreich getragen und begleitet haben.

Zum Erhalt dieses existenziellen Bestandes muss ein stetig laufender Prozess an innovativen Produkten und neuen Möglichkeiten angestoßen werden. Es ist die Kernaufgabe des Managements, diesen Vorgang am Leben zu erhalten und ständig mit neuer Energie zum Erhalt der dringend benötigten Leistung zu bestücken.

Ein Beispiel für die Existenz dieser Dynamik kann im weiteren historischen Verlauf unserer Titelfigur abgeleitet werden: Neben der Erwerb 2007 der LLB gehört nun auch die in 2010 gegründete ProTect Versicherung AG sowie der Mehrwertdienstleister proefa zu den 100 % Töchtern der Provinzial Rheinland Versicherung. Zusammen mit der S-Direkt bilden sie eine neue filius-Generation auf dem Versicherungsmarkt. Der Wunsch der Kunden nach innovativen Ergänzungen zu Finanzprodukten, besonders der Produkte des Partners „Sparkasse", führte zu der Gründung des Unternehmens ProTect. Eine ähnliche Geschichte verbindet diese Gründung auch mit dem Kerngedanken des Energieversorgers der proefa: Schutz und Dienstleistungen für das Heim – alles aus einer Hand.

Und das ist es auch, was den zeitgenössischen und immer komplexer werdenden Finanzsektor ausmacht. Der moderne Kunde möchte eine Rundum-Beratung von A, wie Altersvorsorge bis Z, wie Zusatzversicherung und hierzu möchte er möglichst nur einen Ansprechpartner haben. Die Kunden der Provinzial gehen sogar noch einen Schritt weiter: Der Berater sollte in greifbarer Nähe bleiben. Eine langfristige Combined Ratio (Schaden-Kosten-Quote) unterhalb des Gesamtmarktes bestätigt das regionale Erfolgskonzept der Provinzial Rheinland.

### 7.2.2 Lippische Landes-Brandversicherungsanstalt in der Größenfalle

In den nächsten Zeilen wollen wir nun einen weiteren Kandidaten aus den Reihen der öffentlichen Versicherer kennenlernen. Sie werden einige Parallelen sowie auch Unterschiede erkennen und vielleicht auch eine erste Idee für die Gründe des Zusammenwachsens der Unternehmen erhalten.

Werfen wir zunächst einen Blick auf unser bereits entstandenes noch recht sepia-farbenes Familienbild: Die Provinzial Rheinland entsprang der gleichen Intention wie auch Ihre elf Schwestern im Kreise der öffentlich – rechtlichen Versicherer – primär stand der Wohngebäude-Brandschutz im Fokus. Auch unsere zweite Hauptdarstellerin, die heute bekannt ist als Lippische Landes-Brandversicherungsanstalt, steht auf dem Familienbild links hinten auf einem Stuhl (sie war stets deutlich kleiner aber niemals unerfahrener) hinter den zum Teil jüngeren Schwestern und legt die Hand auf die Schulter der Provinzial Rheinland. Das gute Verhältnis der beiden Geschwister (und Sie wissen vielleicht aus eigenen Erfahrungen: zwischen Geschwistern ist das immer so eine Sache) hat vielleicht auch seinen Ursprung in der Verwurzelung mit dem Rheinland.

Ihre Geburtsstunde lag bereits 85 Jahre vor der ihrer jüngeren Schwester, die einmal ihre Mutter werden sollte. Simon August Graf zu Lippe-Detmold legte 1752 den Grundstein der ersten Pflichtversicherung in der Region mit seiner „Brand-Assecurations-Ordnung". Fortan mussten alle Gebäude in der Grafschaft Lippe einer Pflichtversicherung für den Brandfall beitreten. 1924 wurde der Geschäftsbereich der LLB erweitert und neben dem Monopolrecht der Brandversicherung das Portfolio auch um Kompositprodukte erweitert, um dem privaten Wettbewerb der modernen Zeit standzuhalten.

Das „Lipperland" liegt im Nordosten Nordrhein-Westfalens – umgeben von Westfalen und Niedersachsen (Abb. 7.2).

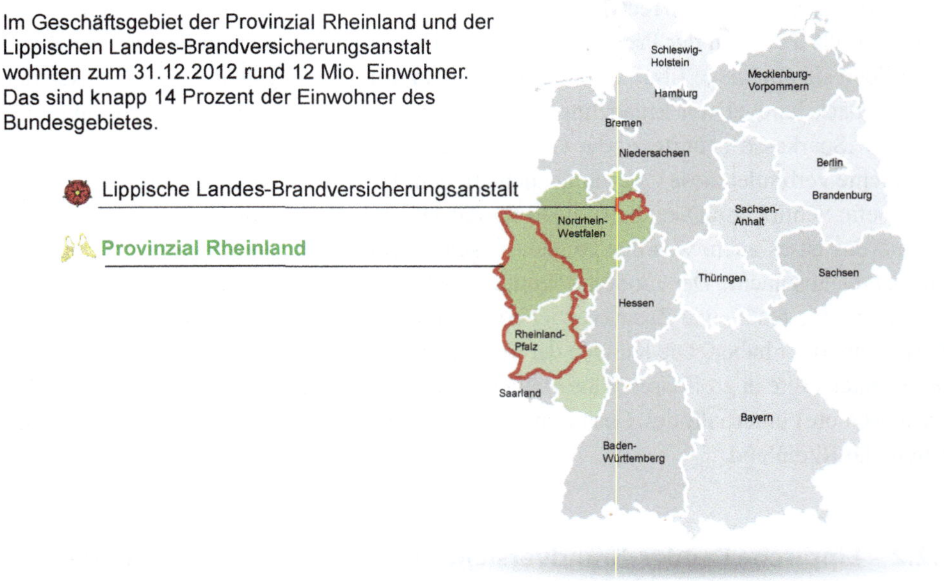


**Abb. 7.2** Unser Geschäftsgebiet Quelle: Eigene Darstellung

Erst 1992 wurde die Monopolstellung der LLB innerhalb der Gebäudebrandversicherung abgeschafft. Es entstand ein freier Markt, der von vielen, auch überregionalen Anbietern, bevölkert und angereichert wurde. 1995 dann der Umzug in das heutige moderne Verwaltungsgebäude, in dem 2002 dann auch das festliche Jubiläum der 250 Jahrfeier stattfinden konnte.

### 7.2.3 Spezifische Kulturen

Schauen wir nun auf das, was die beiden Kulturen gemeinsam haben.

Beide Schwestern sind engagiert im Sponsoring ihrer Regionen. Es werden Verbände und Einrichtungen unterstützt, es gelten Maximen wie „Besser Schaden verhüten als Schaden vergüten“, kulturelle Veranstaltungen und Institutionen werden gefördert, Trikots gesponsert und Feuerwehren unterstützt. Zusammenfassend betrachtet sind beide Schwestern eng mit ihren Regionen und den darin lebenden Menschen verbunden. Für beide gilt ein hohes Maß an Nähe zu den Kunden und Verantwortungsübernahme gegenüber ihren Mitbürgern. Dies wird vor allen Dingen durch die vielen Agenturen und Ansprechpartner vor Ort bei beiden Unternehmen unterstrichen.

Mit ihren 16 Gemeinden und insgesamt 26 Servicebüros für die 346.496 Einwohner, liegt ein ähnlich enges Agenturnetz bei der LLB vor, wie wir es auch bei der Provinzial Rheinland vorfinden können. Beide Unternehmen sind historisch und lokal eng mit ihrem umliegenden Gefilde verbunden. Und auch hier kennt der Geschäftsstellenleiter seine

Kunden seit einigen Generationen und wird auf so manchem Familienfest gern gesehen. Die beiden Werbeslogans „immer da, immer nah" und „Wir in Lippe" kennzeichnen diese regionale Präsenzkultur.

Aber was macht nun den Rheinländer und was den Lipper aus, denn auch unter Geschwistern gibt es immer Unterschiede?

Der Rheinländer ist vor allem als Frohnatur und wissensdurstiger Geselle bekannt. Neben seiner offenen und toleranten Art schätzt er sehr eine soziale Gemeinschaft und das auch gerne bei einem schönen Glas Bier oder Wein. Ganz anders als die Schwester Lippe. Die Lipper sind vor allem für ihre Sparsamkeit bekannt. Doch wie jede Eigenart hat auch diese ihren Ursprung in der Vergangenheit der Menschen dieser Region. Die Landstriche im Lipperland gestalteten sich bereits ab dem Mittelalter als nicht besonders profitabel für große und reiche Ernten. Dies ließ sich auch nicht zuletzt auf die besonders sandigen Böden zurückführen. Die Ländereien gehörten in den meisten Fällen reichen Bauern, Grafen oder Händlern und ein Großteil der Bevölkerung litt stark unter der herrschenden Armut. Eine bekannte Mundart aus der Region besagt:

„Wer hat wohl den Kupferdraht erfunden? – Es waren die Lipper: Sie haben solange den Kupferpfennig gedreht, bis ein Draht daraus geworden ist." (vgl. „Traditionelles aus Lippe". http://www.stadtdetmold.de/4.html. Zugegriffen: 18.05.2014).

Was diese kulturellen Ähnlichkeiten und vor allen Dingen die Unterschiede für den Integrations- und damit Change Prozess bedeuteten, wird in den nächsten beiden Abschnitten ausführlich dargestellt.

## 7.3 Chancen und Herausforderungen der Integration der LLB in die Provinzial Rheinland

### 7.3.1 Chancen der Integration

Aus der Historie der beiden Unternehmen heraus stellen Sie sich vermutlich die Frage, auf welcher Grundlage ein Zusammenwachsen überhaupt notwendig war. Das große „Warum" des Zusammenrückens der Schwestern wird in diesem Abschnitt erklärt.

Der Vorstand und die Eigentümer der LLB im Lipperland waren sich durch eigene Analysen bewusst geworden, dass ein kleiner Komposit-Vollsortimenter mit den heutigen Mega-Trends im Namen von Regulierung, Klimawandel und Demographie nur schwerlich noch die nächsten Jahren bestehen würde, zumal das Geschäftsgebiet begrenzt und die Durchdringung mit den Kernprodukten bereits phänomenal war. Die Versicherungsexperten unter Ihnen mögen die Herausforderung der ersten Ebene klar erkennen: Verbesserung der Prozesse, Sanierung der Altbestände und Erweiterung des Geschäftsgebietes.

Aber auch aus Sicht der Provinzial ergaben sich vielfältige Chancen durch die Integration der LLB:

- Kostendegression
- Hinterfragen des Betriebsmodells, Optimierung von Prozessen, „heilige Kühe“ bei der Provinzial Rheinland
- Sichtöffner – kulturelle Vielfalt/Veränderung leben

Grundsätzlich konnte durch eine Zentralisierung von Prozessen und Aufgaben eine Kostendegression beigeführt werden. Bestehende Mitarbeiterkapazitäten konnten für beide Häuser genutzt werden wodurch weitere Kosten für die Beschaffung zum Beispiel von externem Know-how verringert wurden. Dies hatte auch Einfluss auf die Projektlandschaft der beiden Häuser, da Projekte durch die neue Fülle an Mitarbeitern mit verschiedenen Ausrichtungen deutlich schneller angegangen und umgesetzt werden konnten. Zudem versprach das in Detmold liegende Bestandsführungssystems „ICIS“ einen klaren Vorteil: eine gemeinsame Nutzung ersparte den Kauf eines neuen Systems für die jüngere Schwester. Das Kerngeschäft sollte erneut vertriebsorientiert und effizient organisiert und die Produktivität im Innendienst gesteigert werden, unter anderem auch durch die Verlagerung einer kompletten Sparte auf die ältere Schwester. Besonders sollte die Schaffung einer verbesserten Vertriebsunterstützung im Gewerbegeschäft im Fokus stehen (Projekt HUGO – Haftpflicht und Gewerbe-Sach Online-Vertriebsunterstützung) – auch unter Einbezug der Nutzung einer mannigfaltigen Erfahrung der LLB in diesem Bereich.

Das Zusammenwachsen gestaltete sich als ein willkommenes Krafttraining für die Provinzial: Bestehende Betriebsmodelle konnten hinterfragt und Prozesse durch die Fülle an neuen Möglichkeiten optimiert werden. Zudem beinhaltet eine engere Zusammenarbeit auch stets einen Sichtöffner auf eine neue kulturelle Vielfalt und somit auch die Möglichkeit Veränderungen aktiv zu leben. Durch die Öffnung zu neuen Partnern ergab sich für die Mitarbeiter die Option neue Strukturen kennenzulernen, attraktive neue Angebote im Lernen voneinander zu nutzen und eine dadurch verbunden Sicherung der Arbeitsplätze an beiden Standorten zu gewährleisten.

### 7.3.2 Herausforderungen der Integration

Was sind nun die wesentlichen Herausforderungen einer erfolgreichen Integration? Am Beginn stand zunächst ein vorsichtiges Herantasten an mögliche Eckpunkte, die im Ganzen später den Rahmen des Ausmaßes einer Veränderung abstecken sollten. Zunächst mussten also neben politischen und kulturellen Hindernissen auch wesentliche Bestandteile des Zusammenwachsens aufgedeckt und benannt werden. Im Fokus des Projektes „ein Konzern werden“ stand also nicht die schnelle Übertragung der eigenen Bauteile in die ältere Schwester in Form einer Fusion, sondern vielmehr die vorsichtige Annäherung mit dem Grundsatz des gegenseitigen Lernens voneinander. Welche Stärken besitzt das System des Gegenübers und welche Schwächen können aufgedeckt werden?

Von Anfang an klar war der Grundsatz, dass die Regionalität in beiden Unternehmen die jeweilige Erfolgsgrundlage darstellt. Daher wurde als erster Eckpfeiler die Wahrung beider Standorte benannt. Beide Unternehmen fallen durch einen starken und gelebten Serviceauftritt auf – der zweite Pfeiler konnte also leicht hinter der Regionalität in der nächsten Ecke unter der Prämisse der Servicesicherung und Nähe zum Kunden gesetzt werden. Doch was macht einen guten Service aus? Es ist die übertragene Erfahrung, Kompetenz und Fülle des Wissens durch den Auftritt der Mitarbeiter vor Ort auf den Kunden. Der nächste Pfeiler konnte also im Bereich der Mitarbeiter und Außenstandorte der beiden Unternehmen gesteckt werden. Eine Steigerung der Effizienz sollte demnach mehr durch Zentralisierung gemeinsamer Landschaften wie IT und Betriebsorganisation sowie Personal und Controlling geschehen, nicht aber negativ im Zusammenhang mit Vertrieb und dem Serviceversprechen stehen. Der letzte Eckpfeiler finalisierte den gespannten Rahmen und wurde im Bereich der Betrachtung aller Prozesse gesetzt. Auch hier sollte der Fokus auf ein gemeinsames Lernen und die Sanierung der eigenen Bestände und Prozesse liegen.

Innerhalb dieses gespannten Rahmens ließen sich dann die ersten Herausforderungen des gemeinsamen Projektes ableiten. Objektive Herausforderungen spielten dabei im ersten Schritt nicht die entscheidende Rolle, da diese meist quantitativ ausgedrückt werden können und somit leichter planbar sind, vielmehr stellten subjektive Herausforderungen in Form der Mitnahme aller Mitarbeiter und das Zusammenwachsen der Kulturen erheblichen Zündstoff dar. Emotionen und der wohlbekannte „Flurfunk" sowie Skepsis und Ängste lassen sich nicht in Arbeitspaketen verpackt lösen und analysieren.

Ein Zusammenschluss zweier Unternehmen gehört mit zu den größten Change Prozessen, die ein Unternehmen bewältigen kann. Er erfordert, anders als eine Fusion, ein Umdenken auf beiden Seiten und ein hohes gegenseitiges Vertrauen. Desto fester die Taue der Verknüpfungspunkte gezogen werden, desto mehr transformieren sich zwei Einheiten zu einem Ganzen. Am Ende können zwar durch die Wahrung der Standorte beide Unternehmen erkannt werden, aber durch eine Verschmelzung der Kerne ist eine offensichtliche Trennung kaum mehr möglich. Daher müssen die Taue von Anfang an klar strukturiert und im gegenseitigen Einverständnis geknüpft werden. Denken Sie an den Anfang dieses Aufsatzes und an Hegel: beide Unternehmen durchdringen den Kern des anderen und entwickeln sich auf eine höhere Stufe durch die Nutzung optimierter und durchleuchteter Prozesse. Die Herausforderung ist hier klar definiert und liegt im Rahmen der Eckpunkte: gegenseitiges Vertrauen und ein Miteinander auf Augenhöhe.

Im Bereich der öffentlich-rechtlichen Versicherer gibt die kommunale Politik als einer der Stakeholder, mit besonderen Zielstellungen die Rahmenbedingungen in ergänzter Weise vor. Wo bei „normalen" Kapitalgesellschaften die Verzinsung des eingesetzten Kapitals, also die Rendite für die Aktionäre im Vordergrund steht, wird dieses Gewinnstreben ergänzt durch die Verpflichtung zum Gemeinwohl beizutragen. Man kann diese Verpflichtung an vielen Handlungen der öffentlichen Versicherer nachweisen: Verwurzelung und Fokussierung auf die jeweilige Region, Unterstützung der Gesellschaft in sozialer, kultureller und sportlicher Hinsicht, Förderung des Ehrenamtes und Förderung der Feuerwehren sind nur einige Beispiele für die sogenannte soziale Dividende.

Nach vielen Konversationen mit den unterschiedlichsten Gesprächspartnern, unter anderem auch aus der kommunalen Politik, kamen die Lipper Vorstände bereits 2006

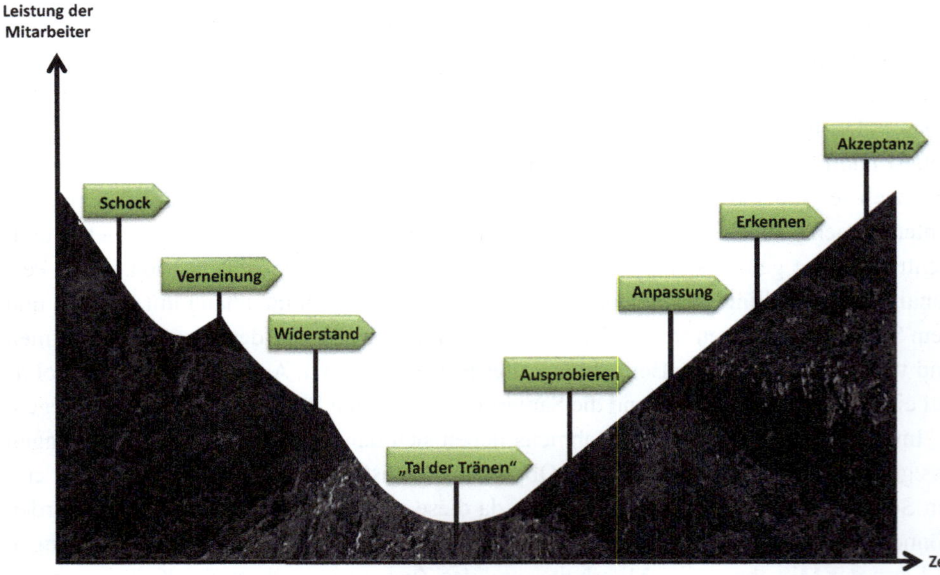


**Abb. 7.3** Die Fieberkurve Quelle: Eigene Darstellung in Anlehnung an Eike Wagner et al. (2010): Wie erfolgreiche Veränderungskommunikation wirklich funktioniert?!

zu dem Schluss, den Weg zukünftig mit der Schwester Provinzial Rheinland zu gehen. Auch die jeweiligen Eigentümer waren gleichfalls überzeugt und man wurde sich schnell handelseinig. Der Prozess der Adoption gestaltete sich jedoch langwieriger als zunächst angenommen – von der Unterschrift auf dem Kaufvertrag bis Zustellung der Adoptionspapiere in Form von Staatverträgen vergingen zwei lange Jahre. Erst nach Übergang der Gewährträgerschaft 2009 wurden die letzten rechtlichen Hürden beseitigt und das Schiff der Änderung setzte endlich Segel und nahm im Wind des Wandels ordentlich Fahrt auf. Ab diesem Punkt begann die eigentliche (Zusammen)arbeit und das Abenteuer des „Zusammen Wachsens als Konzern".

Eine Integration von zwei Unternehmen erzeugt bei den Mitarbeitern Existenzängste. Alle wissen, dass das aufnehmende Unternehmen Synergien realisieren möchte und das kann man am besten durch Zusammenlegung von Abteilungen und damit einhergehenden Personalabbau. Eine große Herausforderung war es daher, die Ängste der Mitarbeiter ernst zu nehmen und in konstruktive Bahnen zu lenken. Eine schöne Grundlage zur Erklärung der verschiedenen Befindlichkeiten in einem Change Prozess bietet uns die Darstellung der „Fieberkurve". Nur weil ein Management eine Veränderung als Chance begreift muss es dennoch der Erkenntnis zu Genüge tragen, dass eine Vielzahl an Menschen nicht oder nur widerwillig folgen wird (Abb. 7.3).

Der Auslöser hierbei geht von Nichtverstehen bis hin zu Nichtwollen und Angst. All diese Punkte muss man adressieren. Aber wie? Gegenmaßnahme: Reden, Reden, Reden und zwar selbst und persönlich und vor allem auch über die unangenehmen Teile. Am Ende der Kurve steht ein Erkennungsprozess der letztendlich auch in einer Akzeptanz mit der neuen Situation endet. Der Manager unter Ihnen wird dann vermutlich schmunzeln, wenn zu einem späteren Zeitpunkt ein erneuter Änderungsprozess angestoßen werden muss und alle Mitarbeiter um die so schwer integrierte und zuletzt umgesetzte Maßnahme kämpfen werden.

Die Herausforderungen wurden definiert, die ersten Taue für die neue Brücke geknüpft. Im folgenden Abschnitt gehen wir nun auf den Schlüsselprozess und die Konsequenzen der eigentlichen Umsetzung, der „Lackierung" des Integrationsprozesses ein.

Die größte Herausforderung war es aber, zwei Unternehmenskulturen ineinander wachsen zu lassen. Möglichkeiten und Chancen aufzuzeigen und durch eine offene und stetige Kommunikation Stück für Stück Vertrauen zu schaffen und Ängste zu lösen. Der offene Dialog ist hier das Salz in der Suppe und der Faktor des Gelingens. Neben einer Erhöhung der Reisezeiten ist eine Akzeptanz der jeweiligen Gewohnheiten des neuen Gegenübers für alle Beteiligten kriegsentscheidend. Es müssen erste Zweifel und Unbehagen überwunden werden. Die Spezialitäten des Unbekannten müssen probiert und auch so mancher saure Drops gelutscht werden. Einen Wandel zu vollziehen bedeutet auch immer etwas Gewohntes und Bekanntes hinter sich zu lassen. Denken Sie an den Beginn dieses Artikels und die dort beschriebene Dialektik: Wir durchdringen das Gegenüber, erkennen Besserungen und Fehler und bilden eine neue Version ab. Doch hierzu gehört Mut und der richtige Anschub.

Mit Hilfe welcher Maßnahmen, diese Herausforderung bewältigt wurden, zeigt der folgende Abschnitt.

## 7.4 Darstellung des Integrationsprozesses

Grundsätzlich sollte ein solcher Prozess vor der eigentlichen Umsetzung in zwei Ebenen unterteilt werden. Innerhalb der ersten Ebene – der Sachebene- werden die grundlegenden und sachlichen Eigenschaften der Unternehmen betrachtet. Im Bereich der zweiten Ebene- liegt der Hauptfokus vermehrt auf den kulturellen und menschlichen Eigenschaften der beiden Unternehmen. Schnell wird einem erfahrenen Manager bewusst, dass die zweite Beobachtungsebene die deutlich schwerwiegenderen Herausforderungen beinhaltete: Gegenstände können schnell angepasst oder umgewandelt werden, gegebenenfalls zwar mit höherem Aufwand oder Budget aber grundsätzlich können solche Probleme aus der Welt geschafft werden. Menschen hingegen miteinander zu verbinden, ist eine wirklich herausfordernde Aufgabe, vor allen Dingen, wenn es deutliche kulturelle Unterschiede gibt. Diesem qualitativen Faktor wird in vielen Unternehmungen nur ein kleiner Teil Gewicht zugesprochen, dabei steht und fällt mit ihm alles: eine perfekt prozessual integrierte IT zweier Unternehmen läuft nur, wenn die Mitarbeiter sie am Leben halten. Eine enge Einbindung der Mitarbeiter bereits zu Beginn eines Prozesses führt zu einem elementaren Vorteil.

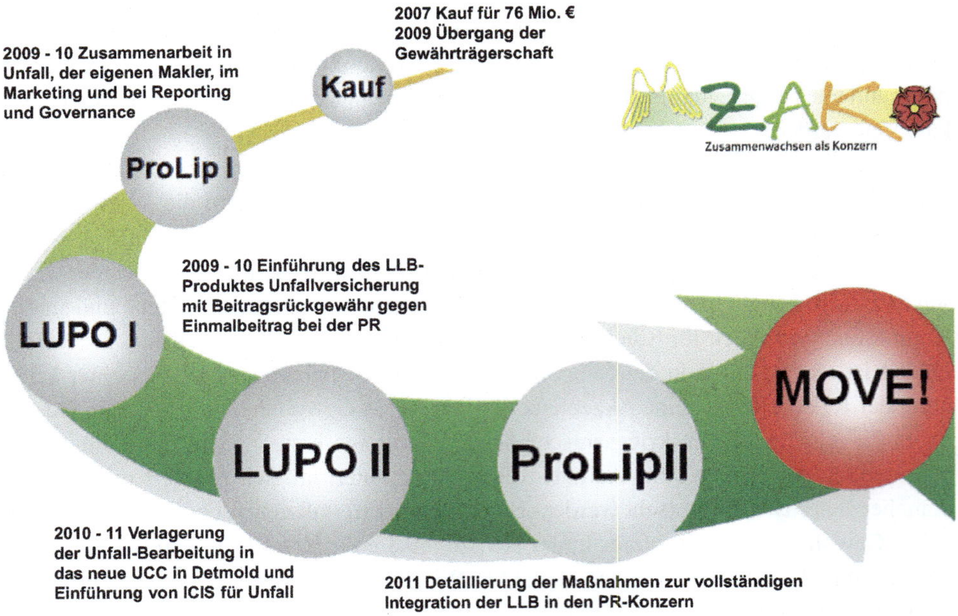


**Abb. 7.4** Projektportfolio Konzernintegration Quelle: Eigene Darstellung

### 7.4.1 Integrationsmaßnahmen auf der Sachebene

Bei der Integration zweier Unternehmen gibt es sehr viel zu tun. Die erste Herausforderung war es also, zu entscheiden, mit welchen Integrationsthemen man in 2009 anfangen sollte. Man entschied sich, als erstes die Zusammenarbeit in den Bereichen Unfallversicherung, im Maklervertrieb und im Marketing umzusetzen. Daneben wurden die Reportingstrukturen integriert und die Gremienarbeit definiert.

Nach diesen ersten Integrationsthemen, folgten weitere. An dieser Stelle ist ein Blick auf das damalige Projektportfolio zum Thema „Konzernintegration" aufschlussreich. Abb. 7.4 zeigt den Verlauf der einzelnen Stationen und Projekte vom Kauftag an bis Ende 2011.

Nach dem Übergang der Gewährträgerschaft 2009 wurde zunächst das Projekt „ProLip I" geplant. Inhalt dieses ersten Projektes war eine intensivere Zusammenarbeit innerhalb der Unfallbereiche, ein Zusammenwachsen der Marketingaktivitäten sowie ein Abgleich der Reporting und Governance-Strukturen von Mutter und Tochter. Dieses Projekt endete zunächst 2010 und ließ innerhalb der ersten Umsetzungsphase einige Rückschlüsse auf die weitere Zusammenarbeit der Häuser zu. Ende 2009 waren dann die ersten Knoten geknüpft und Handlungsfäden konnten Stück für Stück langsam zusammengewebt werden – das lippische Produkt „Unfallversicherung mit Beitragsrückgewähr gegen Einmalbeitrag" konnte erfolgreich bei der Mutter Provinzial implementiert werden – die Erträge flossen weiterhin in die Bücher der Tochter. Man nutzte die neue Kundenbasis zur Verbreiterung

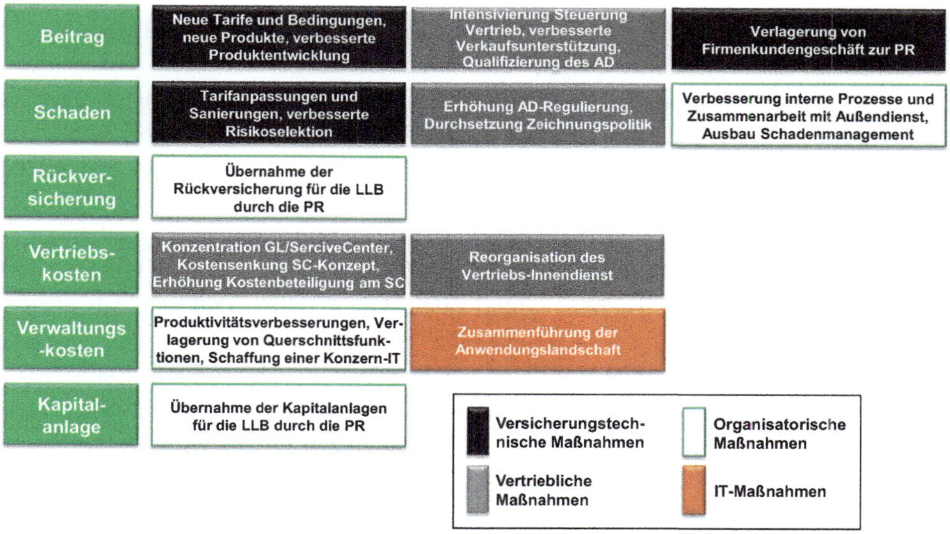


**Abb. 7.5** Übersicht der Arbeitspakete LLB Quelle: Eigene Darstellung

dieses innovativen Produktes und es funktionierte. Neben diesem positiven Effekt für die Provinzial Rheinland, ein neues Produkt den eigenen Kunden anbieten zu können und somit weiter einen festeren Stand auf dem Markt zu erreichen, war es das erste Mal, dass ein Know-how Transfer gegen Wertschöpfung in der Region der LLB erfolgte. Das erste Tau des Brückenbaus hatte das neue Ufer erreicht. Beide Ampeln der Häuser standen nun auf grün und ein weiterer Transfer war möglich. Doch neben den benannten äußerlichen Anpassungen rückte auch der Kern der Konzernfamilie langsam zusammen. Den Beteiligten wurde bewusst: ein Change Prozess sollte, um am Ende zum Erfolg zu führen, eine breite Unterstützung im Konzern erfahren. Damit ein breiter Rückhalt erreicht wurde, wurde ein weiteres Integrationsprojekt aufgesetzt: ProLip II.

ProLip II definierte ein Zielbild, welches die Integrationsstufe der LLB in den Provinzial Rheinland Konzern destailliert beschrieb (s. Kurzfassung in Abb. 7.5).

Dieses Zielbild wurde flankiert durch ein Mehrjahres-Business Case, welcher in Verantwortung der LLB-Vorstände mit Unterstützung des Konzerns abzuarbeiten war. Die Besonderheit des Modells spiegelte sich darin wieder, dass die LLB ein eigenständiges Versicherungsunternehmen bleiben konnte und im Sinne eines Kompetenzzentrums auch Aufgaben für den Konzern übernehmen konnte.

Daher lassen Sie uns einen Blick auf die Provinzial Rheinland als Konzern wagen. Bislang wurden nur die Vorteile einer Integration aus Sicht der älteren Schwester betrachtet (wenn man zunächst das bereits genannte und übernommene neue Produkt der Unfallversicherung nicht betrachten würde). Aber auch die Provinzial Rheinland sollte von einer Zusammenführung der beiden Unternehmen profitieren. Das Bestandssystem der Unfallanwendung der Provinzial benötigte dringend eine Verbesserung beziehungsweise einen Austausch. Die Integration der LLB in den Konzern eröffnete, neben weiteren Synergien auch die Option einer Nutzung des gereiften Bestandsführungssystems – ICIS. 2009-2010 startete daher das Projekt LUPO I. Der erste offensichtliche Brückenbau zwischen den beiden Unternehmen begann: Das erfolgreiche Lipper-Produkt der Unfallversicherung mit Beitragsrückgewähr gegen Einmalbeitrag wurde auch in den Produktbestand der jüngeren Schwester Provinzial übernommen. Fortan verkauften auch die Geschäftsstellen im regionalen Gebiet der Provinzial Rheinland erfolgreich ein originales Lipper-Produkt. Ein erster Synergieerfolg, der nur auf der Grundlage des Zusammenwachsens möglich war.

2010 startete dann der Prozess, der alles veränderte: die Lippische Landes-Brandversicherungsanstalt eröffnete das neue Unfall-Competenz-Centrum und plötzlich wurden knapp 2.300 Mitarbeitern auf beiden Seiten der Ufer klar: der Change hatte begonnen. Mitnichten wurde hier ein kleines VU von einem zehnmal größeren Partner aufgesaugt und alles wurde adaptiert. Nein, als erstes wurde eine heilige Düsseldorfer Kuh geschlachtet, indem der komplette Unfallbereich, von der Produktentwicklung bis zur Leistungsbearbeitung nach Detmold verlagert wurde.

Den entscheidenden Umschwung im Denken aller Beteiligten machte der Schritt hinaus aus ProLip hin zu MOVE (Gemeinsam mehr bewegen) und natürlich der parallel angestoßene Umzug der Unfallabteilung von Düsseldorf nach Detmold, auf den im weiteren Verlauf eingegangen wird. Innerhalb der Ausgestaltung von MOVE spiegelten sich die elementaren Grundbausteine ab, die sich zu ersten festen Arbeitspaketen schnüren ließen. Zielpunkt war und ist es, die Ertragskraft und Marktführerschaft der LLB effektiv zu steigern und den Standort Detmold für den Provinzial Konzern als sicheren und selbstständigen Teil der Region beizubehalten. Innerhalb dieses Projektes wurden zunächst die Verträge des laufenden Kundenbestandes der LLB gesichtet und an einigen Stellen saniert. Besonders schadenträchtige Verträge konnten selektiert und Beiträge angepasst werden unter enger Einbindung und Mitarbeit der Vertriebs- und Ansprechpartner vor Ort. Dank der regionalen und engen Bindung zu den Kunden konnten in vielen Gesprächen die Verträge überarbeitet werden ohne eine Kündigungswelle auszulösen.

Schnell wurde klar, dass die vielen Projekte und damit verbundenen Prozesse ein Dach benötigen, um für alle Mitarbeiter und Stakeholder eine Zuordnung in der Betrachtung zu ermöglichen. Die Zugehörigkeit von ProLip I und II, MOVE, HUGO und alle anderen Bestandteilen des Integrationsprozesses sollte auf einen Blick erkenntlich sein. Unternehmen eines Konzerns würden nun eine Holding bilden, um solch ein Dach zu bauen – das ist auf einem Projektbungalow mit vielen Zimmern aber in dieser Form leider nicht möglich. Daher musste ein Name her, der das weitere Vorgehen ab 2011 unter einer Einheit zusammenfassen sollte. Dieser Name war schnell gefunden: ZAK – Zusammenwachsen als Konzern. Unter diesem Slogan sollten nun alle relevanten Projekte im Integrationsprozess zusammengefasst werden. ZAK hatte dabei schnell einen hohen Wiedererkennungswert auf beiden Seiten: Gib dem Kind einen Namen um Ängste abzubauen und ein Zugehörigkeitsgefühl entstehen zu lassen. Die Mitarbeiter beider Seiten waren Mitglieder der ZAK-Vereinigung und fester Bestandteil einer erfolgreichen Umsetzung (Abb. 7.6).

ZAK hat neben der im Folgenden erläuterten Eckpfeiler auch zwei Seiten (um alle mitzunehmen), welche die Ausrichtung der Träger beschreiben: Die Integration der LLB

**Abb. 7.6** Unser Slogan

auf der einen Seite und ein Fitnessprogramm für den Konzern auf der anderen Seite. Aus unserer Erfahrung war es für den Erfolg der Integration ganz wichtig, dass die Provinzial Rheinland auch ein Effizienzprogramm durchlief, denn dadurch waren die Mitarbeiter der LLB nicht alleine diejenigen, die sich verändern und damit durch das „Tal der Tränen" gehen mussten. Und dieses Fitnessprogramm war für die Provinzial die Chance, sich ohne große Not wettbewerbsfähiger aufzustellen. Die Optimierungen bezogen sich auf drei Bereiche:

1. Die Steigerung der Produktivität im Vertriebsinnendienst durch die Schaffung einer verbesserten, technischen Vertriebsunterstützung
2. Die Schaffung einer einheitlichen technischen Basis im Konzern
3. Die Realisierung von Synergien durch die Zentralisierung von Funktionen im Konzern, wie zum Beispiel IT, Betriebsorganisation, Revision, Rückversicherung und Kapitalanlage (Abb. 7.7)

Parallel zu der Sanierung des Bestandes begannen nun die ersten Projekte mit der Vernetzung der beiden Unternehmen. Hauptschwerpunkte waren zum einen die Angleichung der IT-Bereiche und zum anderen die Aufdeckung von Synergieeffekten. Es entstanden Projekte zur Schaffung einer einheitlichen und technischen Basis des Konzerns, die Infrastruktur wurde Stück für Stück angepasst, die Mandantenfähigkeit auf den gleichen Stand gehoben und auch die interne Kommunikation durch eine gemeinsame Intranet-Plattform gestärkt. Durch das Projekt HUGO (Haftpflicht und Gewerbe-Sach Online-Vertriebsunterstützung) wurde die Schaffung einer verbesserten technischen Vertriebsunterstützung im Gewerbebereich angestoßen, die letztendlich auch zu einer Produktivitätssteigerung im Innendienst der Provinzial führen sollte („heilige Kühe" sollten nicht nur bewegt sondern gleich auf eine neue Alm geführt werden). Weitere Synergiepotenziale konnten durch den vierten Unterbau des ZAK-Programmes im Bereich der Konzernservices entfaltet werden – Funktionen, wie die IT, die Betriebsorganisation, die Revision, die Rückversicherung, die Personalverwaltung, Marketing und die Produktentwicklung sollten Stück für Stück durch eine langsame Integration zentralisiert werden. Neben der Nutzung eines deutlichen Potenzials zur Kostendegression, sollte auch die Chance einer Produktivitätssteigerung im neuen Konzern als Hauptfokus auf der Agenda stehen.

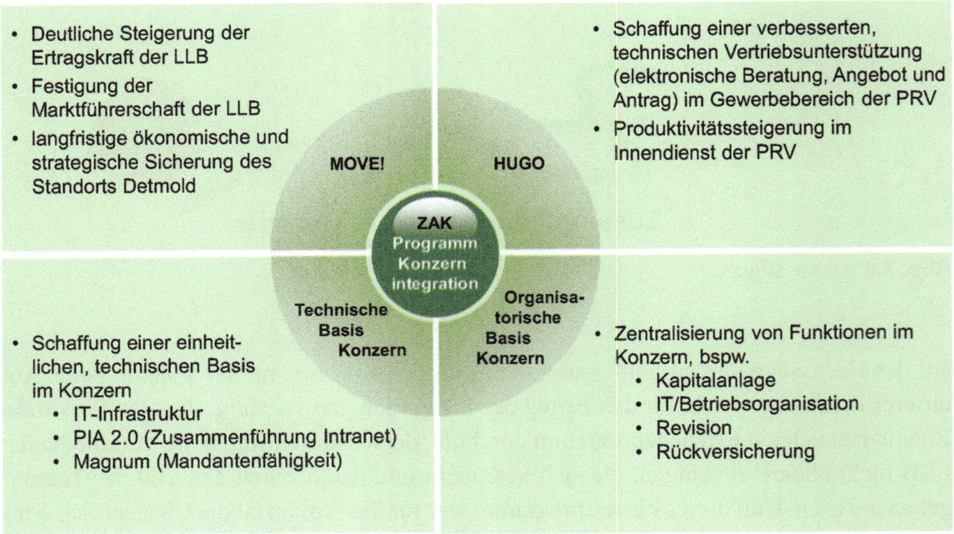


**Abb. 7.7** ZAK Programm Konzernintegration

### 7.4.2 Integrationsmaßnahmen auf der Verhaltensebene

Was war hier die Ausgangslage und mit welchen Reaktionen der Mitarbeiter und Mitarbeiterinnen wurde hier gerechnet?

Neben den sachlichen Herausforderungen, die in Projekten verschnürt gemeistert werden sollten, spielen natürlich auch menschliche sowie kulturelle Faktoren eine große Rolle in der Umsetzung eines Change Prozesses. Blicken wir einmal zurück in das erste Abschnitt dieses Artikels und betrachten die jeweiligen Charakterzüge der Protagonistinnen dann wird schnell klar, dass neben Bestandssanierung und Implementierung von Software der Faktor Mensch eine erhebliche Rolle spielt. Die Akzeptanz der Mitarbeiter auf beiden Seiten und die Kommunikation innerhalb der Prozesse war und ist der Kernfaktor für eine erfolgreiche Umsetzung. Doch was der Mensch nicht kennt, das verunsichert ihn zunächst: Prozesse, die jahrelang gelebt und umgesetzt worden sind, werden analysiert und verändert. Ein verhältnismäßig großes Unternehmen mit rund 2000 Mitarbeitern trifft auf einen deutlich Kleineres. Innerhalb der LLB kennt man sich, man weiß in welcher Abteilung das Gegenüber arbeitet, man kennt vielleicht sogar noch die Eltern oder Geschwister und trifft sich auch nach der Arbeit beim Einkaufen im kleinen Stadtkern Detmolds. Die Prozesse sind übersichtlich, Neuigkeiten verbreiten sich schnell und die Bindung und Identifikation mit dem Unternehmen und der Region sind beachtlich.

In der Provinzial sind die Kanäle deutlich größer und weitläufiger. Mitarbeiter sehen sich teilweise zum ersten Mal, wenn die Mittagspausenzeiten verändert werden. Das Einzugsgebiet für neue Kolleginnen und Kollegen spannt sich weit über das Rheinland hinaus – der ein oder andere pendelt täglich vom Arbeitsort zum Heimatort. Das Spektrum der Weiterbildungsmöglichkeiten, die Anbindung an andere Unternehmen in der Region sowie die Größe des Gesamtbetriebes tragen dazu bei, dass die Mitarbeiter der Provinzial ein ganz anderes Verständnis ihres Arbeitgebers haben als die Kolleginnen und Kollegen in Detmold.

Die vorher zunächst im Hintergrund laufenden Aufgaben und Projekte drängten einen Prozess auf die Bühne, der zunächst eine Welle der Angst unter den Angestellten im Hause der Provinzial auslöste. Wie bereits im vorherigen Abschnitt beschrieben, konnte mit einer derartigen Reaktion der Mitarbeiter innerhalb des Flurfunks nicht gerechnet werden: Da gab es nun diese Tochter in Detmold, von der man aber im eigentlichen Geschäft (und beide Häuser führten ja ihr Geschäft lückenlos weiter) gar nicht wirklich etwas bemerkte, wenn man nicht gerade in einem Projektteam war oder in der IT arbeitete. Und diese Tochter soll plötzlich eine komplette Sparte (Unfallversicherung) übernehmen mit der vollen Konsequenz eines Outsourcings?

Das Strategieprojekt wurde von einer ganz kleinen Mannschaft mit Leben erfüllt. Vorstände und Führungskräfte beider Häuser arbeiteten zusammen ohne Mithilfe großer Strategieberatungen, da diese einfach nicht zu dem Wesen der beiden Versicherungen passten und die beiden bis heute selbstbewusst genug sind, die relevanten Punkte zu finden und zu adressieren. Allerdings fand eine externe Moderation statt, um einem Scheuklappeneffekt von Anfang an aus dem Weg zu gehen. Diese Aktivität entfaltete von alleine noch keine Aufmerksamkeit, also unter Change Gesichtspunkten eher nachrangig, es passierte ja noch nichts.

Der zweite Teil, die Verlagerung der Arbeit von einem Standort zum anderen, um Arbeitsplätze an beiden Standorten zu sichern, hatte da schon erheblichen Sprengstoff, allerdings an einer Stelle, wo es nicht vermutet worden wäre: Man könnte sagen, der Flurfunk als Gradmesser für die Notwendigkeit von Kommunikation und Change sprang um fünf Windstärken (Physik) nach oben.

Eine erste wichtige Erkenntnis konnte man hier postulieren. Kein „Mensch" im Konzern glaubt Ihnen, dass Sie es ernst meinen, bevor nicht spürbare Veränderungen von statten gehen und der Flurfunk Ihre Maßnahme aufgreift! Und das gilt für alle Hierarchie-Ebenen. Man kann dies den Menschen auch nicht vorwerfen, es passiert innerhalb der Familie einfach zu viel.

Einen Prozess zu verfolgen, der einen selber zunächst nicht betrifft, ist deutlich einfacher als ein Teil des Vorgangs zu werden. Durch die zwingende Neuerung innerhalb der Unfallabteilung kam es zu einem schweren Kapitel innerhalb des Change Prozesses für das Management: Machen Sie Ihren Mitarbeitern klar, dass auch ein Aufgabenwechsel eine Chance sein kann. Zeigen Sie Ihnen Alternativen und begeistern Sie zur Abgabe langjährig vollzogener und bekannter Aufgaben!

Ein sehr harter und schwieriger Prozess für einen sozial eingestellten Arbeitgeber, der eine besondere Unternehmenskultur führt und pflegt. Ein Jammertal der Zukunftsängste und Befürchtungen entstand auf Seiten der betroffenen Kolleginnen und Kollegen. Mitarbeiter, die fachlich seit Jahren zur Elite in ihrem Bereich gehörten, mussten sich umorientieren, mussten neue Aufgaben annehmen und an vielen Stellen nochmal bei null anfangen. Das schlimme an diesem Prozess war zunächst nicht die Tatsache, dass sich etwas veränderte, sondern das Gefühl der Mitarbeiter, den Zeitpunkt dieser Veränderung nicht selber bestimmen zu können.

Das Management der Provinzial Rheinland eröffnete für die betroffenen Mitarbeiter die Möglichkeit verschiedene neue Stellen und Aufgaben „auszuprobieren" und in verschiedenen Praktika neue Kollegen und Herausforderungen kennen zu lernen. Für jüngere Kollegen zunächst auch eine tolle Chance, neue Bereiche zu erproben, allerdings für erfahrenere Mitarbeiter kein einfacher Weg.

Doch auch hier zeigte sich, dass ein Management nicht alles beeinflussen und vorhersehen kann: Durch das feste Miteinander und die Kultur im Hause wurden die betroffenen Mitarbeiter von ihren Kolleginnen und Kollegen in den übrigen Abteilungen herzlich aufgenommen und an manchen Stellen auch aufgefangen. Fast lückenlos konnten so alle Beteiligten das „Tal der Tränen" verlassen und in eine sichere und aufregende Zukunft mit vielen neuen Chancen blicken.

Das Öffnen der Pforten beider Häuser beinhaltete viel Vertrauen und auch eine gehörige Portion Skepsis. Es galt die Unterschiede in den beiden Unternehmenskulturen nicht als Hindernis sondern als Chance zur weiteren Verbesserung beider Standorte zu erkennen. Vorurteile mussten überwunden und Veränderungen neu gelebt werden. Eine Vermischung der beiden, zuvor im letzten Abschnitt genannten Ebenen fand nun statt. Technische Vorgänge und starre Projektpläne wurden mit Leben, aber auch mit Angst und Vorurteilen gefüllt. Stück für Stück wurde die Spannung zwischen den Tauen erhöht und der Brückenbau nahm erste erkennbare Formen an. Geholfen haben dabei viele Dialogmaßnahmen, viele gefahrene Kilometer, um Präsenz in Detmold beziehungsweise Düsseldorf zu zeigen und spezifische Change Maßnahmen, die den Mitarbeitern die Kultur des jeweiligen anderen Unternehmens näher bringen sollten. Beispiele dafür sind die typischen Spezialitäten der beiden Standorte: In Düsseldorf schlagen die Herzen bei ein paar deftigen Frikadellen und einem kühlen Altbier höher, in Detmold freut man sich über frische „Pickert" (=Pfannkuchen aus Hefe und Kartoffeln, serviert mit Kompott, Marmelade oder Lippischer Leberwurst). Bereits kurze Zeit nach dem Beginn der Integrationsphase wurden beide Gerichte in den Betriebsrestaurants des jeweils anderen Unternehmens eingeführt und sind nun ein fester und wiederkehrender Bestandteil der Speisekarte geworden. Nicht nur Liebe sondern auch gegenseitige Akzeptanz geht schließlich bekannterweise durch den Magen. Zudem bestand die Möglichkeit aller Mitarbeiter beider Seiten auch einmal im neuen Standort zu hospitieren um neben den Mitarbeitern in den ZAK Projekten auch allen anderen Kolleginnen und Kollegen das Kennenlernen zu ermöglichen. Schnell begegnete man als Provinzialer einem neuen Kollegen auf dem Flur und auch der ein oder andere Kollege aus Düsseldorf saß zur Mittagspause gemütlich in der wunderschönen Außenanlage des Detmolder Standortes in der Sonne. In gemeinsamen Schulungen und Projekten wurden die Verbindungen stärker ausgeprägt. Eine Vermischung der Mitarbeiter nahm stetig zu – Kollegen beider Häuser begannen nun auch Kolleginnen und Kollegen des jeweils anderen Standorts zu führen. Einige nutzen sogar die Chance beruflich sowie privat den Standort zu wechseln.

Durch das enge Miteinander und die stetig wachsende Integration war es nun auch für beide Seiten möglich, die jeweiligen Förderungsprogramme durch Weiter- und Fortbil-

**Abb. 7.8** "Zusammenwachsen funktioniert auf mehreren Ebenen"

dungen nutzen zu können. Die digitalen Chancen unserer Zeit in Form von Multi-Kanälen wie ein gemeinsames Intranet, die Nutzung von Chatprogrammen und Internetplattformen für den gemeinsamen Austausch ließen die Kilometer zwischen den Standorten förmlich schmelzen. Schnell konnte man sich austauschen und gemeinsam an einer Aufgabe arbeiten und das Wissen und Know-how des Gegenübers nutzen. Beinahe täglich pendeln Mitarbeiter der Standorte zwischen Düsseldorf und Detmold und ermöglichen somit eine wertschätzende Kommunikation. Aus zwei Schwestern ist eine gemeinsame Mentalität gewachsen, die trotz verschiedener kultureller Wurzeln alle Beteiligten in einer Einheit verbunden hat. Die anfängliche Skepsis und verschiedenste Vorurteile sind mittlerweile gewichen; die Mitarbeiter haben deutliche Vorteile in der Zusammenarbeit miteinander entdeckt. Das „Tal der Tränen" hat sich schlussendlich doch in einen Berg bewältigter Herausforderungen und freudiger Erfahrungen gewandelt (Abb. 7.8).

**[7 Jahre danach...]**

Abschließend und rückblickend kann durch die Autoren bestätigt werden, dass ein Change Prozess niemals abgeschlossen sein wird. Legen Sie den Fokus noch einmal auf unser Konzernhaus mit den integrierten Projekten und lassen Sie das Rheinland sprechen, wenn der Volksmund so rheinisch interpretiert: Wenn Du im Keller mit der Renovierung angekommen bist, kannst du im Dach wieder anfangen.

Und kein anderer Vergleich spiegelt den Ablauf einer Veränderung besser wider. Zusammenwachsen ist der eine Teil des Programmes, aber das große „Danach" ist der eigentliche Startpunkt des Prozesses. Lassen Sie uns einen Rückblick auf den Anfang machen und Sie werden immer wieder Komponenten finden, die wiederkehrend sind: das „Tal der Tränen" gehört genauso zu einem Prozess wie auch das vehemente Ignorieren (Siehst Du mich nicht, sehe ich Dich auch nicht) und die Erkenntnis am Ende doch mehr zu haben als zunächst gedacht.

Vielleicht nehmen Sie durch dieses Praxisbeispiel einige Erfahrungen oder Rückschlüsse für Ihre eigene Umsetzung von Prozessen mit oder zumindest konnten Sie an einigen Stellen Parallelen zu Ihrer täglichen Arbeit wiederfinden. Ganz egal was Sie mit dem nun Gelesenen machen werden, möchten wir Ihnen noch einige Gedanken abschließend mit in Ihren „Wissensrucksack" legen, die Sie vielleicht irgendwann beim durchstöbern der vielen gepackten Erfahrungs-Taschen noch einmal gebrauchen können:

- Egal welches Sturmtief des Gegenwindes auf Sie warten wird: Bleiben Sie standhaft in Ihrer Entscheidung, wenn Sie eine Möglichkeit der Verbesserung und des Auftriebes erkennen können
- Holen Sie sich frühzeitig Hilfe bei Kommunikationsexperten. Die Grundregel: Reden ist Silber, schweigen ist Gold, wird in einem Change Prozess vollkommen aus den Fugen gehoben. Kommunikation ist ihr stärkster Partner. Beinahe übermenschlich kann er (richtig angewandt) Probleme lösen, Chancen aufdecken und ganze Ozeane selbst im tiefsten „Tal der Tränen" zum versiegen bringen. Seien Sie von Anfang an offen, kommunizieren Sie zeitnah Ihr Vorgehen und den Wunsch etwas zu verändern, eröffnen Sie Ihrem Gegenüber neben Risiken auch immer Chancen: Seien Sie transparent und holen Sie jeden einzelnen dort ab wo er gerade steht. Das kostet an einigen Stellen viel Zeit (und gegebenenfalls auch Nerven), garantiert aber auf zukünftige Sicht eine freie Fahrt, da beinahe alle im selben Boot in dieselbe Richtung steuern.
- Errichten Sie eine Plattform des Kennenlernens. Ermöglichen Sie allen Beteiligten, sich persönlich zu begegnen. Scheuchen Sie das Schreckgespenst der Unwissenheit durch den Lichtstrahl des Miteinanders weit weg, auch wenn es zunächst wirtschaftlich gesehen Kosten verursachen wird. Auch hier ein Wink aus dem Rheinland: „Et hätt noch immer jut jejange!" Bei einem persönlichen Austausch können verhaltene Fronten abgebaut werden und Platz machen für ein WIR-Gefühl. Am Ende spielt doch für alle Beteiligten die gleiche Musik; Reisekostenminimierung ist der falsche Blick.
- Verabschieden Sie sich von dem Gedanken, alle auf die gleiche Weise erreichen zu können. Manche Kollegen lassen sich nicht von den besten Argumenten einfangen. Daher setzen Sie für sich Maßstäbe fest, bis zu welchem Punkt Sie Energie in Ihre

Überzeugungsarbeit stecken und bedenken Sie: Mühlen brauchen auch Gegenwind, damit sie funktionieren können.

Was haben nun unsere Protagonistinnen und die Mitarbeiterinnen und Mitarbeiter aus den letzten sieben Jahren mitgenommen? Die LLB konnte erfolgreich ihre Eigenständigkeit erhalten und ist weiterhin auf einem Konsolidierungsweg. Durch die bereits eng verbundenen Brückenteile und die fortgeschrittene Integration besitzt sie nun einen starken Partner, mit dem sie in vielen Funktionen eng und vertrauensvoll zusammenarbeiten kann. Durch die vielen Einsätze der Mitarbeiter und die vielen zurückgelegten Kilometer konnte eine Vertrauenskultur entstehen von der beide Häuser nachhaltig profitieren. Durch die Anbindung an die größere neue Adoptivmutter eröffnen sich für die Kolleginnen und Kollegen neue Optionen der Weiterbildung und der persönlichen Entwicklung. Durch konzernweite Programme und Fördermaßnahmen wurde die Standortgröße für alle Beteiligten aufgebrochen und mit ihr auch ein Know-how Transfer erreicht. Beide Arbeitgeber konnten durchaus neues und interessantes Potenzial aufweisen um ihr teuerstes und wichtigstes Gut – die Mitarbeiter – weiterhin motivieren und fördern zu können. Neben diesen Optimierungsmöglichkeiten war der zentrale Gewinn für die Kolleginnen und Kollegen die Sicherung und Erhaltung beider Konzernstandorte als attraktive und sichere Arbeitsplätze. Durch die Umsetzung der Projekte können auf beiden Seiten neues Fachwissen und Erfahrungen gesammelt und ausgebaut werden – Innerhalb der Projektarbeit werden neue Banden zwischen den Kolleginnen und Kollegen geschlossen, man lernt sich kennen und vor allem wertschätzen.

Die Provinzial realisiert bis zum heutigen Tag in der Zusammenarbeit mit der LLB Projekte, für die sie ansonsten Kapazitäten und Know-how am Markt einkaufen müsste. Viele Verbesserungen und Sanierungen wären ohne den Zusammenschluss der beiden Häuser kaum möglich gewesen. Alles in allem entstand ein Konzern, der auch standortübergreifend erfolgreich arbeitet und ein zukunftsweisendes und beispielgebendes Modell der Zusammenarbeit entwickelt hat.

Der Konzern ist durch die Erfahrung einer Fusion gestärkt und bereit für die nächsten Herausforderungen der modernen Zeit. Die Mitarbeiter haben gelernt, dass derart große Veränderungen keine Bedrohung, sondern eine Chance sind.

Ein abschließender Rückblick auf die Prozesse und Projekte der letzten sieben Jahre lässt auch einige kritische Schlüsse zu und sicherlich auch die ein oder andere Erfahrung, die bei künftigen Integrationen aus strategischer Sicht im Vorfeld beachtet werden würden.

Die Größe des neuen Familienmitglieds ist unerheblich für den Aufwand der Integration. Das wurde, vielleicht weil es das erste Mal war, vom Management sehr unterschätzt. Ein Integrationsprojekt im „Nebenjob“ für das gehobene Management war aufgrund der entstehenden Zielkonflikte zwischen Linien- und Projektarbeit effizienzhemmend.

Die evolutionäre und gemeinsame Entwicklung einer neuen Konzernidee erzeugt viel Reibung und dadurch auch Reibungsverluste. Hier müssen erheblich früher die

No-Gos auf den Tisch, damit man nicht immer wieder an unausgesprochenen Befindlichkeiten herumdiskutiert.

Die Mitarbeiter und Mitarbeiterinnen der Provinzial Rheinland und der LBB genießen einen sehr umfassenden Kündigungsschutz und eine Vielzahl von Vereinbarungen zur Unterstützung bei organisatorischen Veränderungen. Trotzdem erlebt man Situationen, in denen Mitarbeiter von gefühlter existenzieller Not sprechen, obwohl diese „objektiv" nicht vorliegt. Diese Phasen möglichst kurz zu halten, indem man schnell auch eventuell unangenehme Wahrheiten transportiert ist das größte „Learning" aus dem beschriebenen Prozess.

Und so beenden wir diesen Aufsatz mit dem chinesischen Sprichwort:

„Wenn der Wind der Veränderung weht, bauen die einen Mauern und die anderen Windmühlen"

**Patric Fedlmeier** ist seit Mai 2009 Vorstandsmitglied bei den Provinzial Rheinland Versicherungen und seit Dezember 2013 stellvertretender Vorsitzender des Vorstandes. Hierbei ist er verantwortlich für die Bereiche Vertrieb, Marketing, Informationstechnologie und Betriebsorganisation. Herr Fedlmeier ist seit 2003 bei der Provinzial tätig und hatte dabei verschiedene Führungspositionen inne. Zuvor hatte er berufliche Stationen bei Hewlett Packard, der Westfälischen Provinzial und der INTER Krankenversicherung durchlaufen

**Carina Swertz** ausgebildete Kauffrau für Versicherungen und Finanzen und seit 2013 Betriebswirtin, ist seit 2007 für die Provinzial Rheinland Versicherung tätig. Nach Beendigung ihrer dortigen Berufsausbildung arbeitete sie in der Kfz-Schadenregulierung für Groß- und Sonderkunden und übernahm nach dem erfolgreichen Abschluss ihres nebenberuflichen Studiums zur Betriebswirtin die Tätigkeit als Ressortcontrollerin und Vorstandsassistentin für Herrn Patric Fedlmeier

# Kulturwandel bei AXA: „Kundenzentrierung“ als Erfolgsfaktor bei der Strategieumsetzung

8

Stefan Schwarz

**Zusammenfassung**

Nach der erfolgreichen Integration der DBV-Winterthur begab sich AXA im Jahr 2008 in einen mehrjährigen Prozess der strategischen Neuausrichtung. Kerngedanke der neuen Strategie des „Lösungsversicherers“ war, dass die Kundenperspektive zur Richtschnur allen Handelns werden sollte. Um den Kulturwandel hin zu einer deutlich verbesserten Kunden- und Dienstleistungsorientierung erfolgreich zu gestalten, wurde die Strategieumsetzung in den Jahren 2009 bis 2012 durch ein Change Projekt begleitet. Ziel des Projektes war es, die Mitarbeiter kontinuierlich bei der Implementierung der Strategie zu beteiligen. Denn: eine Strategie ist immer nur so gut wie das, was von ihr durch die Mitarbeiter umgesetzt wird. Der Artikel beschreibt die im Rahmen der Veränderungsbegleitung durchgeführten Maßnahmen zur Mitarbeiterbeteiligung sowie die zur Evaluation des Projekterfolges durchgeführte Mitarbeiterbefragung und deren Ergebnisse.

**Schlüsselwörter**

Kulturwandel · Veränderungsbegleitung · Strategieumsetzung · Kundenzentrierung

S. Schwarz (✉)
Köln, Deutschland
E-Mail: stefan.schwarz@axa.de



G. Zimmermann (Hrsg.), *Change Management in Versicherungsunternehmen*,
DOI 10.1007/978-3-658-05974-3_8

## 8.1 Am Anfang steht die Strategie

### 8.1.1 AXA: Der Lösungsversicherer

Mit der Integration der DBV-Winterthur in den AXA Konzern im Jahre 2007 wurde AXA zum viertgrößten Versicherer in der deutschen Versicherungsbranche. Vor diesem Hintergrund, aber auch angesichts der sich grundlegend veränderten Markt- und Wettbewerbersituation, begab sich AXA im Jahr 2008 in einen mehrjährigen Prozess der strategischen Neuausrichtung. Dieser startete mit der sehr intensiven Diskussion der Frage, wie sich AXA in Zukunft aufstellen müsse, um dauerhaft im Wettbewerb erfolgreich zu sein. Das Ergebnis der Diskussion führte zur Strategie des „Lösungsversicherers" und wurde stark geleitet von der Frage, wie AXA aus Kundensicht wahrgenommen werden möchte und was die Bedürfnisse der Kunden sind.

### 8.1.2 Die Kundenperspektive als Richtschnur allen Handelns

„Letztendlich ist es für den Kunden irrelevant, von welchem Unternehmen er ein Produkt kauft. Der Kunde möchte Lösungen für sein Problem." Dies ist der Kerngedanke der Idee des Lösungsversicherers und findet Umsetzung in den folgenden fünf Elementen (siehe Abb. 8.1):

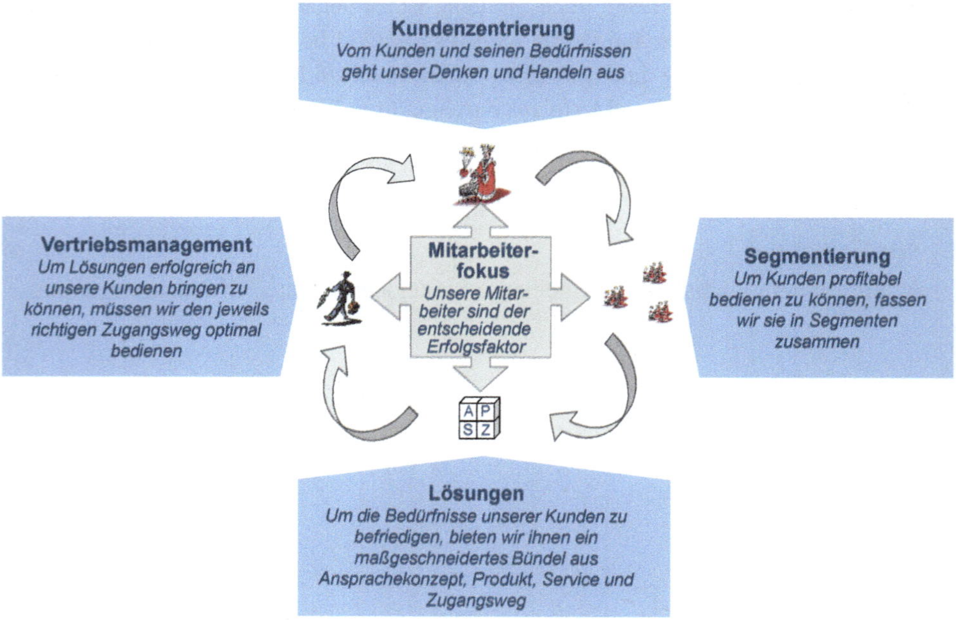


**Abb. 8.1** Die 5 Elemente der Strategie des Lösungsversicherers

1. *Kundenzentrierung*: Das gesamte Unternehmen muss konsequent auf die Bedürfnisse des Kunden ausgerichtet werden.
2. *Kundenspezifische Lösungen*: Dem Kunden müssen im Vierklang von Ansprache, Produkt, Service und Vertriebsweg spezifische Lösungen angeboten werden.
3. *Segmentierung*: Durch die Bildung von Kundensegmenten kann man die kundenspezifischen Bedürfnisse inhaltlich und wirtschaftlich profitabel bedienen.
4. *Vertriebsmanagement*: Um Lösungen erfolgreich an den Kunden heranzutragen, müssen die jeweils richtigen Zugangswege optimal bedient werden.
5. *Mitarbeiterfokus*: Der entscheidende Faktor für die Umsetzung der Strategie sind die Mitarbeiter. Denn nur durch die Kooperation aller „Mannschaftsteile" und Verinnerlichung des Kerngedankens der Strategie können übergreifende Lösungen für den Kunden erarbeitet, angeboten und verkauft werden.

## 8.2 Der Mitarbeiter im Zentrum der Strategieumsetzung

### 8.2.1 Mitarbeiterfokus als Schlüssel zum Erfolg

Die Mitarbeiter sind die entscheidenden Erfolgsfaktoren für die Umsetzung der Strategie des Lösungsversicherers. Nur wenn jeder Mitarbeiter die Grundgedanken der Strategie versteht und seinen Teil zum Gelingen beiträgt, wird die Strategieumsetzung erfolgreich sein. Es geht letztendlich darum, dass jeder Mitarbeiter durch sein persönliches Engagement und exzellenten Service den Kunden davon überzeugt, AXA-Produkte zu kaufen. Schließlich ist es nicht das Unternehmen selbst welches beim Kunden den Unterschied für die Kaufentscheidung ausmacht, sondern jeder einzelne Repräsentant des Unternehmens. Dabei haben die Kunden feste Vorstellungen davon, wie sie von ihrem Versicherer behandelt werden wollen. Ihnen ist vor allem wichtig, dass sie mit ihrem Anliegen den Versicherer erreichen können, ihren Bedürfnissen Aufmerksamkeit geschenkt wird und Aus- und Zusagen des Versicherers zuverlässig eingehalten werden. Insofern fungierten die drei Kerneigenschaften *Erreichbarkeit, Aufmerksamkeit* und *Zuverlässigkeit* als zentraler Ansatzpunkt für den angestrebten Kulturwandel im AXA Konzern: Ein Wandel hin zu einer deutlich verbesserten Kunden- und Dienstleistungsorientierung (siehe Abb. 8.2).

### 8.2.2 Vom Kopf über das Herz in die Hände

Eine Strategie ist immer nur so gut wie das, was von ihr umgesetzt wird. Ein Vorstandsbeschluss reicht dafür nicht aus. Vielmehr lebt die Implementierung einer Strategie von der Begeisterung der Mitarbeiter. Diese kann man aber nicht einfordern. Um sie zu erzeugen muss man erklären, überzeugen und werben. Aus diesem Grund wurde ein mehrjähriges Change Projekt aufgesetzt. Ziel dieses Projektes war es, die notwendige kulturelle Veränderung durch konstante Beteiligung der Mitarbeiter zu erreichen.

**Abb. 8.2** Die drei Kerneigenschaften der Kundenorientierung

Im Rahmen der angestrebten Mitarbeiterpartizipation galt es zunächst einmal sicherzustellen, dass konzernweit ein einheitliches Verständnis der Strategie des Lösungsversicherers entsteht. Denn: das Verständnis der Mitarbeiter für die Beweggründe und Umsetzungswege der neuen Strategie ist ein wichtiger erster Baustein, um bei den Mitarbeitern die notwendige Motivation dafür zu schaffen, die Kulturveränderung in Richtung Kundenorientierung in die Tat umzusetzen und in das alltägliche Handlungsrepertoire zu integrieren. Wichtiger noch als das reine Verständnis der Strategie ist, dass der Mitarbeiter das für den Transfer in konkretes Verhalten notwendige Herzblut für die Philosophie der Strategie entwickelt. So hatte die konstante „Ich-nahe" Auseinandersetzung mit dem Thema Kundenorientierung im Rahmen des Change Projektes das Ziel, dem Mitarbeiter unterschiedliche Zugangswege anzubieten, sich den vom Unternehmen angestrebten Kulturwandel zu eigen zu machen.

## 8.3 Das Change Projekt: kontinuierliche Mitarbeiterbeteiligung

### 8.3.1 Strategiekommunikation und der Transfer auf die internen Kundenbeziehungen

Das Change Projekt startet 2009 mit einer im gesamten AXA Konzern Top-Down durchgeführten Workshopkaskade. Dabei folgte jeder Workshop dem gleichen Muster: Zunächst wurde die neue Strategie anhand einer Basispräsentation allen Workshopteilnehmern von der jeweiligen Führungskraft erläutert. Anschließend wurde der Bezug der Strategie zur eigenen Tätigkeit diskutiert und gemeinsam im Team erarbeitet, wie sich jeder einzelne und das Team als Ganzes in den drei Kerneigenschaften verbessern kann. Abschließend arbeitete jedes Team Beweise dafür aus, wie es die Umsetzung der Strategie unterstützen wird. Diese Beweise wurden von den Mitarbeitern individuell in einem sogenannten AXA „Passport" festgehalten. Um die Strategie konstant im Bewusstsein der Mitarbeiter zu halten und den Austausch über die vielen verschiedenen Umsetzungswege unter den Teams zu verstärken, wurden die entwickelten Teambeweise gut sichtbar in den Bürofluren ausgehängt.

Konsequenterweise wurden diese Beweise im darauffolgenden Jahr in einer ebenfalls konzernweit durchgeführten Maßnahme auf den Prüfstein gestellt. Im Rahmen eines sogenannten Sparring-Partner Konzeptes wählte jedes Teams ein anderes aus, mit dem es entweder viele Schnittstellen hatte oder Optimierungsansätze für deren Kundenorientierung sah. Im nächsten Schritt tauschten sich beide Teams in einem Mini-Workshop darüber aus, wie sie ihre Beweise umgesetzt hatten, welche Erfahrungen sie dabei gemacht hatten und ob ihre bisherigen Aktivitäten von Erfolg gekrönt waren. Zentraler Bestandteil war das Feedback des jeweiligen Sparring-Partners und die damit einhergehende Chance, von einer Fremdwahrnehmung zu profitieren.

## 8.3.2 Fokussierung auf die Kerneigenschaften „erreichbar, aufmerksam, zuverlässig"

In den Jahren 2010 bis 2012 wurde im Rahmen des Hauptprogramms des Change Projektes jedes Jahr eine andere Kerneigenschaft fokussiert (siehe Abb. 8.3). Ziel war es, den kulturellen Wandel konstant zu treiben und das Thema Kundenorientierung in den

**Abb. 8.3** Der Projektplan des Change Projektes

Köpfen der Mitarbeiter zu verankern. Dabei war es für die Mitarbeiter verpflichtend, pro Jahr an mindestens einer der vom Projekt angebotenen Maßnahmen zum Kulturwandel teilzunehmen.

**2010 – Das Jahr der Erreichbarkeit**

Zu Beginn des Change Programms wurde stark dafür sensibilisiert, dass die Basis für kundenorientiertes Verhalten eine grundlegende Dienstleistungsorientierung ist. Telefonanrufe, die ins Leere gehen oder Emails, die unbeantwortet bleiben, weil der bearbeitende Mitarbeiter abwesend ist, entsprechen weder den Ansprüchen externer noch denen interner Kunden. Insofern wurden im Jahr 2010 konzernweit einheitliche Regeln für die Sicherstellung der Erreichbarkeit eines Mitarbeiters am Arbeitsplatz eingeführt. Dazu gehörte zum Beispiel die Einführung von garantierten Liefer- und Servicezeiten sowie die Anweisung, bei Abwesenheit Telefone auf Anrufbeantworter umzustellen und dem Kunden mitzuteilen, bis wann er eine verbindliche Rückmeldung zu seinem Anliegen erwarten kann. Des Weiteren wurden einheitliche E-Mail-Signaturen und eine automatisierte Abwesenheitsmeldung bei Urlaub oder Krankheit eingeführt. Aus den Überlegungen vieler Teams, internen Kunden eine Mindesterreichbarkeit zu garantieren, resultierte unter anderem die Einrichtung telefonischer Ringschaltungen sowie die Planung von Mindestbesetzungen.

**2011 – Das Jahr der Aufmerksamkeit**

Im Jahr 2011 stellte das Change Projekt den Mitarbeitern ein „Menü" von unterschiedlichen Maßnahmen zur Verbesserung der Kerneigenschaft „Aufmerksamkeit" zur Verfügung. An diesen Maßnahmen konnten die Mitarbeiter einzeln oder im gesamten Team teilnehmen. Dabei war die Teilnahme an mindestens einer Maßnahme für jeden Mitarbeiter verpflichtend. Strategieimmanent änderte auch das Change Projekt in diesem Jahr sein Vorgehen. Durch das Angebot eines Auswahlmenüs ging es stärker auf die Bedürfnisse seiner Kunden ein und handelte dadurch im Sinne der Strategie deutlich kundenorientierter als im Vorjahr. So konnten die Mitarbeiter aus den folgenden Maßnahmen diejenige heraussuchen, die am besten zu ihrem persönlichen Bedarf passte:

- *Web Based Trainings*: In sechs verschiedenen Modulen hatten die Mitarbeiter die Möglichkeit, sich individuell mit dem Thema Aufmerksamkeit auseinanderzusetzen und ihre Kenntnisse und Kompetenzen dadurch zu erweitern. Die Web Based Trainings waren durch Filme, Fotos und aktive Übungssequenzen abwechslungsreich gestaltet.
- *Hospitationsangebote*: Um Kundenorientierung praktisch zu erleben, konnten die Innendienstmitarbeiter entweder einen Außendienstmitarbeiter einen Tag lang bei Kundenterminen begleiten oder eine Hospitation im Bereich der Kundentelefonie buchen.
- *Erfahrungsvorträge aus der Praxis*: Top-Referenten aus der Wirtschaft vermittelten in Vorträgen zum Thema „Kundenorientierung" praxisnahe Impulse, wie Kunden aufmerksam bedient werden können.
- *Teamentwicklungsworkshops*: Teams, die sich als Einheit mit dem Thema Aufmerksamkeit/Kundenorientierung beschäftigen wollten, wurden zwei Workshopvarianten

(zwei – und vier -Stundenversion) zur Verfügung gestellt. In von der eigenen Führungskraft moderierten Workshops wurden die Teams zunächst für das Thema sensibilisiert, um dann konkrete Maßnahmen zur Verbesserung der Kundenorientierung des Teams abzuleiten und in die Tat umzusetzen.

Die Web Based Trainings boten den Vorteil, dass sie im individuellen Tempo – auch in kleineren Lerneinheiten – immer mal wieder in das Tagesgeschäft integriert werden konnten. Daher wurde diese Maßnahme insbesondere von Teams in Unternehmenseinheiten gewählt, die sich zum Beispiel aufgrund von Service-Level-Agreements nicht als gesamte Einheit über einen längeren Zeitraum aus dem Tagesgeschäft zurückziehen konnten. Einer sehr großen Beliebtheit erfreuten sich die Hospitationsangebote. Viele Innendienst-Mitarbeiter fanden es spannend, hautnah zu erfahren, welchen täglichen Herausforderungen sich die Außendienst-Mitarbeiter stellen müssen. Nicht selten berichteten die Hospitanten von „Aha"-Erlebnissen in Bezug auf die Verbesserung der Zusammenarbeit in der Schnittstelle zwischen Außen- und Innendienst.

**2012 – Das Jahr der Zuverlässigkeit**

Aufgrund der positiven Resonanz auf das Auswahlmenü des Vorjahres wurde das Konzept im Jahr 2012– nun mit dem Fokus auf der Kerneigenschaft „Zuverlässigkeit" – in gleicher Form fortgeführt:

- *Web Based Trainings/Teamentwicklungsworkshops*: Drei neue Web Based Trainings vermittelten den Mitarbeitern praktische Hilfestellungen, trotz hoher Alltagsbelastungen kundenorientiert zuverlässig zu agieren. Die Teamentwicklungsworkshops aus dem Vorjahr wurden dahingehend überarbeitet, dass nun die Kerneigenschaft „Zuverlässigkeit" Gegenstand der Auseinandersetzung war.
- *Best Practice Vorträge aus anderen Unternehmen/Branchen*: Vertreter von Unternehmen, die aufgrund ihres exzellenten Kundenservice bekannt und ausgezeichnet worden waren, referierten über deren Maßnahmen und Ansätze, den Kundenservice auf einem permanent hohen Level zu halten. Diese Vortragsreihe sollte den Mitarbeitern ermöglichen, von den Besten ihrer Branche zu lernen und Anregungen für den eigenen Berufsalltag mitzunehmen.
- *Interne Impulsreferate zur gemeinsamen Reflektion*: Top-Führungskräfte aus dem eigenen Hause hielten Impulsreferate über die Maßnahmen zur Verbesserung der Kundenorientierung aus ihrem Verantwortungsbereich. Im Gegensatz zu den Vorträgen der externen Referenten wurde diese Vortragsreihe bewusst stärker dialogorientiert durchgeführt. So diente der an die Impulsreferate anschließende Austausch bereits der Reflexion darüber, ob die eingeschlagenen Wege erfolgreich waren oder ob gegebenenfalls noch nachgeschärft werden musste.

### 8.3.3 Das Begleitprogramm: Die Strategie der kleinen Nadelstiche

Neben den zentralen Change Maßnahmen (Hauptprogramm), die jährlich angeboten wurden, gab es verschiedene begleitende Initiativen. Die Initiativen dieses Begleitprogramms sollten erreichen, dass sich die Mitarbeiter regelmäßig und über verschiedene Ansprachewege und Medien mit den Inhalten der Strategie des Lösungsversicherers – insbesondere mit dem Aspekt der Kundenzentrierung und den Kerneigenschaften – auseinandersetzen müssen. Beispielhaft sind im Folgenden einige dieser Initiativen aufgeführt:

- *Postkarten* („*Freecards*"): Den Mitarbeitern wurden kreative Motivpostkarten mit Bezug zu den drei Kerneigenschaften zur Verfügung gestellt. Diese sollten dazu animieren, Kollegen durch die Zusendung einer Postkarte – auf einem eher unkonventionellen Weg – Feedback in Hinsicht auf kundenorientiertes Verhalten zu geben.
- *Diskussionskarten*: Ein Potpourri an Situationen aus dem Berufsalltag, in denen kundenorientiertes Verhalten schwierig auszuführen ist beziehungsweise im Widerspruch zu gegebenenfalls anderen wünschenswerten Verhaltensweisen steht, wurde auf sogenannten Diskussionskarten festgehalten. In spielerischer Form wurden diese Situationen unter Kollegen beziehungsweise in den Teams diskutiert. Ziel war es nicht unbedingt, eine allgemeingültige Lösung zu erzielen, sondern über solche Dilemmata zu reflektieren und Handlungsmöglichkeiten gemeinsam zu entwickeln.
- „*Wussten Sie schon*"-*Nachricht*: In regelmäßigen Abständen erschien beim morgendlichen Hochfahren des Rechners für alle Mitarbeiter sichtbar eine kleine Nachricht, die wiederkehrend mit den Worten „Wussten Sie schon" eingeleitet wurde. Auf diese Weise wurden den Mitarbeitern kleine konkrete Hilfestellungen zur Verbesserung der Kerneigenschaften oder strategierelevante Informationen aus dem AXA Alltag nahegelegt beziehungsweise mitgeteilt.

### 8.3.4 Evaluation der Kulturveränderung: die „Maßstab-Befragung"

Ein Kulturwandel lässt sich nicht von heute auf morgen vollbringen – er benötigt Zeit und somit auch Geduld. Wie weit AXA auf dem Weg zum Lösungsversicherer ist, in welchen Punkten AXA sich noch verbessern muss und in welchen Bereichen der größte Unterstützungsbedarf besteht, wurde seit Beginn des Change Projektes im Jahre 2009 in einer regelmäßigen Mitarbeiterumfrage erhoben. Die Befragung wurde online, auf freiwilliger Basis und unter Wahrung von Anonymität durchgeführt. Neben Fragen zu den drei Kerneigenschaften (z. B. „Wie zufrieden sind Sie mit der Erreichbarkeit Ihrer Kollegen oder anderer Mitarbeiter von AXA?") hatten die Mitarbeiter unter anderem die Möglichkeit, Fragen und/oder Anmerkungen zur Strategie zu äußern. Die Ergebnisse der einzelnen Befragungen wurden jeweils pro Unternehmenseinheit ausgewertet und in regelmäßigen Koordinationsrunden mit deren Change Beauftragten – den sogenannten Ressortansprechpartnern – analysiert und besprochen. Die Aufgabe der Ressortansprechpartner war es, die

Change Maßnahmen in den von ihnen vertretenen Unternehmenseinheiten zu koordinieren, deren Stimmungen und Bedarfe aufzunehmen und an die Projektleitung heranzutragen. Auch sollten sie kontinuierlich dafür Sorge tragen, dass dem Change Thema in den verschiedenen Ressorts die notwendige Aufmerksamkeit gewidmet wurde. Abbildung 8.4 stellt den Fortschritt in den drei Kerneigenschaften „Aufmerksamkeit", „Erreichbarkeit" und „Zuverlässigkeit" über den Projektverlauf dar: Es bestätigte sich, dass kulturelle Veränderung – gerade in einem so großen Unternehmen wie dem deutschen AXA Konzern mit fast 10.000 Mitarbeitern – ein langfristiger Prozess ist und insofern eher in kleinen Schritten vorangeht.

Die deutlichste Verbesserung konnte in der Kerneigenschaft „Erreichbarkeit" erzielt werden. Im Vergleich zur ersten Maßstabbefragung vor Projektstart (Nullmessung) äußerten sich die Mitarbeiter bei Projektende weitaus zufriedener über die Erreichbarkeit ihrer Kollegen und Kolleginnen. Dies verwundert nicht, da an der Kerneigenschaft „Erreichbarkeit" aufgrund des in der Nullmessung festgestellten größten Handlungsbedarfes im gesamten Projektverlauf am längsten und intensivsten gearbeitet wurde. Auch bei der Kerneigenschaft „Aufmerksamkeit" konnten moderate Verbesserungen erzielt werden. Zu klären bleibt, wieso die Kerneigenschaft „Zuverlässigkeit" nach Projektende sogar minimal schlechter bewertet wurde als zu Beginn der Aktivitäten. Dies könnte daran liegen, dass diese Kerneigenschaft als Letzte fokussiert wurde und somit die kürzeste Bearbeitungsdauer aufwies. Sicher ist, dass die Mitarbeiter zum Zeitpunkt der Abschlussmessung bereits hinreichend über die Bedeutung „zuverlässigen Handelns" für die Strategieumset-

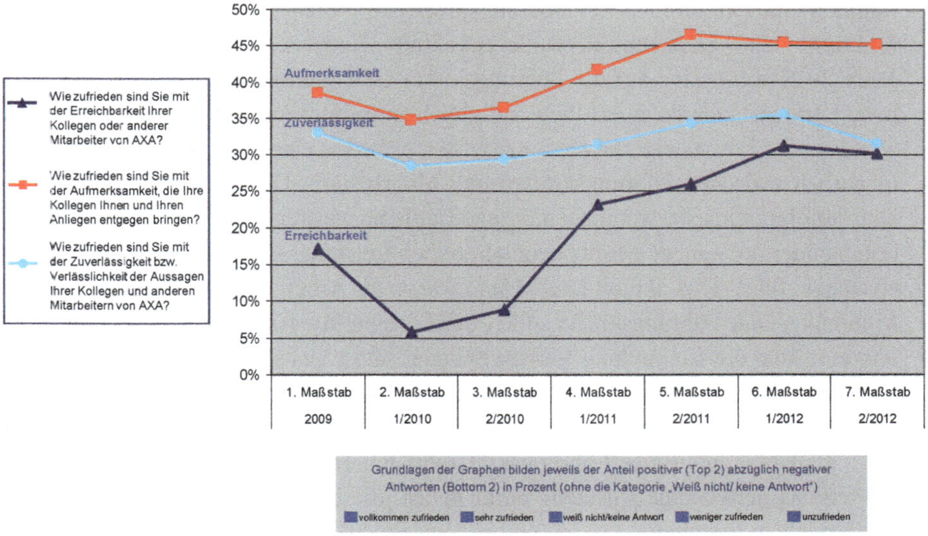


**Abb. 8.4** Kontinuierliche Evaluation durch Mitarbeiterbefragung

zung informiert waren. Es ist daher durchaus denkbar, dass sich die von den Mitarbeitern erlebte Diskrepanz zwischen Anspruch und den in der Kürze der noch verbleibenden Projektzeit zu erwartenden Verbesserungen negativ auf die Bewertung niedergeschlagen hat. Dies ist ein Erklärungsansatz, der ebenso für den Einbruch aller drei Kerneigenschaften zum zweiten Messzeitpunkt herangezogen werden kann: Im Vergleich zur ersten Maßstabbefragung vor Projektstart waren die Mitarbeiter zum Zeitpunkt der zweiten Messung über die Inhalte der Strategie und die Bedeutung der Kerneigenschaften für die angestrebte Kundenorientierung bereits informiert und somit sensibilisiert. Folglich fiel ihre Beurteilung der Umsetzung der Kerneigenschaften in der zweiten Messung kritischer aus. Von der dritten bis zur sechsten Messung zeigt sich ein stetiger positiver Bewertungstrend, welcher mit großer Wahrscheinlichkeit auf die durchgeführten Change Maßnahmen zurückgeführt werden kann. Beginnend mit der vorletzten Messung stagnierte dieser Fortschritt zumindest teilweise. Ursächlich dafür könnte eine Reduktion des Engagements der Mitarbeiter in die Verbesserung der Kerneigenschaften angesichts des auslaufenden Projektes sein – zumal die Veränderungsbereitschaft der Mitarbeiter zu diesem Zeitpunkt vom Unternehmen bereits wieder für ein neues Kulturthema in Anspruch genommen wurde (siehe Projektende und Ausblick).

## Nach dem Spiel ist vor dem Spiel: Projektende und Ausblick

Ende 2012 wurden die zentral durch das Change Projekt gesteuerten Maßnahmen offiziell beendet und die Fortführung der Arbeit an dem Thema in die Verantwortung der Linienführungskräfte übergeben. Aufgrund der Tatsache, dass Führungskräften im Rahmen eines kulturellen Veränderungsprozesses – nicht nur aufgrund ihrer Vorbildfunktion – eine ganz zentrale Rolle zukommt, wurde der Change Fokus bereits im Jahre 2012 sukzessive auf die Führungskultur im Unternehmen verlagert. Tagtäglich hohe Servicestandards zu erfüllen und gleichzeitig im Sinne der Profitabilität die notwendigen Effizienzsteigerungen umzusetzen, erfordert eine enge und intensive Zusammenarbeit zwischen Führungskräften und Mitarbeitern. Diese wird vor allen Dingen dann erfolgreich sein, wenn sie auf gegenseitigem Vertrauen, konstruktivem Umgang miteinander und einem allseits geteilten hohen Leistungsanspruch beruht. Um dies zu erreichen, führt AXA aktuell *Lean-Management* als Arbeits- und Denkphilosophie ein. Mitarbeiter und Führungskräfte sollen durch einen intensivierten Dialog miteinander und eine stärkere Einbindung Verbesserungen selbst gestalten. Mit Hilfe der dadurch erzielten Prozessoptimierungen und Effizienzsteigerungen sollen Produktivität, Kundenzufriedenheit und Mitarbeiterzufriedenheit nachhaltig gesteigert werden. Ein für 2015 geplantes intensives Führungskräfteentwicklungsprogramm soll den Führungskräften das notwendige Rüstzeug dafür geben, diesen neuen Transformationsprozess erfolgreich zu gestalten.

## Literatur

AXA Konzern AG (Hrsg) (2009) Konzernstrategie AXA Deutschland
AXA Konzern AG (Hrsg) (2011) AXA Magazin, Ausgabe 4
AXA Konzern AG (Hrsg) (2012) AXA Magazin, Ausgabe 1
AXA Konzern AG (Hrsg) (2013) Strategie AXA 2018
Schwarz S (2013) AXA Intranetseiten des Change Projektes

**Dr. Stefan Schwarz** leitet seit 2010 die Abteilung Organisationsentwicklung der AXA Konzern AG Deutschland. Zusammen mit einem Team von Change Beratern unterstützt er den Vorstand und das Top-Management bei der erfolgreichen Gestaltung von Veränderungsprozessen. Zu seinem Verantwortungsbereich gehört neben den Themen des Change Managements ebenso die Konzeption, Weiterentwicklung und Implementierung von konzernweit genutzten Personalinstrumenten. Nach einem Studium der Psychologie an der Universität Gießen und einer Promotion im Themengebiet „Behavioral Finance" startete er seine berufliche Laufbahn in der Hauptverwaltung des deutschen AXA Konzerns in Köln. Aufgrund der Übernahme unterschiedlicher Funktionen im Personalressort kann er heute auf ein breites Erfahrungsspektrum in der operativen wie auch strategischen Personalarbeit zurückgreifen.

# Teil III
# Veränderung durch People Management

# Veränderung als Normalfall

9

## Wie Führungskräfte, Teams, Organisation und Kultur über den Erfolg von Veränderungsprozessen entscheiden

Dietmar Austrup und Moritz von Campenhausen

**Zusammenfassung**

Auf die Versicherungsbranche kommen Zeiten der Ungewissheit, Komplexität und Volatilität zu. Die politischen und gesellschaftlichen Rahmenbedingungen verändern sich ebenso dramatisch wie das Marktumfeld. Veränderung ist vor diesem Hintergrund die einzige Möglichkeit, sich langfristig am Markt zu bewähren. Spitzenkräfte tragen hierfür besondere Verantwortung – doch sie können diese Aufgabe nicht im Alleingang bewältigen. Versicherungsunternehmen kann der nötige Wandel dann gelingen, wenn sie es schaffen, dabei den Vierklang aus Führungsperson, Team, Organisation und Unternehmenskultur im Blick zu behalten. Wo dieser umfassende Ansatz gelingt, entfalten Versicherer am ehesten Innovationskraft und Agilität für die Bewältigung der kommenden Herausforderungen.

**Schlüsselworter**

Führungspotenzial · Team Effectiveness · Innovationstreiber · Werte- und Kulturanalyse

D. Austrup (✉)
Düsseldorf, Deutschland
E-Mail: dietmar.austrup@egonzehnder.com

M. von Campenhausen
Hamburg, Deutschland
E-Mail: moritz.campenhausen@egonzehnder.com



G. Zimmermann (Hrsg.), *Change Management in Versicherungsunternehmen*,
DOI 10.1007/978-3-658-05974-3_9

Unsere Zeit ist geprägt durch ein hohes Maß an Ungewissheit, Komplexität und Volatilität. Verlässliche Prognosen sind fast unmöglich geworden und mit ihnen die Beständigkeit bewährter Geschäftsmodelle. Der Erfolg von heute ist kein Maßstab für den Weg von morgen. Zu unvorhersehbar sind die Entwicklungen, denen Gesellschaft, Politik und Märkte ausgesetzt sind. Dies bedeutet auch eine besondere Herausforderung für die Versicherungsindustrie. Mehr als andere Branchen ist sie bislang auf Verlässlichkeit und Berechenbarkeit ausgerichtet; sie kalkuliert mit Stabilität und definierten Modellen. Doch schon heute stoßen Versicherungsunternehmen hierbei zum Teil an ihre Grenzen.

Das instabile Politik- und Marktumfeld und der gesellschaftliche Wandel zwingen die Versicherer, ihr gesamtes geschäftliches „Ökosystem" von Grund auf zu überprüfen und in Teilen neu auszurichten. Spitzenkräften kommt in dieser Situation eine besondere Verantwortung zu. Ihre Weitsicht, ihre Risikobereitschaft und ihre Fähigkeit, überzeugende Visionen zu entwerfen und zu verkaufen, entscheiden absehbar über den Fortbestand ganzer Organisationen. Dabei besteht die Aufgabe der Manager nicht allein darin, zukunftsweisende Geschäftsmodelle für die Versicherungsindustrie zu kreieren. Sie müssen auch ein kulturelles und strukturelles Umfeld schaffen, das bei den Mitarbeitern Kreativität und Innovationskraft freisetzt und dafür sorgt, dass das Unternehmen lernt, deutlich besser als in der Vergangenheit mit ungewissen und sich dynamisch verändernden Rahmenbedingungen umzugehen. Dies gelingt freilich nicht, wenn die gesamte Last des Wandels allein von einer Spitzenkraft geschultert werden muss. Die Herausforderung besteht darin, einen solchen Veränderungsprozess mit einem umfassenden Ansatz anzugehen. Hierfür ist es hilfreich, vier Dimensionen gleichwertig und gleichzeitig in den Blick zu nehmen. Die besten Aussichten auf erfolgreichen – und vor allem nachhaltigen – Wandel hat derjenige, dem es gelingt

- einzelne Mitarbeiter zu motivieren und anzuleiten
- effiziente Teams aufzustellen
- diese Teams in einen organisatorischen Kontext einzubetten, der Veränderungen ermöglicht
- und all dies durch eine Kultur zu unterstützen, die mit Rückschlägen, neuen Wegen und ungeplanten Herausforderungen konstruktiv umgeht.

## 9.1 Passende Persönlichkeiten für Zeiten der Ungewissheit

Beginnen wir mit der Führungsspitze. Die Branche braucht Persönlichkeiten, die ihre Führungspotenziale auch in einem Umfeld andauernden Wandels entfalten. Zwar müssen Spitzenkräfte nach wie vor die „klassischen" Führungskompetenzen wie Entscheidungsfähigkeit oder Strategieorientierung mitbringen. Mindestens ebenso wichtig ist jedoch ihre Kompetenz, mit einem hohen Grad von Ungewissheit und Komplexität umgehen zu können. Die Bewältigung zukünftiger Herausforderungen gewinnt somit gegenüber dem Managen des Status quo erheblich an Bedeutung.

Wo bislang geradlinige Laufbahnen die Regel waren, sind nunmehr Spitzenkräfte mit heterogenen Führungserfahrungen gefragt. Die Forschung gibt Hinweise, wohin der Weg gehen sollte. Studien zeigen, dass sich insbesondere diejenigen Führungskräfte im Umgang mit komplexen Herausforderungen bewähren, die in ihrem bisherigen Werdegang bereits mit vielfältigen Kontexten und Perspektiven konfrontiert wurden. Da solche „bunten" Karrieren in der Versicherungswirtschaft immer noch die Ausnahme sind, kann es deshalb ein Ansatz sein, gezielt Manager aus fremden Branchen zu rekrutieren. Gerade Führungskräfte, die bei ihren vorherigen Arbeitgebern strukturelle Veränderungen erfolgreich bewältigt haben, können wertvolle Erfahrungen einbringen. Darüber hinaus ist es sinnvoll, den organisationseigenen Nachwuchs zukünftig nach vielfältigeren Kriterien – insbesondere auch im Sinne einer breiter angelegten „Diversity" – zu fördern und zu entwickeln.

Wo der Umgang mit zukünftigen Herausforderungen zum Entscheidungskriterium für die Rekrutierung einer Führungskraft wird, lohnt auch ein entwicklungsbezogener Blick auf ihre Fähigkeiten. Unternehmen sollten dafür nicht nur die bisherigen Leistungen ins Visier nehmen, sondern vor allem das *Führungspotenzial* geeigneter Kandidaten betrachten. Damit sind die professionellen und persönlichen Wachstumsmöglichkeiten einer Person gemeint – Möglichkeiten, die gerade dann entscheidend sind, wenn klar ist, dass die Führungsherausforderungen in drei oder fünf Jahren deutlich andere sein werden als heute.

Während Kompetenzen also das erwiesene Führungsverhalten abbilden, zeigt Potenzial auf, was einer Persönlichkeit möglich ist, auch wenn es heute noch nicht in der Praxis zum Einsatz kommt. Wie lässt sich jedoch beurteilen, ob ein Manager aus der „zweiten Reihe" oder ein Talent aus der Konsumgüterbranche das Zeug für eine Spitzenposition bei einem Versicherer hat? Zweifellos kann man von den in der Vergangenheit erbrachten Leistungen auf Stärken und Charakterzüge schließen, die Hinweise auf vorhandene Führungskompetenzen geben. Das aussagekräftigere Bild ergibt sich jedoch aus einer Analyse, die auch das Potenzial für neue, zum jetzigen Zeitpunkt noch unabsehbare Aufgaben berücksichtigt. Und gerade auf dieses Potenzial kommt es an, wenn andere Blickwinkel und Ideen in das Führungsteam einfließen sollen. Vor dem Hintergrund dieser Überlegungen hat Egon Zehnder ein Potenzialmodell entwickelt, das vier Merkmale bewertet. Diese Eigenschaften und Wesenszüge stehen „hinter" den klassisch messbaren Kompetenzen – sie sind eine Art Treiber für persönliches wie professionelles Wachstum.

Die vier Potenzialtreiber sind

- *Neugier*: das proaktive Streben nach neuen Erfahrungen, Ideen und Kenntnissen. Die Bereitschaft, andauernd Neues zu lernen und sich zu verändern
- *Ganzheitliches Denken*: die Fähigkeit, komplexe Informationen zu erfassen und sinnvoll zu verarbeiten
- *Überzeugungskraft*: die Fähigkeit, Emotion und Intellekt der Mitarbeiter zu stimulieren, sie für eigene Visionen zu gewinnen und sie zum Engagement zu bewegen
- *Entschlossenheit*: die Fähigkeit, mit Vernunft Risiken einzugehen, in schwierigen Situationen zu bestehen und nach größeren Rückschlägen schnell wieder Tritt zu fassen

All diese Eigenschaften sind weniger erlernbar als in der Persönlichkeit einer Führungskraft angelegt. Umso wichtiger ist die Analyse, in welchem Maße sie bei (zukünftigen) Führungskräften vorhanden sind. Auf Grundlage der Ergebnisse einer solche Analyse können auch Aussagen über Fähigkeiten getroffen werden, die ein Kandidat noch nicht in der Praxis erproben und beweisen konnte, etwa weil seine berufliche Laufbahn erst verhältnismäßig kurz oder eher linear verlief. Nur wer über nachweisbar noch nicht ausgeschöpfte Ressourcen verfügt, hat zusätzliches Führungspotenzial. Damit bietet sich die Potenzialanalyse nicht zuletzt auch an, um im eigenen Unternehmen Talente zu identifizieren, die im Rahmen von Entwicklungsprogrammen gefördert werden sollten.

Mit Blick auf die Ungewissheit der kommenden Jahre sollten Versicherungsunternehmen nicht den Fehler machen, nach der legendären „eierlegenden Wollmilchsau" zu suchen. Eine Studie belegt, dass insbesondere die Führungsteams erfolgreich arbeiten, in denen sich auch Persönlichkeiten finden, die „anecken" (Egon Zehnder International/McKinsey & Company 2011: Return on Leadership – Competencies that Generate Growth). Solche herausragenden Manager glänzen mit zwei, drei außergewöhnlichen Stärken. Da ist etwa der charismatische Anführer, der Menschen für eine Sache zu begeistern weiß, selbst wenn sie große Anstrengungen erfordert. Oder der visionäre Stratege, der dem Unternehmen Ziel und Richtung geben kann. Von derartigen Persönlichkeiten gehen häufig die entscheidenden Führungsimpulse aus, die dann mithilfe des Führungsteams branchenspezifisch „übersetzt" werden können.

Führungskräfte mit eher ungewöhnlichen Persönlichkeits- und Kompetenzprofilen sind jedoch nur der erste Schritt zum Erfolg. Der beste Neuzugang bleibt wirkungslos, wenn die bestehende Führungsmannschaft nicht bereit oder fähig ist, Impulse seitens des Managers aufzunehmen und zu entfalten. Die Gefahr, dass dies passiert, ist jedoch gerade in Phasen des Wandels groß. Umso entscheidender ist es, die Integrationsphasen neuer Manager systematisch zu begleiten – aufseiten der neuen Führungskraft ebenso wie aufseiten des bestehenden Führungsteams. So lassen sich, im Zweifel mithilfe eines externen Prozessbegleiters, Reibungsverluste ebenso reduzieren wie die Wahrscheinlichkeit, dass die neue Führungskraft aufgrund übergroßer Widerstände frühzeitig das Steuer abgibt (für nähere Informationen zu Accelerated Integration siehe www.egonzehnder.de/accelerated-integration).

## 9.2 Teams als Keimzelle der Veränderung etablieren

Teams sind die wichtigste Keimzelle aller Veränderungsprozesse. Sie haben die Möglichkeit, Ideen nach dem Schneeballprinzip in die gesamte Organisation zu tragen. In der Führungsetage wie in allen anderen Bereichen gilt hierbei: Nur wenn ein Team mehr ist als die Summe der individuellen Kompetenzen seiner Mitglieder, entfaltet es sein volles Potenzial. Doch heute sind Führungsteams in vielen Organisationen eher Arbeitsgruppen als integrierte Teams. Da kümmern sich die Einzelnen um ihr jeweiliges Aufgabengebiet, anstatt gemeinschaftlich und übergreifend an den Herausforderungen des Unternehmens zu arbeiten. Insbesondere in beanspruchenden Veränderungsphasen ist es deshalb wichtig, mit Blick auf den Wirkungsgrad eines Teams grundlegende Fragen zu stellen:

- Besteht innerhalb des Teams Konsens über Auftrag und Zielsetzung? Kennt jedes Mitglied die individuellen Aufgaben?
- Generiert das (Führungs-)Team in ausreichendem Maß Impulse, um grundlegende Veränderungen anstoßen zu können? Vermittelt es ein überzeugendes Narrativ, das den Rest der Organisation von der Notwendigkeit des Wandels überzeugt?
- Ist das Team fähig, mutige Entscheidungen zu treffen – und ihre Notwendigkeit und Verhältnismäßigkeit überzeugend zu vermitteln?
- Herrscht im Team eine Kultur des offenen Austausches? Stützen und inspirieren sich die Mitglieder des Teams in hohem Maß gegenseitig? Gibt es eine Kultur der konstruktiven Selbstkritik?
- Verfügt das Team über ausreichend Engagement, Ehrgeiz, Energie, Initiativkraft und den Mut, mit Risiken gut umzugehen und Veränderungen souverän zu bewältigen?

So schlicht diese Fragen auf den ersten Blick wirken mögen – sie haben es in sich. Unserer Erfahrung nach ist bereits die Zielsetzung eines Teams sehr häufig unklar. Kollektiv ausgegebene Ziele lassen die Implikation für den Einzelnen oft völlig offen. Entsprechend diffus sind in der Folge das Rollenverständnis und damit auch der Beitrag des Einzelnen in einer Führungsmannschaft.

Wie oben bereits angesprochen, haben Versicherungsunternehmen in den vergangenen Jahren bestimmte Kompetenz- und Rollenprofile in der Personalauswahl bevorzugt. Dies hat zur Folge, dass bestimmte Persönlichkeitstypen und damit auch Teamrollen überproportional häufig, andere hingegen gar nicht oder nur mangelhaft in der Organisation vertreten sind. Das Ergebnis ist eine Pfadabhängigkeit in Denken und Handeln, die in Veränderungsphasen den gesamten Prozess des Wandels bremsen kann. Umso wichtiger ist es, dass sich Unternehmen der Stärken und Schwächen ihrer Teams bewusst werden. Je mehr Klarheit hier herrscht, desto gezielter können sie bei Neubesetzungen darauf achten, bestimmte Führungsrollen zu integrieren, die bislang in Teams gefehlt haben.

Viele Entscheider gehen nach wie vor davon aus, dass der Blick auf die fachliche Qualifikation des Einzelnen ausreicht, um geeignete Teammitglieder zu rekrutieren. Eine fachlich hervorragende Kraft ist jedoch nicht zwangsläufig ein geeignetes Teammitglied – entscheidend sind hier vielmehr Persönlichkeitsmerkmale, die eine gelungene Interaktion in der Gruppe befördern oder eben bremsen. Hinzu kommen das Rollenverhalten und die individuelle Ausprägung der professionellen Kompetenzen. Auf die Mischung kommt es an: die Kunst ist es, das richtige Maß an Heterogenität zu finden, um Teams eine maximale Leistungsfähigkeit zu ermöglichen.

Erschwerend kommt hinzu: Selbst wenn ein Team in der Vergangenheit eine Aufgabe exzellent gelöst hat, sagt dies nicht zwingend etwas über seinen Erfolg beim Bewältigen zukünftiger Herausforderungen aus. Vielmehr verlangen unterschiedliche Herausforde-

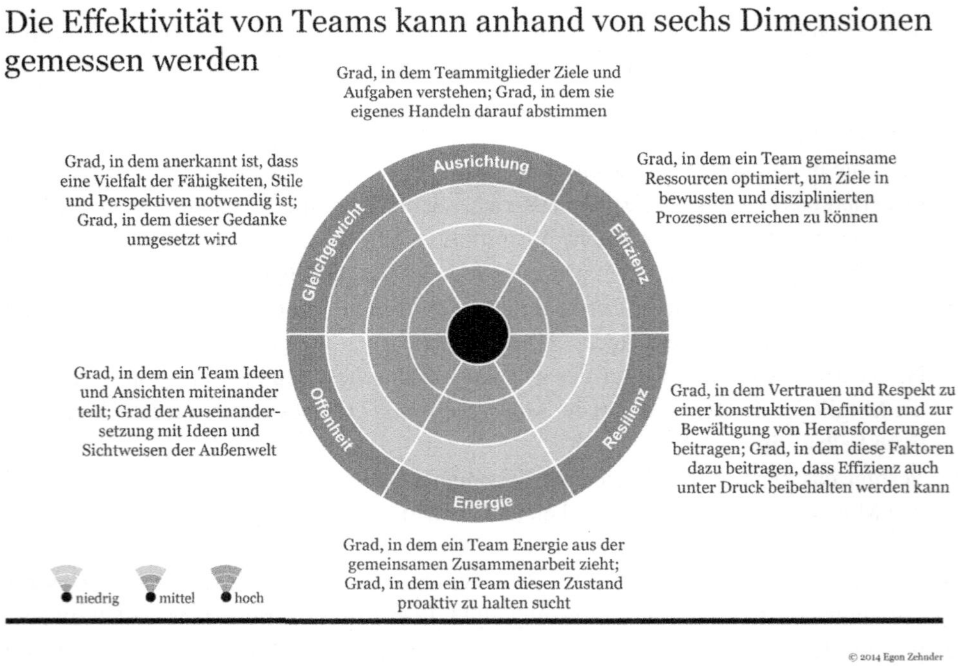


**Abb. 9.1** Die Effektivität von Teams

rungen nach verschiedenen Teamprofilen, die in Dimensionen wie Balance, Energie, Resilienz, Offenheit, Effizienz oder des gemeinsamen Fokus variieren.

In Veränderungsprozessen sind hierbei insbesondere die Faktoren Ausrichtung, Gleichgewicht und Offenheit wesentlich. Um Teams entsprechend ihrer tatsächlichen Herausforderungen zu bestmöglicher Arbeit zu befähigen, hat Egon Zehnder das *Team Effectiveness Review* (siehe Abb. 9.1) entwickelt. Dieses Analyse-Tool nimmt die Teamkompetenz des einzelnen Teammitglieds ebenso in den Blick wie die Teamkompetenzen in ihrer Gesamtheit. Ziel ist es, Transparenz in die Interaktion des Teams zu bringen. Dabei werden Fragen beantwortet wie: Welche Verhaltensmuster werden gepflegt? Wie nehmen die Teammitglieder die bisherige Arbeit wahr? Wo bestehen kollektive Stärken, wo gibt es Schwächen? Mithilfe von sechs definierten Teamdimensionen gelingt es, die Effektivität eines Teams genau zu analysieren – und in der Folge Stärken wie auch sinnvolle Entwicklungsfelder aufzuzeigen.

## 9.3 Von der Absicherungs- zur Innovationsstruktur der Organisation

In der Regel beginnen Veränderungsprozesse mit dem Umbau der Organisationsstruktur, bevor der Einzelne in den Blick genommen wird. Zunehmend zeigt sich jedoch, dass der Weg in umgekehrter Richtung bessere Ergebnisse zeigt. Wandel beginnt mit Impulsen von der Spitze, wird durch engagierte, kreative Teams in die Breite der Organisation getragen und zeigt sich erst im letzten Schritt in deren formaler Struktur.

Wer über Strukturen nachdenkt, sollte nicht nur Effizienzmerkmale in den Blick nehmen. Vielmehr geht es darum, die gesamte Funktionsweise der Organisation an den Herausforderungen des Veränderungsprozesses auszurichten. Dies hat auch Folgen für die Erfolgskriterien, anhand derer die Organisation ihre eigene Performance bewertet. So sollten der Innovationsgrad, die Fähigkeit zur Zusammenarbeit oder das wirkungsvolle Talent Management elementare Gradmesser in Zeiten von Veränderung sein.

Vor diesem Hintergrund ist es sinnvoll zu fragen, inwiefern Spitzenkräfte ausgewählten *Change Promoters* im Laufe des Veränderungsprozesses zusätzlichen Handlungsspielraum verschaffen können. Ein Ansatz ist es, einzelnen Teams das Experimentieren abseits etablierter Strukturen zu ermöglichen – und so Innovationspotenzial freizusetzen, das im gegebenen System vermutlich ungenutzt bleiben würde. Diese Teams sollen und dürfen Alternativen zum Status quo entwickeln und umsetzen. Wichtig ist hierbei, dass Schlagworte wie „mehr Verantwortung" oder „mehr Unternehmertum" zu einem möglichst frühen Zeitpunkt im Unternehmen mit Leben gefüllt werden. Ansonsten drohen sie als leere Floskeln abgetan zu werden, noch bevor der Veränderungsprozess die Umsetzungsphase in der Breite erreicht hat.

## 9.4 Unternehmenskultur als Katalysator

Versicherer brauchen mehr denn je Mut zum Risiko. Neue Erfolgskonzepte sind am ehesten durch *Trial and Error* zu entwickeln. Gerade an Fehlerkultur mangelt es jedoch oft – Versicherungsunternehmen, deren Kernkompetenz die Beurteilung von Risiken ist, setzen auf Berechenbarkeit. Wer aber über Veränderungen nachdenkt, die auch die Strukturen und das Geschäftsmodell umfassen, muss notwendigerweise den Faktor der Unternehmenskultur einbeziehen. Befördert der kulturelle Status quo die angestrebten Veränderungen oder läuft er ihnen eher zuwider? Inwiefern decken sich der kulturelle Anspruch des Unternehmens und die Wahrnehmung der gelebten Kultur aufseiten der Mitarbeiter? Befördern die bisherigen Unternehmenswerte die neue Strategie?

Antworten auf diese Fragen bietet eine systematische Werte- und Kulturanalyse. Sie ermöglicht den Abgleich zwischen dem wahrgenommenen Status quo und dem „kulturellen Soll" und liefert somit wichtige Erkenntnisse über kulturelle Stärken im Unternehmen – ebenso wie über Diskrepanzen zwischen Anspruch und Wirklichkeit. Insbesondere neue Führungsspitzen können auf diese Weise wichtige Informationen darüber gewinnen, wie die Organisation „tickt". Interviews mit Mitarbeitern und ausgewählten externen Akteuren geben Einblicke, wie das Unternehmen von innen wie außen gesehen wird. Die Werte- und Kulturanalyse gibt der Unternehmensspitze im Zuge von Veränderungsprozessen die Möglichkeit, Deckungsgleichheit zwischen der neuen Strategie und den gelebten Werten der Organisation herzustellen. Die Ergebnisse der Analyse bieten die Grundlage dafür, die bestehenden Werte nach Bedarf zu erweitern oder zu schärfen – bei gleichzeitigem Beschließen konkreter Schritte, um sie auf allen Unternehmensebenen erlebbar zu machen und mit der (neuen) Strategie zu verzahnen. Zugleich haben die Werte Konsequenzen für die Unternehmensstruktur: Wer Innovationsfähigkeit als Kernwert identifiziert, benötigt mutmaßlich andere Arbeitsprozesse als ein Unternehmen, das besonderen Wert auf Kontinuität legt. Darüber hinaus erleichtert die Gewissheit über strategiekonforme Unternehmenswerte das Rekrutieren von Führungskräften, deren professionelles und persönliches Profil zur Unternehmenskultur passt.

**Neues wagen, um Bestehendes zu sichern**

Auf die Versicherungsbranche kommen Jahre der Ungewissheit, Komplexität und Volatilität zu. Die Lösungsansätze der Vergangenheit führen künftig aller Wahrscheinlichkeit nach nicht mehr zum Ziel – die politischen und gesellschaftlichen Rahmenbedingungen verändern sich ebenso dramatisch wie das Marktumfeld. Folglich müssen Versicherer innovativer als bislang agieren und bewährtes Verhalten in Frage stellen, um bestehen zu können. Die Umbrüche der kommenden Jahre sind nur mit heterogenen Führungsmannschaften zu bewältigen. Ihnen kann ein deutlicher Zuwachs an Innovationskraft am ehesten gelingen. Dabei ist klar: Keine Führungspersönlichkeit kann eine solche Aufgabe alleine bewältigen. Die Bereitschaft zu experimentieren und zielgerichtet zu agieren, muss von Teams getragen werden. Diese gilt es wiederum in eine Organisationsstruktur einzubetten, die ein innovatives und zielgerichtetes Handeln befördert. Unterstützt wird dieser Prozess von einer Unternehmenskultur, deren Werte mit den neuen Organisationszielen übereinstimmen. Erst wenn dieser Vierklang aus Führungspersönlichkeit, Team, Organisation und Kultur gelingt, ist der Weg für die weitreichenden Neuerungen der kommenden Jahre geebnet.

**Dietmar Austrup** kennt die Versicherungsbranche nicht nur als Berater: Nach einer Station bei KPMG war der studierte Wirtschaftswissenschaftler zehn Jahre lang in leitenden Positionen in der Gerling Versicherungsgruppe tätig, wo er sich vor allem mit den Bereichen Strategie und Personal auseinandersetzte. Als Mitglied des Düsseldorfer Büros von Egon Zehnder leitet Dietmar Austrup die deutsche und die globale Praxisgruppe Versicherungen. Er ist fokussiert auf die Besetzungen von Führungspositionen, Beratungen im Bereich Talent Management sowie Nachfolgeplanungen für Vorstände von Versicherungen und Banken im In- und Ausland.

**Dr. Moritz von Campenhausen** hat als Berater wie als Führungskraft tiefen Einblick in die Versicherungsindustrie gewinnen können. Als Berater der Boston Consulting Group beschäftigte er sich intensiv mit der Branche. Im Anschluss war er im AXA-Konzern für die Bereiche Projektmanagement und Strategie zuständig. Seit 2009 ist Moritz von Campenhausen im Hamburger Büro von Egon Zehnder tätig. Er befasst sich dort, vorwiegend im Bereich Versicherungen, mit der Besetzung von Führungspositionen, Management Appraisals und insbesondere mit Fragen rund um die Themen Leadership und Führungskräfteentwicklung.

# Werkraum Führung – eine ressortübergreifende Führungskräftemaßnahme

10

## Vernetzung unterschiedlicher Kulturen und Aufbau eines gemeinsamen Führungsverständnisses im Veränderungsprozess

Iris Kremers, Anja Dorn und Andrea Wolter

*Ich kann freilich nicht sagen, ob es besser werden wird, wenn es anders wird; aber so viel kann ich sagen, es muss anders werden, wenn es gut werden soll.*
(Georg Christian Lichtenberg)

**Zusammenfassung**

Die Versicherungswirtschaft hat derzeit ein sehr herausforderndes Umfeld zu bewältigen: das niedrige Zinsniveau, sich änderndes Kundenverhalten, immer neue Anforderungen des Reguliereres sind die wesentlichen Anforderungen, die auch die Talanx zu managen hat. Um die Führungskräfte dabei zu unterstützen, wurde ein neues Format etabliert: der *Werkraum Führung*. Hierbei werden Teilnehmer in einem ungewöhnlichen Setting – einer Werkstatt nachempfunden – in einen intensiven Aufmerksamkeitszustand versetzt, wodurch Raum für Inspiration und Kreativität entsteht und gegenseitiges Vertrauen entwickelt werden kann. Strategische Inhalte sowie aktuelle Change Themen werden diskutiert und konkrete Umsetzungsmaßnahmen abgeleitet. Zudem bietet das Format eine Plattform zum kollegialen Austausch und zur gesellschaftsübergreifenden Vernetzung.

I. Kremers (✉) · A. Dorn · A. Wolter
Köln, Deutschland
E-Mail: Iris.Kremers@talanx.com

A. Dorn
E-Mail: Anja.Dorn@talanx.com

A. Wolter
E-Mail: AndreaMaria.Wolter@talanx.com



G. Zimmermann (Hrsg.), *Change Management in Versicherungsunternehmen*,
DOI 10.1007/978-3-658-05974-3_10

**Schlüsselworter**
Innovatives Format/Raumkonzept · Selbstverantwortung · Kollegiale Fallberatung Vernetzung · Gemeinsames Führungsverständnis

## 10.1 Historie und Ziele des *Werkraum Führung*

Talanx Deutschland ist aus der Zusammenführung verschiedener Versicherungs- und Servicegesellschaften entstanden. Dazu gehören die Marken HDI und Gerling (inzwischen zur Marke HDI verschmolzen), TARGO Versicherungen, PB Versicherungen sowie neue leben. Aufgrund der Historie gab es Parallelstrukturen und teilweise redundant arbeitende Funktionsbereiche. Zudem entstand durch die Finanz- und Kapitalmarktkrise ein mehr als herausforderndes wirtschaftliches Umfeld. Dies machte ein Umdenken und die Neuorganisation von Talanx Deutschland erforderlich. Es ging darum, die Zukunftsfähigkeit der Unternehmen zu sichern.

In der Talanx Deutschland AG sind die Aktivitäten des Geschäftsbereiches Privat- und Firmenversicherung Deutschland zusammengefasst. Im Zuge einer Neuausrichtung stand der Bereich vor umfassenden Veränderungen. Um die Führungskräfte dabei zu unterstützen, wurde ein neues Format etabliert: der *Werkraum Führung*.

Deshalb haben wir bei Talanx Deutschland einen tief greifenden Veränderungsprozess gestartet, der alle Dimensionen des Unternehmens betraf. Am Anfang stand eine neue Unternehmensstrategie, aufbauend auf den Konzernwerten „Unternehmerisches Denken und Handeln im Konzernverbund", „Ganzheitliche Kundenfokussierung", „Leistungs- und Erfolgsorientierung", „Vertrauen und offene Kommunikation". Auf dieser Basis wurde ein umfassendes Change Programm zur Anpassung von Strukturen und Prozessen entwickelt. Eine besondere Herausforderung war dabei die Zusammenführung von unterschiedlichen Unternehmenskulturen unter dem gemeinsamen Dach Talanx Deutschland. Diese Neuordnung und das Zusammenwachsen verschiedener Marken und Geschäftsfelder sollte durch das innovative Format *Werkraum Führung* unterstützt werden.

Warum ein solches Format? Wir sind überzeugt, dass Führungskräfte und Mitarbeiter der wesentliche Erfolgsfaktor für die Zukunft von Talanx Deutschland sind. Einer der wichtigsten Bausteine für erfolgreiches Change Management ist somit, ein gemeinsames Führungsverständnis im Unternehmen zu verankern: Führungskräfte und Mitarbeiter sollen die Veränderung der Organisation mittragen und sich aktiv in den Prozess einbringen. Nur dann kann der Wandel erfolgreich sein, denn er erfordert von allen Beteiligten ein hohes Maß an Veränderungsbereitschaft, Kompetenz und Engagement. Dafür galt es die Voraussetzungen zu schaffen, deshalb haben wir den *Werkraum Führung* entwickelt. Er unterstützt die Führungskräfte aller Hierarchieebenen systematisch und kontinuierlich in der Umsetzung des Veränderungsprozesses.

Im Wesentlichen geht es dabei um fünf Ziele der Maßnahme:

- Entwicklung eines gemeinsamen Verständnisses für das Führungsverhalten bei Talanx Deutschland – abgeleitet aus dem übergreifenden Führungsverständnis der Talanx
- Stärkung der Führungskraft in ihrer Rolle, insbesondere in herausfordernden Situationen
- Förderung der Reflexion über das eigene Führungsverhalten im Veränderungsprozess
- Stärkere Vernetzung der Führungskräfte untereinander und Schaffung einer Plattform für aktiven Erfahrungsaustausch
- Kontinuierliche und systematische Begleitung der Führungskräfte innerhalb des Veränderungsprozesses

## 10.2 Der Ablauf

Der *Werkraum Führung* besteht aus verschiedenen Elementen: In regelmäßigen Veranstaltungen werden strategische Inhalte sowie aktuelle Change Themen diskutiert und daraus konkrete Umsetzungsmaßnahmen abgeleitet. Außerdem bietet er eine Plattform zum kollegialen Austausch unter Führungskräften, zur gegenseitigen Beratung und Vernetzung.

Unter Anleitung eines erfahrenen Beraters und Coachs wird in einer geschützten und vertrauensvollen Atmosphäre – mit der Methode der kollegialen Fallberatung – an konkreten Fragestellungen aus dem Führungsalltag der Teilnehmer gearbeitet. Ziel ist hier nicht, Patentrezepte anzubieten, sondern eigene Lösungen beziehungsweise Lösungsansätze innerhalb der Gruppe zu erarbeiten und abzuleiten.

Auch die Vorstände haben den Werkraum selbst durchlaufen und nehmen dadurch eine Vorbildrolle ein. Zudem übernahmen sie bei den Werkräumen für die erste Führungsebene jeweils eine Patenrolle. Das heißt sie beteiligten sich aktiv einen halben Tag an der Werkraum-Diskussion und der kollegialen Fallberatung. Gemeinsam mit den Vorständen wurden offene Fragen zu Themen der Führung, Zusammenarbeit sowie strategischen Zielsetzungen reflektiert. Durch diesen Austausch entstanden für alle Beteiligten Anregungen und neue Perspektiven.

Die erste Veranstaltungsreihe für die Führungskräfte Talanx Deutschland *Werkraum Führung I* lief von November 2011 bis Ende 2012. 2013 wurde das Format *Werkraum Führung II* fortgesetzt. 2014 folgt der *Werkraum Führung III*. Die Zusammensetzung der Werkraum Führung Teilnehmer erfolgte pro Hierarchieebene – dies aber gesellschaftsübergreifend, um die verschiedenen Kulturen zu vernetzen und zu verbinden.

Der *Werkraum Führung* findet jeweils in zwei Modulen statt:

*Modul 1* erstreckt sich über 1,5 Tage, in denen die Teilnehmer von einem externen Berater sowie einem internen Co-Moderator aus der Personalentwicklung begleitet und unterstützt werden. Die Tandemlösung ermöglicht in der Begleitung sowohl den neutralen als auch den internen Beratungsansatz.

**Abb. 10.1** Ablauf/Phasen

*Modul 2* ist eintägig und selbstorganisiert. Hier führen die Teilnehmer in Anschluss an das erste Modul ein zweites Treffen durch, bei dem es vorwiegend um die Fortsetzung der kollegialen Fallberatung und die intensivere Vernetzung untereinander geht.

Zusätzlich zu den beiden Modulen organisieren die Werkraum-Teilnehmer weitere regelmäßige Veranstaltungen in Form von Best-Practice-Plattformen. Dies verstärkt den Arbeitscharakter, den bereits das erste Werkraum-Modul vermittelt hat, das Gefühl der Eigenverantwortung und das eigene Rollenverständnis der Führungskräfte. Außerdem lässt sich das Gelernte und Erarbeitete so besser verinnerlichen und der Transfer in die Praxis wird erleichtert.

Praktische Hilfe zur Organisation und Gestaltung der Treffen finden die Teilnehmer auch in einer eigens dafür eingerichteten Toolbox Change (siehe Abschn. 10.3) (Abb. 10.1).

## 10.3 Methoden

Das innovative Konzept des *Werkraum Führung* zeigt sich in vielen Facetten. Es umfasst das räumliche Setting, ermöglicht individuelles Festhalten der Lerninhalte in einem persönlichen Lerntagebuch und vermittelt die Methode der kollegialen Fallberatung. Lernpatenschaften, die Toolbox Change, themenbezogene Reader und selbstorganisierte Gruppen stellen sicher, dass den Führungskräften methodische Unterstützung in ihrem Alltag zur Verfügung steht und so das Gelernte in der Praxis gelebt wird.

### 10.3.1 Raumkonzept, Lerntagebuch und Lernpatenschaften

Die Gestaltung des „Arbeitsraumes" für den *Werkraum Führung* signalisiert von Beginn an einen neuen Workshop- und Arbeitscharakter. Zentrales Ziel ist die Vermittlung eines aktivischen und selbstverantwortlichen Arbeits-Stils. Diese Haltung wird auf allen Ebenen vermittelt, auch beim Raum-Konzept. Der Workshop-Raum ist einer Werkstatt nachempfunden, die Teilnehmer können sie variabel gestalten und so je nach Thema und Anforderung am Change Prozess arbeiten.

Auf einer großen Tafelfläche mit vier mobilen Arbeitswänden kann mit Kreide geschrieben, gezeichnet, vernetzt, mit Magneten geheftet und mit Schwämmen wieder ge-

**Abb. 10.2** Tafelwand – Die Veränderung gestalten © Lion and Fishes GmbH

löscht werden. Die Wände „leben", entwickeln sich aus eigener Einsicht oder mittels Feedback und Gruppenprozessen weiter. So nehmen die Führungskräfte die Zukunft buchstäblich in die Hand und gestalten die Veränderung mit beziehungsweise erschaffen sich so gemeinsam ein neues Bewusstsein von Führung und Veränderung. Die umliegenden Räume, Arbeitsmaterialien und Möbel sind beschreibbar, kombinierbar und stapelbar; sie verstärken so das kollektive Erlebnis der Veränderung.

Allein dieses ungewöhnliche räumliche Setting versetzt die Teilnehmer in einen anderen Aufmerksamkeitszustand. Das erleichtert den für den Change Prozess so wichtigen Perspektivenwechsel. Es entsteht Raum für Inspiration, Kreativität und Selbstreflektion.

Das Abrücken vom klassischen Seminar beginnt bereits mit dem interaktiven Frühstück. Gemeinsam bereitet man vor, räumt ab und stellt Möbel um. Dabei lernen sich die Teilnehmer kennen, eine erste Vertrauensbasis wird geschaffen und eine erste Themensammlung für die beiden Werkraum-Tage entsteht. Danach erfolgt die Vorstellung und Übergabe der Lerntagebücher. Sie werden zu einem persönlichen Begleiter, dienen der Selbstreflexion sowie dem Festhalten eigener Learnings, Gedanken und Ideen.

Während des *Werkraum Führung* werden Lernpatenschaften aus je zwei Teilnehmern gebildet. Die Lernpaten sprechen sich auch außerhalb der Werkraum-Termine eng miteinander ab und tauschen sich über ihre aktuellen Themen aus. Auf diese Weise werden die Vernetzung und die gegenseitige Unterstützung – insbesondere während des Change Prozesses – gefördert (Abb. 10.2, 10.3 und 10.4).

**Abb. 10.3** White Board Wand – Die Veränderung gestalten © Lion and Fishes GmbH

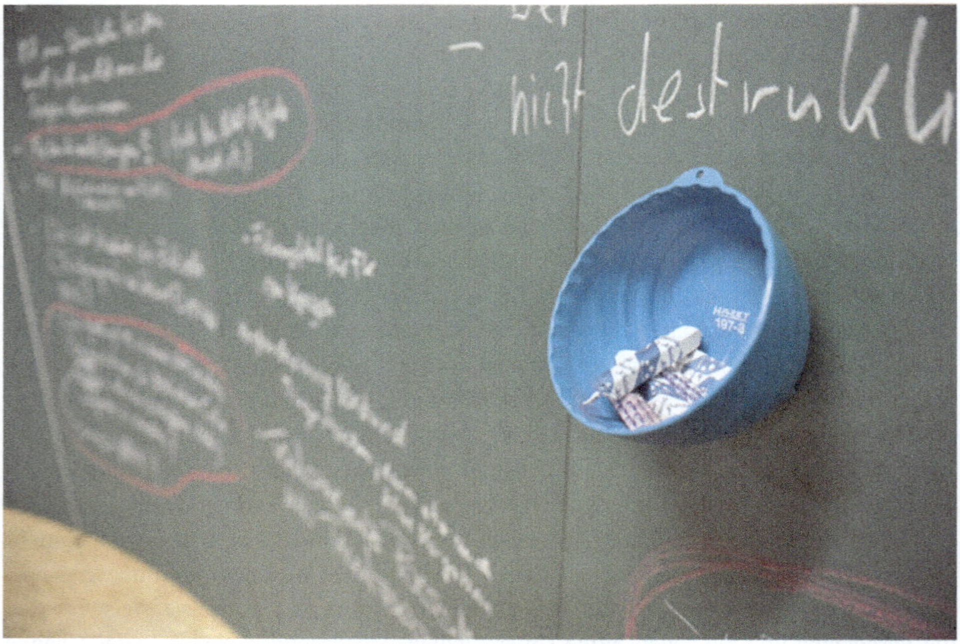

**Abb. 10.4** Die Veränderung gestalten © Lion and Fishes GmbH

### 10.3.2 Kollegiale Fallberatung

Ein zentraler Bestandteil des *Werkraum Führung* ist die Kollegiale Fallberatung – ein systematisches Beratungsgespräch, in dem die Teilnehmer sich nach einer vorgegebenen Struktur zu beruflichen Fragen und Schlüsselthemen der Führung beraten sowie gemeinsam Lösungen entwickeln. So können sie aktuelle Fälle, Herausforderungen, Themen und Probleme aus ihrem Führungsalltag in einem vertrauensvollen und geschützten Rahmen vorstellen, intensiv bearbeiten und im besten Falle maßgeschneiderte Lösungen finden.

Die Fallberatung wird von einem Moderator methodisch unterstützt und protokolliert. Die Teilnehmer nehmen dabei verschiedene Rollen ein: Der Fallgeber stellt ein aktuelles Führungsthema aus seinem Arbeitsalltag zur Diskussion und bittet die Gruppe um ihre Einschätzung. Die Gruppe analysiert und bespricht den Fall. Lösungsvorschläge mit Bezug zu den individuellen Kompetenzen des Fallgebers werden entwickelt. Der Fallgeber reflektiert abschließend die Vorschläge und Ideen aus dem Plenum. Dadurch erweitert er seinen Handlungsspielraum und seine Perspektiven. Zudem leitet er für sich die nächsten konkreten Schritte ab. Auf diese Weise lernen die Führungskräfte, Themen der Veränderung und Führung besser zu bewältigen, kooperatives Verhalten und gemeinsames Führungsverständnis zu entwickeln, fundiertere Entscheidungen zu treffen, Belastungen zu vermindern und idealerweise erfolgreicher zu handeln.

Bevor eine Kollegiale Beratung stattfinden kann, werden die Rollen des Moderators, Fallgebers und Protokollanten vergeben. Themen für die kollegiale Fallberatung beziehen sich meist auf allgemeine Herausforderungen der Führungskräfte, mit denen alle Beteiligte in ihrem Arbeitsalltag konfrontiert sind. Aktuelle Themen sind unter anderem:

- Führungskräfte reflektieren in der Runde wie sie wenig motivierte Mitarbeiter besser in den Change Prozess integrieren und wie sie die Unsicherheiten der Mitarbeiter abbauen können.
- Der effiziente Umgang mit Ressourcen, um auf Belastungsspitzen vorbereitet zu sein – sowohl auf Ebene der Führungskräfte als auch in den Teams
- Vorbereitende Schritte und Planungen zur Zusammenlegung und Integration von Teams; zum Beispiel Teamentwicklung, Knowledge-Transfer, Rollenreflektion des Teamleiters

Diese und andere ausgewählte Themen werden im Interview mit dem Fallgeber durch den Moderator exploriert, um umfassende Hintergrundinformationen für die Teilnehmer zu erhalten. In dieser Phase ist es Aufgabe der Gruppe, genau zu zuhören, bevor in die Fragerunde übergeleitet wird. Die Fragen sollten sich dabei auf Fakten konzentrieren. Nach der ausführlichen Erläuterung des Falles beratschlagen sich die Beteiligten, geben Feedback und entwickeln Lösungsvorschläge. Letztlich wertet der Fallgeber selber das breite Spektrum an Ideen für sich aus, und erläutert die von ihm nun geplanten konkreten Maßnahmen. In den Folge-Treffen werden der Stand der Maßnahmen und die daraus resultierenden Ergebnisse der Gruppe mitgeteilt. Sollte sich kein konkreter Fall finden, können auch generelle Führungsthemen bearbeitet werden. Am Ende des Werkraums sind die Teilnehmer in dieser Methode geschult und können außerhalb des *Werkraum Führung* kollegiale Fallberatungen organisieren und moderieren (Abb. 10.5).

### 10.3.3 Toolbox und Reader

In ihrer Rolle als Veränderungsbegleiter und Gestalter sind Führungskräfte stark gefordert. Dazu gehört auch, oft kurzfristig auf neue Herausforderungen und Bedingungen zu reagieren.

Deshalb unterstützt Talanx Deutschland seine Führungsmannschaft zum einen durch den Einsatz von speziell geschulten Mitarbeitern, die den Unternehmensbereichen als Ansprechpartner für Change Themen zur Verfügung stehen. Zum anderen bietet die Toolbox Change – eine „lebende" Methoden-Datenbank – pragmatische und zielgerichtete Unterstützung bei der Bewältigung der Führungsherausforderungen.

Die Toolbox Change ist auf einem intranetbasierten Wissensmanagementsystem abgelegt und für jede Führungskraft zugänglich. Sie bietet drei Arten von Vorlagen, die je nach Situation und Thema eingesetzt werden können:

- Einseiter mit theoretischen Inhalten zu diversen changebezogenen Themen
- Checklisten als Handlungsleitfaden oder zur Selbstreflexion
- Interventionen als Handlungsanleitungen für besondere Herausforderungen in Meetings, Workshops und ähnlichen Formaten

Die Themen der Toolbox gliedern sich nach:

- Personalabbau oder -verlagerung
- Veränderung der Aufbauorganisation sowie fachliche und prozessuale Veränderungen
- Kulturveränderung

Lösungsvorschläge, die sich aus der kollegialen Fallberatung im *Werkraum Führung* ergeben, können als Methoden in die Toolbox Change eingepflegt werden. So wächst die Toolbox stetig, bleibt aktuell und unterstützt Talanx Deutschland als lernende Organisation.

Für jede Werkraum-Serie werden den Führungskräften Reader zu den jeweiligen Themen zur Verfügung gestellt. Ein Reader enthält Informationen, Artikel, Literaturtipps und Arbeitsblätter wie zum Beispiel Checklisten und Gesprächsleitfäden.

| | |
|---|---|
| **Phase 1:**<br>**Rollenzuweisung**<br>(5 Min) | ■ Moderator/ Interviewer<br>■ Fallgeber<br>■ Protokollant |
| **Phase 2:**<br>**IST-Situation**<br>(15 Min) | ■ Interview zwischen Moderator und Fallgeber, um<br>-das Anliegen zu erfragen<br>-Hintergrundinformationen und weitere Hinweise zu bekommen<br>■ Anweisungen für die Gruppe:<br>-zuhören<br>-nicht unterbrechen |
| **Phase 3:**<br>**Informationsrunde**<br>(5 Min) | ■ kurze, moderierte Fragerunde<br>■ Fragen sollten sich auf Fakten konzentrieren<br>■ keine eigenen Einschätzungen |
| **Phase 4:**<br>**Reflexion**<br>(45 Min) | ■ Spontane Eindrücke: direkte Verbindung zum Fall ist nicht gefragt<br>■ Lösungsvorschläge entwickeln<br>■ Lösungsvorschläge mit Bezug zu den individuellen Kompetenzen des Fallgeber zu entwickeln |
| **Phase 5:**<br>**Auswertung**<br>(15 Min) | ■ Fallgeber wertet vorgetragene Ideen aus<br>-auf Brauchbarkeit einschätzen<br>-Anregungen aufnehmen<br>■ Verbindlichkeit herstellen<br>Festlegung der nächsten Schritte |

**Abb. 10.5** Kollegiale Fallberatung – Ablauf der Methode

## 10.4 Werkraum Führung I

Von Ende 2011 bis Ende 2012 lief die Veranstaltungsreihe *Werkraum Führung I.*

Neben der kollegialen Fallberatung und der Möglichkeit, an aktuellen Themen aus dem Führungsalltag zu arbeiten, enthält jede Werkraum-Serie auch einen inhaltlichen Schwerpunkt.

Beim *Werkraum Führung I*, der in einem relativ frühen Stadium des Change Prozesses aufgesetzt wurde, standen drei Dinge im Vordergrund. Es ging darum,

- alle Führungskräfte von Talanx Deutschland mit ihren unterschiedlichen Erfahrungen und unternehmenskulturellen Hintergründen über den neuen, gemeinsamen Weg noch einmal zu informieren,
- ein gemeinsames Commitment innerhalb der Führungsmannschaft zu erreichen und
- ein gemeinsames Führungsverständnis für die Zukunft auf Basis der Talanx Leitlinien zu Führung und Zusammenarbeit zu entwickeln.

Daher wurden im ersten Werkraum folgende Fragen behandelt:

- Welcher gemeinsamen neuen Vision folgen wir? Wie ist unsere neue Strategie?
- Welche Leitlinien der Führung und Zusammenarbeit sollen für uns gemeinsam gelten?
- Welche Erwartungen hat Talanx Deutschland an seine Führungskräfte?
- Wie verläuft ein Change Prozess und an welcher Stelle befinden wir uns?
- Welcher Führungsrahmen kann uns in diesem Prozess unterstützen?

### 10.4.1 Change nach Kotter

Zur Verdeutlichung der Schritte eines Change Prozesses orientieren wir uns bei Talanx Deutschland an der Darstellung von John P. Kotter. Kotter hat basierend auf den acht Gründen für das Scheitern von Change Prozessen die acht Schritte für den „erfolgreichen organisatorischen Wandel" abgeleitet (Teuber und Himmelreich 2006) (Abb. 10.6).

Mit diesem Modell beschreibt Kotter die Entwicklungsphasen, die in einem Change Prozess immer durchlaufen werden. Indem die Dringlichkeit für eine Veränderung bewusst gemacht wird (1. Stufe), werden die Teilnehmer zur Reflexion ihres eigenen Verhaltens und dem ihrer Mitarbeiter angehalten. Um den Change Prozess anzustoßen, müssen Führungskräfte und Mitarbeiter die Notwendigkeit für den Wechsel selbst spüren. Mit dem Start der *Werkraum Führung*-Reihe begann für Talanx Deutschland aus Unternehmenssicht Schritt fünf. Den Führungskräften wurde die Aufgabe übertragen, den Change Prozess in ihren eigenen Einheiten zu gestalten.

Wichtig für die Führungskräfte sind in diesem Zusammenhang auch die Erkenntnis und Akzeptanz, dass Widerstände und „Nein"-Sagen zwingend Teil des Prozesses sind. Ursachen für Widerstände liegen häufig im emotionalen Bereich, wobei viele Beteiligte

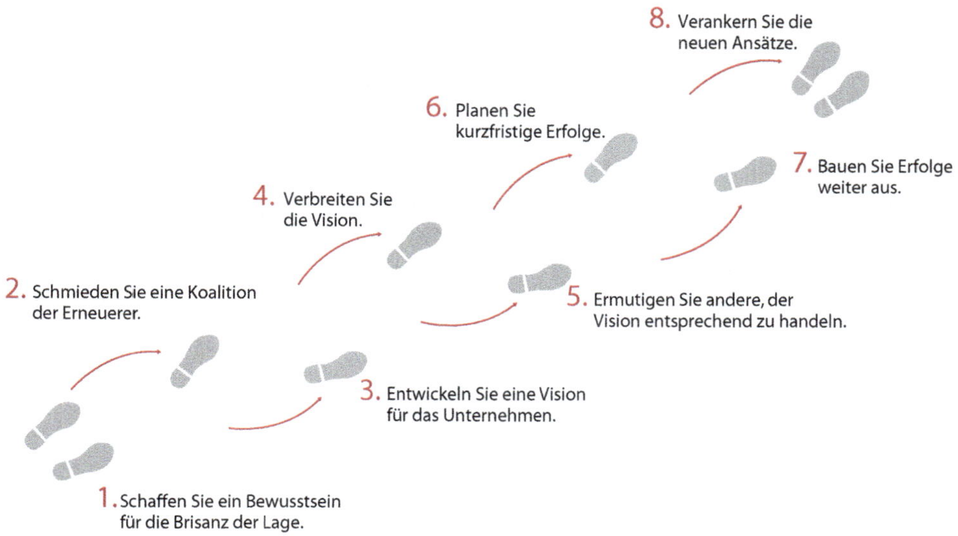


**Abb. 10.6** Die acht Schritte der Veränderung Quelle: Eigene Darstellung in Anlehnung an John P. Kotter: Leading Change, Vahlen 2011

diese nicht deutlich kommunizieren können oder wollen. Wird der Widerstand nicht ernst genommen oder ignoriert, führt dies zu Blockaden im Veränderungsprozess, die in der Realisierungsphase im schlimmsten Fall zu kostspieligen Fehlschlägen führen können. Daher ist es wichtig sich in Change Prozessen frühzeitig mit Widerstand und Ängsten der Betroffenen auseinanderzusetzen, verschlüsselte Botschaften zu erkennen und gemeinsam Lösungen zu finden.

Ein wesentlicher Faktor im Abbau von Widerständen ist ein guter Kommunikationsprozess. Ein regelmäßiger, offener Austausch mit allen Beteiligten führt zu erhöhter Transparenz und somit zu Verständnis und Vertrauen/Motivation der Mitarbeiter in der Veränderung. Der Einzelne fühlt sich angesprochen und somit als Mitwirkender und nicht als „Opfer/Zuschauer" des Prozesses. Durch eine aktive Beteiligung von Mitarbeitern wie auch der Führungskräfte; durch ein ausreichendes Maß an Zeit und Verständnis für den Prozess und die Beteiligten können sich diese mit der Veränderung und den dazugehörigen Maßnahmen besser identifizieren sowie im Nachgang umsetzen. So werden Widerstände aufgegriffen und ein Commitment hergestellt.

### 10.4.2 Transformationale Führung

Führen in Veränderungsprozessen erfordert unter Umständen ein verändertes Führungsverständnis. Auch die sich immer schneller wandelnde Unternehmensumwelt trägt dazu bei, dass Führungskräfte und Mitarbeiter flexibler agieren müssen. Transaktionale Führung, also das Führen mit Zielen, stößt in unsicheren Zeiten an ihre Grenzen. Es ist schwierig, Mitarbeitern in einem Veränderungsprozess verbindliche Perspektiven für die noch zu gestaltende Zukunft aufzuzeigen.

In Zeiten von Veränderungen schlägt daher die Stunde der Transformationalen Führung. Sie kann Führungskräfte in ihrem Selbstvertrauen und in ihrer Führungsrolle stärken. Ein positiver Effekt, der sich auch auf die Mitarbeiter auswirkt.

„Transformationale Führung bezeichnet ein Führungsmodell, bei dem die Geführten Vertrauen, Respekt [und] Loyalität (…) gegenüber der Führungskraft empfinden und dadurch überdurchschnittliche Leistung erbringen“(Felte 2006, S. 163 ff.). Die Führungskraft muss daher bestimmte Kompetenzen entwickeln, um transformational zu führen. Die Anforderungen an Führung nach diesem Ansatz lassen sich als „4 I's“ zusammenfassen:

- Idealisierte Einflussnahme (Idealized Influence)
- Individuelle Behandlung (Individual Consideration)
- Inspiration/Motivation (Inspirational Motivation)
- Intellektuelle Stimulation (Intellectual Stimulation)

Wenn es der Führungskraft gelingt, zum Vorbild zu werden, kann sie das Verhalten der Mitarbeiter beeinflussen und verändern. Die transformationale Führungskraft ist authentisch und zeigt Emotionen. So weckt sie Zuversicht und Vertrauen bei den Mitarbeitern. Dies gelingt umso besser, wenn die Mitarbeiter von ihrem Vorgesetzten in der individuellen Entwicklung ihrer Fähigkeiten unterstützt werden. Anspruchsvolle Ziele und die Anregung zur Selbstständigkeit erzeugen Motivation, stärken und lassen Loyalität entstehen.

Im *Werkraum Führung I* wurde das Konzept der Transformationalen Führung als Führungsstil für Talanx Deutschland allen Führungskräften vorgestellt.

## 10.5 Werkraum Führung II

Mit den wertvollen Erfahrungen aus dem *Werkraum Führung I* wurde eine zweite Veranstaltungsreihe aufgesetzt, zu der erneut alle Führungskräfte von Talanx Deutschland eingeladen waren. Ziel: die Führungskräfte weiterhin im Veränderungsprozess und seiner Umsetzung zu begleiten.

Neben der Vertiefung der Methode *Kollegiale Fallberatung* beziehungsweise *Kollegiale Themenbearbeitung* erhielt der zweite Werkraum neue Inhalte. Der Schwerpunkt lag diesmal auf dem Spannungsfeld zwischen Leistungskultur, Umgang mit Ressourcen und Fehlermanagement (Abb. 10.7).

Gerade in Zeiten der Veränderung sind diese Themen für eine erfolgreiche Führungsarbeit von Bedeutung. Die drei Pole einer Pyramide beeinflussen sich immer gegenseitig und können nicht losgelöst voneinander betrachtet werden. Jeden Tag stehen Führungskräfte vor der Herausforderung, Ihre Haltung in diesem Spannungsfeld zu reflektieren. Die Selbstreflexion der Führungskraft ist im Führungsalltag notwendig, da es in den vielschichtigen Situationen kein schematisch anwendbares Patentrezept gibt.

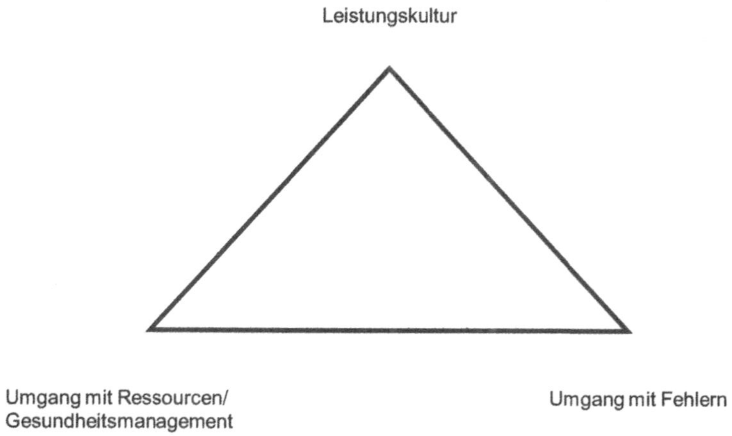


**Abb. 10.7** Führung im Spannungsfeld

Der *Werkraum Führung II* thematisierte Chancen und Grenzen im Rahmen des Spannungsdreiecks. Die Teilnehmer beleuchteten ihre Gestaltungsspielräume und die Rahmenbedingungen im Unternehmen. Der Fokus lag dabei immer darauf, sich die Selbstverantwortung bewusst zu machen – insbesondere auch mit Blick auf die eigenen Ressourcen.

### 10.5.1 Leistungskultur

Um zu definieren, was Leistungskultur für Talanx Deutschland bedeutet, diskutierten die Teilnehmer das Thema unter folgenden Fragestellungen:

- Wie schaffen wir als Führungskräfte eine Leistungskultur im Unternehmen, insbesondere in der jetzigen Zeit?
- Welchen Beitrag leiste ich bereits?
- Was muss ich verändern?
- Wie kann ich Neues gestalten?

### 10.5.2 Umgang mit Ressourcen

Im Rahmen des Gesundheitsmanagements wurden Maßnahmen zur eigenen Gesunderhaltung und der des Teams diskutiert, erarbeitet und reflektiert. Ziel ist, die Sensibilität für berufliche und private Warnsignale im Zusammenhang mit Belastung, Überbelastung oder Erkrankungen zu fördern. Leitfragen sind hierbei:

- Wie gehe ich mit meinen eigenen Ressourcen und denen meiner Mitarbeiter um?
- Was brauchen wir von Seiten des Unternehmens, von Kollegen und Mitarbeitern, um gesund zu führen und gleichzeitig entsprechend der Leistungskultur zu handeln?
- Wie erkenne ich Motivation und Demotivation sowie Belastung und Überbelastung früh genug? Was sind Indikatoren für Burnout-Syndrome?
- Wie kann ich gesund leben und was bedeutet das konkret für mich?

### 10.5.3 Fehlermanagement

In Change Situationen passieren in der Regel mehr Fehler als in eingespielten Prozessen. Vieles wird neu gestaltet und zum ersten Mal gemacht. Der *Werkraum Führung II* hatte die Aufgabe, Bewusstsein dafür zu wecken, dass ohne Fehler kein Lernen möglich ist. Die Teilnehmer reflektierten ihren eigenen Umgang damit und bekamen den Impuls, Fehler als Innovation, Chance der Verbesserung und Kommunikation zu sehen. Leitfragen zu diesem Thema waren:

- Was ist ein Fehler?
- Welcher Fehlermanager bin ich?
- Wie ist meine Einstellung zum Thema Fehler, wo liegt meine Fehlertoleranz?

## 10.6 Werkraum Führung III

Aufgrund des Erfolgs und der positiven Rückmeldungen wurde basierend auf den Werkräumen I und II eine dritte Auflage mit Start in 2014 konzipiert. Diesmal geht es um die Herausforderungen und die effiziente Gestaltung von Kooperation in Organisationen. Außerdem werden die Themen Selbstverantwortung in der Führung und Werteorientierung fortgesetzt. Weitere Schwerpunkte sind der kollegiale Austausch und die kreative Bearbeitung von Themen.

### 10.6.1 Kooperation bei Talanx Deutschland

Die Kernfrage für den *Werkraum Führung III* lautet: Welche Herausforderungen und Chancen für Kooperationen gibt es in der Organisation von Talanx Deutschland?

Das Thema wurde gewählt, weil diese Organisationen besondere Anforderungen hinsichtlich Kommunikation, Zusammenarbeit und Konfliktbewältigung an alle Beteiligten stellen. Kooperation, Konsens und Koordinierung sind Voraussetzungen für eine funktionierende Organisationsstruktur. Das Führen und „Geführt werden“ erfordert ein hohes Maß an sozialer Kompetenz sowie intakte Beziehungen und Vertrauen auf allen Seiten.

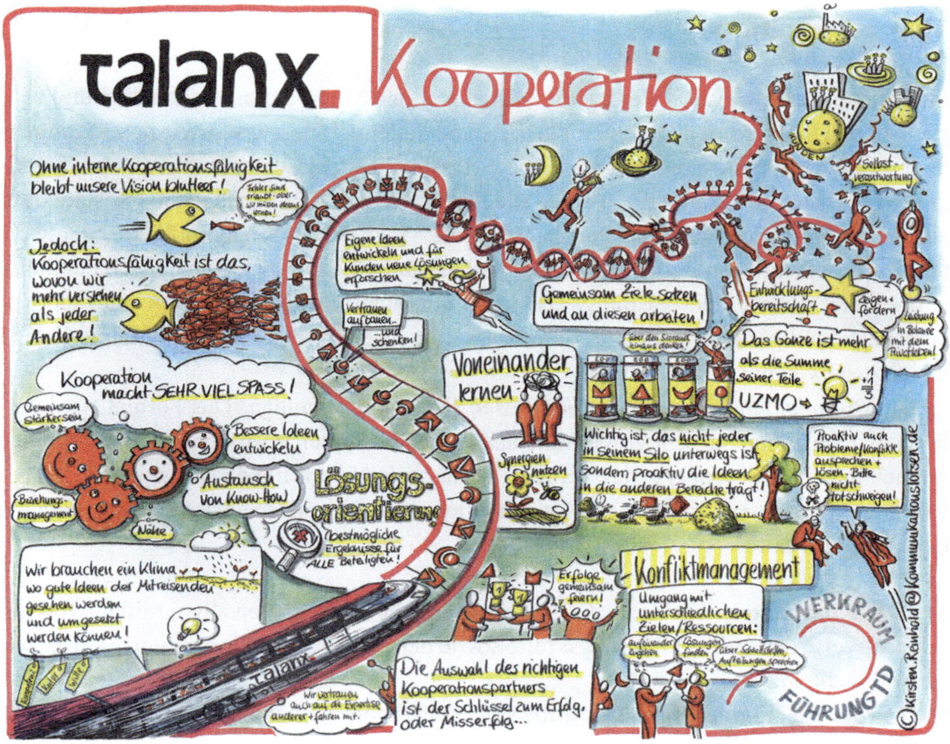


**Abb. 10.8** Kooperation

(Die Organisation wird effizienter, wenn Führungskräfte für den Umgang mit der Matrix und den dadurch entstehenden Konflikten geschult sind.) So entsteht ein Umfeld, in dem gute und verlässliche Zusammenarbeit gedeihen kann.

Der *Werkraum Führung III* macht anhand einer Fallsimulation erlebbar, was Kooperation in der Organisation bedeutet. Daran anschließend können die Teilnehmer Maßnahmen zur Förderung von Zusammenarbeit entwickeln: „Was fördert die Kooperation?" und „Was ist unser Beitrag?" sind dabei die Leitfragen. Weitere Fragestellungen und Themen, die im *Werkraum Führung III* gemeinsam entwickelt und bearbeitet werden sind:

- Entwicklung von Faktoren für eine effiziente Kooperation
- Reflexion der Wege zum Erfolg – Fünf goldene Regeln
- Austausch zum Thema Selbstverantwortung im Führungsalltag
- Das in Abb. 10.8 dargestellte Poster wurde als Reflexionsgrundlage entwickelt und genutzt (Abb. 10.8).

Der *Werkraum Führung III* wird zudem inhaltlich den Werte-Dialog fortsetzen und weiterführen.

## 10.7 Evaluation

Im Rahmen der Evaluation werden die Teilnehmer und Moderatoren regelmäßig um Feedback zu den Werkräumen, deren Inhalten, den begleitenden Beratern sowie den Räumlichkeiten und der Organisation gebeten. Die Erfassung besteht aus qualitativen und quantitativen Elementen. Quantitativ werden die Antworten auf den Feedbackbogen statistisch aufbereitet. Zugleich bietet das Feedbacktool die Möglichkeit, Fragen offen zu beantworten. Diese selbst formulierten Antworten werden anonymisiert inhaltsanalytisch qualitativ ausgewertet. So werden beispielsweise kontinuierliche Feedbackschleifen mit den Moderatoren durchgeführt. Der Feedbackprozess trägt dazu bei, das Format kontinuierlich zu weiterzuentwickeln.

Die *Rückmeldungen zu den beiden ersten Werkräumen* zeigen: Das Format wird umfassend genutzt und hat sehr große Akzeptanz. Es gab generell positives Feedback von den Teilnehmern. Als besonders wertvoll wird der bereichsübergreifende Austausch in den bewusst durchmischten Gruppen empfunden. Hier einige Bespiele aus den Rückmeldungen der Führungskräfte:

- „Das Konzept des *Werkraum Führung* ermöglicht unternehmensübergreifend von der Sichtweise der anderen Führungskräfte sowie deren Kulturen zu lernen und es inspiriert zum werkeln."
- „Mir hat das Format *Werkraum Führung* ermöglicht, meinen „inneren Führungskompass" noch einmal zu eichen und ein gemeinsames Führungsverständnis mit Kolleginnen und Kollegen in vertrauensvoller Runde zu entwickeln. Generell sind derartige Veranstaltungen immer so gut, wie man sie für sich macht."
- „Der *Werkraum Führung* ist ein wichtiges Element in der Entwicklung einer gemeinsamen Führungskultur im Sinne des voneinander Lernens."
- „Lockerer ungezwungener Umgang miteinander, offene Gesprächskultur."
- „Außergewöhnliches Raumkonzept, das zum teamorientierten Arbeiten motiviert."
- „Längerfristiges Konzept der Zusammenarbeit; Gesamtkonzept kreativ, familiär, entspannt beziehungsweise einfach. anders. gut."
- „Raum zur Netzwerkbildung und Diskussion."
- „Mein Highlight im Werkraum ist die moderne und praxisorientierte Arbeitsweise, die sich durch die gesamte Weiterbildung zieht."
- „Der Werkraum Führung fördert das Nachdenken über die Rolle von Führung und die der Führung zugeschriebenen Kernaufgaben. Nur wer auf einer Meta-Ebene die an Führungskräfte gestellten Anforderungen versteht, wird diese durch Selbstreflexion auch im praktischen Alltag mit Leben füllen können. Dieser Prozess des Verstehens und Nachdenken wird durch den Werkraum methodisch und in einem sehr offenen und kollegialen Miteinander unterstützt und ist somit mein Highlight und Bereicherung meiner täglichen Arbeit zugleich.

Als kritisch empfunden werden hingegen zum Teil die Themen „Zeit“ und „hierarchisch homogene Gruppen“. Führungskräfte sind an sich zeitlich sehr eingebunden, müssen täglich hohe Arbeitsvolumen und Qualitätsansprüche bewältigen. Der Aufwand, der für den Werkraum aufgebracht werden muss stellt eine zusätzliche Belastung/Arbeit dar und erfordert weitere mentale und zeitliche Ressourcen.

Die zur Zeit noch hierarchisch homogenen Gruppen sollten gegebenenfalls zukünftig gemischt werden, das heißt eine Gruppe würde aus Teilnehmern aller Führungsebenen bestehen. Dies würde zu einer verbesserten Kommunikation der verschiedenen Ebenen führen und das Ziel der Vernetzung/des Netzwerkes weiter unterstützen.

**Fazit**

Mit dem Konzept *Werkraum Führung* hat Talanx Deutschland ein Format etabliert, das die Führungskräfte im Change Prozess wirksam unterstützt und ihre Arbeit nachhaltig prägt. Der neu geschaffene Raum für kollegialen Austausch und bereichsübergreifende Vernetzung innerhalb unseres großen Unternehmens wird von den Teilnehmern sehr geschätzt.

Durch die Teilnahme konnten die strategisch gewählten Inhalte schnell in alle Bereiche des Unternehmens transportiert werden. Das schafft eine gemeinsame Basis für die Gestaltung der Zukunft von Talanx Deutschland. Der Impuls für ein gemeinsames Führungsverständnis wurde gesetzt und der Unsicherheit im Hinblick auf die Veränderungen im Unternehmen entgegengewirkt.

Auf den Werkraum-Veranstaltungen und bei Führungstreffen in anderen Kontexten hat sich gezeigt, dass die bereichsübergreifende Vernetzung bereits gut funktioniert und dass das gegenseitige Interesse an den Themen der anderen Kollegen gestiegen ist.

Darüber hinaus gibt es erste Anzeichen einer Kulturänderung im Unternehmen: Die verschiedenen Bereiche wachsen mehr und mehr zusammen. Dazu haben die Werkräume maßgeblich beigetragen – und das werden sie auch in Zukunft tun.

## Literatur

Felte J (2006) Transformationale und charismatische Führung –Stand der Forschung und aktuelle Entwicklungen. Z Personalpsychologie 5(4):163–176

Teuber S, Himmelreich D (2006) Change Management Die 8 Stufen nach Kotter – Teil 1. http://www.perspektive-mittelstand.de/Change-Management-Die-8-Stufen-nach-Kotter-Teil-1/management-wissen/444.html. Zugegriffen: 21. Nov. 2013

**Iris Kremers** studierte Betriebswirtschaftslehre an der Universität zu Köln und startete ihren beruflichen Werdegang in einer Wirtschaftsberatungsgesellschaft. Seit 1997 ist sie im Talanx Konzern in unterschiedlichen Bereichen tätig gewesen und begleitete seit 2002 verschiedene Vorstandspositionen in den Bancassurance Konzerngesellschaften im In- und Ausland. Seit 2010 ist sie Mitglied des Vorstands der Talanx Deutschland AG und verantwortet das Segment Bancassurance sowie den Bereich Kommunikation und Organisationsentwicklung.

**Anja Dorn** ist Leiterin der Personalentwicklungsinitiativen/Weiterbildung/Potentialentwicklung West der Talanx Service. Nach erfolgreichem Abschluss des Psychologiestudiums begann Frau Dorn ihre Tätigkeit als Personalentwicklerin für den Gerling Konzern, heute Talanx. Sie verfügt über langjährige Erfahrung in denen Bereichen Personaldiagnostik, Managemententwicklung und Change. Seit mehr als 15 Jahren begleitet und berät sie Führungskräfte und Mitarbeiter in Personalentwicklungs- und Veränderungsprozessen. Seit vielen Jahren ist Frau Dorn ausgebildeter systemischer Coach.

**Andrea Wolter** war nach dem Studium der Betriebswissenschaften am Boston College, USA mit Schwerpunkt „Organizational Behaviour“ in internationalen Unternehmen der Finanzdienstleistungs- und Versicherungsbranche im In- und Ausland tätig. Hier deckte sie im Personalbereich die wesentlichen Themen vom Recruitment, Mitarbeiterbetreuung, Begleitung von Veränderungsprozessen bis hin zur Administration des gesamten Personalbereiches über deutschsprachige Länder hinweg ab. Seit 2013 beschäftigt sie sich nun bei der Personalentwicklung der Talanx Service AG mit Programmen der Nachwuchsförderung.

# 11 Die Etablierung einer Leistungskultur durch die konsequente Nutzung von Performance Management

Harriet Sebald und Leon Jacob

**Zusammenfassung**

Versicherungen sind auf den Beitrag ihrer Mitarbeiter in besonderem Maße angewiesen – umso mehr vor dem Hintergrund der aktuellen Umbruchphase in der Versicherungsbranche. Wer hieraus als Gewinner hervorgehen will, kommt um die Etablierung einer Leistungskultur nicht herum.

Im vorliegenden Beitrag wird gezeigt, wie ein gut durchdachtes und konsequent umgesetztes Performance Management dabei helfen kann, eine Leistungskultur im Unternehmen zu etablieren. Mit Blick auf die Marktpraxis in Deutschland sowie auf ausgewählte Fallbeispiele stellen wir die Ausgestaltung von Performance Management Systemen vor, zeigen auf, welchen Beitrag Performance Management zu Change Prozessen leisten kann und geben einen Überblick darüber, welche Herausforderungen es zu meistern gilt, um ein Performance Management erfolgreich einzuführen. Im Vordergrund stehen dabei praxisnahe Hinweise, die den HR-Verantwortlichen im Unternehmen dabei helfen, Standardansätze an die individuellen Gegebenheiten eines Unternehmens anzupassen und so ein maßgeschneidertes System zu entwickeln.

Ziel sollte ein Performance Management sein, das seine Wirkung als kulturschaffendes Führungstool entfaltet und dabei die strategische Ausrichtung und Wettbewerbsfähigkeit des Unternehmens unterstützt.

H. Sebald (✉) · L. Jacob
Frankfurt am Main, Deutschland
E-Mail: harriet.sebald@hkp.com

L. Jacob
E-Mail: leon.jacob@hkp.com



G. Zimmermann (Hrsg.), *Change Management in Versicherungsunternehmen*,
DOI 10.1007/978-3-658-05974-3_11

**Schlüsselwörter**
Performance Management · Leistungskultur · Ziele und Verhalten · Kalibrierungsrunden · Konsequenzenmanagement

## 11.1 Einleitung

Als Dienstleister sind Versicherungen in besonderem Maße auf die Leistung (in diesem Beitrag werden die Begriffe „Leistung" und „Performance" synonym verwendet) ihrer Mitarbeiter angewiesen. Angefangen bei der Produktentwicklung über das Risikomanagement bis hin zum Leistungs- und Schadensmanagement – das Engagement und die Leistungsbereitschaft der Mitarbeiter ist der vermutlich größte Treiber entlang der Wertschöpfungskette von Versicherungen. In einem stark umkämpften und sich wandelnden Markt ist eine gelebte Leistungskultur daher ein entscheidender Wettbewerbsvorteil.

Ein konsequentes Performance Management hat hieran einen großen Anteil. In dem vorliegenden Beitrag zeigen wir, wie Performance Management in der Praxis als zentraler Faktor einer Leistungskultur ausgestaltet ist, welchen Beitrag Performance Management zu Change Prozessen leisten kann und welche Herausforderungen es zu meistern gilt, um ein Performance Management erfolgreich einzuführen.

## 11.2 Ein konsequentes Performance Management unterstützt die Leistungskultur eines Unternehmens

Performance Management kann man nicht „nicht machen". Der Grund hierfür ist einfach: In jedem Unternehmen tauschen sich Führungskräfte mit ihren Mitarbeitern über Aufgaben und Erwartungen aus. Und zwar unabhängig davon, ob und inwieweit diese Erwartungen über Ziele oder Kompetenzen operationalisiert sind oder nicht. Hinter Performance Management verbirgt sich also genau das, was der Name vermuten lässt: der Umgang mit Leistung im Unternehmen. Ein konsequentes Performance Management sorgt für Vergleichbarkeit bei der Bewertung von Leistung, stellt Qualitäts- und Verhaltensstandards sicher und ermöglicht die Verknüpfung mit weiteren Unternehmens- und Personalprozessen.

Jedes Unternehmen betreibt Performance Management – sei es mehr oder weniger bewusst, sei es besser oder schlechter, sei es als offizieller Prozess oder als implizites Element der Unternehmens- und Führungskultur. Erfolgreiche Unternehmen zeichnen sich dadurch aus, dass sie ihr Performance Management aktiv gestalten und über einen unternehmensweit etablierten Prozess unterstützen und steuern. So konnten Breuer und Zimmermann (2011, S. 14) in ihrer Studie auf Basis von Unternehmensdaten aus den Jahren 2003 bis 2008 des IAB-Betriebspanels – einer repräsentativen, jährlichen Arbeitgeberbefragung zu betrieblichen Bestimmungsgrößen der Beschäftigung – belegen, dass die Einführung eines Performance Management Systems, in Form von schriftlichen Zielvereinbarungen oder Beurteilungssystemen, einen positiven Effekt auf die Unternehmensperformance deutscher Unternehmen hat – in diesem Fall bemessen am Umsatzwachstum Die Befragung für das IAB-Betriebspanel wird seit 1993 jährlich durchgeführt. Seit 2001 werden jährlich etwa 16.000 Unternehmen mit mindestens einem sozialversicherungspflichtigen Mitarbeiter interviewt. Die durchschnittliche Größe der Unternehmen mit Performance Management System liegt bei 439 Mitarbeitern, der durchschnittliche Umsatz bei 124,6 Mio. €).

Je nach Ausgestaltung und Reichweite trägt ein konsequentes Performance Management maßgeblich zu folgenden Merkmalen einer starken Leistungskultur bei:

- Kommunikation von Leistungszielen, Führungsverhalten und Beurteilung durch den Vorgesetzten (Feedback)
- Nachvollziehbare Leistungsbeurteilung und Differenzierung der Leistung von Mitarbeitern
- Anerkennung und Einsatz von Hochleistern in erfolgskritischen Positionen
- Leistungsorientierte Vergütung und Personalentwicklung

### 11.2.1 Definition und Marktpraxis

Der Begriff „Performance Management" findet sich in der Praxis sowohl bezogen auf das Individuum als auch auf das Unternehmen als Ganzes. Im vorliegenden Beitrag beziehen wir uns auf Performance Management auf individueller Ebene, das heißt auf die systematische Bewertung und Berücksichtigung individueller Leistung von Mitarbeitern. Auf Ebene des Unternehmens wird unter Performance Management häufig die (finanzielle) Steuerung der Unternehmensperformance verstanden.

Performance Management auf individueller Ebene ist einer der wichtigsten, wenn nicht der wichtigste HR-Prozess. Umso erstaunlicher ist die Unterschiedlichkeit dessen, was Unternehmen unter Performance Management verstehen. Während in einem Unternehmen Performance Management schlicht für Zielvereinbarung steht – ohne Konsequenz für die Vergütung und mittelfristige Entwicklung der beurteilten Mitarbeiter – verbirgt sich dahinter in einem anderen Unternehmen ein voll integrierter Prozess, der neben der individuellen Leistung in Bezug auf Ziele und Kompetenzen auch Potential erhebt. Ergänzt um die Kalibrierung der Beurteilungen im Rahmen von Panels werden somit im Rahmen des Performance Managements auch Entscheidungen über individuelle Vergütung und Entwicklung herbeigeführt.

Im Idealfall weisen Performance Management auf Ebene des Individuums und des Unternehmens einen klaren Zusammenhang auf: Die Erwartungen an die Performance der Mitarbeiter leiten sich aus den Unternehmenszielen ab und die Leistung, die von den Mitarbeitern erbracht wird, trägt wiederum zur Unternehmensperformance bei (siehe Abb. 11.1).

**Abb. 11.1** Zusammenhang zwischen individuellem und Corporate Performance Management

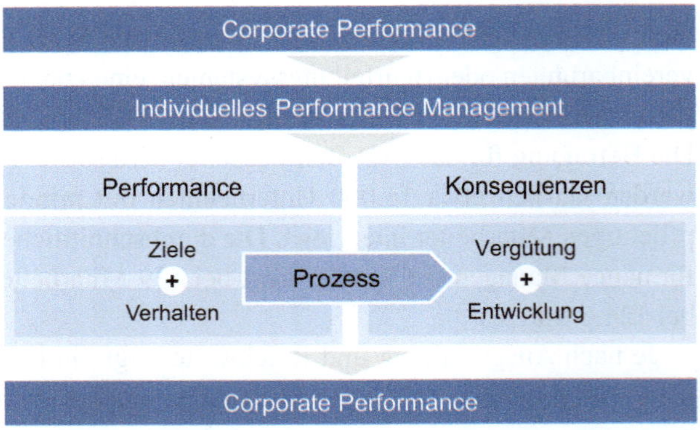


## 11.2.2 Ziele von Performance Management

Üblicherweise verfolgen Organisationen mit ihrem Performance Management vier Ziele: Verhaltenssteuerung, Leistungsdifferenzierung, Management der Vergütungskosten sowie das Schaffen einer Grundlage für Feedback und Entwicklung (siehe Abb. 11.2). Die wenigsten Unternehmen schaffen es hierbei all diese Ziele zu erreichen. Insbesondere bei den Themen Leistungsdifferenzierung und Nutzung von Performance Management als Grundlage für Feedback und Entwicklung besteht ein erheblicher Nachholbedarf – und das branchenübergreifend. Viele Führungskräfte tun sich auch heute noch schwer damit Minderleister beim Namen zu nennen. Dabei ist ein offener Umgang mit Leistung, verbunden mit konstruktivem Feedback, für alle Beteiligten besser als Schönrederei.

Mit Hilfe des Performance Managements werden aus den Unternehmenszielen (individuelle) Ziele abgeleitet, die wiederum das Erreichen dieser Unternehmensziele sicherstellen. Die Differenzierung von Mitarbeitern erfolgt nach Leistung (und zum Teil nach Potential) als Teil der Führungsaufgabe des direkten Vorgesetzten. Auf Grundlage der individuellen Beurteilungen erfolgt eine differenzierte Ableitung individueller Konsequenzen hinsichtlich Vergütung und Entwicklung. Die Verwendung der Leistungsbeurteilung als Grundlage für die Auszahlung variabler Vergütungsbestandteile sowie etwaige Anpassungen des Grundgehalts ermöglichen zudem ein Management der Vergütungskosten. Schließlich schafft Performance Management die Voraussetzungen für regelmäßiges und differenziertes Feedback.

**Abb. 11.2** Ziele von Performance Management

### 11.2.3 Gestaltungselemente von Performance Management Systemen

Grundsätzlich existieren drei Gestaltungselemente für Performance Management Systeme (siehe Abb. 11.1). Die einzelnen Elemente werden im Folgenden näher beleuchtet.

1. Performance – Was versteht das Unternehmen unter individueller Leistung, das heißt was ist der Input für den jährlichen Performance Management Prozess?
2. Prozess – Wie erfolgt die jährliche Durchführung des Performance Management Prozesses und wer ist für was verantwortlich?
3. Konsequenzen – Welche Konsequenzen ergeben sich aus der Beurteilung?

#### 11.2.3.1 Performancedefinition bildet die Grundlage von Performance Management

Die Frage was ein Unternehmen unter individueller Leistung versteht, stellt die Grundlage von Performance Management dar und wird trotzdem in vielen Fällen nicht explizit beantwortet.

Verbreitet sind zwei verschiedene Leistungsdefinitionen: Entweder Performance besteht ausschließlich aus Zielerreichung, also dem zu erreichenden „Was?", oder Performance meint neben dem „Was?" auch das „Wie?", also neben Zielerreichung auch Kompetenzen beziehungsweise Verhalten. Unter Kompetenzen wird hierbei beobachtbares und entwickelbares Verhalten verstanden. Im Rahmen von Kompetenzmodellen werden so die Erwartungen des Unternehmens an das Verhalten seiner Mitarbeiter formuliert. Die meisten deutschen Unternehmen erfassen im Rahmen ihres Performance Managements mittlerweile sowohl das „Was?" als auch das „Wie?" individueller Leistung (siehe Abb. 11.3).

Ein unternehmensspezifisches Kompetenzmodell sollte einen hohen Bezug zum jeweiligen Geschäftsmodell, den Zielen und den Werten des Unternehmens aufweisen beziehungsweise aus diesen abgeleitet sein. Ziel ist dabei die Überführung in beobachtbares und beurteilbares Verhalten – denn nur ein solches lässt sich im Rahmen von Performance Management beurteilen.

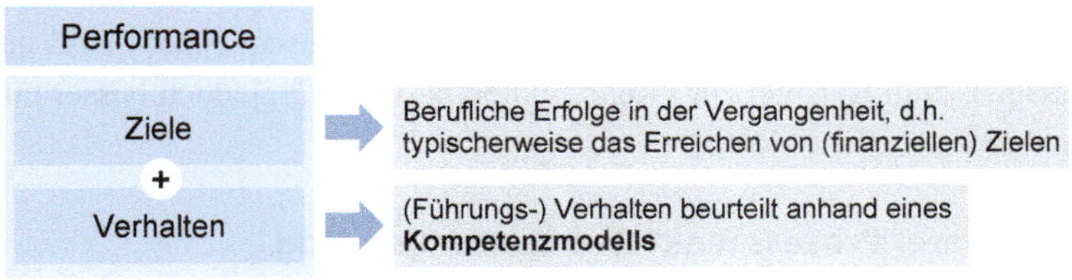


**Abb. 11.3** Messung von Zielen und Kompetenzen im Performance Management

| Nicht-skaliertes Kompetenzmodell | Skaliertes Kompetenzmodell | | | |
|---|---|---|---|---|
| Mitarbeiterentwicklung | Mitarbeiterentwicklung | | | |
| | Level 1 | Level 2 | Level 3 | Level 4 |
| Das Management...<br>... teilt stets die Verantwortung und gewährt die notwendige Eigenständigkeit zu agieren<br>... entwickelt Mitarbeiter mittels erreichbarer Wachstumsvorgaben und angemessener Weiterbildung<br>... identifiziert und fördert Talente von Anfang an | Verteilt Aufgaben und vermittelt den Mitarbeitern, wie Aufgaben erfüllt werden ... | Setzt Gesamtziele – abgeleitet aus der Bereichsstrategie – für das Team ... | Trägt zur Bereichsstrategie bei und leitet Ziele ab für mehrere Teams ... | Legt die Bereichsstrategie fest und befähigt andere Führungskräfte, die Strategie in Ziele für deren Teams zu überführen ... |

**Abb. 11.4** Modellarchitekturen von Kompetenzmodellen

Im Markt lassen sich große Unterschiede im Detailgrad der verwendeten Kompetenzmodelle beobachten. Grundsätzlich lassen sich – unabhängig davon, wie die Kompetenzen heißen – zwei unterschiedliche Modellarchitekturen unterscheiden: Unskalierte Kompetenzmodelle beschreiben Verhalten generisch für jede Kompetenz, ohne zwischen Anforderungsgraden zu unterscheiden. Skalierte Kompetenzmodelle differenzieren bei der Beschreibung von Verhalten nach verschiedenen Anforderungsgraden, typischerweise auf Grundlage der Verantwortungsstufe im Unternehmen (Mitarbeiter ohne Personalverantwortung, Manager erster Ebene etc.). Die Abb. 11.4 zeigt exemplarisch den Unterschied zwischen beiden Modellarchitekturen anhand der Kompetenz „Mitarbeiterentwicklung".

Viele Unternehmen nutzen ihr Performance Management, um neben dem Blick auf zurückliegende Leistungen auch das Potential ihrer Mitarbeiter zu beurteilen und damit einen Blick in die Zukunft zu werfen. Potentialbeurteilungen sind dabei zumeist unabhängig von der Leistungsbeurteilung und nicht Teil der Leistungsdefinition im engeren Sinne. Dennoch ist die Gruppe der High Potentials typischerweise eine Teilgruppe der High Performer. Umgekehrt ist aber nicht jeder High Performer automatisch auch ein High Potential. Weit verbreitet ist die Verwendung einer sogenannten „Performance-Potential-Matrix", welche eine grafische Übersicht über eine Gruppe von Mitarbeitern anhand der Dimensionen Leistung und Potential ermöglicht. Zur Ableitung konkreter individueller Maßnahmen auf Basis des Performance Managements (Konsequenzen) sind qualitative Potentialaussagen, zum Beispiel zur Frage: „Potential wofür?", jedoch besser nutzbar als die Position in einer solchen Matrix.

#### 11.2.3.2 Ein klarer Prozess lenkt den Leistungsdialog

Das zweite Gestaltungselement, das heißt die Frage, wie der jährliche Performance Management Prozess erfolgt, umfasst typischerweise drei Schritte: Als ersten Schritt die Bewertung durch den Vorgesetzen sowie gegebenenfalls eine Selbsteinschätzung der Beurteilten, als zweiten Schritt die Kalibrierung dieser Bewertungen im Rahmen sogenannter Panels beziehungsweise Kalibrierungsrunden mit anderen Führungskräften sowie abschließend als dritten Schritt das Feedback an die Beurteilten, das zum einen die Leistung der vergangenen Beurteilungsperiode und zum anderen die Erwartungen für die kommende Beurteilungsperiode zum Inhalt hat.

Ein klar definierter jährlicher Prozess schafft Transparenz über die Verantwortlichkeiten der beteiligten Stakeholder, ermöglicht eine bestmögliche Unterstützung durch HR und entsprechende IT-Lösungen und erleichtert die Verknüpfung mit anderen HR-Prozessen (zum Beispiel Succession Management).

Den direkten Vorgesetzten kommt im Rahmen des Performance Managements eine besondere Rolle zu. Sie vereinen in einer Person die Rolle des Beurteilers und Feedbackgebers für ihre jeweiligen Mitarbeiter und werden zudem zumeist selbst im Rahmen des Performance Managements durch ihren eigenen Vorgesetzten beurteilt. Während Führungskräfte für ihre Führungsaufgaben einen entsprechenden Freiraum benötigen, haben Unternehmen gleichzeitig ein Interesse daran, dass Leistungsbeurteilungen möglichst auf Grundlage eines gemeinsamen Beurteilungsstandards erfolgen und damit relativ unabhängig von dem jeweiligen Vorgesetzten sind.

Kalibrierungsrunden mit anderen Führungskräften stellen hierfür einen effektiven Lösungsansatz dar. 73 % der DAX-Unternehmen setzten im Jahr 2013 Kalibrierungsrunden beziehungsweise Panels im Rahmen ihres Performance Managements ein (vgl. Knab-Hägele et al. 2013, S. 85). In der Versicherungsbranche sind Panels bislang deutlich seltener vorzufinden. Sie sollten bei einer Neueinführung oder Überarbeitung des Performance Managements ganz oben auf der Agenda stehen.

In einem Panel sitzen üblicherweise die Vorgesetzten eines Bereiches und besprechen dort die Bewertungen ihrer Mitarbeiter. Häufig nimmt auch der jeweilige nächsthöhere Vorgesetzte an der Panel-Diskussion teil (siehe Abb. 11.5). Ziel ist die finale Entscheidung über die Leistungsbewertung sowie eine gemeinsame Diskussion über geeignete Konse-

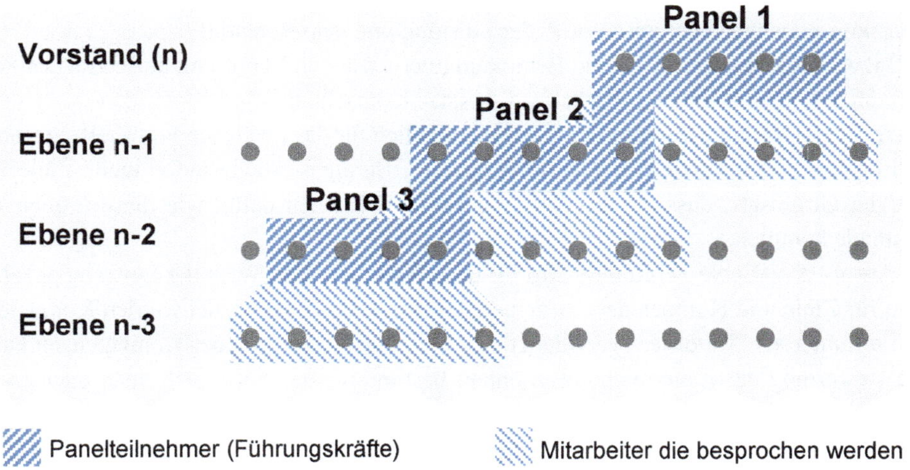


**Abb. 11.5** Struktur von Panels/Kalibrierungsrunden

quenzen, das heißt Entwicklungsmaßnahmen für die Bewerteten beziehungsweise vergütungsrelevante Entscheidungen. Voraussetzung für eine nutzenstiftende Paneldiskussion ist, dass zumindest mehrere (nicht zwingend alle) Beteiligte zu den behandelten Personen eine Einschätzung abgeben können. Manchmal ist es allerdings vorteilhaft und hat eine „erzieherische Wirkung", wenn Führungskräfte ihre Bewertungen coram publico vorstellen und begründen müssen. Dann wird unter anderem sehr schnell deutlich, ob Führungskräfte unterschiedliche Bewertungsmaßstäbe anlegen. Auch können Trainings für Führungskräfte die Fähigkeit zur objektiveren Bewertung und Differenzierung unterstützen.

Die Moderation von Panels erfolgt – idealiter auf Augenhöhe – durch HR, zum Beispiel den jeweils zuständigen Personalbetreuer beziehungsweise HR Business Partner oder die zuständige Corporate-Executives-Abteilung. Funktionierende Panels sind zudem mit einer Reihe von Voraussetzungen verbunden: die IT-gestützte Aufbereitung der Daten (kurzer Lebenslauf inklusive beruflicher Stationen, Bewertung durch den Vorgesetzen, ggf. Selbstbeurteilung, Foto etc.) und die Dokumentation der Ergebnisse sind unabdingbar. Die IT-Unterstützung ist nicht nur eine Voraussetzung für den effizienten Ablauf der Panels, sondern auch entscheidend, um die Ergebnisse für die weitere Verwendung zu dokumentieren.

#### 11.2.3.3 Konsequenzenmanagement ist der entscheidende Erfolgsfaktor

Damit der Performance Management Prozess ernst genommen wird und die Leistungskultur fördern kann, ist es entscheidend, dass auch im Ergebnis zwischen High- und Low-Performern und möglicherweise Potentialträgern differenziert wird. Konkret bedeutet das, dass nach der Kalibrierung der individuellen Leistungsbewertungen in Panels individuelle Konsequenzen in die Wege geleitet werden.

Konsequenzen können grob in die Bereiche „Entwicklung" und „Vergütung" unterschieden werden. Zahlreiche Unternehmen erfassen im Rahmen ihres Performance Managements mittlerweile das „Was?" und das „Wie?" der Leistung ihrer Mitarbeiter. Traditionell orientierten sich Vergütungskonsequenzen eher am „Was?" der Leistung, Entwicklungskonsequenzen eher am „Wie?" der Leistung und dem Potential.

Inzwischen lassen sich für die Bemessung der variablen Vergütung auf Basis des Performance Managements im Markt zwei Ansätze beobachten:

Ansatz 1: Variable Vergütung wird ausschließlich für das Erreichen von Zielen gezahlt. Bei diesen Zielen handelt es sich um Konzern-, Bereichs- sowie individuelle Ziele. Es gilt der Grundsatz, dass für Ergebnisse gezahlt wird, nicht dafür, wie diese Ergebnisse zustande kommen.

Ansatz 2: Variable Vergütung wird für das „Was" und das „Wie" der Leistung gezahlt, also für Ziele und Kompetenzen beziehungsweise Verhalten. Hierbei werden Kompetenzen mitunter als „Modifier" verwendet, das heißt die Bewertung der Kompetenzen kann die Bewertung der Zielerreichung in einem bestimmten Korridor nach oben oder unten verändern. Bei einigen Unternehmen gehen Kompetenzen und Ziele gleichgewichtet in die Gesamtleistung ein, die dann relevant für die Höhe der Bonusauszahlung ist.

Zunehmend mehr Unternehmen verfolgen mittlerweile den zweiten Ansatz, das heißt eine ganzheitliche Leistungsbewertung unter Berücksichtigung beider Aspekte („Gesamtleistung") als Grundlage für die variable Vergütung ihrer Mitarbeiter. Dies hat zum einen zu einer Aufwertung des „Wie?", das heißt der Beurteilung des Verhaltens von Mitarbeitern, beigetragen und zum anderen die Rolle der Führungskraft gestärkt. Während die Zielerreichung sich oftmals noch anhand quantitativer Ziele ausrechnen lässt, setzt eine Beurteilung der Gesamtleistung eine umfangreiche Auseinandersetzung mit der Person voraus.

Die Erhöhung der Grundvergütung für Top Executives orientiert sich üblicherweise an Marktbändern sowie der unternehmensspezifischen Erhöhung für andere Mitarbeitergruppen. Die individuelle Performance wird hierbei nicht immer reflektiert. In den Fällen, in denen individuelle Performance berücksichtigt wird, geschieht dies zum Beispiel über die klassische Merit-Matrix, die die individuelle Lage im Gehaltsband und die individuelle Performance berücksichtigt. Der eher wenig differenzierte Umgang mit individueller Performance bei der Erhöhung der Grundvergütung ist umso erstaunlicher, als dass die Grundvergütung nach wie vor den überwiegenden Teil der Vergütungskosten ausmacht und der entscheidende Faktor für die individuelle Vermögensbildung im Laufe einer Karriere ist, unter anderem durch die häufig vorzufindende Verknüpfung mit der Altersversorgung. Weitere variable Vergütungselemente, wie zum Beispiel eine jährliche Erfolgsbeteiligung (Tantieme etc.) sowie mehrjährige Vergütungsinstrumente (LTIs), sind zwar entscheidende Elemente einer marktgerechten Vergütung, finden aber im jährlichen Performance Management Prozess meist wenig Berücksichtigung.

Die nach wie vor vorzufindende starke Fokussierung auf den Bonus, um individuelle Performance zu differenzieren, hat einige Nachteile: So hat der Bonus als Differenzierungsinstrument häufig nur eine eingeschränkte Wirkung, da er sich aus Konzern-, Bereichs- und individueller Performance zusammensetzt. Die Berücksichtigung aller Vergütungsinstrumente erleichtert die Differenzierung und Belohnung individueller Leistung und erfüllt damit ein vorrangiges Ziel des Performance Managements.

Im Angesicht der Diskussion über Vergütung geraten entwicklungsbezogene Konsequenzen oftmals in den Hintergrund. Dabei tragen gerade diese zu einem Kernziel des Performance Managements bei: Persönliche Förderung und Entwicklungschancen innerhalb des Unternehmens sind die wichtigsten Retention- und Engagement-Faktoren für Leistungsträger und Talente. Für diese Mitarbeitergruppen ist eine angemessen Vergütung und finanzielle Anerkennung ihrer Leistung selbstverständlich. Was sie darüber hinaus antreibt, ist die Aussicht auf den Aufstieg innerhalb des Unternehmens und die damit verbundene Übernahme von neuen Aufgaben und mehr Verantwortung. Dies ist letztlich auch im Interesse des Unternehmens – handelt es sich hierbei doch um den Brückenschlag vom Performance zum Talent Management. Mögliche Maßnahmen zum Ausdruck von Wertschätzung und zur Förderung von Mitarbeitern sind zum Beispiel spezielle Mentoring-Angebote, die Beteiligung an abteilungsübergreifenden Projekten oder die Teilnahme an Fachkonferenzen.

Besonders erfolgreiche Unternehmen nutzen ihr Performance Management demnach für die gezielte Förderung von Leistungsträgern (also nicht nur High Performer und High Potentials!) über die Förderung von Nachwuchstalenten in Gruppen (sog. Talent Pools) und individuelle Förderungsmaßnahmen und rekrutieren aus dieser Gruppe ihren Führungskräfte-Nachwuchs. Für den Erfolg dieses Vorgehens gibt es eine klare Kennzahl (KPI): die Zahl der internen Besetzungen im Top-Management. Je höher der Reifegrad des Performance Managements, desto höher ist üblicherweise die Quote der internen Kandidaten bei Besetzungen im oberen Führungskreis. Abhängig von Geschäftsmodell und Unternehmenssituation variiert die Quote interner Besetzungen im Markt deutlich. Ein typisches Ziel unter normalen Bedingungen ist eine Quote von ca. 80 bis 90% interner Besetzungen.

Zusammenfassend lässt sich festhalten, dass sowohl Entwicklungs- als auch Vergütungskonsequenzen als integrale Bestandteile zu jedem Performance Management gehören. Unternehmen, die ihr Performance Management an eine Vielzahl möglicher Konsequenzen koppeln, geben ihren Führungskräften eine Auswahl unterschiedlichster „Schatullen" zur Anerkennung individueller Leistung.

## 11.2.4 Rechtsschiefe Verteilung – ein Klassiker

Ein weit verbreitetes Problem von Performance Management Systemen ist, dass die Leistung von Mitarbeitern durch die jeweiligen Vorgesetzten systematisch zu positiv beurteilt wird. Mit dem in diesem Zusammenhang verwendeten Fachbegriff der „rechtsschiefen Verteilung" werden üblicherweise zwei Phänomene beschrieben: Zum einen, dass die tatsächliche Verteilung der Beurteilungen von der Normalverteilung (Gauß'sche Glockenkurve) in dem Sinne abweicht, dass die Streuung der Bewertungen deutlich geringer ausfällt; zum anderen, dass bei einer rechtsschiefen Verteilung tatsächlicher und angestrebter Mittelwert der Beurteilungen voneinander abweichen, das heißt es gibt zu viele gute und sehr gute und nur verhältnismäßig wenig schlechte Beurteilungen (siehe Abb. 11.6).

Die rechtsschiefe Verteilung ist in der Tat ein Klassiker. Eine große Vergleichsstudie aus den USA zeigte bereits 1992, dass im Durchschnitt etwa 60 bis 70% der Belegschaft eines Unternehmens eine Bewertung innerhalb der oberen beiden zur Verfügung stehenden Kategorien erhalten (vgl. Bretz et al. 1992, S. 20). Für Deutschland können Breuer

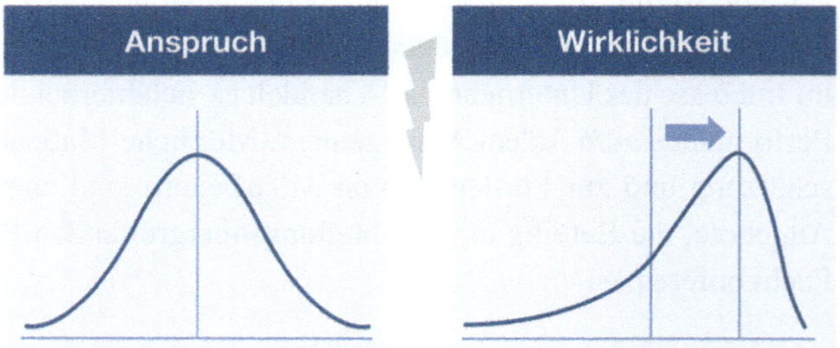


**Abb. 11.6** Rechtsschiefe Verteilung – Illustrative Darstellung der Ergebnisse von Mitarbeiterbeurteilungen in der unternehmerischen Praxis

et al. (2013, S. 141 ff.) anhand einer Fallstudie aus einem Callcenter für die Jahre 2004 bis 2007 eine Verzerrung der Performance Bewertungen belegen. Performance Management hat grundsätzlich die Aufgabe, Mitarbeiter entsprechend ihrer Leistung – mitunter auch ihres Potentials – zu differenzieren. Mit anderen Worten: Mitarbeiter, die hohe Leistung bringen, wie auch Mitarbeiter, deren Leistung nur mangelhaft ist, sollen identifiziert und mit Blick auf die Konsequenzen unterschiedlich behandelt werden. Wobei hier die große und wichtige Gruppe der „Solid-Performer" in der Mitte der Verteilung nicht ignoriert werden sollte.

Differenzierung ist einer der wichtigsten Aspekte des Performance Managements. In der Realität funktioniert aber Differenzierung nur eingeschränkt. Verzerrte Bewertungen führen am unteren Ende der Leistungsskala dazu, dass notwendige Verbesserungen nicht erkannt werden. Leistungsschwache Mitarbeiter erhalten oftmals kein ehrliches Feedback. Ihnen wird somit auch die Chance zur Verbesserung und Weiterentwicklung genommen. Am oberen Ende des Leistungsspektrums wirkt eine schwache Differenzierung der Beurteilung demotivierend. Echte Top-Performer erhalten keine herausragende Bewertung und lernen so, dass sich zusätzliche Leistung nicht lohnt.

Einen negativen Anreiz- und Motivationseffekt für Mitarbeiter oberhalb des Durchschnitts findet auch Bol (2011, S. 1549 ff.) in ihrer empirischen Untersuchung mit Daten eines niederländischen Finanzdienstleisters: Ist die Bewertung in einem Jahr aus subjektiver Sicht nicht genug differenziert, so sinkt die Leistung dieser Beurteilten in der nächsten Beurteilungsperiode. In der Praxis lässt dieses allgegenwärtige Phänomen die Frage aufkommen, wofür eigentlich der Aufwand betrieben wird, wenn am Ende ohnehin für alle mehr oder weniger das Gleiche herauskommt.

Es gibt bis heute keine „einfache" Lösung für das Problem der rechtsschiefen Verteilung. In der Praxis wurde mit verschiedenen Lösungsansätzen experimentiert. In Deutschland am weitesten verbreitet ist heute die konsequente Nutzung von Kalibrierungsrunden, um einem „Ausufern" der Zielerreichungen entgegen zu wirken. Aufgrund historischer Zielerreichungen rechnen viele Unternehmen bereits damit, dass die durchschnittliche Zielerreichung nicht bei 100 %, sondern eher bei 120 bis 130 % liegen wird und planen ihre Vergütungsbudgets mit einem entsprechenden Puffer. In der Praxis wird das Problem damit nicht gelöst, sondern lediglich gemanagt.

### 11.2.5 Forced Distribution – Totgeglaubte leben länger

Ein weithin bekannter Lösungsansatz ist die Nutzung von Verteilungsvorgaben, sogenannten „Forced-Distribution"-Systemen. Bekannt ist dieser Ansatz insbesondere von Jack Welch, der in seiner Zeit als CEO von General Electric die sogenannte „20-70-10"-Regel einführte. In diesem System müssen Vorgesetzte ihre Mitarbeiter in eine von drei Kategorien einstufen, für die klare Verteilungsvorgaben und Konsequenzen existieren: 20 % Top-Performer (belohnen und befördern), 70 % Mittelfeld (fordern und fördern) und zehn Prozent Low-Performer (entlassen). In Deutschland ist dieser Ansatz wenig populär: In der deutschen Finanzbranche setzen nur weniger als ein Viertel der Unternehmen (23 %) auf ein derartiges Vorgehen, in der Industrie liegt die Quote noch deutlich niedriger (vgl. Klein und Sebald 2012, S. 16).

Klar ist: Forced-Distribution-Systeme haben einen Einfluss auf die Performance und das Verhalten der Mitarbeiter. Ein Vergleich verschiedener Performance Management Systeme in einem ökonomischen Entscheidungsexperiment ergab, dass die Produktivität der Teilnehmer bei einem Forced-Distribution-System etwa acht Prozent höher war als in Beurteilungssystemen ohne Vorgabe (vgl. Berger et al. 2013, S. 54 ff.): Die Erkenntnisse aus experimentellen Studien sind in ihrer Übertragbarkeit auf die Praxis beschränkt: Zwar stellen Studenten, die typischen Probanden dieser Studien, einen Teil des Bewerber-Pools von Unternehmen dar, aus dem sie Mitarbeiter rekrutieren, dies bildet aber nicht Workforce-Segmente, wie zum Beispiel Top-Executives, ab. Die zusätzlichen moderierenden Effekte der Unternehmenskultur sollten nicht vernachlässigt werden). Die höhere Differenzierung der Beurteilung führt zu höheren Anstrengungen der Beurteilten, die im Wettbewerb um eine bessere Note standen.

Eine anschließende Befragung ergab, dass die Beurteiler den Vorteil der größeren Differenzierung verstehen, sie jedoch den Prozess der Beurteilung bei vorgegebenen Kategorien schwieriger finden. Die Beurteilten sind nach Einführung der Forced Distribution zunächst durch den Wettbewerb um die beste „Note" motiviert, nach der ersten Bekanntgabe der Ergebnisse zeigten sie sich jedoch enttäuscht, da vorherige über-positive Bewertungen und Bonuszahlungen einen Referenzpunkt bilden, den sie im neuen System nicht mehr erreichen.

Kampkötter und Sliwka (2011, S. 28) weisen in einer weiteren empirischen Studie auf Basis von Daten deutscher Finanzinstitute zudem nach, dass größere Differenzierung von Beurteilungen zu besseren Leistungen führt. Dieser Effekt ist besonders groß für die höchsten und mittleren Hierarchieebenen. Die Autoren kommen zu dem Schluss, dass je höher die Position einer Person im Unternehmen ist, desto eher sollte diese auf Grundlage eines stärker differenzierten Performance Ratings – wie ein Forced-Distribution-System sie bietet – beurteilt werden.

Wird das Forced-Distribution-System noch mit dem Aussortieren der Under-Performer verknüpft, so zeigen Scullen et al. (2005, S. 24 f.), dass eine Kündigung der zehn Prozent schlechtesten Mitarbeiter, verbunden mit einer Neueinstellung der besten vorhandenen Bewerber, in den ersten drei bis vier Jahren zu einer signifikanten Erhöhung der Gesamtproduktivität führt. Nach diesen ersten Jahren des Umbaus der Belegschaft verliert sich der Effekt. In der Praxis ist ein solcher Ansatz in einigen Ländern, zum Beispiel in Deutschland, aus arbeitsrechtlicher Sicht allerdings schwierig umzusetzen. Zugleich ist er mit spürbaren direkten Kosten verbunden – bedingt durch kostspielige Neueinstellungen.

Zusätzlich zu den diskutierten Performance-Effekten von Forced Distribution bieten derartige Systeme die Möglichkeit, Top-Performer zielsicher zu identifizieren, entsprechend zu bezahlen und damit auch im Unternehmen zu halten. Es erfolgt somit eine Umverteilung der limitierten finanziellen Mittel vom Unter- und Mittelmaß zu den Top-

Performern, die effizienzsteigernd wirkt. Der Bonus-Pool wird nicht für mittelmäßige Leistungen aufgezehrt, sondern es bleiben Spielräume, um wirklich außergewöhnliche Leistungen zu belohnen.

### 11.2.6 Die Risiken von Forced Distribution – wenn aus Kollegen Konkurrenten werden

Das wohl größte Risiko von Forced-Distribution-Ansätzen ist, dass sie aus Kollegen Konkurrenten machen. Es besteht die Gefahr, dass die Bereitschaft für Kooperation und Teamarbeit zurückgeht oder Kollegen sogar sabotiert werden, um die eigene Leistung im Vergleich besser dastehen zu lassen. Insgesamt wird der Fokus mehr auf das Individuum und seine Leistung statt auf das Team gelegt.

Um diese Vermutung zu testen, haben Berger et al. (2013, S. 54 ff.) in ihr Experiment eine Sabotage-Möglichkeit eingebaut, durch die man die Arbeit der anderen behindern konnte.Es zeigt sich, dass Sabotage bei Vorhandensein eines Forced-Distribution-Systems doppelt so häufig genutzt wurde als ohne diese Bewertungsvorgabe. Die unmittelbare Folge war ein Rückgang der durchschnittlichen Produktivität.

Insgesamt führte eine größere Differenzierung in diesem Experiment zu höheren Anstrengungen der Teilnehmer, die eigene Position im Ranking zu verbessern. Der einfachste Weg zur Durchsetzung dieses Ziels war es, Mitstreiter zu sabotieren, um deren Leistung zu verschlechtern. Andere Studien zur Sabotage-Aktivität in Turnieren zeigen jedoch, dass diese im Labor zwar vorhanden, aber nicht mit Sicherheit auf die konkrete Situation in Unternehmen übertragbar ist (Harbring und Irlenbusch 2011, S. 611 ff.). In einem Arbeitsumfeld, in dem Teamarbeit und Kooperation erfolgsentscheidend sind, kann Forced Distribution somit einen negativen Effekt auf die Leistungsfähigkeit der Organisation haben.

Eine weitere Gefahr von Forced Distribution ist die Akzeptanz bei Mitarbeitern und Unternehmen. Insbesondere in Deutschland, aber zunehmend auch in den USA, ist zu beobachten, dass von Mitarbeitern und Führungskräften gleichermaßen Kritik an Forced Distribution geübt wird. Das jüngste Beispiel ist der Internetkonzern Yahoo, bei dem Marissa Mayer als neuer CEO im Sommer 2012 vierteljährliche Leistungsbewertungen mit Forced Distribution einführte. Ein Jahr und etliche Entlassungen später sah sich Yahoo selbst in den USA, dem Ursprungsland der „hire und fire" Kultur, mit einer Welle an Kritik konfrontiert. Mitarbeiter und Führungskräfte gleichermaßen kritisierten Mayer öffentlich, die Presse machte aus dem Thema eine nationale Diskussion über individuelle Leistungsbewertung.

Die Akzeptanz unterschiedlicher Forced-Distribution-Systeme ist auch Kern einer experimentellen Studie von Blume et al. (2009, S. 77 ff.). Die Autoren kommen zu dem Ergebnis, dass aus Sicht der Bewerteten ein System mit geringen Konsequenzen für die Low-Performer, einer großen Differenzierung der Auszahlung, häufigem Feedback und einer relativ großen Vergleichsgruppe am ehesten angenommen wird. Bei einer relativ großen Vergleichsgruppe ist die Annahme der Normalverteilung am ehesten zu rechtfertigen. Gleichzeitig stellt sich aber auch die Frage, wie groß eine Gruppe sein darf, sodass der Beurteilende noch differenzierte Kenntnis über den Einzelnen hat. Auch ist bei der Wahl der Referenzgruppe zu bedenken, dass eine genügend große Varianz der Leistung der Beurteilten vorhanden sein muss, da eine differenzierende Bewertung sonst sehr schwierig und subjektiv wird. Weiterhin ist zu beachten, dass es Gruppen mit sehr unterschiedlichen Leistungsniveaus gibt. Eine durchschnittliche Leistung in einer hervorragenden Gruppe kann besser sein als die eines Top-Performers in einer unterdurchschnittlichen Gruppe. Insgesamt gilt: Äpfel sollten nicht mit Birnen verglichen werden!

Genau diesen Effekt hat Forced Distribution jedoch in vielen Organisationen. Gruppen von 30 oder mehr Mitarbeitern, die an die gleiche Führungskraft berichten, sind heutzutage auf den Top-Führungsebenen eher die Ausnahme, stellen aber die Voraussetzung für eine Normalverteilung dar. Die der Forced Distribution zugrunde liegende Annahme, dass es in jeder Gruppe ein klare Leistungsdifferenzierung zu beobachten gibt, ist statistisch allerdings erst ab einer Gruppengröße von ca. 30 Mitarbeitern tragbar.

## 11.3 Performance Management als Treiber von Change

Nach diesem Überblick über unterschiedliche Ausgestaltungen und Marktpraxis von Performance Management in Deutschland möchten wir im Folgenden die Frage genauer beleuchten, welche Chancen Performance Management für die Umsetzung von Change bietet.

Im Rahmen von Change Initiativen stellt Performance Management ein wertvolles Instrument dar, das helfen kann ein gemeinsames Commitment für die Ziele des Veränderungsprozesses zu schaffen und die Leistungsbereitschaft innerhalb der Belegschaft zu steigern. Beide Leistungsdimensionen – Ziele und Kompetenzen – bieten die Möglichkeit, Inhalte von Change Initiativen aufzugreifen und Change im Unternehmen voranzutreiben.

Change Initiativen wie Restrukturierungen, umfangreiche Sparmaßnahmen oder strategische Neuausrichtungen lassen sich in Form von Zielvorgaben auf Ebene des Individuums verankern. In der Praxis beliebt war das Festlegen übergeordneter Ziele auf Ebene des Konzernvorstands und diese über Gesellschaften, Divisionen, Abteilungen und Teams bis auf die Ebene des einzelnen Mitarbeiters zu kaskadieren. Ein höchst aufwendiges und nicht immer sinnvolles Unterfangen: Was für kumulative finanzielle Ziele auf Ebene von Gesellschaften noch vergleichsweise einfach ist – zum Beispiel für den geplanten Jahresumsatz von Tochtergesellschaften – stellt dies im Fall bereichsübergreifender Projekte, Gewinnziele für unterschiedliche Geschäftsmodelle und nicht-finanzieller Ziele eine große Herausforderung dar.

Nichtsdestotrotz eignen sich Zielvorgaben auch ohne einen aufwendigen Kaskadierungsprozess zur Begleitung und Umsetzung von Change Projekten. Führungskräfte haben die Möglichkeit, individuelle Schwerpunkte mit ihren Mitarbeitern zu vereinbaren und das Performance Management als Führungsinstrument zu nutzen. Mit Hilfe von Zielen können Mitarbeiter auf die wichtigsten Aufgaben und Herausforderungen eingeschworen und fokussiert werden. Dabei gilt der alte Spruch: „What you measure is what you get". Wer großen Wert auf die Erreichung von Zielen legt muss sich dessen bewusst sein, dass Mitarbeiter sich im Zweifel auf ebendiese Ziele fokussieren werden. Dies stellt dann eine Gefahr dar, wenn sich beispielsweise das Marktumfeld im Laufe einer Performance Periode deutlich verändert, sich Prioritäten verschieben und Ziele, die vor ein paar Monaten noch von höchster Priorität waren, gegebenenfalls nicht mehr von Bedeutung sind. In solchen Fälle ist es wichtig die Flexibilität zu besitzen, Ziele auch unterjährig anpassen zu können oder Schwerpunkte zu verlagern.

Neben der Möglichkeit zur Verankerung individueller Ziele nutzen viele Unternehmen ihr Performance Management auch dafür, ihre Mitarbeiter für konzernweite Ziele oder Ziele auf Ebene des jeweiligen Profit-Centers beziehungsweise des Bereichs oder der Abteilung zu verpflichten. Auch hier lässt sich Performance Management für die Umsetzung entsprechender Change Initiativen nutzen. Wichtig ist in diesem Fall die Führung durch den jeweiligen Vorgesetzten, der seinen Mitarbeitern den Zusammenhang zwischen dem Beitrag des Einzelnen und den Zielen auf übergeordneter Ebene aufzeigen muss. Ansonsten besteht die Gefahr, dass der Bezug zwischen dem Beitrag des Einzelnen und den Zielen auf Ebene der Organisation verschwimmt und die Leistungsbereitschaft des Mitarbeiters zurückgeht.

Die Messung von Kompetenzen, das heißt des Verhaltens von Mitarbeitern, eignet sich besonders für die Unterstützung kultureller Veränderungen, wie zum Beispiel die Einführung einer neuen Führungskultur oder neuer Unternehmenswerte, und hilft bei der unternehmensweiten Compliance – vor allem in großen Konzernen. In vielen Unternehmen kommt dem Verhalten von Mitarbeitern bei der Leistungsbewertung mittlerweile die gleiche Bedeutung zu wie der Erreichung von Zielen – mit der Folge, dass Kompetenzmodelle einen erheblichen Einfluss auf das Verhalten der Führungskräfte im Unternehmen haben. Eine Veränderung, die sich auch auf Ebene der Unternehmensführung bemerkbar macht. Nahezu jeder CEO, der von außen in ein Unternehmen kommt, nutzt die Definition beziehungsweise Überarbeitung von Unternehmenswerten, um einen kulturellen Change auf Basis des eigenen Führungsverständnisses anzustoßen. Durch die Verknüpfung mit Konsequenzen in Form von Vergütung und Entwicklung entfalten solche Maßnahmen eine große Wirkung und haben durch die Integration in einen jährlichen Performance Management Prozess auch das Potential, eine dauerhafte Wirkung zu entfalten.

Unternehmen, die das Verhalten ihrer Führungskräfte im Rahmen des Performance Managements erfassen und mit klaren Konsequenzen verknüpfen, verfügen über ein mächtiges Instrument zur Umsetzung kulturellen Wandels. Quertreiber und Blockierer von kulturellem Wandel, die zwar gute finanzielle Ergebnisse erreichen, aber die neue kulturelle Ausrichtung nicht mittragen, spüren dies in einem solchen Unternehmen spätestens mit dem nächsten Performance Management Prozess. Gerade in tendenziell eher traditionellen und hierarchiegläubigen Unternehmen mit etablierter Führungsmannschaft – eine Gruppe der auch zahlreiche Versicherungen zuzuordnen sind – stellt die Kopplung von Entwicklungschancen und Besetzungsentscheidungen an Verhaltensbeurteilungen ein mächtiges Tool für die Umsetzung kultureller Veränderungen dar.

Entscheidend für alle Arten von Change die mit Hilfe von Performance Management vorangetrieben werden sollen, ist die klare Verknüpfung von Leistungsbeurteilung und Konsequenzen. Nur wenn klar ist, welche Auswirkungen es hat wenn Mitarbeiter ihre Ziele nicht erreichen oder sich nicht gemäß des Führungsbildes und Kompetenzmodells verhalten, kann das Performance Management einen Beitrag zu dem unternehmensweiten Veränderungsprozess leisten.

## 11.4 Herausforderungen bei der Einführung von Performance Management

Wenngleich sich Performance Management als Instrument und Treiber für Change Management nutzen lässt, sind Änderungen am Performance Management Prozess oder die Einführung eines Performance Managements oft selbst große Change Projekte. Unabhängig vom Reifegrad des bestehenden Performance Managements ist die Kommunikation und Implementierung von Veränderungen im Performance Management stets ein kritischer Schritt. Wie eingangs geschrieben: Performance Management kann man nicht „nicht machen". Im Umkehrschluss heißt das: Veränderungen im Performance Management finden im Grunde nie auf einem unbeschriebenen Blatt statt, sondern müssen sich gegen einen bestehenden Status Quo durchsetzen. Damit erfordern sie eine Verhaltensänderung der betroffenen Führungskräfte und stellen eine Veränderung des persönlichen Arbeitsumfelds für die betroffenen Mitarbeiter dar. Mindestens eines, oftmals mehrere, der drei Gestaltungselemente von Performance Management werden sich ändern: Was bewertet wird, wie der Prozess abläuft oder welche Konsequenzen damit verbunden sind.

Da Performance Management die individuelle Leistung eines jeden Mitarbeiters zum Inhalt hat, führt eine Veränderung insbesondere für die Betroffenen oftmals zu hoher Unsicherheit und Reaktanz. Führungskräfte auf der anderen Seite wehren sich gegen vermeintlich zusätzlichen Aufwand, neue Routinen und Abläufe sowie die Notwendigkeit, Verantwortung für personenbezogene Einschätzungen übernehmen zu müssen. Im Folgenden möchten wir drei Erfolgsfaktoren vorstellen, die aus unserer Sicht kritisch sind für die Einführung oder Veränderung von Performance Management Systemen.

### 11.4.1 Stakeholder Management und Top Management Support

Veränderungen im Performance Management berühren verschiedenste Gruppen von Stakeholdern: die betroffenen Mitarbeiter (je nach Reichweite des Performance Managements Top Executives, außertarifliche Mitarbeiter oder auch Tarifmitarbeiter) und ihre Vertretungen (zum Beispiel Unternehmenssprecherausschuss oder Betriebsrat), deren Führungskräfte (das heißt Manager mit Personalverantwortung), Vorstände und Geschäftsführungen von Tochter- beziehungsweise Landesgesellschaften und dezentrale Human Ressource Abteilungen – um nur die wichtigsten zu nennen. Um Veränderungen erfolgreich umzusetzen, gilt es all diese Stakeholder ins Boot zu holen. Wichtig ist hierfür die frühzeitige Einbindung an den richtigen Stellen im Veränderungsprozess.

Typischerweise erfolgt die Entwicklung eines neuen Performance Managements unter Beauftragung des Vorstands durch die HR Abteilung. Für eine erfolgreiche Entwicklung und Einführung ist die öffentliche Unterstützung durch den Vorstand entscheidend – insbesondere bei der Kommunikation mit Top-Führungskräften. Innerhalb der Organisation sollte klar sein, dass Veränderungen am Performance Management kein Selbstzweck sind, sondern der strategischen Ausrichtung und der Wettbewerbsfähigkeit des Unternehmens dienen. Ein klarer Auftrag durch den Vorstand stellt hierfür den richtigen Ausgangspunkt dar. Es bedeutet auch, dass Vorstandsmitglieder den Prozess vorleben müssen, um die Glaubwürdigkeit bei den Mitarbeitern sicherzustellen. Wer Momentum für den Change Prozess schaffen will, sollte vorgehen wie bei einer Treppe: Am besten kehrt man von oben nach unten.

Die Konzeptionsphase bietet die Möglichkeit, die späteren Anwender frühzeitig mit einzubeziehen und mögliche Schwierigkeiten für die spätere Einführung rechtzeitig zu identifizieren. In der Praxis gibt es zwei sinnvolle Zeitpunkte für die Einbeziehung von Führungskräften und Betroffenen: In der Status Quo Analyse am Anfang der Konzeptionsphase oder bei der Auswahl beziehungsweise Verprobung verschiedener Alternativkonzepte. In der Status Quo Analyse können Manager mit Personalverantwortung im Rahmen von Interviews oder mit Hilfe von Fragebögen befragt werden. Ein solches Vorgehen ermöglicht es, das Konzept direkt auf die Einschätzung durch die Anwender des Systems abzustimmen. Insbesondere Key Stakeholder und Vorstände beziehungsweise Geschäftsführer wichtiger Landes- oder Tochtergesellschaften sollten auf diese Weise mit einbezogen werden.

Nach der Entwicklung möglicher Konzepte bietet sich in einem zweiten Schritt die Verprobung des neuen Systems, beispielsweise im Rahmen von Interviews oder Fokusgruppen, an. In Fokusgruppen können die geplanten Veränderungen am System vorgestellt und diskutiert werden. Auch hier haben die späteren Anwender die Möglichkeit sich aktiv einzubringen – eine Maßnahme, die später dabei hilft ein gemeinsames Commitment für das neue System zu schaffen. Für die Verprobung lässt sich erfahrungsgemäß gut mit einer breit gestreuten Stichprobe an Führungskräften und Meinungsbildern aus dem Unternehmen arbeiten.

Arbeitnehmervertreter können ähnlich einbezogen werden wie Führungskräfte. Sofern die Zustimmung der Arbeitnehmervertreter gesetzlich gefordert ist – wie in Deutschland im Falle des Betriebsrats für nicht-leitende Angestellte – empfiehlt sich eine möglichst frühe und intensive Einbindung des jeweiligen Organs. Der Sprecherausschuss als Vertretung der leitenden Angestellten in Deutschland wird typischerweise eher als Beobachter eingeladen beziehungsweise über aktuelle Entwicklungen informiert. Informationsveranstaltungen bieten sich zum Beispiel nach der Entwicklung des Feinkonzepts und der Verprobung mit den Führungskräften an. Grundsätzlich ist man gut damit beraten, sich frühzeitig zu informieren und insbesondere bei internationalen Unternehmen die Rechte der Arbeitnehmervertreter für jedes Land zu prüfen und zu berücksichtigen. Andernfalls steht die Umsetzung des gesamten Vorhabens auf dem Spiel.

Stakeholder Management erfordert stets ein besonderes Fingerspitzengefühl: Einerseits sollten sich alle Stakeholder einbezogen fühlen, die Möglichkeit haben ihren Standpunkt zu teilen und Einfluss auf das Ergebnis zu nehmen, andererseits gilt es, Effizienz sicherzustellen und dafür Sorge zu tragen, dass der ursprüngliche Auftrag nicht aus dem Blick gerät. Wer es schafft in diesen Gewässern sicher zu navigieren, hat bei der anschließenden Implementierung ein deutlich leichteres Spiel.

### 11.4.2 Klare Kommunikation und Transparenz

Viele gut durchdachte Konzepte sind letztlich an der Kommunikation gescheitert. Wer kein überzeugendes und geschlossenes Bild abgibt, sieht sich im Handumdrehen mit einer Welle an Kritik und Änderungsvorschlägen konfrontiert, welche die Implementierung schnell in Gefahr bringen können. Sobald die Entscheidung für ein System gefallen ist, sollte man sich daher nicht verstecken, sondern selbstbewusst die Neuerungen unter Berufung auf den umfangreichen und wohl-durchdachten Entwicklungsprozess darlegen – vorausgesetzt es hat einen solchen gegeben.

Wichtig hierfür ist dreierlei: eine klare Kommunikation der geplanten Änderungen inklusive der zugrunde liegenden Argumentation, Transparenz über die damit verbundenen Implikationen und die Betonung der gemeinsamen Verantwortung aller Stakeholder. Wer Vorstand und Geschäftsführungen, Führungskräfte und Arbeitnehmervertreter während der Konzeptionsphase eingebunden hat, kann nun geschlossen auftreten und damit argumentieren, dass es sich bei dem Konzept um ein Gemeinschaftsprodukt handelt.

An konkreten Maßnahmen empfiehlt sich neben der klassischen Print-Publikation als Broschüre oder der Road-Show die Vorstellung im Rahmen eines Webcasts beziehungsweise Webinars, beispielsweise durch den Personalvorstand oder den Vorstandsvorsitzenden. Insbesondere in großen Unternehmen bietet dieses Vorgehen die Möglichkeit, Hierarchien zu überwinden. Im Nachgang an die Erstkommunikation sollten die Kernbotschaften dabei über den gesamten Veränderungsprozess wiederholt und betont werden.

### 11.4.3 Enablement und Unterstützung des Linien-Managements

Der letzte Schritt der Implementierung ist die Anwendung des neuen Systems. Erst wenn ein neues Performance Management System die Feuerprobe, das heißt den Praxistest in der erstmaligen Anwendung, bestanden hat, kann von einem erfolgreichen Change die Rede sein.

Entscheidend für diesen letzten Schritt sind das Enablement und die Unterstützung des Linien-Managements durch HR. Je nach Reichweite des Performance Managements müssen hierfür auch die dezentralen Personalabteilungen und insbesondere die HR Business

Partner geschult werden. Das Selbstverständnis von HR sollte in dieser Hinsicht das eines Dienstleisters sein, der die Linien-Manager bestmöglich in der Anwendung des Systems unterstützt.

In einem ersten Schritt ist es wichtig, die Anwender des Performance Managements, das heißt die Führungskräftepopulation, mit dem neuen System beziehungsweise den Änderungen am System vertraut zu machen und für die Anwendung zu gewinnen. Zu den typischen Instrumenten zählen Workshops und Schulungen der Führungskräfte in der Anwendung des neuen Systems sowie – insbesondere bei Neuerungen am IT-System und in internationalen Unternehmen – Webinare, in denen die künftigen Anwender per Videokonferenz durch das System geführt werden.

Erfahrungsgemäß ist hierbei in den seltensten Fällen mit Begeisterung zu rechnen. Zumeist verbinden Führungskräfte mit neuen – und noch dazu verpflichtenden – HR-Instrumenten vor allem eines: zusätzlichen Aufwand. Wer seinen Kritikern den Wind aus den Segeln nehmen will, beantwortet im Voraus die Frage, die sich die Teilnehmer von der ersten Minute an stellen werden: "What's in it for me?" beziehungsweise „Was habe ich davon?". Workshops sollten ganz am Anfang den Mehrwert des Performance Managements für die Wahrnehmung der Führungsverantwortung durch die Führungskräfte herausarbeiten. Detailfragen lassen sich wesentlich leichter beantworten, wenn man sich am Anfang das grundlegende Commitment der Führungskräfte gesichert hat.

Bei der Einführung des Performance Managements über mehrere Führungsebenen hinweg sind viele Führungskräfte nicht nur Anwender, das heißt Bewertende, sondern werden auch selbst durch ihren Vorgesetzten im Rahmen des Performance Managements bewertet. In solchen Fällen ist es besonders wichtig, alle Elemente des Performance Managements genau zu erklären und Verständnis für die zugrunde liegenden Überlegungen zu schaffen. Stichwort: Führungsphilosophie. Bei einer Überarbeitung des Kompetenzmodells beziehungsweise der Führungsprinzipen kann beispielsweise eine Selbstreflektion im Workshop-Format helfen, um das Bewusstsein bei den Führungskräften zu schärfen.

Zusätzlich zur anfänglichen Schulung sollte eine spezielle Broschüre, inklusive häufig gestellter Fragen (FAQ), zur Verfügung gestellt sowie eine Art „Support-Hotline" eingerichtet werden, bei der Führungskräfte sich melden können, wenn sie Fragen zum System und dessen Anwendung haben. Regelmäßige Erinnerungen vor wichtigen Meilensteinen im jährlichen Prozess gehören ebenso zu den Aufgaben von HR.

Besonders kritisch ist die Phase gegen Ende der Performanceperiode, wenn die Leistungsbewertungen vorgenommen und Kalibrierungsrunden abgehalten werden. Insbesondere bei letzteren ist die professionelle Vorbereitung, Begleitung und Moderation durch HR entscheidend für eine Umsetzung im Sinne des Erfinders.

## Schlussbemerkungen und Fazit

Die Versicherungsbranche befindet sich in einem massiven Veränderungsprozess. Als Dienstleistungsunternehmen sind es die Leistungen der Mitarbeiter die maßgeblich darüber mit entscheiden, ob die Unternehmen erfolgreich sind oder nicht. Die Etablierung einer Leistungskultur ist also ein wichtiger Wettbewerbsfaktor für Unternehmen dieser Branche. Die professionelle Nutzung von Performance Management ist eine wichtige Säule, um diese Leistungskultur im Unternehmen zu verankern.

Mit Hilfe des Performance Managements treffen Unternehmen differenzierte Entscheidungen zu ihren Mitarbeitern – hinsichtlich Vergütung, Entwicklung und Karriereschritten. Damit Performance Management sich wirklich auszahlt, sollte der Dreiklang der Gestaltungselemente Performance, Prozess und Konsequenzen gut abgestimmt sein.

Gleichzeitig eignet sich Performance Management auch als Treiber von Change. Ziele und Kompetenzmodelle bieten die Möglichkeit sowohl strategische und organisationale Veränderungen als auch kulturelle Veränderungen in das Unternehmen zu tragen und gemeinsames Commitment zu fördern. Weitere Potentiale zur Unterstützung eines Umbaus des Unternehmens ergeben sich durch die Anknüpfung weiterer Prozesse an das Performance Management, zum Beispiel des Besetzungsprozesses, der Nachfolgeplanung oder der Nachwuchsförderung.

Blickt man in die Unternehmen, so trifft man jedoch häufig auf Unzufriedenheit mit dem Performance Management, die oftmals in der Ausgestaltung des Prozesses begründet ist. Doch ein Patentrezept gibt es nicht und die möglichen Drehschrauben sind zahlreich. Wer den Change, den ein neues Performance Management mit sich bringt, erfolgreich meistern will, ist gut damit beraten sich eingängig mit dem Status Quo auseinander zu setzen und die verschiedenen Stakeholder an den richtigen Stellen einzubeziehen.

Typische Schritte auf dem Weg zu einem Performance Management mit hohem Reifegrad, wie zum Beispiel die Einführung von Kalibrierungsrunden, sollten an die individuellen Gegebenheiten eines Unternehmens angepasst und gut vorbereitet werden. Nur so werden sie nicht nur als zusätzlicher Aufwand, sondern als wertschaffende Elemente des Performance Managements und der Führungskultur des Unternehmens wahrgenommen, welche die strategische Ausrichtung und Wettbewerbsfähigkeit des Unternehmens unterstützen. Dies gilt besonders in einer Branche, in der die Leistungsbereitschaft der Mitarbeiter eines Unternehmens den Unterschied zwischen Gewinnern und Verlierern ausmachen kann.

## Literatur

Berger J, Harbring C, Sliwka D (2013) Performance appraisals and the impact of forced distribution: an experimental investigation. Manage Sci 59

Blume BD, Baldwin TT, Rubin RS (2009) Reactions to different types of forced distribution performance evaluation systems. J Bus Psychol 23

Bol JC (2011) The determinants and performance effects of managers' performance evaluation biases. Account Rev 86

Bretz RDJ, Milkovich GT, Read W (1992) The current state of performance appraisal research and practice: concerns, directions, and implications. JOM 18
Breuer K, Zimmermann J-H (2011) Determinants and effects of target agreement systems: an empirical investigation of german firms. mimeo
Breuer K, Nieken P, Sliwka D (2013) Social ties and subjective performance evaluations: an empirical investigation. Rev Manage Sci 7
Harbring C, Irlenbusch B (2011) Sabotage in tournaments: evidence from a laboratory experiment. Manage Sci 57
Kampkötter P, Sliwka D (2011) Differentiation and performance – An empirical investigation on the incentive effects of bonus plans. Diskussionspapier, Universität zu Köln
Klein W, Sebald H (2012) hkp/// Markt-Barometer Banken 1/2012. Frankfurt
Knab-Hägele P, Kramarsch MH, Siepmann R (2013) hkp/// Teilnehmerstudie „TopEx DAX 2013“. Frankfurt
Scullen SE, Bergey BK, Aiman-Smith L (2005) Forced distribution rating systems and the improvement of workforce potential: a baseline. Person Psychol 58

**Dr. Harriet Sebald,** Senior Partner bei hkp///, ist gefragte Ansprechpartnerin für Vorstände und HR Executives in Fragen rund um die Entwicklung und Implementierung von Prozessen und Systemen zur Gewinnung, Bindung, Entwicklung und Motivation von Fach- und Führungskräften. Sie verfügt über umfangreiche internationale Projekterfahrung in den Bereichen Werte- und Competency Management, Performance Management, Nachfolgeplanung und Besetzungsprozesse. Ihr besonderes Interesse gilt der effizienten und effektiven Verknüpfung des Talent Managements mit weiteren HR-Prozessen wie der Vergütung oder Stellenbewertung.

**Leon Jacob,** Consultant, studierte Wirtschaft, Philosophie und Psychologie an den Universitäten Bayreuth, Stellenbosch und Nottingham. Bei hkp/// liegt sein Schwerpunkt im Bereich Talent und Performance Management, in dem er Unternehmen in der Gestaltung und Implementierung leistungsfähiger HR-Systeme entlang des Employee Lifecycles berät. Vor seiner Zeit bei hkp/// entwickelte er ein Modell für wertebasiertes Talent Management, das er bei einem „hidden champion“ der Konsumgüterindustrie in Großbritannien verprobte. Er ist Autor des Buches „Die Kunst, Talente talentgerecht zu entwickeln.“

# Feedbackkultur – Schritt für Schritt zum konstruktiven und offenen Dialog

12

Kerstin Stolzenberg und Daniela Snaphaan

*Um uns zu vervollkommnen, brauchen wir entweder aufrichtige Freunde oder hartnäckige Feinde. Sie öffnen uns die Augen für unsere guten und schlechten Handlungen – die einen durch Erfahrungen, die anderen durch ihren Tadel.*
(Diogenes)

**Zusammenfassung**

Was braucht es, um sich kontinuierlich zu verbessern? Wie gelingt es Unternehmen erfolgreich zu sein und zu bleiben? Eine Antwort auf diese Frage lautet: Dafür sind das Know-how und die Ideen der gesamten Belegschaft nötig.

Wie es gelingen kann, eine Feedbackkultur zu etablieren, die es über Hierarchien hinweg ermöglicht, in einem offenen Dialog Ideen auszutauschen und die eigene Leistung durch konstruktive Kritik zu verbessern, wird am Beispiel von AXA Deutschland beschrieben.

Die Vielzahl unterschiedlicher Instrumente und Maßnahmen, die die Entwicklung hin zu einem offenen Dialog begleiteten, dienten vordringlich als Analyseinstrumente in unterschiedlichen Veränderungsprozessen. Durch ihre professionelle Umsetzung in Verbindung mit einem guten Folgeprozess schufen sie dabei Schritt für Schritt eine Kultur des Miteinander- und Voneinander-Lernens.

K. Stolzenberg (✉) · D. Snaphaan
Köln, Deutschland
E-Mail: kes@buero-fuer-veraenderungsberatung.de

D. Snaphaan
E-Mail: Daniela.Snaphaan@axa-art.de



G. Zimmermann (Hrsg.), *Change Management in Versicherungsunternehmen*,
DOI 10.1007/978-3-658-05974-3_12

**Schlüsselwörter**
Feedback-Instrumente · Mitarbeiterbefragung · Lernende Organisation · Blog des CEOs

## 12.1 Einleitung

Um sich zu verbessern, braucht eine Organisation, deren Größe es nicht zulässt, dass sich ihre Führung um alle Details, alle Regelungen, Abläufe, Zusammenhänge oder Ergebnisse detailliert kümmern kann, neben dem Willen, sich weiterzuentwickeln, eine ausgeprägte Feedbackkultur.

AXA gehört mit ca. 9500 Mitarbeitern in Deutschland zu einer Organisation, die, um Verbesserungspotentiale zu erkennen und diese umzusetzen, auf das Know-how und die Bereitschaft ihrer Mitarbeiter und Führungskräfte angewiesen ist. Klassisch für die Branche, ist die Kultur grundsätzlich hierarchisch geprägt und auf Beständigkeit ausgelegt. Beide Merkmale leiten sich aus dem prägenden Geschäftsmodell ab. Wer möchte schon sein Geld in eine Lebensversicherung investieren, deren Führungskräfte und Mitarbeiter sich durch Freiheit und Flatterhaftigkeit auszeichnen – um die anderen Enden der Skala zu bemühen. Dennoch, es hat sich viel getan in der Branche und AXA hat federführend damit begonnen, die Verarbeitung zu digitalisieren, Prozesse zu optimieren, Aufgabenverteilung anhand von Skillprofilen zu organisieren, neue Vertriebskanäle zu erschließen und sich in den letzten Jahrzehnten hinter den Kulissen radikal zu verändern. Diese Transformation hat auch nicht vor der Zusammenarbeit zwischen Mitarbeitern und Führungskräften halt gemacht und hat damit auch AXAs Feedbackkultur stark beeinflusst.

Voraussetzungen für eine Feedbackkultur sind einerseits die Bereitschaft der Mitarbeiter, ihre Meinung einzubringen und auf der anderen Seite eine Haltung des Managements, die eingebrachten Anregungen oder auch Kritikpunkte anzunehmen. Eine Feedbackkultur ermöglicht also zum einen den Anstoß von Veränderungen durch Mitarbeiter und Führungskräfte, indem Missstände oder neue Ideen ihren Weg zu den Entscheidern finden, zum anderen ist sie ein ausgezeichneter Wegbegleiter von Veränderungen. Change Management Ansätze zielen ab auf die Beteiligung von Mitarbeitern und Führungskräften und fördern so das Engagement für die Veränderung und dem „zu eigen machen" der Neuerung. Beteiligungsmaßnahmen werden dann besonders erfolgreich sein, wenn sie in einem Unternehmen mit einer ausgeprägten Feedbackkultur ausgerollt werden, die Kultur der Organisation also Ideen aller schätzt und die Belegschaft zum Dialog und zu konstruktiver Kritik bereit ist.

AXA Deutschland arbeitet seit 15 Jahren kontinuierlich daran, eine Unternehmenskultur zu etablieren, die den Austausch zwischen Mitarbeitern und Führungskräften fördert. Dazu wurden unterschiedliche Formate zu verschiedenen Themenschwerpunkten entwickelt – alle hatten den Anspruch, den aktuellen Zustand zu analysieren, ein Zielbild zu definieren und Verbesserungsmöglichkeiten zur Erreichung dieses Zielbildes einzuführen. So wurden Befragungen, Workshops und Interviews aber auch unterschiedliche Zugänge wie das Intranet oder der persönliche Dialog genutzt. Die Anlässe des Austauschs waren verschieden, es ging um Mitarbeiterzufriedenheit, um die eigene Entwicklung, um den Fortschritt von Veränderungsprojekten wie einem Merger oder einer Kundenorientierungsoffensive. Alle Formate sind darüber hinaus aber auch als Botschafter einer gelebten Feedbackkultur angetreten und haben über die Jahre gute Arbeit geleistet. So wurden mündige Mitarbeiter gestärkt, Verbesserungsmöglichkeiten aufzuzeigen und Führungskräfte ermutigt, diese Anregungen aufzugreifen und gemeinsam mit ihren Mitarbeitern Lösungen zu entwickeln und so an der Gestaltung ihres Unternehmens mitzuwirken.

Die Haltung der Belegschaft hat sich wahrnehmbar verändert: vormals wurde die Anonymität des Feedbackgebers von vielen als zwingend erforderlich angesehen. Diese Haltung ist mittlerweile weitgehend abgelöst worden durch den Glauben, dass offene Worte mehr bewirken können und es sich lohnt, sich einzubringen. Erkennbar wird dieser Wandel beispielsweise darin, dass Mitarbeiterinnen und Mitarbeiter unter ihrem Namen im Blog des Vorstandsvorsitzenden Kritik an Entscheidungen des Vorstandsgremiums veröffentlichen. Die Beschreibung dieser Transformation ist Inhalt des vorliegenden Aufsatzes.

## 12.2 Bedeutung und Nutzen einer Feedbackkultur

Bedeutende Wissenschaftler und Manager haben in den vergangenen Jahrzehnten immer wieder den Einfluss einer von Offenheit und Austausch geprägten Unternehmenskultur auf die Leistung eines Unternehmens herausgestellt:

Ein Spitzenunternehmen ist geprägt von einer Unternehmenskultur „...in der die Mitarbeiter die Möglichkeit haben, Gehör zu finden und vor allem mit der Wahrheit Gehör zu finden." (Collins 2011, S. 108)

„Die exzellenten Unternehmen betrachten ihre Mitarbeiter als eigentliche Quelle der Qualitäts- und Produktivitätssteigerung." (Peters und Waterman 1994, S. 37)

„Ein zentrales Element bei der Entwicklung von Höchstleistung ist Feedback." (Jenewein und Heidbrink 2008, S. 129)

Feedback von Mitarbeitern und Führungskräften konsequent zu erbitten, nimmt zweifach positiven Einfluss auf eine Organisation: einerseits bringt es eine Vielzahl hilfreicher Ideen zur Verbesserung der Organisation hervor, andererseits postuliert es Wertschätzung gegenüber der Belegschaft und nimmt so Einfluss auf die Feedbackkultur der Organisation. Denn, so stellen Bungard, Müller, Niethammer heraus: „Feedbackkultur impliziert eine gewisse Wertehaltung gegenüber Kritik, Dissonanz, Lernen und Veränderung" (Bungard et al. 2007, S. 93).

Offenheit für Feedback und die Umsetzung der daraus gewonnenen Erkenntnisse ist eine wichtige Voraussetzung, um die Veränderungsfähigkeit der Organisation zu stärken. Gerade eine Förderung der Veränderungsfähigkeit ist für die Unternehmen der Versicherungsbranche von essentieller Bedeutung, da sie sich nach Jahrzehnten der Beständigkeit in das schnelle Fahrwasser der instabilen Geldmärkte, globalen Wettbewerber und veränderten Anforderungen der Kunden katapultiert sehen.

London und Smither beschreiben eine gute Feedbackkultur als eine, die durch eine hohe Feedbackqualität geprägt ist, in der die Wichtigkeit von Feedback in der Organisation spürbar ist und die sich durch eine Unterstützung in der Feedbacknutzung auszeichnet. Wenn diese Kriterien erfüllt sind, wird es den Mitarbeitern der Organisation leicht fallen, Feedback zu geben und zu nehmen, was im Umkehrschluss bedeutet, dass sie ihr Verhalten verbessern werden (London und Smither 2002, S. 82 f.).

## 12.3 Die Entwicklungsgeschichte der Feedbackkultur von AXA

Wie alles begann – 1998 war die Zusammenführung der damaligen Nordstern Versicherung und Colonia Versicherung kaum vollzogen und der Hauptaktionär UAP war von AXA abgelöst worden. Es war eine Zeit, in der die Nachwehen der Fusion noch deutlich zu spüren waren, der Hauptaktionär zum ersten Mal Einfluss auf die Geschicke der deutschen Tochter nahm und das Unternehmen – klassisch hierarchisch – nur ein institutionalisiertes Feedback kannte: die jährlich stattfindende Mitarbeiterbeurteilung von Mitarbeitern durch ihre Vorgesetzten.

1998 fand, lanciert durch die neue französische Mutter, die erste Mitarbeitervollbefragung statt. Neben Neugier und Spannung war die Einführung aber auch geprägt von Sorgen und Misstrauen.

### 12.3.1 Mitarbeiterbefragung „Scope"

| | |
|---|---|
| Format: | Jährliche online Vollbefragung |
| Feedbackrichtung: | bottom-up |
| Fokus: | Mitarbeiterzufriedenheit, Identifikation von Verbesserungsbedarfen |
| Folgeprozess: | verpflichtender Workshop pro Team zur Erarbeitung von Verbesserungsmaßnahmen, dessen Ergebnisse zentral nachgehalten werden |

Die weltweit stattfindende Mitarbeiterbefragung „Scope" wurde 1998 mit scanbaren Papierfragebögen eingeführt, allerdings zwei Jahre später von einer online-Version abgelöst. Nachdem die Befragungsergebnisse zu Beginn nur auf Vorstandsebene ausgewertet und veröffentlicht wurden, folgte mit der online-Version auch ein Herunterbrechen der Ergebnisse bis auf Bereichsebene. Über die Jahre wurde die Berichtsstruktur zum Teil bis auf Gruppenebene heruntergebrochen.

Die Fragen lassen sich den Kategorien Mitarbeiterbindung, Unternehmensführung, Einstellung und Werte, Kundenorientierung, direkte Führungskraft, Arbeitszufriedenheit, Entlohnung, Anerkennung und Entwicklungsförderung zuordnen, sie lauten beispielsweise: „Ich habe das Gefühl, dass das Unternehmen mich als Mitarbeiter schätzt."

(Anerkennung und Wertschätzung); „Ich glaube, dass ich in diesem Unternehmen die Gelegenheit für persönliche Entwicklung und Wachstum habe“ (Entwicklungsförderung); „Ich bin stolz darauf, zu diesem Unternehmen zu gehören“ (Mitarbeiterbindung).

Von Beginn an wurde sehr viel Wert auf die Arbeit mit den Ergebnissen gelegt. Eine eigene „Scope-Infrastruktur“ wurde etabliert, in der neben dem Bereichsleiter (direkter Mitarbeiter des Vorstandes) auch mindestens ein Mitarbeiter des Bereichs, der „Scoper“, die Entwicklung von Verbesserungsvorschlägen im Rahmen eines Workshops unterstützte. Innerhalb des Workshops wurden die Befragungsergebnisse vorgestellt und in Gruppendiskussionen nach Möglichkeiten der Verbesserung gesucht. So wurden beispielsweise in einigen Bereichen Meetingstrukturen optimiert (terminlich abgestimmter Meetingkalender, mit standardisierten Protokollvorlagen und klaren Verantwortlichkeiten bei der Informationsweitergabe), in anderen wurden Ablagevorgaben für Dokumente entwickelt, in wieder anderen wurde eine gegenseitige Qualifizierung angestoßen (bei einer gemeinsamen Mittagspause referierten Mitarbeiter für ihre Kollegen zu ihrem jeweiligen Fachgebiet).

Die Ergebnisse der Workshops wurden von den „Scopern“ in eine gemeinsame Datenbank eingetragen, die zum einen als Quelle für Ideen oder Best Practices diente, zum anderen genutzt wurde, um Themenfelder zu identifizieren, die standort- oder konzernweit bedeutungsvoll waren und auch auf dieser Ebene bearbeitet wurden. Schließlich unterstützte die öffentliche Sammlung auch die Verbindlichkeit der Maßnahmengenerierung und –umsetzung.

„Scope“ hat über die Jahre seines Bestehens viele Verbesserungen bewirkt, die vielfach gewünschte Kindertagesstätte in der Hauptverwaltung befindet sich im Bau, innerhalb vieler Ressorts wurden Ressort-Newsletter installiert, das Gesundheitsangebot wurde erweitert. Einige Themen scheinen jedoch trotz großer Mühe aller Beteiligten kaum lösbar: die gefühlte Informiertheit über aktuelle Themen könnte immer besser sein und auch bei der Zufriedenheit mit der eigenen Vergütung gibt es noch Luft nach oben.

**Der Beitrag der Mitarbeiterbefragung „Scope“ zur Feedbackkultur**

Als AXA mit der für das Unternehmen ersten Mitarbeiterbefragung startete, war die Aufregung groß und wurde erneut angeheizt, als das Verfahren zwei Jahre später als online-Befragung ausgerollt wurde:

Wird durch das Online-Verfahren meine Anonymität gewahrt? Was passiert, wenn meine Führungskraft herausfindet, was ich angekreuzt habe? Kann ich mein Passwort mit jemandem tauschen? Was passiert mit den Ergebnissen? Muss wirklich jedes Team einen Workshop durchführen und die Ergebnisse besprechen? Gemeinsam mit der Führungskraft?! Dann bleibt unsere Anonymität doch nicht mehr gewahrt!

Manche Sorgen löst die Zeit – wenn man in 15 Jahren von keinem Kollegen hört, dessen Bewertung ans Tageslicht kam oder der für seine Kritik sanktioniert wurde, dann scheinen Datenschützer und Führungskräfte einen guten Job gemacht zu haben. Andere Sorgen lösen sich, weil sichtbare Erfolge die Bedenken überstrahlen. Ein aufwändiger Folgeprozess, in dem Mitarbeiter und Führungskräfte gemeinsam verantwortlich für die Entwicklung und Umsetzung von Verbesserungen sind und in dem Transparenz und Verlässlichkeit groß geschrieben werden, leistet ebenfalls einen wertvollen Beitrag zum Erfolg.

Der letzte Teil der Sorgen schließlich vergeht, wenn die Belegschaft erkennt, dass das Unternehmen es nicht allein bei der jährlichen Befragung belässt, sondern auch eigeninitiativ weitere Formate ausrollt, die das Interesse an der Meinung und den Ideen der Mitarbeiterinnen und Mitarbeiter verdeutlichen und wertschätzen.

**Wie es weiterging**
Nachdem der Fokus des Feedbacks zunächst auf dem Unternehmen allgemein lag, wurde 1999 mit der Einführung eines 360° Feedbacks für alle Führungskräfte der nächste Schritt in Richtung Feedbackkultur getan.

Im Rahmen der Mitarbeiterbefragung „Scope“ gab es natürlich Fragen, die sich mit dem Führungsverhalten der eigenen Vorgesetzten befassten, jedoch fand die Auswertung bezogen auf mehrere Teams statt, sodass sich daraus keine direkte Rückmeldung für die einzelne Führungskraft ergab.

### 12.3.2 360° Feedback

| | |
|---|---|
| Format: | verpflichtende online Feedbackabfrage, die alle zwei Jahre durchgeführt wird |
| Zielgruppen: | Selbsteinschätzung, Einschätzung durch Kollegen/interne Kunden, Mitarbeiter, Vorgesetzten |
| Feedbackrichtung: | von allen Richtungen |
| Fokus: | Entwicklungsfelder für das eigene Führungsverhalten identifizieren |
| Folgeprozess: | Entwicklungsgespräch mit dem eigenen Vorgesetzten, Rückmeldegespräch mit dem eigenen Team, zum Teil in moderierten Workshops |

Das 360° Feedback für Führungskräfte wurde bei AXA als reines Entwicklungsinstrument eingeführt. Alle direkten Mitarbeiter, der eigene Vorgesetzte sowie vier bis sechs Kollegen oder interne Kunden werden vom Feedbackempfänger zur Teilnahme eingeladen. Schließlich schätzt der Feedbacknehmer sein eigenes Verhalten ein.

Der Feedbackbericht enthält die zusammengefassten quantitativen Bewertungen der einzelnen Zielgruppen sowie alle abgegebenen Freitext-Kommentare und wird nur dem Feedbackempfänger zur Verfügung gestellt. Die Führungskraft ist verpflichtet, ein Gespräch mit dem eigenen Vorgesetzten zu führen und gemeinsam Entwicklungsmöglichkeiten zu erarbeiten. Außerdem wird die Empfehlung, die Berichtsergebnisse (Selbstbild und Mitarbeiterfeedback) in einer Teamrunde zu diskutieren, ausgesprochen und auch von den Vorständen vorgelebt.

Unterstützend standen die Mitarbeiter der Personalentwicklung zur Verfügung, die sich sowohl bei der Interpretation der Ergebnisberichte als auch bei der Moderation der Teamrunden einbrachten.

**Der Beitrag des 360° Feedbacks zur Feedbackkultur**

Als 1999 das 360° Feedback für Führungskräfte eingeführt wurde, stieß auch dieses Feedbackformat nicht nur auf Zustimmung: die Bedenken der Feedbackempfänger bezogen sich auf die Möglichkeit, von den eigenen Mitarbeitern „ordentlich eins ausgewischt zu bekommen", die Bedenken der Feedbackgeber bezogen sich auf das Risiko, über die Art der Formulierungen eines kritischen Kommentars vom Vorgesetzten identifiziert und zur Rechenschaft gezogen zu werden.

Anders als bei „Scope" standen nun nicht mehr weitgehend anonyme Gruppen wie „die IT" oder „das Facility Management" im Fokus der Rückmeldungen, sondern das Verhalten des direkten Vorgesetzten. Die Möglichkeit, auf Basis der Ergebnisberichte, in den persönlichen Dialog einzutreten und eine Erwartungsklärung durchzuführen, wurde zunächst nur von wenigen Führungskräften genutzt.

**Wie es weiterging**

Mitarbeiter zu beteiligen und einen Austausch über Hierarchien hinweg zu ermöglichen, sollte die AXA Kultur prägen, aber die Implementierung zweier Formate allein reichte nicht aus, grundlegende Veränderungen anzustoßen. Mitarbeiter „mitzunehmen" und Veränderungen aktiv zu begleiten, wurde als Entwicklungsthema für den Konzern identifiziert und mündete im Jahr 2000 in die Gründung der Abteilungen „Organisationsentwicklung" und „Management Development", die von nun an den kulturellen Wandel unterstützen sollten.

Neben der Betreuung der unternehmensweiten Instrumente wie „Scope" und dem 360°-Feedback, war es nun auch möglich, Führungskräfteentwicklung engagiert voranzutreiben aber auch ressortinterne Maßnahmen zu etablieren wie beispielsweise die Change Runden im Ressort Vorsorge.

### 12.3.3 Change Runden

| | |
|---|---|
| Format: | viertel-jährliche Skip-Level-Workshops (Workshops, zwischen Mitarbeitern und den nächsthöheren Vorgesetzten) |
| Feedbackrichtung: | bottom-up |
| Fokus: | Veränderungsbedarf innerhalb eines Ressorts identifizieren und Austauschmöglichkeiten mit dem Top-Management ermöglichen |
| Folgeprozess: | Impulse werden von den Top-Management Vertretern aufgegriffen, kommuniziert und bearbeitet |

Als sich das Vorsorgeressort sowohl strukturell, prozessual als auch kulturell neu ausrichtete, wurde der Veränderungsprozess durch ein Change Team begleitet, dessen Aufgabe es war, Führungskräfte und Mitarbeiter in die Veränderung miteinzubeziehen, um diese erfolgreich zu implementieren.

Eine der Maßnahmen war die Implementierung von Change Runden, die erstmalig den Austausch zwischen dem Top-Management des Ressorts sowie den Mitarbeitern ermöglichen sollten – also einen Skip-Level Ansatz wählte, der die Ebene des mittleren Managements ausließ.

Zunächst wurde an einer Metaplanwand ein Fragebogen (das Change Barometer) vom zehn-köpfigen Teilnehmerkreis ausgefüllt. Der Fragebogen fokussierte sich auf die sozialen Veränderungen im Ressort. Die Ergebnisse des Change Barometers diskutierten die Teilnehmer mit den zwei Top-Management-Teilnehmern und abschließend fassten die Top-Manager zusammen, welche Erkenntnisse sie aus der Runde mitnehmen und welche Konsequenzen sich daraus für sie ableiten würden.

**Der Beitrag des Change Runden zur Feedbackkultur**
Das Format der Change Runde war eines, das, wie auch viele nachfolgende Formate (z. B. Mittagessen oder Frühstücke mit den CEOs, siehe Abschn. 12.3.7), Mitarbeitern den direkten Zugang zum Top-Management ermöglichte. Aber es war auch ein Format, das dem Top-Management den direkten Zugang zu den Mitarbeitern ermöglichte. Beide Gruppen nutzten die Formate für interessierte Blicke über den „Hierarchie-Tellerrand".

Dabei wurde die „Scheu" vor dem Kontakt mit dem Top-Management des Ressorts wahrnehmbar abgebaut und die gezeigte wertschätzende Haltung gegenüber der Meinung der Mitarbeiter wurde von den Teilnehmern als äußerst positiv bewertet.

**Wie es weiterging**
Das Format der Change Runde erlaubte eine explizite und kurzfristige Tiefenbohrung bezogen auf ein bestimmtes Thema (die Neuausrichtung des Vorsorgeressorts) sowie eine bestimmte Zielgruppe (die Mitarbeiter des Ressorts) und diente damit als Analyseinstrument und Ideengeberformat. Der direkte Austausch zwischen dem Top-Management und den Mitarbeitern aus dem Ressort war ein weiterer Schritt hin zu einer gelebten Feedbackkultur zwischen den verschiedenen Hierarchieebenen. Das Format wurde auch von Projektleitern aufgegriffen und zum Beispiel im Rahmen des Mergers zwischen AXA und DBV Winterthur im Pulse Check realisiert.

## 12.3.4 Pulse Check

| | |
|---|---|
| Format: | vierteljährliche online Vollbefragung zu den Mergeraktivitäten |
| Feedbackrichtung: | bottom-up |
| Fokus: | Fortschritte des Programms erheben und Handlungsfelder identifizieren |
| Folgeprozess: | Handlungsfelder detailliert erfassen und Verbesserungen umsetzen (siehe Abschn. 12.3.5) |

Im Rahmen des Mergers zwischen AXA und DBV-Winterthur (2006 bis 2008) wurde von der Programmleitung des Mergers eine Pulse Check Befragung beauftragt, um den Fortschritt des kulturellen Zusammenwachsens der beiden Unternehmen zu erfassen. Der Fragenkatalog bestand nur aus zwölf Fragen, die zu Beginn des Mergers von den beiden migrierten Belegschaften getrennt erfasst wurden. Die Ergebnisse wurden als Ressortberichte im Intranet veröffentlicht und Maßnahmen wurden abgeleitet, die die inhaltlichen Mergeraktivitäten (z. B. die Zusammenführung von Verwaltungssystemen) unterstützen sollten. Beispielsweise wurde dem Wunsch nach mehr Information, durch das Aufsetzen eines Programm-Newsletters und der Durchführung von Informationsveranstaltungen an den vom Merger betroffenen Standorten entsprochen.

**Der Beitrag des Pulse Checks zur Feedbackkultur**

Nachdem mit „Scope" die Bewertung einer bestehenden Organisation im Vordergrund stand, wurde mit dem Pulse Check Mitarbeitern und Führungskräften die Möglichkeit geboten, auf einige Parameter einer laufenden Veränderung einzuwirken. Die fachliche Ausgestaltung und Umsetzung oblag weiterhin dem Projektteam, dennoch konnten die Befragten Einfluss auf die Umsetzung des Mergers nehmen. Die Rückmeldung, dass viele Mitarbeiter sich zum Thema Merger nicht ausreichend informiert fühlten, war vom Projektteam aufgegriffen worden und sowohl Standortbesuche wie auch der Programm-Newsletter führten zu einer Verbesserung des Informationsdefizits. Neben der Wirkung, dass eine gut informierte Belegschaft, weniger (Arbeits-) Zeitbedarf für Spekulationen benötigt und angeregt wird, mitzudenken, übten die Maßnahmen einen positiven Effekt auf die Feedbackkultur aus. Die Mitarbeiter konnten direkt erleben, dass ihr Feedback aufgenommen und umgesetzt wurde.

Die zur Einführung des Pulse Checks geführte Debatte über ein „für" und „wider" eines neuen Befragungsformats wurde mittlerweile weniger mit dem Schwerpunkt „Sicherung der Anonymität" geführt, sondern vielmehr mit dem Schwerpunkt „Notwendigkeit einer zusätzlichen Befragung und Nutzung der Ergebnisse". Um einer „Befragungsflut" entgegenzuwirken, wurde ein kurzer Fragebogen (zwölf Bewertungsfragen sowie eine Kommentarfeld) aufgesetzt und anders als bei „Scope" wurde ein zentraler versus verpflichtender teaminterner Folgeprozess aufgesetzt. Die Identifikation von Handlungsfeldern und die Ableitung von Maßnahmen oblag dem Projektteam, und wurde nicht in die Verantwortung der Linie überführt.

**Wie es weiterging**

Mittlerweile war das Unternehmen bewandert in Befragungen und der Interpretation von Ergebnisberichten. Damit einher ging jedoch auch die Erkenntnis, dass, so schwer es dem einen oder anderen auch fiel, ein wirklicher Fortschritt oftmals nur im Dialog erreicht werden konnte. So wurden die Ergebnisse des Pulse Checks aufgegriffen und als Indikatoren für Handlungsfelder herangezogen. Konkret bedeutete das, dass nur dort, wo Bedarf im Pulse Check identifiziert wurde, weitere Schritte eingeleitet wurden. Einige Ressorts, wie beispielsweise das IT Ressort waren besonders durch den Merger betroffen: einerseits stand es selbst vor der Herausforderung, zwei kulturell verschiedene IT Belegschaften zusammenzubringen, andererseits musste es die für die Integration zwingend nötige IT-Infrastruktur zur Verfügung stellen. Um die Doppelbelastung der IT-Mitarbeiter in den Projekten zu identifizieren, reichte die Pulse Check Befragung nicht aus, um mögliche Lösungen zu generieren. So wurden die „Projekt Reviews“ ins Leben gerufen.

### 12.3.5 Projekt-Reviews IT

| | |
|---|---|
| Format: | einmalige Projektteambefragung innerhalb einer Projektteamrunde |
| Feedbackrichtung: | teamintern |
| Fokus: | aktuelle Situation im Projektteam erfassen und Verbesserungsmöglichkeiten diskutieren |
| Folgeprozess: | Umsetzung der Verbesserungsmöglichkeiten für die Zusammenarbeit im Projektteam und die Projektarbeit |

Die Projekt-Reviews wurden innerhalb einer Projektteamrunde durchgeführt und hatten zum Ziel, anhand eines kurzen Fragebogens eine Diskussionsgrundlage für jedes Projektteam bereitzustellen – vergleichbar mit der Change Runde (vgl. Abschn. 12.3.3). Der Fokus lag dabei beispielsweise auf der Frage nach der Zusammenarbeit im Team und den Schnittstellen. Die Ergebnisse wurden direkt im Rahmen des Projekt-Reviews diskutiert, Maßnahmen wurden vereinbart und für das Team unlösbare Punkte wurden an die Programmleitung weitergeleitet; wie der Wunsch nach klareren und einheitlichen Vorgehensweisen in allen Projektteams, der dann zentral realisiert wurde.

**Der Beitrag der Projekt-Reviews IT zur Feedbackkultur**
Wie schon das 360° Feedback eine Tiefenbohrung zum Thema Führung war, so waren die Projekt-Reviews der IT eine Tiefenbohrung im Rahmen des Mergers. Dabei hatten die Ergebnisse der Puls Check Befragung als erste Indikatoren fungiert und auf die Missstände im Ressort IT aufmerksam gemacht. Hier zeigte sich deutlich, dass eine Befragung einer mehrere tausend Mitarbeiter umfassenden Organisation zwar Handlungsfelder aufzeigen kann, diese aber im Detail erst im offenen Dialog im Team verstanden und gelöst werden können.

**Wie es weiterging**
Neben dem Aufbau einer „Feedback-Infrastruktur“, die über die Jahre eine Vielzahl von bedarfsabhängigen und maßgeschneiderten Instrumenten und Vorgehensweisen hervorbrachte, wurde ab 2008 verstärkt daran gearbeitet, den Führungsstil als tragende Säule einer Feedbackkultur zu prägen.

| WISSENDER | LERNENDER |
|---|---|
| **Werte „Wissen" und „Gesicht wahren"**<br>▪ Gibt keine Fehler zu<br>▪ Defensiv (Angst, nicht recht zu haben) | **Werte „Effizienz" und „Lernen"**<br>▪ Gibt Fehler zu<br>▪ Hat kein Problem damit, etwas nicht zu wissen |
| **Selbstwertgefühl hängt davon ab, „recht zu haben"**<br>▪ Äußert keine Zweifel<br>▪ Will gewinnen um jeden Preis | **Das Selbstwertgefühl ist an Lernen geknüpft**<br>▪ Äußert Zweifel offen<br>▪ Neugierig (Fokus auf dem Verstehen anderer Meinungen) |
| **Arroganz**<br>▪ Äußert Meinungen als Tatsachen | **Bescheidenheit**<br>▪ Macht deutlich, dass es (s)eine persönliche Meinung ist |
| **Was ich denke, ist richtig**<br>▪ Meinungsverschiedenheiten sind persönliche Angriffe und Bedrohung des Selbstwertgefühls | **Ich mache mir Gedanken**<br>▪ Meinungsverschiedenheiten sind lehrreich |
| **Kompetenz + Arroganz** | **Kompetenz + Bescheidenheit** |

**Abb. 12.1** „Wissender" versus „Lernender"

Die Komponente „Vertrauen", die die Grundlage für eine Kultur des offenen Dialogs darstellt, wurde im Rahmen von AXA erste Wahl (siehe Kap. 8) bereits als eine Führungserwartung formuliert und in Workshops kommuniziert. Zwei Jahre später wurden die Führungserwartungen um die Elemente der „blauen Kultur" des OCI (Organisational Culture Inventory) ergänzt. Wichtige „blaue" Elemente für die Stabilisierung einer Feedbackkultur wurden allen Führungskräften in einer Seminarreihe näher gebracht:

vertrauen Sie anderen,

zeigen Sie sich offen für neue Ideen,

binden Sie andere in Ihre Entscheidungen ein.

Zusätzlich wurde das Konzept vom „Wissenden" zum „Lernenden" vertieft, das die Grundlage bietet, um Feedback und Ideen anderer als wertvolle Bereicherung sehen zu können. Diese Grundhaltung beschreiben auch Petersen und Olesch als einen wichtigen Bestandteil einer veränderten Führungshaltung: „Im „Dialogischen Management" … wird zunächst einmal von der Grundannahme ausgegangen, dass sich der Dialog als gemeinsame Wahrheitssuche im Austausch zwischen Führungskräften und Mitarbeitern auszeichnet, da es nicht „die" … allgemeingültige Wahrheit im Sinne eines „one best way" (mehr) geben kann" (Petersen und Olesch 2011, S. 10) (Abb. 12.1).

Wie sich das Zusammenspiel von maßgeschneiderten Feedbackformaten und der Arbeit an einem von Vertrauen und Offenheit geprägten „blauen Führungsstil" niederschlug, lässt sich beispielhaft anhand der Feedbackformate beschreiben, derer sich die Vorstandsvorsitzenden im Laufe der Jahre bedienten (siehe Abschn. 12.3.6, Abschn. 12.3.7 und Abschn. 12.3.8).

### 12.3.6 Online Forum zum Markenversprechen

| | |
|---|---|
| Format: | weltweiter Online-Chat unter Beteiligung des Vorstands |
| Feedbackrichtung: | alle |
| Fokus: | Meinungen zum Markenversprechen kennenlernen |
| Folgeprozess: | Zusammenfassung und Kommunikation der Ergebnisse |

Im Rahmen des ersten Online Forums im Jahr 2008 fand ein Austausch der Mitarbeiter, Führungskräfte und Vorstände zum neuen Markenversprechen statt. In unterschiedlichen „Chat-Räumen" konnten die Teilnehmer unter ihrem Namen auch erstmalig an einem öffentlichen Dialog mit dem Vorstandsgremium teilhaben. Das Forum wurde intensiv vorbereitet; sowohl die Vorstände als auch die Belegschaft betraten Neuland und ein kleiner Stab von Vertretern der unterschiedlichen Ressorts stand dem Vorstand zur Seite, um bei Detailfragen, gegebenenfalls die nötigen Hintergrund-Informationen bereitstellen zu können – beim ersten Mal sollte nichts schiefgehen. Das Forum wurde interessiert von der Mehrheit der Mitarbeiter besucht, allerdings gab es nur wenige aktive Teilnehmer, die Kommentare und Fragen einstellten.

### 12.3.7 Gemeinsame Essenstermine mit dem Vorstandsvorsitzenden

| | |
|---|---|
| Format: | quartalsweise Essenstermine mit ca. zwölf Mitarbeitern und dem Vorstandsvorsitzenden |
| Feedbackrichtung: | bottom-up |
| Fokus: | Plattform für direkten Austausch zwischen Vorstand und Mitarbeitern herstellen |
| Folgeprozess: | im Intranet veröffentlichte Berichte über Inhalte der Essenstermine |

Ein persönlicherer und nicht „abgesicherter" Austausch fand statt, als sich jeder Mitarbeiter für Essenstermine mit dem Vorstandsvorsitzenden anmelden konnte. Das neue Format wurde über das Intranet beworben und es stand jedem Mitarbeiter frei, sich zu den Terminen anzumelden. Die Termine wurden sowohl in der Hauptverwaltung als auch in den Niederlassungen angeboten und wenn sich mehr Interessenten anmeldeten als Plätze verfügbar waren, entschied das Los über die Teilnahme. Im Rahmen des informellen Austauschs an einer gemeinsamen Tafel konnten die Mitarbeiter Fragen stellen. Aber auch der Vorstandsvorsitzende nutzte die Gelegenheit in einer zu Beginn des Termins oftmals noch verhaltenen, später aber ungezwungenen Atmosphäre, Themen anzustoßen und die Meinung der Mitarbeiter zu erfragen.

### 12.3.8 Blog des CEOs

| | |
|---|---|
| Format: | Blog des Vorstandsvorsitzenden, in den Mitarbeiter unter ihrem Namen Kommentare und Fragen einstellen können |
| Feedbackrichtung: | skip-level Dialog |
| Fokus: | Plattform für direkten Austausch zwischen Vorstand und Mitarbeitern herstellen |
| Folgeprozess: | nachgelagerte persönliche Dialoge zwischen dem CEO und interessierten Mitarbeitern |

Mit einem neuen Vorstandsvorsitzenden kam dann die nächste Stufe des Austauschs zwischen Mitarbeitern und Vorstandsvorsitzendem, nämlich der öffentliche Dialog. Wurde im Online Forum zwar der Schritt in die Öffentlichkeit getan, so ging es doch noch um eher „unkritische" Themen; der direkte Austausch im Rahmen der Essenstermine bot hingegen wieder den Schutz des kleinen und informellen Rahmens. Beim Blog des Vorstandsvorsitzenden wurde die nächste Stufe erklommen, indem eine kritische namentliche Diskussion in der Öffentlichkeit des Intranets geführt wurde.

Der Blog kann als Meilenstein auf dem Weg gewertet werden, den AXAs Feedbackkultur genommen hat. Hier gibt es ein Management, das Kritik nicht nur zulässt, sondern diese auch mit Interesse aufnimmt, sprich, der eine Haltung des „Lernenden" vorlebt. Auf der anderen Seite hat sich eine mündige Belegschaft entwickelt, die auch einen öffentlichen kritischen Dialog führt.

### 12.3.9 Lean – Management – Teamrunden

| | |
|---|---|
| Format: | wöchentliche Teamrunden |
| Feedbackrichtung: | teaminterner Dialog |
| Fokus: | kontinuierlich über die aktuellen Kennzahlen des Teams zu informieren und nach Verbesserungsmöglichkeiten zu suchen, sowohl bezogen auf die Stimmung im Team als auch bezogen auf fachliche und prozessuale Themenfelder |
| Folgeprozess: | Verbesserungen werden kurzfristig umgesetzt |

2012 wurde als Methode der kontinuierlichen Verbesserung der Lean-Management Ansatz ausgerollt. Ein Kernelement sind die wöchentlich, ja teilweise sogar täglich stattfindenden 30 min Teamrunden, in denen die aktuellen Kennzahlen vorgestellt werden, in denen bei Bedarf nach Verbesserungsmöglichkeiten gesucht wird und in denen die aktuelle Stimmungslage im Team besprochen wird.

Der Lean-Management Ansatz vertritt die Überzeugung, dass ein Unternehmen erfolgreich von den Erfahrungen seiner Mitarbeiter profitieren kann, wenn seine Führungskräfte mit ihren Mitarbeitern in einen Dialog treten und dort gemeinsam Probleme an die Oberfläche bringen und als Chance zur Verbesserung sehen.

**Der Beitrag der Feedbackkultur zu den Lean-Management Teamrunden**
Die Suche nach Verbesserungen ist ein Kernelement aller hier vorgestellten Formate. Oftmals luden sie dazu ein, nach Verbesserungen in der Unternehmenswelt Ausschau zu halten. Mit der Einführung der Lean-Management Teamrunden, wird der Blickwinkel nun auf die konkrete Tagesarbeit im eigenen Team und damit letztendlich auf die eigene Arbeit gelenkt.

Sich konsequent wöchentlich mit der Leistung des eigenen Teams auseinanderzusetzen bereitet nicht allen und nicht immer Freude. Nicht jedes Problem lässt sich lösen, nicht jede schlechte Stimmung lässt sich spontan aufbessern. Dennoch wächst die Bereitschaft, auch das Thema der Teamleistung zu besprechen und den Finger in die eine oder andere – manchmal auch eigene – Wunde zu legen.

Darum haben wir für diesen Abschnitt unsere Überschrift umgedreht, denn wir sind überzeugt dafür, dass die vorangegangenen Jahre der Arbeit an einer Feedbackkultur für AXA Deutschland eine exzellente Basis für die Einführung des Lean-Management Ansatzes gewesen sind (Abb. 12.2).

### 12.3.10 Fazit: Erfolgsfaktoren für die Entwicklung einer Feedbackkultur bei AXA

Eine Feedbackkultur zu etablieren erfordert von allen Beteiligten Geduld und Beständigkeit. Feedbackkultur fußt auf Vertrauen. Vertrauen darin, dass die Frage nach meiner Meinung und meinen Ideen nicht eine bloße neue Management-Floskel ist, sondern es ein tatsächliches Interesse daran gibt, aber auch Vertrauen darin, dass meine Antwort mir nicht zum Nachteil ausgelegt werden wird.

Dieses Vertrauen entsteht über die Zeit, es entsteht, wenn ich viele Male gefragt wurde, ohne Schaden zu nehmen.

Eine Feedbackkultur zu etablieren erfordert auch Transparenz und Engagement beim Folgeprozess. Einerseits bedeutet das, dass die Ergebnisse veröffentlicht werden – auch wenn man das eine oder andere lieber für sich behalten hätte – andererseits heißt es auch, dass man sich Zeit nehmen muss. Erstens Verbesserungsideen aus den Ergebnissen abzuleiten und zweitens diese auch umzusetzen. Für den einzelnen bedeutet das, dass man sehen muss, dass das eigene Feedback etwas bewirkt hat. Es bedeutet aber auch, mit der Frustration umgehen zu lernen, dass nicht jede Idee aufgegriffen wird, dass nicht jede Unzufriedenheit gemildert werden wird. Sich einzubringen birgt nur die Chance auf Verbesserung, nicht das Versprechen, dass sich das Gewünschte ändern wird.

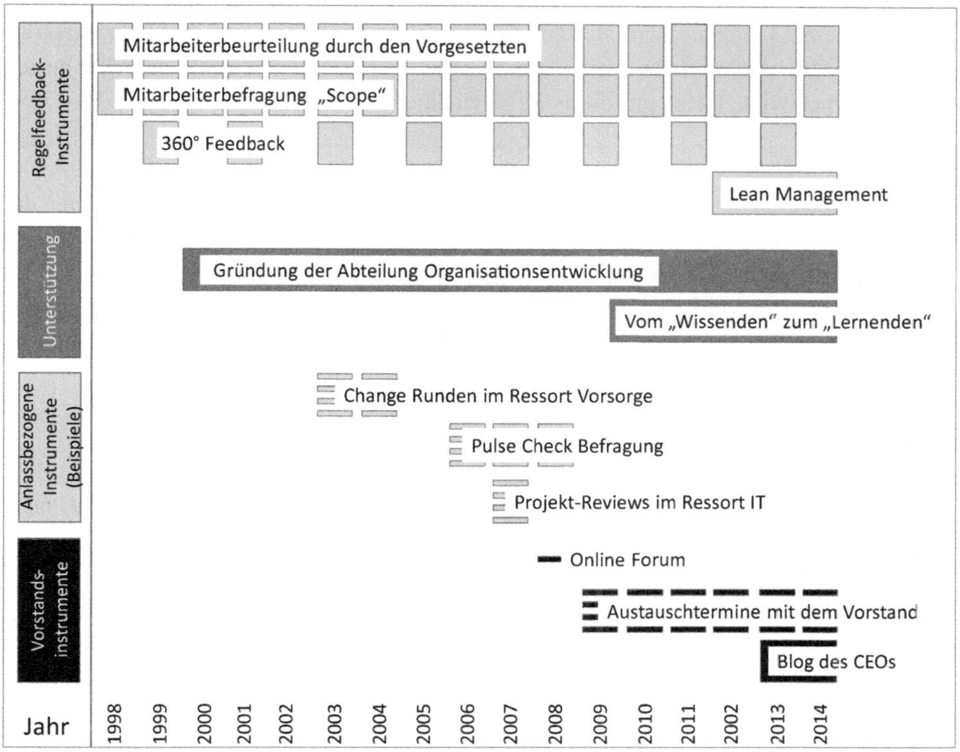


**Abb. 12.2** Übersicht der Feedbackformate

Als Konsequenz bedarf es eines gelebten Rollenverständnisses der Führungskräfte, das auf Partnerschaftlichkeit beruht. Auch in einer Hierarchie ist es möglich, dass sich Vertreter aller Hierarchiestufen auf Augenhöhe im Dialog austauschen und gemeinsam um die beste Lösung ringen. Ein Dialog ist bei weitem keine Basisdemokratie, aber er ermöglicht, die Perspektive des „Lernenden" einzunehmen und aus dieser Position die beste Entscheidung treffen zu können. „Lernende" ermutigen sich selbst, ihre Mitarbeiter und Kollegen, sich zu äußern, sich einzubringen – nicht bloß im Rahmen von anonymen Onlinebefragungen, sondern auch im Arbeitsalltag.

AXA Deutschland hat sich durch das Etablieren einer Feedbackkultur verändert. Wenn zu Beginn der „Scope" Befragung die Sorge um die eigene Anonymität die Situation überschattete, haben sich die Mitarbeiter jetzt selbst erfolgreich dafür eingesetzt, dass auch die schriftlichen Kommentare, die die Teilnehmer im Freitextfeld eintragen können, und die bisher nur dem Berichtsempfänger zugänglich waren, veröffentlicht werden. Nun steht dem Schutz der Anonymität das Interesse an jeder Information entgegen, die eine Verbesserungsidee beinhalten kann.

Eine Feedbackkultur birgt Unmengen von Potential; der Austausch über Stärken und Schwächen, Erfolge und Baustellen sowie Lösungen und Dinge, die sich nicht ändern werden, fördert Selbstbewusstsein und Eigenverantwortung. Wenn die Verantwortung für den Erfolg eines Unternehmens sich auf die Schultern aller Mitarbeiter und Führungskräfte verteilt, wird es stärker. Es initiiert aus sich heraus Neuerungen, sucht nach der besten Lösung und entwickelt sich auf diese Weise zu einer lernenden Organisation.

**Epilog**

Während wir an diesem Artikel geschrieben haben und uns mit dem Herausarbeiten der Erfolgsfaktoren befasst haben, die eine Feedbackkultur bei AXA Deutschland gestärkt haben, kam uns regelmäßig ein Zitat in den Sinn, das wir mit Ihnen teilen möchten. Es stammt von Evje van Dampen (alias Hape Kerkeling) „Meine Damen und Herren, Liebe ist Arbeit, Arbeit, Arbeit!" – und das gilt auch für das Etablieren einer Feedbackkultur.

## Literatur

Bungard W, Müller K, Niethammer C (2007) Mitarbeiterbefragung – was dann…? MAB und Folgeprozesse erfolgreich gestalten. Springer, Heidelberg

Collins J (2011) Der Weg zu den Besten. Campus Verlag, Frankfurt a. M.

Jenewein M, Heidbrink M (2008) High-Performance-Teams. Schäffer-Poeschel, Stuttgart

London M, Smither J (2002) Feedback orientation, feedback culture, and the longitudinal performance management process. Hum Resour Manage R 12

Petersen J, Olesch J-R (2011) Dialogisches Management und Organisationslernen – Research in Progress. Rainer Hampp Verlag, Mering

Peters T, Waterman R (1994) Auf der Suche nach Spitzenleistungen, 5. Aufl. Landsberg am Lech: mvg Verlag, München

**Kerstin Stolzenberg** Jahrgang 1970, studierte in Deutschland und in den USA Psychologie mit dem Schwerpunkt Arbeits- und Organisationspsychologie und erwarb so neben dem deutschen Diplom auch den Master of Science (USA). Für die AXA Service AG war sie fünf Jahre als angestellte Beraterin für Management Development und Organisationsentwicklung zuständig, im Rahmen einer sich anschließenden zweijährigen Projektleitertätigkeit im Bereich Prozessoptimierung erweiterte sie ihr Beratungsprofil als zertifizierter Black Belt. Ihre Führungskompetenzen konnte sie über sechs Jahre sowohl als Abteilungsdirektorin für Organisationsentwicklung (AXA Service AG) als auch in der Funktion Leiterin Personal- und Organisationsentwicklung (Talanx Deutschland), in der sie an den Vorstand berichtete, unter Beweis stellen. Heute arbeitet sie als freie Beraterin mit dem Schwerpunkt der Veränderungsberatung. Sie ist Mitautorin des Buches „Change Management: Veränderungsprozesse erfolgreich gestalten - Mitarbeiter mobilisieren".

**Daniela Snaphaan** hat nach dem Studium der internationalen BWL an der School of Business and Economics in Maastricht und der Università commerciale Luigi Bocconi in Mailand am Lehrstuhl für Strategie und Organisation der Maastricht University als Dozentin gearbeitet. Im Herbst 2009 war sie zudem als Gastwissenschaftlerin an der psychologischen Fakultät der Universität Konstanz tätig. Im Sommer 2014 wird sie ihre Dissertation zum Thema Multitasking und Arbeitsmotivation verteidigen. Nach ihrer Tätigkeit am Lehrstuhl arbeitete sie als Vorstandassistentin für das Ressort Personal und zentrale Dienste der AXA Konzern AG. Heute ist sie als Personalleiterin bei der AXA ART Versicherung AG – der weltweit größten Kunstversicherung – tätig. Hierbei ist sie nicht nur für die Betreuung der Mitarbeiter in Deutschland verantwortlich, sondern koordiniert die Personalarbeit weltweit.

# Die Rolle der Ausbildung als Katalysator von Veränderungen

# 13

Sascha Fauler und Rena Geiersberger

**Zusammenfassung**

In Kap. 13 „Die Rolle der Ausbildung als Katalysator von Veränderungen" skizzieren Fauler und Geiersberger zunächst die Change Erfordernisse der Versicherungswirtschaft und stellen die Erstausbildung als Möglichkeit zur Förderung von Veränderungsbereitschaft heraus. Dabei gehen sie von einer veränderten Welt und neuen Mentalitäten der Jugend aus, um dann darzustellen, wie neue Generationen auf veränderungsträge Versicherungsunternehmen treffen. Hieraus leiten Fauler und Geiersberger die Aufgaben des Versicherungsunternehmens ab, die zur Nutzung der Chancen aus dem Zusammentreffen notwendig sind. Umfasst wird ein generationengerechtes Ausbildungsmarketing, die verändertes Auswahlverfahren, die Erfordernis einer Neugestaltung von Lehr-Lern-Prozessen, die sich im Berufsbild der Kaufleute für Versicherungen und Finanzen manifestiert haben sowie das Erfordernis neuer Ausbilderkompetenzen. Weiterhin wird die Schaffung einer veränderungsfreundlichen Kultur im Versicherungsunternehmen beschrieben, wobei davon ausgegangen wird, dass Auszubildende Impulsgeber für Veränderungsbereitschaft sind. Letztlich wird die Rolle der Führungskraft als Förderer von Veränderung dargestellt, bevor ein Ausblick die Ausbildung als einen zentralen Erfolgsfaktor des Change Managements herausstellt.

**Schlüsselwörter**

Ausbildungsgestaltung · Ausbilderrolle · Generationskonflikte · Generationsgerechtes Marketing · Veränderungskultur

---

S. Fauler (✉) · R. Geiersberger
Köln, Deutschland
E-Mail: sascha.fauler@gmail.com

R. Geiersberger
E-Mail: Rena.Geiersberger@ivw-academy.de



G. Zimmermann (Hrsg.), *Change Management in Versicherungsunternehmen*,
DOI 10.1007/978-3-658-05974-3_13

## 13.1 Change Erfordernisse für die Versicherungswirtschaft

Budapest, Kunden über den Tisch ziehen, hohe Provisionen kassieren, keiner ist zuständig, gezahlt wird sowieso nicht… um nur einige Schlagworte zu nennen, die das Bild der Versicherungswirtschaft in der Gesellschaft prägen. Das allgemeine Ansehen überstrahlt die positiven Seiten der Branche für Gesellschaft und Mitarbeiter und schafft dadurch ein eher schlechtes Image der Versicherungsunternehmen. Wer möchte damit schon in Verbindung gebracht werden? Deshalb bewerben sich viele Potenzialträger lieber bei Unternehmen wie Lufthansa, Audi oder Bayer. So begründen sich die Schwierigkeiten der Branche bei der Rekrutierung von Nachwuchskräften. Aber wer einmal an Bord gekommen ist, der bleibt. Eine geringe Fluktuation bei einer konservativen Kultur steht einer erforderlichen Veränderungsbereitschaft der Belegschaft entgegen. Diese veränderungsverhaltene Belegschaft wird heute überwiegend von den Babyboomers, der Gen X und nun auch den Digital Natives (Generation Y) gestellt.

Hierauf trifft in Kürze die Generation Z, nämlich die ab dem Jahr 2000 Geborenen.

Diese Generation ist schon wieder völlig anders sozialisiert als die Generation Y, auf die sich die Branche als Mitarbeiter immer noch einstellt, während die Babyboomer beginnen in den Ruhestand zu gehen. Gleichzeitig stellen die Babyboomer die gewichtigste Bestandskundengruppe dar. Neukundenpotenziale bietet natürlich die Gen Y und Z. Die Zuordnung der einzelnen Generationen zu Geburtsjahrgängen differiert je nach Autor. Eine mögliche Einteilung bietet Tab. 13.1.

Generationenkonflikte, die dabei ganz natürlich, wie in allen Zeiten zuvor auch, auftreten, werden von den Gesellschaften bisher „ausgehalten". Die Generation X fühlt sich von den Babyboomern immer noch nicht richtig verstanden, während sie mit demselben Unverständnis auf die Generation Y schaut, die wiederum mit Staunen die Generation Z betrachtet. Dabei können wir uns über die jeweils nachfolgenden Generationen beschweren wie wir wollen, ihr Verhalten gut finden oder nicht; letztendlich gilt: Wir müssen mit den Menschen arbeiten die wir bekommen können. Und die sind wie sie sind.

Also, lasst uns aufeinander zugehen und frischen Wind als Chance begreifen! (vgl. Scholz 2012)

**Tab. 13.1** Übersicht der Generationen. (vgl. Barz 2009; vgl. Braunert 2013; vgl. Scholz 2012)

| Generation | Jahrgang | Anzahl | Einstellung |
|---|---|---|---|
| Veteranen | bis 1945 | 75 Mio. | „Unseren Kindern soll es besser gehen" |
| Babyboomer | 1946–1964 | 80 Mio. | „Leben um zu arbeiten" |
| Generation X | 1965–1980 | 46 Mio. | „Arbeiten um zu leben" |
| Digital Natives (GenY) | 1981–1999 | 76 Mio. | „Erst Leben dann arbeiten" |
| Generation Z | ab 2000 | | „Jederzeit leben – auch bei der Arbeit" |

## 13.2 Erstausbildung als Möglichkeit zur Förderung von Veränderungsbereitschaft

### 13.2.1 Veränderte Welt und neue Mentalitäten der Jugend

Die Gesellschaft in einer sich verändernden Welt wird durch Mega-Trends beschrieben. Die Globalisierung, die Auflösung klassischer Geschlechterrollen, technischer – aber vor allem sozialer Netzwerkbildungen, der Trend vom Land in die Stadt, steigende Lebenserwartung, zunehmende Bedeutung einer Work-Life-Balance, neues Lernen, immer stärkere Ausprägung der Wissens- und Dienstleistungsgesellschaft sowie die Durchsetzung individueller Lebensentwürfe kennzeichnen dies. Diese veränderte Welt ist der Nährboden für das Heranwachsen der neuen Generationen.

Für die Gen Z existiert kein Unterschied zwischen der virtuellen Welt im Internet und der physischen Welt, da es Smartphones und Co. für sie seit ihrer Geburt bereits gab. Im Gegensatz dazu trat für alle anderen Generationen zuvor das Internet zur physischen Welt hinzu. Während die Gen Y, möglicherweise aufgrund ihres jugendlicheren Alters, das Internet als Parallelwelt begriffen hat, nutzte die Gen X es etwas verhaltener, vorwiegend als Arbeitsmittel. Ähnliches gilt mit einem größeren Maß an Distanz für die Babyboomer. Die Gen Z hat, genauso wie sie laufen lernte, verinnerlicht, dass Informationen zu jeder Zeit und an jedem Ort abrufbar sind. Damit geht einher, dass Wissen-lernen als überflüssig bewertet wird. Befremdlich für den beispielsweise humanistisch gebildeten Babyboomer. Von Generation zu Generation löst sich die Akzeptanz einer gewissen Obrigkeitshörigkeit immer mehr auf. Kann sich der Babyboomer noch vergleichsweise gut damit arrangieren, Arbeiten zu erledigen, weil sie eben von Vorgesetzen aufgetragen wurde, ist es an den Führungskräften der jüngeren Generationen, sich über ihre natürlich Wirkung Akzeptanz zu verschaffen. Für die Gen Y ist eine flexibilisierte Arbeitswelt bereits die Nutzung von Homeoffice und gleitender Arbeitszeit, „… was letztlich auf räumlich und zeitlich fixen Strukturen basiert. Die Gen Z stellt sich die Arbeitswelt wie eine Facebook-Party vor: Wer kommt, ist da und bringt etwas zum Essen mit. Wir mögen es belächeln – am Gymnasium funktioniert es schon“ (Lehky 2013).

### 13.2.2 Neue Generationen treffen auf veränderungsträge VU

Autohersteller greifen für die Gestaltung ihrer neuen Produktgenerationen auf Zukunftstrends zurück. Dies erleben Kunden von Versicherungsgesellschaften anders. Kommen neue Bedürfnisse zur finanziellen Absicherung auf, wird die Produktpalette an Versicherungen in der Regel allenfalls im Nachgang an ein Markterfordernis angepasst. Woran liegt das? Wer schon einmal versucht hat, in einem Versicherungsunternehmen Veränderung zu bewirken, weiß, dass es auf einen langen Atem ankommt. Komplexe, undurchsichtige Prozessketten im Projektmanagement, die in seitenlangen Regelwerken von Entscheidungsträgern fixiert wurden. Selbst das strikte Befolgen dieser Vorschriften ist kein

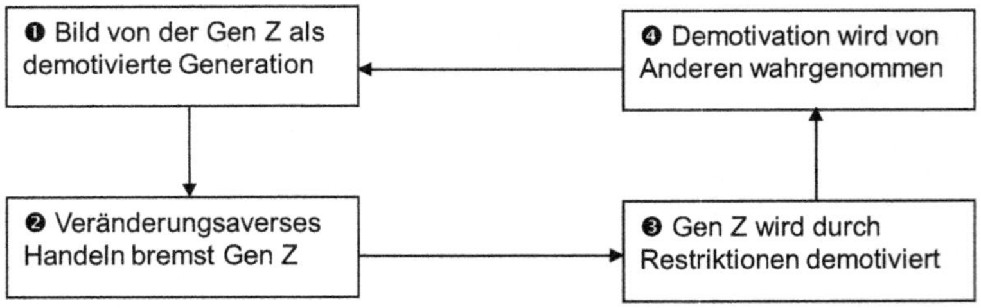


**Abb. 13.1** Zirkel der Demotivation

Garant dafür, Veränderungsprozesse erfolgreich beschreiten zu können, lauern doch an unvorhergesehenen Stellen Heckenschützen, die vor allem auf ihren persönlichen Machterhalt abzielen. Nun stelle man sich den jungen Menschen der Gen Z vor, der mit seiner Veränderungsaffinität, motiviert das soeben beschriebene Mienenfeld versucht zu durchqueren. Nur wenigen wird es gelingen; viele werden sich naturgemäß in Deckung begeben oder ihre Handlungsmotivation stirbt ab, wie durch die Detonation einer Miene. Es besteht die Gefahr, dass bei den meisten jungen Menschen Demotivation erzeugt wird. Diese Demotivation nehmen auch diejenigen wahr, die letztlich durch ihr Verhalten und ihre Regeln dazu beigetragen haben. Diese Wahrnehmung der Entscheidungsträger über die demotivierten jungen Menschen bestätigt wiederum deren Bild einer „missratenen" Generation. Analog zur Theorie X von McGregor lässt sich der in Abb. 13.1 dargestellte Kreislauf aufzeigen. (vgl. Schreyögg 2010)

Dabei wäre genau diese Veränderungsaffinität, gepaart mit dem hohen Motivationsgrad der jungen Generationen wichtig, um die Veränderungsbereitschaft in der Versicherungswirtschaft zu optimieren. Insgesamt wird der Versicherungswirtschaft dadurch eine Menge an kreativem Potenzial und Flexibilität verloren gehen. Es ist also Zeit umzudenken. Sowohl für die Versicherungsunternehmen und ihre Entscheidungsträger, weil sie sonst keinen Nachwuchs bekommen, als auch für die jungen Generationen, weil sie das spannende Thema Versicherungen für sich nutzen wollen. Dabei entsteht Reibung und die erzeugt bekanntlich Wärme. Wärme ist Energie, die es zu nutzen gilt, indem voneinander gelernt wird. Neue Herangehensweisen an Problemstellungen, sinnvolle Informationsselektion im Netz oder der Neubewertung der Sekundärtugenden, wie Pünktlichkeit, Gründlichkeit und Ordnung, sind mögliche Lerngegenstände für ältere Generationen. Jüngere können umgekehrt lernen, aus einem breiten Erfahrungsschatz zu schöpfen oder komplexe Organisationen zu durchdringen. Durch die Akzeptanz der Andersartigkeit der verschiedenen Generationen kann so ein Gewinn generierender Zusammenschluss erzielt werden.

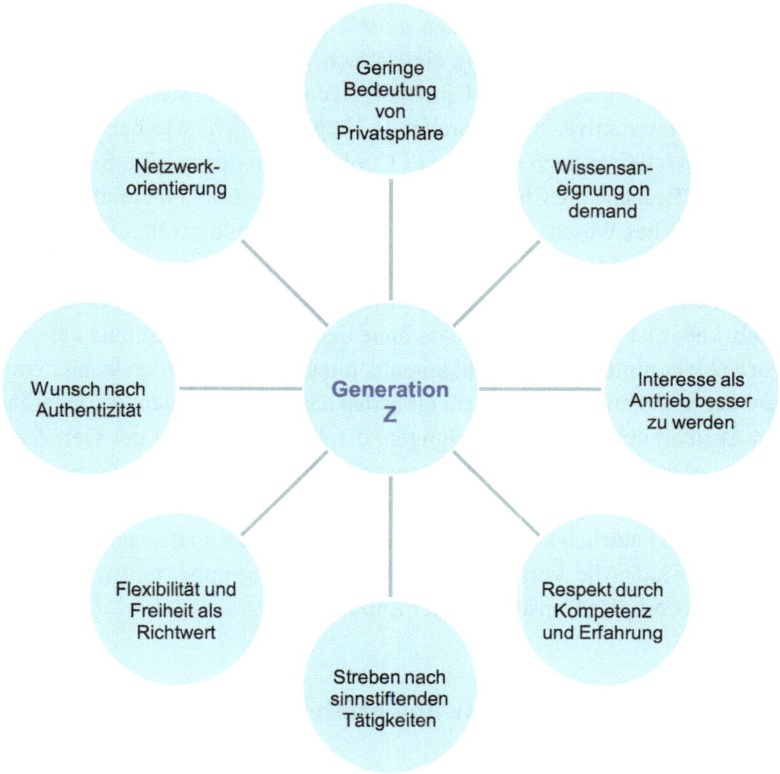


**Abb. 13.2** Kennzeichnung der Generation Z (vgl. Lehky 2013)

## 13.3 Aufgaben des VU zur Nutzung der Chancen aus dem Zusammentreffen

### 13.3.1 Generationengerechtes Ausbildungsmarketing

Sicher ist es richtig, dass sich die Gen Z im Internet und in virtuellen, sozialen Netzwerken, wie Facebook, aufhält. Aber wieso sind sie dort? Sie leben ihre Privatsphäre aus und wollen gerade nicht durch Unternehmen gestört werden, sei es zum Zwecke von Produkt- oder Ausbildungsmarketingaktionen. Die Gen Z entscheidet selbst wann sie mit wem Kontakt aufnehmen möchte. Kennzeichnende Merkmale der Generation Z enthält Abb. 13.2.

Es kommt also darauf an, ein zielgruppengerechtes Angebot in der virtuellen Welt zu platzieren, das Interesse bei den jungen Menschen mobilisiert. Hierfür ist es zwingend notwendig, die Aufmerksamkeit durch einen Attention-Getter zu erzeugen. Aufmerksamkeit alleine ist natürlich nicht genug, nun muss ein echter Nutzen für die Zielgruppe erkennbar werden. Dafür reicht es nicht, abgedroschene „... Employer-Branding-Worthülsen auf schlecht gepflegten Firmen-Facebook-Accounts zu posten" (Lehky 2013). Viel mehr bieten sich interaktive, Spaß bereitende Möglichkeiten, wie beispielsweise Spiele an, bei denen es vielleicht auch noch etwas Cooles zu gewinnen gibt. Solche Vorgehensweisen böten der Branche die Chance, ihr Image zu verbessern und vor allem ihre von Natur aus nicht fassliches Wesen, wie ihre Bedeutung und Produktwelt, erlebbar zu machen. So könnten sich junge Menschen ein Bild davon machen, was eigentlich Versicherungen sind und welchen Nutzen sie stiften. Welcher junge Mensch fliegt zum Beispiel nicht gerne in Urlaub – aber ist ihm auch klar, dass ohne den Versicherungsschutz keine Maschine starten würde? Wer nimmt keine Medikamente, um gesund zu werden wenn man krank ist – aber wäre der medizinische Fortschritt ohne den dahinter liegenden Versicherungsschutz im nötigen Ausmaß denkbar? Ist es gelungen, die Aufmerksamkeit der Gen Z zu bekommen, dann ist der persönliche Austausch angesagt. Kommunikation mit echten Menschen, die sich mit der Ausbildung auskennen, sollte Authentizität schaffen. Dafür kommen echte Auszubildende und natürlich auch die Ausbilder in Frage, die sich so präsentieren müssen, wie sie wirklich sind. Alle Verstellung bemerkt die Zielgruppe, mal früher, mal später, aber sicher immer mit der Konsequenz der Enttäuschung.

### 13.3.2 Auswirkungen auf Auswahlverfahren

Einen Teil des Auswahlverfahrens wurde soeben beschreiben. Nämlich der Beginn des Auswahlprozesses, in dem sich die jungen Menschen ihre künftigen Ausbildungsbetriebe aussuchen. Um als Ausbildender letztlich den Zuschlag vom Ausbildungsplatzsuchenden zu erhalten, muss der Auswahlprozess, durch den sich das Unternehmen ein Bild vom Bewerber machen möchte, für diesen so angenehm wie möglich erfolgen. Das ist vor allem dann der Fall, wenn der Auswahlprozess schnell, persönlich und transparent gestaltet ist. Es ist schädlich und nicht notwendig, Bewerber mehrmals zum Unternehmen anreisen zu lassen, damit zu einem Termin ein Test, zu einem weiteren Termin ein Gruppengespräch und möglicherweise zu einem dritten Termin noch ein Einzelgespräch erfolgt. Große Teile der Prozesskette können schnell und transparent heute online ablaufen. Die onlinegestützte Eignungsdiagnostik vermeidet für den Bewerber unnötige Wege und Zeitaufwände sowie für das Unternehmen die Bindung enormer Personalkapazitäten. So erhält der Bewerber eine schnelle Rückmeldung, während sich das Unternehmen Freiräume schafft, um sich intensiver mit den eher geeigneten Bewerbern zu beschäftigen und so eine persönlichere Ebene herzustellen (vgl. Galicija und Etzel 2013, S. 70 ff. und 108 ff.). Entscheidend ist, dass die Versicherungsunternehmen das gesamte Auswahlverfahren als komplette Marketingmaßnahme verstehen. Bei dieser Gelegenheit können eignungsdiagnostische Aspekte einfließen, dürfen aber nicht mehr den Auswahlprozess dominieren.

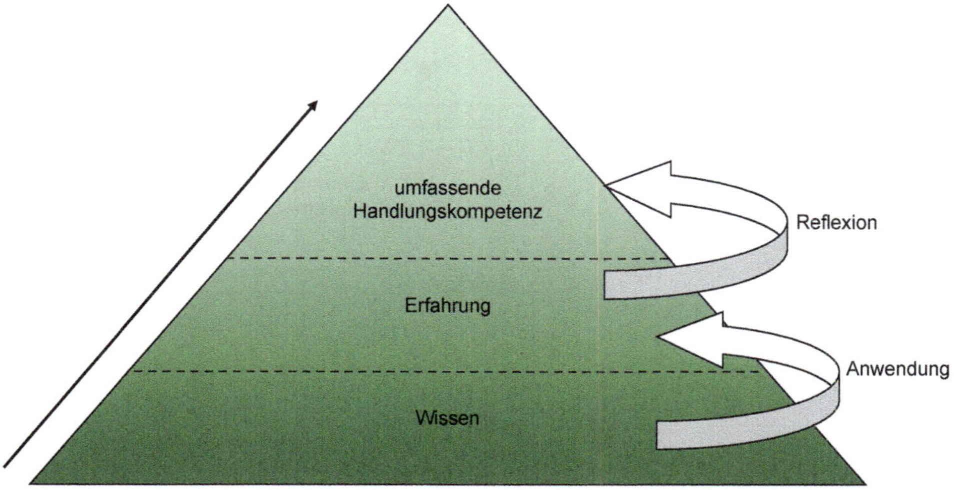


**Abb. 13.3** System des Erwerbs einer umfassenden Handlungskompetenz (vgl. Fauler 2009)

### 13.3.3 Erfordernis der Neugestaltung von Lehr-Lern-Prozessen

Anders als früher ist es heute normal, dass erlernte Sachverhalte eine geringe Halbwertzeit haben. Gleichzeitig verliert die zeitüberdauernde Berufsausübung an Beständigkeit. Wer tut zehn oder zwanzig Jahre noch das, was er einmal in der Ausbildung vermittelt bekam? Das wichtigste Ziel der beruflichen Bildung ist es, die Menschen in die Lage zu versetzen, selbstständig mit neuartigen Herausforderungen umzugehen. Dafür reicht es nicht, Wissen anzuhäufen. Natürlich ist Wissen nach wie vor eine wichtige Grundlage, um überhaupt handlungsfähig zu werden. Aber es reicht halt nicht mehr. Es müssen weitere Kompetenzen gelernt werden, um die Menschen unter anderem in die Lage zu versetzen, flexibel in einer veränderlichen Arbeitswelt zu bestehen. Dies lässt sich nicht durch traditionelles Pauken erreichen. Viel mehr rücken Methoden des Kompetenzlernens in den Vordergrund, wie Erlebnis- und Erfahrungslernen. Auf der Basis von Erfahrung ist es dem Lernenden möglich, das Erlebte zu reflektieren und so Erkenntnisse nutzbringend in die Zukunft zu transformieren (vgl. Heyse und Erpenbeck 2009, XXV), was sich in einer sogenannten umfassenden Handlungskompetenz äußert. Diese Zusammenhänge werden durch die Abb. 13.3 zusammengefasst.

Sowohl moderne Ausbildungsordnungen, wie die der Kaufleute für Versicherungen und Finanzen, als auch vielfältige Literatur beschreiben und regeln diese Notwendigkeiten. Leider findet dies jedoch oft nicht den Weg in die praktische Umsetzung. Deshalb widmet sich der Abschn. 13.3.4 dem Berufsbild der Kaufleute für Versicherungen und Finanzen und wie dieses angelegt ist.

Eine zentrale weitere Erkenntnis für die Gen Z muss es sein, dass andere Generationen eben anders ticken. Und das sind die Kunden, mit denen sie zu tun haben werden. Lässt

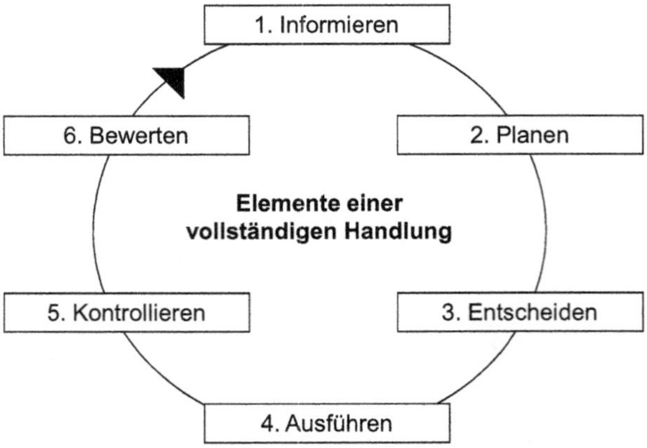


**Abb. 13.4** Modell der vollständigen Handlung. (Quelle: f-bb Forschungsinstitut Betriebliche Bildung)

sich ein Unternehmen auf die Gen Z ein, so muss sich letztlich die Gen Z auf die anderen Generationen einlassen und lernen, wie sie diese am besten bedient – eben nicht via Facebook etc., sondern im Zweifel ganz konventionell mit einem Brief.

Um Lernen zu fördern, sollten die Rahmenbedingungen des Lernens auf die Lernenden zugeschnitten sein. Bei der Gen Z steht der Spaßfaktor in der Arbeit und beim Lernen mehr denn je im Vordergrund. Um also günstige Lernbedingungen zu schaffen, sollten Lernarrangements beispielsweise spielerisch angelegt, also auf jeden Fall mit einem gewissen Funfaktor ausgestattet sein. In der Praxis lässt sich dies, beispielsweise mit handelsüblichen Wissensspielen (z. B. Spiel des Wissens) flankieren, indem Fragenkarten zum Allgemeinwissen durch selbst erstellte versicherungsspezifische Fragenkarten ersetzt werden. So können Wiederholung zur Wissensfestigung kreativ, spielerisch gestaltet werden. Dies ist auch mit versicherungsspezifischen Spiele-Apps beispielsweise analog des Quizduells umsetzbar.

### 13.3.4 Das Berufsbild der Kaufleute für Versicherungen und Finanzen

Heutige Ausbildung orientiert sich am Modell der vollständigen Handlung, um Auszubildenden zu ermöglichen, Gesamtzusammenhänge von Handlungsabläufen zu begreifen. Dafür erhalten Auszubildende, etwa im Rahmen einer Lern- und Arbeitsaufgabe, eine ihnen bisher nicht oder kaum vertraute Aufgabenstellung, die selbstständig bewältigt werden soll. Dabei kommt dem Ausbilder nun die Rolle als Lernprozessbegleiter und Coach zu (siehe Abschn. 13.3.5) (Abb. 13.4).

Um den Auszubildenden deutlich zu machen, welchen Platz ihre Handlung im Gesamtprozess des Unternehmens einnimmt und wie Schnittstellen zueinander gestaltet sind, wird die durch die konkrete Lern- und Arbeitsaufgabe entstehende Handlung in einer Prozesslandkarte eingeordnet.

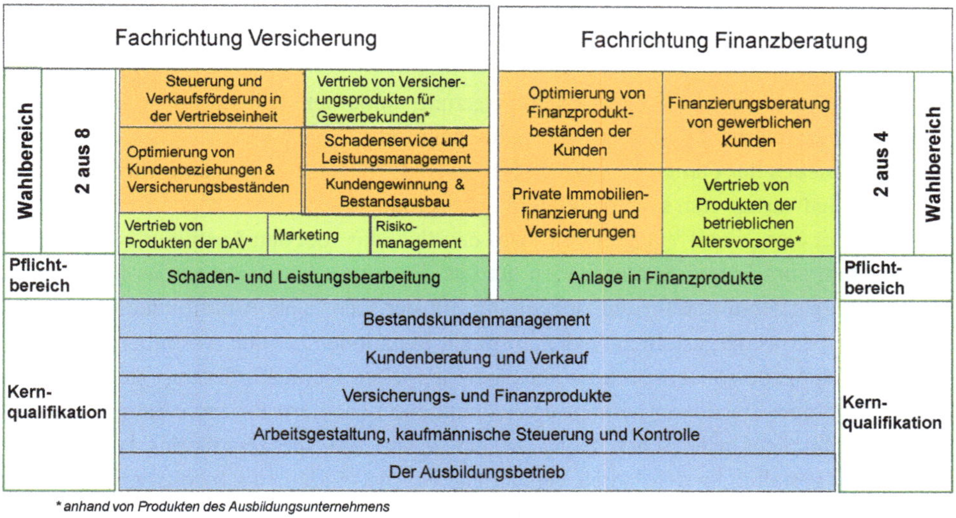


**Abb. 13.5** Berufsbildstruktur der Kaufleute für Versicherungen und Finanzen (Quelle: Berufsbildungswerk der Deutschen Versicherungswirtschaft (BWV) e.V.)

So ist die Grundlage einer prozessorientierten, ganzheitlichen Ausbildung gelegt, die alle Schlüsselkompetenzen berücksichtigt und den Erwerb einer umfassenden beruflichen Handlungsfähigkeit gewährleistet (vgl. Pabst 2009).

In der heutigen Ausbildung werden Fach-, Methoden-, Sozial- und Personalkompetenzen vermittelt und geprüft. Das Fallbezogene Fachgespräch als neues Prüfungsinstrument zielt vor allem auf die Personal- und Methodenkompetenz ab. Dafür werden Reporte als Gesprächsgrundlage für das Fallbezogene Fachgespräch über die im Berufsbild verankerten Wahlqualifikationseinheiten erstellt. Diese gliedern sich in die Phasen: Aufgabenstellung, Planung, Durchführung und Auswertung, analog des Modells der vollständigen Handlung. Einen Überblick über die Struktur des Berufsbildes der Kaufleute für Versicherungen und Finanzen bietet Abb. 13.5.

Im Fallbezogenen Fachgespräch wird ausschließlich der Gesprächsinhalt bewertet, nicht hingegen der Report, auf dem das Gespräch basiert (vgl. BWV 2010, S. 62 und S. 67). Es wird also nicht die Qualität der damaligen Aufgabenerledigung, sondern eine gewisse Reflexivität im Kontext der beruflichen Handlungskompetenz geprüft.

Damit ist eine Verknüpfung der Abschlussprüfung mit echten Aufgaben innerhalb betrieblicher Prozesse gewährleistet (vgl. Schlaf und Polifka 2007, S. 135; vgl. Biebl 2007, S. 148; vgl. BWV 2010, S. 61). Die Ausbildung zum selbstständigen Planen, Durchführen und Kontrollieren ist notwendige Bedingung für die spätere Tätigkeit in einem modernen Versicherungsunternehmen.

### 13.3.5 Neue Ausbilderkompetenzen

Eine wesentliche Ursache für die Nichtumsetzung moderner Lehr-Lern-Prozesse liegt in den Kompetenzen des Ausbildungspersonals begründet. Soll mehr als Wissen vermittelt werden, ist neben der Fähigkeit auch die Bereitschaft zur Kompetenzvermittlung erforderlich. Vergegenwärtigt man sich, dass der überwiegende Teil des vorhandenen Ausbildungspersonals der Gen X und Y angehören, wird deutlich, dass bei den Ausbildern eine andere Sozialisation zum Lernen stattgefunden hat, als die die sie heute vermitteln sollen ( vgl. Fauler 2009). Hierzu kommt die Begegnung mit der Gen Z als Auszubildende, die aufgrund ihrer bereits dargestellten Andersartigkeit, Irritationen bei den Ausbildern auslösen. Das Ausbildungspersonal steht also vor einer doppelten Herausforderung: sie sollen mit einer Zielgruppe, die sie nur bedingt verstehen, neue Lehr-Lern-Prozesse beschreiten, die sie im Zweifel nicht beherrschen. Es ist also ein Veränderungsprozess für das Ausbildungspersonal zu gestalten, in dem deren Verständnis von Ausbildung als Inhaltsvermittler aufgebrochen und hin zum Lernprozessbegleiter umgelernt werden muss. (vgl. Mićić 2012; vgl. Noß 2000) Hinzu kommt, dass Ausbilder eine gewisse Fantasie an den Tag legen müssen, um die Lernarrangements so zu gestalten, dass der zuvor angesprochene Spaßfaktor beim Lernen verwirklicht werden kann. Auch dieser Aspekt ist bei der Auswahl und Entwicklung der Ausbilder zu berücksichtigen.

Dieser Kraftakt ist von den Ausbildungsverantwortlichen zu initiieren und muss von den Entscheidern und Führungskräften der Versicherungsunternehmen mitgetragen werden. Nur so kann sich eine echte Wirksamkeit von Kompetenzentwicklungsmaßnahmen für das Ausbildungspersonal entfalten.

## 13.4 Schaffung einer veränderungsfreundlichen Kultur im Versicherungsunternehmen

Ein sich immer schneller drehender und turbulenterer Versicherungsmarkt zwingt die Versicherungsunternehmen dazu, sich strategisch neu zu positionieren. So hört man in fast allen Versicherungskonzernen davon, dass es gilt, eine Leistungskultur zu implementieren, die Arbeitgeberattraktivität zu erhöhen, die Wirtschaftlichkeit zu verbessern, das lebenslange Lernen zu verwirklichen und so weiter, und so weiter.

Durch die Beschreibung von Veränderungsnotwendigkeiten passiert aber noch lange keine Veränderung. Dafür bedarf es etwas mehr, und zwar die Erkenntnis über das Erfordernis von Veränderungen und letztlich auch die Bereitschaft, diese zu durchleben. Um Erkenntnisse zur Notwendigkeit von Veränderungen zu generieren, können Auszubildende als Impulsgeber fungieren. Letztlich ist es aber auch an den Führungskräften, diese Impulse aufzugreifen und tatsächlich Veränderung zuzulassen.

### 13.4.1 Auszubildende als Impulsgeber für Veränderungsbereitschaft

Bereits die bloße Anwesenheit der Gen Z im Unternehmen irritiert die konservativ kultivierte Belegschaft durch die der Generation eigenen Verhaltensweisen. Fraglich ist, inwieweit diese Irritationen bewusst genutzt oder sogar teilweise gewollt ausgelöst werden können, um einen Anstoß für Veränderungen zu intendieren. Dies setzt voraus, dass sich das Unternehmen darüber bewusst ist, an welchen Stellen oder Unternehmensbereichen Irritation ausgelöst werden soll. Die Ausbildungsplanung kann sich dies zur Teilaufgabe machen und so Instrument des Change Managements werden. Steigerungspotenzial liegt beispielsweise in der Herauslösung von kleinen Projektarbeiten, die nach den Vorstellungen der Gen Z bearbeitet, von vorbereiteten Ausbildern begleitet und von konservativen Mitarbeitern zum Beispiel fachlich betreut werden. So erleben ältere Generationen die neuen Herangehensweisen an Problemstellungen. Sie können so, abseits vom üblichen Geschäft, die Handlungen der Gen Z neubewerten, was das Umlernen in der Sichtweise auf diese Generation, aber auch auf die ihre eigene Arbeitsweise, zur Folge haben kann. Hierdurch kann eine doppelte Multiplikation erreicht werden. Einerseits fühlt sich die Gen Z wahr- und ernst genommen, was bei ihr eine erhebliche Motivation auslösen wird. Das motivierte Verhalten der Auszubildenden kann auf das Umfeld im Unternehmen, also die Belegschaft, positiv wirken und ausstrahlen. Andererseits haben die direkt am Projekt beteiligten Mitarbeiter die Gelegenheit, ihre eigene Arbeitsweise durch die Erfahrung mit der Gen Z weiter zu entwickeln. Schließlich wird diese entwickelte Arbeitsweise im kollegialen Umfeld wahrgenommen oder es wird sogar direkt von den beteiligten Mitarbeitern darüber berichtet, sodass auch hierdurch eine Ausstrahlung möglich ist.

So kann die Gen Z Impulsgeber sein, um vorhandene Werte, Regeln und Normen bei der Belegschaft zu irritieren, aufzubrechen und umzulernen.

Inwieweit die Rahmenbedingungen in der Organisation tatsächlich gegeben sind, um derartige Change Prozesse zu initiieren, sollte nicht unüberprüft bleiben, da im Zweifel organisationales Lernen erforderlich wird. Um eine Organisationsdiagnose hinsichtlich der Bedingungen, unter denen die Gen Z im Unternehmen und auch in derartigen Projekten wirken kann, zu stellen, bietet sich eine Befragung der Auszubildenden über ihre Erfahrungen und Meinungen in der erlebten Praxis als Erfassungsmöglichkeit an. Die ausgewerteten Ergebnisse, sollten analog einer guten Mitarbeiterbefragung, zielgruppengerecht weiter verfolgt werden. Ansonsten besteht die Gefahr der Demotivation und Resignation der Auszubildenden. Genauso wie wenn den Gen Z mit ihren konstruktiven Ideen und Herangehensweisen immer „gegen die Wand läuft". Genau hierin besteht die Aufgabe der Führungskräfte als Organisationsentwickler und Entscheidungsträger im Versicherungsunternehmen diese Changes zu ermöglichen.

### 13.4.2 Rolle der Führungskraft als Förderer von Veränderung

Alle Motivation der Gen Z und Anstöße seitens der Ausbildungsverantwortlichen nützen nichts, wenn die gelebte Realität im Unternehmen neue Impulse im Keim erstickt. Um dies zu vermeiden und sogar das Gegenteil zu bewirken, ist es die Aufgabe jeder Führungskraft, für ein veränderungsfreundliches Umfeld zu sorgen und dies auch als Vorbild zu leben. Dies bedeutet, dass bereits bei der Auswahl von Führungskräften besonderer Wert auf die Veränderungskompetenz zu legen ist. Dies sollte in Entwicklungsprogrammen, aber auch und gerade in der Praxis von den Führungskräften der Führungskräfte permanent vorgelebt und gefordert werden. Ratsam ist ein Modell zum Umgang mit Führungskräften, die, aus welchen Gründen auch immer, diesen Anforderungen an Veränderungskultur nicht standhalten. Hierfür kommen beispielsweise die Modell-II-Intervention (Argyris und Schön 1999, S. 159 ff.) oder das Leadership-Loop-Learning (Spandau 2007, S. 111 ff.) analog in Frage.

Die Methode der Modell-II-Intervention nach Argyris und Schön kann zur Erweiterung der Veränderungsbereitschaft von Führungskräften angewendet werden. Dazu werden verschiedene partizipative Ansätze, wie Spiegelung eigenen Verhaltens in permanenten Seminarreihen dauerhafte bearbeitet, sodass die im Vorfeld ermittelte Notwendigkeit von Veränderungsbereitschaft durch die Führungskräfte anerkannt wird. Dies wird durch eine Selbstverpflichtung der Führungskräfte zum Transfer in ihre Arbeitsrealität abgerundet, sodass die Veränderungsbereitschaft langsam in die Unternehmenskultur eingeführt wird (vgl. Fauler 2009a).

Analog des von Spandau beschrieben Leadership-Loop-Learning kann Veränderungsbereitschaft von Führungskräften mittels des Durchlebens verschiedener aufeinander aufbauender Phasendurchläufe erreicht werden. Dabei werden die Führungskräfte immer wieder durch massive Eingriffe in ihre operative Führungstätigkeit irritiert und erhalten die Möglichkeit nach einer Reflexion, sich der geforderten Veränderungsbereitschaft anzuschließen. Geschieht dies nicht, sieht das Leadership-Loop-Learning eine Eskalation vor, die schließlich mit dem Sinnanschluss an die Veränderungsbereitschaft oder das Ausscheiden aus der Organisation endet (vgl. Fauler 2009a).

Mit der Wahrnehmung der Treiberfunktion der Führungskräfte steht und fällt der Erfolg eines jeden Change Prozesses. Insofern lohnt es, darüber nachzudenken, inwieweit, über konkrete Entwicklungseingriffe in die Veränderungskultur, wie zuvor beschrieben, hinaus, dieser Aspekt in den Führungs- und Personalinstrumenten, wie Beurteilungen oder Zielvereinbarungen bis hin zu Vergütungssystemen, berücksichtigt werden können.

## 13.5 Ausblick

Ausbildung ist ein zentraler Erfolgsfaktor des Change Managements. Es bietet sich die Chance Auszubildende als Change Agents einzusetzen. Um dies zu erreichen, gibt es viel zu tun: von der Implementation des Neuverständnisses von Ausbildungsmarketing im Unternehmer über die Kompetenzentwicklung des Ausbildungspersonals, die Befragung von Mitarbeitern und die Befragung von Auszubildenden bis hin zur Intervention in bestehende Führungskulturen.

Grundlage hierfür ist die Offenheit der Führungskräfte, die im Zweifel auch hart erkämpft werden muss. Für diesen Kampf muss das Unternehmen, also im Zweifel das Top-Management, bereit sein, eben auch hinsichtlich notwendiger Konsequenzen.

Diese Change Prozesse müssen angegangen werden, denn es ist sicher, dass die Gen Z Einzug in die Unternehmen hält, genauso wie die Kundengruppe immer mehr von den Babybommern dominiert wird. Fraglich ist nur, wie jedes einzelne Unternehmen das Zusammentreffen der unterschiedlichen Generationen begleitet und für sich nutzt. Findet keine Begleitung und Kanalisation freiwerdender Energien durch das Zusammentreffen statt, besteht die Gefahr, dass sich Subkulturen bilden, die nicht unbedingt das Erreichen des Unternehmensziels fördern. Schlimmstenfalls wenden sich die wenigen Mitglieder der Gen Z eben anderen Unternehmen beziehungsweise Branchen zu, die sie freundlich-freudiger aufnehmen.

Gelingt es nicht, das Kompetenzlernen für die Gen Z erfolgreich zu gestalten, werden sich ältere Generationen als Kunden von den künftigen Mitarbeitern unverstanden fühlen und lieber dorthin gehen, wo sie sich gut aufgehoben fühlen. Das ist übrigens auch heute schon ein Thema: Kunden suchen sich lieber Unternehmen ohne computergesteuerte Telefonschleifen in riesigen Call-Centern.

## Literatur

Argyris C, Schön D (1999) Die lernende Organisation. Grundlagen, Methoden Praxis, 2. Aufl. Schäffer-Poeschel, Stuttgart

Barz D (2009) Wie verschiedene Generationen erfolgreich zusammenarbeiten. http://de.slideshare.net/sommer22/vortrag-generationen. Zugegriffen: 1. April 2014

Berufsbildungswerk der Deutschen Versicherungswirtschaft (BWV) e. V. (Hrsg) (2010) Praxishandbuch für die Abschlussprüfung – Kaufmann für Versicherungen und Finanzen – Kauffrau für Versicherungen und Finanzen. Verlag Versicherungswirtschaft (VVW), Karlsruhe

Biebl R (2007) Der betriebliche Auftrag als adäquate Prüfungsform für die neuen M + E-Berufe. In: Loebe H, Severing E (Hrsg) Effizienz in der Ausbildung – Strategien und Best-Practice-Beispiele (Bd. 41 Wirtschaft und Weiterbildung). W. Bertelsmann, Bielefeld

Braunert N (2013) Generation Z – Living all the time! http://www.smowl.de/recruiting/generation-z/. Zugegriffen: 30. Sept. 2013

Fauler S (2009) Wahlmodule der neuen Ausbildungsordnung für Kaufleute für Versicherungen und Finanzen als Chance für eine lern- und kompetenzförderliche Ausbildungsgestaltung. Grin, München

Fauler S (2009a) Wesentliche Schritte der von Argyris/Schön beschriebenen Modell-II-Intervention in einer Beratungsfirma sowie der Fallstudie zu einer Seminarreihe für Führungskräfte von Spandau. Grin, München

Galicija M, Etzel S (2013) Talent Management als strategische Steuerung von Personalrisiken. Verlag Die Werkstatt, Göttingen

Heyse V, Erpenbeck J. (2009) Kompetenztraining – Informations- und Trainingsprogramme. 2. Aufl. Schäffer-Poeschel, Stuttgart

Lehky A (2013) Jugend 2013 Generation Z – Die ganz Jungen kommen. Die Presse. Print-Ausgabe vom 29.06.2013. http://karrierenews.diepresse.com/home/karrieretrends/1424164/Jugend-2013_Generation-Z-Die-ganz-Jungen-kommen. Zugegriffen: 29. Sept. 2013

Mićić P (2012) „Generationen Y und Z" gehen den dritten Bildungsweg. http://www.futuremanagementgroup.com/news/medienmitteilungen/generationen-y-und-z.html. Zugegriffen: 12. Okt. 2013

Noß M (2000) Selbstgesteuertes Lernen am Arbeitsplatz – Theoretische Überlegungen und empirische Ergebnisse zur Ausbildung von Bankkaufleuten. Deutscher Universitäts-Verlag, Wiesbaden (zugl. Diss. Universität Göttingen, 2000)

Pabst A (2009) Berufliche Handlungsräume als Organisations- und Entwicklungsformen individueller Handlungsfähigkeit in der Erwerbsarbeit. In: Zimmer G, Dehnbostel P (Hrsg) Berufsausbildung in der Entwicklung – Positionen und Leitlinien, Bertelsmann Verlag, Bielefeld

Schlaf A, Polifka B (2007) Rasselstein GmbH: „Für uns ist der betriebliche Auftrag die einzig sinnvolle Prüfungsvariante". In: Loebe H, Severing E (Hrsg) Effizienz in der Ausbildung – Strategien und Best-Practice-Beispiele (Bd. 41 Wirtschaft und Weiterbildung). W. Bertelsmann, Bielefeld

Scholz C (2012) Generation Z Willkommen in der Arbeitswelt – Und was andere Generationen von ihnen lernen können. http://derstandard.at/1325485714613/Future-Work-Generation-Z-Willkommen-in-der-Arbeitswelt. Zugegriffen: 29. Sept. 2013

Schreyögg G (2010) Organisation: Grundlagen moderner Organisationsgestaltung. Mit Fallstudien, 4. Aufl. Gabler, Wiesbaden

Spandau U (2007) Organisationslernen und Macht. Eine Fallstudie zur Dialogisierung hierarchischer Kommunikation. In: Göhlich M, König E, Schwarzer C (Hrsg) Beratung, Macht und organisationales Lernen (Bd. 4: Organisation und Pädagogik). VS-Verlag für Sozialwissenschaften, Wiesbaden

**Dr. Sascha Fauler** ist aktuell Fachgebietsleiter Ausbildung und berufliche Bildung eines Versicherungskonzerns und hat zum 1. Januar 2015 den Ruf als Hochschullehrer für Personalmanagement von der FOM Hochschule erhalten. In vorherigen Funktionen war er u. a. in den Bereichen Außendienstorganisation und Marketing, Geschäftssteuerung SHU oder in der Personal- und Organisationsentwicklung tätig. Parallel zu seiner praktischen Berufsausübung absolvierte Sascha Fauler berufsbegleitend diverse Studiengänge und promovierte ebenfalls berufsbegleitend zum Dr. phil. an der Philosophischen Fakultät der Friedrich-Alexander Universität Erlangen-Nürnberg im Fach Pädagogik zum Thema „Handlungsorientierung in Prüfungen".

**Rena Geiersberger** studierte Betriebswirtschaft an der Fachhochschule Köln, Institut für Versicherungswesen und war 32 Jahre in der Hauptverwaltung eines Versicherungsunternehmens tätig. Zuletzt war sie für den Aufbau einer Systemverantwortung im Bereich Erstausbildung zuständig und regional Ausbildungsleiterin für das Berufsbild „Kaufleute für Versicherungen und Finanzen". 2005 gründete sie zusammen mit Kollegen anderer Kölner Versicherungsunternehmen ein Netzwerk Kölner Ausbildungsleiter (www. Azubi-Cologne.de). Darüber hinaus leitet sie seit vielen Jahren den Fachkreis Personalmanagement und -führung der Alumnivereinigung VVB. Seit der passiven Phase der Altersteilzeit engagiert sich Frau Geiersberger ehrenamtlich im Vorstand einer der FH Köln nahen Akademie für berufliche Weiterbildung, in einem NRW Projekt als Senior Expertin und ist Prüferin der IHK Köln für das o.g. Berufsbild.

# Teil IV

# Versicherung 2020 – den Wandel erfolgreich gestalten

# Der Weg zum agilen Versicherungsunternehmen

**14**

Gerhard Hastreiter

*„Auf dem Weg zum schlanken Management werden viele heilige Kühe auf der Strecke bleiben."* (Hermann Simon)

**Zusammenfassung**

Vor fünfundzwanzig Jahren nahmen die Prinzipien des Lean Management Einzug in die Automobilindustrie. Danach wurden sie zur Grundlage der Prozessoptimierung und Organisation in einer Reihe von Industrien. Lange Zeit übernahm die Versicherungsbranche zwar erfolgreich einige Methoden insbesondere in der Prozessoptimierung, erst in jüngster Zeit aber richtet sie ihren Betrieb konsequent so aus, dass die Prinzipien des Lean Management in größerem Maßstab Wirkung zeigen können.

Der folgende Beitrag beschreibt zunächst die Gründe für die eher zögerliche Adaption in der Versicherungsbranche und skizziert dann – ausgehend von einem neuen Bewusstsein für die Dringlichkeit einer Veränderung – wesentliche Schritte auf dem Weg zu einem agilen Versicherungsunternehmen.

**Schlüsselwörter**

Geringe Veränderungsgeschwindigkeit · Lean Management · Komplexitätsreduzierung Shared Services

G. Hastreiter (✉)
München, Deutschland
E-Mail: gerhard.hastreiter@allianz.com





G. Zimmermann (Hrsg.), *Change Management in Versicherungsunternehmen*,
DOI 10.1007/978-3-658-05974-3_14

## 14.1 Slow Business: Warum die Veränderungsgeschwindigkeit in der Versicherungsbranche gering ist?

Ende der 1980er Jahre wurden Methoden der „Lean Production" und der „Lean Organization" zum Standard in der Automobilindustrie und ihrer Zulieferer. Grundprinzip „schlanken Managements" ist zunächst die konsequente und kontinuierliche Eliminierung aller Aktivitäten, die im Sinne des Kunden nicht wertschöpfend sind (vgl. Womack et al. 1990), beispielsweise überflüssiger Prozessschritte, Bearbeitungsfehler oder Liege- und Transportzeiten. Ausgehend von diesem Grundprinzip entwickelten sich weitere Praktiken wie zum Beispiel Plattformstrategien oder die Auslagerung interner Prozesse zu spezialisierten, aber informatorisch stark integrierten Dienstleistern zum Beispiel im Sinne einer Just-in-Time Fertigung und Lieferung.

Neuere Strömungen wie agile Methoden, die zum Beispiel in der Softwareentwicklung als State-of-the-Art gelten, basieren auf ähnlichen Prinzipien, übertragen diese aber auf Bereiche der „Wissensarbeit" jenseits von klassischen Fertigungs- oder Verwaltungsprozessen. Damit tragen sie noch stärker den Anforderungen Rechnung, die sich mit der massiven Verkürzung von Änderungszyklen insbesondere im Zusammenhang mit der Digitalisierung ergeben.

Falsch wäre zu behaupten, die Versicherungsbranche hätte diese Entwicklungen nicht für sich adaptiert. Tatsächlich ist die Optimierung von Prozessen ein Thema, das nachhaltig umgesetzt wird. Die Allianz beispielsweise verfolgt seit über zehn Jahren konsequent ein globales Operational Excellence Programm, in dessen Rahmen über 1400 Black Belts und über 7000 Blue Belts ausgebildet wurden.

Gleichzeitig war diese Optimierung aber lange Zeit beschränkt auf einzelne Teilbereiche oder Prozesse, während eine konsequente Ausrichtung des Versicherungsbetriebs auf die Prinzipien des schlanken – oder des agilen – Managements sich erst in jüngster Zeit durchsetzt.

Gegenstand der Diskussion sind deshalb drei Fragen. Erstens: Warum ist die Versicherungsindustrie relativ langsam in der Adaption der Prinzipien des „Lean Managements"? Zweitens: Warum ist eine Veränderung zu diesem Zeitpunkt dennoch notwendig? – Und drittens: Was sind die Eckpfeiler dieser Veränderung?

Beginnen wir mit einer Analyse der Ursachen für die unbestreitbar geringe Adaptionsgeschwindigkeit der Versicherungsbranche.

Hier sind vor allem fünf Gründe zu nennen:

1. Der Charakter des Wertversprechens
2. Die Persistenz des Portfolios
3. Die „Intangibilität" des Produkts
4. Eine ausgeprägte Tradition der Regulierung und der vertikalen Integration
5. Ein vergleichsweise geringer Einfluss der Globalisierung

Keiner dieser Punkte, die im Folgenden näher ausgeführt werden, behindert für sich genommen die Geschwindigkeit von Innovation und Veränderung. Zusammen genommen führen sie aber dazu, dass die Branche sich durch eine geringe Veränderungsgeschwindigkeit auszeichnet.

### 14.1.1 Der Charakter des Wertversprechens

Der Wert einer Versicherung besteht im Kern darin, dass seltene, aber potenziell existenzbedrohende Risiken auf ein für den Einzelnen unkritisches Maß zurückgeführt werden, indem sie von einer Gemeinschaft getragen werden, für deren überwiegende Zahl an Mitgliedern sich diese Risiken nicht in existenzbedrohender Weise materialisieren werden.

Der Charakter dieses Wertversprechens birgt zwei Folgerungen. Erstens ist damit das Versicherungsprodukt seiner Natur nach *transaktionarm*. Von der Beitragszahlung und einer mehr oder weniger regelmäßigen Anpassung an den Versicherungsbedarf abgesehen, ist die Interaktion zwischen Versicherer und Kunde die Ausnahme und nicht die Regel. Häufig beschränkt sie sich auf den Schadenfall. Umgekehrt – und das ist die zweite Folgerung – kann es im Schaden- oder Leistungsfall tatsächlich um *existenzielle Situationen* gehen, für die der Versicherer eine langfristige Vorsorge treffen muss und für die er eine langfristige Verantwortung trägt.

Geringe Transaktionsfrequenzen bei gleichzeitig langfristiger Verantwortung in kritischen Situationen prägen eine eher langfristige Orientierung von Mitarbeitern und Managern einer Versicherung, die aber gleichzeitig nachteilig wirkt im Hinblick auf die Veränderungsgeschwindigkeit.

### 14.1.2 Die Persistenz des Portfolios

Nicht zuletzt aufgrund des oben beschriebenen Charakters des Produkts, zeichnet sich das Versicherungsgeschäft aus durch eine starke „Persistenz" des Bestandes. Objektiv betrachtet, wird jährlich nur ein geringer Bruchteil dieses Bestands tatsächlich umgesetzt. Der weitaus größere Teil bleibt stabil im Sinne einer regelmäßigen Vertragsverlängerung und des niederfrequenten Risikos des Schaden- oder Leistungsfalles.

In dieser Hinsicht unterscheidet sich das Versicherungsgeschäft vollständig von den meisten anderen Branchen. Erweist sich ein neues Modell in der Automobilindustrie als nicht erfolgreich, hinterlässt das sichtbare Spuren in der Gewinn- und Verlustrechnung. Qualitätsmängel an Produkten können unmittelbar zu äußerst teuren Rückrufaktionen führen. Eine falsche Preisgestaltung zu sofortigen Umsatzeinbrüchen. Auch von anderen Finanzprodukten unterscheidet sich das Versicherungsprodukt. Schnelle Zuflüsse oder Abflüsse von Mitteln beispielsweise sind kaum möglich.

Diese Persistenz im Portfolio überträgt sich wieder unmittelbar auf das Verhalten von Mitarbeitern und Management. Operative Maßnahmen, die heute umgesetzt werden, haben erst mittel- bis langfristige ökonomische Auswirkungen, angefangen bei der Gestaltung von Tarifen, die effektiv erst mit der entsprechenden Entwicklung der Schäden zu bewerten ist, bis hin zu Veränderungen im Kundenservice, die sich aufgrund der geringen Interaktionsfrequenz ebenfalls erst langsam auswirken. Diese Trägheit bezüglich der finanziellen Auswirkungen führt beinahe automatisch zu einem gegenüber anderen Branchen reduzierten Veränderungsdruck und zu einer entsprechend geringeren Veränderungsgeschwindigkeit.

Umgekehrt bedeutet diese Persistenz jedoch auch, dass Fehler oder nicht rechtzeitig eingeleitete Veränderungen sehr nachhaltige und wiederum kurzfristig nicht zu korrigierende Auswirkungen haben können.

### 14.1.3 Die „Intangibilität" des Produkts

Versicherungsprodukte sind „intangibel". Man kann sie nicht sehen oder anfassen. Man stellt keine Veränderung fest zwischen dem Zustand, in dem man sie nicht besessen hat und dem Zustand in dem man sich befindet, wenn man sie besitzt. Versicherungsprodukte müssen nicht gefertigt, gelagert oder transportiert werden.

Mit Blick auf die Anwendung der Prinzipien des Lean Managements oder der Lean Production wirkt diese Virtualität beinahe kontraproduktiv, da auch Ineffizienzen und Schwachstellen buchstäblich unsichtbar bleiben. Als reales Beispiel aus einer anderen Branche sei das Problem der Produktvielfalt genannt. Ein Hersteller von Kaffeefiltern musste eigens ein aufwendiges Lager mit entsprechender Logistik betreiben, um die Lagerung und Lieferung tausender Varianten seiner im Kern sehr ähnlichen Produkte zu organisieren. Eine drastische Reduktion der Produktvarianten, die sich zum Teil nur durch die Sprache der Informationstexte auf der Verpackung unterschieden, führte dazu, dass das gesamte Lager obsolet wurde. Die Auswirkung der Komplexitätsreduktion waren unmittelbar sicht- und messbar.

Im Gegensatz dazu sind die Auswirkungen der Komplexität von Versicherungsprodukten weit weniger greifbar. Ähnlich wie im genannten Beispiel führen auch teilweise marginale Variationen in den Bedingungswerken verschiedener Produktgenerationen zu Komplexitätskosten in den IT Systemen eines Versicherers und zu Ineffizienzen in der Sachbearbeitung. Diese sind aber weit weniger offensichtlich als das beschriebene Hochregallager.

Natürlich ist es auch für intangible Produkte möglich, Wertströme zu identifizieren, Fluss-Prinzipien anzuwenden oder Pull-Prozesse umzusetzen, aber es fehlt „das Greifbare" als Anlass, Motivation und Korrektiv: der Lastwagen, der am Wareneingang auf seine Entladung wartet, das Lager oder die Teile, die sich neben der Fertigungsstraße stapeln, weil der Materialfluss falsch organisiert ist.

Die Schwachstellen im Betrieb eines Versicherers sind grundsätzlich nicht anders als die in anderen Industrien: unnötig hohe Durchlaufzeiten, unnötig hohe Kosten, eine Qualität, die unter dem Erreichbaren liegt, eine hohe Komplexität der Produkte und Prozesse.

Aber gepaart mit Transaktionsarmut und einer systemimmanenten Persistenz des Portfolios trägt diese Intangibilität des Produkts zusätzlich zur Reduktion des Veränderungsdrucks bei.

### 14.1.4 Eine ausgeprägte Tradition der Regulierung und der vertikalen Integration

Erst 1994 wurde in Deutschland die Regulierung von Versicherungsprodukten nachhaltig gelockert. Bis dahin erstreckte sich der Wettbewerb vor allem auf den Versicherungsvertrieb mit einem starken Schwerpunkt im Ausschließlichkeitsvertrieb. Erst in den letzten fünf bis zehn Jahren begannen Versicherungsgesellschaften ihre Wertschöpfungsketten neu zu ordnen und nach funktionalen Prinzipien zu organisieren.

Die strenge Regulierung einerseits und die starke vertikale Integration andererseits trugen beide zu einer nur sehr zögerlichen „Industrialisierung" der Versicherungswirtschaft entlang der Prinzipien des Lean Management bei.

### 14.1.5 Der vergleichsweise geringe Einfluss der Globalisierung

Trotz der Existenz einiger echter globaler Versicherungskonzerne ist das operative Geschäft, genau wie der Vertrieb, nach wie vor stark national geprägt. Der entscheidende Wettbewerb wird nicht zwischen globalen Marken und gegebenenfalls für lokale Märkte konfigurierte Produkten global operierender Konzerne ausgetragen. Wesentliche Teile des Wettbewerbs finden auf ausschließlich nationaler Ebene statt.

Diese geringe Ausprägung des operativen Geschäfts über nationale Grenzen hinweg führt zum einen zu einer ausgeprägten Persistenz nationaler Spezifika. So findet man beispielsweise kein tragfähiges länder- oder markenübergreifendes Plattformkonzept, wie man es aus der Automobilindustrie kennt. Zum anderen reduziert die starke nationale Ausprägung wiederum den Wettbewerbs- und damit auch den Veränderungsdruck. Drittens schließlich wirkt sie auch verlangsamend im Hinblick auf die Umsetzung globaler Shared Services

## 14.2 Need for speed: Warum wir trotzdem eine grundlegende Änderung brauchen

Obwohl der „gefühlte" Veränderungsdruck aus den beschriebenen Gründen nicht hoch sein mag, ist er dennoch vorhanden. Erstens sind operative Exzellenz, Prozessoptimierung, Komplexitätsreduzierung und kompromissloses Management der Betriebskosten entscheidende Wettbewerbsvorteile gerade in Bereichen, in denen das Produkt mehr und mehr zum „Commodity“ wird. Zweitens sind Qualität, Effektivität und Effizienz unabdingbare Voraussetzungen in einer digitalisierten Welt.

Eine immer weiter gehende Preistransparenz führt zu sinkenden oder dauerhaft niedrigen Margen. Direktgeschäft und Aggregatoren gefährden die Rolle des Vertreters oder Maklers in der Pflege der Kundenbeziehung. Neue Player, wie z. B. Suchmaschinen, drohen diese Kundenschnittstelle zu übernehmen. Komplexe Produkte und Prozesse lassen sich nicht digitalisieren oder gar über mobile Geräte verkaufen und unterstützen. Lange Bearbeitungszeiten und Schwächen in der Interaktion mit dem Kunden werden inakzeptabel in einer Umgebung, in der die Kunden aktuellste Statusinformationen und perfekt funktionierende Lieferketten gewöhnt sind.

Veränderungszyklen reduzieren sich im Extremfall von Jahren auf Tage oder gar Stunden, wenn der Wettbewerb online und in Echtzeit stattfindet.

## 14.3 The right direction: Die Schwerpunkte der Veränderung

In der gleichen Weise, in der die Persistenz des Portfolios Veränderung verzögert, erschwert sie die nachträgliche Korrektur von Versäumnissen. In diesem Sinne ist die Frage nach der Richtung der Veränderung wesentlich. Vier Schwerpunkte für den operativen Betrieb auf dem Weg zu einem agilen Versicherungsunternehmen zeichnen sich ab.

### 14.3.1 Die funktionale Organisation der Wertschöpfungskette

Das traditionell vertikal integrierte Modell eines Versicherungsunternehmens ist in den letzten fünf bis zehn Jahren ganz einer funktionalen Organisation gewichen. Funktionale Bereiche wie Produktentwicklung, Vertrieb oder Betrieb arbeiten in sich stärker fokussiert, dafür aber übergreifend in Bezug auf Produktlinien oder regionale Strukturen, bis hin zu einem länderübergreifend einheitlichen Betriebsmodell.

Ähnlich wie in anderen Industrien eröffnet dieses neue, funktional orientierte Modell, Potenziale zur Optimierung von Prozessen, die bisher nur unzureichend genutzt sind: Effiziente Plattformstrategien, Aufbau oder Nutzung von (länderübergreifenden) Shared Services, bis hin zum Business Process Outsourcing.

Die Allianz hat mittlerweile ein weltweit einheitliches „Operating Model“ eingeführt. Auf dieser Basis ist es mit jeweils lokalen Konfigurationen beispielsweise möglich, Prozesskosten länderübergreifend zu vergleichen, globale Best Practices zur Prozessoptimierung zu entwickeln und standardisierte IT-Plattformen einzuführen.

### 14.3.2 Komplexitätsreduzierung

Einfachheit ist insbesondere in einer digitalen Welt ein Muss. Komplexe Prozesse und Produkte führen zu Ineffizienzen. Sie führen zu negativen Skaleneffekten. Sie entsprechen nicht den Erwartungen der Kunden in der digitalen oder Multikanal-Welt.

Schwieriger zu beantworten hingegen ist die Frage, was „Einfachheit" bedeutet: Verschlankung des Produktportfolios, Vereinheitlichung von Bedingungsgenerationen und Produktstrukturen als Voraussetzung für Plattformstrategien, Vereinfachung von Tarif-Parametern, um einen Verkauf auf mobilen Endgeräten zu ermöglichen. – Während gleichzeitig versicherungstechnische Präzision gefordert ist, genau wie Multikanalfähigkeit und die Integration neuer technischer Entwicklungen wie Big Data oder Telematik.

„Einfachheit" in diesem Kontext wiederum nur als Kompromiss zu definieren, führt nicht zum Ziel.

Die Allianz hat dazu beispielsweise ein Werkzeug entwickelt, mit dem es möglich ist, die Effizienz beziehungsweise die Schwachstellen im jeweiligen Produktportfolio zu analysieren und daraus geeignete Maßnahmen zur – rückwirkenden oder in die Zukunft gerichteten – Vereinfachung zu entwickeln.

### 14.3.3 Digitalisierung

Längst ist die Digitalisierung in der Versicherungsbranche angekommen. Das Versicherungsprodukt ist seiner Natur nach „digital" in dem Sinne, dass seine Verwaltung mehr oder weniger vollständig der elektronischen Verarbeitung unterliegt. So ist es auch wenig verwunderlich, dass in manchen Bereichen die „Dunkelverarbeitungsquoten" deutlich jenseits der 80 % liegen und dass der Einsatz zum Beispiel von Scanning und Texterkennungstechnologien eher dem Bereich der (zwar nicht trivial zu implementierenden) Hygienefaktoren angehört als dem der Innovation. Dieser Tatsache ist es auch zu verdanken, dass die Versicherungsbranche einen reichen Schatz an Daten besitzt, der eine hervorragende Ausgangsbasis für weitere Schritte in einer digitalisierten Welt bedeutet.

Die Ausgangsituation ist also gut. Aber reicht das in einer Welt, in der jährlich mehr als eine Milliarde Smartphones verkauft werden? Tatsächlich scheinen sich Vertrieb und Markt Management zu den Treibern einer nächsten Welle der Digitalisierung zu entwickeln: Veränderung des Transaktions- und Interaktionsverhaltens des Kunden, Anpassung an Kundenverhalten und Bedürfnisse in Echtzeit, Vertrieb und Service über neue Technologien.

Viel zu kurz gedacht wäre es aber, diese Veränderung nur als Modifikation oder Erweiterung der Kundenschnittstelle zu betrachten. Sie geht viel tiefer. Sie umfasst neue Multikanal-Produktkonzepte, eine massive Verkürzung von Veränderungszyklen, eine Reaktion auf die weiter steigende Markttransparenz genauso wie die agile Integration neuester Technologien; – angefangen bei bereits länger existierenden Telematik-Lösungen über neue Produkte für den mobilen, anlass- und verhaltensbezogenen Verkauf bis hin zu Smarthome-Lösungen.

### 14.3.4 Überregionale Modelle und Nutzung von Shared Services

Lokale Optimierung schöpft Potenziale nicht vollständig aus und Digitalisierung kennt ihrer Natur nach prinzipiell keine Ländergrenzen (auch wenn Art und vor allem Geschwindigkeit dieser Digitalisierung unterschiedlich sind). Aus diesem Grund sind überregionale Kollaborationsmodelle und die Nutzung von Shared Services weitere Eckpfeiler der Entwicklung.

Überregionale Zusammenarbeit basiert auf der oben beschriebenen Umsetzung einheitlicher Betriebs- und Produktmodelle und geht bis hin zu einer länderübergreifenden Integration von Funktionen, die dafür geeignet sind. Beispiele sind Zusammenarbeit im iberischen und lateinamerikanischen Raum innerhalb der Allianz oder die länderübergreifende Organisation in Benelux.

Noch weiter geht der Aufbau oder die Nutzung von unternehmensübergreifenden Shared Services. Übergreifende IT-Organisationen sind bereits weitgehend akzeptiert. Dennoch ist eine umfassende Umstellung auf globale Standards nach wie vor keinesfalls trivial. Noch weiter gehend ist in Bereichen, wie Procurement, HR oder Financial Business Services die Möglichkeit der Umsetzung globaler Shared Services aufgrund der unterschiedlichen Reifegrade immer noch eine anspruchsvolle Aufgabe. Die Entwicklung aber erscheint unumkehrbar.

## 14.4 Agility calling: Veränderungsmanagement

Funktionale Organisation mit konsequenter Prozessoptimierung, Komplexitätsreduzierung, Digitalisierung und die Nutzung von Shared Services sind wesentliche Bausteine auf dem Weg zu einem Versicherungsunternehmen, das operativ zukunftsfähig ist. Als Komponenten sind sie nicht unabhängig voneinander, sondern hängen eng zusammen. Ohne solides Organisationsmodell sind länderübergreifende Services nicht nutzbar. Komplexität mag sich zwar auf den ersten Blick digitalisieren lassen, die entsprechenden Lösungen werden aber den Ansprüchen der Kunden nicht gerecht werden. Ganz generell werden Ineffizienzen in den immer weiter transparenter werdenden Märkten bestraft werden.

Die Agenda ist vorgegeben. Ihre Umsetzung erfordert große Anstrengung und ein genauso konsequentes wie bewusstes Management des damit einhergehenden Veränderungsprozesses. Dies ist umso schwerer als die Dringlichkeit von Veränderungen in der Versicherungsbranche aufgrund der beschriebenen Natur des Geschäfts so schwer greifbar zu machen ist.

Die fortschreitende Verschlankung im operativen Betrieb schafft gleichzeitig die Voraussetzungen für eine weiter wachsende „Agilität" auch in Funktionen wie Produktentwicklung, Marktmanagement oder Vertriebs- beziehungsweise Multikanalmanagement. Diese Agilität zeichnet sich aus durch klare Priorisierung entlang der Kundenbedürfnisse und deutliche Verkürzung der Entwicklungszyklen. Sie darf aber keinesfalls verwechselt werden mit einem unstrukturierten Ansatz. Dies wäre nicht nur ineffizient, es würde auch der nachhaltigen Natur des Wertversprechens einer Versicherung nicht gerecht.

## Literatur

Womack J, Jones D, Roos D (1990) The machine that changed the world – the story of lean production. Harper Collins, New York

**Dr. Gerhard Hastreiter** ist seit 2012 Managing Partner bei Allianz Consulting, der Inhouse-Consulting Einheit der Allianz Gruppe. Der promovierte Physiker arbeitet seit 1993 für die Allianz, unter anderem bei der Allianz Deutschland als Abteilungs- und Fachbereichsleiter in der IT und im Vertrieb. Zuletzt leitete er den Aufbau einer internationalen Betriebsplattform für das Automotive Geschäft.

# 15 Die Versicherungswirtschaft auf dem Weg zu wirklicher Kundenorientierung

Torsten Oletzky, Natalie Staud und Jonas Boltz

*„Wege entstehen dadurch, dass man sie geht."*
Franz Kafka

**Zusammenfassung**

Kundenzufriedenheit ist eine der wichtigsten Größen für den langfristigen Geschäftserfolg eines Unternehmens. Je zufriedener ein Kunde ist, desto loyaler ist er gegenüber dem Unternehmen. Ein zufriedener Kunde ist auch bereit, langfristig in Produkte oder Dienstleistungen des Unternehmens zu investieren und diese weiterzuempfehlen. Die Steigerung der Kundenzufriedenheit wirkt sich positiv auf die Bindung und die Neuakquisition von Kunden aus. Folglich ist nachhaltige Kundenorientierung ein wesentlicher Wettbewerbsfaktor, in den ein Versicherungsunternehmen gezielt investieren sollte.

Die Versicherungswirtschaft scheint von außen betrachtet relativ weit von wirklicher Kundenorientierung entfernt zu sein. Das Image der Versicherungswirtschaft ist nicht gut. Medien berichteten über zu hohe Kosten, schlechte Beratungsleistungen und Skandale im Vertrieb oder die unfaire Behandlung von Versicherungsnehmern im Schadenfall. Als Konsequenz ist bei vielen Menschen ein eher negatives Bild der Branche entstanden.

T. Oletzky (✉) · N. Staud · J. Boltz
Düsseldorf, Deutschland

N. Staud
E-Mail: natalie.staud@ergo.de

J. Boltz
E-Mail: jonas.boltz@ergo.de



G. Zimmermann (Hrsg.), *Change Management in Versicherungsunternehmen*,
DOI 10.1007/978-3-658-05974-3_15

Dieser Beitrag soll zeigen, dass sich ein differenzierterer Blick lohnt, nicht jeder Kritikpunkt der inhaltlichen Überprüfung stand hält und es gute Unternehmensbeispiele gibt, die sich mit innovativen Ansätzen auf den Weg zu einer konsequenten Kundenorientierung gemacht haben.

**Schlüsselwörter**

Kritik an Versicherungsunternehmen · Verstehen und Verständlichkeit · Dialog mit Kunden · Kundenzufriedenheit

## 15.1 Ausgangssituation

### 15.1.1 Die Versicherungswirtschaft in der öffentlichen Kritik

Ein zentraler Ansatzpunkt der Kritiker ist die zu geringe Transparenz in der Versicherungswirtschaft. Bei Produkten mit langen Laufzeiten wie der Lebens- und Krankenversicherung konzentriert sich diese Kritik meist auf die Darstellung der mit dem Abschluss dieser Produkte verbundenen Kosten. Einen Testbericht über Riester-Renten betitelte die Zeitschrift Öko-Test etwa mit der Überschrift „Reise ins Labyrinth" und sieht von (Kosten-)Transparenz keine Spur (Öko-Test 2011, S. 76). In der Schaden- und Unfallversicherung wird eher die Vielfalt unterschiedlicher Deckungskonzepte und Tarifmerkmale und die damit verbundenen Probleme beim Preis- und Leistungsvergleich kritisch hinterfragt. Und unstrittig hat seit der Deregulierung des deutschen Versicherungsmarktes im Jahr 1994 diese Vielfalt stark zugenommen. Das ungute Gefühl von Intransparenz wird durch als komplex und unverständlich wahrgenommene Versicherungsbedingungen ebenso verstärkt, wie durch die schiere Menge der Unterlagen und die große Anzahl der zu leistenden Unterschriften beim Vertragsabschluss.

In einem Atemzug mit dem Vorwurf der Intransparenz wird Kritik am zu geringen Wettbewerb im deutschen Versicherungsmarkt geäußert. Forderungen nach mehr Wettbewerb betreffen vor allem Sparten mit lang laufenden Produkten wie die Lebens- und Krankenversicherung und werden nicht nur von Verbraucherschützern, sondern auch aus der Politik immer wieder vorgebracht. Mehr Wettbewerb soll einerseits durch die Standardisierung oder eine bessere Vergleichbarkeit von Produktkonzepten und andererseits durch die Stärkung von (Wechsel-)Rechten der Versicherungsnehmer erreicht werden. Diese Tendenz spiegelt sich auch in der jüngsten Rechtsprechung wider. So stärkte der BGH in einem Urteil aus dem Juli 2012 die Rechte der Verbraucher bei vorzeitigen Kündigungen von Lebensversicherungen (BGH, Urteil vom 25.07.2012, IV ZR 201/10). Dies erleichtert Versicherungsnehmern den Wechsel zwischen Anbietern durch den Abbruch existierender Verträge vor Laufzeitende.

Die Kritik an zu hohen Kosten von Versicherungsprodukten konzentriert sich vor allem auf die Lebens- und Krankenversicherung. Ein konkretes Beispiel ist die Riester-Rente. Diese wird in Medienberichten als besonders kostenintensives Lebensversicherungsprodukt genannt (siehe z. B. Hoyer und Gerth 2009). Zur Akzeptanz des langfristigen Alterssorgesparens trägt dies natürlich nicht bei. Eine vom Gesamtverband der Deutschen Versicherungswirtschaft (GDV) in Auftrag gegebene, repräsentative Befragung durch das Institut für Demoskopie Allensbach zeigt, dass sich in 2011 48 % der Befragten nicht besonders oder überhaupt nicht für das Thema Altersvorsorge interessierten (Institut für Demoskopie Allensbach 2012). Im Jahr 1999 lag dieser Anteil noch bei 34 Prozent. Gleichzeitig ist der Anteil der Befragten, die bereit sind, einen Teil ihres Vermögens in die Altersvorsorge zu investieren, von 45 % in 2001 auf 24 % in 2011 gesunken. Die Konsequenz ist eine Stagnation des Neugeschäfts mit langfristig ausgerichteten Lebensversicherungen gegen laufenden Beitrag, obwohl die objektive Notwendigkeit des Altersvorsorgesparens aufgrund des demographischen Wandels weiter zunimmt (Werding 2013).

Ebenfalls häufig kritisiert wird die provisionsorientierte Versicherungsvermittlung. Vermittlern wird vorgeworfen, sich aufgrund einer vermeintlich falschen Incentivierung durch hohe Provisionssätze ausschließlich am Verkauf und nicht am tatsächlichen Bedarf ihrer Kunden zu orientieren. Vor diesem Hintergrund erscheint es nicht überraschend, dass laut einer aktuellen Umfrage Versicherungsvermittlern so wenige Menschen wie sonst keiner Berufsgruppe vertrauen (Giersberg 2014).

In der Vergangenheit wurde in verschiedenen Medien zudem über eine angeblich schleppende und zu restriktive Schadenregulierungspraxis der Versicherer berichtet (Deker et al. 2012). In der Öffentlichkeit sorgte das in diesem Zusammenhang veröffentlichte Ergebnis einer Umfrage des Deutschen Anwaltvereins für Aufmerksamkeit, wonach knapp 85 % der Rechtsanwälte der Meinung sind, dass Versicherungen die Schadenregulierung oftmals lange verzögern oder sogar vereiteln (Deker 2013).

### 15.1.2 Inhaltliche Überprüfung der Kritikpunkte

Um herauszufinden, in welchen Themenfeldern auf dem Weg zu wirklicher Kundenorientierung tatsächlich Handlungsbedarf besteht, sollen die Kritikpunkte zunächst nüchtern bewertet und eingeordnet werden. Mancher Vorwurf relativiert sich so. Es verbleiben aber ausreichende Ansatzpunkte für grundlegende Veränderungen im Sinne einer verbesserten Kundenorientierung.

Die Kritik an der Intransparenz und mangelnden Verständlichkeit von Versicherungsunterlagen wird durch eine aus der Branche selbst in Auftrag gegebene Studie bestätigt: In der ERGO Verständlichkeitsstudie wurden 2.600 Menschen gebeten, die Verständlichkeit der Produktinformationen von Versicherungen einzuordnen (ERGO 2012). Das Ergebnis: Versicherungen befinden sich im Verständlichkeitsranking zusammen mit Bank- und Steuerunterlagen auf den hinteren Plätzen. Und dies kann nicht alleine daran liegen, dass das Produkt anspruchsvoll und schwer zu erklären ist. Wie wäre es sonst möglich, dass die Beipackzettel der Pharmaindustrie in der Verständlichkeitsstudie deutlich besser als die Produktinformationsblätter der Versicherer abschneiden? Initiativen, die die Transparenz im Sinne von Verständlichkeit erhöhen, sind daher richtig und dringend notwendig. Es ist gut, dass es Vielfalt im Wettbewerb gibt und die Kunden anders als vor der Deregulierung zwischen sich tatsächlich unterscheidenden Angeboten wählen können. Das komplexe Gut Versicherung muss aber besser erklärt werden, wenn der Kunde eine qualifizierte Entscheidung treffen soll. Nur so stellt Vielfalt auch Wettbewerb sicher und nur so lässt sich wettbewerbsfeindliche Gleichmacherei verhindern.

Die Kritiker der Versicherungswirtschaft stellen selbst die Forderung nach mehr Wettbewerb in der Versicherungswirtschaft. Wie berechtigt ist die in dieser Forderung mitschwingende Kritik? Der Wettbewerb um die Kunden im Neugeschäft sorgt für Effizienz und belohnt die Anbieter mit den besten Angeboten – ganz im Sinne der Versicherungsnehmer. Dieser Wettbewerb ist spätestens seit der Liberalisierung des europäischen Versicherungsmarkts im Jahr 1994 überaus intensiv. Der Kunde kann in Deutschland unter einer deutlich größeren Anzahl an Anbietern wählen als in vielen anderen Märkten. Keiner dieser Anbieter verfügt über eine marktbeherrschende Position. Ein Mangel an Wettbewerb beim Neuabschluss ist insofern kaum zu befürchten. Gefordert wird aber auch, den Wettbewerb auf den Anbieterwechsel vor Vertragsende bei langfristig abgeschlossenen Versicherungsprodukten auszudehnen. Ein Umdeckungswettbewerb in der Lebensversicherung und in der nach Art der Lebensversicherung kalkulierten Privaten Krankenversicherung kann jedoch kaum im Interesse der Kunden sein. Die negativen Folgen wären ein Anstieg der Abschlusskosten sowie Bestandsentmischungen bei etablierten Versicherungskollektiven. Wenn die Stärkung von Wechselrechten der Versicherten dennoch politisch gewünscht wird, so setzt dies sehr klare Spielregeln voraus. Diese sind im Wesentlichen ein Verbot beziehungsweise eine strikte Begrenzung von Abschlusskosten im Zuge von Umdeckungen und ein versicherungstechnisch adäquater Umgang mit im Kollektiv aufgebauten Rückstellungen. So ist zum Beispiel die Mitgabe von Alterungsrückstellungen beim Wechsel in der Privaten Krankenversicherung nur bei einer morbiditätsorientierten Ermittlung der Ansprüche des einzelnen Versicherungsnehmers ohne gravierende Nachteile für die Versichertengemeinschaft zu verantworten. Eine an den gezahlten Beiträgen orientierte Mitgabe von Alterungsrückstellungen nach dem Muster der Gesundheitsreform von 2007 führt hingegen zu gravierenden vertrieblichen Fehlanreizen zu Lasten des Versichertenkollektivs.

Der Kritik an zu hohen Kosten in der Personenversicherung steht in der Privaten Krankenversicherung ein deutlicher Rückgang der Verwaltungsaufwendungen an den abgegrenzten Beitragseinnahmen seit 1975 von 7,21 % auf 2,54 % in 2012 gegenüber (Verband der Privaten Krankenversicherung 2013). Auch in der Lebensversicherung ist die Verwaltungskostenquote seit 1980 stark gesunken. Hier vermuten einzelne Experten sogar, dass die natürliche Kostenuntergrenze erreicht sein könnte (Schradin et al. 2010, S. 27).

Obwohl mit Lebensversicherungsprodukten zusätzlich biometrische Risiken abgesichert werden, sind die kumulierten Gesamtkosten langfristig häufig sogar geringer als bei alternativen Anlageformen wie zum Beispiel Fondssparplänen (GDV 2013a). Die Kritik an zu hohen Kosten bei Riester-Renten ist demgegenüber in Teilen nachvollziehbar, allerdings wenigstens zum Teil auf die mit Riester-Produkten verbundenen, komplexen und politisch gewollten Prozesse zurückzuführen. Grundsätzlich hat der Kostendruck vor allem aufgrund der inzwischen lange anhaltenden Niedrigzinsphase in der Lebensversicherung weiter zugenommen. Die Versicherungswirtschaft muss diese Problematik sowohl durch weitere Kostensenkungen insbesondere im Bereich der Abschlusskosten als auch durch einen Beitrag zu einer besseren Transparenz im Vergleich zu konkurrierenden Altersvorsorgeprodukten angehen.

Die pauschale Kritik an der provisionsorientierten Versicherungsvermittlung relativiert sich bei näherer Betrachtung deutlich. So beurteilen Kunden den Außendienstmitarbeiter, mit dem sie am meisten Kontakt haben, wesentlich positiver als Außendienstmitarbeiter von Versicherungen im Allgemeinen (Institut für Demoskopie Allensbach 2007). Tatsächlich sind im Marktdurchschnitt 82 % der Kunden mit ihrem Beratungsgespräch vollkommen beziehungsweise sehr zufrieden (MSR KUBUS Datenbank 2012). Viele Kunden wären ohne ihren Versicherungsvermittler nicht in der Lage, ihren Versicherungsbedarf richtig zu bestimmen. Eine 2011 präsentierte Studie kam am Beispiel der Hausratversicherung zu dem Ergebnis, dass Versicherungsnehmer bedarfsgerechteren Versicherungsschutz mit höherer Wahrscheinlichkeit einholten, wenn sie von einem Vermittler betreut wurden (Schmidt et al. 2011). Angesichts dessen ist die bei den Kunden nach wie vor hohe Akzeptanz (YouGov 2012) und weite Verbreitung der provisionsorientierten Versicherungsvermittlung nicht überraschend: In 2012 standen über 250.000 in Deutschland registrierten Versicherungsvermittlern nur 260 Versicherungsberater auf Honorarbasis gegenüber (GDV 2013b). Verantwortlich für das dennoch vorherrschende, negative Bild des Versicherungsvertreters in der Öffentlichkeit ist also wohl nicht eine unzureichende Beratungsleistung der Vertriebspartner. Dennoch erfreut sich der Beruf des Versicherungsvermittlers gerade bei jungen Menschen keiner großen Beliebtheit und Akzeptanz. Angesichts dessen könnten in Zukunft große Nachwuchsprobleme entstehen. Hinzu kommt für die klassischen Vertriebe die Herausforderung durch die wachsende Konkurrenz mit dem Direktvertrieb standardisierter Produkte über das Internet.

Der Vorwurf einer schleppenden und zu restriktiven Schadenregulierung wird regelmäßig aus Anwaltskreisen geäußert. Die Beweisführung erfolgt dabei in der Regel bestenfalls anekdotisch. Empirische Studien und Erhebungen wie die des Bundesjustizministeriums aus dem Jahr 2013 kommen jedoch regelmäßig zu einem gegenteiligen, für die Versicherungswirtschaft positiven Ergebnis (Bundesministerium der Justiz, Umfrage: Schadensregulierung durch Versicherer; Franke und Bornberg 2014). Tatsächlich sind auch die Kunden laut einer repräsentativen Umfrage mit der Schadenregulierung ihres Versicherers sehr zufrieden (YouGov 2013). Versicherungsunternehmen sind mit Blick auf Kundenzufriedenheit und Folgekosten schließlich selbst an einer schnellen und fairen Schadenregulierung interessiert.

## 15.2 Handlungsfelder und Handlungsansätze

Die Ausführungen im voran gegangenen Abschnitt haben gezeigt, dass die Versicherungswirtschaft etwas für ihr Image und das Vertrauen der Kunden tun muss – und zwar unabhängig davon, ob einzelne Kritikpunkte gerechtfertigt sind oder nicht. Im Folgenden zeigen wir einige Ansätze, mit denen sich die Branche und einzelne ihrer Unternehmen dieser Herausforderung stellen.

### 15.2.1 Verstehen und Verständlichkeit

Verstehen und verstanden werden, sind wesentliche Voraussetzungen für eine gute Kundenbeziehung. Eigentlich sollte es selbstverständlich sein, dass ein Kunde vor dem Kauf eines Produktes dieses möglichst gut und leicht versteht. Doch dies ist, wie bereits erläutert, nicht immer der Fall (ERGO 2012).

Gerade Versicherungsprodukte sind häufig komplex und für viele Menschen nur schwer verständlich. Versicherungsbedingungen wirken auf die Kunden vielfach verklausuliert, kompliziert und zu umfangreich. Versicherungsunternehmen haben über lange Zeit versucht, alle eventuellen Ereignisse möglichst präzise zu regeln, um Risiken aus späteren Auseinandersetzungen im Schaden- beziehungsweise Leistungsfall zu minimieren. Der Versuch, durch möglichst detaillierte und gerichtsfeste Formulierungen Klarheit für beide Vertragsparteien zu schaffen, führt jedoch dazu, dass viele Kunden verunsichert und überfordert werden. Die Kunden wünschen sich stattdessen einfache, klare und allgemeinverständliche Informationen sowie eine ebenso transparente und nachvollziehbare Beratung.

In einer von ERGO in 2010 im Vorfeld der Einführung der neuen Marke im deutschen Markt durchgeführten Marktforschung gaben Versicherungskunden mangelnde Verständlichkeit und Transparenz als zentrales Defizit der Versicherungsunternehmen an. ERGO hat daraufhin das Markenversprechen „Versichern heißt verstehen" entwickelt und zum Leitthema für die Neuausrichtung des Unternehmens gemacht. Damit Kunden, aber auch Mitarbeiter und Vertriebspartner besser verstehen, hat ERGO einen innovativen Lösungsansatz gewählt. Im Rahmen der „Klartext-Initiative" wurden alle Texte und Kommunikationsinhalte auf den Prüfstand gestellt. Versicherungsbedingungen und Produktinformationsblätter wurden anhand wissenschaftlicher Aspekte auf ihre Verständlichkeit geprüft. Zudem wurden Standards für Prozesse und Produkte, für verständliche Kundenbriefe und Checklisten für E-Mails und Telefonate entwickelt. Professionell begleitet wurde der Prozess durch Kommunikationswissenschaftler der Universität Hohenheim und durch ein Beratungsinstitut. Diese brachten unter anderem eine Software für die systematische Verständlichkeitsprüfung von Fachtexten ein, die gemeinsam mit ERGO für den Massenbetrieb im Unternehmen weiterentwickelt wurde.

Um eine höhere Verbindlichkeit des Prozesses zu erreichen, hat ERGO sich im Anschluss an das Einführungsprojekt im Hinblick auf Verständlichkeit durch den TÜV Saarland zertifizieren lassen. Voraussetzung für das TÜV-Zertifikat war eine umfangreiche

Prozess- und Dokumentenprüfung einschließlich einer inhaltlichen Textanalyse. Der TÜV bewertet, wie verständlich zum Beispiel Vertragsunterlagen, Produktinformationen, Kundenbriefe und Leistungsabrechnungen sind. Hierfür ziehen unabhängigen Experten eine umfangreiche Dokumentenstichprobe. Darüber hinaus begleiten diese zur Beurteilung von Nachvollziehbarkeit und Verständlichkeit Kundengespräche von ERGO Mitarbeitern. ERGO hat sich als erster deutscher Versicherer vom TÜV Saarland als ganzes Unternehmen auf Verständlichkeit prüfen lassen und das TÜV-Siegel „Verständliche Kommunikation“ mit der Note „gut“ erhalten.

Um den eigenen Ansprüchen gerecht zu werden und das Siegel fortführen zu dürfen, muss die Integration von „Verständlichkeit“ in den alltäglichen Arbeitsabläufen und Prozessen konsequent umgesetzt werden. Dem Erst-Audit werden jährliche Anschluss-Audits folgen. So wird die dauerhafte Verankerung der „Versichern heißt Verstehen“-Philosophie unterstützt und der Anspruch verständlicher Kommunikation in den Köpfen aller Mitarbeiter als Selbstverständlichkeit verankert.

### 15.2.2 Dialog mit Kunden

Gegenseitiges Verstehen wächst im Miteinander, im Austausch und in persönlichen Gesprächen zwischen Unternehmen und Kunden. Versicherungsunternehmen mit Ausschließlichkeitsorganisation oder Maklervertrieb stehen vor der Herausforderung, dass sie den Dialog mit den Kunden zu vielen Themen nur indirekt über ihre Vertriebspartner führen. Diese verfügen daher häufig über deutlich mehr und differenziertere Kundeninformationen als die Versicherungsunternehmen selbst. Eine systematische Rückmeldung dieser Informationen an das Versicherungsunternehmen ist nicht automatisch sichergestellt. Ursache hierfür ist, dass die Vertriebspartner nicht immer ausreichende Anreize haben, ihre Informationen über den Kunden vollständig mit dem Versicherungsunternehmen zu teilen. Der Wissensvorsprung über ihre Kunden macht die Vertriebspartner unentbehrlich. Mancher Vertriebspartner mag die Sorge haben, dass er leichter ersetzbar wird, wenn er alle Informationen mit seinem Versicherer teilt. Viele Informationen aus den Interaktionen der Kunden mit dem Vertrieb kommen so häufig im Versicherungsunternehmen nicht an.

Erstes Ziel muss es sein, diesen Interessenskonflikt zwischen Versicherungsunternehmen und Vertriebspartnern zu überwinden. Durch geeignete Systemunterstützung im Beratungsprozess können Vertriebspartner motiviert werden, Kundeninformationen vollständig und für das Versicherungsunternehmen zugänglich zu erfassen. Dies wird immer dann gelingen, wenn die Vertriebspartner hieraus einen eigenen Vorteil in Form besserer Abschlussmöglichkeiten realisieren können. Mit der Fähigkeit, präzises Wissen über das Kundenverhalten in gezielte Angebote und bessere Abschlussmöglichkeiten umzusetzen (Stichwort: Big Data), kommen die Versicherungsunternehmen in diesem Punkt in eine bessere Position als in der Vergangenheit.

Neben dem Weg über die Vertriebspartner ist aber auch eine unmittelbare und ungefilterte Interaktion mit dem Kunden durch das Versicherungsunternehmen sinnvoll. Ausgewählte Kunden können ganz direkt in die Entscheidungen, Prozesse und Aktivitäten des Versicherungsunternehmens eingebunden werden. Der Dialog mit dem Kunden ist dabei in vielfältiger Weise möglich. Besonders häufig und über verschiedene Branchen hinweg werden zur Kundenkontaktaufnahme Telefon-, Brief- oder E-Mail-Umfragen durchgeführt. Zudem werden zum Teil Online-Feedback-Tools angeboten, über die Kundenmeinungen und -erfahrungen eingeholt und in den Wertschöpfungsprozess einbezogen werden können. Darüber hinaus gibt es aber noch weitere innovativere Lösungsansätze, um mit Kunden einen für beide Seiten wertschöpfenden Kontakt aufzubauen und diese effizient in Unternehmensprozesse einzubinden.

So hat ERGO einen Kundenbeirat gegründet, der den Austausch zwischen Unternehmen und Kunden fördern soll. Der Kundenbeirat, dessen Amtszeit drei Jahre beträgt, ist die Interessenvertretung für die Kunden der ERGO in Deutschland. Bei der Zusammensetzung des Beirats wird darauf geachtet, dass verschiedene Kundenprofile hinsichtlich Alter, Beruf und Vertragssituation vertreten sind. Um die Neutralität der Auswahl der Beiratsmitglieder zu gewährleisten, wird diese von einem unabhängigen Kooperationspartner begleitet. Zwei Mal im Jahr treffen sich dann die 25 Kunden der ERGO, die in den Beirat gewählt wurden, um mit Verantwortlichen des Unternehmens über die Services, Prozesse und Produkte aus Kundensicht zu diskutieren. Dabei haben sie die Möglichkeit, dem Unternehmen Feedback zu geben, mit Ideen und Impulsen zu inspirieren und konkrete Verbesserungen für alle Kunden anzustoßen. So wurden zum Beispiel bei der Entwicklung des neuen ERGO Lebensversicherungsproduktes zunächst in einer breiten Kundenbefragung deren Bedürfnisse und Ansprüche ermittelt und in den Produktentwicklungsprozess integriert. In der sich anschließenden konzeptionellen Phase wurde der Kundenbeirat in die Details der Ausgestaltung und die Produktbeschreibung eingebunden. Er konnte konkrete Verbesserungsvorschläge zu Produktmerkmalen, Bedingungen, Formularen und Informationsblättern geben, um Nutzen und Verständlichkeit des Produkts aus Kundensicht sicherzustellen. Auch in die Produktpräsentation in den Vertrieben von ERGO waren Mitglieder des Kundenbeirats eingebunden. So erhielten die Vertriebsführungskräfte zum Verkaufsstart die Kundenperspektive aus erster Hand.

### 15.2.3 Produktgestaltung – Neue Angebote in der Lebensversicherung im Spannungsfeld zwischen Garantie und Rendite

Auch in der Produktgestaltung muss die Versicherungswirtschaft unter Beweis stellen, dass sie die Bedürfnisse ihrer Kunden verstanden hat und bereit und in der Lage ist, auf diese zu reagieren. Die private Altersvorsorge mag angesichts magerer Renditen in der Niedrigzinsphase in der Kritik stehen – für eine solide Altersversorgung besteht aber mehr denn je die Notwendigkeit, die gesetzliche Rente mit privater Altersvorsorge aufzustocken. Die Bereitschaft der Deutschen zur Investition in die private Altersvorsorge ist aber – wie bereits oben erwähnt – rückläufig. Dieses Desinteresse an privater Altersvorsorge könnte auch an der geringen Anzahl von Innovationen liegen, die die Versicherungswirtschaft in den letzten Jahren auf den Markt gebracht hat. Produktinnovationen wie die Rürup- und Riester-Rente sowie in der betrieblichen Altersversorgung gingen nicht auf die Versicherungswirtschaft selbst, sondern auf die Politik zurück. Vielfach hat sich die Versicherungswirtschaft durch den Gesetzgeber treiben lassen.

Mit der Finanzkrise und ihren Auswirkungen auf die Versicherer entstanden erste Ansätze für völlig neue Lebensversicherungsprodukte, zu Beginn unter Nutzung von Risikoträgern im Ausland. Ein Beispiel hierfür sind die von AXA Life Europe, Dublin, in 2006 auf den deutschen Markt gebrachten TwinStar-Produkte. AXA war damit der erste Anbieter mit einem Variable Annuity-Angebot in nennenswertem Umfang in Kontinentaleuropa. Das Produkt war nur vergleichsweise kurz auf dem Markt, da die Absicherung der eingebauten Garantien durch die Finanzkrise offensichtlich zu großen Problemen führte. Auch wenn diese Produkteinführung insofern eher kein Erfolg war, stellt sie doch einen Meilenstein für die Lebensversicherung in Deutschland dar. Versicherer begannen nach Lösungen zur Erfüllung der Kundenanforderungen außerhalb der traditionellen Welt zu suchen. Die Tage, in der die Kunden ausschließlich die Wahl zwischen klassischer Lebensversicherung mit Garantien aus dem Deckungsstock und fondsgebundener Lebensversicherung ohne Garantien hatten, waren gezählt.

Kunden haben heute gegenüber einer Lebens- oder Rentenversicherung andere Ansprüche als früher. Bewegte Lebensverläufe fordern mehr Flexibilität und zugleich eine besseren Balance zwischen Sicherheit und Rendite. Kunden wünschen sich einerseits wenigstens den Erhalt der von ihnen gezahlten Beiträge sowie eine Garantie auf die Mindesthöhe der späteren Rentenzahlungen. (Marktforschungsergebnisse zeigen hingegen, dass das Konzept der Garantie in Form eines festen Rechnungszinses auf einen nicht näher definierten Sparanteil vielen Kunden zu komplex und wenig transparent ist). Andererseits wünschen sich Kunden aber auch in der Niedrigzinsphase mehr Rendite, vor allem wollen sie partizipieren, wenn die Zinsen einmal wieder steigen sollten. Die gleichzeitige Erfüllung beider Wünsche ist mit klassischen Produkten im aktuellen Zinsumfeld kaum möglich – wenigstens nicht ohne Quersubventionierung zu Lasten der Altkunden im Bestand der Versicherung. Produktinnovationen für die private Altersvorsorge sind also erforderlich.

Inzwischen existieren erste neuartige Angebote auf dem deutschen Markt, auch innerhalb des deutschen VVG-/VAG-Rahmens. Seit 2013 bietet Allianz mit dem Vorsorgekonzept „Perspektive" ein modifiziertes Klassikprodukt an. Fast zur selben Zeit brachte ERGO mit „ERGO Rente Garantie" ein neues fondsgebundenes Lebensversicherungsprodukt mit Bruttobeitragsgarantie auf den Markt. Noch ist nicht absehbar, welchen Marktanteil diese neuen Produktkonzepte mittelfristig erringen werden. Schon heute lässt sich aber feststellen, dass die Auswahl für den deutschen Altersvorsorgesparer größer geworden ist – durch den Druck der Finanzkrise, aber auch durch ein neues Verständnis von Kundenorientierung in der Produktentwicklung.

### 15.2.4 Vertrauen schaffen in das Vertriebsmodell der Branche – GDV-Vertriebskodex

Klar ist, dass gut beratene Kunden zufriedenere Kunden sind. Und hier spielen die Vermittler eine deutlich positivere Rolle, als es landläufige Vorurteile vermuten lassen würden. Wie bereits oben ausgeführt, ergab eine Studie von Allensbach, dass der regelmäßige Kontakt mit dem Versicherer und vor allem mit dem eigenen Vermittler die Wahrnehmung des Versicherungsunternehmens und der gesamten Branche verbessert. Schon heute beurteilt die Mehrzahl der Befragten ihren eigenen Vermittler positiv. Hierauf können die Versicherer aufbauen, aber die allgemeinen Vorbehalte gegen das provisionsorientierte Vertriebsmodell müssen adressiert werden. Ein wesentlicher Ansatz ist dabei der in 2012 weiterentwickelte Verhaltenskodex des Gesamtverbandes der Deutschen Versicherungswirtschaft für den Vertrieb von Versicherungsprodukten (GDV 2012). Dieser hat das Ziel, verbindliche und überprüfbare Mindeststandards für Vertrieb und Beratung zu setzen und damit langfristig das Image der Versicherungswirtschaft und -vermittler zu verbessern.

Im Mittelpunkt des Kodex stehen das Interesse und die Zufriedenheit der Kunden. Der Kodex sieht hohe Produktstandards, eine kundenorientierte Beratung sowie eine hohe Qualität des Versicherungsvertriebs vor. Versicherungsunternehmen sollen verständliche Produkte anbieten. Sie sollen die Beratung an den Bedürfnissen der Kunden ausrichten und auch nach Vertragsabschluss fortsetzen. Zudem sollen sie der Vermittlerqualifikation einen hohen Stellenwert einräumen und den Kunden stets auf seine Rechte und Möglichkeiten im Beschwerdefall wie das Ombudsmann-System für Versicherungen hinweisen.

Neben inhaltlichen Erweiterungen bringt die Überarbeitung des Kodex gegenüber der ersten Fassung vor allem eine deutlich höhere Verbindlichkeit. Die beigetretenen Unternehmen verpflichten sich, die Umsetzung des Kodex durch einen unabhängigen Wirtschaftsprüfer prüfen und bestätigen zu lassen. Der Wirtschaftsprüfer prüft die individuellen Regeln, die sich die Unternehmen auf Basis des Vertriebskodex geben, hinsichtlich ihrer Angemessenheit und Wirksamkeit. Während die Angemessenheitsprüfung verpflichtend ist, besteht bei der Wirksamkeitsprüfung ein Wahlrecht des Versicherungsunternehmens. Da angemessene aber nicht ausreichend wirksame Verhaltensregeln das Problem aus Kundensicht jedoch nicht lösen, scheint es schwer vorstellbar, dass Kunden und Öffentlichkeit einem Versicherungsunternehmen den Verzicht auf die Wirksamkeitsprüfung durchgehen lassen werden. Viel spricht daher aus Sicht der Versicherungsunternehmen dafür, sich von vorne herein auch der Wirksamkeitsprüfung zu stellen.

### 15.2.5 Nutzung elektronischer Prozesse für die nächste Generation Versicherungskunden

Um den Kundenbedürfnissen auch in einer sich schnell verändernden digitalen Welt gerecht zu werden, reicht es nicht mehr aus, Kunden nur vor Ort bedarfsorientiert zu beraten. Es ist ebenso wichtig, dem Kunden die Wahl zu geben, auf welchem Weg und zu welchem Zeitpunkt er seinen Versicherer erreichen und Informationen erhalten kann. Denn Kunden agieren häufig nicht *nur* offline oder *nur* online, sondern nutzen zunehmend verschiedene Kanäle parallel. Sie wollen sowohl schnell und unkompliziert Online-Services nutzen als auch individuell beraten und persönlich betreut werden (Bain & Company 2012, S. 25). Hierfür müssen sowohl die Kommunikation als auch die sich daraus ergebende Wertschöpfung multikanaltauglich werden. Das heißt, dass der Ausbau von Onlinekanälen sowie eine reibungslose, zuverlässige und für den Kunden einfach handhabbare Verknüpfung zwischen digitalen (Informations-) Angeboten und persönlicher Beratung notwendig sind. Der dynamische Wechsel zwischen den Kanälen, das heißt persönlich, schriftlich, telefonisch, online und mobil muss ausreichend und möglichst lückenlos unterstützt werden. Dies ermöglicht dem Kunden eine reibungslose und einfache bedarfsorientierte Nutzung verschiedener Kanäle.

Das Internet bietet den Kunden bereits zahlreiche Informationen, Vergleichs- und Vertragsabschlussmöglichkeiten über Online-Portale beziehungsweise Direktversicherer sowie die Möglichkeit der Bewertung und des Informationsaustausches untereinander. Kunden können sich dadurch immer besser und schneller informieren und unmittelbar positive und negative Erfahrungen öffentlich machen. Zugleich bietet die Digitalisierung die Möglichkeit, die Interaktion zwischen Versicherungsunternehmen und Kunden zu intensivieren und zu verbessern. Die Wege, auf denen sich Kunden mit Versicherungsunternehmen in Kontakt setzen und informieren können, sind vielfältiger geworden. Hierzu gehören Internetseiten, E-Mails, Video- oder Online-Chats und soziale Netzwerke wie Facebook, Xing und Twitter. Durch das Angebot solcher Onlinekanäle können Versicherungskunden auf alle Informationen zu jedem Zeitpunkt und an jedem Ort zugreifen und mit der Versicherung in Kontakt zu treten. Für den Kunden bedeutet dies Flexibilität, Einfachheit und Zeitersparnis.

Kunden können Schäden zum Teil auf Wunsch nun auch online melden. ERGO bietet zum Beispiel Ihren Kunden eine App, über die sie nach einem Unfall ganz unkompliziert direkt vor Ort eine Schadensmeldung mit Daten und Foto melden können. Notrufnummern, die nächstgelegene Werkstatt und weitere hilfreiche Informationen werden zusätzlich mobil und jederzeit abrufbar zur Verfügung gestellt. Immer mehr Versicherer bieten ähnliche sogenannte „On Top"-Services online beziehungsweise als App an. Hierzu gehört zum Beispiel auch die Möglichkeit der modernen Technik, Rechnungen eingescannt hochladen und den Bearbeitungsstand online nachverfolgen zu können (ein Beispiel hierfür ist der persönliche (Online-)Kundenbereich der DKV „Meine Versicherungen"). Durch solche oder ähnliche Online-Dienste können Versicherungsunternehmen ihren Kunden eine möglichst bequeme und flexible Informationssuche und Abwicklung versicherungsrelevanter Themen anbieten.

### 15.2.6 Nachhaltige Kundenorientierung und Objektivierung von Kundenzufriedenheit mit dem Net Promotor Score (NPS)

Nachhaltige Kundenorientierung basiert jedoch nicht nur auf einzelnen Handlungsfeldern, sondern sollte immanenter Bestandteil des täglichen unternehmerischen Handelns sein.

Um festzustellen, ob dies im Unternehmen hinreichend gelingt, kann die objektive Messung der Kundenzufriedenheit sinnvoll sein.

Kundenzufriedenheit drückt aus, inwiefern sich die Erfahrungen der vom Kunden erhaltenen Leistung mit seinen Erwartungen und Ansprüchen decken (Lingenfelder und Schneider 1991, S. 110; Meyer und Dornach 1995, S. 164). Um eine mögliche Lücke zu schließen, sind konkrete Verbesserungsansätze zu identifizieren und umzusetzen.

Ausgangspunkt für eine Verbesserung der Kundenzufriedenheit ist eine systematische, auf objektiven Kriterien basierende Messung. Als branchenübergreifender Standard für eine solche Messung hat sich der Net-Promoter-Score (NPS) bewährt (Reichheld und Markey 2011). Kern ist hierbei die differenzierte Messung der Weiterempfehlungsbereitschaft der Kunden an den einzelnen Kundenkontaktpunkten und in den verschiedenen Geschäftsprozessen. Im Rahmen des NPS wird zufällig ausgewählten Bestandskunden die Frage gestellt: „Wie wahrscheinlich ist es, dass Sie das Unternehmen einem Freund oder Kollegen weiterempfehlen?" Die Antworten des Kunden auf einer Skala von Null (gar nicht) bis zehn (sehr wahrscheinlich) werden drei Kategorien zugeordnet. Werte von neun bis zehn stehen für loyale und begeisterte Kunden, sogenannte Promotoren, die immer wieder bei dem jeweiligen Unternehmen kaufen. Sieben und acht stehen für eher passiv zufriedene Kunden. Bewertungen von sechs oder weniger werden in die Kategorie „Kritiker" eingeordnet. Dies sind unzufriedene, enttäuschte Kunden. Der NPS ergibt sich durch Subtraktion der Kritiker von den Promotoren. Diese Messmethodik wird in vielen Unternehmen und Branchen angewendet, sodass sich für die Unternehmen, die so vorgehen, vielfältige Möglichkeiten des externen Benchmarking ergeben. Auch am NPS kann man die Imageprobleme der Versicherungswirtschaft nachvollziehen. Eine Umfrage von Bain & Company im Jahr 2012 hat ergeben, dass ein über die Versicherungswirtschaft hinweg erhobener Net Promoter Score bei minus acht Prozent liegt. Das heißt, die Versicherungswirtschaft hat deutlich mehr kritische als begeisterte, loyale Kunden. Zum Vergleich liegt der NPS für Computer-Hersteller deutlich im positiven Bereich (Bain & Company 2012, S. 4 und 8).

Versicherungsunternehmen wie Allianz oder ERGO arbeiten intensiv mit dem NPS-Ansatz. ERGO stellt mit dem Leitbild „Einen Menschen zu versichern, ist eine wundervolle Aufgabe" und dem Markenversprechen „Versichern heißt verstehen" den Kunden in den Mittelpunkt des Handelns. Um den Worten auch Taten folgen zu lassen, ist es wichtig herauszufinden, ob sich der Kunde verstanden und gut beraten fühlt. Hier gibt der NPS auf Gesamtunternehmensebene erste Anhaltspunkte. Deutlich interessanter sind jedoch die Auswertungen zu einzelnen Kundenkontaktpunkten und Geschäftsprozessen. Für diese werden Kunden, die vor kurzem ein Kontakterlebnis mit einem Service-Bereich hatten, nach ihrer Weiterempfehlungsbereitschaft und den Gründen dafür befragt. So erhalten das Unternehmen und der jeweils betroffene Bereich sehr konkrete Hinweise aus denen sich Ansatzpunkte für Verbesserungen in Service und Prozessen ableiten lassen. Der Wert des NPS liegt also nicht vor allem in der Messung, sondern in der Umsetzung der Erkenntnisse in konkrete Verbesserungen für die Kunden. Die ganzheitliche Ausrichtung auf den Kunden ist ein langfristiger, fortwährender und sich weiterentwickelnder Prozess, der sys-

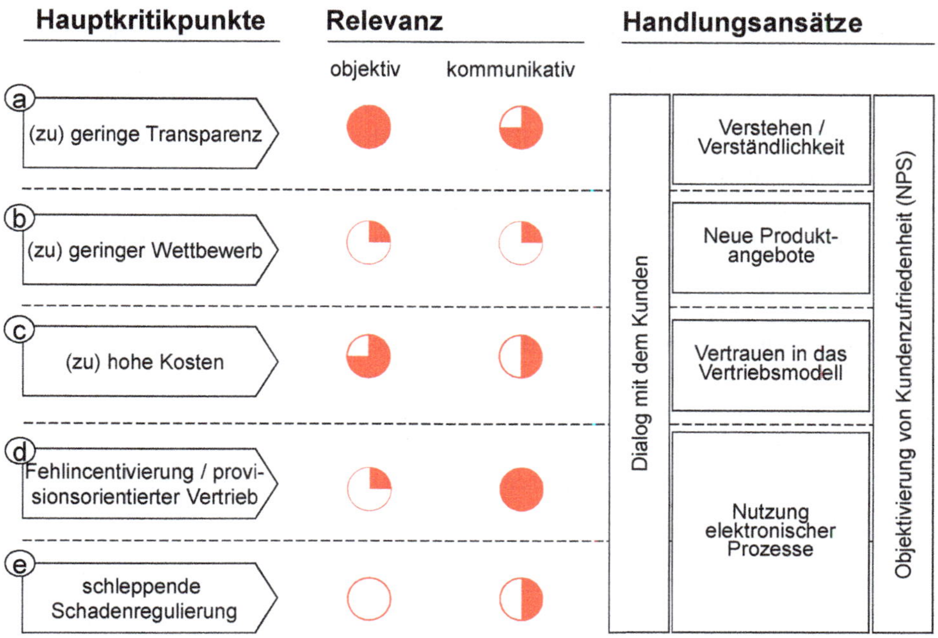


**Abb. 15.1** Ergebniszusammenfassung

tematisches Lernen und Veränderungsbereitschaft im einzelnen Unternehmen und in der gesamten Versicherungswirtschaft voraussetzt.

Abbildung 15.1 stellt die erarbeiteten Ergebnisse zusammenfassend dar.

## 15.3 Zusammenfassung und Ausblick

**Verstehen ist der erste Schritt zur Kundenorientierung**

Der Kunde und seine Bedürfnisse müssen von den Versicherungsunternehmen verstanden und in den Mittelpunkt gerückt werden. Dazu bedarf es der (direkten) Interaktion mit dem Kunden, einer regelmäßigen Messung seiner Zufriedenheit und einer transparenten und offenen Kommunikation. Eine Auswahl von Lösungsansätzen hierzu wurde im vorangegangenen Abschnitt aufgezeigt. Nur durch deren konsequente Umsetzung kann langfristig wieder Vertrauen in die Versicherungsindustrie zurück gewonnen werden.

**„Der Geleitzug löst sich auf", das Angebot wird vielfältiger – damit auch heterogener"**

Sind die Kundenbedürfnisse ganzheitlich erfasst, können innovative und bedarfsgerechte Versicherungslösungen entwickelt werden. Es ist an der Zeit, dass der Wettbewerb um die besten Ideen den „Geleitzug" des ehemals regulierten (deutschen) Versicherungsmarktes endgültig ersetzt. Versicherungsunternehmen sollten sich dieser Herausforderung stellen und mit der Einführung neuer Produkte und Services voranschreiten. Dabei wird naturgemäß die einheitliche Interessenvertretung der Branche anspruchsvoller. Die Versicherungswirtschaft muss lernen, dass Konflikte und Auseinandersetzungen über die richtige Lösung zum Wettbewerb gehören und diesen nicht stören. Mit der neuen Vielfalt an Produkten wird das Angebot aus Sicht der Kunden zunächst unübersichtlicher. Die Forderung nach mehr Transparenz wird in Folge dessen weiter an Bedeutung gewinnen. Die positive Botschaft aus Sicht der Anbieter: Versicherungsunternehmen können die Kunden mit transparenten und einfach gestalteten Produktlösungen überzeugen und sich stärker als in der Vergangenheit vom Wettbewerb abgrenzen.

**Die Versicherungswirtschaft ist auf dem Weg zu wirklicher Kundenorientierung**
Auf diesem Weg sollten alle Interessensgruppen mitgenommen werden. Die Fokussierung auf den Kunden gelingt nachhaltig nur, wenn sie nicht auf dem Rücken der Vermittler, der Mitarbeiter, der Kapitalgeber oder der Gesellschaft ausgetragen wird. Da die Versicherungsvermittler die ersten Repräsentanten vieler Versicherungsunternehmen gegenüber den Kunden sind, kommt ihnen eine besondere Bedeutung zu. Konzepte sollten in Abstimmung mit den Vertriebspartnern entwickelt und umgesetzt werden. Das gilt gerade für den Bereich der Digitalisierung, der von vielen Vermittlern stärker als Chance wahrgenommen werden sollte. Durch faire, transparente und kundenorientierte Beratung und klare Verhaltensregeln kann sich das Image des Versicherungsvertreters in der Öffentlichkeit verbessern und es können wieder mehr junge Menschen für diesen Beruf begeistert werden.

Viele Unternehmen haben verstanden und gehen mit innovativen Lösungsansätzen voran. Ein solch umfassender Kulturwandel braucht allerdings Zeit und Mut zum Risiko, denn nicht jeder neue Ansatz wird sich durchsetzen. Dies sollte aber kein Grund sein, es nicht zu versuchen.

## Literatur


Bain & Company (2012) Was Versicherungskunden wirklich wollen. http://www.bain.de/Images/121011_Studie_Insurance_ES.pdf. Zugegriffen: 03. April 2014

Bundesministerium der Justiz (2013) Umfrage: Schadensregulierung durch Versicherer. http://www.bmj.de/SharedDocs/Downloads/DE/pdfs/Umfrage_Schadensregulierung_durch_Versicherer.pdf?__blob=publicationFile. Zugegriffen: 28. Jan 2014

Deker C (2013) Umfrage: Versicherungen verschleppen Schadensregulierung. http://daserste.ndr.de/panorama/aktuell/versicherungen177.html. Zugegriffen: 25. Marz 2014

Deker C, Lütgert C, Puls S, Sell K (2012) Die Nein-Sager. http://daserste.ndr.de/panorama/nein-sager105.html. Zugegriffen: 25. Marz .2014

ERGO (2012) Was verstehen wir noch? Die ERGO Verständlichkeitsstudie. http://www.ergo.de/~/media/ERGOcom/PDF/Studien/Verstaendlichkeitsstudie/ERGO-Verstaendlichkeitsstudie-20120601-Booklet.pdf. Zugegriffen: 27. Jan 2014

Franke und Bornberg (2014) Franke und Bornberg stellt Regulierungspraxis der BU-Versicherer auf den Prüfstand, Pressemitteilung 28. Feb .2014. http://www.franke-bornberg.de/uploads/media/fb_PM_Studie_Regulierungsverhalten_-_2014-02-28_final_02.pdf. Zugegriffen: 25. März 2014

Giersberg G (2014) Versicherungsvertretern vertraut fast niemand, Frankfurter Allgemeine Zeitung, 45/2014

GDV (2012) Verhaltenskodex des Gesamtverbandes der Deutschen Versicherungswirtschaft für den Vertrieb von Versicherungsprodukten. http://www.gdv.de/wp-content/uploads/2012/11/GDV-Verhaltenskodex-Vertrieb-2012n.pdf. Zugegriffen: 03. April 2014

GDV (2013a) Untersuchung der Verbraucherzentralen führt zu irreführenden Ergebnissen. http://www.gdv.de/2013/12/untersuchung-der-verbraucherzentralen-fuehrt-zu-irrefuehrenden-ergebnissen/. Zugegriffen: 03. April 2014

GDV (2013b) Statistisches Taschenbuch der Versicherungswirtschaft. http://www.gdv.de/wp-content/uploads/2013/09/GDV-Statistisches-Taschenbuch-2013.pdf. Zugegriffen: 03. April 2014

Hoyer N, Gerth M (2009) Die Riester-Lüge. Wirtschaftswoche, http://www.wiwo.de/finanzen/vorsorge/staatlich-gefoerderte-altersvorsorge-die-riester-luege/5210054.html. Zugegriffen: 23. Jan 2014

Institut für Demoskopie Allensbach (2007) Imageanalyse Versicherungswirtschaft

Institut für Demoskopie Allensbach (2012) Aktuelle Daten zur Altersvorsorge der Deutschen

Lingenfelder M, Schneider W (1991) Die Kundenzufriedenheit: Bedeutung, Meßkonzept und empirische Befunde. Mannheim

Meyer A, Dornach F (1995) Das Deutsche Kundenbarometer. Wiesbaden

MSR KUBUS Datenbank (2012)

Öko-Test (2011) Reise ins Labyrinth, 6/2011

Reichheld F, Markey R (2011) Die ultimative Frage 2.0, Wie Unternehmen mit dem Net Promoter System kundenorientierter und erfolgreicher sind. Frankfurt am Main

Schradin H, Hooma A, Malik A, Altuntas M (2010) Die Bedeutung der Versicherungswirtschaft in Nordrhein-Westfalen, Teil 2: Spartenspezifische Betrachtung der Versicherungsindustrie als Risikoträger und Kapitalanleger sowie weitere Aspekte, Institut für Versicherungswissenschaft an der Universität zu Köln, Mitteilungen Nr. 4/2010

Schmidt D, Knoller C, Richter A (2011) Die Versicherung erweiterter Elementarrisiken im Rahmen der Hausratversicherung, Eine empirische Analyse der Nachfrage am Beispiel eines deutschen Versicherers. Working Paper

Verband der Privaten Krankenversicherung (2013) Zahlenbericht der Privaten Krankenversicherung 2012. http://www.pkv.de/service/broschueren/daten-und-zahlen/zahlenbericht-2012.pdb.pdf. Zugegriffen: 25. März 2014

Werding M (2013) Alterssicherung, Arbeitsmarktdynamik und neue Reformen: Wie das Rentensystem stabilisiert werden kann - Studie im Auftrag der Bertelsmann Stiftung. Ruhr-Universität Bochum

YouGov (2012) Kundenmonitor e-Assekuranz 2012, Der Vertriebswege-Monitor

YouGov (2013) Servicebarometer Assekuranz 2013, Basisreport

**Dr. Torsten Oletzky** war nach Abschluss seines Betriebswirtschaftsstudiums an der Universität des Saarlandes und der University of Michigan als Unternehmensberater bei McKinsey & Company tätig. Im Jahr 1998 promovierte er berufsbegleitend über das Thema „Wertorientierte Steuerung von Versicherungsunternehmen". Seit dem Jahr 2000 ist er für die ERGO Gruppe tätig. Zunächst war er bei der Hamburg-Mannheimer Versicherungs-AG als Hauptabteilungsleiter für Controlling, Strategie und Kommunikation verantwortlich, bevor er in den Vorstand der Hamburg-Mannheimer Versicherungen berufen wurde. In 2004 wurde er in den Vorstand der ERGO Versicherungsgruppe AG bestellt, wo er seit 2008 den Vorstandsvorsitz inne hat. Er ist im Vorstand verantwortlich für Konzernentwicklung, Kommunikation, Compliance, Revision, ERGO Kundenanwalt, Kundenorientierung sowie für Strategisches Marketing und Markenfragen.

**Dr. Natalie Staud** studierte Betriebswirtschaftslehre an der Johann Wolfgang Goethe-Universität in Frankfurt am Main. Nach dem Abschluss als Diplom-Kauffrau wurde sie mit einer Dissertation über das Thema Corporate Governance in 2008 zum Dr. rer. pol. promoviert. Während der Promotion arbeitete sie im Fondsrisikocontrolling einer deutschen Privatbank. Danach war sie bei einer internationalen Wirtschaftsprüfungsgesellschaft als Beraterin tätig. 2010 wechselte sie zur ERGO Versicherungsgruppe AG in Düsseldorf. Hier arbeitete sie zunächst im Risikomanagement. Seit 2012 ist sie Assistentin des Vorstandsvorsitzenden der Versicherungsgruppe.

**Jonas Boltz** studierte Wirtschafts- und Organisationswissenschaften an der Universität der Bundeswehr München. Parallel absolvierte er eine Ausbildung zum Kaufmann für Versicherung und Finanzen bei Munich Re in München und arbeitete in unterschiedlichen Bereichen des Unternehmens. Nach Abschluss des Studiums als Master of Science ist er seit 2013 als Assistent des Vorstandsvorsitzenden der ERGO Versicherungsgruppe AG in Düsseldorf tätig.

# Die Entdeckung des Kunden – Verbesserung der Servicequalität in einem Versicherungsunternehmen

16

Kristina Evers und Robert Körfer

**Zusammenfassung**

Die Verbesserung der Servicequalität ist aktuell für viele Versicherungsunternehmen ein wichtiges Thema. Gleichzeitig – so die provokante These dieses Beitrags – fehlt es häufig an wirksamen Methoden, um die dafür erforderliche Verhaltensänderung bei Führungskräften und Mitarbeitern tatsächlich zu erreichen. Im vorliegenden Beitrag wird ein Beratungsansatz beschrieben, mit dem die Servicequalität innerhalb kurzer Zeit signifikant gesteigert werden kann: Durch die Übersetzung weicher kultureller Ziele in operationale Zielgrößen, durch die Arbeit an den Stellhebeln „Führung", „Steuerung", Zusammenarbeit im Team" und „Organisation/Prozesse/Technik" sowie durch die intelligente Kombination verschiedener Methoden zur Aktivierung der Mitarbeiter werden Teams zu Höchstleistungen motiviert – und die Kundenzufriedenheit wird messbar gesteigert.

**Schlüsselworter**

Serviceoffensive · Kulturveränderung · Vom Verwalter zum Problemlöser · Verantwortungskultur

Stellen Sie sich vor, Sie sind Kunde einer Versicherung. Stellen Sie sich vor, die Laufzeit Ihrer Lebensversicherung endet, Sie erwarten die baldigen Auszahlung eines sechsstelligen Betrages – und Sie warten wochenlang vergebens auf den Eingang der Zahlung. Stellen Sie sich vor, Sie fragen nach und erhalten als Erwiderung auf Ihre Frage, wann Sie mit Ihrem

K. Evers (✉) · R. Körfer
Köln, Deutschland
E-Mail: kristina.evers@kecp.de

R. Körfer
E-Mail: robert.koerfer@kecp.de



G. Zimmermann (Hrsg.), *Change Management in Versicherungsunternehmen*,
DOI 10.1007/978-3-658-05974-3_16

> Geld rechnen könnten, nur die patzige Antwort „Was glauben Sie denn, wir sind schließlich mit der Bearbeitung unserer Vorgänge drei Monate im Rückstand! Das kann noch dauern!" Oder stellen Sie sich vor, Sie haben Ihre Haftpflicht- und Unfallversicherung bei dem gleichen Versicherer abgeschlossen und nun Fragen zu beiden Verträgen. Nachdem es zunächst mehrere Versuche gebraucht hat, bis Sie jemanden ans Telefon bekommen haben, wird Ihnen nach der Beantwortung der ersten Frage lapidar erklärt, dass für den zweiten Vertrag leider eine andere Abteilung zuständig sei. Und wieder warten und warten Sie, bis der für Sie zuständige Sachbearbeiter Ihnen schließlich die gewünschte Information geben kann.

Ein Horrorszenario? Haben wir es wirklich mit der „Servicewüste Versicherung" zu tun? Oder ist alles nur halb so schlimm?

Nun, in unserer täglichen Arbeit als Unternehmensberater mit einem besonderen Schwerpunkt in der Versicherungsbranche, beobachten wir seit einiger Zeit ein verstärktes Bemühen um den Kunden beziehungsweise um mehr Servicequalität. So erhalten Mitarbeiter vielfach Sonder-Schulungen zu Themen wie „Kundenfreundliches Telefonieren", es werden kostspielige Kundenzufriedenheitsbefragungen durchgeführt und zum Teil sogar aufwendige Projekte zur Steigerung der Servicequalität aufgesetzt.

Warum erachten Versicherungsunternehmen diese Maßnahmen als notwendig? Wie kann es sich äußern, wenn der Kunde und seine Bedürfnisse nicht ausreichend im Blickfeld der Versicherungsunternehmen sind? Warum kommt diese Bewegung hin zum Kunden gerade jetzt und wie kann man die Servicequalität tatsächlich wirksam steigern?

Mit der Beantwortung dieser Fragen beschäftigt sich der vorliegende Beitrag. Wir beschreiben darin einen von uns entwickelten Beratungsansatz, der bereits mehrfach unter dem Namen „Serviceoffensive" erfolgreich dazu beigetragen hat, die Servicequalität in Versicherungsunternehmen signifikant und nachhaltig zu steigern.

Der Ansatz bedient sich verschiedenster Methoden, die für sich genommen nicht neu sind. Was ihn jedoch bei zahlreichen Kunden so erfolgreich macht, ist die Tatsache, dass in sehr kurzer Zeit eine Verhaltensänderung bei den betroffenen Mitarbeitern bewirkt wird, die dann in einem zweiten Schritt eine Einstellungsänderung nach sich zieht (zum Zusammenhang zwischen Einstellungen und Verhalten vgl. u. a. Berner 2012, S. 66). Erwünschtes Verhalten kann in einem ersten Schritt ausprobiert werden, sich schnell einstellende Erfolgserlebnisse sorgen im Anschluss bei vielen Mitarbeitern für eine Änderung der Einstellung.

Was sind aber nun die Gründe für die als notwendig erachtete (Wieder-) Entdeckung des Kunden und welche Symptome für eine Vernachlässigung des Kunden kann man in den jeweiligen Unternehmen beobachten?

## 16.1 Ist der Kunde in Vergessenheit geraten?

Als wir uns mit den *Gründen* für eine unzureichende Serviceorientierung in Versicherungsunternehmen beschäftigt haben, erschien es uns sinnvoll, zunächst einen Blick auf die Historie des Versicherungsmarktes und die vieler Versicherungsunternehmen zu werfen (vgl. u. a. Rank und Scheinpflug 2008, S. 78):

So stellt sich die Frage, ob Versicherungsunternehmen aufgrund der Besonderheiten des Versicherungsmarktes (starke Regulierung bis in die 1990er Jahre hinein) überhaupt eine Tradition von Dienstleistungs- beziehungsweise Serviceorientierung haben. Im Gegensatz zu anderen Branchen, die seit jeher einem starken Wettbewerb ausgesetzt waren, mussten sich Versicherungsunternehmen traditionell nicht in dem Maße mit einer Behauptung am Markt gegenüber Wettbewerbern auseinandersetzen.

Hinzu kommt die Tatsache, dass viele Produkte sehr langfristig ausgerichtet sind, sodass ein aktives Bemühen um den Kunden beziehungsweise spezielle Maßnahmen zur Kundenbindung nicht notwendig waren. Hatte der Kunde seinen Vertrag abgeschlossen, war (und ist) er auf lange Zeit an das betreffende Unternehmen gebunden.

Erst seit ca. zwanzig Jahren intensiviert sich der Wettbewerb auf dem Versicherungsmarkt, eine Entwicklung, auf die viele Unternehmen zunächst mit groß angelegten Kostensenkungsprogrammen reagierten, um ihre Markt- und Wettbewerbsfähigkeit abzusichern. Viele Unternehmen konnten den damit verbundenen, oftmals massiven Personalabbau jedoch nicht oder nur langsam verkraften, sodass Kundenanliegen nur unzureichend bearbeitet werden konnten und Beschwerdequoten oft stark anstiegen.

Bezogen auf die Servicequalität in Versicherungsunternehmen wirkt zudem erschwerend, dass, ebenfalls aufgrund der Historie des Geschäftes mit Versicherungen, viele Führungskräfte und Mitarbeiter von ihrer Haltung her nicht originär serviceorientiert sind (anders als zum Beispiel im Handel). Pragmatisches kundenorientiertes Handeln ist nicht selbstverständlich, stattdessen ist häufig eine starke Betonung der sogenannten Fachlichkeit (im Sinne der korrekten Auslegung von gesetzlichen Vorschriften) zu beobachten.

Die *Symptome* für eine Vernachlässigung des Kunden sind am leichtesten im Kundenservice zu beobachten, jener Einheit im Unternehmen, die nach Vertragsabschluss für die Einhaltung des Serviceversprechens verantwortlich ist:

1. Zunächst ist die *Rückstandshöhe* (= Höhe der Arbeitsvorräte) zu nennen, die oft deutliche Schwankungen aufweist. Aufgrund der Saisonalität des Geschäftes („Jahresendgeschäft") sind Schwankungen innerhalb eines gewissen Rahmens als unkritisch zu bewerten. Schwierig wird es jedoch, wenn Intransparenz über die Gründe der Rückstandsentwicklung herrscht, das heißt wenn Phasen des Auf- oder Abbaus nicht sicher erklärt werden können. Erhöhen sich durch die gestiegene Rückstandsmenge zusätzlich die Durchlaufzeiten, das heißt muss der Kunde länger als gewohnt auf die Bearbeitung seines Vorgangs warten, steigt die Beschwerdequote oft deutlich an.
2. Die *telefonische Erreichbarkeit* ist häufig sehr niedrig beziehungsweise kann in manchen Unternehmen noch nicht genau gemessen werden. Bei diesem Thema werden auch die Grenzen von sogenannten „Service Level Agreements" deutlich: Wenn es zum Beispiel die Vorgabe für die Mitarbeiter gibt, den Kunden innerhalb von zwei Wochen nach dem Eingang seines Anliegens anzurufen, so werden die Vorgänge häufig in der Art gesteuert, dass der Rückruf auch erst nach zwei Wochen erfolgt. Aus Sicht des Unternehmens mag dieses Vorgehen sinnvoll sein, weil es eine klare Arbeitssteuerung

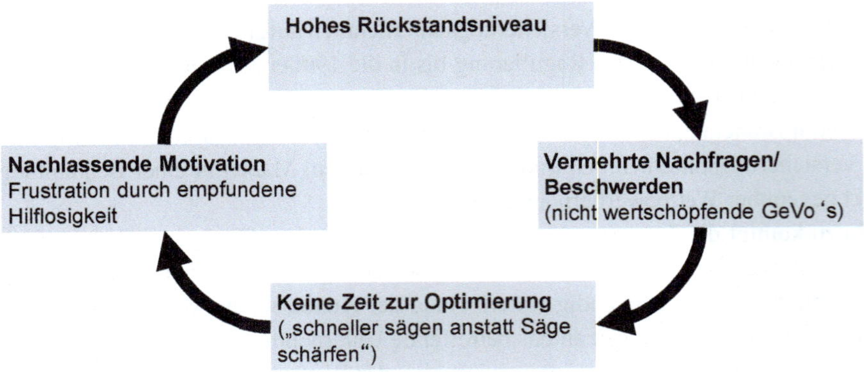


**Abb. 16.1** Teufelskreis der Rückstände (Quelle: KE-Consulting 2008)

ermöglicht. Aus Sicht des Kunden, der eine möglichst schnelle Bearbeitung seines Anliegens erwartet, ist es das sicher nicht.

3. Die *Motivation* der Mitarbeiter sinkt stark aufgrund der steigenden Rückstände und der deutlich häufigeren Beschwerden. Viele fühlen sich unter Druck, haben gleichzeitig aber wenig Ideen, was sie selbst zur Verbesserung der Situation beitragen könnten. Anstatt zum Beispiel in Abstimmung mit ihren Kollegen alternative Arbeitsweisen zu entwickeln, reagieren viele Mitarbeiter mit Jammern und Rückzug. Abbildung 16.1 zeigt den sogenannten „Teufelskreis der Rückstände":
4. Innerhalb der betrachteten Organisationseinheiten werden zwar *ehrgeizige Ziele* (im Hinblick auf Rückstandsniveau, telefonische Erreichbarkeit, Qualität der Bearbeitung, etc.) definiert, diese werden zum größten Teil aber nur unzureichend umgesetzt beziehungsweise nicht ausreichend eingefordert.
5. Die *Korrespondenz* mit dem Kunden zeichnet sich häufig durch nur schwer verständliche Briefe aus. Die Tatsache, dass viele Menschen das „Versicherungsdeutsch" nicht verstehen, hat ein bekannter Versicherer zum Beispiel für sich genutzt und eine Werbekampagne rund um das Thema Verständlichkeit entwickelt.
6. *Kundenanliegen* werden häufig nur verwaltet, nicht aber proaktiv gelöst. Vor allem der Leistungsfall wird für viele Kunden zu einem Moment der Wahrheit, wenn zum Beispiel das Versicherungsunternehmen aufgrund von intensiven Prüfungen die vertraglich vereinbarte Leistung nicht zahlt. Hier wird zum Teil ein Selbstverständnis von Mitarbeitern im Kundenservice deutlich, das sich auf die Formel bringen lässt: „Wenn wir überhaupt zahlen, sind wir ja schon sehr kulant". Das Bedürfnis des Kunden, die vertraglich vereinbarte Leistung möglichst schnell zu erhalten, steht in solchen Fällen jedoch nicht im Mittelpunkt.

Treten die beschriebenen Symptome einzeln oder gehäuft auf, sieht sich das betreffende Unternehmen vor einige Herausforderungen gestellt. Auf dem Weg zum Kunden geht es nun um Folgendes: Zunächst muss ein wirksamer Prozess aufgesetzt werden, der die Mitarbeiter auf allen Hierarchieebenen von der Ist- zur Sollkultur führt und eine sichtbare Verhaltensänderung im Sinne einer besseren Servicequalität bewirkt. Dabei ist es wichtig, dass auf dem Weg zu mehr Servicequalität nicht nur Maßnahmen initiiert, sondern dass diese auch regelmäßig bezüglich ihrer Wirksamkeit gemessen werden. Hier werden also Steuerungsprozesse notwendig! Last but not least müssen Führungskräfte stärker für die Weiterentwicklung der betroffenen Teams in die Verantwortung genommen werden, um so Motivation für Veränderungen bei den Mitarbeitern zu wecken.

Dass es sich bei der Überwindung der beschriebenen Symptome um grundlegende Veränderungsprozesse handelt, steht außer Zweifel und die allermeisten Versicherungsunternehmen arbeiten bereits an diesen Themen. Es stellt sich jedoch die Frage, welcher Zeithorizont den Unternehmen für einen solchen – sicherlich sehr grundlegenden – Kulturwandel zur Verfügung steht. Zunächst haben ganz lapidar jene den größten zeitlichen Vorsprung, die als Erste starten. Ein Aspekt erscheint uns aber wichtig, der nicht nur für die Versicherungsbranche gilt: Aufgrund der technischen Entwicklungen – insbesondere der Entwicklung des Internets als Marktplattform – ist die Dynamik der Märkte sowie einzelner Branchen nur noch schwer mittel- und langfristig kalkulierbar. Als ein branchenfremdes Beispiel sei hier Zalando genannt: welches „klassische" Schuhgeschäft hätte vor fünf Jahren mit der Übermacht dieses Online-Portals gerechnet?

Aufgrund der genannten Entwicklungen sind alternative Konzepte zur Steigerung der Servicequalität gefragt – ein „klassischer" Kulturwandel, bei dem Einstellungsänderung die Verhaltensänderung nach sich zieht, ist unter solch herausfordernden Bedingungen aus unserer Sicht zu langwierig.

## 16.2 Die fünf Stellhebel zur Steigerung der Servicequalität

Projekte, die erfolgreich eine Verhaltensänderung und darauf aufbauend eine Einstellungsänderung bewirken, weisen gemäß dem gewählten Ansatz für mehr Servicequalität fünf inhaltliche Hauptstellhebel auf (siehe Abb. 16.2):

- Aushandlung von operativen Zielen
- Führung
- Steuerung
- Zusammenarbeit im Team
- Organisation/Prozesse/Technik

**Stellhebel 1: Aushandlung von operativen Zielen**

Aufbauend auf der Ausgangssituation der jeweiligen Organisationseinheit müssen klare Ziele für den Veränderungsprozess formuliert werden die innerhalb eines definierten Aktionszeitraumes zu erreichen sind. Was sich sehr selbstverständlich anhört und in der Literatur auch einen großen Raum einnimmt (vgl. z. B. Berner 2012, S. 121 ff.), ist nach

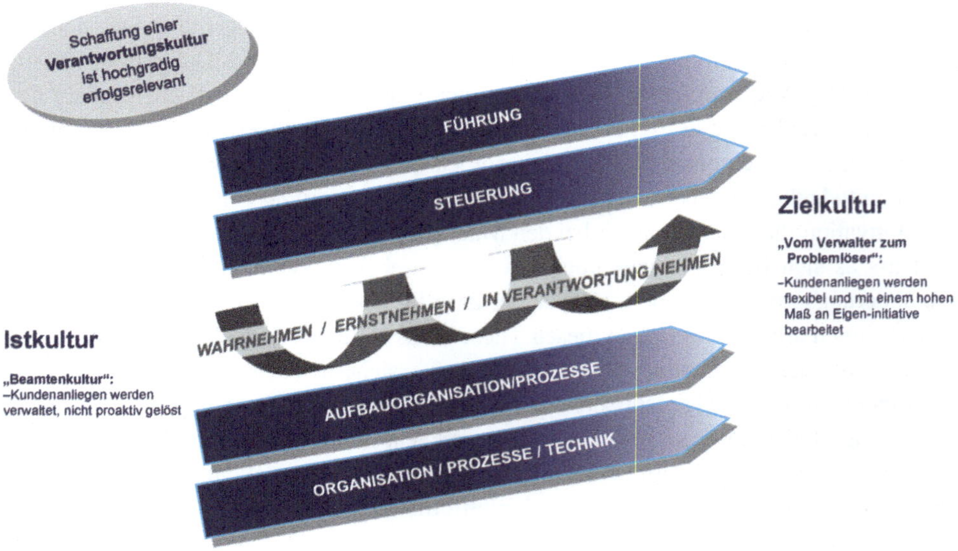


**Abb. 16.2** Fünf Stellhebel zur Steigerung der Servicequalität (Quelle: KE-Consulting 2007)

unserer Erfahrung keineswegs selbstverständlich. Aus diesem Grund wird dem Aspekt der Zielvereinbarung besondere Aufmerksamkeit geschenkt.

Es liegt auf der Hand, dass die Formulierung der Ziele möglichst genau auf die Ausgangssituation der betreffenden Organisationseinheit zu geschnitten sein sollte.

**Beispiel 1**

Im Bereich „Betriebliche Altersversorgung" (bAV) eines Kunden war es notwendig, die vorherrschende „Beamtenkultur", die sich vor allem in der bloßen Verwaltung von Kundenanliegen äußerte, in Richtung einer lösungsorientierten, von Eigeninitiative geprägten Kultur zu verwandeln. „Vom Verwalter zum Problemlöser" war das Schlagwort. Die Abb. 16.3 zeigt, wie das zu erreichende Ziel im Bereich präsentiert wurde:

Nun ist es aus unserer Sicht sehr wichtig, solche eher abstrakten Ziele zu operationalisieren, das heißt sie zum Beispiel in ein Rückstandsabbauziel als Ausdruck für mehr Kundenorientierung zu übersetzen. Erst wenn die überwiegende Mehrheit der Mitarbeiter genau verstanden hat, was im Detail von ihnen erwartet wird, das heißt wie der sogenannte „Desired State" aussieht und was ihr ganz persönlicher Beitrag zur Erreichung dieses Ziels sein kann, werden sich unserer Beobachtung nach die Mitarbeiter für die Erreichung der Ziele einsetzen (zum Konzept des „Desired State" vgl. z. B. Fritz 1999, S. 27 ff.).

Wir machen außerdem sehr oft die Erfahrung, dass Zielkommunikation nur in eine Richtung stattfindet (top-down), und dass das entstehende Verständnis und die Akzeptanz auf Mitarbeiter-Ebene nur unzureichend sind. Aus unserer Sicht ist ein Mangel an Dialog

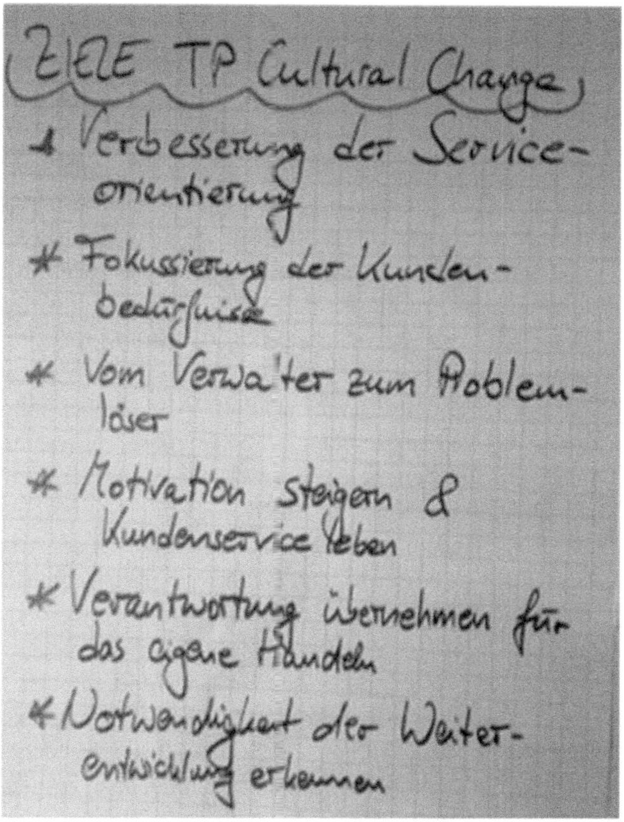


**Abb. 16.3** Ziele des Teilprojektes Cultural Change (Quelle: KE-Consulting 2013)

nicht durch die Investition in Werbefilme oder den Einsatz von anderen Medien, wie zum Beispiel aufwändigen Powerpoint-Präsentationen, zu kompensieren.

Als Folge eines nicht ausreichenden Verständnisses setzen sich die Mitarbeiter schließlich in einem nicht zufriedenstellenden Maß für die Erreichung einzelner Ziele ein oder boykottieren sie sogar komplett (= mangelndes „Commitment").

Rückstandsabbauziele werden jedoch in operativen Einheiten sehr oft als Ziele der Produktivitätssteigerung missinterpretiert. Hier ist es wichtig zu verdeutlichen, dass die nachhaltige Sicherstellung eines handhabbaren Arbeitsvorrates auf Dauer nicht gleichbedeutend ist mit mehr Leistung in der gleichen Zeit, sondern vielmehr bedeutet, dass Nachfragen und Beschwerden von Seiten der Kunden reduziert werden und dass das Kommunikationsklima zwischen Unternehmen und Kunden verbessert wird.

**Beispiel 2**

*Ausgangssituation*: Mathias M. war als Betriebsvorstand eines deutschen Lebensversicherers damit konfrontiert, dass nach Einführung eines neuen Betriebsmodells, verbunden mit deutlichem Personalabbau, die operative Stabilität massiv eingebrochen war. Aufgrund extrem erhöhter Arbeitsvorräte waren die Durchlaufzeiten auf mehrere Wochen statt der avisierten wenigen Tage angestiegen. Parallel war, wie in diesem Fall üblich, das Telefonaufkommen deutlich gestiegen. Es liegt auf der Hand, dass in dieser Situation der vom Unternehmen realisierte Personalabbau für die Rückstandsentwicklung und die schlechte telefonische Erreichbarkeit verantwortlich gemacht wurde. Nahezu alle Führungsebenen waren so in die Defensive geraten, dass eine Diskussion über ehrgeizige Rückstandsabbauziele nicht gewagt wurde.

*Lösungsansatz*: In einem ersten Schritt wurden mit den beteiligten Führungskräften und Mitarbeitern die gesetzten Rahmenbedingungen geklärt. Konkret lautete hier die Botschaft, dass ein erneuter Personalanbau nicht denkbar, gleichzeitig ein weiterer Personalabbau nicht geplant sei. Vor diesem Hintergrund wurde die Frage geklärt, welcher Arbeitsvorrat unter Berücksichtigung der Kunden- und Mitarbeiterbedürfnisse als angemessen und anzustreben bewertet wurde. Im Rahmen eines iterativen Diskussionsprozesses, bei dem immer wieder die Perspektiven von Mitarbeitern und Führungskräften abgeglichen wurden, konnte eine Zielgröße festgelegt werden, die einer Reduktion der Rückstände um 60 % entsprach (Reduktion des Arbeitsvorrats von durchschnittlich 250 Stück im persönlichen Postkorb auf durchschnittlich 100 Stück). Als Zeitraum zur Erreichung diese Ziels wurden vier Wochen vereinbart.

*Erfolgsfaktoren dieses Schrittes* Entscheidend für den Erfolg dieser Zielvereinbarung war zunächst eine ehrliche Wertschätzung der aktuellen Situation. Zudem wurde in dem Diskussionsprozess das Für und Wider der vorgeschlagenen Zielgröße sehr offen angesprochen, alle wichtigen Argumente konnten dazu ausgetauscht werden. Als während des Prozesses Widerstände auftraten, wurde diesen sehr offen begegnet.

Im Laufe des Diskussionsprozesses wurden Zielwerte vereinbart, die weit über das hinausgingen, was die Führungskräfte in einem reinen top-down-Prozess vorgegeben hätten. Hier wird sichtbar, dass das ausgehandelte Abbauziel von einer großen Mehrheit der betroffenen Mitarbeiter mitgetragen wurde.

Um die vereinbarten Ziele zur Steigerung der Servicequalität erreichen zu können, muss im Anschluss an den Zielvereinbarungsprozess an den Stellhebeln „Führung", „Steuerung", „Zusammenarbeit im Team" sowie „Organisation/Prozesse/Technik" gearbeitet werden. Welcher Schwerpunkt dabei zu setzen ist, wird individuell durch Befragungen der Mitarbeiter ermittelt.

Insgesamt ist es wichtig im Blick zu behalten, dass der Weg, der zur Erreichung der angestrebten Ziele zurückgelegt werden muss, fast nie einem linearen Prozess entspricht, im Gegenteil: erfahrungsgemäß sind mehrere Schleifen notwendig, um zum Ziel zu kommen. Ein entscheidender Erfolgsfaktor ist es dabei, eine echte Verantwortungskultur zu schaffen: wahrnehmen was ist, die Mitarbeiter ernst nehmen und sie gleichzeitig in die Verantwortung nehmen für die Erreichung der vereinbarten Ziele.

**Stellhebel 2: Führung**

Wir erheben in diesem Beitrag nicht den Anspruch, den Komplex „Mitarbeiterführung" umfassend zu durchleuchten. Uns geht es hier im Wesentlichen darum, folgende Rollen und Verhaltensweisen der Führung hervorzuheben (angelehnt an Lencioni 2002):

- Die Führungskraft ist *nicht* der erste Sachbearbeiter.
- Prozesse im Team, wie zum Beispiel die Entwicklung einer konstruktiven „Streitkultur", sollten moderiert und Freiräume für innovative Problemlösungen gewährt werden (bei gleichzeitig festgesetzten Rahmenbedingungen). Dafür ist eine belastbare Vertrauensbasis im Team erforderlich.
- Auch in kritischen Phasen sollte die Führungskraft der Mannschaft Orientierung geben und damit auch die Unternehmensziele vertreten (Leader statt Klassensprecher sein).
- Geleistetes sollte unbedingt angemessen wertgeschätzt werden, gleichzeitig muss die Führungskraft das Commitment des Teams für die Erreichung gemeinsamer Ziele einfordern.
- Die Führungskraft sollte das Team aktivieren und immer wieder Lösungsvorschläge einfordern.
- Soweit wie möglich sollten Rahmenbedingungen von allen Beteiligten aktiv gestaltet werden. Das bedeutet, dass die Führungskraft destruktive Verhaltensweisen, wie zum Beispiel beständiges Klagen über Missstände ohne gleichzeitigen Blick auf mögliche Lösungen, nicht zulassen sollte.
- Die Führungskraft sollte aktiv Verantwortung übernehmen für die Ergebnisse des Teams.

Schaut man sich die beschriebenen Rollen und Verhaltensweisen an, könnte der Eindruck entstehen, es sei für die meisten Führungskräfte selbstverständlich, sich an solche „Binsenweisheiten" zu halten. Wir machen allerdings immer wieder die Erfahrung, dass viele Führungskräfte aus ihrem Selbstverständnis heraus Schwierigkeiten zum Beispiel mit dem Aufbau einer konstruktiven Diskussionskultur oder mit dem Einfordern des Commitments der Mitarbeiter haben.

**Beispiel 3**

*Ausgangssituation*: Teamleiter Michael W. war in seinem Team „Mädchen für alles". Bereits vor der Übernahme der Teamleitung war er als bester Sachbearbeiter ein geschätzter Ansprechpartner seiner Kollegen vor allem in fachlichen Fragen. Die Mitarbeiter kamen nicht nur mit ihren Sorgen und Nöten zu ihm, sondern forderten auch Lösungsvorschläge für schwierige Situationen aller Art von ihm ein. Die Verantwortung für Lösungen, zum Beispiel für einen funktionierenden Telefonplan, lag ausschließlich bei ihm. Konsequenz dieser Rollenverteilung war, dass die Mitarbeiter keinerlei Verantwortung für die Ziele des Teams übernahmen und dass Teamleiter W. deutliche Anzeichen von Überforderung zeigte. Die Arbeitssituation wurde von Tag zu Tag schlimmer, ohne dass Maßnahmen gefruchtet hätten.

*Lösungsansatz*: Begleitet durch ein Führungscoaching hat Michael W. seine Führungsrolle neu definiert und konsequent umgesetzt. Konkret hat er sehr schnell begonnen, aktiv Lösungen vom Team beziehungsweise einzelnen Teammitgliedern einzufordern, zum Beispiel für die Erstellung eines funktionierenden Telefonplans. Schweigen (als Antwort auf seine Fragen) auszuhalten war dabei eine besondere Herausforderung für ihn. Es war sehr wichtig für ihn, durch den Coach und durch seinen Vorgesetzten immer wieder in seiner veränderten Rolle bestätigt zu werden. Nach einer gewissen Zeit hatte sich das Team darauf eingestellt und eine deutliche Aktivierung war erkennbar.

Ein entscheidender Erfolgsfaktor für die gesamte Entwicklung war, dass Michael W. auf Lösungsvorschläge der Mitarbeiter reagierte und diese positiv bestärkte. Mitarbeiter, die den angebotenen Lösungsvorschlägen kritisch beziehungsweise ablehnend gegenüberstanden, bekamen keine Bühne für ihren Widerstand. Das Ausprobieren von neuen Maßnahmen war der Erfolgsfaktor.

**Stellhebel 3: Steuerung**

In allen Veränderungsprozessen ist die Messung der Wirksamkeit der ergriffenen Maßnahmen von entscheidender Bedeutung. Hier zeigt sich, warum eine Übersetzung weicher kultureller Ziele in operationale Zielgrößen, wie zum Beispiel Rückstandshöhe, Durchlaufzeiten oder auch telefonische Erreichbarkeit, auf dem Weg zu mehr Servicequalität so sinnvoll ist: mit Hilfe zum Teil sehr einfach gestrickter Steuerungstools (nicht in allen Versicherungsunternehmen hat die Balanced Score Card schon Einzug gehalten) kann von den Mitarbeitern selbst überprüft werden, inwieweit die erarbeiteten Maßnahmen zur Erreichung des jeweiligen Ziels beitragen. Transparenz und Beteiligung sind wichtige Voraussetzungen dafür, Akzeptanz für eine kennzahlenorientierte Steuerung aufzubauen. Wir erleben sehr oft, dass unter diesen Bedingungen eine anfängliche Skepsis gegenüber der „Zahlenorientierung" dem Wunsch nach mehr Erkenntnissen – mehr und detaillierteren Kennzahlen – weicht.

**Beispiel 4**

*Ausgangssituation*: Teamleiterin Esther B. hatte mit ihrem Team ein ehrgeiziges und für alle Teammitglieder attraktives Ziel zu Reduzierung von Rückständen vereinbart. Nachdem in den ersten Tagen des Aktionszeitraums noch etwas Unsicherheit herrschte, waren nach kurzer Zeit alle Mitarbeiter mit Feuereifer dabei, sich Maßnahmen auszudenken, wie man der Rückstände Herr werden könnte. Es stand einzig noch die Frage im Raum, wie man die Zielerreichung angemessen dokumentieren könnte – die vom Unternehmen angebotene Balanced Scorecard fand bei den Mitarbeitern aufgrund ihrer Komplexität wenig Akzeptanz.

*Lösungsansatz*: Ohne dass Teamleiterin Esther B. eine entsprechende Anweisung gegeben hätte, überraschte eine Sachbearbeiterin das gesamte Team in einer Teambesprechung mit folgender Aussage: „Ich habe mir da am Wochenende zusammen mit meinem Freund mal ein paar Gedanken gemacht – und wir haben zusammen eine ganz einfache Excel-Tabelle gebaut." In diese Excel-Tabelle konnten wenige wichtige

Kennzahlen eingetragen werden. In aggregierter Form wurden diese dann sehr einfach auf ein Flipchart übertragen, sodass das Team eine tägliche Übersicht über die Erfolge beim Rückstandsabbau besaß. Die stetig fallende Linie der Rückstandsmenge bewirkte täglich neue Motivationsschübe, schließlich erreichte das Team sein Ziel vor dem Ablauf des Aktionszeitraums.

*Erfolgsfaktoren* In diesem Beispiel wird deutlich, wie wichtig das erwachte Engagement der Mitarbeiter und die Messung der Erfolge bei diesem Ansatz sind. Es kommt einerseits nicht darauf an, wie „intelligent" und komplex das verwendete Steuerungsinstrument ist. Gleichzeitig geht es uns andererseits natürlich auch nicht darum, unternehmensseitig entwickelte Kennzahlensysteme grundsätzlich abzuwerten. In diesem Fall war jedoch das unerwartete Engagement einer Sachbearbeiterin entscheidend dafür, dass weite Teile der ansonsten eher passiven Kollegen begannen, sich mit dem Komplex der Kennzahlen auseinanderzusetzen. Diese waren nun plötzlich greifbarer geworden, und wir hörten viele Kommentare von Teammitgliedern, die in die Richtung gingen von „Plötzlich haben die Zahlen auch etwas mit uns zu tun – wir sehen direkt, welchen Beitrag wir leisten." Voraussetzung für das Engagement der Sachbearbeiterin war ein Klima des Vertrauens und des Ausprobieren-Dürfens – sowohl von Seiten der Teamleiterin, als auch von Seiten des Teams.

**Stellhebel 4: Zusammenarbeit im Team**

Eine funktionierende Zusammenarbeit im Team ist aus unserer Sicht in Zeiten von elektronischen (Gruppen-) Postkörben, Telefonringen und ähnlichen teamübergreifenden Organisationsmodellen für einen exzellenten Kundenservice unverzichtbar. Wir machen immer wieder die Erfahrung, dass die Anliegen der Kunden aus dem Blickfeld der Mitarbeiter geraten, wenn

- einzelne Mitarbeiter das Gefühl haben, mehr leisten zu müssen als andere,
- mangelnde Einsatzbereitschaft oder Fehlverhalten einzelner von der Führungskraft nicht adressiert werden
- eine Zielerreichung oder auch –verfehlung keinerlei Konsequenzen hat
- Teams nicht gut in der Lage sind, individuelle Stärken situativ zu nutzen (konkret zum Beispiel: „Wie stellen wir uns *jetzt* auf, um der erhöhten Eingangsmenge gerecht werden zu können?")

In diesen Fällen kommt es oftmals zu einer starken Binnenorientierung in den Teams durch die Beschäftigung mit den eigenen Themen, die bis hin zu tiefgreifenden und nicht mehr lösbaren Konflikten führen kann.

**Stellhebel 5: Organisation/Prozesse/Technik**

Der Bereich Organisation/Prozesse/Technik wird in den Befragungen der Mitarbeiter der Vollständigkeit halber angesprochen, da aus unserer Sicht eine moderne und anschlussfähige Technik eine Grundvoraussetzung für eine hohe Servicequalität darstellt.

Im Rahmen des gewählten Ansatzes zur Steigerung der Servicequalität ist es jedoch von besonderer Bedeutung, dass bei der Bearbeitung der Stellhebel eine Konzentration auf diejenigen Handlungsfelder stattfindet, die die Mitarbeiter aller Hierarchieebenen selbst beeinflussen können. Dies' ist zumindest bei dem Themenfeld „Technik" oftmals nicht der Fall. Die teaminterne Organisation und auch wichtige Prozesse können unserer Erfahrung nach bei Bedarf jedoch durchaus verändert werden.

Nachdem in diesem Abschnitt die inhaltlichen Dimensionen erläutert wurden, wird es im folgenden um den Ablauf von Initiativen zur Steigerung der Servicequalität gehen.

### 16.2.1 Wesentliche Aktivitäten auf dem Weg zurück zum Kunden

Wenn es nun darum geht, die Servicequalität in Versicherungsunternehmen zu steigern, ist das Aufsetzen eines eher „klassischen" Projektes sinnvoll, um an den genannten fünf Stellhebeln zu arbeiten. Konkret bedeutet dies' in der *Vorbereitungsphase* folgendes:

Es müssen Interviews mit Mitarbeitern aller Hierarchieebenen geführt werden, um diese auf das Thema einzustimmen und um detaillierte Informationen über die genannten Stellhebel zu generieren. Außerdem muss die geplante Maßnahme auf allen Hierarchieebenen vorgestellt und die zu erreichenden Ziele müssen im Rahmen eines Zielbildungsprozesses vereinbart werden.

Sind alle Vorbereitungen getroffen, geht es in der *Umsetzungsphase* darum, an der Erreichung der vereinbarten Ziele zu arbeiten. Hier erscheint es uns wichtig, zwei Dinge noch einmal zu betonen:

Wählt man zum Beispiel die Reduzierung von Rückständen als operatives Ziel beziehungsweise als Maß für die Steigerung der Servicequalität, so ist diese Reduzierung der Rückstände nicht als Selbstzweck zu sehen. Wie bereits erwähnt, wird diese Art von Zielen häufig als reines Mittel zur Produktivitätssteigerung missverstanden, sodass zum Teil massive Widerstände von Seiten der Mitarbeiter auftreten. An dieser Stelle begegnen uns häufig Äußerungen wie „Rückstände sichern unsere Arbeitsplätze, warum sollten wir sie abbauen? Am Ende wird nur noch mehr Personal abgebaut". Oder auch „Wir haben schon so viel versucht, um die Rückstände zu reduzieren, warum soll ausgerechnet diese Maßnahme helfen?" Wird nicht sorgfältig genug erklärt, dass die Rückstände ein Symptom für eine mangelnde Kundenorientierung sein können, können die Widerstände der Mitarbeiter gegen den Rückstandsabbau nicht abgebaut werden.

Zum zweiten wird genau an dieser Stelle noch einmal die Besonderheit des Ansatzes deutlich: durch einen intensiven Kommunikations- und Aushandlungsprozess wird ein breites Commitment für die zu erreichenden Ziele geschaffen und die Widerstände gegen die Art des Vorgehens können überwunden werden. Gelingt dieser Prozess nicht, weil er nicht sorgfältig genug durchgeführt wird beziehungsweise weil keine ehrlich gemeinte Mitarbeitereinbindung stattfindet, ist der Erfolg der gesamten Maßnahme in Frage gestellt.

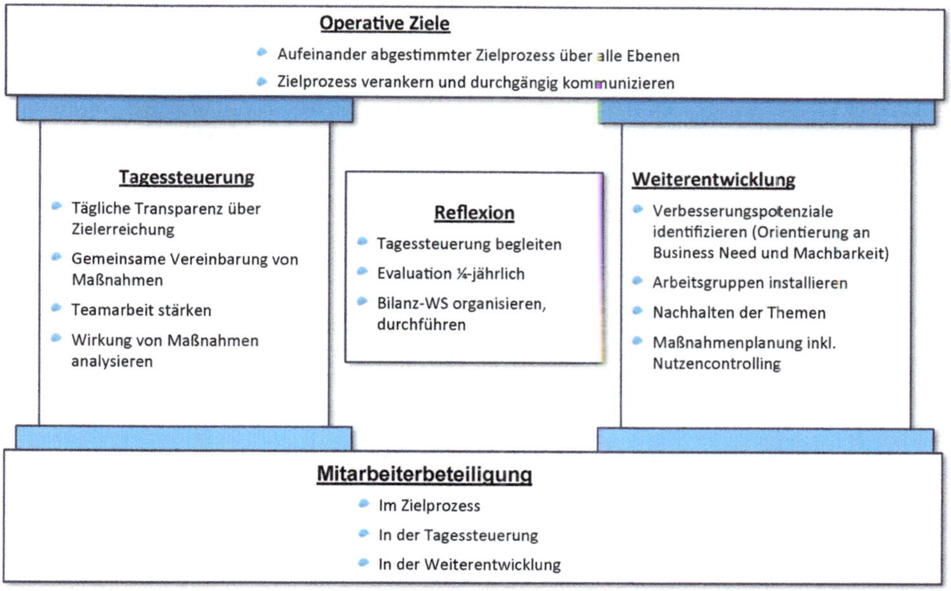


**Abb. 16.4** Das „Haus der Serviceoffensive (Quelle: KE-Consulting 2007)

Wichtiger noch als die Betrachtung der einzelnen Projektphasen ist aus unserer Sicht ein Blick auf die *inhaltlichen Elemente* der Projekte zur Steigerung der Servicequalität (siehe Abb. 16.4)

Den *Ausgangspunkt* bildet jeweils die bereits beschriebene Aushandlung relevanter und kurzfristiger operativer Ziele. Diese müssen für die betroffenen Mitarbeiter ehrgeizig und attraktiv sein, damit sich die Mehrheit der Mitarbeiter für die Erreichung der Ziele einsetzt.

Ist das eigentliche Projekt dann gestartet, gibt es zwei *Kernelemente*:

- Die Intensivierung der Tagessteuerung in sogenannten „Stehkonventen"
- Die kontinuierliche Weiterentwicklung der Stellhebel in Arbeitsgruppen

### Intensivierung der Tagessteuerung in Stehkonventen

Es wird mit den Teams vereinbart, dass sie sich für die Dauer des Aktionszeitraums täglich für 15 min treffen, um Maßnahmen für die Erreichung des Aktionsziels zu diskutieren und zu beschließen. Diese Treffen finden idealer Weise im Stehen statt, um das Gefühl eines Teammeetings zu vermeiden und den Ablauf zu beschleunigen. Bei der Durchführung der Stehkonvente ist von besonderer Bedeutung, dass die Mitarbeiter selbst Ideen für Maßnahmen zur Zielerreichung generieren und diese Ideen nicht von der Führungskraft vorgegeben werden. Hier liegt die erste Herausforderung für eine erfolgreiche Durchführung der Stehkonvente, da im Selbstverständnis vieler Führungskräfte verankert ist, Lösungen bieten und alles selbst entscheiden zu müssen. Manche Führungskräfte trauen ihren Mit-

15 Minuten

| Zeit | Thema |
|---|---|
| 2 Minuten | Übersicht Teamanwesenheiten |
| 3 Minuten | Überblick Ziele und Aufgaben des Teams für den Tag / die Woche / den Monat |
| 7 Minuten | Diskussion folgender Fragen:<br>- Zielerreichung: wo stehen wir?<br>- Wie wollen wir gemeinsam da ran gehen?<br>- Was sind Themen aus dem Team?<br>- Was sind konkrete nächste Schritte? |
| 1 Minute | Ggf. weitere wichtige Informationen |
| 2 Minuten | Bei Gelegenheit: z.B. Stimmung im Team |

**Abb. 16.5** Ablauf von Stehkonventen (Quelle: KE-Consulting 2013)

arbeitern auch wenig Lösungskompetenz zu und sind schlicht der Meinung sind, dass es Zeit sparender sei, wenn sie die zu testenden Maßnahmen selbst vorgeben. Die Abb. 16.5 zeigt eine idealtypische Agenda der Stehkonvente:

Sind die Teams mutig genug, täglich neue Maßnahmen zur Zielerreichung zu entwickeln und gegebenenfalls auch wieder zu verwerfen, stellen sich sehr schnell Erfolgserlebnisse ein, die eine weitere positive Dynamik bedingen. Hilfreich dabei ist eine tägliche Visualisierung der Maßnahmen und Ergebnisse zum Beispiel auf einer Pinnwand – durch die tägliche und intensive Auseinandersetzung mit den vereinbarten Zielen kommt es in aller Regel zu einer intensiveren und besseren Zusammenarbeit.

Für den Erfolg der Maßnahme insgesamt ist es von besonderer Bedeutung, dass die Stehkonvente nicht nur auf Teamebene stattfinden, sondern auch auf Abteilungs- und gegebenenfalls (je nach Größe des Projektes) auch auf Bereichsebene.

**Kontinuierliche Weiterentwicklung der Stellhebel in Arbeitsgruppen**

Parallel zur intensiven Arbeit an der Erreichung der operativen Ziele als Messgröße für mehr Servicequalität, sollte eine kontinuierliche Weiterentwicklung der bereits beschriebenen Stellhebel in Arbeitsgruppen stattfinden. Es hat sich bewährt, je nach der in den Interviews identifizierten Ausgangslage Arbeitsgruppen zu den Themen Führung, Steuerung und Best Practice zu installieren sowie bei Bedarf in einzelnen Teams Teamworkshops zur Verbesserung der Zusammenarbeit aufzusetzen. Welche Arbeitsgruppen im Einzelfall sinnvoll sind, ergibt sich aus den Interviewergebnissen.

Während des gesamten Prozesses muss die kontinuierliche Reflexion des Prozesses sowie des Fortschritts auf allen Hierarchieebenen sichergestellt werden. Dabei legen wir größten Wert darauf, dass die Bewertungen offen stattfinden und es eine unmittelbare Analyse und Bewertung durch alle Beteiligten gibt. Auf dieser Grundlage werden dann –

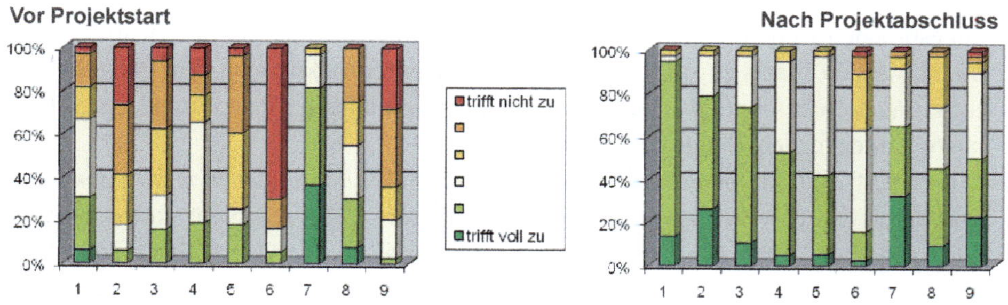


1. Wir haben konkrete Ziele vereinbart.
2. Uns ist immer transparent, inwieweit wir unsere Ziele erreichen.
3. Die Wege zur Erreichung der Ziele definieren wir gemeinsam.
4. Erfolge und Misserfolge werden gemeinsam analysiert und als Chance zur Verbesserung genutzt.
5. Vereinbarungen werden eingehalten.
6. Meine Kollegen/innen sehen eine positive Zukunftsperspektive.
7. Wir unterstützen uns gegenseitig.
8. Wir lernen permanent und strukturiert voneinander.
9. Ich erhalte schnell alle wichtigen Informationen.

**Abb. 16.6** Ablauf von Stehkonventen (Quelle: KE-Consulting)

ebenfalls unmittelbar – Maßnahmen zur Weiterentwicklung vereinbart. Die enge Taktung aus Reflexion, Analyse, Bewertung und Maßnahmendefinition betont die Eigenverantwortung aller Beteiligten. Konsequenzfreie Kritik wird vermieden (Abb. 16.6).

### 16.2.2 Den Kunden wieder im Visier: Kritische Würdigung des Ansatzes

Kurz zusammengefasst kann man mit dem Ansatz der „Serviceoffensive“ folgendes erreichen:

1. Die *Kundenzufriedenheit*, gemessen zum Beispiel in Vermittler- oder Kundenzufriedenheitsbefragungen oder auch in der Anzahl von Beschwerden, verbessert sich signifikant.
2. Bei allen Beteiligten wird das *Verantwortungsgefühl*, bestmögliche Lösungen für den Kunden zu entwickeln und umzusetzen, geweckt oder deutlich gesteigert. Der Kunde rückt (wieder) in den Mittelpunkt des Handels der beteiligten Mitarbeiter und wird wichtiger Motor für die Umsetzung von Verbesserungsvorschlägen.
3. Da sich Mitarbeiter und Führungskräfte täglich mit der Erreichung operativer Zielgrößen auf der einen Seite und „Teamthemen“ auf der anderen Seite auseinandersetzen, wird ein Höchstmaß an *Transparenz* erzeugt. Diese Transparenz ist natürlich kein Selbstzweck, sondern die Grundlage für eine vertrauensvolle Zusammenarbeit innerhalb der jeweiligen Teams: In einem Klima, in dem individuelle Leistungsunterschiede

angesprochen werden können und gegenseitige Unterstützung kein Lippenbekenntnis bleibt, werden Teams zu Höchstleistungen motiviert. So bekommen zum Beispiel Leistungsträger die ersehnte Wertschätzung für ihren besonderen Einsatz, ohne dass schwächere Kollegen sich bloßgestellt fühlen müssen.

4. Wie unter Punkt drei bereits angesprochen, werden *Zusammenarbeit und Kommunikation* durch den gewählten Ansatz deutlich verbessert. Dies' geschieht nicht nur innerhalb einzelner Teams, sondern auch team- und vor allem auch hierarchieübergreifend. Die bemerkenswerteste Erfahrung hierbei ist für uns, dass durch die Entwicklung eines gemeinsamen Verständnisses von „Servicequalität" sogar bereichsübergreifende Unterstützung möglich wird – wenn sich Bereiche bei der Erreichung ihrer jeweiligen operativen Ziele gegenseitig unterstützen und „Silos" aufgegeben werden.
5. Machen Mitarbeiter die Erfahrung, dass sie durch ihren Einsatz und ihre Kreativität bei der Entwicklung von Maßnahmen erheblich zur Erreichung von Servicezielen beitragen können, so wird ihre *Veränderungskompetenz* deutlich gesteigert. Mitarbeiter erleben sich selbst nicht mehr nur als Marionetten im Spiel der Mächtigen. Stattdessen werden sie zu aktiven Gestaltern des Wandels und gewinnen so an Selbstbewusstsein und Motivation. Wir beobachten immer wieder, wie diese Art des Kulturwandels einen enormen Sog bei den Mitarbeitern erzeugt, weil die Erfolgserlebnisse eine starke Dynamik und den „Wunsch nach mehr" erzeugen.

Im Zusammenhang mit der Anwendung des beschriebenen Ansatzes gibt es jedoch auch einige *Stolperfallen*, die hier nicht unerwähnt bleiben sollen:

1. Werden die Führungskräfte ihrer *Vorbildfunktion nicht gerecht* und scheuen sie gegebenenfalls selbst die Veränderung, so kann eine erfolgreiche Umsetzung des Ansatzes gefährdet sein. Es ist von elementarer Bedeutung, dass die beteiligten Führungskräfte ausreichend Bereitschaft zur Selbstreflexion aufbringen und Vorschläge zur Veränderung ihres Führungsverhaltens nicht als Kritik an ihrer Person verstehen. Wir erleben es leider in Einzelfällen, dass Führungskräfte den Ansatz der verstärkten Mitarbeiterbeteiligung als massiven Angriff auf ihre bisher gelebte Führungspraxis missverstehen und aus dieser Haltung heraus dann den gesamten Ansatz als nicht nützlich abwerten. Dass auf dieser Grundlage keine Erfolge möglich sind, liegt auf der Hand.
2. Der Erfolg des Ansatzes ist ebenfalls gefährdet, wenn das *Eigeninteresse* der beteiligten Organisationseinheiten insgesamt zu groß ist. Konkret bedeutet dies', dass zum Teil kein Denken im Unternehmenszusammenhang vorhanden ist (kein sogenanntes „Big Picture"), statt dessen zu viel Denken in den eigenen „Silos". Es erfordert zuweilen viel Zeit und Energie, ranghohe Führungskräfte vom Nutzen übergreifender Kooperation sowie des Verzichts auf Machtspiele zu überzeugen.
3. Gibt es *zu viele andere Projekte* im Unternehmen oder sind die Prioritäten der einzelnen Projekte unklar, wird es nachvollziehbarer Weise für alle Beteiligten schwieriger, die beschriebene Schlagkraft zu entwickeln. Für den Zeitraum, in dem die operativen Ziele

erreicht werden sollen, sollte deshalb aus unserer Sicht die Initiative zur Steigerung der Servicequalität die höchste Priorität besitzen.

4. Die aus unserer Sicht am schwierigsten zu überwindende Stolperfalle ist eine mögliche *Instrumentalisierung* des Ansatzes durch Meinungsbildner im Unternehmen. So ist es zum Beispiel vorgekommen, dass der Ansatz boykottiert und im Anschluss dann zur Erreichung politischer Ziele missbraucht wurde („Wenn selbst die Berater es nicht schaffen, die Situation zu verändern, dann...“). Ebenfalls ist es vorgekommen, dass im Vorfeld kein ehrliches Interesse an einer Steigerung der Servicequalität vorhanden war, sondern dass die verbesserte operative Situation zur Rechtfertigung für weiteren Personalabbau genutzt wurde. Hier ist es unsere Aufgabe als Berater, beim Erkennen entsprechender Mechanismen sofort einzugreifen und die Maßnahme gegebenenfalls zu stoppen.

Hilfreich bei allen genannten Stolperfallen ist es, wenn ein durchsetzungsstarker „Projektsponsor“ die verantwortlichen Führungskräfte immer wieder in die Pflicht nimmt und Ergebnisse einfordert.

Als abschließendes und ausblickendes Fazit möchten wir allen unseren Kunden für die erfolgreichen, spannenden, herausfordernden, emotionalen, manchmal mit einer Achterbahnfahrt vergleichbaren und immer bereichernden Projekte danken, die wir gemeinsam durchgeführt haben.

Wir glauben, dass eine (Wieder-) Entdeckung des Kunden in vielen Versicherungsunternehmen tatsächlich notwendig ist – und sind überzeugt davon, dass das Potenzial in nahezu allen Versicherungsunternehmen vorhanden ist.

Wir wünschen Ihnen viel Spaß beim Ausprobieren!

## Literatur

Berner W (2012) Culture change. Schäffer-Poeschel, Stuttgart

Fritz R (1999) The path of least resistance for managers: designing organizations to succeed. Mcgraw-Hill Professional, San Francisco

Lencioni P (2002) The five dysfunctions of a team. Wiley, San Francisco

Rank S, Scheinpflug R (2008) Change management in der Praxis. Schmidt (Erich), Berlin

**Kristina Evers** Kristina Evers ist seit über 10 Jahren als systemische Organisationsberaterin, Trainerin und Coach tätig. Die Diplom-Kauffrau ist Mitbegründerin der Beratungsfirma KE-Consulting und enge Kooperationspartnerin der internationalen Unternehmensberatung Change, Leadership & Partners. Sie ist für ihre nationalen und internationalen Kunden erfolgreich in den Bereichen Change Management und Leadership Development tätig. So hat Kristina Evers in vielen Unternehmen, v.a. auch der Versicherungsbranche, die Art und Weise transformiert, in der Menschen zusammenarbeiten – genauso wie sie ihre Kunden dabei unterstützt hat, Prozesse effizienter und effektiver zu gestalten.

Die Vorbereitung von Teams und Einzelpersonen (von der Mitarbeiter-Ebene bis zum Top Management-Level) auf zukünftige Herausforderungen des jeweiligen Unternehmens sowie die Begleitung durch aktuelle Veränderungs vorhaben prägen die Arbeit von Kristina Evers. Dabei ist sie nah am Menschen und nah am Thema und fokussiert sowohl auf relevante KPI's, als auch auf Softskills.

**Dr. Robert Körfer** hat nach seiner Promotion als Betriebswirt mehrjährige Erfahrung als Spezialist und Führungskraft in führenden Unternehmen der Versicherungsbranche gesammelt. Seit 10 Jahren ist der Mitbegründer und Geschäftsführer der Beratungsfirma KE-Consulting als externer Berater für internationale Versicherungskonzerne sowie für öffentliche Versicherer und Spezialversicherer aktiv. Inhaltliche Schwerpunkte seiner Arbeit sind Projekte in den Bereichen Reorganisation, kennzahlenorientierte Steuerung sowie Führungskräfteentwicklung.

# Die Zukunft des Versicherungsvertriebs und die daraus resultierenden Change Bedarfe 17

Dieter Knörrer

*Motto: „Heute für morgen qualifizieren und positionieren"*


**Zusammenfassung**

Der Versicherungsvertrieb steht vor großen Herausforderungen. Dabei gibt es eine Vielzahl an Faktoren, die den Vertrieb aufseiten der Versicherer und der Vermittler beeinflussen. Zukunftsweisende Lösungen dafür zu finden, ist auch deshalb so schwierig, weil sich der Versicherungsvertrieb in viele Kanäle verästelt und jeder seine Eigenheiten hat. Für die großen Mega-Trends wie beispielsweise Demographie oder neue Technologien müssen gemeinsame Positionen gefunden werden, in anderen Bereichen wiederum gilt es, vermittlerspezifische Entscheidungen zu treffen. Fest steht, dass sich der Versicherungsvertrieb im Wandel befindet – mehr, wie jemals zuvor. Wer den Wandel mitgestalten und langfristig am Markt bestehen will, muss jetzt die richtigen Weichenstellungen vornehmen.



**Schlüsselworter**

Mega-Trends · Veränderungen im Versicherungsvertrieb · Frauen im Versicherungsvertrieb · Vergütungssysteme · Compliance und Verhaltensregeln



D. Knörrer (✉)
Bayreuth, Deutschland
E-Mail: dk@bbg-gruppe.de





G. Zimmermann (Hrsg.), *Change Management in Versicherungsunternehmen*,
DOI 10.1007/978-3-658-05974-3_17

## 17.1 Einleitung

Warum ist der Versicherungsvertrieb wichtig? Weil er die Aufgabe übernimmt, Menschen und Unternehmen über Risiken aufzuklären, über die Möglichkeiten finanzieller Absicherung und Vorsorge zu beraten und diese dann auch in die Tat umzusetzen. Aber wie kann es sein, dass der Versicherungsvertrieb trotz dieser gesellschaftlichen Verantwortung gleichzeitig so unter wirtschaftlichen Druck und politischer und öffentlicher Kritik geraten ist? Und was bedeutet dies für die Versicherer sowie den gebundenen und den unabhängigen Versicherungsvertrieb?

Zur Beantwortung dieser Fragen müssen eine Vielzahl von Faktoren betrachtet werden. Einfluss haben ganz allgemeine Entwicklungen wie beispielsweise der demographische Faktor: Der Nachwuchs fehlt. Die Rekrutierung von qualifizierten, jungen Menschen für den Versicherungsvertrieb wird aber auch deshalb schwieriger, weil der Beruf des Versicherungsvermittlers auf der Beliebtheitsskala weit unten rangiert – auch aufgrund eigenen Fehlverhaltens der Branche. Kein Wunder also, dass die Vermittlerzahlen im IHK-Register kontinuierlich sinken. Dazu trägt aber auch die Regulierung des Versicherungsvertriebs bei, die 2007 mit der Umsetzung der EU-Vermittlerrichtlinie in deutsches Recht begonnen hat und noch lange nicht zu Ende ist. Die Folge ist ein größerer Verwaltungs- und Kostenaufwand für die Vermittlerbüros. Manche Büros können oder wollen diesen nicht mehr tragen und verlassen den Markt.

Mit der anhaltenden Vergütungsdiskussion wird die Lage weiter verschärft. Schon jetzt tragen die Provisionsdeckelung und die verlängerte Stornohaftung im Segment der privaten Krankenversicherung zu einer Veränderung des Marktes bei. Sollten weitere Einschnitte – ob nun auf gesetzlicher oder selbstbeschränkender Basis – kommen, wird der Wandel beschleunigt. Was passiert, wenn Geschäftsmodelle an ihre Grenzen stoßen, erlebt die Branche gerade am Beispiel der Lebensversicherung: Der Absatz von Lebensversicherungsverträgen leidet unter der fortdauernden Niedrigzinsphase. Die Zeiten kurzfristiger Erfolge etwa durch sogenannte Schlussverkäufe wie kurz vor Absenkung des Rechnungszinses oder Einführung der Unisextarife sind ebenfalls vorbei.

Und dann ist da auch noch der Kunde. Es gibt heute kaum mehr lineare Lebensabläufe. Kunden wollen einen Versicherungsschutz, der sich an ihre individuellen Lebensphasen anpasst und eine Beratung, die genau das beachtet. Auch Unternehmen stehen vor neuen Herausforderungen. Wer hätte noch vor wenigen Jahren etwa an Cyber-Risiken als eine der größten Firmengefahren gedacht?

Die genannten Punkte machen deutlich, dass sich der Versicherungsvertrieb bereits im Umbruch befindet. Es ist kein schneller, aber ein kontinuierlicher Prozess. Nicht zu vergessen ist, dass Versicherungsvertrieb nicht gleich Versicherungsvertrieb ist. Am Markt konkurrieren verschiedene Vertriebswege miteinander: Versicherungsmakler, Versicherungsvertreter, Banken, produktakzessorische Vermittler (etwa Reisebüros, die Reiseversicherungen vermitteln) und immer öfter das Internet in Form von Vergleichsportalen und Direktversicherern. Die unterschiedlichen Anforderungen der einzelnen Kanäle haben starke Auswirkungen auf die Strukturen, Services und Prozesse bei den Versicherern, die wiederum aufgrund der Notwendigkeit des Kostensparens auf Effizienz und Digitalisierung setzen müssen.

Versicherer und Vermittler müssen auf all diese Einflussfaktoren die richtigen Antworten finden. Bei der Heterogenität des Vertriebs und den unterschiedlichen Vermittlerformen ist das keine leichte Aufgabe. Zudem müssen Versicherungsmakler und andere ungebundene Vermittler ihre eigenen Lösungen gestalten – Versicherer müssen zur Bedienung dieser Kanäle zwar eigene Strukturen schaffen, eine Einwirkung auf die unabhängigen Maklerunternehmen haben sie aber nicht.

Der Umbruch im Versicherungsvertrieb ist demnach vielfältig. Im Nachfolgenden sollen nun die Treiber für den Wandel im Versicherungsvertrieb aufgezeigt werden und die sich daraus ergebenden Veränderungsbedarfe (Abb. 17.1).

## 17.2 Treiber für den Wandel des Vertriebs und damit verbundene Change Bedarfe

### 17.2.1 Der demographische Wandel

Die deutsche Bevölkerungsstruktur wird sich in den nächsten Jahren stark verändern: Die Menschen werden älter und die Kinder mit jeder Generation weniger. Daraus resultierend beginnt der Wettbewerb der Wirtschaftsunternehmen um den Nachwuchs. Wer gut ausgebildet und motiviert in das Berufsleben startet, kann sich künftig aussuchen, in welche Branche und in welche Betriebseinheit er einsteigt. Um die jungen Talente zu gewinnen und um als Arbeitgeber attraktiver zu werden, muss sich die Versicherungswirtschaft etwas einfallen lassen. Nach aktuellen Angaben der Managementberatung Oliver Wyman (vgl. Wyman 2013) waren im Jahr 2011 zirka 25 % aller Innendienstmitarbeiter älter als 50 Jahre, im Außendienst lag der Anteil sogar bei 27 %. Diese Anteile sind deutlich höher als in der Gesamtbevölkerung, wie die Unternehmensberater herausgefunden haben.

Auch für die Vertriebseinheiten hat der demographische Wandel fatale Folgen. Denn ist schon die Versicherungswirtschaft als solches bei Berufseinsteigern nicht besonders beliebt, ist es der Versicherungsvertrieb noch viel weniger. Regelmäßig belegt der „Versicherungsvertreter" in der Rangliste der angesehensten Berufe einen abgeschlagenen Platz. Das schreckt viele Nachwuchskräfte ab. Zudem bewegt sich das durchschnittliche Alter der Versicherungsvermittler allmählich in Richtung 50, wie eine Sonderauswertung der DIHK Ende November 2013 ergeben hat (vgl. DIHK 2013).

Das Durchschnittsalter der damals knapp 35.000 registrierten Versicherungsmakler beträgt demnach 47 Jahre. Die zum selben Zeitpunkt rund 144.000 gebundenen Versicherungsvertreter sind im Durchschnitt mit 45 Jahren etwas jünger. Das erklärt sich daraus, dass viele Vermittler den Weg in die Unabhängigkeit erst in späteren Jahren wagen oder auch erst aus einem Vertreterstatus heraus den Wechsel anstreben. Versicherungsberater, 177 an der Zahl, sind im Durchschnitt 48 Jahre alt. Wenig tröstlich erscheint es dabei,

**Der Versicherungsvertrieb im Wandel und entsprechende Change-Bedarfe im Überblick**

| **Die Treiber des Wandels** | **Change-Bedarfe** |
|---|---|
| | |
| Der demographische Wandel | Gewinnung von Nachwuchs<br><br>Mehr Frauen in Beratung und Vertrieb |
| | |
| Wandelndes Kundenverhalten und neue Kundenanforderungen | Kunden brauchen lebenslange Begleiter<br><br>Neue Medien und Kommunikationsformen |
| | |
| Regulierung aus Brüssel und Berlin | Schnelle, effiziente und rechtssichere Umsetzung |
| | |
| Kritik an Vergütungssystemen | Senkung der Vertriebskosten<br><br>Verhinderung von Provisionsexzessen<br><br>Verhinderung von Umdeckungen<br><br>Prüfen der Möglichkeit von Servicegebühren<br><br>Erweiterung der Geschäftsmodelle |
| | |
| Steigende Bedeutung von Compliance und Verhaltensregeln | Einhaltung von Regeln und deren Überprüfung<br><br>Verbesserung des Image<br><br>Transparenz und Fairness |
| | |
| Notwendigkeit der Fort-und Weiterbildung | Gemeinschaftlich getragene Maßnahmen<br><br>Stetige Qualifizierung und gegenseitiger Austausch |
| | |
| Veränderung des Wettbewerbs | Positionierung im Vertrieb als Marke<br><br>Nutzen der Potentiale aus dem Netz |
| | |
| Abläufe und technische Prozesse | Einheitliche Standards<br><br>Einsatz neuer Technologien |
| | |

**Abb. 17.1** Der Versicherungsvertrieb wird von verschiedenen Einflussfaktoren getrieben. Darauf müssen Versicherer und Vermittler reagieren und Veränderungsprozesse anstoßen Quelle: Eigene Darstellung

**Tab. 17.1** Die DIHK hat anhand der Eintragungen im Vermittlerregister mit Stand 26.11.2013 ausgewertet, wie hoch das durchschnittliche Alter der Versicherungsvermittler ist. Quelle: DIHK, www.vermittlerregister.info

| TÄTIGKEITSART | ANZAHL |
|---|---|
| Gebundener Versicherungsvertreter (§ 34d Abs. 4 GewO); Durchschnittsalter: 45 Jahre | 143994 |
| Versicherungsberater mit Erlaubnis (§ 34e Abs. 1 GewO); Durchschnittsalter: 48 Jahre | 177 |
| Versicherungsmakler mit Erlaubnis (§ 34d Abs. 1 GewO); Durchschnittsalter: 47 Jahre | 34836 |
| Versicherungsvertreter mit Erlaubnisbefreiung (§ 34d Abs. 3 GewO; produktakzessorisch); Durchschnittsalter: 48 Jahre | 51 |
| Versicherungsvertreter mit Erlaubnis (§ 34d Abs. 1 GewO); Durchschnittsalter: 46 Jahre | 24953 |
| Versicherungsvertreter mit Erlaubnisbefreiung (§ 34d Abs. 3 GewO; produktakzessorisch); Durchschnittsalter: 50 Jahre | 783 |

dass auch die angesehenen Berufsgruppen wie Ärzte oder Ingenieure ein ähnliches Durchschnittsalter aufweisen (Tab. 17.1).

Was bedeutet dies aber für den Vermittlermarkt? Eine Auswertung der wohl umfassendsten Datenbank zum Maklermarkt in Deutschland der bbg Betriebsberatungs GmbH – noch aus dem Jahr 2010 – hat ergeben, dass bis 2015, neun Prozent der Makler aus dem Markt ausscheiden wollen. Bis zum Jahr 2020 werden es sogar 26 % sein. Auf der anderen Seite bilden nur wenige Maklerbüros selbst aus und auch mit der Nachfolgeregelung beschäftigen sich die meisten Makler oft viel zu spät.

Tendenziell wird es also künftig zu einer Konsolidierung des Vermittlermarkts allein aufgrund des demographischen Wandels kommen. Insbesondere dann, wenn zu wenige junge Talente, neue Charaktere und auch zu wenig Frauen für den Versicherungsvertrieb gewonnen werden können.

#### 17.2.1.1 Change Bedarfe: Der demographische Wandel

Den Versicherern stellt sich also die Frage, wie sie langfristig für eine qualifizierte Beratung qualifizierte Menschen gewinnen können. Das gilt ebenfalls für die unabhängigen Maklerbüros. Dabei ist zu beachten, dass sich der Typ des Versicherungsvermittlers ändert – weg vom Verkäufer hin zum lebenslangen Begleiter und zum Unternehmer.

**Die Nachwuchsgewinnung**

Viel wurde in der näheren Vergangenheit vom „Traumberuf“ Vermittler gesprochen. Aber auch heute sagt noch selten ein Jugendlicher: „Wenn ich groß bin, will ich Versicherungsvermittler werden“. Dennoch ist die Ausbildungsquote in der Versicherungswirtschaft hoch. 2012 lag sie – je nach Angaben von AGV/BWV und anderen statistischen Quellen (siehe AGV und BWV 2013) – zwischen 7,3 und 8 Prozent. Nur wollen immer weniger davon später auch in den Außendienst. In den Unternehmen müssen deshalb stärker als bisher die neuen Anforderungen an die Beratung auch nach innen transportiert werden. Den Auszubildenden sollte nicht vermittelt werden, wie am besten bestimmte Verkaufszahlen erreicht werden, sondern wie der Bedarf des Kunden am besten gedeckt wird. Auch wenn gebundenen Vermittlern nur der Zugriff auf eine eingeschränkte Anzahl an Produkten, nämlich derer ihres Arbeitgebers oder Versicherungspartners, gegeben ist, muss auch hier der Kunde in den Mittelpunkt gerückt werden.

Während sich die Versicherer in den eigenen Vertriebseinheiten sehr stark in der Ausbildung engagieren und teilweise auch Kosten und Inhalte der Ausbildung übernehmen, hat es ein ungebundener Vermittler schwerer. Versicherungsmakler müssen selbst die Ausbildung übernehmen - und müssen hier noch viel aktiver werden. Manche Versicherer bieten zwar auch Maklerbüros Hilfe an, allerdings bleibt immer zu prüfen, wie sich ein Engagement von Produktgebern mit der Unabhängigkeit des Maklers vereinbaren lässt. Also müssen Versicherungsmakler das Heft selbst in die Hand nehmen. Aber auch hier würde helfen, wenn die Versicherungswirtschaft mehr als heute die Kontakte mit den Schulen suchen würde, um schon dort ein positives Bild der Branche und des Vermittlers darzustellen. Auch das duale Studium bietet dem Vermittler die Möglichkeit, sich als attraktiver Arbeitgeber zu positionieren. Mittlerweile gibt es dort auch Studienschwerpunkte im Vertrieb. Erwähnt sei an dieser Stelle auch der Wettbewerb „Jungmakler/Jungmaklerin des Jahres“ (www.jungmakler.de). Viermal hat dieser bisher auf Basis einer Brancheninitiative stattgefunden und dem Nachwuchs Aufmerksamkeit verschafft. Viele Versicherer fördern diesen Wettbewerb, müssen aber in der täglichen Arbeit mehr auf die jungen Makler zugehen und auch den Mut haben, mit diesen direkte Anbindungen einzugehen.

Die Versicherungswirtschaft muss sich aber in der Nachwuchsgenerierung noch gegen ein weiteres Klischee behaupten: Versicherungen sind nicht „hip“, dort zu arbeiten auch nicht. Andere Branchen erscheinen moderner und dynamischer und sind es vermutlich auch. Dagegen halten kann die Versicherungswirtschaft aber mit sicheren Arbeitsbedingungen, interessanten Zusatzleistungen, guten Karriere-Möglichkeiten und in der Regel mit einer guten Bezahlung. Hier sollten die Unternehmen viel selbstbewusster auftreten und die Vorteile – gerne auch mit Role Models – besser herausstellen. Und es trifft sich gut, dass die Generationen Y und Z, die als nächstes auf den Arbeitsmarkt kommen, keine starren Arbeitszeiten und Präsenzpflichten schätzen, sondern sich im Berufsleben mehr Freiräume und Selbstbestimmung wünschen. Die Vertriebswelt kann das bieten, man muss es aber auch kommunizieren – am besten dort, wo sich die junge Generation bewegt: in den sozialen Medien im Internet.

#### Mehr Frauen in Beratung und Vertrieb

Der Vermittlerberuf ist männlich – zumindest ist es bisher so. Auch in den Vertriebsorganisationen und –direktionen dominieren die Männer. Maklerbetreuerinnen sind eher die Ausnahme und geht man weiter nach oben in die Führungsebenen des Vertriebs, werden Frauen immer rarer. Die Gründe dafür sind vielfältig: die Arbeitszeiten am Nachmittag beziehungsweise Abend und der enorme Abschlussdruck sind die am häufigsten genannten Gründe dafür. Frauen verfügen über ein höheres Sicherheitsbedürfnis als Männer und so ist auch das variable Gehalt eine wesentliche Hürde, um im Versicherungsvertrieb tätig zu werden. Die Arbeitszeiten am Abend und das unsichere Gehalt führen dazu, dass junge Frauen den Beruf des Vermittlers als nicht vereinbar mit ihrem Wunsch nach Familie ansehen. Ein entscheidender kritischer Faktor, der oft außer Acht gelassen wird, ist das Image dieses Berufsbildes. Diese Aspekte allein bieten Versicherungsunternehmen wichtige Ansatzpunkte, den Vermittlerberuf und auch die Arbeitsbedingungen für Frauen attraktiver zu machen.

Des Weiteren gilt es, Frauen mehr zu fördern, auch wenn dafür mit alten Gepflogenheiten gebrochen und alte Seilschaften aufgelöst werden müssen. Frauen haben weniger Interesse an den bisherigen „Belohnungssystemen", sondern wollen mehr Weiterbildungs- und Wissensangebote. Frauen fühlen sich oft in den männlich dominierten Vertriebskreisen nicht wohl, ein Einstieg in den Vertrieb wird damit uninteressant. Deshalb muss auch in den Köpfen der entsprechenden männlichen Führungsmannschaften der Wandel stattfinden. Exzesse von Vertriebseinheiten und Organisationen, die dem Image der Branche so sehr geschadet haben, wären wohl mit einem höheren Frauenanteil nicht passiert.

Auch Versicherungsmaklerinnen begegnen einer männerdominierten Welt. Sie treffen immer noch auf mangelnde Akzeptanz bei ihren Ansprechpartnern in den Gesellschaften – noch öfter als im Privatkundensegment wird dies von Maklerinnen im Industrie- und Gewerbegeschäft beklagt. Deshalb sehen sie auch oft keine Veranlassung, sich in den üblichen Netzwerken zu engagieren. Mit Gründung des VDVM-Frauennetzwerks traten die Maklerinnen erstmals aus dem Schatten heraus und machten auf die Situation aufmerksam. Auch Versicherer sollten bei ihnen tätige Frauen ermutigen, dem Netzwerk beizutreten. Mit dem Projekt „Frauen in Führung" des Arbeitgeberverband der Versicherungsunternehmen in Deutschland (AGV) e. V. ist ein weiterer Stein ins Rollen gekommen, der auch für Impulse im Vertrieb sorgen sollte.

Die gezielte Förderung von Frauen gilt auch deshalb als Muss, da Unternehmen auch faktisch davon profitieren können. Neben der fachlichen und methodischen Kompetenz wird Frauen eine verstärkte soziale Kompetenz zugeschrieben. Das passt zu dem neuen geforderten Vermittlertypus und der stärkeren Auseinandersetzung mit der Situation der Kunden. Und vonseiten der Kunden gibt es sowieso so gut wie keine Vorbehalte gegen Frauen als Beraterinnen. 81 % der Kunden sind gegenüber Frauen im Versicherungsvertrieb neutral bis positiv eingestellt – das hat eine aktuelle Studie der FH Köln (vgl. Zimmermann 2013) herausgefunden. Allerdings haben bisher nur 19 % der für die Studie Befragten eine weibliche Vermittlerin (Abb. 17.2).

### 17.2.2 Wandelndes Kundenverhalten und neue Kundenanforderungen

Die Lebensphasen der Menschen verschieben sich, durchgängige Lebensbiographien werden immer seltener und die Lebensformen vielfältiger. Deshalb erwarten Privatpersonen heute auch eine andere Beratung von ihrem Versicherungsvermittler. Der Wunsch nach individuellen und dennoch bezahlbaren Lösungen trifft hier auf eine noch standardisierte Produktwelt. Als Mittler muss der Versicherungsvertrieb deshalb die Lebens- und Bedarfssituation des Kunden tiefgehend analysieren.

Dabei trifft er in der Regel auf einen Kunden, der sich vorneweg im Internet informiert hat. Das bedeutet aber nicht automatisch, dass das Gespräch zwischen Vermittler und

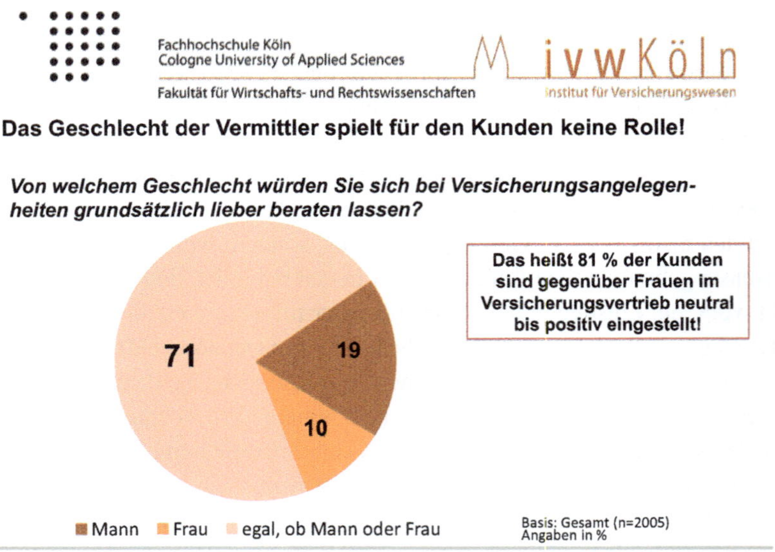


**Abb. 17.2** Kunden haben keine Vorbehalte gegen Frauen als Vermittler. Das Umdenken muss eher in den Köpfen der Vertriebsmannschaften stattfinden. Quelle: Studie „Frauen im Versicherungsvertrieb – Was sagen die Privatkunden dazu?“ von Prof. Dr. Gabriele Zimmermann, Lehrstuhl für Personalführung und Organisationsentwicklung an der FH Köln, 2013

Kunden auf Augenhöhe stattfindet, denn oftmals ist das virtuell angelesene Wissen des Kunden dann doch nur die Hälfte wert und der Vermittler muss Aufklärung über „Halbwahrheiten“ betreiben. Andererseits nimmt im Bereich der Sachversicherungen der Direktvertrieb über das Internet zu.

Aber nicht nur die Anforderungen im Bereich der Privatkunden steigen. Auch Firmenkunden verlangen mehr als den passenden Versicherungsschutz. Das beginnt bei der Aufklärung über neue Gefahren wie etwa Cyber-Risiken oder vermehrt auftretende Elementarschäden und reicht bis zum Risikomanagement und der Schadenprävention. Regelmäßige Updates gehören ebenso zur Anforderung. Während lange Zeit über die Preise in den Industrie- und Gewerbeversicherungen gesprochen wurde, rücken nun zwei andere Themen in den Vordergrund. Vermittler bekommen für ihre Firmenkunden oft nur noch schwer Deckungen, und zwar immer dann, wenn es sich um Bereiche handelt, die mit hohen Risiken behaftet sind. Und auch die Schadenregulierung wird für den Vertrieb zur Herausforderung. Denn Kulanzzahlungen der Versicherer werden seltener, Schäden ausgiebig und länger geprüft. Der Vertrieb wird somit als Mittler und Mediator zwischen Regulierer und Kunden mehr denn je gefordert.

#### 17.2.2.1 Change Bedarfe: Wandelndes Kundenverhalten und neue Kundenanforderungen

**Kunden brauchen lebenslange Begleiter, Versicherer Bestandsgeschäft**
Im Zusammenhang mit nicht mehr linear verlaufenden Lebensläufen erscheint es wichtig, dass sich der Vermittler vom Versicherungsverkäufer zum lebenslangen Begleiter entwickelt. Das Abzielen auf einen schnellen Abschluss sollte der Vergangenheit angehören. Die ganzheitliche Beratung und die langfristige Betreuung rücken aufgrund der höheren Kundenanforderungen in den Vordergrund. Für das Vermittlerbüro wird es dabei nötig sein, die Balance zu finden zwischen Effizienz und qualifizierter Beratung – eventuell auch mit Partnern zusammen. Denn viele Kunden wollen über eine finanzielle Risikoabsicherung hinaus auch einen Begleiter in anderen Belangen, wie beispielsweise in Erb- und Testamentsangelegenheiten.

Damit müssen sich auch Vertriebsstrategien und Vertriebsverhalten ändern. Während sich in den vergangenen Jahren – meist durch gesetzliche Änderungen – Sonderverkäufe ergeben haben, sind Verkaufsstories dieser Art in Zukunft erst einmal nicht zu erwarten. Sinn machten diese Sonderverkäufe dann, wenn es etwa wie bei Einführung der Unisextarife männliche Kunden gab, die sowieso entsprechende Leben- oder Krankenversicherungen abschließen wollten, diesbezüglich zu beraten oder auch einen Abschluss vorzuziehen. Bestandskunden entsprechend zu informieren oder auch zu beraten, gehört weitestgehend sogar zur Pflicht des Versicherers und Vermittlers. Ginge es aber nur darum, Verträge zu schreiben, ohne den Kunden in seiner Situation als solches zu sehen, richtet sich dies gegen die originäre und gesellschaftliche Aufgabe der Versicherungswirtschaft. Nur auf schnelles Neugeschäft abzuzielen, wie es insbesondere bestimmte Strukturvertriebe – allerdings nicht nur diese – getan haben, wird zukünftig nicht mehr funktionieren. Auch, weil Versicherer damit immer wieder Gefahr laufen, sich „schlechtes Geschäft“ einzukaufen. Zudem wird es immer schwieriger werden, Neugeschäft in einem Verdrängungsmarkt zu generieren. Umdeckungen, wie sie in der privaten Krankenversicherung, aber auch in anderen Personenversicherungen, von manchen großen Vertriebsstrukturen, Mehrfachagenten oder Versicherungsmaklern lange Zeit praktiziert wurden, sollten ebenfalls passé sein.

„Die Zukunft gehört dem langfristigen und ertragsorientieren Geschäft“, schreibt das Beratungsunternehmen Bain & Company in einer Pressemitteilung vom 09.04.2013. Und weiter: „Notwendige Vertriebsstrategien erfordern Struktur- und Kulturwandel“. Versicherer und ihre Vertriebseinheiten müssten in den nächsten Jahren stärker auf langfristiges Geschäft mit bestehenden Kunden setzen (vgl. Bain & Company 2013). Im Vordergrund einer solchen Vertriebsarbeit stehen die Bindung und Betreuung der Bestandskunden und damit wird die Analyse des Kunden immer wichtiger. Gleiches lässt sich auch auf die unabhängigen Vermittler übertragen. Aufgrund der veränderten Lebensphasen der Menschen bietet sich auch immer entsprechender Beratungsbedarf.

Bei Versicherern muss also ein strukturelles Umdenken stattfinden. Das schnelle Erzielen von Stückzahlen, an denen letztlich auch Vertriebsvorstände gemessen werden, muss neuen strategischen Vorgaben weichen oder zumindest durch diese ergänzt werden. Aber: Versicherer sind Wirtschaftsunternehmen und damit Kunden, Mitarbeitern und je nach rechtlicher Strukturierung – ob als AG oder VVaG – auch Aktionären und Mitgliedern verpflichtet. Ihre Aufgabe ist es, wirtschaftlich erfolgreich zu arbeiten. Erzielt werden muss dies künftig allerdings mit nachhaltigem Wachstum und nicht länger mit schnellen Abschlüssen.

Im Bereich der Industrie- und Gewerbeversicherungen lässt sich diese Vorgehensweise nur teilweise anlegen. Vor allem bei größeren Unternehmen trifft der Versicherungsvertrieb auf Kunden auf Augenhöhe. Aber auch hier muss sich der Vertrieb auf neue Risiken, neue Verhandlungsführer und immer wieder auf neue Wettbewerbssituationen einstellen.

**Neue Medien und Kommunikationsformen**
Im Zusammenhang mit den wandelnden Kundenanforderungen verändern auch die neuen Medien den Versicherungsvertrieb. Noch vor wenigen Jahren konnten die Unternehmen allein bestimmen, wie die Kommunikation mit dem Kunden läuft. Heute entscheidet der Kunde, wie er kommunizieren will. Der eine kommt lieber persönlich vorbei, einer greift zum Telefon, der andere erledigt seine Versicherungsangelegenheiten per Post oder nutzt E-Mail oder Vordrucke aus dem Internet oder will sogar über soziale Medien wie XING oder Facebook kommunizieren. Dabei ist es nicht so, dass der Kunde immer bei einem Kommunikationskanal bleibt, sondern diesen nach Wunsch und Laune wechselt. Für den Versicherungsvertrieb bedeutet dies, dass er auch auf allen Kanälen erreichbar sein muss. Für die eigenen Vertriebseinheiten haben Versicherer diesbezüglich neue Strukturen aufgebaut und diese den Vermittlern zur Verfügung gestellt. Für ungebundene Vermittler heißt es, dies mit persönlichem Engagement zu bewerkstelligen. Dabei liegt allerdings die Kommunikation über die sozialen Internetmedien nicht jedem.

Noch relativ neu sind auch die Bewertungsplattformen im Internet. Wer als Kunde einen Berater im Internet sucht, orientiert sich heute auch an den Kommentaren und Bewertungen anderer Kunden, die bereits Erfahrungen mit dem Berater gemacht haben. Oft sind es auch die Kunden, die eine Online-Beratung, beispielsweise über Videoanruf, einem persönlichen Besuch vorziehen. Für junge Menschen ist die Nutzung der neuen Medien heute eine Selbstverständlichkeit – wer als Vermittler hier punkten will, muss sich auch an dieser Stelle entsprechend positionieren.

Auf die steigende Anzahl von Direktabschlüssen über das Internet wird im Abschnitt „Veränderung des Wettbewerbs“ eingegangen.

### 17.2.3 Regulierung aus Brüssel und Berlin

Einen entscheidenden Faktor bei der Veränderung des Vertriebs spielt die Regulierung aus Berlin und Brüssel. Das „Gesetz zur Neuregelung des Versicherungsvermittlerrechts“ (Vermittlergesetz), das am 22.05.2007 in Kraft getreten ist und mit dem die EU-Vermittlerrichtlinie (IMD – Insurance Mediation Directive) in deutsches Recht umgesetzt wurde, hat die Anforderungen an die Vermittler deutlich erhöht. Insbesondere die Einführung einer Sachkundeprüfung, der Abschluss einer Vermögensschadenhaftpflicht sowie deutlich höhere Informations-, Beratungs- und Dokumentationspflichten sollten die Qualität in der Beratung steigern und die Sicherheit für den Kunden erhöhen. Mit dem Gesetz sind für die Vermittlerbüros die administrativen Aufgaben gewachsen, ebenso die Kosten.

Aktuell steht nun in Brüssel die Überarbeitung der EU-Vermittlerrichtlinie an. Mit der IMD 2 werden weitere Auflagen für die Vermittler kommen. Welche das sein werden, stand bei Erstellen des Artikels noch nicht abschließend fest. Doch auch weitere Regularien wirken auf den Versicherungsvertrieb, etwa:

- MiFID II (Markets in Financial Instruments Directive) – Sie bildet den Rechtsrahmen für die Erbringung von Wertpapierdienstleistungen im Zusammenhang mit Finanzinstrumenten – jetzt neu mit dem Zusatz IMD 1.5 die Versicherungsvermittlung betreffend
- PRIIPs (Packaged Retail and Insurance Based Investment Products) – Ziel von PRIIPs ist die bessere Vergleichbarkeit von Anlageprodukten – einschließlich kapitalbildender Lebensversicherungen – im Sinne von Kleinanlegern. Damit verbunden ist das
- KID (Kundeninformationsblatt) – Dort müssen alle wichtigen Informationen zu den PRIIPs enthalten sein – eventuell ergänzt um ein Beiblatt, in dem die Kosten ausgewiesen werden.

Die genannten Regulierungsvorhaben fließen auch in die Entscheidungen der IMD 2 ein. Denn Entscheidungen, ob unabhängige Beratung auch weiterhin gegen Provision möglich ist, ob Kosten immer oder erst auf Nachfrage der Kunden dargelegt werden müssen und wie die Vergütung künftig überhaupt aussieht, wird und wurde originär bereits hier mit entschieden.

Auch das neue „Gesetz zur Förderung und Regulierung einer Honorarberatung über Finanzinstrumente (Honoraranlageberatungsgesetz)“ ist ein Eingriff in den Markt. Davon ist zwar weniger die Vermittlung betroffen, mit der Regulierung des Berufsbilds des Honorarberaters werden aber die Trennlinien zwischen Vermittler und Honorarberater gelegt.

### 17.2.3.1 Change Bedarfe: Regulierung aus Brüssel und Berlin

Vermittler aller Couleur müssen sich immer schneller auf gesetzliche Änderungen einstellen. Und sie müssen diese in ihren Büros umsetzen. Gleichzeitig müssen sie damit rechnen, dass Wettbewerber verstärkt auf die Aktivitäten am Markt achten und Abmahnungen anstrengen, wenn ein Verstoß gegen die neuen Richtlinien und Gesetze vermutet wird. Das heißt, ohne unternehmerisches und rechtliches Know-how wird ein erfolgreiches Agieren am Markt schwieriger. „Es einfach mal drauf ankommen lassen“, jedenfalls wird langfristig nicht von Erfolg gekrönt sein. Und wer zu lange wartet, sich auf neue Gegebenheiten einzustellen, wird das Nachsehen haben.

Da mit der Regulierung der bürokratische Aufwand steigt, müssen Vermittlerbüros effizientere Prozesse in ihrem Unternehmen schaffen. Das kann mit einer geeigneten Software passieren und/oder mit einem erweiterten Back-Office. Wer das selbst nicht leisten kann, wird sich Partner, die entsprechende Dienstleistungen vorhalten, suchen müssen.

### 17.2.4 Kritik an Vergütungssystemen

An dem gängigen Vergütungssystem für Vermittler, der Provision beziehungsweise Courtage, reiben sich Politiker und Verbraucherschützer seit längerem Der Vorwurf lautet, dass ein Produkt immer dann vermittelt wird, wenn es dafür eine entsprechend hohe Provision gibt. Das Kundeninteresse werde dabei wenig gewahrt. Eine „echte" unabhängige Beratung gegen Provision könne es deshalb nicht geben, so die Kritiker des Provisionssystems. Zudem würden die hohen Abschlusskosten bei Lebensversicherungen dem Kunden schaden, denn die Ansparbeträge würden dadurch deutlich geschmälert. Deshalb gibt es seit Jahren die Diskussion darüber, ob die Honorarberatung nicht das bessere Modell sein. Eine zeitlang galt es sogar zu befürchten, dass ein Provisionsverbot in Europa Deutschland durchgesetzt werden könnte – wie dies in Großbritannien bereits der Fall ist.

Ein Provisionsverbot ist aber nach aktuellem Stand erst einmal vom Tisch, auch wenn mit der SPD eine Befürworterin der Honorarberatung in der Regierung sitzt. Vorerst heißt es im Koalitionsvertrag vom Dezember 2013 der CDU/SPD nur, dass die Honorarberatung und das Bild des Honorarberaters weiter gestärkt werden soll – was mit dem bereits erwähnten Honorarberatungsgesetz passiert. Auch auf EU-Ebene wird es wohl nach jetzigem Stand zur IMD 2 kein Provisionsverbot geben. Die Entscheidung bleibt den Mitgliedsstaaten überlassen.

Lange Zeit war die Provisionsdiskussion ein Thema, das von außen an die Branche herangetragen wurde. Das hat sich mittlerweile geändert, wie folgende Beispiele zeigen:

- Provisionsdeckelung
  Da die Versicherer Vertriebskosten senken (müssen), sind sie nicht mehr bereit, überhöhte Provisionen zu bezahlen. Der im neuen Lebensversicherungs-Reformgesetz (LVRG) festgelegte Höchstzillmersatz trägt sein übriges dazu bei. Dabei geht es um die Direktvergütungen an die Vermittler, aber auch um sogenannte Overheads, die im Vertriebskanal der Versicherungsmakler und Mehrfachagenten, an Pools oder Strukturvertriebe gezahlt werden. Dabei ist es die Entscheidung jedes einzelnen Versicherers, welche Provisionen er zahlt. Um aber nicht als einzelnes Unternehmen im Wettbewerb benachteiligt zu sein, haben etwa die privaten Krankenversicherer den Gesetzgeber angerufen mit der Folge, dass die Provision für die PKV-Vermittlung zum April 2012 auf neun Monatsbeiträge als Abschlussprovision limitiert wurde und die Stornohaftungszeit auf fünf Jahre verlängert wurde. Mehrmaligen Umdeckungen sollte damit Einhalt geboten werden. Im Jahr 2013 kam es zu einem Aufschrei, als ruchbar wurde, dass aus dem GDV-Verband heraus über eine Ausweitung der Provisionsdeckelung auf die Lebensversicherung nachgedacht werde. Aufgrund heftiger Proteste vonseiten der Maklerversicherer und der Makler wurde dies abgewendet und im LVGR nicht umgesetzt.

- Alternatives Vergütungsmodell des VDVM (Verband Deutscher Versicherungsmakler e. V.)
  Nachdem man die Augen nicht vor der Realität verschließen könne, entwickelte der VDVM als Maklerverband ein neues Vergütungsmodell in der Lebensversicherung. Bei dem Tarif soll der Rückkaufswert nach fünf bis sechs Jahren die Summe der eingezahlten Beiträge erreichen. Der Makler erhält zu Beginn eine reduzierte Abschlussprovision bei einer Stornohaftzeit von fünf bis zehn Jahren und im Anschluss eine laufende Bestandscourtage. Dies macht deutlich, dass der Druck aus der Branche heraus agieren zu müssen, um eventuell weiteren politischen Reglementierungen zuvorzukommen, groß ist. Allerdings sind nicht alle Versicherungsmakler von dem Vorstoß des Maklerverbands überzeugt. Zu bedenken ist auch, dass Existenzgründer sich bisher vor allem aus der Abschlussprovision finanziert haben.
- Servicegebühren, Honorar, Provision/Courtage
  In der Realität suchen sich manche Vermittlerbüros bereits eigene Wege, um die Ertragskraft im Unternehmen zu stärken. Das bedeutet, dass in einem Büro mittlerweile verschiedene Vergütungsformen zusammenfließen – etwa eine jährliche Servicegebühr für versicherungsnahe Dienstleistungen, Honorar bei Gewerbeversicherungen und Provision beziehungsweise Courtage in der Beratung und Vermittlung von Produkten an Privatpersonen.

Die Diskussion um die Vergütungssysteme wird trotz aktueller Entwarnung nicht verstummen. Interessant ist auch, vor welchem Hintergrund die Diskussion stattfindet. Auf die Vermittlerbüros kommen in Zukunft noch weitere Anforderungen zu. Sie müssen unter anderem in Weiterbildung, Software und Nachwuchs investieren, gleichzeitig müssen sie um ihre Umsätze kämpfen. Auch Nachwuchs zu generieren, dürfte in dem Umfeld schwierig sein. Dabei kann es politisch und gesellschaftlich nicht gewollt sein, dass Vermittler vom Markt verschwinden und es zu Tendenzen wie in Großbritannien kommt, wo in manchen Gebieten nach Einführung der Honorarberatung gar keine Beratung mehr stattfindet. Daher schreibt auch Prof. Dr. Thomas Köhne in der Studie „Die Zukunft des Versicherungsvertriebs“: „[…] sollten Provision und Courtage als berechtigtes Entgelt für die Leistung von Versicherungsvermittlern angesehen werden, Kunden – oftmals gegen ihren Willen – von der Notwendigkeit zu überzeugen, Risiko- und Altersvorsorge zu betreiben. Dieses ist im Sinne der Kunden und auch des Staates“ (vgl. Köhne 2013).

**Change Bedarfe: Kritik an Vergütungssystemen**
Folgende Fragen stellen sich also im Vertrieb: Die Versicherer müssen sich fragen, wie sie ihre Vertriebsstrategien ändern, Vertriebskosten senken und dennoch auch für unabhängige Vermittler interessant bleiben. Die Vermittler müssen sich fragen, wie sie ihre Einnahmesituation verbessern können, ihre Kostensituation in den Griff bekommen und sich künftig positionieren wollen. Auch wenn es kein Provisionsverbot gibt, stellt sich die Frage, ob die Beratung gegen Honorar und in welchem Maße und Voraussetzung für ihn interessant sein könnte.

**Die Seite der Versicherer**

Die Versicherer müssen ihre Vertriebskosten senken. Das LVRG will es so und es hängt auch die Glaubwürdigkeit der Branche davon ab. Deshalb wird es nicht ausbleiben, dass in der Lebensversicherung Abschlusskosten auf einen längeren Zeitraum verteilt werden und die Stornohaftungszeit weiter verlängert wird. Auch laufende Provisionen werden häufiger werden. Systematische Umdeckungen, die zum Nachteil der Kunden sind, müssen ein Ende haben. Insbesondere bei staatlich geförderten Produkten kann es nicht sein, das es zu „doppelten Verprovisionierungen" kommt. Es bedarf hier einer gemeinschaftlichen Anstrengung, bisherigen Fehlentwicklungen Einhalt zu gebieten.

Auch überhöhte Provisionszahlungen an Vertriebe und Pools werden kaum mehr möglich sein. Sondervergütungen werden im GDV-Kodex untersagt. Den Gesetzgeber anzurufen, eine Provisionsobergrenze zu schaffen, wie dies bereits passiert ist, scheint aber der falsche Weg zu sein. Die Branche bringt sich damit selbst in eine Zwickmühle: Man kann nicht einerseits auf die freie Vertragsgestaltung und den freien Wettbewerb pochen und andererseits den Gesetzgeber anrufen, wenn es plötzlich zum eigenen Vorteil gereicht. Der Wettbewerb muss an dieser Stelle innerhalb der Branche ausgeübt und geregelt werden.

Dabei müssen die Versicherer auch überlegen, wie sie künftig in den einzelnen Vertriebskanälen agieren wollen. In der AO bleibt ihnen immer die Möglichkeit, über andere Wege etwa in Form von Werbekostenzuschüssen, die Vertriebseinheiten zu unterstützen. Unabhängige Vermittler haben diese Unterstützung nicht. So stellt sich die Frage, wie der Wettbewerb auf dieser Ebene ohne einseitige Bevorzugung zu gewährleisten ist.

In Betrachtung der steigenden Bedeutung der Honorarberatung werden wohl in Zukunft vermehrt Honorartarife auf den Markt kommen. Versicherer werden sich dem nicht verschließen können. Einer gesetzlichen Verpflichtung, Honorartarife anzubieten, sollte die Versicherungswirtschaft zuvorkommen.

**Die Seite der Vermittlerbüros**

Aufseiten der Vermittlerbüros hat die Provisionsdiskussion unterschiedliche Auswirkungen. Versicherungsvertreter und der angestellte Außendienst müssen natürlich auch Antworten finden auf die Veränderungen. Stärker trifft die Provisionsdiskussion jedoch die unabhängigen Vermittlerbüros.

Als unabhängige Unternehmen sind sie auf sich selbst gestellt, haben aber andererseits auch die Möglichkeit, mit neuen Geschäftsmodellen, zum Beispiel Beratung gegen Gebühr oder Berechnung einer Servicepauschale, Umsatzrückgänge einzudämmen. Einige Versicherungsmakler wenden sich aktuell auch dem Thema der Nachlassbegleitung zu. Allerdings sollten solche Geschäftseinheiten, die gegen Honorar beraten, klar von der Tätigkeit des Versicherungsmaklers getrennt werden, um rechtlich schwierige Verflechtungen zu vermeiden. Auch mit Spezialisierungen, neuen Kundensegmenten oder der Zusammenarbeit mit Kollegen oder ähnlich gelagerten beratenden Berufen eröffnen sich neue Ertragsmöglichkeiten.

### 17.2.5 Steigende Bedeutung von Compliance und Verhaltensregeln

Die Versicherungswirtschaft und allen vorweg der Versicherungsvertrieb haben in der Öffentlichkeit ein schlechtes Image. Dazu beigetragen haben Provisions- und Incentive-Exzesse, die deutlich zu kritisieren sind. Hohe Bonuszahlungen, übertriebene Geschenke und insbesondere Incentive-Reisen führten in der Vergangenheit zu Skandalen Aber auch außerhalb dieser Ausschweifungen haben sich grenzwertige Verhaltensweisen eingeschlichen, die aber lange als akzeptabel und marktüblich galten. Dies hat sich nach der öffentlichen Medienschelte grundsätzlich geändert. Aktuell werden sämtliche Maßnahmen und Aktionen, vor allem in der Zusammenarbeit mit unabhängigen Vermittlern auf den Prüfstand gestellt. Mit Einführung des überarbeiteten GDV-Verhaltenskodexes im Jahr 2013, den ein Großteil der Mitgliedsunternehmen bereits unterschrieben hat, bekommen die Compliance-Regeln auch ein offizielles Gesicht. Der neue Verhaltenskodex enthält elf Leitlinien, die den Rahmen für eine faire und bedarfsgerechte Vermittlung von Versicherungsprodukten setzen soll. Erstmals muss die Einhaltung der Richtlinien von einem Wirtschaftsprüfer offiziell und regelmäßig testiert werden.

In dem Kodex wird noch einmal ausdrücklich betont, dass die Betreuung nach Vertragsabschluss zur Aufgabe des Vermittlers gehört und dass bei Abwerbungen beziehungsweise Umdeckungen von Versicherungsverträgen das Kundeninteresse zu beachten ist. Enthalten ist auch die Verpflichtung der Versicherer, nur mit Versicherungsvermittlern zusammenzuarbeiten, die sich laufend fortbilden und dies auch nachweisen. Den neuen Richtlinien zugrunde liegt nicht nur das Bedürfnis, ausschweifende Verhaltensweisen zu unterbinden, sondern auch die Qualität der Beratung und Betreuung als Ganzes zu fördern.

Der GDV-Kodex bleibt aber nicht ohne Kritik vonseiten der Versicherungsmakler. Sie wehren sich dagegen, von den Versicherern Compliance-Regeln vorgesetzt zu bekommen. Deshalb haben der VDVM zusammen mit dem Bundesverband der Versicherungskaufleute (BVK) und VOTUM – an den GDV-Kodex angelehnte – Compliance- und Verhaltensrichtlinien (Basis-Code) für Mehrfachagenten und Versicherungsmakler entwickelt. Diese richten sich speziell an nicht verbandsmäßig organisierte unabhängige Vermittler. Für die eigenen Mitglieder wiederum gibt es jeweils einen eigenen „Code of Conduct“, der über diese Richtlinien hinausgeht. Mittlerweile gibt es weitere Kodexe, wie etwa dem der Interessensgemeinschaft Deutscher Versicherungsmakler (IGVM) und des AfW – Bundesverband Finanzdienstleistung e. V.

#### 17.2.5.1 Change Bedarfe: Steigende Bedeutung von Compliance und Verhaltensregeln

Betrachtet man das Image des Versicherungsvertriebs fällt auf: Der Fernblick ist grundsätzlich negativ. In den Köpfen der Menschen steckt das Bild des „Klinkenputzers“, des „Versicherungsvertickers“ oder des „Über-den-Tisch-Ziehers“. Exzesse, Schneeballsysteme und betrügerisches Vorgehen wie wir sie gerade in der jüngsten Vergangenheit erlebt haben, füttern dieses negative Bild beim Kunden.

Der Nahblick auf den eigenen Berater fällt meist ganz anders aus – völlig unabhängig von der Vertriebsform. Dort ist der Versicherungsvermittler eher eine Vertrauensperson. Häufig begleitet er die Familie schon über Generationen hinweg und in ländlich geprägten Gebieten kennt man den Vermittler aus der Nachbarschaft, Vereinen oder anderen sozialen Strukturen.

Deshalb ist es Aufgabe der gesamten Branche, gemeinschaftlich an der Verbesserung des Images zu arbeiten. Ein gutes Image aufzubauen, dauert jedoch lange. Ein schlechtes Image dagegen bekommt man schnell – vor allem wird dabei wenig differenziert. Das Verhalten von „schwarzen Schafen" wird als gängiges Verhalten der ganzen Branche gesehen. Wenn von der Verbesserung des Images gesprochen wird, geht es nicht allein um Imagepflege, sondern um einen viel tiefergehenden Wandel. Was dafür getan werden kann, ist:

- Auf allen Ebenen wird gemeinschaftlich daran gearbeitet. Das gilt sowohl für Vermittler- als auch für Versichererverbände
- Der Versicherungsvermittler bewegt sich weg vom Versicherungsverkäufer hin zum Berater und lebenslangen Begleiter
- Kommunikationsmaßnahmen, die herausstellen, welche Aufgaben der Versicherungsvertrieb sowohl im Firmen- als auch im Privatkundenbereich übernimmt
- Qualifizierung für mehr Qualität in der Beratung
- Verhinderung von Exzessen und unlauterem Verhalten auf allen Ebenen
- Faire Vergütungssysteme – gleichermaßen fair für den Vertrieb wie für den Kunden
- Faire, transparente Produkte
- Einhaltung des GDV-Verhaltenskodex im Vertrieb beziehungsweise der Compliance-Richtlinien der Vermittlerverbände

### 17.2.6 Notwendigkeit der Fort- und Weiterbildung

Der Versicherungsverkäufer der alten Art hat bereits ausgedient. Aus dem Verkäufer wurde spätestens Ende der 90er Jahre ein Berater, der den Kunden als Ganzes im Blick hat. Aus dem Berater wurde schließlich nach Umsetzung der EU-Vermittlerrichtlinie der Unternehmer. So änderten sich zumindest die Terminologie und auch die Ausrichtung von Weiterbildungsangeboten. In Wirklichkeit besetzt der Versicherungsvermittler all diese Rollen gleichzeitig. Um diese Rollen auszufüllen, muss der Lenker des Vermittlerbüros einiges leisten und sich stetig in verschiedenen Bereichen weiterbilden. Dies gilt aber auch für seine Mitarbeiter – sowohl im Innen- als auch im Außendienst.

Mit Einführung der Sachkundeprüfung als Voraussetzung der Ausübung des unabhängigen Vermittlerberufs gibt es erstmals einen Nachweis über das Fachwissen des Vermittlers. Doch schon kurz nach Einführung wurde beklagt, dass eine einmalige Abfrage von Wissen nicht geeignet sei, ein ganzes Berufsleben lang abzudecken. Kritiker brachten zum Ausdruck, dass eine laufende Weiterbildung nötig sei, um langfristig qualifiziert beraten zu können. Dies gilt auch für den angestellten Außendienst (AO). Die Versicherer haben

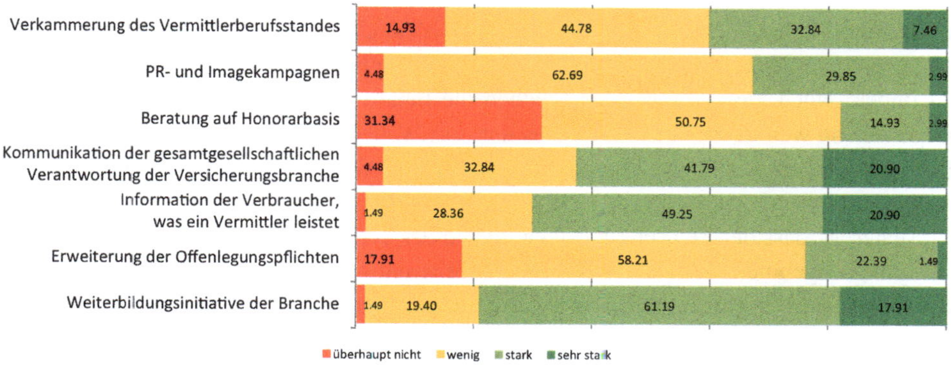


**Abb. 17.3** Einflüsse auf das Image des Vermittlers. Quelle: Studie „Zukunft des Versicherungsvertriebs", Auftragsstudie der bbg Betriebsberatungs GmbH, Studienleiter Prof. Dr. Thomas Köhne, Hochschule für Wirtschaft und Recht Berlin, 2013

sich im GDV-Verhaltenskodex ebenfalls verpflichtet, diesen durch die Ablegung einer IHK-Prüfung entsprechend zu qualifizieren. In den Verhaltensrichtlinien heißt es auch, dass die stetige Weiterbildung der Versicherungsvermittler in der Versicherungswirtschaft Standard ist und man nur mit ausreichend qualifizierten Vermittlern zusammenarbeitet.

Dieses Anliegen mündete nun in die Brancheninitiative „gut beraten", an der Vermittler sich seit 01.01.2014 freiwillig beteiligen können. Innerhalb von fünf Jahren müssen dabei 200 Weiterbildungspunkte bei Schulungs- und Seminarangeboten gesammelt werden. Diese werden dem Vermittler auf ein Konto gut geschrieben und dieser kann damit seinen Kunden seine Qualifizierung nachweisen. Im Zuge der zweiten EU-Vermittlerrichtlinie wird erwartet, dass eine Weiterbildungspflicht kommt. Ob sich die Hoffnung erfüllt, dass sich diese dann an der deutschen Initiative orientiert, bleibt abzuwarten.

Dass mehr Weiterbildung auch das Potential zur Verbesserung des Images der Versicherungsvermittlung hat, zeigt ebenfalls die Studie „Zukunft des Versicherungsvertriebs". Auf die Frage „Wie stark beeinflussen folgende Maßnahmen das Image des Vermittlers" bewerteten die Weiterbildungsinitiative der Branche knapp 80% der Befragten aus Vertriebsvorständen, Vertriebsführungskräften und Vermittlern mit „stark" bis „sehr stark".

Abbildung 17.3 zeigt, also dass die Weiterbildungsinitiative „gut beraten" – Qualifizierung wohl allgemein – das Potential dazu hat, das Image der Vermittler zu verbessern – und das noch weit mehr als andere Maßnahmen.

#### 17.2.6.1 Change Bedarfe: Fort- und Weiterbildung

Doch auch die Weiterbildungsinitiative „gut beraten" bleibt nicht ohne Kritik. Aufbau und Betreibung der IT-Struktur kostet Geld. Auch, weil die Versicherer eine hohe Datensicherheit erwarten. So kostet nun die Übermittlung jedes gesammelten Weiterbildungspunktes 1 Euro. Das wollen Pools und Dienstleister, die die für ihre angebundenen, unabhängigen Vermittler übernehmen müssten, nicht mitmachen. Mittlerweile gibt es deshalb Alleingänge, die an der Initiative vorbei die Punkte selbst dokumentieren und archivieren. Nach außen hin wirft dies ein schlechtes Licht auf die Branche – ein gemeinschaftlicher Auftritt gegenüber Verbraucherschutz und Gesetzgeber hätte ein gutes Signal sein können. Hier kann nur an alle Beteiligten appelliert werden, sich an einen Tisch zu setzen und Lösungen zu finden. Noch viel wichtiger sind jedoch die Inhalte der Weiterbildung. Die Branche muss sich so weit disziplinieren, dass es nur dort Weiterbildungspunkte gibt, die tatsächlich zu einer besseren Kundenberatung führen. Reine Werbeveranstaltungen müssen hier außen vorbleiben.

Sicher ist, dass der Zeit- und Kostenaufwand der Vermittler für die Wahrnehmung von Schulungsangeboten höher wird. Die stetige Weiterentwicklung, das Auffrischen alter und das Erlernen neuer Themenfelder wird für Vermittler aber nicht nur ein politisch gewolltes Muss, sondern auch aus wirtschaftlichen Gründen notwendig sein. Qualifizierte Beratung wird zu einem entscheidenden Wettbewerbsfaktor, um sich von anderen Kollegen abzusetzen.

Zur Fort- und Weiterbildung zählt neben dem Fachwissen im weiteren Sinne auch der Austausch mit Kollegen. In Netzwerken und auf Messen wie etwa der jährlich im Oktober stattfindenden DKM können Erfahrungen ausgetauscht und auch Anregungen für die praktische Umsetzung im eigenen Betrieb aufgenommen werden. Ähnlich wichtig ist die Informationsaufnahme über Fachmedien und Branchenzeitschriften.

### 17.2.7 Veränderung des Wettbewerbs

Vor dem Hintergrund all dieser Faktoren hat sich auch der Wettbewerb geändert. Während der gebundene Vertrieb auf die Unterstützung und den Support der Versicherer zählen kann, ist der Versicherungsmakler auf sich gestellt. Dies führt im Maklerbereich zu ersten Konsolidierungen am Markt. Neue Unternehmensstrukturen, Partnerschaften und Sozietäten entstehen. Immer mehr Makler schließen Vereinbarungen mit Verbünden, Pools oder anderen Servicedienstleistern. Auch immer mehr Banken suchen im Versicherungsvertrieb neue Ertragsmöglichkeiten. Sie können am Markt mit geballter Kraft auftreten und Bankberater haben häufiger Kontakt zu ihren Kunden, als Versicherungsvermittler ihn haben.

Während sich die klassischen Vertriebswege untereinander variierend Marktanteile abringen, ist es aber wohl das Internet, das die größte Veränderung mit sich bringt. Immer mehr Versicherungsverträge werden online bei Direktversicherern oder über Vergleichsportale abgeschlossen. Meist betrifft dies die weniger erklärungsbedürftigen Produkte aus dem Bereich Sach/HUK. Gerade in der Kfz-Versicherung nehmen die Online-Abschlüsse über Vergleichsportale zu. Mit großer Spannung wird zudem der Eintritt Googles in den deutschen Kfz-Versicherungsmarkt erwartet. Im Kfz-Bereich sind es zudem die Autohäuser, die beim Autokauf immer öfter direkt den Zuschlag für die Kfz-Versicherung bekommen. Auch in anderen Segmenten gewinnen produktakzessorische Versicherungsvermittlungen an Bedeutung. Großes Medieninteresse erhalten seit einiger Zeit auch Freundschaftsplattformen wie Friendsurance oder Kurzzeitversicherungen via App wie beispielsweise AppSichern.

#### 17.2.7.1 Change Bedarfe: Veränderung des Wettbewerbs

Die Veränderung des Wettbewerbs heißt in den klassischen Vertriebswegen, sich mit Alleinstellungsmerkmalen am Markt zu positionieren. Da dies heute nur noch selten über das Produktangebot geht, ist es insbesondere der Service und das Personal, mit dem man sich von Konkurrenten absetzen kann. Immer mehr wird es auch eine Rolle spielen, sich als Vermittler als eigene Marke zu präsentieren und sich bei seinen Zielgruppen zu positionieren. Die Kundengruppen müssen besser abgesteckt werden, um dann genau dieser die richtigen Lösungen anbieten zu können.

Im Verhältnis zum Netzvertrieb gilt es sich zu entscheiden. Will man die Chancen des Netzes für sich selbst nutzen oder will man sich bewusst dagegen entscheiden? Die Versicherer stellen ihre Produkte auf allen Vertriebswegen zur Verfügung. Mit Zweitmarken sind sie im Direktvertrieb vertreten, arbeiten mit Vergleichsportalen zusammen und stehen als Risikoträger für den Abschluss via App zur Verfügung. Die Versicherer gehen also aktiv mit dem Internet um. Das bedeutet auch für die Ausschließlichkeit weitere Konkurrenz. Doch kann die Ausschließlichkeit auf die Unterstützung der Versicherer setzen und komplette Pakete, die der Versicherer zur Verfügung stellt, umsetzen – etwa Angebotsrechner für die Homepage oder auch entsprechende Beratungstechnologie.

Versicherungsmakler wiederum müssen sich ebenfalls entscheiden, ob sie die neuen Chancen des Webs nutzen wollen. So bieten Vergleichsportale Maklern eine Zusammenarbeit an. Gerade in Bereichen, in denen die Vergütung gering ist, wie etwa bei der Kfz-Versicherung, könnte dies interessant sein. Auch andere Modelle sind vorstellbar.

Noch einmal zurück zu den Versicherern. Denn dort konkurrieren verschiedene Vertriebskanäle unter einem Dach miteinander. Dabei will jeder Vertriebskanal anders bedient werden. Für den Versicherer bedeutet dies, dass er für jeden Kanal die geeigneten Strukturen schaffen muss. Auch unterscheidet sich der Umgang mit der AO deutlich von dem mit Versicherungsmaklern, die ein anderes Selbstverständnis durch ihre Unabhängigkeit haben. Hier heißt es, ein klares Bekenntnis zu den jeweiligen Vertriebspartnern abzugeben und dies in Betreuung, Service, IT-Anbindung, Produkten und auch Erreichbarkeit umzusetzen.

### 17.2.8 Abläufe und technische Prozesse

Vor einigen Jahren hat auch in der Versicherungswirtschaft die Industrialisierung begonnen. Insbesondere das Massengeschäft sollte nun durch Standardisierungen in Prozessen und Produkten kostengünstiger abgewickelt werden. Die Prozesse im Vertrieb spielen hier eine zentrale Rolle. Die Dunkelverarbeitung hielt Einzug in die Unternehmen. Bei „einfachen" Produkten wie Kfz-Versicherungen sind diese Verarbeitungswege bereits weit fortgeschritten. Bei hoch komplexen Produkten wie einigen Altersvorsorgekonzepten, die auch noch mit einer hohen Flexibilität versehen sind, sind maschinelle Abbildungen um ein Mehrfaches schwieriger. Mehr Effizienz, der Wunsch nach medienbruchfreiem Arbeiten und das Einsparen von Kosten treiben die Digitalisierung weiter voran – zum Nutzen sowohl auf Versicherer – als auch auf Vermittlerseite. Allerdings deckt sich das nicht immer: Was für die eine Seite effizient und gut ist, löst auf der anderen Seite eventuell wieder neue Geschäftsvorgänge aus oder kann die Ansprüche nur ungenügend erfüllen. Abhilfe versucht hier der GDV-Standard und die Trusted German Insurance Cloud (TGIC) sowie das Brancheninstitut Prozessoptimierung (BiPRO) e. V. zu schaffen.

Die Automatisierung in der Versicherungsbranche führt dazu, dass die Möglichkeiten, aber eben auch oft die Grenzen der IT, die Abläufe eines ehemals personenbezogenen Geschäfts immer mehr bestimmen. Was einst „People Business" war, wird nun elektronisch abgewickelt. In der jüngsten Vergangenheit führte dies teilweise zu einem Vertrauensverlust zwischen Vermittlern – insbesondere Versicherungsmaklern – und Versicherern. Beratung und Vertrieb in Richtung Kunden bleibt ein stark personenbezogenes Geschäft und die Fragen und persönlichen Bedürfnisse der Kunden will der Vermittler auch vom Versicherer individuell beantwortet haben. Intranets für gebundene Vertriebseinheiten und Extranets für ungebundene Vermittler können zwar die maschinellen Prozesse und Informationen abbilden, ersetzen aber nicht den persönlichen Kontakt. Ungebundene Vermittler, die aus einer Vielzahl von Gesellschaften die Produktauswahl für ihre Kunden treffen, stellt das im Gegenteil vor ein neues Problem. Mit Single-Sign-On – Konzepten wurden zwar schon Lösungen gefunden, doch ist die Beteiligung daran noch zu gering.

Und während die Branche weiterhin nach Verbesserungen sucht, wird sie von technischen Neuerungen überholt. Um dem Vermittler beim Kunden ein modernes Auftreten zu geben und auch das mobile Arbeiten zu erleichtern, muss mit den modernsten Geräten gearbeitet werden. Immer mehr wird deshalb mit Apps gearbeitet. Während Apps in Richtung Endkunden, zum Beispiel für eine Schadenmeldung, schon weiter entwickelt sind, werden die Vermittler-Apps allerdings noch wenig genutzt, da der Nutzen für den Vermittler oft noch zu gering ist.

#### 17.2.8.1 Change Bedarfe: Abläufe und technische Prozesse

Voraussetzung für den weiteren wirtschaftlichen Erfolg wird also das effiziente Arbeiten im Versicherungsvertrieb sein. Grundsätzlich bedeutet dies die gemeinsamen Branchenanstrengungen zu verstärken. Anbindungen und Schnittstellen müssen verbessert werden und dabei auch eine hohe Datensicherheit gewährleistet werden. Wichtige Voraussetzung dafür ist, dass man sich auf eine Initiative oder einen Standard einigt. Es ist den Vermittlern nicht geholfen, wenn am Markt erneut verschiedene Splittergruppen entstehen. Für ihn ist es wichtig, dass Schnittstellen in alle Richtungen bestehen. Denn nur so können Doppelarbeiten im Vermittlerbüro vermieden werden – was zum Beispiel mehrfache Eingaben ins Verwaltungsprogramm, Beratungstechnologie und Antragssysteme betrifft.

Ein Mehrfachagent oder Versicherungsmakler, der mit einer Vielzahl von Anbietern zusammenarbeitet, muss zudem auf eine Vielzahl von Extranets zugreifen. Die Brancheninitiative Single-Sign-On, die unter www.easylogin.de mit einer Authentifizierung den Zugang zu mehreren Versicherer-Extranets bietet, schafft hier Abhilfe. Auch hier zeigt sich, dass sich die Bereitschaft zur Zusammenarbeit ändern sollte, da sich nach wie vor zu wenige Versicherer an dieser Initiative beteiligen.

Aber auch im Zusammenspiel zwischen Kunden und Vermittler ändern sich die Prozesse. Heute ist es selbstverständlich, dass der Vermittler mit dem Laptop zum Kunden geht und bei der Beratung eine den Beratungsablauf unterstützende Software einsetzt. Mit dem Trend hin zu PC-Tablets und Smartphones wird der nächste Schritt in der Versicherungsberatung sein, den Verkauf einer Police vor Ort elektronisch abzuschließen Im Vordergrund steht dabei, Apps so auszustatten, dass sie tatsächlich auch für den Versicherungsvertrieb Nutzen stiften – und das über alle Vertriebskanäle hinweg. Der Einsatz der mobilen Kommunikationsgeräte könnte auch ein weiterer Schritt in Richtung flächendeckender elektronischer Unterschrift sein – einem Thema, das in Zukunft weiter an Gewicht gewinnen wird.

Zudem müssen auch im Vermittlerbüro selbst neue Beratungstechnologien Einzug halten. Beispielhaft sei die Beratung von Kunden über Videotelefonie und den Einsatz von Web-Presenting und Desktop-Sharing erwähnt, die zur Erklärung von Unterlagen und Dokumenten eingesetzt werden können. Zeit und Aufwand können damit gespart werden, zudem präsentiert sich der Vermittler in moderner Form.

Des Weiteren müssen sich die Vermittlerbüros überlegen, welche Arbeiten sie ins Internet beziehungsweise auf ihre Homepage verlagern können. Beispielsweise könnten Vergleichsrechner auf der Homepage auch im Maklerbüro für wenig beratungsintensives Geschäft eingesetzt werden. Auch die Nutzung anderer Synergien müssen offen geprüft werden.

**Fazit und Ausblick**

Der Versicherungsvertrieb steht unter besonderer Beobachtung von Politik, Öffentlichkeit und Verbraucherschützern. Das wird auch in Zukunft so bleiben. Dabei fällt der Blick meist nur auf die negativen Begleiterscheinungen. Die wichtige gesellschaftliche Aufgabe, das solidarische Prinzip des Kollektivs und die individuelle Risikoabsicherung der Menschen werden dabei wenig gesehen. Dass sich daran etwas ändert, bedarf der gemeinschaftlichen Anstrengung der Branche und ist ein langwieriger Prozess. Jeder qualifizierte Versicherungsvermittler sollte jedoch mit Selbstbewusstsein in die Zukunft sehen. Denn wie Prof. Dr. Thomas Köhne im Fazit der Studie „Die Zukunft des Versicherungsvertriebs“ schreibt, werden Versicherungen auch weiterhin verkauft und nicht gekauft werden. Die Bedeutung des Vermittlers wird deshalb bestehen bleiben. Wie dargestellt wurde, haben die Vermittler bei der wichtigen Ausübung ihres Berufes aber zahlreiche Hemmnisse zu bewältigen.

Von gesetzgeberischer Seite dürfte die Vermittlerregulierung weitergehen. Demnächst liegen die finalen Entscheidungen zur zweiten EU-Vermittlerrichtlinie und anderer Richtlinien an, die auch den Versicherungsvertrieb betreffen. Ob damit schon ein Ende erreicht ist, bleibt fraglich. Nicht zu vergessen, dass auch andere Bereiche für Regulierung sorgen – so zum Beispiel das Geldwäschepräventionsgesetz oder auch Regelungen zum Datenschutz. All das wird zu einem höheren Verwaltungsaufwand führen. Vermittlerbüros werden deshalb unternehmerischer denken müssen. Auch dazu bezieht Köhne, der von einer Konsolidierung des Marktes ausgeht, in seiner Studie Stellung. Er schreibt: „Vertreter und Makler müssen sich künftig noch unternehmerischer aufstellen, um in diesem Umfeld bestehen zu können und zu den „Überlebenden" der Konsolidierung zu gehören". Zur Professionalisierung gehören aus seiner Sicht die Spezialisierung, Bürogemeinschaften, die Qualifizierung sowie eine geordnete Ablauforganisation und der Einsatz von Technik.

Das sind zahlreiche Aufgaben, die der Versicherungsvertrieb zu bewältigen hat. Natürlich gibt es aber auch heute schon viele Vermittlerunternehmen, die diese bestens erfüllen und eine Beratung auf hohem Niveau erreicht haben. Vor allem dort, wo das Gewerbe- und Industriegeschäft im Vordergrund steht, herrscht die notwendige Professionalität vor. Aber auch im Privatkundengeschäft gibt es Vermittlerbüros, die die Chancen der „neuen Vertriebswelt" zu nutzen wissen. Diese kommen in einem solchen Beitrag meist nur am Rande vor, da die Situation nur verallgemeinert geschildert werden kann – gerade dann, wenn es um die Veränderungsprozesse und –notwendigkeiten der Branche geht.

Der Versicherungsvertrieb hat viele Persönlichkeiten, die ihren Beruf professionell und mit viel Herz ausüben, die ihren Kunden zuhören, sie bedarfsgerecht beraten und ihnen oft auch in schwierigen Situationen zur Seite stehen. Sie sind den Menschen und Unternehmern nahe und erleben täglich, was Schadenfälle in deren Leben anrichten können. Sie tragen dazu bei, zumindest die finanziellen Folgen solcher Schäden abzumildern. Mit der Aufklärung über Risiken, deren Management und Präventionsberatung sorgen sie im besten Fall sogar dafür, dass es gar nicht erst zum Schaden kommt. Und in der Vorsorgeberatung kommt ihnen aufgrund des staatlichen Rückzugs ebenfalls eine besondere Bedeutung zu.

Die Kundennähe, das Lösen von Problemen – auch wenn diese für den Kunden anfangs oft nicht greifbar sind – und ein direktes somit schnelles Feedback vom Kunden führen bei vielen Vermittlern zu einer hohen Zufriedenheit und Erfüllung. Dieses Feedback und die erlebbare Hilfe für Menschen sind übrigens auch die Gründe, warum sich junge Menschen entscheiden, diesen Beruf zu ergreifen.

Mit einem gemeinschaftlichen Änderungswillen dort wo es nötig ist, und der originären Motivation, den Kunden bedarfsgerecht zu beraten und zufrieden zu stellen, kann der Versicherungsvertrieb in den nächsten Jahren neue Impulse setzen. Es ist jetzt die Zeit, die richtigen Weichen zu stellen. Es wäre doch wunderbar, zumindest im Schulabschlussalter öfter mal den Satz zu hören: „Ich will Versicherungsvermittler werden."

## Literatur

AGV und BWV (2013) „Die Ausbildungsumfrage der Versicherungswirtschaft 2013". 10. Erhebung

Bain & Company (2013) „Quo Vadis Deutsche Versicherungslandschaft Teil III: Der Versicherungsvertrieb im Umbruch – Vom Versicherungsverkäufer zum Kundenberater". Pressemitteilung vom 09.04.2013

DIHK (2013) Sonderauswertung Statistik Vermittlerregister Stand 26.11.2013

Köhne T (2013) Studie „Zukunft des Versicherungsvertriebs“, Auftragsstudie der bbg Betriebsberatungs GmbH – Studienleiter Prof. Dr. Thomas Köhne, Hochschule für Wirtschaft und Recht Berlin

Wyman O (2013) Studie „Standortbestimmung Versicherungsmarkt Deutschland 2013“

Zimmermann G (2013) Studie „Frauen im Versicherungsvertrieb – Was sagen die Privatkunden dazu?“

**Dieter Knörrer** ist seit 1994 geschäftsführender Gesellschafter der bbg Betriebsberatungs GmbH. Er ist Herausgeber der Fachzeitschrift AssCompact und Veranstalter der DKM, der führenden Fachmesse für die Finanz- und Versicherungswirtschaft. Zudem ist der ehemalige Vorstand einer genossenschaftlichen Bank Mitinitiator verschiedener Brancheninitiativen. Besonders am Herzen liegt ihm die partnerschaftliche Zusammenarbeit zwischen Produktgebern und unabhängigen Finanz- und Versicherungsmaklern.

# Chance Innovation? Wie viel Neuerung braucht der Versicherungsmarkt?

18

Horst Müller-Peters und Michaele Völler

**Zusammenfassung**

Innovationen erfordern zunächst einen inneren Wandel in der Perspektive der Innovatoren und lösen zugleich einen Change Management Prozess in der Organisation aus.

Nach einer kurzen Begriffsklärung behandelt dieser Beitrag zunächst den Status quo zu Innovationen in der Versicherungsbranche. Anschließend wird begründet, dass Neuerungen in der Assekuranz sinnvoll sind. Nachfolgend wird beschrieben, warum dies einen zweifachen Wandel erfordert und welche Faktoren die individuelle und organisatorische Innovationskraft begünstigen.

**Schlüsselwörter**

Business Case Innovation im Versicherungswesen · Innovationsfähigkeit einer Organisation · Treiber statt Getriebener · Innovation und Change

In seinem klassischen Werk „Theorie der wirtschaftlichen Entwicklung" beschrieb der Ökonom Joseph Schumpeter bereits 1912 Innovationen als die eigentliche Triebfeder der wirtschaftlichen Entwicklung. Durch die fortlaufende, von Gewinnzielen der Unternehmer getriebene Suche nach Neuerungen entstehe ein Prozess „schöpferischer Zerstörung", der die Wirtschaft unaufhörlich von innen revolutioniere und so zum technischen und wirtschaftlichen Fortschritt führe.

Auch hundert Jahre nach Schumpeter gilt die Fähigkeit zur Innovation als ein zentraler Erfolgstreiber. Die meisten Manager sehen darin einen wichtigen Wettbewerbsfaktor,

H. Müller-Peters (✉) · M. Völler
Köln, Deutschland
E-Mail: horst.mueller-peters@fh-koeln.de

M. Völler
E-Mail: michaele.voeller@fh-koeln.de



G. Zimmermann (Hrsg.), *Change Management in Versicherungsunternehmen*,
DOI 10.1007/978-3-658-05974-3_18

und auch statistische Auswertungen zeigen einen deutlichen positiven Zusammenhang zwischen der Innovationskraft und der Umsatzentwicklung von Unternehmen (vgl. z. B. Feldmann et al. 2013; pwc 2013; Wagner, Taylor et al. 2013).

Die Versicherungsbranche gilt klassischerweise nicht als Hort der Innovationsfreude. Änderung bedeutet immer auch Risiko, Versichern heißt dagegen schützen und bewahren. Durchgreifende Neuerungen sind in der Branche selten. Eine Mehrzahl der Produktkategorien gibt es seit 50,100 oder auch 300 Jahren (vgl. Swiss Re 2011), und unter den globalen Innovationsführern finden sich weder Versicherer noch andere Finanzdienstleister (vgl. Wagner et al. 2013, S. 7). Marktbewegungen erfolgen nicht nur im Vergleich zu Technologiebranchen, sondern auch zu Konsumgütern oder zu anderen Dienstleistungsgewerben meist langsamer. Spätestens seit der Finanzkrise ab 2007 hängt dem Begriff „Innovation" im Finanzsektor zudem ein eher negativer Beigeschmack an.

Welche Bedeutung haben vor diesem Hintergrund Innovationen für den Erfolg einzelner Versicherer? Und wie wichtig ist Innovationskraft für die Branche insgesamt? Steht die Versicherungswirtschaft angesichts ihrer hoch entwickelten Kernkompetenz in der Risikoidentifikation, -bewertung und -übernahme und der daraus resultierenden hohen funktionalen Bedeutung für eine entwickelte Volkswirtschaft (vgl. z. B. Prognos 2013) als ein „Fels in der Brandung" über dem Zwang einer fortlaufenden Erneuerung? Ist sie in Gefahr, im Zuge eines technologischen oder gesellschaftlichen Umbruchs am Ende als „Zerstörter" dazustehen? Oder ist sie sogar in der Lage, ihre Kompetenzen auf weitere Felder auszudehnen und so selbst zum „schöpferischen Zerstörer" zu werden?

## 18.1 Arten der Innovation: Zwischen Evolution und Revolution

Zuerst soll ein Blick darauf geworfen werden, was Innovation eigentlich ist. Grundlage ist die Neuartigkeit, oder genau genommen: Die im jeweiligen Geschäftsfeld *wahrgenommene* Neuartigkeit: „An innovation is an idea, practice, or object that is perceived as new…" (Rogers 2005, S. 11). Üblicherweise wird aber eine Neuerung erst dann als Innovation bezeichnet, wenn diese auch erfolgreich ist: Erst die *Durchsetzung am Markt* macht die Invention zur Innovation (Schumpeter 1912, 2005).

Zudem ist Innovation nicht gleich Innovation. Zu unterscheiden ist einerseits der *Gegenstand der Neuerung*: Diese betrifft nicht nur Produkte oder einzelne Produktmerkmale (hier: *Produkte*), sondern ebenso Produktionsmethoden beziehungsweise Änderungen in den Abläufen des Unternehmens (*Prozesse*), die Einführung neuer Methoden in Kundenbetreuung oder Vertrieb (*Services*) oder auch die Entwicklung ganzheitlich neuer Logiken der Wertschöpfung für Kunde und Unternehmen (*Geschäftsmodelle*) (Abb. 18.1).

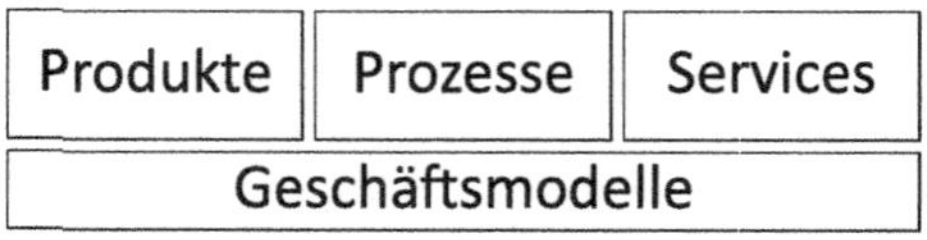


**Abb. 18.1** Gegenstand von Innovationen

Zudem ist nach dem Grad der Neuartigkeit zu unterscheiden. Änderungen können „*evolutionär*“ durch viele kleine Anpassungen erfolgen (ein Beispiel ist die fortlaufende Fortentwicklung des Automobils), oder aber in großen, „*revolutionären*“ Sprüngen (Beispiele sind die Einführung des Fließbandes in der Produktion oder die Einführung der Smartphones als neuer Produktkategorie). Optional lässt sich auch von *schrittweisen* versus *transformierenden* Innovationen sprechen (vgl. Swiss Re 2011). Robertson (1971, S. 21 ff.) schlug dagegen eine danach häufig aufgegriffene Einteilung *aus Sicht des Rezipienten* vor, also anhand des Grades, in dem bestehende Wissens- und Verhaltensschemata der Verbraucher angepasst werden müssen:

- *Kontinuierliche Innovation*: Nur geringe Anpassung bestehender Wissens- und Verhaltensmuster notwendig.
- *Dynamisch-kontinuierliche Innovation*: Größere Änderung, aber Rückgriff auf bekannte Konsummuster aus anderen Kategorien möglich.
- *Diskontinuierliche Innovation*: Hohe Anpassung von Wissens- und Verhaltensstrukturen notwendig.

Auf die Organisation und deren Prozesse bezogene Innovationen werden im Rahmen des vorliegenden Sammelwerkes zum Thema „Change“ bereits umfassend behandelt. Im Folgenden sollen die *marktbezogenen* Innovationen im Vordergrund stehen – also primär auf die Bereiche „Produkte“, „Service“ sowie in Teilen auf „Geschäftsmodelle“ bezogen, auch wenn sich viele Ausführungen sicherlich ebenso auf organisationale Innovationen beziehen lassen.

## 18.2 Motive der Innovation

Die grundlegende unternehmerische Motivation für die Einführung von Neuerungen wurde bereits angesprochen. Im Vordergrund steht die Erreichung von Gewinnzielen durch die Schaffung von neuen oder den Ausbau oder die Verteidigung von bestehenden Wettbewerbsvorteilen.

Daraus wird deutlich, dass Innovation sowohl aktiv als auch reaktiv ausgerichtet sein kann: Unternehmen entwickeln sich fort, um einen Vorsprung gegenüber dem Wettbewerb zu erlangen. Oder sie entwickeln sich, um so auf eingetretene Änderungen im Umfeld zu reagieren. Im ersten Fall sind sie selbst Treiber, im zweiten eher Getriebene der „schöpferischen Zerstörung“.

- *Treiber* heißt dabei, aktiv nach neuen Chancen zu suchen: Nach neuen Ideen, nach den Einsatzmöglichkeiten neuer Techniken, nach Änderungen im Kundenverhalten, in den rechtlichen Rahmenbedingungen oder in gesellschaftlichen Trends.
- *Getrieben* heißt dagegen, erst auf die Notwendigkeit durch geänderte Rahmenbedingungen zu reagieren. Auch hier können der rechtliche Rahmen oder geändertes Kundenverhalten, aber auch demographische Entwicklungen oder Maßnahmen des Wettbewerbs Auslöser sein.

## 18.3 Innovation in der Versicherungswirtschaft

Wie ist der Status Quo in der Versicherungswirtschaft? Wie bereits erwähnt, wird die Branche eher mit Beständigkeit als mit Innovationen assoziiert. Typische Äußerungen aus der Branche, wenn es um die Entwicklung und Einführung neuer Produkte geht, sind: „Bei uns sind die Produkt-Entwickler eigentlich Produkt-Verhinderer", „Wir schauen, was die Allianz macht, und überlegen dann, ob wir das auch machen", „Die Kunden wollen das nicht" oder „Der Vertrieb blockiert". Diese Echtzitate aus Gesprächen der Autoren mit Managern in Versicherungsunternehmen deuten bereits eine Vielzahl von unternehmensinternen und marktbedingten Barrieren für Innovationen im Versicherungsbereich an. Dazu kommen rechtliche und kalkulatorische Grenzen und die Langfristigkeit des Geschäftsmodells und der damit einzugehenden Risiken.

Dennoch bescheinigt eine systematische Studie der Swiss Re für den Non-Life-Bereich den deutschen Versicherungsunternehmen, innovativer als ihr Ruf zu sein, und darin anderen Branchen nicht grundsätzlich nachzustehen (vgl. Swiss Re 2011, S. 11 ff.). Dabei konzentrieren sich die in der Studie identifizierten Innovationen (es wurden ausschließlich Produktinnovationen untersucht) allerdings weitgehend auf nur drei Felder:

1. *Anpassung bei den Versicherungsbedingungen*: Hierbei geht es um die laufende Anpassung von Deckungsumfang und Versicherungsbedingungen. Vielfach handelt es sich auch um – vom Kundenbedarf getriebene – maßgeschneiderte „Deal-by-Deal-Anpassungen" in bestehenden Kundenbeziehungen.
2. *Bündelung/Entbündelung von Risikodeckungen*: Die Zusammenfassung von bestehenden Produkten zu Bündeln oder die Aufsplittung bestehender Bündel zu „Baukasten-Produkten" ist vor allem im Privat- und Kleingewerbegeschäfts eine häufige Maßnahme in der Produktpolitik.
3. *Policen auf der Grundlage von parametrischen Triggern*: Dabei werden Auszahlungen entgegen dem klassischen Versicherungsprinzip nicht als Ersatz für einen eingetretenen finanziellen Schaden, sondern pauschal nach Eintritt eines vordefinierten Ereignisses ausgezahlt.

Zudem beschränkten sich die in der Studie erfassten Innovationen ganz überwiegend auf kleine, evolutionäre Schritte. In vielen der genannten Fälle ließe sich sogar kritisch hinterfragen, ob alleine „Maßschneidern", „Bündeln" oder „Entbündeln" tatsächlich schon ausreichend Neuigkeitsgrad aufweisen, um als echte Innovation zu gelten. Oder spricht ein Autohersteller, der eine Anhängerkupplung anbietet („Maßschneidern"), ein Sondermodell mit Ledersitzen und passendem Kofferset ausliefert („Bündeln") oder die zuvor serienmäßige Klimaanlage zum Sonderzubehör macht („Entbündeln") hier schon von einer Produkt-Innovation?

Größere, „revolutionierende" oder in der Kategorie der Studie als „transformierend" bezeichnete Innovationen bleiben dagegen – ungeachtet einer Reihe positiver Ausnahmen – weitgehend aus (Swiss Re 2011, S. 4, zu den Ausnahmen siehe S. 11). Zudem sind der größte Teil der aufgezeigten Innovationen – in unserem obigen Sinne – eher getrieben: als Reaktion auf rechtliche Änderungen, konkrete Kundenwünsche oder Maßnahmen des Wettbewerbs, aber weniger aus der aktiven Suche nach neuen Chancen im Markt resultierend.

Positive Ausnahmen einer aktiven Entwicklung von Innovationen finden sich besonders dort, wo neue Risiken entstehen oder wo alte Risiken durch neue Methoden einschätzbar und damit auch versicherbar werden – also eng an der traditionellen Kernkompetenz der Branche.

So listen sowohl die Studie der Swiss Re aus dem Jahr 2011 als auch die Studie der Prognos aus dem Jahr 2013 eine Reihe von Beispielen auf, in denen neu hinzugekommene oder in ihrer Bedeutung deutlich gewachsene Risiken versicherbar werden. Dies sind z. B. Risiken durch Datenmissbrauch, durch vernetzte Lieferketten, in der Raumfahrt, durch erneuerbare Energiequellen oder durch Reputationsverluste (Swiss Re 2011, S. 11; Prognos 2013, S. 83 ff.). Ein aktuelles Beispiel einer Innovation, die schon „alte", aber bisher nicht versicherbare Risiken auf Basis neuer Softwarelösungen kalkulierbar und damit auch versicherbar macht, ist eine jüngst durch die Munich Re angekündigte Absicherung von Baupreissteigerungen (Munich Re und RIB 2014).

Diesen genannten Innovationen ist gemeinsam, dass sie einerseits der Branche neue Märkte erschließen, andererseits aber zum volkswirtschaftlichen Nutzen des Versicherns beitragen. Durch die Möglichkeit des Risikotransfers werden Investitionen in den genannten Felder gefördert oder vielfach erst ermöglicht – ein wesentlicher Beitrag zur wirtschaftlichen Entwicklung (vgl. z. B. Prognos 2013, S. 64 ff; Swiss Re 2011, S. 9). Allerdings sind auch hier Grenzen gesetzt, da nach wie vor nicht alle Risiken tatsächlich einschätzbar sind (vgl. z. B. Fromme 2012; Prognos 2013, S. 67 ff. und 87 ff., Much 2010). Trigger-basierte oder auch All-Risk-Policen mit eng begrenztem Haftungsumfang könnten aber beispielsweise ein Weg sein, einen zumindest partiellen Risikotransfer auch für solche „Known Unknowns" (bekannte Risiken mit unbekannter Wahrscheinlichkeit) und „Unknown Unknowns" (bisher unbekannte Risiken) darzustellen.

Einige weitere grundlegende Innovationen beziehen sich nicht auf neue Märkte, sondern auf die Änderung der zugrundeliegenden Versicherungsprinzipien. Dazu gehören Scharia-konforme Versicherungen, Mikroversicherungen oder Versicherungen, die vom Zeit-Bezug auf das Nutzungsprinzip schwenken. Ein aktuelles Beispiel zu letztem ist die auf Telematik basierende Tarifierung der Kfz-Versicherung nach Fahrleistung („*pay as you drive*") oder nach Fahrstil („*pay how you drive*"). Nachdem diese Ansätze bereits im Flottengeschäft eine gewisse Bedeutung erlangt haben, verbreiten sie sich auch im privaten Kfz-Geschäft zunehmend (vgl. z. B. Epple 2012, S. 734 ff.). Vorteil ist einerseits eine bedarfsgerechtere Bepreisung des Risikos. Andererseits bewirkt diese Form der „Begleitung" des Fahrers vermutlich auch einen deutlich risikomindernden Effekt, einerseits durch Betrugsvermeidung, Prozessoptimierung und bessere Werkstattsteuerung (vgl. Epple 2012, S. 734 ff.), aber auch durch die Anpassung der Fahrweise an die Beobachtungssituation (Das kritische Thema Datenschutz und Anonymitätsbedürfnis sei hier ausgeklammert, vgl. dazu Müller-Peters 2013).

Insgesamt ist aber festzuhalten: Innovationen in der Versicherungsbranche erfolgen überwiegend schrittweise-evolutionär und vorwiegend durch die Umstände getrieben. Nur relativ wenige Anbieter setzen dagegen auf größere oder gar „revolutionäre" Schritte.

## 18.4 Lohnt sich Innovation? Die kurzfristige Sicht

Lohnt es sich nun für einen Anbieter im Versicherungsmarkt, auf mehr Innovation zu setzen? Unterstellen wir einen Versicherungsmanager mit einem Zeithorizont von fünf Jahren. Vieles spricht aus dessen Sicht dagegen:

1. Fehlende Anreize
   a. Aus der Konsumgüterbranche ist bekannt, dass die Mehrzahl der echten Neueinführungen bereits nach kurzer Zeit scheitert (der „Tod im Regal"), und nur ca. 10 % sich langfristig etablieren können (vgl. IRI 2004, siehe auch Gourville 2006). In der Versicherungswirtschaft liegen uns ähnliche Daten nicht vor, die Erfolgsquote dürfte aber nicht grundlegend anders sein („Der Tod im Aktenkoffer", vgl. Müller-Peters 1999).
   b. Anreizsysteme honorieren in der Regel nicht die richtige *Entscheidung*, sondern nur das resultierende *Ergebnis*. Ein Manager, der 1 Mio. € investiert für ein Projekt mit einem Erfolgspotenzial von 50 Mio. € und einer Erfolgswahrscheinlichkeit von 10 %, mag aus Sicht seines Unternehmens durchaus rational handeln – immerhin beträgt der Erwartungswert des Return on Investment 500 %. Aus Sicht seiner persönlichen Karriereplanung dürfte das Eingehen einer 90-prozentigen Wahrscheinlichkeit des Scheiterns aber wohl kaum ratsam sein.
   c. Das temporäre Monopol eines Innovators ist nur von kurzer Dauer: Erfolgreiche Neuprodukte lassen sich vom Wettbewerb in den meisten Fällen schnell nachahmen, Schutzrechte sind in der Regel nicht gegeben.

2. Rechtliche, aktuarielle und organisationale Hürden
   d. Die Entwicklung neuer Versicherungsprodukte ist mühsam. Dazu tragen Solvabilitätsvorschriften ebenso bei wie die Grenzen der Kalkulierbarkeit von Risiken oder die gesetzlich vorgeschriebene Spartentrennung.
   e. Ungenaue Tarifierungsgrundlage: Die Risikoeinschätzung ist bei wirklichen Neuerungen mangels statistischer Basis weniger verlässlich und kann so deutliche Risiken im Schadenverlauf bergen (Ein aktuelles Beispiel ist das Scheitern der Central Krankenversicherung im Bereich der Billigtarife; vgl. z. B. Neininger 2011.).
   f. Bestandspflege und Langzeitrisiken: Gescheiterte Produkteinführungen können trotz geringer Absatzzahlen zu langlaufenden Verwaltungskosten durch die Bestandsverwaltung und möglicherweise zu langanhaltenden Risiken durch nachlaufende Ansprüche der Versicherten führen.

3. Interne Akzeptanzbarrieren
   a. Neue, innovative Produkte widersprechen dem *Selbstbild* einer Branche, deren Geschäft auf Sicherheit und langfristiger Stabilität basiert. Viele Mitarbeiter, deren berufliche Sozialisierung fast ausschließlich im Versicherungssektor stattfand, tun sich schwer, über die Grenzen des eigentlichen Versicherungsschutzes (oder auch nur der eigenen Sparte) hinauszudenken – sei es in Form korrespondierender Dienstleistungen. Insbesondere seitens der Aktuare und Juristen, die in der Produktentwicklung bei Versicherern eine zentrale Stellung einnehmen, herrschen oft große Vorbehalt (ob zu Recht oder zu Unrecht soll hier nicht vertieft werden, siehe dazu die Positionen von Heep-Altiner 2014 und Frank 2014).

4. Lethargische Kunden
   a. Als Kunden sind wir gerne denkfaul, risikoscheu und unseren Gewohnheiten verhaftet. Wie uns die Verhaltensforschung immer deutlicher zeigt, verfügen wir über eng begrenzte kognitive Kapazitäten und vermeiden zudem, soweit wie möglich, die Anstrengung, diese einzusetzen. Deshalb präferieren wir alles Vertraute, handeln nach unseren Gewohnheiten oder nach bekannten Verhaltensschemata und orientieren uns im Zweifelsfall daran, was auch die anderen tun. Bei Änderungen bewerten wir die damit einhergehenden Verluste höher als die damit verbundenen Zugewinne. Diese Überbewertung des Status Quo, der sogenannte Besitzstandseffekt, hemmt Veränderungsbereitschaft gleichermaßen in Märkten, Organisationen und auch in der Politik (Für einen Überblick vgl. Kahneman 2011).
   Das kann anders sein, wenn das *Involvement* und *Wissen* der Kunden besonders hoch ist. Dann ist er auch zu größerer Anstrengung bereit. Gerade im Versicherungsmarkt sind das Engagement und die Kompetenz der meisten Kunden aber – verglichen zu den dort getätigten Ausgaben – besonders gering ausgeprägt (vgl. z. B. Adelt et al. 1994; Müller-Peters 2005, S. 98 f.). Dies ist eine besonders schlechte Voraussetzung für eine fundierte Urteilsbildung gegenüber neuen Produkten (vgl. Binsack 2003, S. 144).
   Insbesondere das *Produktbewusstsein* ist gering: Kaufentscheidungen und Kundenbindung werden eher von der Prämienhöhe, der Vertrautheit der Marke oder der Beziehungsqualität zum Vertrieb bestimmt als von konkreten (ggf. innovativen) Produkteigenschaften.
   b. Die geringe Motivation und Kompetenz geht einher mit hoher Komplexität und geringer Transparenz der Produkte. Die seit der Deregulierung in 1994 entstandene Produktvielfalt und die damit verbundene Intransparenz und Überforderung der Kunden begünstigt wiederum vereinfachte Entscheidungen wie Orientierung an der vertrauten Marke, dem bewährten Produkt oder dem bestehenden Kontaktkanal.
   c. Innovatoren auf Kundenseite zeichnen sich im Durchschnitt aus durch Risikobereitschaft, junges Alter, und hohe Bildung (vgl. z. B. Birnbaum 2003). Das sind Merkmale, die in der Regel negativ mit Absicherungswunsch und damit Suche nach Versicherungsschutz korrelieren.

d. In einem durch passives Kundenverhalten geprägten Markt sind grundlegende Neuerungen oft eher von großen Anbietern durchzusetzen, die über hohe Werbebudgets, Vertriebskraft, zahlreiche bestehende Kundenkontakte sowie hohes Markenvertrauen verfügen, als durch kleine, möglicherweise innovativere Nischenanbieter.

5. Bremsende Vertriebe
   a. „Der Vertrieb will das nicht" ist ein oft gehörtes Argument, warum neue Angebote im Markt scheitern (vgl. Müller-Peters 1999). Neben den Kunden sind also vor allem auch die dazwischengeschalteten *Intermediäre* zu gewinnen. Zu deren Ablehnung können Bequemlichkeit und Status-Quo-Effekte ebenso beitragen wie hohe Erklärungsbedürftigkeit (bei sehr neuartigen Produkten) oder zu geringe Provisionshöhen (bei kleinteiligen Produkten). Zudem stoßen „branchenfremde" Produktkomponenten im Versicherungsvertrieb vielfach an rechtlichen Grenzen (z. B. durch die EU-Finanzmarktrichtlinie MiFID) sowie auf ein enges Rollenverständnis der Vermittler. Ist diese Hürde genommen, kann der personengebundene Vertrieb allerdings auch zum zentralen Multiplikator einer Produktinnovation werden, da er am effektivsten ein erklärungsbedürftiges Produkt an die Zielgruppen herantragen kann.
   (Die Produktgeber verschärfen letztlich aber auch selbst die Situation: Typischerweise werden weitere bzw. innovative Produkte ergänzt, aber alte, erfolglose nicht vom Markt genommen, sodass der Umfang und die Komplexität des Produktportfolios aus Sicht des Vermittlers kontinuierlich steigt. Der Vertrieb verkauft somit die Innovation nicht und gilt als Bremser, das eigentliche Problem liegt aber beim Produktgeber.)
   b. Die bereits zuvor erwähnten rechtlichen und auch selbstbildbedingten Hürden gelten noch verschärft für den *Vertrieb über branchenfremde Kanäle*. Ersteres betrifft zum Beispiel die engen Grenzen durch Zulassungs-, Beratungs- und Dokumentationspflicht im Vertrieb sowie die Regeln zu Fernabsatz und Annexvertrieb. Selbstbildbedingte Hürden finden sich beispielsweise im Rollenverständnis von Bankberatern und dem Bestreben, sich vom schlechten Image des „Versicherungsvertreters" (vgl. z. B. GfK-Verein 2014) abzugrenzen.

6. Die Trägheit kontraktueller Märkte
   a. Die Geschwindigkeit gesellschaftlichen und wirtschaftlichen Wandels wird in Marktprognosen häufig überschätzt. Studien, die meist durch Unternehmensberater erstellt werden, indizieren Änderungsgeschwindigkeiten, die zuweilen eher von den deren eigenen Geschäftsinteressen als von Vergleichen mit ähnlichen Marktsituationen gestützt sind. (Schon fast legendäre Bekanntheit hat vor einigen Jahren die Prognose einer großen Unternehmensberatung erlangt, die die Entwicklung des Onlinevertriebs im deutschen Versicherungsmarkt dramatisch überschätzt hatte. Zu ähnlichen Fehleinschätzungen kommen häufig solche Marktanteilsprognosen, die auf einem naiven Einsatz von Conjointanalysen beruhen, indem sie die damit gewonnenen Präferenzwerte nicht um die Trägheit bestehender Marktstrukturen und Entscheidungsgewohnheiten korrigieren.)

b. Besonders solche Märkte, die nicht nur durch passives Kundenverhalten, sondern auch durch langlaufende Verträge oder automatische Verlängerungen geprägt sind, reagieren nur langsam. Das Bestandsgeschäft dominiert mengenmäßig und puffert Schwankungen im Neugeschäft ab. Auch Mehrvertragsrabatte, nicht vollständig portable Altersrückstellungen, Schadenfreiheitsrabatte und andere preispolitische Maßnahmen stellen effektive Wechselbarrieren dar, die die Anpassungsgeschwindigkeit der Nachfrage reduzieren. Neue Produktbündel – eine der häufigsten Formen der Produktinnovation in der Branche (vgl. Swiss Re 2011) – treten zudem in Konkurrenz zu bestehenden Altverträgen mit unterschiedlichen Laufzeiten. Hier sind teils aufwändige Übergangslösungen notwendig.

Manche der genannten Barrieren betreffen generell alle Formen des Wandels („Change") oder der Innovation. Andere beziehen sich spezifisch auf den Versicherungsmarkt. Sie erklären, warum die „schöpferische Zerstörung" gerade in dieser Branche vergleichs weise-langsam erfolgt, warum selbst „getriebene" Innovation nur in Grenzen belohnt wird und warum andererseits passiven Akteuren relativ lange Überlebens- oder auch Anpassungszeiten eingeräumt werden.

Es spricht also aus Sicht eines Entscheiders viel dafür, in der Versicherungsbranche nicht auf eine Pionier-, sondern eher auf eine Nachzügler-Strategie zu setzen. Dies zieht zusätzlich Bestätigung daraus, dass der auf Innovationen entfallender Umsatzanteil im Finanzbereich geringer ist als in anderen Branchen (vgl. Swiss Re 2011, S. 13 f.).

## 18.5 Lohnt sich Innovation? Die langfristige Sicht

„Und sie bewegt sich doch!" Dieser – meist Galileo Galilei zugeschriebene Satz – gilt bei einer langfristigen Betrachtung auch für die Versicherungsmärkte. Dann ergibt sich auch ein ganz anderes Bild aus Unternehmenssicht:

Statistisch zeigt sich in den meisten Studien ein deutlicher Zusammenhang zwischen der Innovationskraft und dem langfristigem Erfolg von Unternehmen (vgl. z. B. Schiemank und Römer 2011, S. 29 ff.; pwc 2013, zu einer differenzierten Analyse zu dem Thema siehe Hauschildt und Salomo 2007). Und auch im deutschen Versicherungsmarkt scheinen aus dem Unternehmen selbst getriebene Impulse das erfolgversprechendere Modell für eine langfristig positive Entwicklung zu sein. Auch wenn hier keine Daten unmittelbar zum Zusammenhang zwischen Innovation und Wachstum oder Rentabilität vorliegen, zeigt ein Vergleich der Marktanteilsentwicklung deutscher Versicherungskonzerne zwischen 1960 und 2010, dass praktisch alle großen damaligen Champions (Allianz, Axa, Ergo, Zurich bzw. deren jeweilige Vorläufer) organisch betrachtet signifikante Marktanteilsverluste hinnehmen mussten. Dagegen konnten kleinere, meist auf bestimmte Vertriebswege oder Teilmärkte fokussierte Anbieter ihren Marktanteil deutlich ausbauen (Farny 2011, S. 21 f.). Zu ähnlichen Ergebnissen kam in einer Analyse mehrerer europäischer Märkte bereits Muth (1994), wobei auch hier kleinere, oft innovativ in Nischen positionierte Versicherer sowohl im Prämienwachstum als auch in der Rentabilität überproportional häufig erfolgreich waren. Die alternative Strategie, durch Zukäufe anstelle durch eigene Entwicklungen zu wachsen, erscheint hingegen weniger erfolgreich. Hohe Marktanteilsgewinne erzielten in der Analyse von Farny nämlich vor allem solche Versicherer, die primär intern gewachsen sind (vgl. Farny 2011, S. 21).

Auch wenn die Geschwindigkeit oft überschätzt wird, sind die langfristigen Änderungsbewegungen im Versicherungsmarkt also doch groß und nachhaltig. Zudem erlaubt ein Rückblick auf einen vermeintlich stabilen Markt nur begrenzt Rückschlüsse auf dessen zukünftige Entwicklung. Wesentliche Änderungen verlaufen nämlich meist nicht linear, sondern disruptiv-sprunghaft. So zeichnete sich die Entwicklung in zahlreichen Branchen dadurch aus, dass ihre Angebote durch kleine, kontinuierliche Änderungen immer „perfekter", aber auch immer teurer und komplexer werden (evolutionäre Entwicklung), bis ein neuer Kostenführer in Form eines „No-Frill"-Anbieters auftritt, der mit hoher Standardisierung, auf wesentliche Komponenten verdichteten Produkten und drastisch vereinfachten Prozessen den Markt nachhaltig ändern kann (vgl. Johnson et al. 2011, S. 282). Bekannte Beispiele dazu sind Ryanair, die Optikerkette Fielmann, die Bäckereikette Kamps, der indische Automobilhersteller Tata mit seinem minimalistischen Modell Tata Nano oder im britischen Kfz-Versicherungsmarkt der Erfolg des Anbieters Direct Line.

Auch zahlreiche andere Beispiele belegen die zerstörerische Kraft von technologisch basierten disruptiven Innovationen auf bestehende Marktstrukturen. Bekannte Opfer sind zum Beispiel Olympia (Schreibmaschinen), Grundig, Kodak, Quelle, EMI oder Brockhaus, oder aus neuester Vergangenheit Blackberry und Nokia. Nur relativ wenigen Anbietern dagegen gelingt es, sich beständig neu zu erfinden und so nicht zum Getriebenen, sondern mit zum Treiber der Entwicklung zu werden. Als Beispiele werden unter anderem BIC, IBM, Apple, Google, Philips und Michelin zitiert (vgl. z. B. de Brabandere und Iny 2009, S. 2).

Insbesondere die Digitalisierung führt momentan zu einer revolutionären anstelle einer evolutionären Entwicklung – mit disruptiven Brüchen in zahlreichen Märkten, vergleichbar zu Umwälzungen, wie sie mit der Entwicklung der Eisenbahn, des Automobils oder der Elektrizität einhergingen. Wie schon in diesen Fällen prosperieren auch derzeit wieder vor allem neue oder branchenfremde Unternehmen, während sich die bestehenden Champions aufgrund der oben beschriebenen Barrieren oft zu langsam anpassen (vgl. exemplarisch BearingPoint 2014). Und gerade im E-Commerce, in der die geographische Breite eines Distributionsnetzes an Bedeutung verliert, dafür aber Vorteile in Bekanntheit, Reichweite und Reputation durch Suchmaschinen, Empfehlungen und Bewertungen schnell multipliziert werden, ergibt sich eine Tendenz des „the winner takes it all": Der Anbieter, der einen Markt mit einem neuen Geschäftsmodell erschließt, kann sich dort häufig in einer fast-monopolistischen Position etablieren (Beispiele sind Google, Amazon, eBay oder im Versicherungskontext das Vergleichsportal Check24).

Der Journalist und Branchenbeobachter Herbert Fromme hat dies für die deutsche Versicherungswirtschaft einmal treffend – in Anlehnung an den Titel des Kölner Versicherungssymposiums 2012 („17. Kölner Versicherungssymposium 2012: Vom Getriebenen zum Treiber? Innovation in der Versicherungsbranche") – wie folgt formuliert (Financial Times Deutschland vom 29.10.2012):

> ... Die Versicherer als Gesamtbranche sind die Getriebenen, nicht die Treiber der Digitalisierung. Das sind im Moment die großen Vergleichsportale .... Doch die eigentliche Bedrohung kommt nicht von den Portalen, sondern von den großen Datensammlern im Netz: Google, Facebook oder Amazon. Sie wissen viel mehr über ihre Nutzer als die Versicherer je über die Kunden wissen werden – und können entsprechend maßgeschneiderte, risikogerechte Tarife anbieten. ... Für die Versicherungswirtschaft heißt das: Sie muss sich beeilen. Entweder nutzt sie selbst alle Möglichkeiten der neuen digitalen Welt, oder andere tun das für sie. ...

Als Fazit lässt sich also festhalten: Kurzfristig betrachtet ist Innovation konfliktträchtig und teuer, bindet Kapazitäten, ist anfällig für Misserfolge und kann kaum positiv zum Ergebnis der nächsten Rechnungsperiode(n) beitragen. Langfristig zahlt sich eine innovationsfreudige Unternehmenskultur dagegen aus, in Form von Marktanteilen und Unternehmenswert, oder ganz schlicht auch in Form einer höheren Überlebenswahrscheinlichkeit. Auch wenn es weiterhin erfolgreiche Anbieter mit einer – kostenoptimierten – Nachzüglerstrategie geben wird, heißt das für einen großen Teil der Anbieter im deutschen Versicherungsmarkt: Mehr Innovation! Und zwar nicht kurzfristig und einzelfallbezogen, sondern als systematischer Teil der Unternehmenskultur.

## 18.6 Innovation als Folge und Auslöser von Change – ein zweifacher Wandel

Innovationen sind also auch im Versicherungswesen für den Großteil der Anbieter nicht Kür, sondern Pflicht. Aber wie gelangt man zu einer Innovation?

Luc de Brabandere zeigt in seinem Buch „The forgotten half of change", dass für jede deutliche Veränderung und damit auch Innovation letztlich ein zweifacher Wandel erforderlich ist: Man muss zunächst seine Wahrnehmung ändern, bevor sich die Realität, in diesem Fall das Unternehmen mit seinen Produkten, seinen Geschäftsfeldern und seinen Unternehmensaktivitäten, grundlegend und nachhaltig ändern kann (vgl. de Brabandere 2005, S. 7).

De Brabandere knüpft hierbei an einen Gedanken der Palo Alto School um die Psychotherapeuten Paul Watzlawick, John Weakland und Richard Fisch (vgl. Watzlawick et al. 2011) an, die sich (treffender- oder kurioserweise) mit der Behandlung von Schizophrenie befassten. Nun bedeutet dies glücklicherweise nicht, dass man schizophren sein muss, um Innovationen im Versicherungswesen zu bewirken, doch lassen sich die Mechanismen aus der Psychotherapie rund um Veränderungsprozesse bei Patienten durchaus auf die Wirtschaft übertragen.

Veränderungen können nach de Brabandere in zwei Typen unterteilt werden:

- Eine „*Veränderung vom Typ 1*" betrifft die Realität, findet also in einem vorhandenen System statt. Dieser Prozess verläuft kontinuierlich.
- Eine „*Veränderung vom Typ 2*" betrifft die Wahrnehmung, schafft also ein neues System. Damit dies möglich ist, muss mindestens eine „Regel" des alten Systems durchbrochen werden. Dies geschieht typischerweise diskontinuierlich, durch eine plötzliche und sprunghafte Sinnesänderung.

Für nachhaltige Veränderungen muss man sich somit zweimal verändern: „Man muss nicht nur die Realität seiner Situation verändern, sondern man muss auch seine Wahrnehmung dieser Realität verändern." (im Original: „You not only need to change the reality of your situation, you also need to change your perception of this reality"; de Brabandere 2005, S. 6) Dies ist für Versicherer besonders mühsam und schmerzvoll, geht es in ihrer Geschäftsrealität doch stets um die Bewahrung und Absicherung der bisherigen Werte. Umso fremder ist da der Gedanke, bewährte Denkmuster und Systemregeln anzuzweifeln oder gar zu zerstören.

Die Versicherungswelt hat einen großen Schatz an Glaubenssätzen, der auf den Prüfstand gestellt werden muss. Muss eine Kfz-Versicherung wirklich immer fahrzeugbezogen sein oder kann sie in Zukunft auch rein halterbezogen sein (wie beispielsweise heute schon beim Zusatzbaustein Young & Drive der AachenMünchener)? Sind situative Lösungen (wie z. B. von AppSichern) wirklich nur für Mikroversicherungen geeignet oder könnte ein ähnlicher Pull-Effekt auch für größeres Geschäft erzeugt werden? Bleiben Versicherungen Versicherungen oder müssen wir auch in der Versicherungsbranche stärker über „Bisoziationen" nachdenken, das heißt Dinge neuartig verknüpfen, die zuvor in zwei getrennten Bereichen lebten (vgl. Koestler 1964)? Bleiben wir isoliert in unserem Kerngeschäft oder können uns erfolgreiche Verknüpfungen inspirieren (wie zum Beispiel das Kaffeepadsystem Senseo vom Kaffeeröster Douwe Egberts und dem Kaffeemaschinenhersteller Philips)?

Dieter Heuskel wies schon 1999 darauf hin, dass Bedürfnisse von Konsumenten heutzutage oft zwischen den etablierten Branchen liegen und damit neue funktionsorientierte Märkte entstehen (vgl. Heuskel 1999, S. 3). So hat der Versicherungskunde originär kein Bedürfnis nach einer Kfz-Versicherung, sondern das Bedürfnis, mobil zu sein und zu bleiben. Die Autohersteller haben dies schon vor vielen Jahren erkannt und interindustrielle Lösungen mit Bausteinen aus der Automobil-, Bank- und Versicherungsbranche entwickelt, sehr zum Leidwesen der Versicherer. Heuskels Beobachtung fordert uns aber nicht nur für Kfz-Versicherungen auf, über die Industriegrenze der Assekuranz hinaus zu denken, sondern auch für andere Sparten und Bereiche – und auch dies erfordert einen Wechsel der Perspektive.

Eins ist klar: Veränderungen in der Wahrnehmung erfordern intensives Nachdenken und Kreativität, die dann nachfolgend zu Handlungen und Innovationen führen können. Innovationen können ebenso wie Fusionen oder strategische Neuausrichtungen wiederum einen Change Management Prozess auslösen, wie er im vorliegenden Buch von der Herausgeberin Gabriele Zimmermann in ihrem Aufsatz „Erfolgreiche Gestaltung von Veränderungen“ (siehe Kap. 4) charakterisiert wird. Change Management erfolgt typischerweise in einem bestehenden System, denn der Begriff steht für den Prozess, „ein Unternehmen von einem bestimmten Ist-Zustand zu einem gewünschten Soll-Zustand weiterzuentwickeln und so die Effizienz und Effektivität aller Unternehmensaktivitäten nachhaltig zu steigern“ (vgl. Vahs und Weiand 2010, S. 7). Die zündende Idee zu Beginn erfordert jedoch den bewussten Perspektivenwechsel und den Bruch mit alten Denkmustern.

Es zeigt sich: Eine Innovation ist sowohl die Folge von Change, nämlich einer Veränderung der Wahrnehmung (Typ 2), als auch Auslöser von Change, nämlich einer Veränderung der Realität (Typ 1): Ein zweifacher Wandel.

## 18.7 Innovation – aber wie?

Nun stellt sich die Frage, wie man eine Veränderung der Wahrnehmung (Typ 2) herbeiführen kann. Der typische Erwachsene knüpft an seine Erfahrungen, die erlernten Muster und Stereotype an, um Fehler und Misserfolge zu vermeiden. Es gilt also, die vorhandenen, erlernten Denkmuster zu durchbrechen, um die Entwicklung von Innovationen zu ermöglichen.

Es bedarf einer gewissen Kreativität, also einer „Handlung, die zu einem Ergebnis führt, das

- neuartig, (…)
- nützlich (…) und
- nachvollziehbar“

ist (im Original: „Creativity is an action producing a result that is: 1). Novel (…), 2). Useful (…), 3). Understandable“; Campbell 1985, S. 19). Hierzu kann man sich der verschiedensten Kreativitätstechniken bedienen, die an dieser Stelle nicht einmal ansatzweise in ihrer Fülle dargestellt werden können.

Im Kern erfordern die meisten von ihnen eine Rückkehr zur Haltung, die wir zwar als Kinder besaßen, die aber durch die Erfahrungen und Lernprozesse in unserem Leben beeinträchtigt wurde oder uns sogar gänzlich verloren ging: Kinder haben die Fähigkeit, unvoreingenommen und neugierig Neues zu betrachten und ihre Gedanken spielen zu lassen. Kinder sehen in allem, was (für sie) neu ist, etwas Positives und Interessantes. Für Erwachsene ist „neu“ aufgrund ihrer Risikoaversion oft per Definition „schlecht“. Dies gilt insbesondere für die Versicherungsbranche, da ihr Kerngeschäft aus der Vermeidung und dem Management von Risiken besteht.

Zudem kehrt sich hier die Stärke der Versicherungsbranche, nämlich die hohe Fachexpertise und das Expertentum, zu einem Hemmnis für Innovation um. Campbell bezeichnet diese Situation als „Overcertainty – The Specialist’s Disease“, eine von sieben identifizierten Innovationsblockaden in einer Organisation, die es bewusst abzubauen oder zumindest zu mildern gilt (siehe Abschn. 18.8). Das tiefe Fachwissen und die erprobten Verfahren erschweren es, sich neuen Ideen zu öffnen. Dies erklärt, warum Innovationen oft außerhalb der Expertenorganisation entstehen. So wurde das Auto beispielsweise nicht von den Transport-Experten ihrer Zeit, den Eisenbahnern, erfunden und Digitaluhren nicht von Uhrmachern (vgl. Campbell 1985, S. 94), die Übersetzungsportale nicht von Langenscheid, PCs nicht von DEC (Digital Equipment Corporation). Die Liste solcher von außen kommenden Innovationen ist lang und zeigt sehr deutlich, dass die disruptiven Veränderungen der letzten Jahrzehnte in der Regel von außen getrieben wurden.

Wir müssen uns also (mehr oder weniger, in der Versicherungswelt eher mehr) zwingen, Positives und Interessantes an zunächst fremden und unserem Expertenwissen entgegenstehenden Gedanken zu erkennen, damit wir neue Ideen entwickeln können. Ein neuer Gedanke, der uns plötzlich anfliegt, der unsere Wahrnehmung verändern und zu einer unumkehrbaren Einsicht führen kann, darf nicht sofort aus unserem alten Erfahrungsschatz, unseren alten Gewohnheiten und unseren alten Denkmustern und Stereotypen beurteilt werden. Sonst ist jede Form von Kreativität schon im Keim erstickt und Innovation nicht möglich.

David Campbell zitiert hierzu in seinem Buch „Take the road to creativity and get off your dead end" den *PNI-Ansatz* seines Kreativitäts-Lehrers Edward de Bono von der Cambridge University, der auf das Positive, Negative und Interessante einer Idee abzielt: „Wenn du auf eine neue Idee triffst, (...) stelle dir selbst mindestens drei Fragen: Erstens, was ist das Positive an dieser Idee? Zweitens, was ist das Negative? Und drittens – und viel wichtiger – was sind die interessanten Aspekte an dieser Idee? Fühle dich nicht verpflichtet, die neue Idee zu unterstützen oder zu kritisieren – sitze nur da und überlege ... ‚Hm, das ist eine interessante Idee, über die ich noch nie zuvor nachgedacht habe. Was kann ich damit anfangen?" (im Original: „When you meet with a new idea, (...) ask yourself at least three questions: First, what are the positives of this idea? Second, what are the negatives? And third – and far more important – what are the interesting things about this idea? Don't feel the need to either support or critize the new idea – just sit there and ponder... ‚Hmmm ... that's an interesting idea that I have never thought about before. What can I do with it? (')" Campbell 1985, S. 13 f.)

Womöglich wäre ein *PIN*- anstelle eines *PNI-Ansatzes* (mit denselben Fragen, aber in einer anderen Reihenfolge) für die Versicherungsbranche sogar noch sinnvoller. Das Interessante an einer neuen Idee hat für die Innovationsentwicklung das größte Potenzial. Beurteilt man zunächst das Negative wie im PNI-Ansatz, so versetzt man sich in eine kritische Haltung, die in der Versicherungsbranche möglicherweise systemimmanent ohnehin vorhanden ist und damit verstärkt wird. Damit ist es schwieriger, anschließend die interessanten Aspekte zu identifizieren. Leichter gelingt dies, wenn man sofort nach der Würdigung der positiven Aspekte – und somit in einer positiven Grundstimmung – das Interessante sucht.

Die meisten „interessanten" Ideen aus dem Kreativitätsprozess werden anschließend im Bewertungsprozess verworfen. Der PIN-Ansatz stellt jedoch sicher, dass ein interessanter Teilaspekt erkannt und in eine erfolgversprechende Gesamtidee integriert werden kann.

Auch auf dem Weg zu einer Innovation lässt sich somit erneut ein zweistufiger Prozess erkennen. Es geht darum

- im ersten Schritt über Kreativitätstechniken *viele neue* Ideen zu entwickeln, ohne sie sofort zu bewerten, um diese dann
- im zweiten Schritt zu analysieren und zu bewerten, um sie in eine *gute neue* Idee weiterzuentwickeln.

Während man im ersten Schritt also vom „Guten Alten" zum „Neuen" kommt, bringt der zweite Schritt die Veredelung vom „Neuen" zum „Guten Neuen". Der erste Schritt fokussiert auf Menge mittels Vorstellungsvermögen, der zweite auf Qualität mittels Urteilsvermögen (vgl. de Brabandere 2005, S. 84 f.).
Es ist also nicht nur so, dass viele Inventionen und echte Neueinführungen *am Markt* scheitern (wie in Abschn. 18.4 bereits dargestellt), auch schon bei der Entwicklung einer Innovation im Unternehmen „überleben" nur wenige Ideen.

Schon der zweifache Nobelpreisträger Linus Pauling stellte fest, dass der beste Weg, um eine gute Idee zu haben, darin besteht, viele Ideen zu haben (im Original: „If you want to have good ideas you must have many ideas. Most of them will be wrong, and what you have to learn is which ones to throw away." vgl. Crick 1995). Eine einzige erfolgreiche Innovation verschlingt eine große Menge von Ideen im Rahmen des Innovationsprozesses.

Unser täglicher Kanon sollte also heißen: Manager, habt keine Angst vor der Vielzahl an kreativen Ideen, sondern fördert sie! Löst Euch von den bisherigen Denkmustern und nehmt bewusst eine neue Perspektive ein! Gebt Euch und Euren Mitarbeitern Raum für „Spinnerei", um PIN zu beflügeln!

## 18.8 Stärkung der Innovationsfähigkeit einer Organisation

Gelingt der Wechsel der Perspektive, eine Veränderung in der Wahrnehmung beim Einzelnen, so reicht dies noch nicht für die Entwicklung von Innovationen aus. Auch die typischen Blockaden innerhalb einer Organisation, die teils in diesem Beitrag schon angesprochen wurden, müssen ausgeschaltet werden. Sonst ist der Geist beim Einzelnen willig, doch die Organisation schwach – Kreativität und Innovation werden durch organisatorische Hürden unterbunden.

Nach Campbell sind in Organisationen sieben Hindernisse für Innovation häufig vertreten (vgl. Campbell 1985, S. 87 ff.). Für ihre ausführliche Darstellung sei auf die Originalquelle verwiesen, jedoch sollen sie hier kurz umrissen werden, um sie ins Bewusstsein zu heben. Kennt eine Organisation ihre individuellen Schwächen, können Mechanismen entwickelt werden, um die von Campbell identifizierten Blockaden abzumildern oder gänzlich auszuschalten:

1. Versagensangst – organisatorisch manifestiert durch falsche Anreizsysteme, Zwang zu schnellen Ergebnissen und Verlangen nach vorhersagbaren Resultaten
2. Pflege von Ordnung und Tradition – mit Fokus auf Präzision statt Innovation
3. Ressourcen-Kurzsichtigkeit – organisationsbedingte mangelhafte Ausschöpfung der vorhandenen Talente und Stärken (besonders verbreitet in Leitungsorganisationen)
4. Spezialisten-Krankheit „Overcertainty" – dogmatisches Festhalten an den vormals erfolgreichen Konzepten (besonders verbreitet in Expertenorganisationen, siehe Abschn. 18.7)
5. Unlust Einfluss auszuüben – häufig unterentwickeltes Machtstreben der innovativen Köpfe (führt gepaart mit fehlender Innovationskraft der mächtigen Köpfe zur Resonanzkatastrophe)
6. Widerwille gegenüber Verspieltheit – ausgeprägte Ernsthaftigkeit und fehlender Raum für Gedankenspielerei (besonders verbreitet bei formalen Organisationen)
7. Exzessives Belohnen von Erfolgen – Hemmung der Kreativität durch Verlustängste bei hohen Erfolgsprämien.

Für ein Versicherungsunternehmen besteht die Herausforderung darin, sich die branchenspezifischen und unternehmenseigenen Barrieren sowohl bewusst zu machen als auch diese auszuschalten. Innovationsorientierte Unternehmen räumen ihren Mitarbeitern dedizierte Zeit für freie Forschung ein und schaffen „Spielwiesen", die vom operativen (eher ernsten und routine-geprägten) Alltag getrennt sind (vgl. Campbell 1985, S. 97 f.). Damit wirken sie sowohl der Ressourcen-Kurzsichtigkeit (Blockade 3) als auch dem Widerwillen gegenüber Verspieltheit (Blockade 6) entgegen. Google ist bekannt dafür, dass seine Mitarbeiter 20 % ihrer Arbeitszeit mit frei gewählten Projekten verbringen und so viele neue Ideen entwickeln können. Da auch hier nur einige *gute* neue Ideen überleben (siehe Abschn. 18.7), gehört ein gewisses Maß an Scheitern bei Google zur Arbeitsweise, und dies wiederum verringert Versagensängste (Blockade 1). Das Spektrum der innovationsfördernden, ineinandergreifenden Maßnahmen ist breit und erstreckt sich über alle Blockaden hinweg.

Die weltweit innovativsten Unternehmen grenzen sich laut der aktuellen Innovationsstudie von Wagner, Taylor et al. durch fünf Merkmale klar von den weniger innovativen ab. Die Autoren fassen die „fünf Quellen für Innovationsstärke" der Innovationsführer wie folgt zusammen (Wagner et al. 2013, S. 11):

1. Ihr Top-Management fühlt sich Innovation als Wettbewerbsvorteil verpflichtet.
2. Sie setzen ihr geistiges Eigentum wirksam ein.
3. Sie managen ein Portfolio von innovativen Initiativen.
4. Sie weisen eine starke Kundenzentrierung auf.
5. Sie bestehen auf starke Prozesse, was zu starker Leistung führt.

Es ist wenig erstaunlich, dass 60 % der 50 innovativsten Unternehmen bislang aus den Industriezweigen „Technologie und Telekommunikation" (z. B. Apple, Samsung und Google), „Automobile" (z. B. Toyota, Ford und BMW) und „Konsumgüter und Einzelhandel"

(z. B. Amazon, Coca-Cola und Procter & Gamble) stammen, aber kein einziges Unternehmen aus dem Finanzdienstleistungssektor (vgl. Wagner et al. 2013, S. 7).

Vergleicht man die deutsche Assekuranz mit diesen Unternehmen, so besteht definitiv noch viel Nachholbedarf. Insbesondere die Kundenzentrierung ist in der Versicherungsbranche deutlich schwächer ausgebildet als bei den genannten Industrien. Die Innovationsführer streben ein tiefes Verständnis der Kundenbedürfnisse an, knüpfen dann in ihren Produktangeboten an die originären Bedürfnisse der Kunden an (teils in Form von Bisoziationen) und binden sogar die Kunden in die Ideengenerierung, -bewertung und -auswahl ein. Hier kann die Versicherungsbranche von den führenden Unternehmen lernen – und muss dabei ihre bisherigen Denk- und Verhaltensmuster zerstören.

## 18.9 Ausblick: Treiber statt Getriebener, Zerstörer statt Zerstörter?

„Unsere Branche braucht Innovation und neue Geschäftsmodelle": Kaum eine Kongressankündigung, eine Veröffentlichung oder eine Studie verzichtet auf den Hinweis, dass das jeweilige Thema gerade im jeweiligen Zeitfenster einer ganz besonderen Dynamik unterliegt. Hinterher zeigt sich dann oft, dass die Erwartungen deutlich übertrieben waren – insbesondere bezüglich der Geschwindigkeit, in der die Änderungen stattfinden.

Dennoch findet Wandel statt, und zwar nicht nur kontinuierlich, sondern in – oftmals technologiegetriebenen – Schüben. Einen solchen Schub erleben wir derzeit im Kontext der Digitalisierung, die sich in vielen Facetten niederschlägt. Unternehmen und Kunden sind mit einer Informationsflut konfrontiert, die den „Blick fürs Wesentliche" erschwert, aber auch die Chance eines tiefen Verständnisses bietet. Das Web 2.0 hat den Dialog zwischen Nutzern, aber auch zwischen Nutzern und Unternehmen ermöglicht. Die Vernetzung von Individuen über soziale Medien erhöht die Reichweite und die Schnelligkeit der Verbreitung von Informationen. Die Digitalisierung ermöglicht die Verbesserung und Beschleunigung von Prozessen. Big Data und moderne Datenanalysen in Echtzeit können die Tür zu einem neuen Kundenverständnis öffnen und einen neuen Kundenzugang ermöglichen. Die Auswirkungen, Chancen und Risiken der Digitalisierung könnten noch lange ausgeführt werden.

Klar ist schon jetzt: Als immaterielle, daten- und wissensbasierte Disziplin ist die Assekuranz von der Digitalisierung ganz besonders betroffen. Mit welchem Ausgang, das dürfte wohl auch von der Innovations- und Wandlungsfähigkeit ihrer Akteure abhängen.

Im schlimmsten Fall könnte sie das gleiche Schicksal ereilen wie andere etablierte Unternehmen bei disruptiven Marktveränderungen. Sie verschwinden vom Markt oder verkommen zu bloßen Produktgebern ohne Kundenzugang. Das Feld übernimmt ein (oft branchenexterner) Innovator.

In diesem Sinne gilt unser Appell: Stärken Sie Ihre Innovationskraft! Werden Sie vom Getriebenen zum Treiber, vom Zerstörten zum Zerstörer! Gehen Sie den zweifachen Wandel an!

## Literatur


Adelt P, Müller H, Stephan E (1994) Typologie privater Versicherungsnehmer. Institute for International Research, Frankfurt a. M.

BearingPoint (2014) The smart insurer: embedding big data in corporate strategy. BearingPoint Institute, London

Binsack M (2003) Akzeptanz Neuer Produkte: Vorwissen als Determinante des Innovationserfolgs. Deutscher Universitätsverlag, Wiesbaden

Birnbaum G (2003) Top oder Flop bei packaged Goods: Der Diffusionsprozess ist entscheidend. Vortrag auf der GfK-Tagung 2003 in Nürnberg

de Brabandere L (2005) The forgotten half of change. Dearborn Trade Publishing, Chicago

de Brabandere L, Iny A (2009) Thinking in new boxes – how to bring fundamental change to your business. BCG Perspectives 5/2009, Boston

Campbell D (1985) Take the road to creativity and get off your dead end. Center for Creative Leadership, Greensboro

Crick F (1995) The Impact of Linus Pauling on Molecular Biology, Opening Session der Konferenz „The Pauling Symposium" vom 28. Februar 1995 in Corvallis, Oregon. http://oregonstate.edu/dept/Special_Collections/subpages/ahp/1995symposium/crick.html. Zugegriffen: 12. Juni 2014

Epple M (2012) Telematik-Portfolios weisen weniger Schäden auf. In: Versicherungswirtschaft, 15. Mai 2012

Farny D (2011) 50 Jahre Entstehung und Gestaltung deutscher Versicherungskonzerne, gemessen an ihren Marktanteilen 1960 und 2010, Mitteilungen, Institut für Versicherungswissenschaft an der Universität zu Köln, November 3/2011

Feldmann S, Gackstatter S, Spieler A, Stephan J (2013) Innovation – Deutsche Wege zum Erfolg (Hrsg) pwc Deutschland

Frank D (2014) Anmerkungen zum Vortrag von Maria Heep-Altiner In: Müller-Peters H, Völler M (Hrsg) Vom Getriebenen zum Treiber? Innovation in der Versicherungswirtschaft. Schriftenreihe Forschung am IVW Köln

Fromme H (2012) Risikomanagement – Das unbekannte Unbekannte. Financial Times Deutschland vom 20.06.2012

GfK-Verein (2014) Gfk Trust in Professions Report. Nürnberg

Gourville J (June 2006) Eager sellers and stony buyers: Understanding the psychology of new-product adoption. Harv Bus Rev 84( 6)

Heep-Altiner M (2014) Recht und Aktuariat: Bremser oder Impulsgeber für den Versicherungsmarkt? In: Müller-Peters H, Völler M (Hrsg) Vom Getriebenen zum Treiber? Innovation in der Versicherungswirtschaft. Schriftenreihe Forschung am IVW Köln

Hauschildt J, Salomo S (2007) Innovationsmanagement, 4. Aufl., Vahlen, München

Heuskel D (1999) Wettbewerb jenseits von Industriegrenzen – Aufbruch zu neuen Wachstumsstrategien. Campus Verlag, Frankfurt a. M.

IRI (2004) Studie zum Markterfolg neuer Produkte, zitiert nach Context 26/2004

Johnson G, Scholes K, Whittington R (2011) Strategisches Management – Eine Einführung, 9. Aufl. Pearson, München

Kahneman D (2011) Schnelles Denken, langsames Denken. Siedler Verlag, München

Koestler A (1964) The Act of Creation. Arkana Books, London

Much M, Debrebant S, Stefandis A (2010) Planen, Prüfen, Baggern, Bauen. Risiko Großbauprojekt. http://www.gdv.de/2010/09/titel-planen-pruefen-baggern-bauen/. Zugegriffen: 26. Mai 2014

Müller-Peters H (1999) Der Tod im Aktenkoffer. Von der Schwierigkeit erfolgreicher Produktinnovationen. Versicherungswirtschaft (54), Heft 13.1999, S.1310-1311

Müller-Peters H (2005) Falschgeiz? Warum wir oft an der falschen Stelle sparen. Versicherungswirtschaft (60), 2.2005, S. 98-99
Müller-Peters H (2013) Der vernetzte Autofahrer – Akzeptanz und Akzeptanzgrenzen von eCall, Werkstattvernetzung und Mehrwertdiensten im Automobilbereich. Schriftenreihe Forschung am IVW Köln, Nr. 3/2013
Munich Re, RIB (2014) Neue IT-basierte Versicherung für Baurisiken. Pressemitteilung vom 26. Mai 2014
Muth M (1994) Versicherungswirtschaft im Umbruch - Eine Analyse des europäischen Wettbewerbs. Versicherungswirtschaft (49), 5.1994, S. 288-298
Neininger M (2011) Central Kranken: Auf Billigtarife gesetzt und – gescheitert? Versicherungsmagazin 29.8.2011
Prognos (2013) Die Bedeutung der Versicherungswirtschaft für den Wirtschaftsstandort Deutschland. Auswirkungen auf die ökonomische Aktivität einer modernen Gesellschaft. Studie im Auftrag des Gesamtverband der Deutschen Versicherungswirtschaft e. V. GDV, Berlin 2013
pwc (2013) Global Innovation Survey 2013
Robertson TS (1971) Innovative behavior and communication. Holt, Rinehart and Winston, New York
Rogers E (2005) Diffusion of Innovations, 5. Aufl. Free Press, New York
Schiemank C, Römer S (2011) Innovationsfähigkeit zum Erfolgsfaktor entwickeln. In: Innovations-Controlling, Der Controlling-Berater Bd. 13
Schumpeter J (2005) Kapitalismus, Sozialismus und Demokratie, 8. Aufl. UTB, Stuttgart
Schumpeter J (1912) Theorie der wirtschaftlichen Entwicklung. Duncker und Humblot, Berlin
Swiss Re (2011) Produktinnovation in der Nichtlebenversicherung, Sigma Nr. 4/2011
Vahs D, Weiand A (2010) Workbook Change Management – Methoden und Techniken. Schäffer-Poeschel, Stuttgart
Wagner K, Taylor A, Zablit H, Foo E (2013) The Most Innovative Companies 2013 – Lessons From Leaders. BCG Perspectives 9/2013, Boston
Watzlawick P, Weakland J, Fisch R (2011, Reprint) Change – principles of problem formation and problem resolution. W W Norton & Co, New York

**Prof. Horst Müller-Peters** ist Professor für Marketing und Kundenverhalten am Institut für Versicherungswesen der Fachhochschule Köln und Leiter der Kölner Forschungsstelle Versicherungsmarkt. Er war Mitgründer und langjähriger Vorstandsvorsitzender des Marktforschungs- und Beratungsunternehmens psychonomics (Köln, Berlin, Wien; heute Teil der YouGov-Gruppe) und danach Gründer und Herausgeber der Branchenportale marktforschung.de und consulting.de. Neben der Forschungarbeit ist er Dozent in Masterstudiengängen verschiener Hochschulen sowie Berater und Mitglied von Gremien zahlreicher Unternehmen aus Marketing und Versicherungswirtschaft.

**Michaele Völler** ist Professorin am Institut für Versicherungswesen der Fachhochschule Köln und vertritt dort die Lehrfächer Strategische Unternehmensführung und Marketing. Sie ist Gründerin und Leiterin der Kölner Forschungsstelle Versicherungsmarkt und beschäftigt sich intensiv mit der Digitalisierung der Versicherungswirtschaft, insbesondere mit marktnahen Fragestellungen zum Thema „Versicherungen und Web 2.0" und speziell dem veränderten Konsumentenverhalten.

Vor ihrer Tätigkeit an der Hochschule hat sie über zehn Jahre als Strategieberaterin bei The Boston Consulting Group (BCG) gearbeitet und war zuletzt Principal im Kölner Büro. Als Kernmitglied der BCG Praxisgruppe Versicherungen hat sie im Laufe ihrer Beraterkarriere zahlreiche Projekte für deutsche und internationale Versicherungsunternehmen durchgeführt.

# Auf dem Weg zum Omni-Kanal 19

## Die Digitalisierung erfordert weitreichende Veränderungen in der Strategie und im Betrieb von Versicherungsunternehmen sowie ein umfassendes Change Management

Gero Matouschek und Bodo von Hülsen


**Zusammenfassung**

Die Kunden werden sich ihrer Macht im digitalen Zeitalter zunehmend bewusst und erwarten in Kenntnis der technologischen Möglichkeiten auch von der Versicherungswirtschaft entsprechende Angebote. Einer repräsentativen Umfrage von Bain & Company zufolge ist das Internet künftig für rund 60 % der Bundesbürger der wichtigste Kanal und Hygienefaktor bei der Interaktion mit einer Versicherung. Die grundlegend veränderten Anforderungen der Kunden zwingen die Versicherer, sich in einem reifen Markt zu einem guten Teil neu zu erfinden. Sie müssen ihre Organisation auf die neuen Bedürfnisse der Kunden ausrichten und ihre Omni-Kanal-Fähigkeit sicherstellen. Doch die Auswirkungen der Digitalisierung beschränken sich nicht auf die kundennahen Bereiche, sondern erfassen den gesamten Betrieb. Auf Basis seiner Marktkenntnis und Projekterfahrung hat Bain acht Stellhebel erarbeitet, um die damit verbundenen Herausforderungen zu meistern. Eine Weiterentwicklung des Betriebs- und Produktmodells zählt ebenso dazu wie eine grundlegende Überarbeitung der IT-Plattformen und ein umfassender Change Management Prozess. Mit einer solch ganzheitlichen Herangehensweise schaffen Versicherer eine gute Basis, um die Zufriedenheit und Loyalität bestehender Kunden zu erhöhen und zusätzliche Kunden im digitalen Zeitalter zu gewinnen.



**Schlüsselwörter**

Digitalisierungsstrategie · Geschäftsmodelle · Kundenzentrierte Organisation · Gesamter Versicherungsbetrieb



G. Matouschek (✉)
München, Deutschland
E-Mail: gero.matouschek@bain.com

B. von Hülsen
Zug, Schweiz
E-Mail: b.vonhuelsen@cofraholding.com





G. Zimmermann (Hrsg.), *Change Management in Versicherungsunternehmen*,
DOI 10.1007/978-3-658-05974-3_19

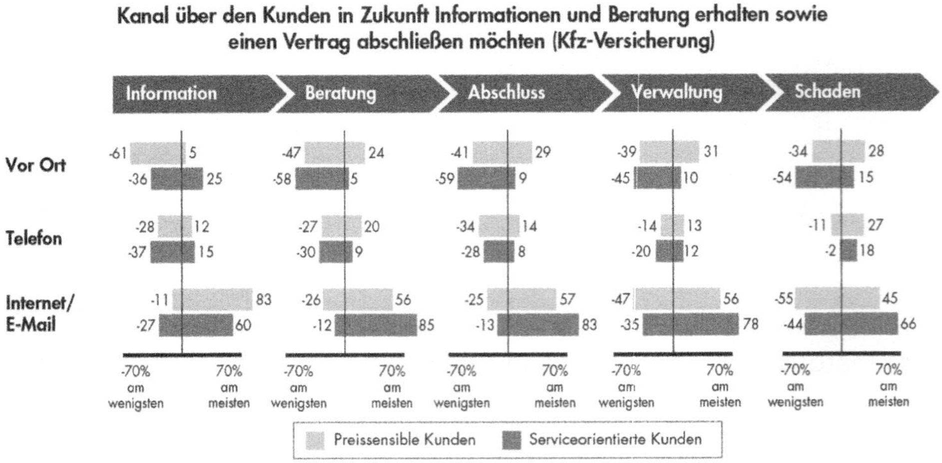


**Abb. 19.1** Versicherungskunden ändern ihr Verhalten. (Quelle: Bain & Company, Marktstudie Versicherungen 2012)

## 19.1 Digitalisierung verändert Verhalten und Erwartungen der Kunden

Mehr als 59.000 Suchanfragen erreichen Google in Deutschland mittlerweile zu Finanzthemen – pro Stunde. Mehr als 20 % der Kunden von Finanzdienstleistungen nutzen bereits die Meinungen anderer Kunden in Blogs und sozialen Netzwerken als Grundlage für ihre Entscheidung. Und insgesamt verbrachten Onliner – und das sind mehr als drei Viertel der Deutschen – im Jahr 2013 durchschnittlich schon 169 min pro Tag im Netz; 2012 waren es noch 36 min weniger. Gerade die unter 40-Jährigen treffen kaum noch eine größere Kaufentscheidung, ohne sich vorab im Netz zu informieren und auszutauschen. Alle diese Fakten zeigen eins: Die Digitalisierung reift zur neuen Normalität heran.

Eine repräsentative Bain-Umfrage unter mehr als 2500 privaten Kunden aller führenden deutschen Versicherungsanbieter bestätigt den Trend. Für rund 60 % der Bundesbürger ist das Internet künftig der wichtigste Kanal bei der Interaktion mit einer Versicherung. Egal ob Beratung, Vertragsabschluss oder Schadensmeldung: Versicherte erwarten von ihrem Anbieter ein umfassendes digitales Angebot. Dies geht weit über die klassische Website hinaus. Die Kunden sehen auch Smartphones, Apps, Online-Chats und -Communities als wichtige Zugangswege zu ihrer Versicherung (Abb. 19.1).

Dabei gibt es, anders als vielfach vermutet, kaum einen Unterschied zwischen serviceorientierten und preissensiblen Kundensegmenten. Egal ob Kunde von Maklern und Ausschließlichkeitsvertrieben oder Direkt- und Internetversicherern: In der Bain-Umfrage erklärten die Befragten unisono, dass digitale Medien künftig die wichtigste Rolle spielen würden.

Ein ähnliches Bild ergibt sich bei einer weitergehenden Differenzierung der Segmente: Mit Ausnahme von 28 % „Konservativen“ – überwiegend im ländlichen Raum lebenden älteren Versicherten mit durchschnittlichem Haushaltseinkommen – entpuppten sich alle Befragten zumindest als Hybrid-Kunden, die künftig ihren Anbieter sowohl online als auch offline kontaktieren möchten. Das gilt für jüngere Großstädter ebenso wie für ältere Etablierte mit hohem Einkommen und moderne Leistungsträger. Knapp ein Viertel der Versicherten ordnete Bain der Gruppe der „Unabhängigen“ mit einer hohen Online-Affinität zu. Diese, aufgrund ihrer Einkommens- und Vermögensverhältnisse, besonders interessante Zielgruppe achtet bei Versicherungen vor allem auf Transparenz, Sicherheit, Schnelligkeit und Preise und zieht die Online-Betreuung einer persönlichen Ansprache vor.

Ungeachtet dessen wäre es trügerisch, in den kommenden Jahren ausschließlich auf digitale Kanäle zu setzen. Die Kunden wollen beides: persönliche Betreuung und einen 24/7-Zugang über digitale Kanäle. In der Bain-Umfrage erklärten 72 %, dass eine persönliche Beratung wichtig oder gar sehr wichtig sei – und dies auch bleibe.

Dieser vermeintliche Widerspruch löst sich mit Blick auf die Kundenbedürfnisse auf. Denn das grundlegende Bedürfnis bleibt gleich. Die Bundesbürger wollen mithilfe von Versicherungen ihr persönliches Risiko minimieren sowie für künftige Lebensabschnitte vorsorgen und suchen hierfür einen einfachen und bequemen Zugang zu einem vertrauenswürdigen, sicheren Partner. Im Rahmen der Befragung ermittelte Bain auch die entscheidenden Kriterien für die Loyalität mit dem einmal gewählten Partner. Dabei rangiert auf Rang eins ganz klar das Bedürfnis nach Fairness und Sicherheit, gefolgt von dem Wunsch nach Beratung und dem Eingehen auf individuelle Bedürfnisse. Auf den weiteren Plätzen folgen ein gutes Preis-Leistungsverhältnis, transparente Produkte und ein empathischer Service. Diese Prioritäten belegen, dass digitale Kanäle nur ein Mittel sind, um die Kundenloyalität zu steigern, und kein Selbstzweck.

## 19.2 Digitalisierung verändert Geschäftsmodelle

Vor diesem Hintergrund wäre es fatal, würden Versicherungsunternehmen digitale Angebote nur als weiteren Kanal zum Vertrieb ihrer Produkte begreifen. Die Digitalisierung verändert vielmehr ihr Geschäftsmodell wie das vieler anderer Wirtschaftszweige von Grund auf. Was passiert, wenn man diese fundamentale Evolution ignoriert, zeigt das Schicksal von Wirtschaftszweigen wie der Musikindustrie oder Videotheken: Sie wurden von einem „digitalen Tsunami“ überrollt.

Im Mittelpunkt dieser fundamentalen Evolution steht das *veränderte Kundenverhalten*. Die Konsumenten rund um den Globus sind in der digitalen Welt zu Hause: Sie bestellen Kleidung, buchen Urlaube, laden Musik und Filme herunter, lesen Zeitung und erledigen Bankgeschäfte im Internet. Immer wichtiger dabei ist eine einfache, intuitive Bedienbarkeit; „*Convenience*“ entwickelt sich zu einem, wenn nicht zu dem entscheidenden Differenzierungsmerkmal im 21. Jahrhundert. Als selbstverständlich erachten die Online-Nutzer ein umfassendes Informationsangebot, Transparenz, hohe Zugriffsgeschwindigkeiten und eine Reaktion auf Anfragen binnen kürzester Zeit.

Diese *Kundenanforderungen und der anhaltende technische Fortschritt* bedingen und befördern sich gegenseitig. Vor zehn Jahren war es noch undenkbar, dass Kunden oder auch Vertriebsmitarbeiter in Echtzeit auf Daten zugreifen, diese aktualisieren und mit den neuen Informationen direkt arbeiten können. Heute sehen sie dies als Selbstverständlichkeit. Und „Big Data" eröffnet in den kommenden Jahren noch eine Vielzahl weiterer Möglichkeiten. Denn noch liegt das Gros der Daten in den Unternehmen unstrukturiert vor. Je granularer die Auswertung wird, desto besser lassen sich spezielle Kundensegmente bilden und Produkte auf deren Bedürfnisse zuschneiden.

Letztendlich kommt es zu einer *Individualisierung des Produktportfolios.* Vorreiter wie Nike ermöglichen Konsumenten bereits, aus zahllosen Farb- und Oberflächenvarianten einen ganz persönlichen Sportschuh zu kreieren. In der Folge reicht es auch bei Dienstleistungen nicht mehr, vorkonfigurierte Pakete zu schnüren. Vielmehr entscheidet der Kunde selbst, welche Dienstleistungen er zu welchem Zeitpunkt in welchem Umfang wirklich benötigt. Die Auswahl muss online ebenso möglich sein wie in einer Niederlassung, per Smartphone ebenso wie auf einem Tablet.

Diese Entwicklung lässt die *Grenzen zwischen Online- und Offline-Angeboten verschwimmen.* Die Kunden wollen generell selbst entscheiden, ob sie persönlich beraten werden oder sich online einen Überblick verschaffen wollen. Unternehmen sollten daher noch bestehende Barrieren zwischen einzelnen „Silos" abbauen und ein Angebot aus einem Guss entwickeln. Es braucht nur kurze Zeit, bevor Verbraucher im Netz Preisunterschiede zwischen Filialen und Online-Shops monieren oder unterschiedliche Aussagen in verschiedenen Kanälen anprangern.

Quer durch alle Branchen ist daher der Omni-Kanal – *die Verschmelzung digitaler und analoger Kanäle* – die neue Realität. Zahlreiche Unternehmen in anderen Branchen haben bereits ein einheitliches kanalübergreifendes Einkaufs- und Serviceerlebnis geschaffen oder arbeiten mit Hochdruck daran. Solche Angebote formen die Erwartungshaltung der Verbraucher und zwingen Nachzügler wie die Versicherer zum Handeln. Der Handlungsdruck eröffnet Unternehmen indes auch neue Möglichkeiten, um die Prozessqualität und -geschwindigkeit zu erhöhen. Die durchgängig digitale Informationsverarbeitung vermeidet Medienbrüche, verringert die Fehlerquote bei der Datenübertragung und erleichtert das Bearbeiten und Beantworten von Anfragen.

## 19.3 Digitalisierung verändert auch das Versicherungsgeschäft

Noch spüren die Versicherer den umfassenden Wandel im Kundenverhalten nur begrenzt. Die vergleichsweise geringe Kontaktfrequenz gerade bei langfristig laufenden Produkten wie Lebensversicherungen bietet einen gewissen Schutz. Doch die Umwälzungen in Märkten mit häufigeren Interaktionen, allen voran der Kfz-Bereich, sind Vorboten der unumkehrbaren Digitalisierung.

Diese trifft die deutsche Versicherungswirtschaft in einer schwierigen Situation. Mit knapp 460 Mio. Verträgen und Beitragseinnahmen von mehr als 180 Mrd. € erreichte sie zwar 2012 noch einmal Rekordwerte, doch die demografische Entwicklung dürfte mittelfristig den Bedarf reduzieren. Hinzu kommen stärkere regulatorische Auflagen (Solvency II) sowie ein verschärfter Wettbewerb gerade durch neue Anbieter aus der digitalen Welt.

### 19.3.1 Das Zusammenwachsen digitaler und analoger Angebote

Die Digitalisierung verändert das Kundenverhalten quer durch alle Branchen – und damit auch bei Versicherern. Das betrifft zwar nicht die Kundenbedürfnisse selbst, aber dafür umso mehr deren Wahrnehmung hinsichtlich ihrer Erfüllung. Ein gutes Beispiel bietet die Preisgestaltung. Um Tarifunterschiede herauszufinden, ist nur noch ein kurzer Besuch bei einer Online-Plattform (Aggregator) erforderlich. Wer dennoch bei seiner Agentur einen teureren Tarif als im Internet erhält, fühlt sich unfair behandelt.

Dieses Beispiel zeigt: Die Versicherten differenzieren nicht mehr länger zwischen Online- und Offlinewelt, sondern erwarten ein kanalübergreifendes Angebot. Sie wollen darüber hinaus selbst entscheiden, wann und wie sie mit ihrer Versicherung in Kontakt treten. Ein konsistenter Omni-Kanal-Auftritt wird vor diesem Hintergrund zu einer Mindestanforderung. Und dies bedingt das Aufbrechen der bisherigen, silohaften Organisation mit ihrer Trennung zwischen Online- und Offlinegeschäft.

### 19.3.2 Neuausrichtung des Vertriebs

Das Aushebeln der tradierten Vertriebskanäle ist bezeichnend für die schrittweise Machtverschiebung hin zu den Konsumenten im digitalen Zeitalter. Die Kunden nutzen die neuen Technologien, um die Regeln für die Kommunikation mit einem Unternehmen festzulegen, sich über Erfahrungen mit Anbietern online auszutauschen, Interessierte an diesem Dialog teilhaben zu lassen und immer mehr auch Einfluss auf die Gestaltung von Produkten und Dienstleistungen zu nehmen. Das neue Selbstbewusstsein der Konsumenten kumuliert in einer wachsenden Wechselbereitschaft.

Der Versicherungsvertrieb muss sich in einem neuen Umfeld zum Teil neu „erfinden". Die persönliche Beratung und Betreuung bleibt zwar auch im digitalen Zeitalter der Anker für eine vertrauensvolle Kundenbeziehung. Doch zum einen wächst die Rolle des Internets als Kanal auch für Abschlüsse und zum anderen müssen solche Online-Angebote und der persönliche Auftritt vor Ort zueinander passen. Vertreter und Makler sollten daher neue Medien und Technologien nutzen, um ihre Konzepte und Angebote zu präsentieren und Abschlüsse zu tätigen. Sie müssen zugleich in die Wertschöpfung ihrer Kunden über alle Kanäle hinweg eingebunden sein. Bei einem Termin braucht ein Agent einen Überblick über on- wie offline abgeschlossene oder veränderte Policen und sämtliche Interaktionen seines Gegenüber über die verschiedenen Kanäle inklusive Anfragen über Hotlines oder soziale Netzwerke.

### 19.3.3 Fokus auf Convenience

Das digitale Zeitalter fördert einen einfachen, nahezu spielerischen Umgang mit Technik. Angesichts umständlicher Bedienerführungen oder aufwändiger Untermenüs brechen viele Nutzer Transaktionen vorzeitig ab. Die Versicherer kommen daher nicht umhin, bestehende und neue Angebote mit Blick auf deren einfache Bedienbarkeit und Übersichtlichkeit zu überprüfen und weiterzuentwickeln.

Nur mit einer Konzentration auf die Convenience sämtlicher Angebote können die Versicherer auch von einem der entscheidenden Effizienzvorteile profitieren, die sich im Zuge einer konsequenten Digitalisierung ergeben: Der Bereitschaft der Kunden, ganze Arbeitsschritte selber zu übernehmen. Online-Nutzer sind es gewohnt, ihre Daten selbstständig zu aktualisieren, Formulare auszufüllen oder Dokumente einzuscannen. Wer sich diese Bereitschaft bei der Schadensmeldung oder -bearbeitung zu Nutze macht, kommt den Kunden entgegen und benötigt selber weniger Ressourcen. Allerdings reicht die einfache Handhabung der neuen Schnittstellen allein nicht aus; der Kunde muss zugleich den Zusatznutzen für sich erkennen. Dies kann eine schnellere Bearbeitungszeit oder ein Bonus bei der Prämie sein.

### 19.3.4 Umwälzungen im Betrieb

Das veränderte Kundenverhalten treibt die Digitalisierung der Versicherer. Daraus ergeben sich Chance und Notwendigkeit zugleich, die Prozesse im Betrieb zu optimieren und dabei Potenziale zur Kosteneinsparung zu heben. Es kommt zu einer Standardisierung der Prozesse und zugleich zu einer Modularisierung der Produktwelt. Der Abschn. 19.5 erläutert, wie weitgehend die Veränderungen sind und wie radikal sich die Zahl der manuellen Geschäftsvorfälle reduzieren lässt.

## 19.4 Der Weg hin zu einer umfassenden Digitalisierung der Versicherung

Die Digitalisierung beeinflusst das Geschäftsmodell der Versicherer entlang der gesamten Wertschöpfungskette. Auf Basis der eigenen Markt- und Projekterfahrung hat Bain acht Stellhebel erarbeitet, um die damit verbundenen Herausforderungen zu meistern (Abb. 19.2).

### 19.4.1 Das volle Potenzial der Kundenorientierung

Im digitalen Zeitalter ist der Kunde nicht mehr länger ein reiner Verbraucher standardisierter Produkte und Dienste. Der Erfolg von Unternehmen hängt vielmehr davon ab,

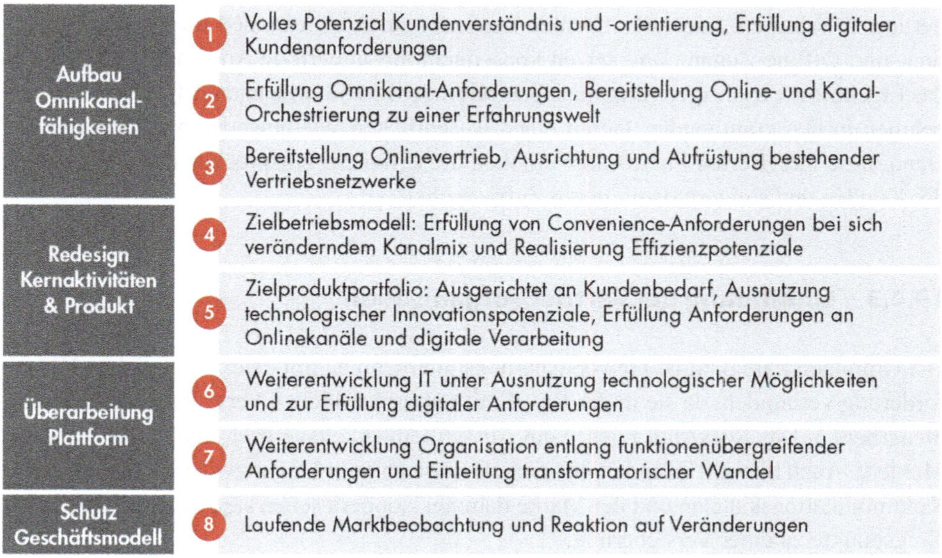


**Abb. 19.2** Digitalisierung betrifft das ganze Unternehmen. (Quelle: Bain & Company)

inwieweit es ihnen gelingt, bestehende Kundenbedürfnisse besser und schneller als der Wettbewerb zu identifizieren und zu befriedigen. Der Treiber des Erfolgs sind auch im Versicherungsgewerbe zufriedene, loyale Kunden. Diese empfehlen ihren Anbieter nicht nur an Freunde und Bekannte weiter, sondern kaufen auch mehr Produkte und bleiben einem Unternehmen länger treu. Bei der Bain-Befragung stellte sich heraus, dass besonders loyale Kunden im Durchschnitt 3,2 Produkte einer Versicherung erwerben, kritisch eingestellte dagegen nur 1,9 Produkte. Zugleich bleiben sie mit durchschnittlich 9,4 Jahren gut 18 Monate länger bei einem Anbieter als andere.

Eine hohe Zufriedenheit beruht auf einem weitreichenden Verständnis des Versicherers für die wirklichen Kundenbedürfnisse und deren konsequente Integration in das eigene Leistungsspektrum. Dies setzt eine wesentlich differenziertere Auseinandersetzung mit bestehenden und potenziellen Kunden und deren Einstellung voraus als bislang üblich.

## 19.4.2 Konsequente Erfüllung der Omni-Kanal-Anforderungen

König Kunde sieht im digitalen Zeitalter keine Unterschiede mehr zwischen den einzelnen Kommunikationskanälen. Selbstverständlich erwartet er, dass ein Callcenter den gleichen Kenntnisstand besitzt wie die Agentur im Ort und dass er online ohne größere Umstände sämtliche Standardtransaktionen erledigen kann. Diese Erwartungshaltung stellt Versicherungen vor große Herausforderungen.

Vorreiter in Europa und den USA haben zumindest begonnen, integrierte Plattformen zu entwickeln und damit eine entscheidende Voraussetzung für eine echte Kundenorientierung zu schaffen. Diese Plattformen machen keinen Unterschied mehr zwischen Online- und Offline-Zugang und setzen konsequent auf integrierte Anwendungen. Sie sind das Ergebnis mehrjähriger, funktionsübergreifender Programme und dürften diesen Unternehmen in den kommenden Jahren einen wesentlichen Wettbewerbsvorteil verschaffen. Denn diese integrierten Plattformen erhöhen die Effizienz, entsprechen den Erwartungen der Kunden und steigern damit deren Zufriedenheit.

### 19.4.3 Einbindung der Vertriebsorganisation

Die Omnikanalfähigkeit ist für Versicherungsunternehmen mit einer zusätzlichen Herausforderung verbunden, da sie in der Regel mit unterschiedlichen Vertriebspartnern zusammenarbeiten. Das Spektrum reicht vom Ausschließlichkeitsvertrieb bis zu unabhängigen Maklern. Auch hier gilt: Kunden unterscheiden nicht mehr länger zwischen den einzelnen Kommunikationskanälen und der Marke dahinter, sondern sehen sie alle als mögliche Zugangspunkte zu einer Versicherung.

Gerade bei den Agenturen besteht Weiterentwicklungspotenzial. Viele verfügen noch über einen Internetauftritt, der das Beratungs- und Transaktionsbedürfnis der Kunden nicht befriedigen kann. Es ist im Eigeninteresse der Versicherungen, diesen Zustand zu beenden und insbesondere dem Ausschließlichkeitsvertrieb den Übergang in das digitale Zeitalter zu erleichtern.

Maßnahmen wie die Bereitstellung von Tablet-Computern mit einer einheitlichen, intuitiven Beratungssoftware können dazu beitragen, dass die Vertriebskräfte vor Ort nicht nur stärker auf innovative Verkaufsformen setzen, sondern zugleich konsistent alle Kundendaten in das System der Versicherung einpflegen. Ein solcher Datenfluss in beide Richtungen stellt ein Novum für die bislang auf weitgehende Eigenständigkeit bedachten Agenturen und Makler dar. Doch nur so lässt sich die Erwartung der Kunden erfüllen, dass alle aktuellen Informationen zu jeder Zeit und an jedem Ort verfügbar sind.

### 19.4.4 Auf dem Weg zum neuen Betriebsmodell

Die Auswirkungen der Digitalisierung erfassen den gesamten Betrieb. Der Schlüssel für die allseits erhofften Effizienzgewinne liegt in der Anpassung operativer Kernaktivitäten. Dies gilt vor allem für die Übernahme ganzer Wertschöpfungsschritte durch die Kunden. Je einfacher und intuitiver der Kunde diese Arbeiten erledigen kann, desto größer ist seine Bereitschaft, auf Postverkehr und Telefonate zu verzichten und desto höher sind die Effizienzgewinne für Versicherer. Eine Einbindung bislang papierproduzierender Dienstleister wie Kfz-Werkstätten, Krankenhäuser und Arztpraxen verstärkt diesen Effekt noch. Am Ende steht im Idealfall ein vollständig digitaler Prozess – von der ersten Meldung eines Schadens bis hin zur Begleichung der letzten Rechnung. Zusätzliche Einsparungen resultieren aus der Tatsache, dass schon bei der Dateneingabe Plausibilitätschecks möglich sind und so Fehler vermieden werden. Dadurch lässt sich der Prozess selbst zum Großteil in Dunkelverarbeitung erledigen.

### 19.4.5 Auf dem Weg zum neuen Produktportfolio

Die intelligente Nutzung vorhandener beziehungsweise verfügbarer Daten bietet auch Möglichkeiten, das Produktportfolio weiterzuentwickeln. Ein gutes Beispiel sind Kfz-Policen. Durch die Erfassung der tatsächlichen Fahrgewohnheiten ihrer Kunden sind Versicherer erstmals in der Lage, individuell risikoadäquate Prämien zu berechnen. In Deutschland dürfte spätestens der derzeit für das Jahr 2015 geplante Start des europäischen Notrufsystems eCall und damit der Einbau entsprechender Geräte in Neuwagen dafür sorgen, dass die Debatte um Telematiktarife bei Versicherern an Fahrt gewinnt.

Die veränderten Kundenanforderungen erfordern zudem eine Modularisierung und Individualisierung einzelner Produkte. Die Versicherten selbst entscheiden, wie viel Schutz sie wie lange zu welchem Zweck brauchen, und erwarten, dass sich einzelne Produkte auch auf ihre ganz persönlichen Bedürfnisse zuschneiden lassen. Wer für einige Wochen einen Untermieter aufnimmt, möchte mit wenigen Mausklicks seinen Gebäude- und Hausratsschutz anpassen; wer mehrere Autos sein eigen nennt, möchte selbst entscheiden, wer im Haushalt wann damit fährt und die jeweiligen Fahrer unproblematisch absichern. Eine solche Modularisierung ist wiederum eine entscheidende Voraussetzung, um die Effizienz im Betrieb zu erhöhen.

### 19.4.6 Weiterentwicklung und Ausbau der IT

Zweifelsohne steigert die Digitalisierung noch einmal die Bedeutung der IT. Doch die Ausgangsbasis für den erforderlichen weitreichenden Wandel der IT-Landschaft in der Assekuranz ist alles andere als ideal. Das Marktforschungsunternehmen Gartner schätzt, dass mehr als zwei Drittel der Schadens- und Lebensversicherer weltweit noch mit Systemen aus den 1970er- und 1980er-Jahren arbeiten.

Angesichts der heranrollenden Digitalisierung haben Versicherer drei Möglichkeiten: Sie können den Status quo fortschreiben, das bestehende System weiterentwickeln oder eine neue Plattform aufsetzen. Option eins verbietet sich von selbst, da sie über kurz oder lang zu einem Verlust der Wettbewerbsfähigkeit führt. Die dritte Option ist mit massiven Investitionen und einem hohen Risiko verbunden. Von daher dürften sich die meisten Versicherer für den Einsatz einer serviceorientierten Architektur (SOA) und entsprechender Middleware entscheiden. Letztere erleichtert es Softwareentwicklern, die Defizite der alten Legacy-Systeme zu überwinden und neue Anwendungen aufzusetzen sowie bestehende Daten allen Beteiligten im Prozess verfügbar zu machen.

### 19.4.7 Laufende Marktbeobachtung und Reaktion auf externe Veränderungen

Die Digitalisierung führt dazu, dass die Markteintrittsbarrieren auch in der Assekuranz sinken. Neue Anbieter buhlen mit höherer Geschwindigkeit und Bequemlichkeit sowie niedrigeren Preisen um die Gunst der Kunden. Welche massiven Folgen das Vordringen neuer Anbieter in den Markt haben kann, zeigt der Siegeszug der Aggregatoren. Rund um diese Vergleichsplattformen haben sich weitere Geschäftsmodelle etabliert. Und seit kurzem erhöht der Eintritt von Google Compare die Dynamik in diesem Markt zusätzlich. Für die Versicherer wird es wichtig sein zu beobachten, wie der Suchmaschinengigant sein umfassendes Wissen über die Endkunden in dieses Geschäftsmodell einfließen lässt und daraus möglicherweise konkrete Anforderungen an die Produktgeber ableitet.

Angesichts der hohen Bedeutung von Aggregatoren kommen Versicherer nicht umhin, sich mit diesem Thema zu beschäftigen und sich auf ausgewählten Portalen zu engagieren. Übertriebene Berührungsängste sind an dieser Stelle nicht angebracht, zumal die Aggregatoren die klassischen Vertriebskanäle keinesfalls verdrängen werden. Dagegen spricht schon der überwältigende Wunsch der Versicherten nach individueller Betreuung.

### 19.4.8 Weiterentwicklung der Organisation

Die beste Digitalisierungsstrategie verpufft, wenn sie im Alltag nicht gelebt wird. Dazu bedarf es weit mehr, als sämtliche Mitarbeiter im Umgang mit den neuen Technologien zu schulen. Denn mit der Digitalisierung und der zunehmenden Macht der Konsumenten geht ein weitreichender Wandel hin zu einer kundenzentrierten Organisation einher. Diese benötigt eine neue DNA und eine entsprechende Kultur. Versicherer können gar nicht früh genug damit beginnen, den notwendigen Bewusstseinswandel in einem Change Management Prozess voranzutreiben. Der Abschn. 19.6 beschreibt diesen näher.

## 19.5 Wie die Digitalisierung den Versicherungsbetrieb verändert

Es wäre ein Fehler, das Thema Digitalisierung auf die kundennahen Bereiche zu beschränken. Sie erstreckt sich vielmehr über sämtliche Abteilungen und über alle gängigen Hebel zur Prozessoptimierung. Hieraus ergeben sich auch die entscheidenden Potenziale für eine nachhaltige Reduzierung der Kosten. Abbildung 19.3 bietet einen ersten Überblick, wo und wie sich der Betrieb verändern wird.

Auslöser der Veränderungen ist die zunehmende Online-Präsenz der Kunden. In der Folge sinkt die Zahl der manuellen Geschäftsvorfälle deutlich. In Branchen wie Retail-Banking oder Tourismus stieg beispielsweise die Zahl der Onlineüberweisungen binnen weniger Jahre massiv. Die Versicherungsbranche steht in punkto Onlinenutzung heute

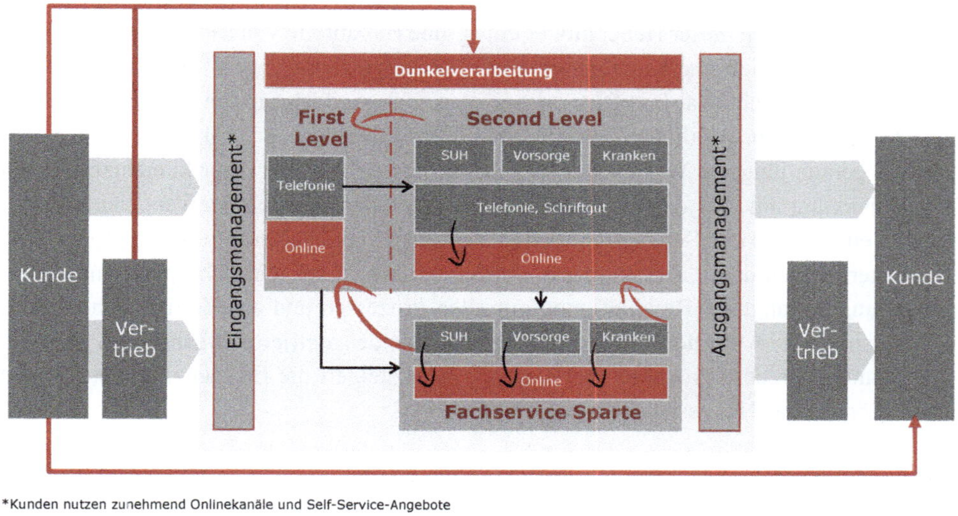


**Abb. 19.3** Digitalisierung betrifft das ganze Unternehmen. (Quelle: Bain & Company)

dort, wo die Tourismusbranche vor sieben Jahren stand – und der Trend ist klar. Die Mehrzahl der Bundesbürger will künftig verstärkt digitale Kanäle für die Interaktion mit Versicherern nutzen.

### 19.5.1 Veränderte Prozessabläufe und neue Anforderungen

Das veränderte Kundenverhalten sowie der technische Fortschritt wirken auf sämtliche Prozessoptimierungshebel:

- *Eliminierung*: Vermehrte Self-Service-Angebote und eine verstärkte Dunkelverarbeitung mit automatisierten Prüfroutinen eliminieren ganze Prozessschritte beim Empfang und Versand von Dokumenten und deren Verarbeitung.
- *Standardisierung*: Die Modularisierung der Produkte treibt die Standardisierung von Prozessen voran. Der Trend geht in Richtung einfacher, intuitiv verständlicher Low-touch-Produkte, die man online selbstständig auswählen und abschließen kann.
- *Automatisierung*: Die verstärkte Nutzung der Onlinekanäle durch die Kunden erleichtert die Automatisierung im Betrieb, da sämtliche Daten von Beginn an digital vorliegen. Frühzeitige Plausibilitätschecks minimieren die Fehlerquote und beschleunigen die Bearbeitung.
- *Outsourcing*: Der rasante Rückgang bei der Eingangspost und vermehrten Anfragen im Netz befördern die Diskussion um das Outsourcing. Zumindest Spitzenlasten lassen sich gut mit externen Kräften abdecken.

Bei der Anwendung dieser Hebel gibt es eine große Bandbreite von Möglichkeiten. Denkbar ist zum Beispiel eine Konzentration auf die Automatisierung bestehender Prozesse. Dadurch lassen sich zwar kurzfristig die Kosten senken, doch für den Kunden bleibt das meiste beim Alten. Ähnlich wie bei der Status-Quo-Lösung dürfte dies langfristig zum Verlust gerade jüngerer Versicherter führen. Anders sieht es bei einer kundenzentrierten Digitalisierung aus, bei der die Gesellschaften auch den Wunsch der Versicherten nach mehr Convenience und Self-Service berücksichtigen. Von einer Industrialisierung 2.0 sind die Unternehmen damit aber immer noch weit entfernt. Eine wirklich umfassende Digitalisierung verlangt die Beschäftigung mit allen Prozessen und eine Neuausrichtung des Betriebsmodells. Am Ende stehen nicht nur eine kundenzentrierte Organisation, sondern auch kundengerechte Produkte und Prozesse. Dies steigert die Effizienz, bindet Kunden und befördert das Neugeschäft.

### 19.5.2 Radikale Reduzierung manueller Geschäftsvorfälle

Nach der Festlegung des Umfangs eines Digitalisierungsprojekts geht es um die Definition klarer Ziele. Vorreiter streben eine Reduzierung des Aufwands aus manuellen Geschäftsvorfällen um 20 bis 25 % an. Nach der Erfahrung von Bain lassen sich solch ehrgeizige Zielvorgaben auch realisieren. Die größten Effekte ergeben sich aus einer Konzentration auf die häufigsten Geschäftsvorfälle. Insbesondere bei Neuanträgen gibt es ein bislang nicht ausgeschöpftes Potenzial für eine verstärkte Dunkelverarbeitung. Bei Themen wie Kündigung, Eigentümerwechsel und Antragsrückfragen lassen sich Prozesse weitgehend automatisieren. Bei anderen Aufgaben wie Änderungen bestehender Verträge wären die Kunden bereit, selber aktiv zu werden, wenn die mobilen und stationären Websites der Unternehmen nur entsprechende Möglichkeiten vorsehen würden.

Wie sich die Effizienz durch Einbindung der Kunden steigern lässt, demonstriert eine große deutsche Krankenversicherung. Ihre Kunden können Rechnungen mit einer kostenlosen App einscannen und einreichen; schon wenige Minuten später erhalten sie ein Feedback. Rund 38.000 Ärzte nehmen bereits an dieser innovativen Form der Rechnungsabwicklung teil. Der Anbieter profitiert doppelt: Die Zufriedenheit ihrer Kunden wächst und die Effizienz im Betrieb steigt.

### 19.5.3 Weitreichende Anpassungen im Betrieb und dessen Struktur

Eine durchgreifende Reduzierung der Zahl der Geschäftsvorfälle verändert die Anforderungen an die Leistungen des Betriebs. So setzt ein höherer Self-Service-Anteil eine einfache und zugleich sichere Nutzung der entsprechenden Oberflächen sowie einen 24/7-Support voraus.

Die zunehmende Nutzung der Onlinekanäle führt zu einem erheblich höheren E-Mail-Aufkommen. Die Herausforderung: Die Kunden sind online ganz andere Reaktionszeiten als offline gewohnt und sehen auch Auskünfte via Facebook oder Twitter als verbindlich. Die Versicherer sollten daher ihr Warteschlangen- und Rückstandsmanagement verbessern und Arbeitskräfte flexibler einsetzen. Dabei ist zu überlegen, ob und in welchem Umfang zur Flexibilisierung der Kosten auch externe Dienstleister zum Einsatz kommen

Nicht ganz trivial ist es auch, die Vielfalt der digitalen Kanäle zu managen und frühzeitig herauszufinden, dass sich ein Kunde über verschiedene Medien an ein Unternehmen wendet. Diese Anfragen gilt es zu bündeln oder zumindest sicherzustellen, dass der Kunde jedes Mal dieselbe Auskunft bekommt. Häufig informieren sich Kunden auch gegenseitig. Der Betrieb kann infolgedessen zwar mit 5 bis 10 % weniger Geschäftsvorfällen rechnen, benötigt aber dafür neue Mechanismen, um Falschinformationen im Netz frühzeitig entgegen treten zu können. Und dies nicht mehr nur während der normalen Geschäftszeiten, sondern immer dann, wenn Versicherte online unterwegs sind.

Eine wichtige Schnittstelle zum Kunden bleibt der Support. Je einfacher Produkte und Prozesse sind und je größer die Erwartungen der Versicherten in Sachen Reaktionsgeschwindigkeit, desto höher die Bedeutung des 1st-Level-Support. Die Verlagerung weg vom 2nd-Level ermöglicht eine Reduzierung der Kosten, erfordert aber eine andere Kapazitätsplanung sowie eine Schulung der Mitarbeiter. Sie schlüpfen zunehmend in die Rolle eines Übersetzers zwischen Rechnern und Kunden und müssen in der Lage sein, im definierten Umfang selber zu entscheiden.

In vielen Fällen verändert sich auch die Betriebsorganisation. Je höher der Automatisierungsgrad und je größer das Self-Service-Angebot, desto fragwürdiger wird beispielsweise die Bearbeitung von Geschäftsvorfällen über zwei oder sogar drei Stufen. Das wichtigste Thema für die Betriebsorganisation ist aber das Aufbrechen der bisherigen Silos im Vertrieb. Die Kunden differenzieren nicht mehr länger zwischen Online- und Offlineangeboten. Es kommt damit zu einem weitreichenden Umbau der Organisation in einer Zeit, wo sich das Geschäft zunehmend ins Internet verlagert. Angesichts eines tendenziell reduzierten Personalbedarfs und einer zunehmend virtualisierten Arbeitswelt kann dies auch bestehende Standortkonzepte in Frage stellen. Unabhängig von der Standortfrage verändern sich in jedem Fall die Anforderungen an Mitarbeiter gerade in kundennahen Bereichen. Dies erfordert ein umfassendes Training, aber auch neue Karrieremodelle sowie angepasste Auswahlverfahren im Recruiting.

### 19.5.4 Treiber der fundamentalen Evolution im Betrieb: IT und Produkte

In den kommenden Jahren ist eine fundamentale Evolution des Geschäftsmodells der Versicherungen zu erwarten. Das veränderte Kundenverhalten erfordert eine Anpassung zahlreicher Prozesse im Betrieb. Die entscheidenden Treiber sind hierbei die IT und das Produktportfolio.

Nur mithilfe moderner IT-Lösungen lassen sich die Erwartungen der Kunden an ein kanalübergreifendes, einheitliches Angebot erfüllen. Auch im Betrieb selbst wächst die Zahl der Aufgaben für die IT. Ein zentrales Thema ist die Anpassung der vorhandenen Infrastruktur, sodass die angedachte Automatisierung und Massendatenverarbeitung reibungslos funktioniert. Ein intelligenter Workflow und eine entsprechende Steuerung über alle Ebenen des Kundensupports hinweg gewährleisten die Bündelung zusammengehöriger Vorfälle und eine möglichst gleichmäßige Verteilung der Arbeit. Nicht zu unterschätzen ist auch die Rolle der IT bei der technischen Unterstützung aller Kommunikationsmedien und -formen. Die ständige Verfügbarkeit hochfrequentierter Diskussionsforen und Blogs bedarf ebenso einer permanenten Beobachtung wie der Angriff von Hackern auf einzelne Seiten. Das Sicherheitsthema wird die IT in den kommenden Jahren noch stärker als zuvor beschäftigen. Denn mehr Self Service und mehr digitale Angebote bedeuten auch mehr offene Schnittstellen.

Der zweite entscheidende Treiber sind die Produkte selbst. Hier kommt es zu einer Modularisierung und Individualisierung. Dies bedingt ein modulares Tarifwerk mit zahlreichen Kombinationsvarianten sowie eine signifikante Reduktion der Zahl parallel laufender Tarife. Etwaige Anpassungen passieren künftig auf Ebene der einzelnen Module. Ein solches Produktportfolio schafft die Basis für die Industrialisierung der Schadensverarbeitung, da für die einzelnen Module feste Prozesse hinterlegt sind. Dies setzt ein Umdenken im Produktmanagement voraus. Die Zukunft gehört Low-touch- oder sogar No-touch-Produkten. Sie müssen selbsterklärend sein und sich binnen kurzer Zeit online wie offline abschließen lassen.

## 19.6 Die Kunst des Übergangs – mit Change Management den Wandel gestalten

Angesichts der Digitalisierung kommen Versicherer nicht umhin, sich in Richtung einer *kundenzentrierten Organisation* weiterzuentwickeln und dazu ein umfassendes Change Management aufzusetzen. Es geht darum, die Organisation auf den Wandel vorzubereiten und dessen Notwendigkeit aufzuzeigen. Am Anfang steht eine Veränderungsdiagnostik, die zum einen den Handlungsbedarf eruiert und priorisiert und zum anderen herausfindet, wo es die größten Widerstände gibt. Darauf aufbauend erfolgt eine enge Begleitung des gesamten Prozesses durch Mobilisierung aller Beteiligten, einer konsequenten Umsetzung und einer Verankerung in der Organisation. Der Results-Delivery-Ansatz von Bain & Company schafft hierfür einen geeigneten Rahmen (Abb. 19.4).

Wie wichtig ein systematisches Change Management ist, unterstreicht eine Bain-Umfrage aus dem Sommer 2013. *Nur zwölf Prozent der Unternehmen erreichten und übertrafen ihre Erwartungen an einen Veränderungsprozess*. 50 % mussten mehr oder minder große Abstriche an ihren Erwartungen vornehmen und erschreckende *38 % schafften nicht einmal die Hälfte dessen, was sie sich vorgenommen hatten.*

Ein entscheidender Grund: Mangelnde Konsequenz und latente Widerstände in der Organisation. Diese lassen sich nur durch stringentes Handeln über einen längeren Zeitraum hinweg und die Einbindung aller Betroffenen überwinden. Bei Versicherern stehen

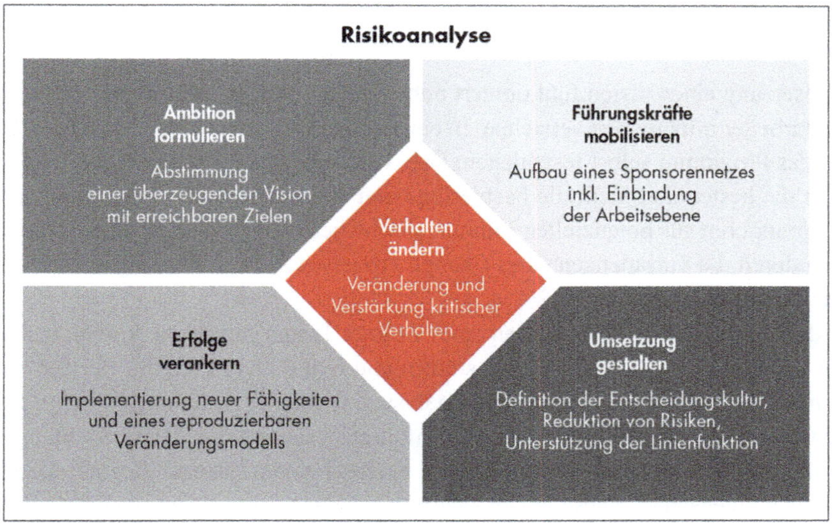


**Abb. 19.4** Change Management entlang von fünf Hebeln. (Quelle: Bain & Company, Bain-Konzept Results Delivery®)

insbesondere die kundennahen Bereiche vor einem weitreichenden Wandel – ein Hauptaugenmerk im Change Prozess gilt daher ihren Bedürfnissen und Ängsten. Wenn diese Mitarbeiter ihre neue Rolle verstehen und leben, kann der Übergang zu einer kundenzentrierten Organisation gelingen.

### 19.6.1 Vorgabe einer überzeugenden Vision

Die Digitalisierung erfordert eine weitreichende und unumkehrbare Verhaltensänderung aller Mitarbeiter. Dies kann nur gelingen, wenn es eine *überzeugende Vision* gibt. Als Ausgangspunkt bietet sich das veränderte Verhalten der Kunden an. Denn das Gros der Beschäftigten ist privat selbst im Internet unterwegs und nutzt die neuen Möglichkeiten. Es ist daher nur folgerichtig, dass sich auch der eigene Arbeitgeber in dieser neuen Welt bewegt.

Wenn die Vision steht, geht es um die Ableitung von Prioritäten und Meilensteinen bis hinunter auf die Arbeitsebene. Die Praxis zeigt, dass eine Konzentration auf eine geringe Zahl strategischer Themen von Vorteil ist. Je mehr Themen angesprochen werden, desto komplexer wirkt das Projekt und desto eher reagieren Mitarbeiter mit Ablehnung. Empfehlenswert ist es, die zentralen „Baustellen" wie den Omni-Kanal oder die Schaffung einer Innovationskultur in den Fokus zu rücken und diese Themen über die ganze Projektlaufzeit hinweg zu verfolgen.

### 19.6.2 Mobilisierung des Teams

Die Umsetzung einer Vision funktioniert nur, wenn die Führungskräfte sie mittragen und ihre Mitarbeiter mitzureißen verstehen. In einem ersten Schritt sind die Verantwortlichkeiten für das Programm selbst festzulegen. Dabei gilt eine eiserne Grundregel: In das Team gehören die besten und nicht die bestverfügbaren Mitarbeiter! Das Team bietet auch ein gutes Sprungbrett für potenziellen Führungsnachwuchs. Denn wer es schafft, eine Organisation durch die Turbulenzen eines Change Prozesses zu begleiten, eignet sich auch für andere Management-Aufgaben.

Zu den vordringlichsten Aufgaben eines Change Teams gehört der Aufbau eines Netzwerkes von Sponsoren, die die Vision stützen und in die Fläche tragen. Bei der Auswahl sollte man „bottom-up" vorgehen und analysieren, welche Abteilungen sich verändern müssen und wer hier als glaubwürdiger Anführer gesehen wird. Diese Meinungsführer sind frühzeitig auf den anstehenden Wandel einzuschwören. Danach beginnt die Mobilisierung der Belegschaft. Diese lassen sich nur erreichen, wenn jeder die Chance hat, mit seinen Wünschen und Bedenken Gehör zu finden sowie Fragen stellen zu können. Die Sponsoren spielen eine entscheidende Rolle in diesem Dialog.

### 19.6.3 Konsequente Umsetzung

Bei der Digitalisierung handelt es sich um ein mehrjähriges Projekt. Das Management der laufenden Tätigkeiten sollte daher in einem *cross-funktionalen „Transformation Office"* gebündelt werden. Ihm gehören Spezialisten aller wichtigen Bereiche an: HR-Experten zählen ebenso dazu wie Kommunikatoren, Juristen wie Mitarbeiter aus der IT. Das Office koordiniert auch die Steuerungs- und Entscheidungsprozesse in der Fläche. Viele Change Management Prozesse laufen aus dem Ruder, da sie zwar mit Hochdruck gestartet, danach aber nach und nach aufgeweicht werden. Es braucht eine klare Governance-Struktur mit regelmäßigen Meetings auf allen Ebenen und Berichtswegen bis hinauf zur Geschäftsleitung.

Genauso bedarf es eines durchgängigen Plans mit klaren Verantwortlichkeiten, abgestuften Meilensteinen und unmissverständlichen Aufgaben für einzelne Abteilungen. Besonders wichtig ist die *Definition passender Meilensteine*, gerade vor dem Hintergrund, dass deren Messung vielerorts nicht trivial ist. IT-Ausgaben oder Umsätze pro Kunde lassen sich noch leicht messen, aber was ist mit dem Kulturwandel hin zu einer kundenzentrierten Organisation? Es geht darum, Indikatoren zu finden, die den Wandel anzeigen, diese zu messen und daraus Entscheidungen abzuleiten.

### 19.6.4 Ständige Interaktion

Mitarbeiter verändern ihr Verhalten und ihre Arbeitsweise nicht über Nacht. Es braucht immer neue Anstöße, um Routinen aufzuweichen und neues Verhalten durchzusetzen. Gerade in kundennahen Bereichen bewähren sich die *Multiplikation von „Best-Practice-Ansätzen" in der Fläche* und, falls erforderlich, deren Anpassung über die Zeit.

Durch ständige Interaktion und der Belohnung von „richtigem" Verhalten üben sich neue Prozesse ein. Solche Veränderungen brauchen Zeit. Bis zu 80 % der hereinflutenden Informationen kann ein Gehirn in der Hektik des betrieblichen Alltags nicht sofort verarbeiten. Es braucht die *Wiederholung klarer und gleichbleibender Botschaften* und ein unmittelbares positives Feedback bei Verhaltensänderungen, um zum Erfolg zu kommen.

### 19.6.5 Schaffung einer Kultur permanenter Innovation

Change Management ist kein einmaliger Prozess. Unternehmen müssen vielmehr die Fähigkeit entwickeln, einen kontinuierlichen Veränderungs- und Verbesserungsprozess zu initiieren und dabei ständig weitere Innovationen zu integrieren. Denn der technische Fortschritt schreitet weiter voran. Das gilt nicht nur für die Technologien selbst, sondern auch für deren Adaption und einen daraus resultierenden Wandel im Verhalten der Kunden. Die Versicherer müssen daher eine *kurz-, mittel- und langfristige Innovations-Pipeline* aufbauen und ständig aktualisieren. Kurzfristige, inkrementelle Verbesserungen im betrieblichen Alltag stehen hier neben technologischen Durchbrüchen mit entsprechenden Vorlaufzeiten. Allen Innovationen gemein ist ihre Ausrichtung an den Kundenbedürfnissen: Innovativ ist, was den Versicherten einen Mehrwert erbringt – ein Paradigmenwechsel in einer Branche, die heute noch stark vom Produkt und vom Betrieb her denkt.

Die Organisation der Zukunft ist kundenzentriert und zugleich auf Wandel und Innovation eingestellt. Dazu bedarf es der Überführung des Sponsorship-Modells in eine dauerhafte Einrichtung. Die Sponsoren stehen für die fortwährende Digitalisierung. Der Sicherung ihres nachhaltigen Erfolgs dient auch der *Aufbau von Feedbackschleifen*, wenn möglich nach jedem Kundenkontakt. Das Net Promoter System (NPS) von Bain bietet eine gute Möglichkeit, solche Feedbackschleifen und ein entsprechendes Steuerungssystem zu etablieren.

Das zentrale Charakteristikum der kundenzentrierten Organisation ist ihr *cross-funktionaler Ansatz*. Nach Aufbrechen der bisherigen Silos entwickeln sich neue Formen der abteilungsübergreifenden Zusammenarbeit. Im Mittelpunkt stehen bestimmte Kundengruppen und deren Bedürfnisse und nicht mehr länger einzelne Produkte oder Vertriebskanäle. Je erfolgreicher und dauerhafter das Change Management, desto leichter fällt es den Mitarbeitern, sich in dieser neuen Organisation zurechtzufinden und ihren eigenen Innovationsbeitrag zu leisten.

**Fazit**

Die Digitalisierung stellt Versicherungsunternehmen in einer schwierigen Zeit vor enorme Herausforderungen. Sie müssen sich in einem tendenziell rückläufigen Markt zu einem guten Teil neu erfinden. Denn das Verhalten und die Anforderungen der Kunden ändern sich grundlegend. Die Konsumenten werden sich ihrer Macht im digitalen Zeitalter zunehmend bewusst und erwarten in Kenntnis der neuen technologischen Möglichkeiten von jedem Unternehmen ein entsprechendes Angebot. Die Versicherer müssen reagieren und das Gesetz des Handelns zurückerobern. Im Zentrum steht die Ausrichtung der gesamten Organisation auf die Bedürfnisse und Anforderungen der Kunden. Da diese selbst entscheiden wollen, wann, wo und wie sie mit ihrer Versicherung in Kontakt treten, müssen die Unternehmen auf dem Weg dorthin noch bestehende Grenzen zwischen den einzelnen Kommunikationskanälen überwinden und ihre Omnikanal-Fähigkeit sicherstellen.

Die Digitalisierung endet aber keinesfalls in den kundennahen Bereichen. Im Betrieb kann der Einsatz neuer Technologien Prozesse vereinfachen und beschleunigen. Zudem lässt sich die Zahl der manuellen Geschäftsvorfälle durch verstärkte Automatisierung und eine Ausweitung der Self-Service-Angebote signifikant reduzieren. In der Regel unterstützen die heutigen IT-Systeme solche Verbesserungen in der Wertschöpfungskette noch nicht optimal. Die Überarbeitung der IT-Plattformen zählt daher ebenso zu den acht, von Bain & Company identifizierten Stellhebeln für eine erfolgreiche Digitalisierung wie die Anpassung der gesamten Organisation an die neuen Rahmenbedingungen durch einen umfassenden Change Management Prozess.

Letztendlich dient eine Digitalisierungsstrategie vor allem zwei Zielen: die Zufriedenheit und Loyalität bestehender Kunden zu erhöhen und zusätzliche Kunden zu gewinnen. Deren Erwartungshaltung zwingt Versicherer in den kommenden Jahren, massiv in den Auf- und Ausbau digitaler Angebote zu investieren. Eine ganzheitliche Herangehensweise ist mit Blick auf die Versicherten notwendig und lohnenswert. Daneben können Versicherer Effizienzpotenziale in ihren Prozessen heben und ihre Effektivität steigern. Wer die digitale Herausforderung meistert, muss daher den Wettbewerb mit angestammten und neuen Konkurrenten nicht fürchten. Im Gegenteil: Diese Anbieter dürften in den kommenden Jahren zu den Gewinnern im Markt zählen.

**Dr. Gero Matouschek** ist Partner bei Bain & Company in München. Sein Branchenschwerpunkt liegt im Finanzdienstleistungssektor, wo er insbesondere Versicherungsunternehmen berät. Er ist europaweit verantwortlich für das Thema Versicherungsvertrieb. Sein Beratungsspektrum reicht von Finanzen und Controlling bis hin zu Vertrieb und Marketing. Gero Matouschek studierte Luft- und Raumfahrttechnik an der Universität Stuttgart und promovierte an der RWTH Aachen im Bereich Energietechnik.

**Bodo von Hülsen** ist Deputy Head of Strategy für die COFRA Holding AG in Zug (Schweiz). Unmittelbar vorher war Herr von Hülsen Principal bei Bain & Company in Frankfurt und Teil der Praxisgruppe für die Beratung von Finanzdienstleistern in Europa, dem Mittleren Osten und Afrika (EMEA). Er hat langjährige internationale Erfahrung in Unternehmens-, Kunden-, Wachstums- und Vertriebskanalstrategien sowie in Programmen zur Steigerung der operativen Exzellenz und Ertragskraft.

# Vom Aktuariat zum ganzheitlichen Produktmanagement

# 20

Klaus Friedrich und Helmut Hofmeier

**Zusammenfassung**

Aktuariat und eigenständiges, auch für die Produktentwicklung wesentliche Impulse setzendes Produktmanagement, zwei Bereiche in Versicherungsunternehmen, die überwiegend konfliktfrei und ohne größere Kommunikationsprobleme miteinander arbeiten. Zwei Bereiche, die durch hohe fachliche Fähigkeiten geprägt sind. Die einen, die Aktuare sind als absolute Spezialisten in ihrer Materie unter anderem die Konstrukteure des wesentlichen Kerns der jeweiligen Produkte, der Tarife. Die Produktmanager sind in ihrer Fachlichkeit im Regelfall nicht ganz so tief wie die Aktuare aufgestellt, dafür umso breiter und vielfach auch kommunikations- und führungssicherer. Sie sorgen dafür, dass in der Produktgestaltung über alle wesentlichen Disziplinen hinweg ein einheitliches Ganzes entsteht. Zukünftig wird es nach der hier vertreten Ansicht erforderlich werden, dass sich die Aktuare ganzheitlicher aufstellen. Zusätzlich zu der Tiefe Ihrer Fachlichkeit sollten sie eine gehörige Portion an Generalisteneigenschaften entwickeln und beherrschen, Komplexes auch für Nicht-Aktuare verständlich und motivierend verdeutlichen können – nach innen wie nach außen.

**Schlüsselwörter**

Der Aktuar als Gestalter · Wertorientierter Steuerer · Produktstratege und Kommunikator komplexer Zusammenhänge

K. Friedrich (✉) · H. Hofmeier
Köln, Deutschland
E-Mail: kfriedrich@bw-deloitte.de

H. Hofmeier
E-Mail: hhofmeier@bw-deloitte.de



G. Zimmermann (Hrsg.), *Change Management in Versicherungsunternehmen*,
DOI 10.1007/978-3-658-05974-3_20

## 20.1 Der Aktuar und der Produktmanager – Klärung von Begriffen

Bevor wir oben stehende These im Nachfolgenden belegen, werden wir die Begriffe klären. Dabei denken wir in dieser Ausarbeitung typischerweise an das Aktuariat und das mitentwickelnde, direkt an den Vorstand berichtende Produktmanagement in der Personenversicherung, Beispiele werden vornehmlich für und aus der Lebensversicherung gegeben.

### 20.1.1 Definition des Begriffs Aktuars

In Georges: Ausführliches lateinisch-deutsches Wörterbuch ist unter dem Begriff Actuarius unter anderem Folgendes zu lesen (Georges 1913):

> **2.actuarius**, ī, m. ..., I) ... II) der **Rechnungsführer, Buchhalter,** .... – Insbes.: a) beim Heere = eine Art **Proviantmeister,** der den von den Magazinvorstehern ... gegen Quittung erhobenen Proviant an die einzelnen Heeresabteilungen zu verteilen hatte, ...

Der Actuarius in der Funktion des Proviantmeisters hatte also schon seinerzeit eine verantwortungsvolle Aufgabe, in der er Lebenswichtiges ordnungsgemäß zu verteilen hatte und dabei auch Nachweisungen zeichnen musste.

Im Gabler Versicherungslexikon wird für den Aktuar definiert:

> 1. *Begriff*: Bezeichnung für einen von der Deutschen Aktuarvereinigung (DAV) geprüften und innerhalb der Europäischen Union anerkannten Wirtschafts-/Versicherungsmathematiker. Der A. ist damit ein mathematisch ausgebildeter Experte, der unter Berücksichtigung rechtlicher und wirtschaftlicher Rahmenbedingungen unterschiedliche Risiken, zum Beipsiel Versicherungs-, Kapitalanlage- und Liquiditätsrisiken, mit Methoden der Wahrscheinlichkeitsrechnung und Statistik u. a. in der Versicherungswirtschaft, im Bausparwesen und in der Altersvorsorge analysiert. In der Versicherungswirtschaft nimmt der A. insbesondere in der Lebens- und Krankenversicherung (Tarifierung, Berechnung der versicherungstechnischen Rückstellungen) seit jeher eine bedeutende Rolle ein.
> 2. *Weitere Merkmale*: Um die Tätigkeit als A. ausüben zu können, werden üblicherweise ein mathematisches Studium und eine aktuarwissenschaftliche Zusatzausbildung gefordert. A. können sowohl freiberuflich als auch angestellt für Versicherer, Bauparkassen, Beratungsgesellschaften, Behörden, Verbände, Wirtschaftsunternehmen und als Gutachter bei Gericht arbeiten. In Deutschland müssen nach dem Versicherungsaufsichtsgesetz (VAG) Personenversicherungsunternehmen sowie Schaden-/Unfallversicherungsunternehmen, die Deckungsrückstellungen aus der Haftpflicht- und Unfallversicherung zu bilden haben, einen verantwortlichen Aktuar bestellen...

Neben dem oben erwähnten beruflichen Verband der DAV gibt es die stärker wissenschaftlich geprägte Deutsche Gesellschaft für Versicherungs- und Finanzmathematik (DGVFM). Das Institut der Versicherungsmathematischen Sachverständigen (IVS) ist der Zusammenschluss der schwerpunktmäßig im Bereich der betrieblichen Altersversorgung tätigen Aktuare. Die vorgenannten drei Vereine gründeten im Jahre 2000 die Deutsche Aktuar Akademie (DAA), um eine geeignete Aus- und Weiterbildung der deutschen Aktuare zu garantieren. Darüber hinaus überprüft die Akademie anhand eines Prüfungskataloges die fachliche Eignung jedes Kandidaten für eine Mitgliedschaft in der DAV.

Die Funktion des Verantwortlichen Aktuars ist im Rahmen der Deregulierung der Versicherungsbranche 1994 in das Versicherungsaufsichtsgesetz aufgenommen worden. In der vorherigen, regulierten Welt gab es diese Funktion naturgemäß nicht. Gleichwohl besaßen auch seinerzeit die Versicherungsmathematiker Experten-Wissen; so waren sie unter anderem verantwortlich für die Tarifentwicklung, die Bilanzierung des Verpflichtungsumfangs, die Geschäftspläne und übten in der Versicherungswirtschaft wesentliche Funktionen aus.

Der oben wiedergegebenen Definition ist schon die Vielfältigkeit der Anforderungen an einen Aktuar zu entnehmen. Neben der mathematischen Expertise werden unter anderem Kenntnisse in der Jurisprudenz, in der Kapitalanlage, zu wirtschaftlichen Zusammenhängen, in der Rechnungslegung etc. gefordert. Das Abschätzen diverser Risiken ist eine zentrale Aufgabe und wird sogar noch an Bedeutung gewinnen.

### 20.1.2 Definition des Begriffs Produktmanager

Im Gabler Versicherungslexikon wird für das Produktmanagement speziell in Versicherungsunternehmen definiert (Wagner):

> 1. *Begriff und Merkmale*: Planung, Steuerung und Kontrolle der Produktgestaltung und der Produktentwicklung. Das P. ist eine Dimension der Produktpolitik. Es dient der Organisation der Produktpolitik und der Kompetenzzuordnung und ist damit struktur- und prozessbezogen. Im Rahmen des P. wird den Fragen nachgegangen, ob und warum ein Versicherungsprodukt erfolgreich beziehungsweise erfolglos ist, wer den Produktentwicklungsprozess verantwortet und steuert, wie die Steuerung erfolgt und welche Beteiligten dabei in welchen Phasen welche Rechte und Pflichten haben.
> 2. *Organisation*: Die institutionelle Aufhängung des P. begründet dessen organisatorische Einbettung im Versicherungsunternehmen:
> a) In einer eigenen Abteilung mit vollständiger Entscheidungsbefugnis bestimmt ein Produktmanager alle notwendigen Ressourcen und entscheidet letztlich selbst über die Produktgestaltung, die Verkaufsunterlagen und das Vertriebskonzept.
> b) Ähnlich geartet, aber kurzfristiger Natur, ist eine Projektorganisation mit verantwortlichem Projektleiter.
> c) Zum gleichen Zweck, aber mit abgeschwächter Entscheidungskompetenz des Produktmanagers versehen, kann die Projektorganisation mit einem Lenkungsausschuss kombiniert werden, an den der Projektleiter laufend berichtet.
> d) Die schwächsten Formen der Kompetenzzuweisung sind schließlich ein Arbeitskreis ohne Entscheidungsbefugnis oder die Bildung einer Stabsstelle.
> 3. *Aktuelle Situation und Ausblick*: Im Gegensatz zu anderen Branchen sind in der Assekuranz Produktmanager mit weit reichenden Kompetenzen noch selten. I. d. R. sind sie während der Neuentwicklungsphase Projektleiter ohne letzte Entscheidungsbefugnis diese obliegt einem

Lenkungsausschuss. Ist ein Produkt eingeführt, werden seine laufende Verwaltung, möglicherweise notwendig werdende Anpassungsmaßnahmen sowie zwischenzeitliche Verkaufsförderungsaktionen an Produktmanager oder einfach in die Versicherungsparten oder -zweige abgegeben. Künftig könnten sich indessen aufgrund neuer gesetzlicher Anforderungen (z. B. Transparenzanforderungen, Solvency II) die Rolle und die Bedeutung von Produktmanagern verändern und sich denjenigen anderer Branchen annähern.

Im weiteren Verlauf verstehen wir unter Produktmanagement dasjenige, das in der obigen unter 2.a) beschriebenen Organisationsform aufgestellt ist, also weitgehend selbständig und kompetent mit eigenen ausreichenden Entscheidungsbefugnissen ausgestattet operiert. Idealerweise berichtet der Leiter des Produktmanagements direkt an den zuständigen Ressortvorstand.

## 20.2 Die Aufgaben im Aktuariat heute

### 20.2.1 Traditionelle klassische Aufgaben

Wir konzentrieren uns auf ausgewählte Aufgabenstellungen. Zu den traditionellen klassischen Aufgabenfeldern gehören unter anderem:

- die Tarifentwicklung:
  Dabei unterscheiden wir hier zwischen der Tarifentwicklung, die sich ausschließlich auf die Kernarbeiten des Aktuars zur Gestaltung des Tarifs erstreckt, und der umfassenderen Produktentwicklung. Diese aktuariellen Kernarbeiten umfassen nicht nur die eigentliche Konstruktion des Tarifs, sondern unter anderem auch sogenannte Profit Tests, das Erstellen und den Versand einschlägiger Mitteilungen an die Bundesanstalt für Finanzdienstleistungsaufsicht. Letztere schließen die Grundsätze für die Berechnung der Prämien und der Deckungsrückstellung sowie die statistische Nachweise mit ein.
  Zur Produktwicklung gehören weitere Aufgabenfelder, die (zusätzlich) die Fähigkeiten anderer Disziplinen erfordern. Der Tarif ist zwar essenzieller Bestandteil des Produkts. Das Produkt umfasst neben dem Tarif als Kern weitere Bestandteile wie die Allgemeinen Versicherungsbedingungen, Antrags- und weitere Vertragsdokumente, Angebots- und Beratungssoftware, die Marketingkonzeption und auch die Vertriebsstory. Im weiteren Sinne kann auch der für Kunden und Vertriebspartner durchgeführte Service der Gesellschaft während der Laufzeit des Vertrags inkl. der IT-gestützten Automatismen als Bestandteil des ganzheitlichen Produkts angesehen werden.
- die Unterstützung diverser nicht-aktuarieller Bereiche in der Entwicklungsphase eines Tarifs beziehungsweise Produkts: Dazu gehören neben anderen Unterstützungen
  - die Lieferung einer aktuariellen Spezifikation des Tarifs an die IT bis hin zur Zulieferung zu sogenannten Lastenheften für die IT, damit neben der automatisierten Generierung von individuellen Vertragsdaten weitere Automatismen, zum Beispiel

für die Übergabe von Daten an Randsysteme wie Bilanz- und GuV-System, Provisionssystem, Briefschreibung oder Beauskunftung für die Kundenverwaltung oder Vertriebsunterstützung oder die Agenturen vor Ort, konstruiert werden können.
  - die Mitarbeit bei der Durchführung von IT-Tests des neu implementierten Produkts
  - die Erläuterung der wesentlichen Eigenschaften des Tarifs unter anderem für
    - die Rechtsabteilung, damit die Ausgestaltung der Vertragsunterlagen entsprechend erfolgen kann
    - das Asset Management, damit beispielsweise erforderliche Mechanismen der Umschichtung zwischen verschiedenen Kapitalanlagetöpfen zur Garantieerzeugung entsprechend ihren Niederschlag unter anderem in der Orderabwicklung finden können
    - das Marketing und einen gegebenenfalls vorhandenen Schulungsbereich, damit die wesentlichen Eigenschaften als Grundlage für die sogenannte Sales Story zur Verfügung stehen
    - den Vertrieb und auch den Betrieb – also die Kundenverwaltung beziehungsweise Vertriebsunterstützung – damit Kunden und Vertrieb gegenüber sachgerecht und kompetent beraten werden kann
    - das Rechnungswesen, die Bilanz- beziehungsweise Finanzbuchhaltung, um auf etwaige Spezifika in der bilanziellen Behandlung beziehungsweise bei der GuV hinzuweisen
- Des Weiteren gehört zu den traditionellen Aufgaben des Aktuars auch die Durchführung von Berechnungen derjenigen Geschäftsvorfälle, die (noch) nicht in der IT des Unternehmens implementiert sind. In diesen Fällen erfolgt also die Bestandsführung durch das Aktuariat in manueller oder teilautomatisierter Form
- Ferner gehören das Beobachten und Verfolgen von für die aktuarielle Arbeit relevanter Gesetzgebung, Rechtsprechung und auch regulatorischen Entwicklungen, national – wie auch mittlerweile auf europäischer Ebene – zu den angestammten Tätigkeiten des Aktuars. Selbstverständlich ist für den Aktuar das Verfolgen von Stellungnahmen, Empfehlungen wie Entwicklungen der DAV
- Auch Rechnungslegung und Solvabilität sind ein klassisches Betätigungsfeld des Aktuars. Diese waren traditionell vom HGB beeinflusst. Neben der konventionellen Deckungsrückstellung und den versicherungstechnischen Rückstellungen für Rechnung und Risiko von Versicherungsnehmern seien hier die weitere Bilanzposition Rückstellung für Beitragsrückerstattungen (RfB) aber auch die verzinsliche Ansammlung erwähnt. Für die GuV seien hier die Ermittlung von verdienten Bruttobeiträgen, Beiträgen aus der RfB und Bruttoaufwendungen für die Beitragsrückerstattung erwähnt. Auf die Rechnungslegungsverordnung wird an dieser Stelle nur verwiesen. Die Anforderungen des Versicherungsaufsichtsgesetzes zur Berichterstattung an die Aufsichtsbehörde sind in der Berichterstattungsverordnung geregelt. Rechnungslegung und Solvabilitätsvorschriften werden durch Solvency II einer grundlegenden Neuordnung unterzogen. Insoweit wird auf Abschn. 20.3 verwiesen.

- Die Aufgaben des Verantwortlichen Aktuars, dessen Funktion im Rahmen der Deregulierung 1994 eingeführt wurde, seien kurz skizziert. Sie umfassen:
  - „Einhaltung der Gesetze für die Prämien- und Deckungsrückstellungsberechnung
  - Finanzlage des Unternehmens auf dauernde Erfüllbarkeit überprüfen
  - Solvabilitätslage (gesetzliche Eigenkapitalausstattung) überprüfen
  - dem Vorstand Vorschläge für eine angemessene Gewinnbeteiligung unterbreiten
  - ordnungsgemäße Berechnung des Deckungskapitals testieren

den Vorstand über drohende Einschränkungen des Testats unterrichten und bei fehlender Abhilfe die BaFin informieren" (Führer und Grimmer 2010, S. 43).

### 20.2.2 Weitere Aufgaben in der Praxis des Aktuariats, die über die aktuelle Kerntätigkeit hinausgehen

Die Dimension weiterer Aufgaben in der aktuellen Praxis ist von vielen Einflussgrößen abhängig. Zum einen hängt das Aufgabenspektrum ab von der Größe des Unternehmens, von der Zugehörigkeit zu einem Konzern – einer deutschen oder international geprägten Gruppe, der Historie und den gewachsenen Strukturen des Unternehmens. Natürlich hat auch die Breite des Produktspektrums einen Einfluss. Typischerweise ist die Funktion des Aktuars in den weiteren Aufgabenstellungen der aktuellen Praxis die des ausgewiesenen Spezialisten, die des Subject Matter Experts:

> The Subject Matter Expert is that individual who exhibits the highest level of expertise in performing a specialized job, task, or skill within the organization (*iSixSigma* SME, 2014).

So gibt es Aktuariate, die typischerweise nicht nur Zulieferungen zur IT vornehmen sondern kleine bis mittlere Programmierungen selbst erzeugen. Andere wiederum beschränken sich nicht auf die Zulieferung der aktuariellen Komponenten für die Allgemeinen oder Besonderen Versicherungsbedingungen, wie zum Beispiel eine Skizze der Überschusssystematik, sondern sind tief eingebunden in den Kontroll- und Freigabeprozess des vollumfänglichen Bedingungswerks.

Gleichwohl sind über viele Unternehmen hinweg vielfach ähnliche Strukturen anzutreffen. Diese richten sich dann nach den vorstehend geschilderten Hauptaufgaben. Eine Gruppe im Aktuariat ist vielfach überwiegend zuständig für die Tarifentwicklung und die entsprechende Verfolgung von Gesetzgebung und Rechtsprechung sowie Regulatorik. Exemplarisch seien hier aktuell Regelungen zur Finanztransaktionssteuer genannt, die einen nachhaltigen Einfluss auf die Kapitalanlageergebnisse und damit schlussendlich auf die Höhe der Versicherungsleistung haben können – eine nicht unwichtige Größe für den Versicherungsnehmer.

Eine weitere Gruppe ist vielfach unter anderem verantwortlich für die Kalkulation, die im Zusammenhang mit den noch nicht vollständig automatisierten Geschäftsvorfällen anfallen. Dabei sei an dieser Stelle ausdrücklich darauf hingewiesen, dass es insbesondere bei seltenen Geschäftsvorfällen innerhalb von Tarifgenerationen, die nur einen geringen Bestand beinhalten, durchaus betriebswirtschaftlich sinnvoll sein kann, keine aufwändigen Vollautomatismen zu implementieren.

In einem dritten Bereich ist typischerweise die unter 20.2.1 schon angesprochene Rechnungslegung angesiedelt. Es gibt Schnittstellen und Überschneidungen, die natürlich den Austausch innerhalb und außerhalb des Aktuariats erfordern.

Ein bunter Strauß weiterer Aufgaben wird auch heute schon in den Aktuariaten erledigt. Dazu gehören unterschiedlichste Felder wie ausgewiesenes Spezialistentum zum Beispiel für Fragen zur Riester-Rente, zur betrieblichen Altersversorgung und ihren fünf Durchführungswegen, zur Klärung von Zweifelsfragen bei Risiko- und Leistungsprüfungen.

Damit sind Aktuare heute schon weit über ihre klassisch angestammten Tätigkeitsbereiche hinaus aktiv. Bislang sind sie dabei eher weniger gestalterisch im Sinne einer ganzheitlichen und in die Unternehmensstrategie passenden (Impulssetzung für die) Produktentwicklung tätig, sondern eher in der Rolle des oben skizzierten Spezialisten; also insbesondere des Spezialisten jenseits der Tarifkonstruktion oder aktuariellen Rechnungslegung, sei es der Spezialist für steuerliche Besonderheiten der Basisrente, für Rechnungslegungsvorschriften jenseits aktuarieller Spezifika oder der für das Programmieren von Subsystemen. Der Aktuar ist derzeit somit überwiegend aktuarieller Umsetzer von Anforderungen oder technischer Experte auch in benachbarten Feldern statt ein ganzheitlicher (Produkt-)Gestalter.

## 20.3 Die speziellen Anforderungen von Solvency II – dem neuen Aufsichtssystem

Solvency II bedeutet auch für die Aktuare erhebliche Änderungen. Abbildung 20.1 stellt die Anforderungen der BaFin dar.

Die aus Säule I resultierenden Berechnungs- und marktkonsistenten Bewertungsanforderungen sind typische Aufgabenstellungen für den Aktuar. Szenarioanalysen für eine wert- und risikoorientierte Steuerung werden erforderlich. Mit stochastischen Methoden werden Simulationen des Versicherungsunternehmens in die Zukunft durchgeführt. Insbesondere erfolgen Projektionen von Bilanz und GuV. Dabei kommt es zur Modellierung des gesamten Bestands: sowohl der von Versicherungstarifen als auch der der Kapitalanlagen. Entscheidend ist in diesem Zusammenhang der Einbezug von Interaktionen zwischen Aktiv- und Passivseite der Bilanz; erwartete Managemententscheidungen und wahrscheinliches Kundenverhalten werden in die Modellierung einbezogen. Für die Steuerung relevante Kennziffern, wie die versicherungsgeschäftliche Ergebnisquote, die Schadenquote, ein Prämienanstieg etc. können ermittelt werden (Renz und Mohsler 2013).

Die Anforderungen des Aufsichtssystems Solvency II an das Stellen von Risikokapital haben auch Einfluss auf die Produktentwicklung. Schon in der Tarifentwicklung werden die Auswirkungen der Tarifgestaltung, der zuzulassenden Optionen des Tarifs auf das er-

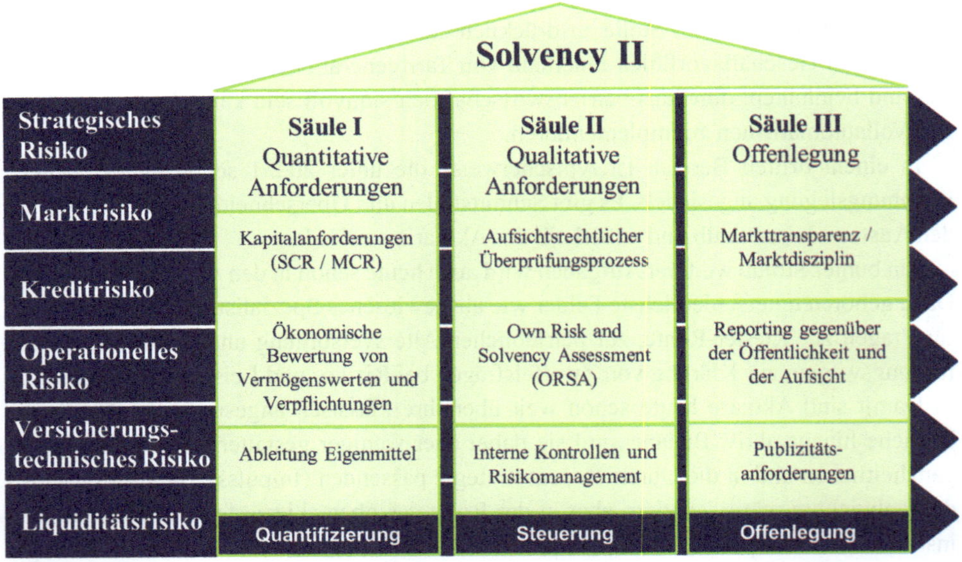


**Abb. 20.1** Das Säulenmodell – Solvency II

forderliche Risikokapital zunehmend stärker einbezogen und noch stärker einzubeziehen sein. Aktuell sind im Lebensbereich neuartige Garantiegestaltungen festzustellen. Damit einher geht ein stärkerer Input der Aktuare auch im Bereich der Kapitalanlage.

Die Anforderungen im Zusammenhang mit Risikomanagementsystemen, der Solvabilitätsbeurteilung und den Berichtspflichten in den Säulen II und III von Solvency II erfordert Aktuare jenseits des bislang angestammten Tätigkeitsfelds. In Artikel 48 der Solvency II-Richtlinie ist die oben erwähnte versicherungsmathematische Funktion eingeführt worden. Die versicherungsmathematische Funktion von Versicherungsunternehmen hat unter anderem folgende Aufgaben im Rahmen der Governance zu übernehmen: Koordinierung der Berechnungen der versicherungstechnischen Rückstellungen, Gewährleistung der Angemessenheit der verwendeten Methoden und Basismodelle, Vergleich der besten Schätzwerte mit Erfahrungswerten, Formulierung von Stellungnahmen zur generellen Annahmepolitik und Angemessenheit der Rückversicherungsvereinbarung, Mitarbeit an der Schaffung von Risikomodellen. Diese Tätigkeiten sind von Personen wahrzunehmen, die über fundierte Kenntnisse der Versicherungs- und Finanzmathematik verfügen und die umfangreiche Erfahrung in Bezug auf anwendbare fachliche Standards besitzen.

In diesem Zusammenhang ist die Initiative der DAV einzuordnen, eine Zusatzausbildung zum CERA-Aktuar anzubieten, zum Certified Enterprise Risk Actuary. In der Prüfungsordnung zum CERA-Aktuar heißt es in der Präambel „Das Tätigkeitsgebiet von Aktuaren hat sich … in den letzten Jahren deutlich erweitert. Das Thema „Enterprise Risk Management“ (ERM) hat dabei insbesondere für den Berufsstand der Aktuare – sowohl auf nationaler als auch auf internationaler Ebene – eine hervorgehobene Bedeutung." Ferner werden ebendort die Prüfungsinhalte festgelegt:

- „Grundlagen und Rahmenbedingungen des ERM
- Quantitative Methoden des ERM
- Klassifizierung und Modellierung von Risiken
- Instrumente des Risikotransfers und der Risikosteuerung
- Prozesse des ERM
- Ökonomisches Kapital im Rahmen der Unternehmenssteuerung"

In Vorbereitung von Solvency II – das nun zum 01.01.2016 in Kraft treten soll (Europäische Kommission 2014) – kam es zu einer Vielzahl von den Aufsichtsbehörden geforderten Studien und Bewertungen (Quantitative Impact Studies (QIS), Long Term Guarantee Assessment, EIOPA 2014). Mit den QIS-Studien wurden „europaweit die Auswirkungen des Standardansatzes auf Angemessenheit, Anwendbarkeit und Durchführbarkeit getestet. Gegenstand der Feldstudien waren sowohl die Solo-Solvabilität als auch die Gruppen-Solvabilität. Zusätzlich wurden auch Informationen bezüglich interner (Partial-)Modelle erhoben. Die Untersuchungen verfolgen vor allem das Ziel, die Auswirkungen des Standardansatzes auf das SCR (Solvency Capital Requirement) und die Eigenmittel zu analysieren. Daneben ermöglicht es den teilnehmenden Versicherungsunternehmen bis zur Einführung von Solvency II erforderliche Maßnahmen zu spezifizieren" (Deloitte 2011). „Das … LTGA … befasste sich mit einem im Rahmen der Omnibus II Verhandlungen von den europäischen Trilogparteien vorgeschlagenen Maßnahmenpaket, das darauf abzielt, Probleme bei der Bewertung langfristiger Verpflichtungen unter Solvency II zu lösen" (BaFin 2013).

Diese Studien, die in erheblichem Umfang die Kernkompetenz von Aktuaren erforderten, haben die Aktuariate phasenweise sehr stark belastet. Weitere Berechnungsanforderungen der Aufsichtsbehörden sind geplant und werden ebenfalls von Aktuaren zu erledigen sein. Wesentliche Anforderungen an eine wert- und risikoorientierte Unternehmenssteuerung liegen somit typischerweise in den Händen des Aktuars. Vielfältige Anforderungen ergeben sich für die Produktgestaltung. Diese aus der Unternehmenssteuerung resultierenden Anforderungen sind mit denen der Kunden, des Vertriebs in Einklang zu bringen. Dieses Aufgabenspannungsfeld zu managen wird eine wesentliche Aufgabe des Aktuars werden (vergleiche auch nachfolgend Abschn. 20.4 Rahmenbedingungen heute und in naher Zukunft).

## 20.4 Rahmenbedingungen heute und in naher Zukunft

Aktuelle und zu erwartende Rahmenbedingungen werden die Aktuariate fordern, zusätzliche Anforderungen stellen. Die in der Vergangenheit und auch aktuell stark strapazierte demografische Entwicklung führt zu dem Erfordernis einer Teile der absinkenden gesetzlichen Rentenversicherung ersetzenden Altersvorsorge – privat oder betrieblich organisiert. Die Rentenversicherung ist das einzige Produkt, das das Langlebigkeitsrisiko für den Versicherungsnehmer abdeckt – dies gilt auch bei einem Zinssatz von 0 %.

**Die Zinssituation**

Die derzeitige Zinssituation, die im Allgemeinen als noch lang andauernd eingeschätzt wird, hat dazu geführt, dass die von Unternehmen erzielbare Gesamtverzinsung unterhalb der Garantieverzinsung einzelner Tarifgenerationen liegt. Dies hat das Erfordernis der Bildung und Berechnung einer Zinszusatzreserve (DeckRV § 5 Abs. 5) ausgelöst.[1]

Die anstehende Absenkung des Höchstrechnungszinses zum 01.01.2015 wird bei ansonsten unveränderter Produktgestaltung regelmäßig dazu führen, dass die bei Riester-Verträgen und speziellen Verträgen der betrieblichen Altersversorgung geforderte Garantie der Summe der gezahlten Beiträge nicht mehr für alle Laufzeiten von allen Anbietern gewährleistet werden kann. Sollte es zu keiner Änderung dieser gesetzlichen Anforderungen an die genannten Altersvorsorgeverträge kommen, werden Unternehmen darüber entscheiden müssen, ob sie derartige Verträge weiterhin anbieten wollen oder ob sie ihre Produktgestaltung gegebenenfalls signifikant anpassen. Eine derart einschneidende Anpassung berührt nicht nur die Produktstrategie sondern hat erhebliche Auswirkungen beispielsweise auf die Vertriebsstrategie. Gesellschaftspolitische Auswirkungen werden hier nicht weiter verfolgt.

**Erforderliches Risikokapital**

Die Anforderungen aus Solvency II zur Stellung von Risikokapital werden ebenfalls signifikante Auswirkungen auf die Garantiegestaltungen der Versicherungsprodukte haben. Diese Anforderungen, wie auch die aus dem letzten Gliederungspunkt, werden zu einem steigenden Kostendruck auf die Versicherungsgesellschaften führen.

Davon sind nicht nur klassisch konventionelle Versicherungen betroffen sondern insbesondere auch Hybridprodukte, die in der Aufschubzeit konventionelle Komponenten aufweisen. In Rentenbezugszeiten sind auch Hybridprodukte bislang regelmäßig konventionell.

**Wertorientierte Unternehmenssteuerung**

Die (insbesondere aus Solvency II resultierenden) Anforderungen an eine wertorientierte Steuerung erfordern nicht nur die eigentlichen Fähigkeiten der Modellierung des Unternehmens sondern zunächst das Erkennen und Ableiten von wesentlichen Einflusspara-

[1] Zwischenzeitlich (Anfang August 2014) ist das Lebensversicherungsreformgesetz (LVRG) in Kraft getreten (BGBl 2014, Teil I Nr. 38, 06.08.2014). Es ist eine Reaktion u. a. auf die Zinssituation. Es beinhaltet eine Vielzahl von Regelungen z.B. zu einem Sicherungsbedarf, zu einer Ausschüttungssperrssperre, zu einer sachgerechteren Behandlung von Bewertungsreserven, zur Handhabung von Überschüssen, zur Absenkung des Höchstrechungszinses auf 1,25 % und des Höchstzillmersatzes auf 25 o/oo sowie der Angabe der Effektivkosten (Reduction in Yield). Die drei letztgenannten Maßnahmen greifen ab dem 01.01.2015.

metern, möglichen Managementreaktionen sowie deren Auswirkungen auf die Marktteilnehmer. Die verwendeten Modelle sind mächtig und jeweils zu aktualisieren.

Die Deutsche Aktuarvereinigung führt aus (DAV 2009, S. 118 f.):

> aa) Interne Modelle
> Grundsätzlich sollte jedes Unternehmen sein Geschäft in einem internen Modell aktiv- und passivseitig abbilden und mittels Szenariorechnungen, die deterministisch oder stochastisch durchgeführt werden, künftige Cashflows simulieren und daraus Risikoprofile ableiten. Diese Modelle, wenn sie das Geschäft hinreichend genau abbilden, sind naturgemäß sehr komplex und führen daher in der Entwicklung und Handhabung zu zahlreichen technischen Fragestellungen.
> bb) Standardmodell
> Da die Aufsichtsbehörden nicht von allen Unternehmen die Entwicklung eines eigenen internen Modells verlangen kann, wird auf europäischer Ebene an einem Standardmodell gearbeitet, das mit unternehmensindividuellen Parametern der einzelnen Gesellschaften bestückt wird. …

**Transparenz und Verbraucherschutz**

IMD II, PRIPs, Entscheidungen oberster Gerichte, Kommunikation von Verbraucherschützern und die Wahrnehmung von Versicherungen in der Öffentlichkeit werden mit hoher Wahrscheinlichkeit zu erhöhten Transparenzanforderungen führen. Diese Transparenzanforderungen und die aus den aus der o.a. Themenfeldern gegebenenfalls resultierende Komplexität neuartiger Produktkonstruktionen sind in Einklang miteinander zu bringen.

Sämtliche Kommunikationsmittel, sämtliche Vertragsdokumente, Angebotsunterlagen – Allgemeine Versicherungsbedingungen, Angebotsberechnungen, werbliche Unterlagen, … – sind betroffen. Zweifelsfragen werden derzeit eher zu Gunsten des Vertragsschwächeren, des Versicherungsnehmers also, ausgelegt. Der Vertriebskanal online-Vertrieb wird in besonderer Weise die geschilderten Transparenzanforderungen berücksichtigen müssen. Darüber hinaus stellt sich gerade bei diesem Vertriebskanal die Frage, welche Zielgruppen mit welchen Produkten erfolgreich angesprochen werden können. Ein erfolgreicher Auf- und Ausbau diese Vertriebskanals erfordert besondere Anspracheformen.

**Öffentliche Wahrnehmung von Versicherung**

Der in der öffentlichen Wahrnehmung sinkenden Attraktivität des Produktes Lebens- und Rentenversicherung ist entgegenzuwirken. Bislang hat es die Branche offenbar nicht ausreichend gut geschafft, die Besonderheiten des Produktes Versicherung im Vergleich zu anderen Finanzdienstleistungen, die keine derart kollektiven Mechanismen oder biometrischen Elemente haben, verständlich darzulegen. Der eingangs dieses Abschnitts formulierte USP (Unique Selling Point) von Rentenversicherungen wird kaum wahrgenommen. Einer Deloitte-Studie ist zu entnehmen (Deloitte 2013):

> 76 % der Versicherer geben an, dass die die Besonderheiten des biometrischen Schutzes und des Risikoausgleichs im Kollektiv nicht erläutern, um die Vorteile gegenüber reinen Sparprodukten (be-)greifbar zu machen. … Besonderheiten des kollektiven Sparens, der Ausgleichsmöglichkeiten in der Zeit und in der Versichertengemeinschaft werden nicht erläutert. …

Eine weitere wesentliche Eigenschaft von Lebens- oder auch Rentenversicherungen findet ebenfalls kaum Beachtung in der öffentlichen Diskussion: anders als andere Finanzdienstleister garantieren Versicherer regelmäßig Kostensätze für die gesamte Vertragsdauer – das sind insbesondere bei Rentenversicherungen mehrere Jahrzehnte. Das ist ein weiteres Element der Sicherheit für den Versicherungskunden.

**Demografischer Wandel**
Demografischer Wandel und in zunehmenden Maße unstete Arbeitsleben verlangen nach speziellen Risikoabdeckungen (zum Beispiel Abdeckung spezieller Funktionsausfälle im Alter) und flexiblen Gestaltungsmöglichkeiten für den Versicherungsnehmer (zum Beispiel Beitragsstundungen, – aussetzungen oder Entnahmen aus dem Vertragskapital im Falle von erneuter Ausbildung oder Arbeitslosigkeit). Neuerungen, wie beispielsweise das Aussetzen von Rentenzahlungen für den Fall eines größeren Hinzuverdienstes eines Rentners, sind von uns bislang nicht als Produktidee wahrgenommen worden.

## 20.5 Auf dem Weg zum ganzheitlichen Produktgestalter

Die vorstehend betrachteten Rahmenbedingungen, die daraus resultierenden Anforderungen an die Unternehmenssteuerung werden wesentliche Impulse der die Zusammenhänge durchdringenden und die Zukunft des Unternehmens modellierenden Aktuare erfordern. Der Aktuar wird sich unter anderem hin zum Dolmetscher und kreativen, vorgenannte Rahmenbedingungen berücksichtigenden Produktgestalter entwickeln. Er ist derjenige, der die Auswirkungen der Produktgestaltung mit all ihren Optionen für den Versicherer in einem wertorientierten Steuerungsmodell quantifizieren kann und gleichzeitig die Vorteilhaftigkeit des Produktes für Versicherungsnehmer versteht. Er ist derjenige, der die Ausgestaltung des Produkts in der Entwicklungsphase schon entsprechend steuern, managen kann. Derartige Fähigkeiten sind für die Umsetzung der aus der Unternehmensstrategie abgeleiteten Produktstrategie essenziell.

Damit muss der Aktuar maßgeblich an der Generierung von Produktideen – nicht nur der Tarifentwicklung im eigentlichen Sinne – beteiligt sein und wesentlichen Input auch für die Vermarktung *seiner* Entwicklungen in für andere Disziplinen und den Kunden verständlicher Art und Weise liefern.

**Vom Subject Matter Expert zum Gestalter**
Somit muss sich der Aktuar vom Umsetzer von Anforderungen zum Gestalter, zum Ideengeber und Treiber für Produkte entwickeln; Produkte, die einen Mehrwert für den Versicherungsnehmer liefern und vom Versicherer nachhaltig finanzierbar sind. Dabei sollte der

**Abb. 20.2** Vom Subject Matter Experts zum ganzheitlichen Vorgehen

Aktuar in Zusammenarbeit mit den Juristen in der Lage sein, die erforderliche Kreativität im rechtlichen und regulatorischen Rahmen querdenkerisch zu entwickeln (Abb. 20.2).

**Kommunikator – nach innen wie außen**

Diese Ideen sollten im Produktentwicklungsprozess mit dem Vertrieb und auch den Kunden abgestimmt werden. Versicherungen sind derzeit immer noch und wohl auch auf absehbare Zeit ein Push-Produkt. Für unterschiedliche Zielgruppen sind im Regelfall unterschiedliche Produkteigenschaften für eine Bedarfsabdeckung erforderlich. Diese gilt es zu erkennen, aufzunehmen und entsprechend schlank, sprich effizient und kostengünstig, für das Versicherungsunternehmen zu gestalten. Gleichzeitig ist nicht nur der Vertrieb in diese bedarfsorientierten Überlegungen gestaltend einzubeziehen. Auch der Mehrwert von Beratungsleistungen sollte transparent gemacht werden. Hier kommt dem Aktuar eine starke Rolle in der Motivation dieses Mehrwerts zu. Denn nur wenn der Vertrieb (durch den Aktuar) in die Lage versetzt wird, den Bedarf beim Kunden zu identifizieren und dann das dazugehörige Produkt zu wählen, wird dieser Mehrwert im Allgemeinen erreichbar sein.

**Garant für Transparenz**

Die entsprechenden wesentlichen Inputs zur transparenten Gestaltung der Vertrags- und Informationsdokumente können auch nur von demjenigen geliefert werden, der das Produkt voll und ganz durchdrungen hat. Sicherlich kommt es hier zu einer Gratwanderung zwischen für Aktuare nicht untypischer detailverliebter Information, die zum nicht hilfreichen Information Overload führen kann, und einer angemessenen und verständlichen Informationsgestaltung, die das für den Bedarf des Kunden Wesentliche transportiert.

**Übersetzer für verschiedene Disziplinen**

In diesem Zusammenhang hat der Aktuar auch den für die Erstellung der Vertragsdokumente typischerweise zuständigen Juristen über die Spezifika des Produktes in Kenntnis zu setzen. Sicherlich hat der Jurist eine Perspektive, die eher die Haftungsminimierung des Versicherers im Fokus hat. Gleichwohl ist nach der schon erwähnten Rechtsprechung des BGH gerade die transparente Darstellung des Wesentlichen von entscheidender Bedeutung.

Damit das Wesentliche (nicht nur) in der Akquisitions- und Vertragsabschlussphase transparent zum angehenden Versicherungsnehmer getragen werden kann, bedarf es entsprechender elektronischer Hilfsmittel. Hier wird es Aufgabe des Aktuars sein, nicht ausschließlich die entsprechenden Spezifikationen an die IT zu liefern, sondern auch im Zusammenspiel mit dem Vertrieb darauf zu achten, dass die wesentlichen Eigenschaften durch einfache Bedienung verständlich dargestellt werden können. Darüber hinaus sollten (vermeintliche) technische Restriktionen durch einen entsprechend kreatives Querdenken in Frage gestellt werden.

**Vereinfacher von Verwaltung**
Ein häufig erst zu spät berücksichtigtes Feld ist die Verwaltung. Auch hier ist wesentliche Zuarbeit des Aktuars erforderlich. Er kennt die neuen, die modifizierten Geschäftsvorfälle die vom Kunden ausgelöst werden können. Aber auch unternehmensinterne neue Abläufe sind ihm bestens erkannt, zum Beispiel geänderte Abläufe in der Orderabwicklung von Fonds bei neuartigen Hybridprodukten. Schnelle, einfache und korrekte Automatismen sind in der heutigen Wettbewerbssituation unbedingt zu gewährleisten.

**Transporteur von Alleinstellungsmerkmalen**
Schließlich ist der Aktuar prädestiniert dafür, die entscheidenden, ein Versicherungsprodukt von anderen Finanzdienstleistungsprodukten unterscheidenden wesentlichen Produktmerkmale, die sogenannten USPs zu durchdringen. Diese allgemeinen USPs, Risikoausgleich im Kollektiv und in der Zeit, Abdeckung biometrischer Risiken, und die speziellen Eigenschaften des jeweils konkreten Produktes können vom Marketing mit Hilfe der Aktuare werblich aufbereitet werden. Gerade der Transport der oben als „allgemein" gekennzeichneten USPs, ist nach der hier vertretenen Ansicht ein wesentliches Erfordernis zur Re-Positionierung von Versicherungen und Teil der Basis für Vertrauen in das Produkt Versicherungen.

Damit kommt dem Aktuar, neben seiner angestammten Expertise, eine aus seinem breiten Wissen, auch um die wertorientierte Steuerung, heraus weitreichendere Aufgabe in Zukunft zu. Er hat aufgrund der neuen und komplexeren Anforderungen alle notwendigen Ressourcen zu koordinieren und wesentlich über die Produktgestaltung in all ihren nichtaktuariellen Facetten, die Verkaufsunterlagen und das Vertriebskonzept (mit) zu entscheiden.

Dass dieses zu einem wesentlich umfangreicheren Anforderungsprofil an den Aktuar führt, beleuchten wir im Folgenden.

## 20.6 Den Wandel vom klassischen Aktuariat zum Produktmanagement gestalten

Die angestammte Fachlichkeit im Aktuariat braucht nicht neu gestaltet zu werden. Auch die fachlichen Erfordernisse aus Regelungen beziehungsweise Regulierungen wie IMD II und Solvency II sind beziehungsweise werden dem Aktuariat vertraut. Allerdings ist eine

Mannigfaltigkeit anderer Fähigkeiten von den bislang im Allgemeinen als kommunikationsschwach abgestempelten Aktuaren anzuwenden:

**Werben für die gestalterischen Ideen**
Wer sich auf dem Weg zum Ideengeber und Querdenker macht, der muss in der Lage sein, diese Ideen zu vertreten. Zum Vertreten gehört nicht nur, die Erfordernisse und Vorteile logisch abzuleiten, sondern auch seine Gesprächspartner entsprechend dafür begeistern zu können. Dazu gehört es ebenfalls, seine sehr angenehme, präzise und kompakte Fachsprache zu verlassen und die Sprache des Nicht-Aktuars nicht nur akzeptieren sondern auch nutzen zu können. Mittlerweile gibt es Lehrangebote zur Kommunikation für Aktuare.

**Gemeinsamer Austausch mit dem Vertrieb**
Wer sich auf dem Weg zum Vertriebsunterstützer macht, der muss in der Lage sein, die Denkweise des Vertriebs und schlussendlich auch die des Kunden zu verstehen, zu akzeptieren und sich in der Diskussion zu Nutze machen zu können.

**Verständlichkeit ohne Inhaltsverlust**
Wer sich auf dem Weg zum Kommunikator auch jenseits des Unternehmens macht, der muss auch eine gewisse Freude daran entwickeln, die Fachlichkeit derart zu transportieren, dass sie immer noch korrekt aber gleichzeitig für eine große Menge von Nicht-Experten verständlich wird und somit zum betriebswirtschaftlichen Erfolg für das eigene Haus beiträgt.

**Vom Spezialisten zum Treiber und Entscheider**
Wer sich auf dem Weg zum ganzheitlichen Produktmanager macht, der muss Entscheidungsbefugnis einfordern und nutzen (wollen) sowie in der Lage sein, (Projekt-) Teams zu führen, zu motivieren, Entscheidungen vorzubereiten und auch zu fällen sowie durchzusetzen.

**Aktuarielles bewahren**
Wer sich auf den Weg zu weiteren Aufgabefeldern macht, der darf seine angestammten Fähigkeiten nicht verlieren oder im Nachhinein geringschätzen. Aktuare bleiben weiterhin die unabkömmlichen Experten in ihren angestammten – auch jungen – klassischen Handlungsfeldern.

Die oben angesprochenen Akzeptanzfelder sind natürlich nicht nur von den Aktuaren zu beschreiten. Auch jenseits des Aktuars ist ein Bewegen erforderlich. Viele der hier dargestellten Entwicklungen werden auch andere Bereiche, insbesondere den Vertrieb, fordern. Ein erhöhtes Maß an Fachlichkeit und Qualifikation wird sicherlich die wechselseitige Kommunikation erleichtern.

Der Aktuar hat sich auf den Weg jenseits des Aktuariats gemacht – er wird im und jenseits des (angestammten) Aktuariats gestalterisch und treibend gebraucht. Für eine derartige Entwicklung bedarf es der Freude am Wechsel und am Wachstum der Aufgabenstellungen, der Offenheit und der Erkenntnis der Wichtigkeit anderer Denk- und Sichtweisen sowie der Freude, andere auf einen spannenden Weg, selbst wenn er nicht so ganz gewiss ist, mitzunehmen. Ein umfassendes Change Management – nicht nur für die Aktuariate – wird helfen.

**Fazit**

Das Aktuariat wird sich in Richtung eines ganzheitlich und eigenständig aufgestellten sowie wesentliche Produktentwicklungsideen generierenden Produktmanagements entwickeln. Eine Vielzahl von Rahmenbedingungen trägt dazu bei. Wesentlichen Einfluss auf diese Entwicklung haben vor allem die schon lang andauernde Zinssituation und die durch aktuelle und anstehende Gesetzgebung maßgeblich beeinflusste wertorientierte Steuerung des Versicherungsunternehmens, für die vor allem Aktuare entscheidenden Input liefern (können). Um einen ganzheitlichen, aus der Unternehmensstrategie abgeleiteten, Produktstrategieansatz umsetzen zu können, wird der Aktuar zusätzlich zu seinem Spezialistenwissen eine Reihe weiterer Qualitäten aufbauen. Er wird die Produktentwicklung, nicht nur die Tarifentwicklung im eigentlichen Sinne, gestalten und treiben. Dabei wird er das Spannungsfeld von Anforderungen der Unternehmensstrategie und Kunden- wie Vertriebsanforderungen managen müssen. Eine der Voraussetzungen ist die verständliche und motivierende Kommunikation komplexer Zusammenhänge – nach innen wie nach außen, mit verschiedensten Gesprächspartner, auch und insbesondere dem Vertrieb.

## Literatur

BaFin (2013) Zusammenfassung des LTGA-Berichts für Deutschland. http://www.bafin.de/SharedDocs/Downloads/DE/Bericht/dl_bericht_ltga_deutschland_zusammenfassung.pdf?__blob=publicationFile&v=3. Zugegriffen: 1. Feb. 2014

DAV e. V. (Hrsg) (2009) Risiken kalkulierbar machen – Der Berufsstand der Aktuare. Verlag Versicherungswirtschaft GmbH, Karlsruhe

Deloitte (2013) Transparenz in der Praxis von Lebens- und Rentenversicherungen, Studie 2013

Deloitte (2011) QIS 5-Ergebnisse: Solvency II wird kein Selbstläufer. http://www.deloitte.com/assets/Dcom-Germany/Local%20Assets/Documents/09_Finanzdienstleister/2010/20110523_Flyer_QIS5%20Final.pdf. Zugegriffen: 1. Feb. 2014

EIOPA: QIS-Studien und LTGA. https://eiopa.europa.eu/en/consultations/qis/insurance/long-term-guarantees-assessment/index.html. Zugegriffen: 1. Feb. 2014

Europäische Kommission (2014) Künftig geltende Vorschriften (SolvencyII/OmnibusII). http://ec.europa.eu/internal_market/insurance/solvency/future/index_de.htm. Zugegriffen: 1. Feb. 2014

Führer C, Grimmer A (2010) Einführung in die Lebensversicherungsmathematik, 2. Aufl. Verlag Versicherungswirtschaft GmbH, Karlsruhe

Georges K (1913) Ausführliches lateinisch-deutsches Wörterbuch, Hannover (Nachdruck Darmstadt 1998), Bd. 1. http://www.zeno.org/nid/20002190036. Zugegriffen: 5. Feb. 2014

iSixSigma: Subject Matter Expert –SME. http://www.isixsigma.com/dictionary/subject-matter-expert-sme/. Zugegriffen: 1. April 2014

Renz M, Mohsler S (2013) Vortrag „35 Jahre (aktuarielle) Modellierung und kein bisschen weiser? – Ein Beispiel aus der Krankenversicherung", FaRis & DAV Symposium, Köln, 06. Dezember

2013, Fachhochschule Köln, ivw Institut für Versicherungswesen. http://www.f04.fh-koeln.de/imperia/md/content/hp-f04/ivw/forschungundevents/faris/preprint/vortrag_renz_mohsler.pdf. Zugegriffen: 2. Feb. 2014

Wagner F (Hrsg) Gabler Versicherungslexikon online. http://www.versicherungsmagazin.de/Definition/32604/produktmanagement-v.html. Zugegriffen: 2. Feb. 2014

**Dr. Klaus Friedrich** ist Director bei B&W Deloitte GmbH in Köln. Schwerpunkte seiner Tätigkeit sind u. a. die Produktentwicklung vor dem Hintergrund der individuellen Unternehmensstrategie und die Umsetzung u. a. auch in Zusammenarbeit mit dem Vertrieb. Zuvor war der Diplom-Mathematiker und Aktuar Geschäftsführer der Skandia Pension Consulting GmbH und Leiter des Produktmanagements der Skandia Lebensversicherung. Als Gründungsvorstand leitete er das Projekt der Gründung des Pensionsfonds PENSOR; er war Mitglied der Geschäftsleitung von Höfer Vorsorge-Management.

**Dr. Helmut Hofmeier** ist seit dem 01.01.2014 Partner von Deloitte und Head of Actuarial & Insurance Services. Zudem ist er Geschäftsführer der B&W Deloitte GmbH.

Zuvor bekleidete der Diplom-Mathematiker/Physiker und Aktuar im Gothaer Konzern verschiedene Vorstandspositionen, war dabei auch der CEO der Gothaer Lebensversicherung AG sowie der Verantwortliche Aktuar der Konzerngesellschaften. Innerhalb des Konzerns hatte er zudem die spartenübergreifende Verantwortung für Mathematik und das Produktmanagement/-marketing. In seiner Funktion als CEO der Gothaer Lebensversicherung AG war er außerdem zuständig für die Lebensversicherungstechnik, bAV und Vertriebsunterstützung.

# Der demografische Wandel und die daraus resultierenden Change Erfordernisse für die Personalarbeit – Beispiel Gothaer

21

Thomas Barann und Petra Dick

**Zusammenfassung**

Der demografische Wandel hat längst auch die Versicherungsbranche erreicht und stellt die Unternehmen vor besondere personalwirtschaftliche Herausforderungen. So gilt es, die Leistungsfähigkeit und Motivation der steigenden Zahl älterer Arbeitnehmer zu fördern, einem Abbau an Erfahrungswissen entgegenzuwirken sowie gleichzeitig Talente am Markt zu gewinnen und Entwicklungsperspektiven für Mitarbeiter jüngeren und mittleren Alters zu schaffen. Die Gothaer begegnet diesen Herausforderungen erfolgreich mit einem ganzheitlichen Ansatz bestehend aus den Komponenten „Demografische Risikoanalyse", „Strategie", „Maßnahmen" und „Controlling".

**Schlüsselwörter**

Personalwirtschaftliche Herausforderungen · Gothaer Demografiemanagement · Frauenförderung · Gesundheitsmanagement · Senior Expert Modell · Demografie-Controlling

T. Barann (✉)
Köln, Deutschland
E-Mail: thomas_barann@gothaer.de

P. Dick
Köln, Deutschland
E-Mail: petra_dick@gothaer.de



G. Zimmermann (Hrsg.), *Change Management in Versicherungsunternehmen*,
DOI 10.1007/978-3-658-05974-3_21

**Tab. 21.1** Altersstruktur in der deutschen Versicherungswirtschaft 2012 (inkl. Azubis vgl. AGV 2012, S. 7, Tab. 1.6)

| Altersgruppen | Anteile in Prozent (%) |
|---|---|
| <26 Jahre | 10,2 |
| 26–35 Jahre | 18,4 |
| 36–45 Jahre | 28,5 |
| 46–55 Jahre | 31,9 |
| >55 Jahre | 11,0 |
| Gesamt | 100 |
| *Durchschnittsalter* | *42,0 Jahre* |

## 21.1 Personalwirtschaftlich relevante Entwicklungen in der Versicherungswirtschaft

### 21.1.1 Demografische Faktoren

**Alternde Belegschaften**

Der durch Alterung und Schrumpfung der Bevölkerung charakterisierte demografische Wandel hat auch in der deutschen Versicherungswirtschaft deutliche Spuren hinterlassen: Seit den 90er Jahren steigt das Durchschnittsalter der angestellten Versicherungsmitarbeiter kontinuierlich an. 2005 wurde mit einem Mittelwert von 40,2 Jahren erstmals seit Beginn der statistischen Aufzeichnungen die Grenze von 40 Jahren überschritten (vgl. GDV 2006, S. 154). Bis 2012 fand ein weiterer Anstieg auf 42,0 Jahre statt. Ende des Jahres sind über 70 % der Beschäftigten älter als 35 Jahre, die größte Gruppe bildet mit 31,9 % die Altersklasse 46 bis 55 Jahre, gefolgt von der Gruppe der 36- bis 55-Jährigen mit 28,5 % (siehe Tab. 21.1).

Wie das IAB-Betriebspanel 2011 (vgl. Bechmann et al. 2012, S. 42; Leber et al. 2013, S. 2) zeigt, liegt die Versicherungs- und Finanzdienstleistungsbranche mit ihrer Altersstruktur – gemessen an der Anzahl von Mitarbeitern der Altersgruppe 50+ – im Branchenvergleich etwa im Mittelfeld. Deutlich höhere Anteile in dieser Altersgruppe verzeichnen die Branchen „Öffentliche Verwaltung/Sozialversicherung" und „Bergbau/Energie/Wasserversorgung". Niedrigere Anteile weisen dagegen der Bereich „Information und Kommunikation", das Baugewerbe sowie der Handel auf.

**Abnehmendes Bewerberpotenzial für eine Versicherungsausbildung**

Die zentrale Zielgruppe für eine Versicherungsausbildung sind Schulabsolventen mit Hochschul- oder Fachhochschulreife. Da deren Zahl infolge des demografischen Wandels ab 2014 rückläufig und die Studienneigung zugleich hoch ist (vgl. Sekretariat 2012), wird das Bewerberpotenzial für eine Versicherungsausbildung deutlich sinken. Im Zuge dieser Entwicklung wird der bereits heute spürbare Wettbewerb um Auszubildende am Arbeitsmarkt weiter zunehmen.

**Steigende Nachfrage nach qualifizierten Mitarbeitern**
Kompetenzanforderungen und Qualifikationsniveau in Versicherungen sind seit jeher hoch. Zukünftig werden die Anforderungen in vielen Funktionen weiter steigen. Verantwortlich hierfür sind insbesondere komplexere Aufgabenstellungen, differenzierterer Versicherungsbedarf, erklärungsbedürftigere Versicherungsprodukte sowie zunehmend informierte und kritische Kunden.

**Erschwerte Mitarbeitergewinnung und -bindung**
Gleichzeitig wird die Rekrutierung und Bindung qualifizierter Mitarbeiter schwieriger. Wesentliche Ursachen sind:

- Attraktivitätsnachteile der Branche gegenüber anderen Branchen, insbesondere bei Hochschulabsolventen (vgl. dazu Arbeitgeberrankings, zum Beispiel https://www.deutschlands100.de/index.php. Zugegriffen: 18.03.2014),
- unzureichende Ausbildung durch Schulen und Hochschulen,
- Medienberichte über die Finanzdienstleistungsbranche im Rahmen der Finanzkrise sowie
- begrenzte Personalbudgets aufgrund von Kostendruck und Sparprogrammen.

In Köln, dem zweitgrößten Versicherungsstandort in Deutschland und Hauptstandort der Gothaer Versicherungen, kommt erschwerend ein besonders intensiver Wettbewerb um Fachkräfte hinzu.

## 21.2 Demografiemanagement in der Gothaer

### 21.2.1 Der Gothaer Konzern

Der Gothaer Konzern gehört mit über 3,5 Mio. Mitgliedern und Beitragseinnahmen von vier Mrd. € zu den großen deutschen Versicherungskonzernen und ist einer der größten Versicherungsvereine auf Gegenseitigkeit in Deutschland.

Die Gothaer bietet Versicherungsleistungen in den Sparten „Schaden/Unfall“, „Leben“ und „Kranken“ sowie Dienstleistungen im Bereich „Vermögensberatung und persönliche Vorsorgestrategien“. Hierbei positioniert sich das Unternehmen als Serviceversicherer. Unter dem Motto „Lösungsorientierung“ werden flexible Produkte und Service-Leistungen angeboten, die über reine Versicherungs- und Vorsorgefragen hinausgehen.

An der Konzernspitze steht die Gothaer Versicherungsbank VVaG, ein Versicherungsverein auf Gegenseitigkeit. Die finanzielle Steuerung des Konzerns erfolgt über die Gothaer Finanzholding AG. Träger des operativen Geschäftes sind die Gothaer Allgemeine Versicherung AG, die Gothaer Lebensversicherung AG, die Gothaer Krankenversicherung AG, die ASSTEL Versicherungsgruppe, die Janitos Versicherung AG sowie die in Osteuropa angesiedelten Tochtergesellschaften Gothaer Towarzystwo Ubezpieczeń S. A.

und Gothaer Asiqurari Reasigurari S. A. Im Jahr 2012 waren im Durchschnitt 6.042 Mitarbeiter bei der Gothaer beschäftigt.

### 21.2.2 Herausforderungen für die Personalarbeit

Die eingangs skizzierten Entwicklungen in der Versicherungswirtschaft haben weitreichende Folgen für Versicherungsunternehmen im Allgemeinen wie auch die Gothaer im Besonderen:

- Alternde Belegschaften stehen einer steigenden Nachfrage nach qualifizierten Arbeitskräften gegenüber.
- Bei Verrentung der heute stark vertretenen Jahrgänge der Altersklassen 36 bis 45 sowie 46 bis 55 Jahre droht ein massiver Kompetenzverlust.
- Der Wettbewerb um die knapper werdenden Nachwuchskräfte wird – branchenintern und branchenübergreifend – weiter zunehmen.
- Die Unternehmen werden zu „Bewerbern" um gute Mitarbeiter.
- Gleichzeitig wird der Zugang zu Führungspositionen vielerorts durch lange Verweildauern älterer Führungskräfte blockiert.

Vor diesem Hintergrund lassen sich vier zentrale Herausforderungen für ein zukunftsgerichtetes Personalmanagement identifizieren, die verschiedenste Bereiche der Personalarbeit tangieren:

1. Förderung und Erhalt von Leistungsfähigkeit und Motivation der steigenden Anzahl älterer Mitarbeiter
2. Erhalt von Erfahrungswissen im Unternehmen
3. Gewinnung qualifizierter Mitarbeiter am Markt
4. Schaffung und Erhalt von Entwicklungsperspektiven für Mitarbeiter jüngeren und mittleren Alters.

### 21.2.3 Mit Systematik und Nachhaltigkeit zu demografischer Fitness

Der Gothaer Konzern hat die Herausforderungen des demografischen Wandels und der begleitenden Rahmenbedingungen in der Versicherungswirtschaft frühzeitig erkannt und begegnet ihnen seither gezielt und nachhaltig. Das Unternehmen verfügt über einen umfassenden, ganzheitlichen Ansatz, der auf den vier Eckpfeilern „Demografische Risikoanalyse", „Strategie", „Maßnahmen" und „Controlling" basiert und kontinuierlich weiterentwickelt wird.

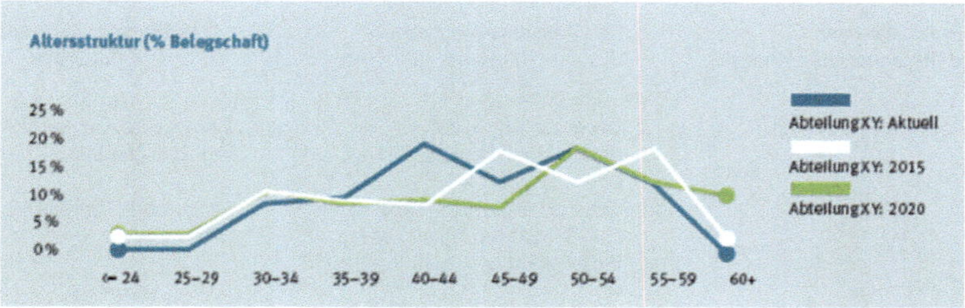


**Abb. 21.1** Entwicklung der Altersstruktur – beispielhaft dargestellt an einer Abteilung der Gothaer

2010 wurde dieser Ansatz im Rahmen des „Corporate Health Awards" – einer Initiative von EuPD Research, Handelsblatt und TÜV SÜD Life Service – mit dem Sonderpreis Demografie ausgezeichnet.

#### 21.2.3.1 Eckpfeiler 1: Demografische Risikoanalyse – Bestandsaufnahme und Zukunftsprojektion

Um altersstrukturelle Risiken möglichst frühzeitig zu identifizieren, werden in der Gothaer bereits seit mehreren Jahren regelmäßig Analysen zur Altersstruktur der Belegschaft durchgeführt. Mit dem Erwerb eines innovativen Analyse- und Prognose-Tools im Jahr 2009 und dessen Weiterentwicklung zur Anwendungsreife wurde der Fokus nochmals deutlich erweitert.

Mit diesem Excel-basierten Instrument können neben Ist-Analysen auch Zukunftssimulationen zur Entwicklung der Altersstruktur und der daraus resultierenden Austritte erstellt werden. (siehe Abb. 21.1). Daraus abgeleitet ergibt sich der Personalbedarf.

Durch Veränderung der Planungsparameter, wie zum Beispiel Personalbedarfsentwicklung oder Fluktuation, lassen sich unterschiedliche Zukunftsszenarien simulieren, die die Grundlage für die Ableitung altersstruktureller Chancen und Risiken und die Entwicklung adäquater Handlungsstrategien bilden.

Die Erfahrungen sind durchwegs positiv. Bereits die Pilotierung im Jahr 2010 hat gezeigt, dass auf dieser Basis die Demografieproblematik sehr viel differenzierter erfasst und überzeugender kommuniziert werden kann. Inzwischen wurden alle Bereiche des Konzerns auf ihre demografischen Chancen und Risiken hin untersucht. Mit der Einbindung von Vorständen und Führungskräften konnte das Interesse an der Thematik verstärkt und die Bedeutung der Tragfähigkeit demografischer Analysen und Prognosen veranschaulicht sowie in konkrete Folgeaktivitäten umgesetzt werden. Um Warnsignale frühzeitig erkennen und gezielt gegensteuern zu können, wird die demografische Risikoanalyse systematisch fortgesetzt.

Ergänzend zu diesen kollektiven Analysen wird auf individueller Ebene das Instrument der Entwicklungs- und Nachfolgeplanung, kurz ENP genannt, eingesetzt. Dabei werden auf Basis von Leistungs- und Potenzialbeurteilungsergebnissen und unter Einbezug von Vorständen und Führungskräften Nachfolgekandidaten für Führungspositionen identifiziert.

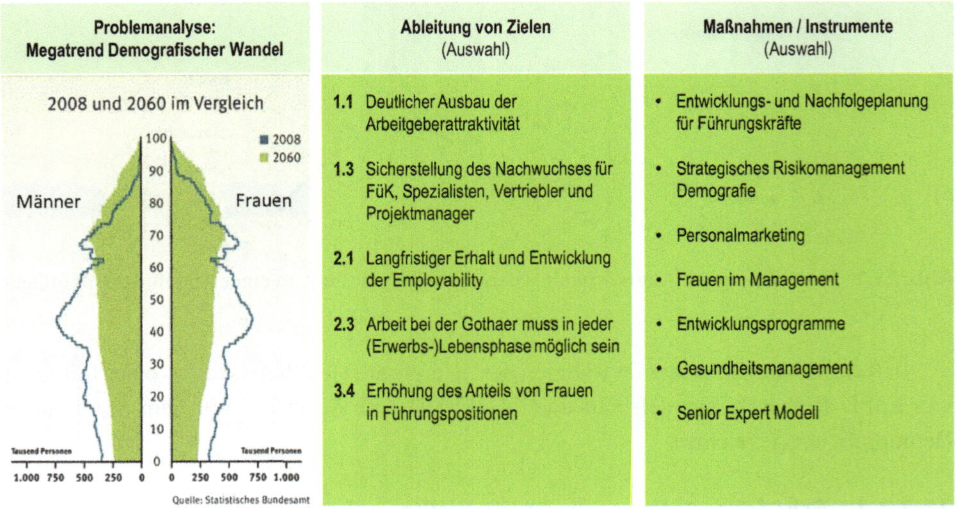


**Abb. 21.2** Demografischer Wandel als Gegenstand der Gothaer Personalstrategie

#### 21.2.3.2 Eckpfeiler 2: Strategie – Personalstrategische Ziele zum Thema „demografischer Wandel"

Bei der grundlegenden Überarbeitung der Gothaer Personalstrategie – dem Wegweiser für die Personalarbeit von Vorständen, Führungskräften und Personalbereich – wurde dem Mega-Trend „Demografie" ein zentraler Stellenwert eingeräumt. Bezüge zum Thema „Demografie" finden sich in verschiedenen in der Personalstrategie dokumentierten Zielen und Maßnahmen (siehe Abb. 21.2).

Die Operationalisierung von personalstrategischen Zielen und daraus abgeleiteten Maßnahmen sowie eine regelmäßige kennzahlenbasierte Fortschrittskontrolle unterstützen und forcieren die Umsetzung der Gothaer Personalstrategie.

#### 21.2.3.3 Eckpfeiler 3: Maßnahmen – Wege aus der Demografiefalle

Die Gothaer hat die aus dem demografischen Wandel resultierenden Change Anforderungen für das Personalmanagement identifiziert und das personalwirtschaftliche Instrumentarium entsprechend ausgerichtet. Das Unternehmen verfügt mittlerweile über ein umfangreiches Portfolio konkreter personalwirtschaftlicher Handlungsansätze zur Bewältigung der demografischen Herausforderungen. Die wichtigsten Ansätze werden nachfolgend skizziert.

**Optimierung von Personalmarketing und Rekrutierung**

Zur Gewinnung talentierter Mitarbeiter wird seit langem eine Vielzahl moderner Personalmarketinginstrumente, wie zum Beispiel Imageanzeigen, gezielte Initiierung von Nachwuchsprogrammen, Hochschulkooperationen, etc., eingesetzt. Um noch besser für die steigenden Anforderungen des Bewerbermarktes gerüstet zu sein, wurden in jüngerer Zeit diverse Aktualisierungen in den Bereichen „Personalmarketing“ und „Rekrutierung“ vorgenommen.

Einige Meilensteine in diesem Veränderungsprozess sind:

- Durch die Neugestaltung des Gothaer Karriereportals im Internet im Jahr 2010 konnte die Benutzerfreundlichkeit deutlich verbessert werden. Durch eine sehr klare Strukturierung gelangen verschiedene Zielgruppen (Berufserfahrene, Hochschulabsolventen, Studenten, Schüler) nunmehr mit einem Klick zu den für sie relevanten Informationen. Sie finden dort eine Beschreibung der jeweiligen Karrierewege, einen Ansprechpartner sowie die Möglichkeit, sich online initiativ zu bewerben. Die Neugestaltung des Karriereportals führte zu einem signifikanten Anstieg der Besucherzahlen (+38 % ggü. Vorjahr) und Seitenaufrufe (+67 % ggü. Vorjahr) und trug maßgeblich dazu bei, dass die Gothaer Website bei der AMC-Website-Studie 2010 den 3. Platz belegte.
- Um die Bekanntheit und Attraktivität der Arbeitgebermarke Gothaer – gerade in der jüngeren Generation – zu steigern und damit die Bewerberzahlen zu erhöhen, wurden die Aktivitäten im Bereich „Social Media“ (z. B. Facebook, Twitter, XING) deutlich ausgebaut. Beispielsweise wurde 2012 für die Social Media-Plattformen Youtube und Facebook/Karriere eine virale Videokampagne mit zwei Video-Reihen gedreht. In der einen Reihe berichteten Mitarbeiter kurz über sich und ihre Tätigkeit bei der Gothaer. Für die andere wurden lustige Videos mit Patzern aus Bewerbungsgesprächen gedreht. Ziel der Aktion war es, auf unterhaltsame Weise den Bekanntheitsgrad der Gothaer Facebook-Karriereseite zu erhöhen.
- Unter der Zielsetzung, die Service-/Kundenorientierung und die Effizienz der Rekrutierung zu erhöhen, wurden die entsprechenden Strukturen und Prozesse 2012 grundlegend überarbeitet: Hierbei wurden unter anderem Service Level Agreements definiert und das Controlling verstärkt, Instrumente überarbeitet, das Zusammenspiel zwischen Rekrutierung und Personalmarketing optimiert und Verantwortlichkeiten in einer neuen Einheit „Zentrale Rekrutierung, Personalmarketing“ gebündelt.

**Systematische Nachwuchsentwicklung und -bindung**

Mit attraktiven, aufeinander abgestimmten Entwicklungsprogrammen betreibt die Gothaer gezieltes Talentmanagement, um dem demografiebedingten Fach- und Führungskräftemangel zu begegnen. Das Spektrum beginnt bei der Erstausbildung, der Ausbildung an einer Berufsakademie zum Bachelor of Arts und dem Integrierten Studium nach dem Kölner Modell. Es setzt sich fort über ein zweijähriges Hochschulabsolventenprogramm und ein Entwicklungsprogramm für „Young Professionals“ mit Führungspotenzial.

Diese Programme haben sich sehr gut bewährt, wie folgende Indikatoren zeigen:

- Die Gothaer liegt mit der Zahl der Bewerbungen pro Ausbildungsplatz seit Jahren über dem Branchendurchschnitt (2012: Gothaer 20,2, Branche 2011:14,8 (AGV/BWV

2012, S. 2)). Eine Mitarbeiterbefragung unter den Auszubildenden im Jahr 2011 erbrachte zudem hohe Zufriedenheitswerte mit der Ausbildung bei der Gothaer.

- Das Hochschulabsolventenprogramm „Management Start Up" zeigt sehr gute Resonanz am Bewerbermarkt (über 1.500 Bewerbungen für die Besetzung der 5. Staffel bei 9 Plätzen) und im Unternehmen (hohe Nachfrage nach Start Ups in den Fachbereichen). Die Fluktuationsquote unter den Teilnehmern liegt vom Programmstart 2006 bis heute auf niedrigem Niveau.
- 81 % der Management Programm-Teilnehmer 2002–2007 sind um mindestens eine Hierarchiestufe aufgestiegen. Im Zeitraum 2008–2012 konnten 45,7 % der Programmteilnehmer einen Aufstieg verbuchen.

**Nachfolgeplanung auf der Basis von strukturunabhängigen Job Families**
Wie alle deutschen Versicherungen ist auch die Gothaer im Zuge von Deregulierung und Globalisierung seit geraumer Zeit verschärftem Wettbewerb und steigendem Kostendruck ausgesetzt. Diesen Herausforderungen begegnet der Konzern erfolgreich mit dem „Gothaer Zukunftsprogramm", einem Modell, das auf die Verbesserung der Kosten- und Ertragssituation, die Stärkung der Marke und den Ausbau der der vertrieblichen Leistungskraft abzielt. Dieses wurde vor einigen Jahren aufgelegt und wird seither regelmäßig weiterentwickelt. Damit gehen unter anderem strukturelle Veränderungen einher, die die eine mittel- und langfristige Nachfolgeplanung erschweren.

Erleichterung bieten hier die sogenannten „Job Families". Dies sind Bündelungen inhaltlich verwandter Aufgaben und Funktionen, die vergleichbare erfolgskritische Fähigkeiten von den Funktionsinhabern erfordern. Zurzeit werden 20 Job Families unterschieden (siehe Abb. 21.3).

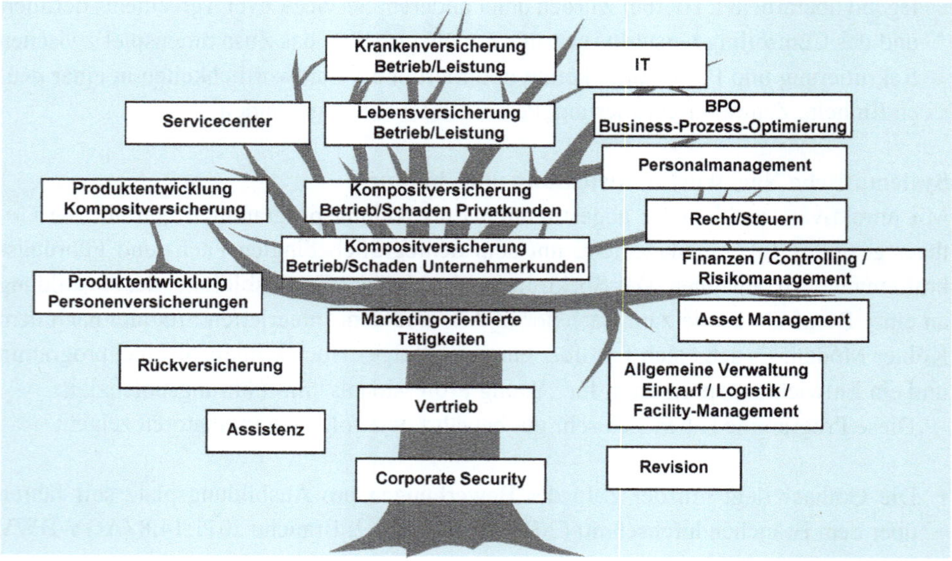


**Abb. 21.3** Übersicht Job Families

Job Families sind unabhängig von bestehenden Strukturen und bleiben daher auch bei Umstrukturierungen stabil. Aufgrund dessen werden sie als Basis für eine systematische Entwicklungs- und Nachfolgeplanung sowie eine zielgerichtete fachliche Entwicklung im Rahmen des Hochschulabsolventenprogramms „Management Start Up“ verwendet.

**Erschließung der Zielgruppe „Frauen“ für Führungspositionen**

Wie zahlreiche öffentliche Debatten und Medienberichte zeigen, ist die Erhöhung der Frauenanteile auf allen Führungsebenen in Politik und Wirtschaft ein gesellschaftspolitisches Anliegen. Im Kontext der demografischen Entwicklung und der damit verbundenen Verknappung von Talenten am Arbeitsmarkt wird die gezielte Erschließung der Zielgruppe „Frauen“ für Managementpositionen zunehmend zum kritischen Erfolgsfaktor. Dies gilt umso mehr, als wissenschaftliche Studien nun schon seit geraumer Zeit immer wieder auf den wirtschaftlichen Nutzen von Diversität im Allgemeinen sowie von hohen Frauenanteilen im Management im Besonderen verweisen. So verspricht die Erhöhung der Frauenanteile auf Führungspositionen eine Steigerung von Produktivität, Rentabilität und Unternehmenswert (Ernst & Young 2012).

Somit ist Karriereförderung für Frauen weit mehr als „nice to have“. Sie leistet einen Beitrag zur Zukunftsfähigkeit der Gothaer und ist daher – heute mehr denn je – auch aus unternehmensstrategischer und betriebswirtschaftlicher Perspektive sinnvoll.

Die Gothaer strebt deshalb bis 2016 auf allen Ebenen eine Erhöhung des Frauenanteils an, hat diese Zielsetzung folgerichtig in ihrer Personalstrategie fixiert und erarbeitet unter der Federführung des Personalbereichs einschlägige Konzepte und Maßnahmen. Zentrale Handlungsfelder sind hierbei ein Mentoring Programm sowie verschiedene Ansätze zur Verbesserung der Vereinbarkeit von Beruf und Familie.

**Mentoring Programm für Frauen**

Mentoring bezeichnet die Unterstützung von Talenten („Mentees“) auf ihrem Karriereweg durch erfahrene Führungskräfte („Mentorinnen/Mentoren“) jenseits der hierarchischen Beziehungen. Mentoren helfen und beraten, wirken als Vorbilder und Lernmodelle, fördern das Verständnis für unternehmensinterne „Spielregeln“ und verschaffen Zugang zu karriereförderlichen Netzwerken.

Das 2009 aufgelegte Mentoring Programm richtet sich an Frauen, die nachweislich über Managementpotenzial verfügen oder bereits eine erste Führungsaufgabe als Gruppenleiterin wahrnehmen. Das Programm hat eine Dauer von einem Jahr. Mentorinnen und Mentoren sind erfahrene Führungskräfte der Ebenen eins und zwei, die im Konzern gut vernetzt sind und Frauen bei deren Entwicklung in weiterführende Managementaufgaben unterstützen wollen. Die Mentoring Beziehung wird stets individuell und vertrauensvoll gestaltet. Der Personalbereich unterstützt mit Methoden und Instrumenten sowie mit persönlicher Beratung.

Bislang wurden bereits zwei Staffeln des Mentoring Programms mit Erfolg abgeschlossen – die dritte Staffel startete im Herbst 2013. Die Resonanz der Beteiligten ist durchwegs positiv und von den Mentees der bisherigen Staffeln ist bereits ein Drittel in eine höhere Hierarchieebene aufgestiegen.

**Förderung der Vereinbarkeit von Familie und Beruf**
Die Vereinbarkeit von Familie und Beruf wird auf vielfältige Weise unterstützt. Die entsprechenden Angebote stehen – einem modernen Rollenverständnis folgend – sowohl Frauen als auch Männern offen. Sie lassen sich unter drei Themenschwerpunkten zusammenfassen:

- *Ansätze im Bereich „Arbeitszeit"*:

Hierzu zählen in erster Linie flexible, familienfreundliche Arbeitszeitregelungen. So existiert zum Beispielen der Hauptverwaltung Köln, dem größten Betrieb der Gothaer, ein Gleitzeitmodell ohne Kernarbeitszeiten. Weiterhin gibt es im Konzern ein breitgefächertes Spektrum an individuellen Teilzeitlösungen, die passgenau auf persönliche Bedürfnisse und betriebliche Erfordernisse zugeschnitten sind. Und schließlich erlaubt eine offene Kultur auch hochrangigen Führungskräften die Inanspruchnahme von Familienpausen ohne Imageverlust.

- *Ansätze im Bereich „Kinderbetreuung"*:

Die Gothaer kooperiert seit 1998 mit dem pme Familienservice, der Eltern in Fragen der Kinderbetreuung berät und maßgeschneiderte Betreuungslösungen (z. B. Tagesmütter, Au Pairs, Ferienprogramme) vermittelt. Zwischenzeitlich wurde das Angebotsspektrum um den Baustein „Notfallbetreuung" erweitert.

Seit 2008 fördert das Unternehmen zudem eine örtliche Kinderbetreuungseinrichtung in unmittelbarer Nähe der Konzernzentrale in Köln. Damit wird Gothaer Mitarbeiterinnen und Mitarbeitern insbesondere ein erleichterter Zugang zu den knappen Betreuungsplätzen für unter Dreijährige eröffnet.

- *Konzept zur Mitarbeiterbindung während Familienpausen*:

Um Know-how- und Erfahrungsverlust während einer Familienauszeit zu vermeiden, die Bindung von Müttern und Vätern an die Gothaer zu stärken und den Wiedereinstieg zu erleichtern, wurde ein Ansatz entwickelt, der konkrete Maßnahmen für verschiedene Phasen – zum Beispiel Übersendung von Glückwunschkarte und Babyhandtuch zur Geburt – vorsieht.

Ein Kernstück dieses Konzeptes zur Mitarbeiterbindung ist das sogenannte „Patenkonzept". Dieses gibt werdenden Eltern die Möglichkeit, vor Beginn von Mutterschutzfrist beziehungsweise Elternzeit einen Ansprechpartner („Paten") zu gewinnen, der sie während der Familienpause mit relevanten Informationen über die Gothaer und ihren Arbeitsbereich versorgt.

**Frauenanteile Gothaer Führungskräfte***

| | Zielwerte 2016 | Ausgangswert 12/2005 | Zwischenstand 12/2012 |
|---|---|---|---|
| Ebene 1 | 15% | 5,6% | 7,5% |
| Ebene 2 | 20% | 5,9% | 11,4% |
| Ebene 3 | 40% | 30,1% | 35,4% |
| Gesamt | | 15,8%** | 21,4%** |

* Gothaer Kerngesellschaften GA, GKR, GL, GoFiHo
** Zum Vergleich: AGV 2005: 17,7%, AGV 2011: 20,6%

**Abb. 21.4** Entwicklung der Frauenanteile in Führungspositionen

### Zwischenbilanz: Positive Entwicklung der Frauenanteile im Management

Ein Abgleich der Frauenanteile in Führungsfunktionen der Jahre 2005 und 2012 offenbart Erfreuliches (siehe Abb. 21.4): Der Frauenanteil ist in allen Führungsebenen prozentual gestiegen. Die größte Steigerung verzeichnet dabei Ebene zwei mit einem Zuwachs von 93 %. Zudem konnte im Branchenvergleich eine deutliche Verbesserung erzielt werden.

Eine Fortsetzung der positiven Entwicklung wird zum einen durch eine konsequente Weiterführung der bisherigen Aktivitäten und die Suche nach neuen Handlungsfeldern unterstützt, zum anderen aber auch durch die erfreulich hohen Frauenanteile in den Programmen zur Nachwuchs- und Führungskräfteentwicklung gefördert.

### Betriebliches Gesundheitsmanagement

Im Kontext des demografischen Wandels und der Erhöhung des Renteneintrittsalters gewinnt betriebliche Gesundheitsförderung besondere Bedeutung: Sie liefert wertvolle Beiträge zum Erhalt von Wohlbefinden und Leistungsfähigkeit der steigenden Anzahl älterer Mitarbeiter wie auch zur Schaffung attraktiver Arbeitsbedingungen für den zunehmend knappen Nachwuchs.

Im Gothaer Konzern hat Betriebliches Gesundheitsmanagement (BGM) eine lange Tradition und gilt als wichtiges Element einer zeitgemäßen und zukunftsgerichteten Personalarbeit. Es ist daher strategisch, strukturell und instrumentell umfassend im Unternehmen verankert. Mit der Konzerntochter „MediExpert Gesellschaft für betriebliches Gesundheitsmanagement mbH“ verfügt das Unternehmen über ein eigenes Kompetenzzentrum für betriebliche Gesundheitsförderung, das auch extern den Gothaer Firmenkunden ein breites Spektrum an Gesundheitsdienstleistungen anbietet (http://www.gesunde-firma.de/).

Die Aktionsschwerpunkte des Gothaer BGM decken die Themenfelder „Ergonomie am Arbeitsplatz“, „Sport & Bewegung“, „Ernährung“, „Stress“, „Führung“, „Sucht“, „medizinische Angebote“ und „Gesundheitsschutz & Sicherheit“ ab. Hierzu zählen beispielsweise Gesundheitsscreenings, ein Kursangebot mit den Schwerpunkten „Rückentraining“, „Entspannung“ und „Cardiotraining“, Ergo-Coaching, ein breitgefächertes Sportangebot, diverse Beratungsleistungen, Führungskräftetrainings, Kantinenaktionen zur gesunden Ernährung, aktive Bewegungspausen sowie vielfältige Angebote zur Stressprävention und -bewältigung.

Zu den zentralen Erfolgsfaktoren des Gothaer Gesundheitsmanagements zählen die von der Konzerntochter „MediExpert“ entwickelten und umgesetzten Konzepte der Direktansprache der Mitarbeiter am Arbeitsplatz. Dabei gehen Fachkräfte im Rahmen von Aktionen durch die Büros und bieten Mitarbeitern Coachings von 10 bis 15 min an – beispielsweise ein ErgoCoaching zur gesundheitsgerechten Einstellung des Arbeitsbereichs, eine angeleitete Aktivpause zur Lockerung verspannter Muskeln, eine kurze Entspannungsübung zur besseren Bewältigung akuter Stresssituationen oder ein sogenanntes Bio-Feedback, bei dem muskuläre Spannungszustände im Schulter-Nacken-Bereich erhoben und Verbesserungspotenziale aufgezeigt werden. Handouts, die zusätzliche Ausbildung von Multiplikatoren sowie bedarfsgerechte Verweise auf weiterführende Angebote unterstützen die Nachhaltigkeit. Mit diesen Konzepten werden zwischen 60 und 80 % der Mitarbeiter erreicht.

Der Nutzen des Gothaer Gesundheitsmanagements wurde in wissenschaftlichen Studien mehrfach belegt (vgl. z. B. Benner et al. 2007). Abb. 21.5 zeigt die wichtigsten Effekte.

Das ausgereifte Gothaer BGM wurde wiederholt ausgezeichnet – unter anderem mit dem „Deutschen Unternehmenspreis Gesundheit“ in den Jahren 2008 und 2011. 2013 ge-

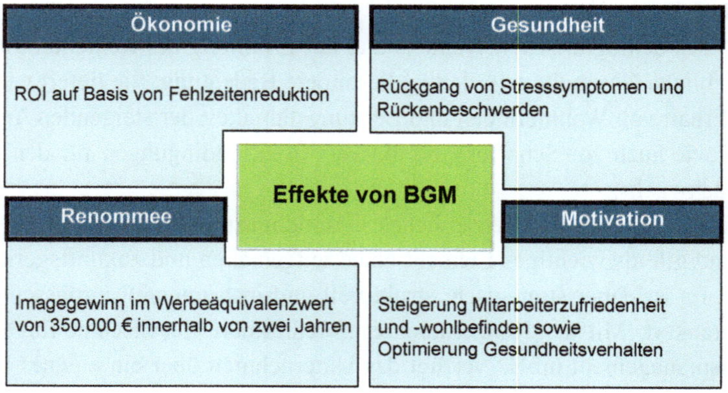


**Abb. 21.5** Nutzen des Gothaer Gesundheitsmanagements

wann die Gothaer zudem – zum zweiten Mal nach 2011 – den „Corporate Health Award" im Bereich „Finanzen/Versicherungen".

**Senior Expert Modell**

Wie wissenschaftliche Befunde belegen, sind ältere Mitarbeiter keineswegs generell leistungsschwächer als ihre jüngeren Kollegen (vgl. z. B. Eckardstein 2004). Sie verfügen vielmehr über spezielle Stärken, wie zum Beispielstrategisches Denken und Handeln, Fachkenntnisse, Qualitätsbewusstsein und Erfahrung, deren Nutzung und Förderung besondere Chancen eröffnet.

Allerdings stehen mit einer deutlich steigenden Anzahl älterer Mitarbeiter diesen Chancen auch Risiken gegenüber:

- Mit steigendem Renteneintrittsalter steigt auch die Verweildauer in Führungspositionen („Sektkorkensyndrom").
- Aufgrund des Trends zu schlanken Strukturen und flachen Hierarchien stehen generell weniger Führungsfunktionen zur Verfügung.

Beide Entwicklungen begrenzen die Aussichten für Nachwuchskräfte auf eine zeitnahe Übernahme von Führungsfunktionen.

- Zugleich wächst infolge des zunehmenden „War for Talents" der Bedarf, junge Leistungsträger durch attraktive Arbeitsangebote an das Unternehmen zu binden.
- Zudem können und wollen sich nicht alle Führungskräfte bis zum Ende ihres Erwerbslebens den Belastungen einer Führungsfunktion aussetzen.

Vor diesem Hintergrund wurde das sogenannte „Senior Expert Modell" entwickelt. Die Zielsetzung dieses Ansatzes besteht darin, neue attraktive Aufgabenfelder für erfahrene Führungskräfte zu schaffen, im Rahmen derer diese Stärken einbringen können, ohne disziplinarische Führungsverantwortung im bisher üblichen Umfang übernehmen zu müssen. Die entsprechenden Funktionen lassen sich wie folgt charakterisieren:

- Es handelt sich um anspruchsvolle Stabsfunktionen, die in der Regel direkt unterhalb des Vorstandes oder in der darunter liegenden Ebene angesiedelt sind.
- Die Funktionen umfassen typischerweise Aufgabenfelder, die Unternehmenskenntnis, Erfahrung und Einbindung in Netzwerke erfordern. Dazu zählen insbesondere komplexe, bereichsübergreifende Projekte oder strategische Themen, teilweise auch Interimsmanagement.
- Die Ausgestaltung der Rahmenbedingungen (z. B. Arbeitszeit, Vergütung) erfolgt gemäß individueller Absprache.

**Tab. 21.2** Nutzenpotenziale des Senior Expert Modells

| Nutzenpotenziale für das Unternehmen | Nutzenpotenziale für den Mitarbeiter |
|---|---|
| Erhalt, Nutzung und Weitergabe von Erfahrungswissen | Neue Herausforderung durch anspruchsvolle und angesehene Tätigkeit |
| Nutzung, Pflege und Weiterentwicklung von Netzwerken | Entlastung von Linienaufgaben und Führungsverantwortung |
| Kostenersparnis durch Reduzierung teurer externer Beratereinsätze | Verbesserung der Work-Life-Balance |
| Schaffung von Karriereperspektiven für jüngere Potenzialträger | Gleitender Ausstieg aus dem Arbeitsleben |
| Vermeidung von Fluktuationskosten durch Bindung jüngerer Potenzialträger | |

Dieser beinhaltet sowohl aus Unternehmens- als auch aus Mitarbeiterperspektive diverse Nutzenpotenziale (siehe Tab. 21.2) und wurde bereits mehrfach mit Erfolg umgesetzt.

#### 21.2.3.4 Eckpfeiler 4: Controlling – Erhebung von Zahlen, Daten und Fakten, Evaluation von Maßnahmen

Die Gothaer legt viel Wert auf ein systematisches „Demografie-Controlling".

Dazu zählt zum ersten die Bewertung der aktuellen und zukünftigen demografischen Risiken als Basis für die Ableitung von Maßnahmen. Über das schon dargestellte Tool zur quantitativen Risikoanalyse hinaus wird beispielsweise für jede Job Family ein Risikocockpit im Rahmen der personenscharfen Entwicklungs- und Nachfolgeplanung für Führungskräfte erstellt. Auf Basis der Anzahl altersbedingter Austritte und potenzieller Nachfolgekandidaten wird darin das kurz- und langfristige Risiko der Nachbesetzung von Führungsfunktionen in Ampelfarben dargestellt.

Zum zweiten evaluiert die Gothaer regelmäßig den Erfolg der Maßnahmen zur Risikosteuerung. Ein Beispiel hierfür ist der sogenannte „Gothaer GesundheitsIndex" – ein innovatives Instrument, in dem verschiedene gesundheitsrelevante Daten zusammenfließen. Dieses wurde entwickelt, um Qualität und Akzeptanz der BGM-Maßnahmen langfristig noch besser steuern zu können. Aber auch weitere Maßnahmen und Programme werden regelmäßig evaluiert, zum Beispieldurch die Befragung der Teilnehmerinnen des Mentoring Programms oder durch Betrachtung der langfristigen Entwicklung der Teilnehmer des Management Start Up Progamms.

## 21.3 Fazit und Ausblick

### 21.3.1 Was erreicht wurde

Mit dem skizzierten Vier-Komponenten-Ansatz und dem damit verbundenen Instrumentarium verfügt die Gothaer über eine gute Grundlage zum erfolgreichen Umgang mit demografischen Risiken.

**Abb. 21.6** Die Eckpfeiler des Gothaer Demografiemanagements im Überblick

Das Besondere daran ist die stringente Verknüpfung der zentralen Elemente „Analyse", „Strategie", „Maßnahmen" und „Controlling" im Rahmen eines kontinuierlich fortlaufenden Prozesses. Dies gewährleistet Systematik und Nachhaltigkeit – zwei Faktoren, die erfolgskritisch für die Bewältigung der demografischen Herausforderungen sind (siehe Abb. 21.6).

Eine wichtige Rolle spielt dabei die in Abschn. 21.2.3.1 beschriebene demografische Risikoanalyse. Die Analysen und Simulationen zur Entwicklung von Altersstrukturen, Austritten, Personalbestand und Personalbedarf, die seit 2010 regelmäßig durchgeführt werden, haben das Bewusstsein im Unternehmen für die Demografieproblematik deutlich erhöht und in verschiedenen Bereichen konkrete Folgemaßnahmen ausgelöst – so zum Beispiel im Vertrieb:

Nachdem das Ausmaß der altersbedingten Austritte in vertrieblichen Kernfunktionen der nächsten Jahre quantifiziert wurde, hat ein großer Vertriebsbereich seine Nachfolgeplanung systematisiert: Spätestens im Alter von 57 führen die Vorgesetzten mit den betreffenden Mitarbeitern erste Sondierungsgespräche zum weiteren beruflichen Werdegang. Anschließend wird die Nachfolgeplanung eingeleitet und konkretisiert. Gleichzeitig wurden die Aktivitäten zur systematischen Rekrutierung, Entwicklung und Bindung des Nachwuchses ausgebaut. Beispielsweise wurde die Zahl der Planstellen für Auszubildenden auf den Vertriebsdirektionen sukzessive erhöht, eine Anzeigenkampagne zur Suche von SAD-Azubis initiiert, eine Azubi-Tagung mit dem Motto „Lust auf Vertrieb" ins Leben gerufen, eine Sonderbonifikation für die Einstellung und Ausbildung von Azubis im SAD eingeführt oder ein Wettbewerb für Vertriebsazubis ausgeschrieben.

### 21.3.2 Was zu tun bleibt

Zur Sicherung und zum Ausbau der „demografischen Fitness“ des Konzerns und seiner verschiedenen Bereiche, ist es unerlässlich, auch zukünftig konsequent – unter Einbindung des operativen Managements – an diesen und an neuen Handlungsfeldern zu arbeiten. In diesem Kontext ist es notwendig,

- das Thema „Demografie“ dauerhaft im Zentrum unternehmens- und personalstrategischer Überlegungen zu verankern,
- die aktuellen Entwicklungen in Wissenschaft und Praxis weiterhin gezielt zu beobachten und für Optimierungen und Neuerungen zu nutzen,
- auf Basis von Analysen und Simulationen weiterhin differenzierte demografische Chancen und Risiken im Konzern zu identifizieren sowie nachfolgend Handlungsstrategien zu entwickeln und umzusetzen und last not least
- die Relevanz der Thematik „Demografie“ über die Grenzen des Personalbereichs hinaus im Bewusstsein der Fachbereich zu halten.

Mit anderen Worten: In den letzten Jahren ist in der Auseinandersetzung mit dem demografischen Wandel viel erreicht worden. Gleichwohl bedarf es einer systematischen Weiterentwicklung des Gothaer Demografiemanagements, mit der wahrscheinlich auch weitere Veränderungen der Personalarbeit einhergehen. Dieser Herausforderung gilt es im Interesse der langfristigen Zukunftsfähigkeit des Gothaer Konzerns gezielt zu begegnen – oder um es mit Goethe zu formulieren:

> Wenn wir bewahren wollen, was wir haben, müssen wir vieles verändern.

## Literatur

AGV (2012) Flexible Personalstatistik. S. 7, Tabelle 1.6, München

AGV/BWV (2012) Ausbildungssituation in der Versicherungswirtschaft 2012, STR 27/2012, München

Bechmann S, Dahms V, Tschersich N, Frei M, Leber U, Schwengler B (2012) Fachkräfte und unbesetzte Stellen in einer alternden Gesellschaft. Problemlagen und betriebliche Reaktionen. IAB-Forschungsbericht Nr. 13, Nürnberg. http://doku.iab.de/forschungsbericht/2012/fb1312.pdf. Zugegriffen: 31. Jan. 2014

Benner V, Burnus M, Ochs S (2007) Ergebnisse eines Interventionsprogramms zur betrieblichen Gesundheitsfürsorge: Signifikante Reduktion von Rückenbeschwerden, subjektive Abnahme von Stress-Symptomen und Reduzierung von Fehlzeiten. In: ErgoMed, 6/2007

Eckardstein D. v (2004) Demographische Verschiebungen und ihre Bedeutung für das Personalmanagement. In: zfo, Heft 3/04, S. 128–135, Initiative Neue Qualität der Arbeit (INQA) (Hrsg) (2005): Demographischer Wandel und Beschäftigung, 2. Aufl., Dortmund

Ernst & Young (2012) Mixed Leadership. Gemischte Führungsteams und ihr Einfluss auf die Unternehmensperformance; Credit Suisse Research Institute. Gender diversity and corporate performance. Zürich. http://www.leadership-development.de/mixed-leadership/

GDV (2006) Jahrbuch 2006, Die deutsche Versicherungswirtschaft, Berlin. Zugegriffen: 31. Jan. 2014

Leber U, Stegmaier J, Tisch A (2013) Wie Betriebe auf die Alterung ihrer Belegschaften reagieren. IAB-Kurzbericht 13. http://www.iab.de/194/Section.aspx/Publikationen. Zugegriffen: 31. Jan. 2014

Sekretariat der ständigen Konferenz der Kultusminister der Länder in der Bundesrepublik Deutschland (2012) Vorausberechnung der Studienanfängerzahlen 2012–2025 – Fortschreibung – (Stand: 24.01.2012), Berlin.

**Thomas Barann** ist seit 2002 Leiter Personal im Gothaer Konzern. Die Personalabteilung ist Service Provider für den Vorstand, das Management und alle Mitarbeiter der Gothaer Versicherungen.

Die wichtigsten Verantwortungsfelder liegen in den Bereichen Personalstrategie, Nachfolgeplanung, Management- und Personalentwicklung, Inhouse-Consulting, Compensation & Benefits, Payroll und Personalcontrolling. Zuvor war Herr Barann sowohl in der Konsumgüterindustrie (Henkel), der Investitionsgüterindustrie (Hochtief) als auch in der Unternehmensberatung (Towers Perrin) tätig.

**Frau Dr. Petra Dick** studierte Wirtschafts- und Sozialwissenschaften an der Universität Augsburg und arbeitete nach ihrer Promotion mehrere Jahre als wissenschaftliche Mitarbeiterin am Institut für Führung und Personalmanagement der Universität St. Gallen.

Seit 2001 ist sie im strategischen Personalmanagement des Gothaer Konzerns tätig. Schwerpunkte ihrer Arbeit sind die Themenfelder Demografie, Frauen im Management, Betriebliches Gesundheitsmanagement, Funktionsbewertung und Vergütung.

Printed by Printforce, the Netherlands